미국의
반지성주의

Anti-intellectualism in American Life by Richard Hofstadter
Copyright © 1962, 1963 by Richard Hofstadter

All rights reserved.
Korean translation copyright © 2025(2017) by GYOYUDANG Publishers
This Korean edition was published by GYOYUDANG Publishers in 2025(2017) by arrangement with Alfred A. Knopf, an imprint of The Knopf Doubleday Publishing Group, a division of Random House, LLC., New York, NY through KCC(Korean Copyright Center Inc.), Seoul.

이 책은 (주)한국저작권센터(KCC)를 통해 저작권자와 독점 계약한 (주)교유당에서 출간되었습니다. 저작권법에 의해 한국 내에서 보호를 받는 저작물이므로 무단전재와 무단복제를 금합니다.

미국의 반지성주의

ANTI-INTELLECTUALISM IN AMERICAN LIFE

리처드 호프스태터

유강은 옮김

교유서가

에밀 A. 호프스태터(1888~1962)에게 이 책을 바친다

추천사

김동춘(성공회대 명예교수)

리처드 호프스태터는 미국의 대표적인 역사학자이자 공공 지식인이다. 그가 쓴 『미국의 반지성주의』는 『미국 정치의 피해망상 양상 The Paranoid Style in American Politics』과 함께 우리들에게도 비교적 많이 알려져 있다. 그는 미국 정치사를 사회학·심리학·정신분석학의 이론을 동원하여 탁월하게 분석한 학자이며, 미국의 정신사·정치사의 기저를 흐르는 특징을 대표적인 정치가, 학자, 작가 등의 지식인, 그리고 보통의 미국인들의 의식과 행동을 통해 설명한 지식인이었다.

나는 1996년에 박사 후 post-doc 과정의 방문학자로 미국에 처음 갔을 때, 대학교수들을 보고 약간 충격을 받았었다. 한국에도 잘 알려진 세계적인 사회과학자의 대학원 강의를 청강하기도 하고 학자들의 세미나 모임이나 학술잡지 편집회의 등에도 참가했었는데, 당시 내 눈에 그들의 학식과 시야는 범접할 수 없을 정도로 놀라운 수준이었지만 정치적으로나 사회적으로는 미국 사회에서 거의 아무런 존재감도 영향력도 없었기 때문이다. 국가 차원에서는 물론이고 대학이 속한 지역사회의 일반인들에게도 거의 알려져 있지 않았지만 지적으로는 세계적인 수준을 자랑하는 그런 학자를 전공분야 별로 적어도 수백,

수천 명씩 보유한 덕에 미국이 세계를 지배하는 것이구나 하는 생각이 들기도 했지만, 동시에 학자들이 대학과 학문 사회를 넘어서서는 영향을 미칠 수 없도록 자본주의 상업문화 그리고 미디어가 철저하게 대중의 정신세계를 장악했구나 하는 생각도 들었다.

이번에 이 책을 읽으면서 그때 생각이 떠올랐다. 이 책은 미국의 공적 지식인이 더이상 정치·사회적 역할을 할 수 없게 된 미국 자본주의의 황금기인 1950년대에 집필되었고, 그 자신도 대학 동료인 라이트 밀스C. Wright Mills 등과 더불어 미국의 공적 지식인의 마지막 세대의 한 사람으로서 미국 사회에서 지식인의 영향력이 사라져가는 현실을 우울하게 지켜보면서 이 책을 쓴 것인지도 모르겠다.

그는 지식인에 대한 혐오, 혹은 반지성주의의 연원은 거의 미국의 건국 초기로까지 거슬러오를 수 있다고 보지만, 지식인 대통령이 되려 했던 시어도어 루스벨트 이후 20세기에 가장 두드러지게 나타났다고 강조한다. 즉, 반지성주의의 연원은 20세기 이전의 미국 문화의 근저에 흐르던 원시주의, 복음주의, 실용주의, 평등주의에 있지만, 주로 대중의 열광, 직관과 감성에 호소하는 미국의 근본주의 그리스도교, 이상주의적인 개혁가나 진보적 지식인들에 대한 우파 정치가들의 공격성, 벤저민 프랭클린의 정신을 이어받은 기업가들의 실용주의, 러시아 혁명 직후인 1920년대와 한국전쟁 발발 직후 냉전 초기인 1950년대에 미국 정치를 황폐화시킨 극우 반공주의 등에서 그런 경향이 가장 두드러진다고 강조한다.

물론 미국의 반지성주의는 미국이 유럽식 귀족주의와 단절하고 평등하고 민주적인 사회를 건설하려 했을 때부터 이미 예상 가능한 일이었다. 미국의 실용주의는 유럽의 신분 위계사회, 민중에 대한 억압과 착취에 대한 저항의 산물로 볼 수 있고, 따라서 그다지 내세울 만한 전통이 없는 미국인들로서는 미래의 성취, 특히 자수성가형 인간, 경제적 성공을 최고의 가치로 여기는 것이 어쩌면 당연한 일이었을지 모른다. 즉, 미국의 반지성주의는 사실상 미국이 이렇게 성공한 나라가 된 부산물이었는지도 모른다. 저자도 강조하듯이 지식인에 대한 존중, 세련된 교양에 대한 찬양도 사실은 전통적 특권층의 전유물이라 볼 수 있기 때문이다.

호프스태터는 미국의 지식인들도 권력이 요구한 애국주의와 부르주아적 안락의 유혹에 굴복했기 때문에 이런 반지성주의 상황에 대한 책임이 있다고 강조한다. 그래서 스스로 소외를 즐기거나 낭만적 무정부주의자가 되지 않는 한 이러한 유혹을 피할 길이 없다고 보았다. 그가 이 책을 쓸 때의 미국은 뉴딜 이후 세계의 최강자로 부상하여 대량생산과 대중 소비사회에 진입한 1950년대의 미국이다. 따라서 매카시즘이라는 극도의 비이성적인 광풍을 겪고서 한편으로 노동운동도 사회주의에 등을 돌리던 시대의 복판에서 이 책을 썼다.

그런데 사실 저자가 강조하는 현대 미국의 반지성주의는 미국만의 현상이 아니라 20세기의 거의 모든 나라에서 나타났다. 자신을 서구 문명의 적자로 자부하면서 서자 격인 미국이 번성하는 것을 질시하던 일부 유럽의 입장을 제외하면, 20세기 중반 이후 세계 모든 나라는 자본주의적 물질주의, 실용주의의 길로 나아갔다. 구태여 유럽 등 다른 나라에서 나타나지 않은 미국만의 전형적인 특징을 들자면, 그리스도교가 현세의 복리나 물질적 성공에 큰 비중을 두어 신앙도 실리주의의 도구가 된다는 점을 들 수 있을 것이다.

이 점에서 『미국의 반지성주의』는 오늘의 한국 사회를 성찰해볼 수 있는 거울인 것 같다. 겉으로 보면 한국은 자신의 역사와 전통에 대한 자부심이 크고, 지식인들의 발언권과 영향력이 매우 크다는 점에서 미국보다는 유럽 나라들과 더 비슷해 보인다. 실용보다는 명분을 강조하고, 전문가보다는 교양인을 높게 평가하며, 자수성가형 인간이나 세속적 성공을 무조건 찬양하지 않는다는 점에서도 그럴지 모르겠다.

그런데 오늘의 세계 여러 나라 중에서 한국만큼 미국의 영향을 강하게 받는 나라가 없다는 점을 생각해보면 한국은 유럽보다는 미국과 비슷한 점이 더 많다. 오늘의 한국 사회에 과연 전통 문화나 높은 지식, 정신적 품격을 자랑했던 선비들의 정신이 조금이라도 남아 있는지 생각해보면 그 답은 매우 부정적이다. 게다가 미국 복음주의 선교사들의 영향 아래에서 성장한 한국 개신교, 미국처럼 교육이 거의 신앙의 대상이 되었으나 그 교육은 거의 출세주의와 세속주의라는 동력으로 움직이고 있다는 점을 생각해보면 더욱 그렇다. 분단 (준)전쟁 체제 아래에서 극우 반공주의와 국가보안법이 만들어낸 흑백 이분법의 정치문화를 생각해보면 한국은 거의 미국의 복사판이라고 해도 과언이 아니다. 1970년대에 여의도 광장을 가득 메웠던 빌리 그레이엄 목사의 부흥회에 몰려든 열광적 인파에서부터 오늘 서울 거리의 태극기 집회에서 들리는 극히 비이성적인 발언들까지, 현대 한국 정치사회는 지성보다는 감성이 압도하며, 성숙한 토론과 논쟁은 거의 찾아보기도 어렵다.

지식인에 대한 사회적 존중감은 아직 남아 있지만, 그 지식인들이 과연 권력이나 금력과 거리를 두면서 지성의 힘을 발휘하고 있는지는 의문이다. 교육이 출세주의라는 엔진에 의해 움직이기 때문에, 많이 교육받은 사람들이 더 지성적이거나 학구적이지도 않다. 오늘의 한국은 1950년대의 미국이나 현재의 미국보다 훨씬 더 반지성주의 문화가 지배하고 있다. 정치나 미디어는 언어를 오염시키고, 스마트 폰은 신문과 책을 집어삼켰다.

모든 사람이 지성적이 될 필요는 없을 것이다. 그러나 지성은 문명이 파국으로 치닫는 것을 막아주는 제동장치가 될 수는 있다. 특히 정치의 타락은 반드시 지성이 타락한 결과이다. 1950년대 미국의 반지성주의가 결국 레이건 이후 지금까지 지속되는 미국의 금권정치와 '전쟁 중독'의 원인이 되었다고 볼 수 있다. 이처럼 지구 패권국가인 미국의 반지성주의와 미국 정치의 타락은 국제사회를 고통과 혼돈에 빠뜨렸다는 점에서, 미국의 반지성주의의 역사는 오늘의 세계 문명을 성찰하게 해주는 훌륭한 교과서이다. 오늘의 미국과 세계, 그리고 한국을 알기 위해서는 미국 사회의 정신풍토, 특히 미국이 경제적으로 가장 번영하던 시기에 왜 반지성주의가 판을 치게 되었는지 이해할 필요가 있다.

서문을 대신하여

나는 보통 서문에서 서술하는 내용을 1장과 2장에 담았다. 이 두 장에서 이 책의 핵심적인 용어들과 더불어 책의 기원과 취지를 설명한 것이다. 그러나 한 가지는 처음부터 분명히 밝히고 넘어가야겠다. 이 책에서 나는 반지성주의라는 개념을 하나의 도구로 활용해서 미국 사회와 문화의 다양한 측면—물론 가장 매력적이진 않은 측면—들을 살펴보았을 뿐이라는 것이다. 여러 페이지에 걸쳐 기본적인 문서 자료를 제시하기는 했지만, 이 책은 절대로 정식 역사서가 아니라 대체로 개인적인 저작이며, 내 견해에 따라 세부적인 사실을 구성하고 조직한 것이다. 주제 자체를 전개하는 방식은 얼마쯤 충동적이었고, 그때그때의 요청에 따르게 되었다.

미국 사회를 방대한 페이지를 통해 아래쪽에서부터 살펴보려면, 국민적 자부심에 상처를 입히는 위험을 무릅써야 한다. 이런 시도는 우리의 문화와 관련된 문제들에 해결의 실마리를 던져주는 당면한 과제로부터 관심을 다른 데로 돌릴 수 있을 뿐이지만 말이다. 우리는 오늘날 유럽에서 흔히 미국에 대한 해박한 비판의 탈을 쓰고 등장하는 위선적이고 독선적인 반미주의를 부추기는 위험도 어느 정도 무릅쓸 각오를 단단히 해야 한다. 온갖 자랑과 지나친 민감성에도 불구하고 미국인들은 세계에서 가장 자기비판적이지는 않을지라도 적어도 가장 자의식적이고 불안한 사람들이다. 미국인들은 자신들의 국민적 도덕성, 국민 문화, 국민적 결의가 부적절한 것은 아닌지 끊임없이 걱정을 한다. 바로 이런 불안감 때문에 미국 지식인들은 특별히 흥미로운 비판적 역할을 부여받았다. 외국의 이데올로그들이 이런 자기비판을 일부 가로채서 본래의 범위나 의도를 넘어서는 결의에 활용하는 위험은 피하기 힘들다. 하지만 건전한 자기 교정 기획을 남들이 엿듣거나 악용할 개연성이 있다고 해서 그런 시도를 중단할 이유로 내세울 수는 없는 법이다. 이 점과 관련하여 나는 다음과 같이 말한 에머슨의 기백을 존경한다. "사실을 정직하게 말하자. 우리 미국은 피상적인 것에 집착한다는 악평을 얻었다. 위대한 사람들, 위대한 민족들은 허풍선이나 익살꾼이 아니라 삶의 두려움을 지각하는 이들이었고, 용감하게 그 두려움에 맞섰다."

리처드 호프스태터

차례

추천사 • 007
서문을 대신하여 • 012

1부 서론
1장 \ 우리 시대의 반지성주의 • 019
2장 \ 호평 받지 못하는 지성 • 048

2부 마음의 종교
3장 \ 복음주의 정신 • 089
4장 \ 복음주의와 부흥운동가 • 124
5장 \ 근대성에 맞선 반란 • 171

3부 민주주의 정치
6장 \ 젠틀맨의 쇠퇴 • 205
7장 \ 개혁가의 운명 • 241
8장 \ 전문가의 부상 • 275

4부   실용적인 문화

9장 \ 기업과 지성 • 323
10장 \ 자조와 영적 기술 • 350
11장 \ 주제의 변주 • 376

5부   민주주의 사회의 교육

12장 \ 학교와 교사 • 411
13장 \ 생활 적응의 길 • 441
14장 \ 어린이와 세계 • 487

6부   결론

15장 \ 지식인: 소외와 체제순응 • 535

감사의 말 • 593
주 • 596
옮긴이의 말 • 666
찾아보기 • 672

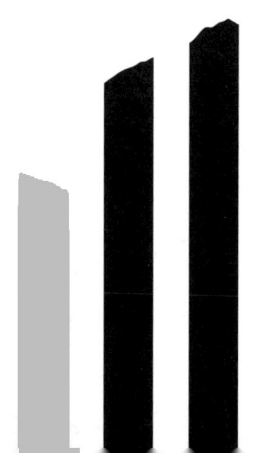

일러두기

1. 이 책은 Richard Hofstadter, *Anti-intellectualism in American Life*(New York: Vintage Books, 1963)를 완역한 것이다.
2. 대괄호 부분은 옮긴이 주이며, 일부의 대괄호 안에 'R. H.'라고 밝혀둔 부분은 지은이가 보충한 것이다.
3. 성서 번역은 대한성서공회, 『성경전서』(표준새번역 개정판, 2001)에 따랐다.
4. 현재에는 부적절하다고 여겨질 만한 표현은 역사서라는 저작의 성격과 시대배경을 감안하여 그대로 두었다.

1부

서론

1장
우리 시대의 반지성주의

1

이 책에서는 미국의 오래전 면모들을 주로 다루지만, 애초의 구상은 1950년대의 정치적·지적 상황에서 촉발된 것이었다. 1950년대를 거치면서 그전에는 거의 들을 기회가 없었던 **반지성주의**anti-intellectualism라는 용어가 미국 사회에서 자기비난과 상호매도를 의미하는 일상어가 되었다. 그전에도 미국의 지식인들은 지성을 경시하는 국민적 풍토에 종종 낙담하거나 실망했지만, 지식인 공동체 바깥의 많은 사람들이 지식인들처럼 반지성주의를 우려하거나 이 문제에 관한 자기비판이 전국적인 운동의 성격을 띤 적은 거의 없었다.

미국에서 비판적 지성이 처참할 정도로 경시되고 있다는 우려를 일깨운 것은 무엇보다도 매카시즘이었다. 물론 매카시가 끊임없이 비난을 퍼부은 대상은 지식인만이 아니었지만—매카시는 더 큰 사냥감을 쫓았다 — 지식인은 늘 표적이 되었고, 지식인을 사냥할 때 그의 추종자들은 특히 즐거워하는 것처럼 보였다. 미국 각지에서 수많은 심문자들이 매카시만큼 의기양양한 태도는 아닐지라도 그를 똑같이 흉내내면서 지식인과 대학을 상대로 돌격전을 벌였다. 이처럼 매카시가 비난의 포문을 열면서 조성된 열띤 악의와 웃음기 없는 아둔함의 분위기 속에서 진행된 1952년의 대통령 선거전에서는 대결하는 두 후보의 지성과 속물근성이 극명한 대조를 보였다. 한쪽에서는 비범한 지성과 언행을 보이는 정치인 애들라이 스티븐슨Adlai Stevenson이 근래에 보기 드물 정도로 지식인들에게 호소력을 발휘했다. 다른 한쪽의 드와이트 D. 아이젠하워 장군은 상투적인 사고방식과 상대적으로 어눌한 말투에 비호감형인 닉슨을 러닝메이트로 삼았고, 선거 운동 기조도 장군 자신이 아니라 러닝메이트와 당내의 매카시 일파가 정한 것처럼 보였다.

 지식인과 그 비판자들 모두 아이젠하워의 압승을 미국이 지식인들을 거부한 표시로 받아들였다. 주간 평론지 〈타임〉은 이런 견해를 추인하면서, 아이젠하워의 승리는 "오래전부터 의심받아온 놀라운 사실을 드러냈다. 미국의 지식인과 일반 대중 사이에는 크고 불건전한 간극이 존재한다는 사실 말이다"라고 했다. 아서 슐레진저 2세는 선거 직후에 쓴 신랄한 항의의 글에서 지식인이 "한 세대 동안 전혀 인식하지 못했던 상황"에 처해 있다고 말했다. 20년에 걸친 민주당 집권기에 지식인들은 대체로 이해와 존경을 받았지만, 이제는 사업가 집단이 다시 권력을 잡으면서 "기업의 우위가 거의 예외 없이 초래하는 사회의 속물화"가 자리를 잡았다. '계란머리egghead'〔잘난 체하는 지식인을 경멸적으로 일컫는 표현〕나 괴짜 취급을 받게 된 이 나라의 지식인은 이제 지식인의 가치를 거의 인정하지 않거나 이해하지 않는 당의 지배를 받게 될 것이다. 지식인은 소득세에서부터 진주만 공격에 이르기까지 온갖 문제의 희생양이 될 것이다. 슐레진저는 "반지성주의는 오래전부터 기업가의 반유대주의였다…… 오늘날 미국 사회에서 지식인은…… 구석으로 내몰리는 중이다"라고 지적했다.[1]

아이젠하워 행정부가 출범할 때는 이 모든 비평이 옳은 것으로 보였다. 스티븐슨의 표현처럼, 뉴딜주의자New Dealer들이 자동차 판매업자car dealer들에 의해 밀려남에 따라 지식인과 그들의 가치는 결정적으로 부정된 것처럼 보였다―이미 트루먼 시절에 지식인과 그들의 가치는 지방 정치인courthouse politician들에 의해 빛이 바랜 상태였다. 국민들은 순이론적純理論的 연구에 대한 찰스 E. 윌슨Charles E. Wilson의 빈정거림〔1941년부터 제너럴모터스 회장을 지내고 1953년에 아이젠하워 행정부의 국방장관으로 발탁된 윌슨은 "애초에 무슨 일을 하는 건지 안다면 그건 순전히 이론적인 연구가 아니"라고 말했다〕이나, 아이젠하워가 웨스턴 소설을 즐겨 읽는다는 것, 아이젠하워가 지식인을 말 많고 젠체하는 부류라고 단정한 것을 접했다. 그러나 아이젠하워 재임 기간에 국민적 분위기는 일변했다. 공화당 대통령까지 들먹인 매카시즘의 광풍은 저절로 꺼져버렸다. 위스콘신 주 출신의 연방 상원의원 조셉 매카시는 고립을 자초해서 비난을 받고는 제풀에 기가 꺾였다. 마침내 1957년에 소련이 인공위성 스푸트니크를 쏘아올림으로써 미국은 주기적으로 고양되던 국가적 자존심에 상처를 입었다―미국의 대중은 그렇듯 쉽사리 휘둘리는 경향이 있었다. 스푸트니크 발사는 미국의 국민적 허영심에 충격을 주었을 뿐만 아니라 반지성주의가 교육 제도나 사회생활 전반에 초래한 결과에 대해서도 눈에 띄게 주의를 환기시켰다. 지성에 대한 국민적 혐오가 일거에 한낱 망신거리가 아니라 생존을 위협하는 요소인 듯 보였다. 몇 년 동안 주로 교사들의 충성심 결여를 우려하던 국민들은 이제 교사들의 낮은 연봉을 걱정하기 시작했다. 오래전부터 안보에 대한 지나친 강박관념 탓에 연구 의욕이 저하된다고 말해온 과학자들은 이제야 갑자기 자신들의 말에 귀 기울이는 사람들을 발견했다. 여태까지는 소수의 교육 비평가들만이 미국 교육이 느슨하다고 항의의 목소리를 높였는데, 이제는 텔레비전과 대중 잡지, 기업가, 과학자, 정치인, 해군 장성, 대학 총장 등도 똑같은 말을 하기 시작해, 자책의 소리가 금세 국민 전체로 확산되었다. 물론 이 모든 상황 때문에 경계심이 곧바로 사라진 것은 아니었고, 미국인의 삶에서 반지성주의 세력이 종적을 감춘 것도 아니었다. 가장 직접적인 영향을 받는 교육 분야에서도 대중을 지배하는 열정은 지성을 더욱 북돋는 것보다는 인공위성을 더 많이 제조하는 쪽으로 쏠리는 듯 보였다. 개중에는 유능한 아이들을 길러내는 일이야말로 냉전에서 승리하는 길이라는 식의 극단적인 언사도 등장할 정도였다. 하지만 정말로 분위기가 눈에 띄게 바뀌기는 했다. 1952년에는 오직 지식인들만이 반지성주의라는 유령에 크게 휘둘리는 것 같았다. 그런데 1958년에 이르면 반지성주의는 중대하고 심지어 위험한 국민적 결함일지도 모른다는 생각이 대다수의 분별 있는 사람들에게 받아들여졌다.

 이제 우리는 1950년대의 정치 문화를 어느 정도 거리를 두고 바라볼 수 있다. 당시 매카시즘 아래에서, 그리고 심지어 아이젠하워 정권 아래서도 지식인이 공적 생활에서 퇴출당하는 경향이 있었는지 모르지만, 이제는 그런 일이 있을 수 없다. 정부가 다시금 하버드 대학 교수나 로즈 장학금Rhodes scholar〔미국, 독일, 영연방 출신 학생들 가운데 영국 옥스퍼드 대학에서 공부하는 이들에게 지급되는 장학금)을 받았던 학자들을 환대하게 되었기 때문이다. 전에는 지성이 정치나 행정의 세계에서 성공하는 것을 가로막는 치명적인 장해요소일지도 몰랐지만, 이제는 그런 의구심이 완전히 불식된 게 분명하다. 신임 대통령은 확실히 사상에 관심을 가지는데다 지식인을 존중하며, 그런 태도를 국가 행사에서 의례적인 몸짓으로 보여주고 있다. 지적 능력을 갖춘 사람들과 기꺼이 어울리면서 그들에게 조언을 구하고, 무엇보다도 정부 출범에 즈음해서는 시간을 들여 출중한 인재들을 신중하게 찾았다. 한편으로는 이런 인재 등용으로 이 나라의 행정이 크게 바뀔 것이라는 지나친 믿음이 있었다고 해도, 그것은 시간이 흐르면서 실망을 가져올 수밖에 없었다. 현재 우리는 과도한 당파의식이나 자기 연민에 빠지지 않은 채 반지성주의를 논의할 수 있게 되었다.

2

1950년대의 정치적 혼란과 교육 논쟁을 거치면서 **반지성적**anti-intellectual이라는 용어는 미국의 자기평가에서 가장 중심적인 표현으로 부각되었다. 이 용어는 명확하게 정의되지 않은 채 우리의 일상어로 들어왔고, 지금은 못마땅한 여러 현상을 서술하는 데 흔히 사용된다. 갑자기 이 말을 의식하게 된 이들은 대개 반지성주의가 생활의 어떤 영역에서 설득력을 지닌 표현으로 여기거나, 최근의 상황에서 생겨난 말이기 때문에 조만간 압도적인 비중을 가지게 될 것이라고 여기기 쉽다. (미국 지식인의 역사의식은 개탄스러울 정도로 피상적이다. 그리고 현대인은 오랫동안 이런저런 묵시록의 그늘 아래서 살아왔기 때문에 지식인들 역시 사회적 변화의 사소한 소용돌이조차도 마치 해일처럼 받아들이게 되었다.) 그러나 미국의 사정을 연구하는 이들에게 1950년대에 여기저기서 울려퍼진 반지성주의의 가락은 새롭기는커녕 오히려 익숙한 것이었다. 이 나라에서 반지성주의가 1950년대에 처음 등장한 것은 아니다. 미국의 반지성주의는 사실 이 나라가 국가로서 확립되기 전부터의 오랜 역사적 배경을 가지고 있다. 이 배경을 살펴보면 미국에서 지식인에 대한 존중의식이 꾸준히 감소한 것도 아니고 최근에 갑자기 실추된 것도 아니며, 주기적으로 변동하기 쉬운 것이었음을 알 수 있다. 또한 우리 시대에 지식인에게 쏠리는 악감정도 지식인의 지위가 땅에 떨어져서 나타난 게 아니라 그 지위가 점차 높아졌기 때문에 나타난 것임을 알 수 있다. 우리는 이런 현상에 대해 체계적으로 아는 바가 거의 없으며, 이 문제에 관한 역사자료에 바탕을 둔 논의도 그다지 많지 않았다. 미국의 지식인과 국가 사이에서 오랫동안 벌어진 다툼에 관해서는 많은 글이 집필되었지만, 이런 글들은 주로 지식인이 바라본 미국을 다루며, 미국이 바라본 지성과 지식인에 대해서는 이따금 일별할 뿐이다.[2]

이제까지 반지성주의가 명확하게 정의되지 않은 것은 이 말이 그 모호함 탓에 논쟁에서 하나의 꾸밈말로 편리하게 사용되었기 때문이다. 하지만 어쨌든 반지성주의를 간단히 정의하기는 어렵다. 반지성주의는 하나의 관념으로서는 단일한 명제 내용이 아니라 관련된 여러 명제가 중첩된 상태를 가리키며, 하나의 태도로 볼 때는 흔히 양면적인 모습으로 나타난다—지성이나 지식인에 대한 순수한 혐오는 보기 드물다. 그리고 역사적인 문제로 볼 수 있다면, 반지성주의는 끊어지지 않고 이어진 한 가닥의 실이 아니라 때에 따라 강도가 변하는 다양한 원인에서 힘을 끌어내는 하나의 세력이다. 이 책에서 나는 엄밀하거나 협애한 정의를 고수하지 않는다. 여기서는 그런 식의 정의가 다소 부적절하기 때문이다. 무엇인가를 정의한다는 것은 논리적으로는 방어할 수 있지만 역사적으로는 자의적인 행위여서, 별다른 이점이 없어 보인다. 그런 식의 정의는 서로 중첩되는 여러 속성 중에서 한 가지만 추려내야 하는 것이기 때문이다. 내가 관심을 두는 것은 서로 중첩되는 그것 자체이다―많은 접점을 가진 다양한 태도와 관념의 역사적 관계의 복합체 말이다. 내가 '반지성적'이라고 일컫는 태도나 사고에 공통되는 감정은 정신적 삶과 그것을 대표한다고 여겨지는 사람들에 대한 분노와 의심이며, 또한 그러한 삶의 가치를 언제나 얕보려는 경향이다. 내 생각에 이런 일반적인 정식화는 과감한 정의만큼이나 유용할 것이다.3

일단 이런 순서를 택하면, 한 사람의 삶이나 어떤 제도, 어떤 사회 운동의 발전과 똑같은 방식으로 반지성주의를 공식적인 역사의 주제로 삼을 수 없음이 분명해질 것이다. 미국적인 사고가 생겨난 환경이나 분위기를 다루면서 나는 어떤 환경을 재현하거나 분위기를 포착할 때 시도하는 식의 인상주의적 방법을 활용해야 했다.

내가 반지성주의라는 말로 나타내려는 내용을 예시하기에 앞서, 굳이 드러내지 **않는** 것에 대해 설명해둘 필요가 있겠다. 나는 기본적으로 미국 지식인 공동체의 내적 불화나 다툼은 다루지 않는다. 미국의 지식인도 다른 나라 지식인과 마찬가지로 대개 자신들의 역할을 불편하게 여긴다. 그러면서 자기회의나 심지어 자기혐오에 빠지기 일쑤고, 때로는 자기네 집단 전체에 대해 신랄한 비평을 한다. 이런 내부 비평은 의미심장하고 흥미롭지만, 나의 주된 관심사는 아니다. 나는 또 지식인끼리 벌이는 무례하고 분별없는 비평에도 관심이 없다. 예컨대 H. L. 멩켄H. L. Mencken만큼 미국의 대학교수들을 경멸한 이는 없으며, 메리 매카시Mary McCarthy만큼 소설 속에서 다른 작가들에게 독설을 퍼부은 이도 없다. 하지만 우리는 이런 이유로 멩켄을 윌리엄 F. 버클리William F. Buckley와 나란히 교수들의 적으로 분류하거나 매카시 양을 작고한 동명의 상원의원과 하나로 묶을 생각은 하지 않는다.4 어쨌든 다른 지식인들을 비평하는 것은 지식인의 매우 중요한 책무이며, 지식인은 일상적으로 비평을 기꺼이 수행한다. 지식인에게 자애롭고 우아하고 정확한 비평을 바랄 수는 있지만 정말로 기대하기는 어렵다. 다양하고 상반되는 사고를 하는 것이야말로 지식인의 소임이기 때문에, 우리는 이따금 그들이 한낱 말다툼만 벌일지도 모른다는 것을 잘 알아야 한다.

마지막으로, 절망적인 혼란을 피하기 위해 꼭 언급해둘 것이 있는데, 이 책에서 다루는 반지성주의는 내가 반합리주의anti-rationalism라고 부르는 철학상의 교의와 동일한 것이 아니라는 점이다. 니체나 소렐, 베르그송, 에머슨, 휘트먼, 윌리엄 제임스 같은 사상가, 혹은 윌리엄 블레이크나 D. H. 로런스, 어니스트 헤밍웨이 같은 작가 등의 사상은 반합리주의라고 부를 수 있을 것이다. 하지만 이 사람들은 내가 반지성주의라는 용어에 담는 사회학적·정치학적 의미에서 구분하자면 전형적인 반지성주의자와는 다르다. 물론 반지성주의 운동이 종종 이런 반합리주의 사상가의 사상에 호소한 것은 사실이다(에머슨만 하더라도 수많은 텍스트를 반지성주의 운동에 제공한 바 있다). 그러나 이런 반지성주의 운동은 고상한 척하는 교양인의 반합리주의로서 내가 하고자 하는 이야기에서는 부차적인 것일 뿐이다. 이 책에서 주로 다루는 문제는 광범위하게 나타나는 사회적 태도와 정치적 행동, 그리고 지적 수준이 보통이거나 더 낮은 사람들의 반응이며, 정연한 이론에는 이따금 관심을 기울일 뿐이다. 내가 제일 관심을 쏟는 것은 당면한 문제에서 효과를 발휘할 만큼 우리의 삶에 영향을 끼치며 지적·문화적 생활을 심각하게 억제하거나 빈약하게 만드는 반지성주의적 태도이다. 최근의 사례들을 살펴보면, 정의라는 앙상한 뼈대에 살이 좀더 붙게 될 것이다.

3
—

우선 미국의 지식인에게 극도의 불만을 나타내는 이들이 제시하는 몇 가지 정의에서 시작해보자.

사례 A 1952년 대통령 선거 기간에 미국에서는 이미 미국 정치를 규정하는 자의식적 특색이 된, 지식인에 대한 경멸을 표현할 단어가 필요한 것처럼 보였다. **계란머리**egghead라는 단어는 원래 거슬리는 뜻 없이 사용되었지만[5] 이내 경멸적인 뉘앙스를 띤 말이 되어, **고상한 척하는 교양인**highbrow이라는 기존의 표현보다 훨씬 신랄한 의미를 담게 되었다. 대통령 선거 운동이 끝난 직후에 우파 성향의 대중 소설가인 루이스 브롬필드Louis Bromfield는 이 단어가 언젠가 다음과 같이 사전에 등재될 것이라고 말했다.[6]

계란머리: 그럴듯한 지적 허세를 부리는 사람. 보통은 대학교수나 그 추종자를 가리킨다. 기본적으로 천박하다. 어떤 문제에 대해서든

지나치게 감정적이고 여자 같은 반응을 보인다. 젠체하고 자만심으로 똘똘 뭉쳐 있으며, 건전하고 유능한 사람들의 경험을 경멸한다. 기본적으로 사고가 혼란스럽고 감상주의와 맹렬한 복음주의에 매몰되어 있다. 민주주의와 자유주의라는 그리스-프랑스-미국식 사고와 대립되는, 중유럽의 사회주의를 교조적으로 지지한다. 니체의 케케묵은 철학 윤리에 빠져서 종종 감옥에 갇히거나 망신을 당한다. 자의식 과잉의 잔소리꾼인데, 어떤 문제에 직면하든 모든 측면을 검토하느라 같은 장소에 머무르는 동안 머리가 완전히 혼란에 빠져버린다. 무기력한 우국지사.

브롬필드는 이렇게 말했다. "최근 선거를 통해 많은 문제가 드러났는데, 그중 가장 중요한 것은 '계란머리'가 대중의 생각이나 정서와 한참 동떨어져 있다는 사실이다."

사례 B 약 2년 뒤에 아이젠하워 대통령은 지식인에 대한 이런 경멸적 견해를 공식적으로 시인한 것처럼 보였다. 1954년 로스앤젤레스에서 열린 공화당 집회의 발언에서 그는 어느 노동조합 지도자의 견해를 소개했다. 대중에게 모든 진실을 보여주면 그들은 언제나 올바른 대의를 지지할 것이라는 견해였다. 그러면서 대통령은 이렇게 덧붙였다.[7]

이런 발언을 하는 노동계 지도자를 보니 안심이 되더군요. 독설을 내뱉는 이른바 지식인이 곳곳에 포진하여 자신들과 의견을 달리하는 이들은 모두 틀렸다고 말하는 지금과 같은 상황에서 말입니다.

그런데 저는 지식인에 대한 아주 흥미로운 정의를 들었습니다. **지식인이란 자기가 아는 것 이상을 말하기 위해 필요 이상의 말을 내뱉는 사람이라는 겁니다.**

사례 C 1950년대에는 정치 세계에서의 전문 지식인의 위치라는 오랜 문제가 쟁점으로 떠오른 적이 있다. 전문가에 맞서서 아마추어를 옹호한 주장의 대표적인 예는 1957년 체인점 회장인 맥스웰 H. 글룩 Maxwell H. Gluck이 실론(1972년 스리랑카로 국호를 변경했다) 대사로 지명되면서 한 발언이다. 글룩 씨는 1956년 공화당 선거 운동 진영에 자기 계산으로 2~3만 달러를 기부했는데, 그전에 지명된 인사들과 마찬가지로 정치나 외교면에서의 경험은 알려진 바가 없었다. 풀브라이트James W. Fulbright 상원의원이 대사의 자질과 관련한 질의를 하자, 글룩 씨는 궁지에 몰렸다.[8]

풀브라이트: 귀하는 실론의 어떤 문제를 다룰 수 있다고 생각하십니까?
글룩: 우선 한 가지는 그 나라 사람들입니다. 저는 우리가, 아니 제가 이제껏 맞닥뜨린 적 없는 사태에 직면하지만 않는다면, 미국과의 친선 관계를 확립하고 미국에 우호적인 감정을 조성할 수 있을 거라고 봅니다.……
풀브라이트: 인도 주재 미국 대사를 알고 계십니까?
글룩: 전임 대사인 존 셔먼 쿠퍼John Sherman Cooper는 압니다.
풀브라이트: 인도 총리는 누군지 아십니까?
글룩: 이름은 아는데, 어떻게 발음하는지는 모르겠습니다.

풀브라이트: 실론 총리는 누군지 아시나요?
글룩: 아직 생소해서, 이름을 읽을 수는 없군요.

글룩 씨의 자질이 의문시되는 가운데, 그가 공화당 선거 운동 진영에 기부금을 낸 대가로 지명된 것은 아닌가 하는 의혹이 일었다. 1957년 7월 31일 열린 기자회견에서 한 기자가 그런 의혹을 제기하자, 아이젠하워 대통령은 대가성을 띤 임명은 절대 있을 수 없다고 말했다. 그러면서 글룩 씨의 대사로서의 능력에 관해서는 다음과 같이 말했다.[9]

그런데 이 사람의 무지에 관해서 말하자면, 이런 이유로 그를 임명한 겁니다. 이 사람은 제가 존경하는 많은 분들이 적극 추천한 명단에서 고른 겁니다. 그의 사업 경력도 검토했고, 연방수사국의 보고서에도 아무 흠이 없었습니다. 물론 우리는 이 사람이 실론에 가본 적이 없고, 현지 사정도 전혀 모른다는 걸 압니다. 하지만 품성이 좋고 우리가 믿을 만한 그런 인물이라면 분명 실론에 정통하게 될 것입니다.

다만 글룩 씨가 1년 뒤에 사임하면서 그의 실론 대사 직무도 끝났다는 사실을 덧붙일 필요가 있겠다.

사례 D 미국의 과학자들은 순수과학을 무시하는 미국인의 태도가 과학 탐구뿐만 아니라 국방부의 연구개발도 가로막는다며 불만을 토로했다. 미주리 주 출신 연방 상원의원 스튜어트 시밍턴Stuart Symington은 1954년 상원군사위원회에서 찰스 E. 윌슨 국방장관에게 질문을 던지면서 장관이 전에 한 증언을 거론했다. 장관은 순이론적 연구에는 국방부가 아닌 다른 기관에서 연구 자금을 지원해야 한다고 발언한 바 있었다. 윌슨 장관은 앞선 증언에서 이렇게 말했다. "저는 군사 연구라도 감자를 튀기면 갈색으로 변하는 이유에 관해서는 별 관심이 없습니다." 시밍턴 상원의원은 윌슨 장관에게 감자가 아니라 폭격기, 핵추진 장치, 전자기기, 미사일, 레이더 등에 대한 연구 관련 예산이 부족한 것에 관해 증언하도록 다그쳤다. 장관은 다음과 같이 대답했다.10

> 현재 이 모든 분야에서 중요한 연구개발이 진행중입니다.……
> 한편, 언제나 앞날을 내다보며 고심하는 사람들에게 당장 눈앞의 현안에 매달려서 여러 가지 프로젝트나 예상되는 성과를 정리하도록 하기는 무척 어렵습니다.…… 그들은 그저 큰돈을 반깁니다. 무엇을 달성할 수 있는지, 관리나 감독은 별로 하지 않으면서요.
> **애초에 무슨 일을 하는 건지 안다면 그건 순수 연구가 아니지요.** 간단한 문제가 아닙니다.

사례 E 1950년대에 공직 사회에서 반지성주의는 주로 기업인들이 줄곧 품어온, 과학 연구소나 대학, 외교 집단 등 자신들의 세력 범위 바깥에서 활약하는 전문가들에 대한 의구심으로서 표출되었다. 극우파가 지식인들에게 드러낸 적대감은 훨씬 더 극렬하고 무차별적이었다. 이런 태도는 교육 수준이 높은 식자층이나 가문, 지위, 교양 등 모든 것에 대한 일반인들의 전형적인 혐오였다. 1950년대에 우파가 벌인 십자군 운동은 다음과 같은 격앙된 언어로 가득차 있었다. "국무부 내에 있는…… 하버드 대학 교수들과 왜곡된 사고를 하는 지식인들", "파이베타카파Phi Beta Kappa[미국 대학의 우등생들로 구성된 사교 모임]의 기념 열쇠나 우등상장은 잔뜩 있지만 그에 걸맞은 정직성과 상식은" 없는 이들, "미국의 지체 높은 사람들, 사회적으로 좋은 집안 사람들, 교양인, 학사학위가 넘쳐나는 당대의 신사나 학자들…… 앨저 히스Alger Hiss[매카시즘이 횡행하기 직전인 1948년에 간첩 혐의로 체포된 전 국무부 관료. 1950년에 간첩죄에 대해서는 증거 불충분으로 무죄 판결을 받았지만 위증죄로 5년형을 선고받았다. 히스는 1996년 사망할 때까지 결백을 주장했고, 1990년대에 소련 비밀문서가 공개된 뒤에도 그의 간첩 여부를 둘러싸고 논란이 계속되고 있다]에게 우호적인 '가장 훌륭한 사람들'", "꾸며낸 영국식 억양에 줄무늬 바지를 입고 젠체하는 외교관", "향수를 뿌린 응접실에서 어린 염소 가죽 글러브를 끼고" 공산주의와 싸우려는 이들, "미국의 **심장부**인 위대한 중서부와 서부 사람들을 모욕하는" 동부 사람들, "출신은 18세기나 그 이전까지 추적할" 수 있지만 충성심은 여전히 의심스러운 이들, "히스-애치슨 집단의 그로턴Groton[매사추세츠 주에 있는 명문 기숙학교]식 언어를 알아듣는 이들이 주된 표적이었다."[11] 잡지 〈프리먼〉의 사설은 이런 농민반란식 언어 공세의 본질을 잘 드러내주었다.[12]

참으로 가공할 현상은 조셉 R. 매카시를 습격한, 대학 교육을 받은 폭도들이 보여주는 무분별함이다.…… 매카시 씨가 정말로 "지체 높은" 언론들이 이야기하는 것처럼 악당이라고 가정해보자. 그렇다고 해서…… 거의 1년에 걸쳐 뉴욕이나 워싱턴의 유수 언론이 퍼부어온 비난이 정당화될 수 있는가?…… 그들은 매카시의 성격에 뭔가가 있는 게 분명하다고 말했다. 그에게는 하버드나 프린스턴, 예일의 동문들에게 혐오감을 주는 일종의 동물적인 음극 자성이 있는 것 같다. 우리는 그 실체가 뭔지 안다고 생각한다. 이 젊은이는 사회적 지위를 존중하는 것이 체질적으로 불가능한 사람이다.

매카시 자신은 미국이 안고 있는 난제의 핵심적 원인을 사회적 지위가 가장 잘 보장되는 영역에서 찾았다. 그 유명한 휠링 연설〔1950년 2월 9일 매카시가 웨스트버지니아 주 휠링에서 연설을 하면서 국무부 내에 많은 공산주의자가 있다고 주장함으로써 매카시즘의 단초가 된 사건이다. 당시 매카시는 손에 든 종이가 국무부에서 암약하는 공산주의자 205명의 명단이라고 주장했다고 한다〕의 간행판에서 매카시는 "이 나라에서 그토록 좋은 대접을 받아온 사람들이 벌인 반역 행위"가 문제의 근원이라고 말했다.[13]

이 나라를 팔아넘긴 것은 불운한 이들이나 소수 집단의 구성원이 아니라 지구상에서 가장 부유한 나라가 제공해온 모든 혜택—제일 좋은 집, 최고의 대학 교육, 정부 내의 좋은 일자리—을 누린 사람들이었습니다. 이는 국무부 내에서도 명백한 사실입니다. 그곳에서는 은수저를 입에 물고 태어난 똑똑한 젊은이들이 최악의 인간이 되었습니다.

사례 F 대학, 특히 유명 대학들은 우익 비평가들의 표적이 되어왔다. 그러나 〈프리먼〉의 한 필자에 따르면, 이러한 아이비리그 차별에는 자의적인 이유밖에 없었던 듯하다. 그는 공산주의가 미국의 모든 대

학에 확산되고 있다고 생각했기 때문이다.14

우리의 대학은 미래의 야만인을 길러내는 훈련장이다. 이 야만인들은 학식을 가장해서 무지와 냉소라는 갈퀴를 꺼내들고는 그나마 남은 문명의 유산을 난도질하고 파괴할 것이다. 벽을 부수려 하는 것은 지하철의 불량배들이 아니다. 이 사람들은 그저 학식 있는 우리 형제들의 분부를 따를 뿐이다.…… 바로 이 형제들은 인류의 이상이 낳은 개인의 '자유'를 소멸시켜버릴 것이다.……
당신의 아들을 지금의 대학에 보내는 것은 미래의 사형집행인을 배출하는 셈이다. 이상주의의 부활은 대학과 무관한, 여기저기 들어선 사상의 수도원들에서 이루어져야 한다.

사례 G 대학에 대한 우파의 적대감은 격차와 사회적 지위에 대한 의구심이라는 측면도 있지만, 어느 정도는 잭슨 시절부터 이어진 특수직이나 전문가에 대한 혐오감의 반영이기도 하다. 여기 보통사람(이 경우에는 보통의 여성)과 이른바 전문가들은 능력 면에서 차이가 없다는 독특한 주장이 있다. 아마추어 경제학자인 프랭크 초도로브Frank Chodorov는 『소득세: 모든 악의 근원The Income Tax: The Root of All Evil』의 저자이자 우파 논객 가운데서도 무척 흥미로운 인물이다.15

일군의 저명한 경제학자들은 불황이라는 국가적 질병을 진단하기 위한 록펠러형제재단Rockefeller Brothers Fund의 자문에 응해서 〈뉴욕 타임스〉의 거의 두 면에 걸쳐 조금 축약한 형태의 처방전을 내놓았다. 이 의사들은 워낙 유명하기 때문에, 경제학을 '전공'하지 않은 사람이 그들이 처방한 치료약의 성분을 조사하겠다고 나서는 건 주제넘은 일이다. 그렇지만 사실 우리 모두는 부득이하게 경제학자가 되어 있다. 누구든 생계를 꾸리고 있는데, 바로 이 일이야말로 경제학의 주제이기 때문이다. 글을 읽고 쓸 줄 알고 약간의 상식을 지닌 가정주부라면 누구나 이 처방전의 세부 내용을 이해할 수 있어야 한다. 이 내용은 가정주부들이 흔히 쓰는 언어에서 추출한 것이기 때문이다.

사례 H 식별력 있는 독자에게는 다음의 인용문이 반지성적이기보다는 반문화적인 것으로 비칠 테지만, 미시간 주 출신 연방 하원의원 조지 돈데로George Dondero가 한 발언을 무시할 수는 없다. 돈데로는 오래도록 학교 내의 공산주의나 입체파, 표현주의, 초현실주의, 다다이즘, 미래파 등의 예술 사조에 맞서 싸우는 십자군 노릇을 해왔다.16

온갖 이즘이 붙는 예술은 러시아 혁명의 무기이며, 미국에 이식되어 오늘날 우리의 여러 예술 중추에 스며들어서 우리의 전통과 유산인 순수 예술을 위압하고 압도하려 한다. 사랑하는 우리나라의 이른바 모던 예술이나 현대 예술에는 악행과 타락과 파괴의 온갖 이념이 담겨 있다.……
외국에서 생겨난 이 모든 이즘은 사실 미국 예술에 낄 자리가 전혀 없다.…… 이 모든 것은 파괴의 도구, 무기이다.

사례 I 이 책에서는 복음주의 전통에서의 반지성주의에 관해 언급할 것이 많은데, 우선은 이 전통이 지금도 유지되고 있는 예를 들어둘 필요가 있어 보인다. 이 짧은 인용문은 우리 시대에 가장 큰 성공을 거둔 복음 전도자인 빌리 그레이엄Billy Graham의 말이다. 그레이엄은 1958년 갤럽 여론조사에서 미국인이 아이젠하워, 처칠, 알베르트 슈바이처 다음으로 '세상에서 가장 존경하는 인물'로 뽑혔다.17

개개의 사람들에게 어제의 도덕 기준은 이른바 '지식인'의 지지를 받지 못하는 한 오늘의 기준이 되지 못합니다.
나는 세계 어디에서든 편파적인 교육을 하느니 아예 교육을 안 하는 게 훨씬 낫다고 진심으로 믿습니다. 영혼 없는 머리 위주의 교육이라면 말입니다.…… 어떤 사람을 그 자신보다 힘이 센 자가 없는 세상에 풀어놓으면, 그는 괴물이 됩니다. 반쯤 교육을 받은 그 사람은 교육을 전혀 받지 못한 사람보다 더 위험한 존재입니다.
미국 모든 도시의 모든 구역에 공립학교나 대학을 세울 수는 있어도, 단순한 지식 교육 때문에 미국이 도덕적으로 썩는 것을 막을 수는 없습니다.
지난 몇 년 동안 인간의 갖가지 이론을 떠받치는 지적知的 기둥들이 무너져내렸습니다. 이제는 평범한 대학교수도 전도자의 목소리에 기꺼이 귀를 기울이고 있습니다.
우리는 [성경 대신에—R. H.] 이성, 합리주의, 지적 문화, 과학 숭배, 정부의 운영 능력, 프로이트주의, 자연주의, 인문주의, 행동주의, 실증주의, 유물론, 이상주의 등을 도입했습니다. 이른바 지식인들이 한 일이지요. 이 수많은 "지식인"들은 도덕이 상대적인 것이라고 공공연하게 말합니다. 규범이나 절대적인 기준 같은 건 존재하지 않는다고요.……

사례 J 소련의 스푸트니크 발사를 계기로 미국의 교육을 둘러싸고 소동이 벌어졌는데, 특히 캘리포니아의 교육 제도에 대한 비판이 가장 두드러졌다. 캘리포니아는 그전부터 교과과정 실험으로 유명세를 떨친 곳이었다. 샌프란시스코 교육구가 전문 학자들에게 교육구 내 학교들에 대한 조사를 의뢰했을 때, 이 학자들로 구성된 조사위원회는 학문적 기준을 더욱 확고히 해야 한다고 회답했다. 그러자 여섯 개 교육 단체는 이 위원회가 작성한 샌프란시스코 보고서는 "학자들의 옹졸하고 고상한 척하는 속물근성"의 산물이며 작성자들이 그 권한을 넘어서서 교육의 목적을 "머리에 정보를 불어넣고 지능을 계발하는" 것으로 한정하려 했다고 비난했다. 그러면서 "시민으로서의 자질, 직업 적응 능력, 성공적인 가정생활, 윤리적·도덕적·심미적·영적인 면에서의 자아실현, 신체적 건강의 향유 등 교육의 다른 목표들"도 가치가 있음을 거듭 주장했다. 이 교육자들은 심하게 경직된 교육 제도를 피하려는 노력이야말로 종래의 미국 교육에서 특히 칭찬할 만한 특징이라면서 다음과 같이 주장했다.[18]

어느 사회에서든 교육 제도의 경직성을 피하려고 한다고 해서 학업 능력의 중요성을 부정한다는 뜻은 아니지만, 역사적으로 볼 때 **축적된 지식을 한낱 지식으로서만 흡수하는 것 자체를 중시하는 교육 제도는 타락을 유발하는 경향이 있음**을 인식하고 있었다. 교과과정을 "고정하고" 교육 목적을 한정하려는 이들은 미국의 민주주의에서 교육이 수행하는 고유의 기능을 오해하고 있다.

사례 K 다음은 현대 교육의 느슨한 기준에 관한 어느 교사의 불만에 대한 답변으로 한 학부모가 쓴 보고서에서 발췌한 것이다. 이 글 전체는 학문과 무관한 아이들과 좀더 새로운 교육에 공감하는 한 부모의 생생한 발언으로 일독할 만하다. 아래에서 살펴보겠지만, 여기서 표현되는 학교 교사의 전형적인 모습은 역사적으로 뿌리가 깊다.[19]

유치원 교사들은 아이들을 이해한다. 프로그램은 아이들 중심이다. 학교생활은 놀이, 음악, 그림 그리기, 그리고 친구들과 함께하는 즐거운 시간이었다. 1학년, 2학년, 3학년으로 즐겁게 이어지다가…… 이윽고 산수가 등장했다! 갑자기 등장한 낙제의 유령이 낮이고 밤이고 우리를 괴롭혔다. 부모는 심리학 강좌에 참석하고 열등감 콤플렉스에 관한 책을 읽기 시작했다. 4학년을 겨우 마치고 5학년으로 올라갔다. 뭔가 대책을 세워야 했다. 아버지조차도 풀지 못하는 문제가 있었다. 나는 교사를 만나보기로 결심했다.
그 학교는 현관까지 나오는 사람이 없었다. 아무도 낯선 사람에게 인사를 건네지 않았고, 손님이 온 것을 알리지도 않았다. 어두침침한 복도가 이어지며 일정한 간격으로 닫힌 문들이 보였다. 안에서는 익숙하지 않은 소리가 들려왔다. 서둘러 지나가는 아이에게 물어보고는 으스스한 문지방 앞에서 문을 두드렸다. 최대한 유쾌하게 미소를 지으면서 교사에게 내 이름을 말했다. "아, 네." 교사는 나의 용무를 이미 알고 있었다는 듯이 대답하고는 출석부를 집어들었다. 영화에 나오는 갱스터가 총을 꺼내드는 것처럼 민첩한 동작이었다.
줄이 그어진 종이에 학생들의 이름이 알파벳 순으로 깔끔하게 적혀 있었다. 교사는 종이 아래쪽으로 핏기 없는 손가락을 움직여서 내 딸의 이름을 짚었다. 이름마다 뒤에 작은 사각형 칸이 그려져 있었다.

거기에는 무슨 의미인지 이해할 수가 없는 기호가 적혀 있었다. 교사의 손가락이 출석부의 펼쳐진 면을 가로질러 움직였다. 내 아이의 이름 뒤에 적힌 기호는 다른 아이들의 것과는 달랐다. 교사는 달리 할 말이 없다는 듯이 이쪽을 의기양양하게 쳐다보았다. 무척 활기찬 아이의 모든 행동을 교사는 작은 영역에 가두어왔다. 나는 삶 전체, 인격 전체에 관심이 있었다. 그런데 교사는 산수 능력에만 관심이 있었다. 차라리 오지 말았으면 좋았을 거라는 생각이 들었다. 아무런 정보도 얻지 못한 채 가라앉은 기분으로 그 자리를 나왔다.

사례 L 다음의 의견은 아서 베스터Arthur Bestor(1908~94. 미국 역사가로 1950년대에 미국의 공교육 비평가로 유명했다)에 의해 이미 유명해졌지만 여기서 한번쯤 더 상기시킬 만하다. 일리노이의 한 중학교 교장인 아래 강연문의 필자는 강연 후 교육계에서 위신을 잃기는커녕 미국 중등학교 가운데 희망 순위가 높은 게 분명한 롱아일랜드의 그레이트넥에서 비슷한 자리를 얻었고, 이후 중서부 어느 대학의 교육학부 객원교수로 초빙되었다.[20]

한동안 우리는 읽기와 쓰기, 산수를 어느 정도 신성시했습니다. 이제까지 우리는 이 세 가지가 모든 사람을 위한 것이라고…… 부자와 빈자, 머리 좋은 사람과 그렇지 않은 사람, 이 세 가지를 좋아하는 사람과 그렇지 않은 사람 모두를 위한 것이라고 말해왔습니다. 교사는 "모든 사람이 이것들을 배워야 한다"고 말합니다. 교장은 "교육을 받은 모든 사람은 어떻게 쓰고 읽는 줄을 안다"고 말합니다. 어떤 아이가 이 신성한 과목 중의 하나라도 싫어한다고 하면, 이 과목들을 제대로 익히지 못하면 자라서 그렇고 그런 사람이 된다는 훈계가 떨어집니다.

"모든 아이들에게 읽기, 쓰기, 산수를!" 그리고 "읽기, 쓰기, 산수에 모든 아이들을!" 바로 이것이었습니다.

우리는 이 구호를 없애는 데는 어느 정도 진전을 이루었습니다. 하지만 이따금 파이베타카파 상을 받은 어머니나, 철자를 제대로 쓰지 못하는 소녀를 뽑은 고용주가 학교를 놓고 한바탕 소동을 벌이면…… 입지가 좁아지지요.

모든 아이들이 읽고 계산하고 글을 짓고 철자를 바로 써야 하는 건 아니고…… 많은 아이들에게 이런 하기 싫은 공부를 충분히 익힐 만한 능력이나 의지가 없을 수도 있다는 사실을 우리가 깨닫게 되면…… 중학교 교과과정을 개선하는 일에 착수하게 될 것입니다.

조만간 많은 설득이 이루어져야 합니다. 하지만 이미 시작되고 있습니다. 언젠가 우리는 모든 아이들이 읽을 줄을 알아야 한다고 생각하는 것은 모든 아이들이 바이올린을 연주할 수 있어야 한다고 생각하는 것만큼이나 불합리하며, 모든 아이들에게 철자를 제대로 쓸 것을 요구하는 것은 모든 아이들에게 체리파이를 잘 구워야 한다고 요구하는 것만큼이나 말이 되지 않는다는 걸 깨닫게 될 것입니다.

우리 모두가 똑같은 일을 할 수는 없습니다. 우리는 똑같은 일을 하고 싶어하지 않고, 또 하지도 않을 것입니다. 어른들이 마침내 이 사실을 깨닫게 되면 모든 사람이 더 행복해지고…… 학교는 지금보다 훨씬 즐거운 곳이 될 것입니다.……

읽기, 쓰기, 산수를 익히는 것만이 행복과 성공으로 가는 유일한 길은 아니라고 주위 사람들을 설득할 수 있을 때, 다음으로 중학교 과정에서 이 영역에 할당되는 시간과 관심을 줄일 수 있습니다.……
동부의 한 중학교에서는 오랫동안 신중한 조사를 한 끝에 학생의 20
퍼센트 정도가 읽기 능력의 기준에 미달할 것이라는 사실을 받아들
이고…… 이 아이들에게는 다른 교육을 하고 있습니다. 이것이야말
로 제대로 된 사고입니다. "모든 학생은 졸업하기 전에 구구단을 외
워야 한다"고 주장하는 중학교와 비교해보십시오.

이제까지 든 사례의 출처와 원래 의도는 각기 다르지만, 이것들은 모두 반지성주의의 전형적인 가정을 드러낸다. 무엇보다 지식인은 우쭐대고 젠체하며, 나약하고 속물적이며, 부도덕하고 위험하며, 사회의 파괴분자일 공산이 크다고 여겨질 것이다. 이런 가정에 따르면 보통사람의 평범한 판단력은 특히 일련의 쉽지 않은 실무에서 성공을 거둘 경우, 학교에서 정식으로 습득한 지식 및 전문적 식견을 충분히 대체할 수 있다. 실제로 그보다 더 우월하지는 않더라도 말이다. 지식인들이 영향력을 발휘하기 쉬운 대학 같은 기관이 속속들이 썩어 있는 것도 놀랄 일은 아니다. 어쨌든 새로운 사상과 예술에 호응하는 지성을 형성하려는 교육보다는 정서적 규율이나 낡은 종교적·도덕적 원리들이 더 신뢰할 만한 인생의 지침이 되어버린다. 초등교육에서도 신체적·정서적 발달과는 정반대로 지식의 습득만 지나치게 중시하는 교육은 수행 방식이 비정하고 사회적 타락을 초래할 위험이 있다.

4

혼란을 피하려면 여기서 다음 몇 가지를 언급해둘 필요가 있다. 즉,

본서에서 다루려는 주제를 목표로 삼은 연구는 주제의 중요성을 강조하기 위해 아무래도 미국 문화사 전반을 통해서는 논증하기 어려운 방법을 취하게 된다는 것이다. 다만 미국사의 복잡한 면모를 한낱 계란머리와 멍텅구리fathead 간의 지속적인 싸움으로 재단해버리는 것은 망상이며, 나는 이 망상에 사로잡히지 않을 것이라고만 말해둔다. 게다가 미국의 역사를 문화적·지적 갈등의 역사로 포착할 수 있을 만큼 국민은 지식인파와 반지식인파로 간단하게 나눠지지 않는다. 국민의 대다수와 지적이고 명민한 일반 국민의 상당수도 단순히 비지식인은 아니다. 이 사람들은 지성과 지식인에 관한 양가감정을 가지고 있어서 당면한 문화적 문제들에 관해 끊임없이 동요한다. 그들은 계란머리에 대해 뿌리깊은 불신을 품고 있지만, 또한 계몽이나 문화를 진심으로 열망하기도 한다. 더구나 미국의 반지성주의에 관한 책이 미국 문화에 대한 균형잡힌 평가로 받아들여지기는 힘들다. 은행 파산의 역사를 경제 부문의 역사 전체로 여길 수 없는 것처럼 말이다. 나는 반지성주의가 미국의 문화에 널리 스며들어 있다고 확신하지만, 그렇다고 반지성주의가 지배적이라고 말하기는 어렵다고 생각한다. 독자들도 알아채겠지만, 내가 여러 차례 감지한 것처럼, 반지성주의는 온건하고 점잖은 형태로 널리 퍼져 있는 반면에 가장 악의적인 형태는 주로 시끄러운 소수 집단에서 발견된다. 거듭 말하지만, 이 책은 비교 연구가 아니다. 원래 이런 책이 지향해야 하는 것과 달리 말이다. 미국의 반지성주의에 초점을 맞추는 것도 내가 미국 사회에 대해 가지는 특별한, 혹은 좁은 관심의 결과일 따름이다. 나는 다른 나라에는 반지성주의가 존재하지 않는다고 생각하지 않는다. 반지성주의가 미국에서 보통 이상으로 심각한 문제인 건 맞지만, 형태나 정도의 차이는 있을지라도 대부분의 사회에서 나타나고 있을 것이다. 반지성주의는 나라에 따라 독미나리 처방〔민간에서는 독초인 독미나리를 진통제나 파상풍 치료제 등으로 쓴다. 무분별한 민간의학을 꼬집는 것이다〕, 대학도시나 대학의 폭동, 검열과 통제, 의회에 의한 조사 등의 형태를 띤다. 다만 그 보편성을 인정하더라도, 내 생각에 반지성주의는 영어권 문화유산의 일부로서 영미의 생활에서 특히 두드러지는 현상인 것 같다. 몇 년 전에 레너드 울프Leonard Woolf는 "일찍이 영국인들만큼 지성과 지식인을 경멸하고 불신한 국민도 없었다"고 말했다.[21] 아마 울프 씨는 이런 의미에서는 미국인들이 최고라는 주장을 충분히 고려하지 않은 것 같다(영국인들은 한 세기가 넘도록 미국인들의 자랑을 듣는 데 질렸기 때문에 그래도 이해할 만하다). 하지만 오래도록 자국 문화에 관해 그토록 친숙하고 깊이 아는 영국 지식인이 이런 발언을 할 수 있다는 것은 새삼 곱씹어볼 필요가 있다. 미국 지식인은 특별히 엄중한 상황에 처해 있지만 그들이 느끼는 고뇌는 대부분 다른 나라 지식인들에게도 공통되는 경험이며, 미국에는 사태의 심각함을 초래하는 나름의 사정이 있는 것이다.

이 책은 비판적 탐구이지 미국 사회와 맞서는 지식인들을 변호하는 것이 아니다. 나는 지식인들이 빠지기 쉬운 자기연민을 정당화하고픈 마음은 전혀 없다. 그들은 스스로 바빌론에서 붙잡힌 순수한 의인을 자처하는 경향이 있기 때문이다. 이런 견해를 옹호하거나, 지식인은 전면적 자유를 누려야 한다거나 혹은 막강한 권력을 행사해야 한다고 고집할 필요는 없다. 이러한 조건 없이도, 지성과 지성의 역할을 존중하는 것은 어디에서든 문화와 건전한 사회를 유지하는 데 필요한 일이며, 미국 사회에서는 종종 이런 존중이 부족했다고 지적할 수는 있을 것이다. 지식인들에 둘러싸여 지내는 사람 가운데 지식인을 부당하게 이상화하려는 이는 없다. 그러나 오류를 범하기 쉬운 인간인 지식인과 지성의 주된 역할을 관련지어 생각해보면, 로마 교회의 지혜가 떠오른다. 사제는 비록 육신의 죄와 잘못을 범할 수 있지만 교회 자체는 여전히 거룩한 것이니 말이다. 하지만 여기서도 지성 자체는 과대평가될 수 있다는 것, 그리고 지성을 인간사에 적절히 위치 지으려는 합당한 시도를 반지성주의라고 지칭해서는 안 된다는 점을 나는 잊지 않는다. "인간적 속성이 부족한 지적 능력은 체스 신동과 같은 의미에서만 존경받는다"는 T. S. 엘리엇의 말에 굳이 이의를 제기할 필요는 없다.[22] 다만 온갖 위험으로 가득찬 세상에서 미국 사회 전체가 지성을 과대평가할 위험이나, 다른 정당한 가치들을 몰아낼 만큼 지성에 초월적 가치를 부여할 위험 때문에 고민할 필요는 없다.

나의 이 모험적인 시도 앞에 도사리는 가장 큰 위험은 흔히 반지성주의는 아무것도 섞이지 않은 순수한 상태로 드러난다는 통념을 조장할지 모른다는 것이다. 지식인에게 불만을 품는 사람들은 대개의 경우 지식인에 대해 양면적 감정을 갖는 듯하다. 즉, 존경하고 경외하면서 동시에 의심과 원한을 품는다. 이런 사람들이 이제껏 많은 사회와 역사의 국면에서 늘 있어왔다. 어쨌든 반지성주의는 사상에 대해 무조건 적의를 품는 사람들이 만들어낸 게 아니다. 오히려 정반대다. 제대로 배운 사람의 가장 유력한 적은 어설프게 배운 사람인 것처럼, 으뜸가는 반지성주의자는 대개 사상에 깊이 몰두하는 이들이며, 종종 케케묵거나 배척당한 이런저런 사상에 강박적으로 빠져드는 이들이다. 반지성주의에 빠질 위험이 없는 지식인은 거의 없고, 일편단심으로 지적 열정에 사로잡힌 적 없는 반지식인도 거의 없다. 반지성주의가 역사적 연원을 추적할 수 있을 만큼 분명해지거나 당대의 논쟁거리가 될 만큼 널리 퍼지게 되면, 어느 정도의 힘을 지닌 대변인이 있어야 한다. 이러한 대변인은 대체로 배우지 못한 사람도 아니고 교양 없는 사람도 아니다. 오히려 주변적 지식인 혹은 자칭 지식인이거나 소속 집단에서 제명당한 지식인, 인정받지 못해 울분을 품은 지식인 등이다. 학식이 있는 그들은 읽고 쓸 줄을 모르는 사람들을 지도하며 스스로 주목하는 세상의 문제에 대해 진지하고 고매한 목적의식을 가지고 있다. 내가 아는 반지성주의 지도자들에는 다양한 사람들이 있다. 대부분 매우 지적이고 일부는 학식도 풍부한 복음주의 목사들, 신학을 조리 있게 설명할 수 있는 근본주의자들, 상황 판단이 무척 빠른 이들을 비롯한 정치인들, 사업가나 그 밖에 미국 문화의 실용적인 요구를 대변하는 사람들, 강한 지적 자부심과 확신을 지닌 우파 편집인들, 다양한 주변적 작가들(비트족Beatnik의 반지성주의를 보라), 지식인 사회의 다수 집단이 지난날 표방한 이단 사상에 격분하는 반공反共 석학들, 그리고 지식인들을 **활용할** 수 있을 때는 한껏 써먹었지만 지식인들의 관심사는 극도로 경멸하는 공산주의 지도자들 등이다. 이 사람들의 기질에서 그토록 두드러지는 적대감은 갖가지 사상 자체, 심지어 지식인 자체를 겨냥한 것이 아니다. 반지성주의의 대변인들은 거의 언제나 어떤 사상에 헌신하며, 살아 있는 동시대인들 가운데 눈에 띄는 지식인들을 증오하는 것만큼이나 오래전에 죽은 일부 지식인들―애덤 스미스나 토마스 아퀴나스, 장 칼뱅, 심지어 카를 마르크스조차―을 추종하기도 한다.

또한 이따금 반지성주의를 표방하는 이들이 그것을 무조건적인 신조나 일종의 원리원칙처럼 여기며 헌신하고 있다고 보는 것 역시 무자비할 뿐만 아니라 잘못된 시각이다. 사실 반지성주의는 대개 모종의 정당화될 수 있는 의도에서 빚어진 우발적 결과이다. 누구나 자신이 사상과 문화를 거스른다고는 생각하지 않는다. 아침에 일어나 거울을 보고 웃으면서 "그래, 오늘은 지식인을 고문하고 이념의 목을 졸라야지!" 따위로 말하는 사람은 없다. 우리는 아주 드물게, 그리고 극도의 의구심 속에서 특정 개인을 타고난 반지성주의자라고 지칭할 수 있을 뿐이다. 어쨌든 이처럼 개개인을 분류하거나 낙인찍는 일은 아무런 가치도 없을 것이다―그리고 분명 이것은 나의 관심사가 아니다. 중요한 것은 특정한 태도와 운동과 이념의 역사적 경향을 파악하는 일이다.23 이 점과 관련하여 일부 사람들은 어느 쪽으로든 모습을 드러낼 것이다. 사실 반지성주의는 서로 대립하는 세력에게서 공히 나타나는 특징이다. 기업가와 노동조합 지도자는 지식인 계급에 대해 놀라울 만치 비슷한 견해를 가질 수 있다. 더구나 혁신주의 교육 자체에도 강렬한 반지성주의적 요소가 들어 있는데, 이런 교육을 가장 단호하게 공격하는 우파 자경단원들도 나름의 반지성주의를 드러낸다. 그들의 반지성주의는 비록 스타일은 다르지만 좀더 확연하고 호전적이다.

단순하고 절대적인 악을 보란듯이 논하는 것은 분명 일종의 사치이다. 하지만 본서에서 다룰 문제는 이런 것이 아니다. 내가 믿고 있는 것처럼 반지성주의가 우리 문명에 널리 퍼져 있다면, 그것은 반지성주의가 대체로 정당한 대의, 적어도 옹호할 만한 대의와 연결되었기 때문이다. 반지성주의가 우리의 사고방식에 큰 영향을 끼칠 수 있었던 것은 많은 인간적이고 민주적인 감정을 사람들에게 불어넣은 복음주의 신앙에서 힘을 얻었기 때문이다. 반지성주의가 정치의 세계로 진입할 수 있었던 것은 그것이 평등을 향한 우리의 열정과 결합되었기 때문이다. 또한 반지성주의가 교육계에서 막강한 세력이 된 것은 교육에 관한 우리의 신념이 복음주의에 입각한 평등주의였다는 사실과 어느 정도 관련이 있다. 따라서 우리는 가능한 한 지성에 의한 수술이라고 할 만한 끈질기고 섬세한 방법으로 선의의 충동에 기생하는 반지성주의를 잘라내야 한다. 지성에 의한 수술을 하면 이러한 충동 자체가 불필요해진다. 이런 방법을 통해서만 반지성주의를 검증하고 억제할 수 있다. 나는 반지성주의를 완전히 제거할 수 있다고 말하지 않는다. 그것은 우리의 능력을 넘어설 뿐만 아니라 이런저런 악을 완전히 제거하고자 하는 고삐 풀린 열정은 우리 시대의 다른 망상들처럼 위험할 수 있다고 생각하기 때문이다.

2장
호평 받지 못하는 지성

1

지성이 좋은 평을 받지 못하는 미국 사회의 특성을 고찰하기 전에, 사람들이 흔히 지성을 어떻게 이해하는지에 관해 조금 언급해둘 필요가 있을 것 같다. 세간의 편견을 이해하려면 우선 일반적인 어법에서부터 시작하는 게 좋다. 이런 관점에서 미국의 대중적인 저술을 살펴보면 누구나 지성intellect이라는 개념과 지적 능력intelligence이라는 개념의 명백한 차이를 알 수 있을 것이다. 지성은 흔히 일종의 형용어로 사용되지만 지적 능력은 그렇게 사용되는 법이 없다. 누구든 지적 능력의 가치를 의심하지 않는다. 지적 능력은 하나의 이상적 자질로서 널리 존중을 받으며, 이례적으로 높은 지적 능력의 소유자로 여겨지는 개인은 무척 존경을 받는다. 지적 능력을 갖춘 사람은 언제나 칭찬을 받는다. 이에 비해 지성을 갖춘 사람은—특히 지성이 지적 능력을 수반한다고 여겨지면—때로 칭찬을 받지만, 종종 증오나 의심의 눈총을 받는다. 신뢰할 수 없고 불필요하고 부도덕하고 파괴적이라고 불리는 존재는 지성을 갖춘 사람이지 지적 능력이 뛰어난 사람이 아니다. 때로는 높은 지성에도 불구하고 지적 능력이 낮다는 말을 듣기도 한다.[1]

대체로 지적 능력과 지성의 질적 차이는 뭐라고 규정되기보다는 추정되는 데 불과한 경우가 많지만, 일반적인 어법의 맥락을 살펴보면 이런 구분의 핵심을 추출할 수 있다. 이런 핵심은 대부분의 사람들에게 이해되는 것 같다. 즉, 지적 능력은 아주 좁고 직접적이며 예측 가능한 범위 안에서 적용되는 두뇌의 우수함을 가리킨다. 이것은 조작하고 조절하는 등의 극히 실질적인 특질이다―가장 뛰어나고 소중한 동물적 장점의 하나이다. 지적 능력은 명확하게 한정된 목표의 틀 안에서 작동하며, 그런 만큼 쓸모없어 보이는 사고방식은 재빨리 잘라내버린다. 게다가 지적 능력은 워낙 보편적으로 쓸모가 있기 때문에 그 작동이 일상적으로 관찰되어, 사고방식이 단순하든 복잡하든 똑같이 존중된다.

반면에 지성은 두뇌의 비판적이고 창조적이고 사색적인 측면이라 할 수 있다. 지적 능력이 어떤 사안을 파악하고 처리하고 정리하고 조절하는 것인 데 비해, 지성은 음미하고 숙고하고 의문시하고 이론화하고 비판하고 상상한다. 지적 능력은 어떤 상황에서 직접적인 의미를 포착하고 평가한다. 지성은 평가를 평가하고 여러 상황의 의미를 포괄적인 형태로 탐구한다. 지적 능력은 동물의 한 자질로서 높이 평가된다. 이와 달리 인간의 존엄성을 독특하게 표명하는 지성은 인간의 한 자질로서 높이 평가되는 한편 비난도 받는다. 양자의 차이를 이렇게 밝혀두면, 때로 누가 보라도 예리한 지적 능력을 가진 사람을 두고 왜 비지성적이라고 하는지, 마찬가지로 왜 분명 지성적인 사람들에게서 상당히 다방면에 걸친 지적 능력을 발견할 수 있는지도 이해하기 쉬워진다.

이런 구분은 지나치게 추상적이라고 여겨질 수도 있지만, 미국 문화에서 종종 그런 실제 사례를 볼 수 있다. 예를 들어, 미국의 교육에서 가장 중시되는 목표가 지적 능력의 선별과 계발에 있다는 것은 누구도 의심한 적이 없다. 하지만 교육이 지성을 어느 정도까지 길러내야 하는지는 가장 열띤 논쟁거리였고, 이제까지 대부분의 공교육 영역에서는 지성을 적대시하는 자들이 압도적인 힘을 행사해왔다. 그러나 가장 인상적인 비교 사례는 발명 재능에 대한 미국인의 존경심과, 순수과학의 능력에 대한 정반대의 시각일 것이다. 미국의 가장 위대한 천재 발명가 토머스 A. 에디슨은 거의 성인처럼 추앙받으며 그를 둘러싼 전설이 만들어졌다. 이와 달리 순이론적 연구에서 이룩한 업적에 대해서는 에디슨의 발명만큼 눈부시고 보통사람들의 삶에 직접적인 영향을 끼쳤다는 식의 대중적 찬사를 기대하기는 힘들다. 그래도 미국의 순수과학에서 가장 위대한 천재이자 현대 물리화학의 이론적 토대를 마련한 조사이아 윌러드 깁스Josiah Willard Gibbs라면 식자층 사이에서 에디슨에 비견될 만한 갈채를 받는 인물이 될 수도 있었다. 하지만 깁스는 정작 유럽에서 명성을 얻었을 뿐, 평생을 대중과는 동떨어진 채로 살았고, 32년간 교편을 잡은 예일 대학에서조차 그다지 알려진 적이 없었다. 19세기에 미국의 대학들 가운데 가장 뛰어난 과학적 업적을 쌓은 예일 대학에서는 이 32년 동안 깁스의 연구를 이해할 수 있는 대학원생이 겨우 대여섯 명밖에 배출되지 않았고, 대학 당국도 굳이 그에게 명예학위를 수여하려 들지 않았다.[2]

사회에서 지성이 어떤 운명을 맞는지에 관해 말할 때면 특히 어려움이 생긴다. 우리는 지성이 한낱 직업상의 문제가 아니라는 것을 알고 있지만, 부득이하게 그것을 직업과 관련지어 말하게 된다는 것도 사실이기 때문이다. 일반적인 어법에서 지성은 일부 전문직의 속성이라고 여겨진다. 지식인이라고 하면 대개 작가나 비평가, 대학교수, 과학자, 편집인, 저널리스트, 변호사, 성직자 등을 가리킨다. 자크 바전이 말한 것처럼, 지식인은 서류가방을 들고 다니는 사람이다. 이런 편리한 설명을 포기하기는 거의 불가능하다. 지식인의 지위와 역할은 서류가방을 들고 다니는 전문직 집단과 밀접한 관계가 있다. 하지만 아무리 학문과 관련된 직종이라 할지라도 전문직 종사자를 말 그대로의 의미로 지식인이라고 믿을 사람은 거의 없다. 지성은 대부분의 전문직에서 도움이 되지만, 지적 능력만 있어도 충분히 제 역할을 한다. 예를 들어, 우리는 대학인이 모두 지식인은 아님을 알며, 종종 이런 사실을 개탄한다. 또한 지성은 전문직을 위해 훈련받은 지적 능력과는 대조적으로, 그 사람의 직업이 아니라 오로지 그 인물에 부속되는 것이라는 점도 우리는 안다. 그리고 사회에서 지성과 지식인 계급이 어떤 위치에 있는가 하는 문제로 골치를 앓을 때, 우리는 일부 직업 집단의 지위만이 아니라 일정한 정신적 자질에 담긴 가치도 염두에 둔다.

미국 문화에서 장인의 일이라고 부를 만한 것—변호사, 편집인, 기술자, 의사, 그리고 일부의 작가나 대다수 대학교수의 일—의 대부분은 지식에 전면적으로 의존하기는 하지만 뚜렷하게 지성적이지는 않다. 학문적이거나 그에 준하는 성격의 전문직에 종사하는 사람은 자기 일을 하기 위해서는 관련 지식을 확실하게 축적하고 마음대로 구사해야 한다. 나아가 잘 구사할 뿐만 아니라 지적으로 활용해야 한다. 하지만 직업적 입장에서는 이런 지식을 주로 도구로서 활용한다. 이 문제의 핵심은—막스 베버가 정치에 관해서 한 구분을 빌리자면—전문직 종사자는 지식을 **위해서**가 아니라 지식에 **의존해서** 산다는 것이다. 직업적 역할이나 직업적 기능이 지식인을 만들지는 않는다. 그들은 정신노동자이고 기술자이다. 또한 지식인일 수도 있다. 다만 그 경우에는 전문 업무상 요구되는 것이 아닌, 지식에 대한 명확한 감각을 업무에 동원한다. 프로페셔널인 그들은 판매하기 위한 지적 기능을 쌓아왔다. 다만 이 기능이 숙련된 것이라도, 업무상 요구되는 일정한 자질—치우침 없는 지적 능력, 일반화할 수 있는 능력, 자유로운 사색, 참신한 관찰, 창의적인 호기심, 근본적인 비판력—이 없으면 지식인이라고 여겨지지 않는다. 집에서는 지식인일지 몰라도 직장에서는 주어진 목적을 위해 두뇌를 사용하는 고용된 정신적 기술자이다. 바로 이런 요소—지적인 과정 자체와 무관하게 외부에서 결정된 어떤 이해관계나 견해에 따라 목표가 정해진다는 사실—야말로 오직 하나의 관념에만 집착하면서 사는 광신자와, 두뇌를 자유로운 사색이 아니라 직업상의 목적을 위해 사용하는 정신적 기술자의 공통된 특징이다. 이 경우에 목표는 외부로부터 주어진 것이고 스스로 결정한 것이 아닌 반면, 지적인 삶에는 모종의 자발적 성격과 내적인 결단이 따른다. 지적인 삶에는 또한 나름의 독특한 안정감이 있는데, 내가 보기에 이런 안정감은 지식인이 지식에 대해 갖는 태도에서 나타나는 두 가지 기본적인 특질, 즉 장난기와 경건함이라고 이름 붙일 수 있는 특질 사이의 균형에서 생기는 것 같다.

여기서 '지성적인 것'이란 무엇인지를 정의하기 위해서는 이를테면 지적인 변호사나 대학교수, 지적이지 않은 변호사나 대학교수가 어떻게 다른지를 판단할 수 있어야 한다. 다시 말하자면, 왜 변호사나 대학교수가 어떤 때는 순전히 틀에 박힌 직업적 방식으로 행동하고 어떤 때는 지식인으로서 행동하는지를 판단할 수 있어야 한다. 양자의 차이는 업무의 기반이 되는 지식의 성격이 아니라 지식을 대하는 태도에 있다. 내가 말한 바 있듯이, 어떻게 보면 그들은 지식을 위해 살고 있다―실로 종교적 헌신과 흡사한, 정신의 삶에 대한 헌신적 의식을 갖고 있다. 이는 특별히 놀랄 일도 아니다. 지식인의 역할은 아주 중요한 부분에서 성직자의 직무를 물려받은 것이기 때문이다. 그 의식은 이해라는 행위 속에서 궁극적인 가치를 인정하는 어떤 특별한 것이다. 소크라테스가 반성하지 않는 삶은 영위할 가치가 없다고 말했을 때, 그는 이 문제의 본질을 간파했던 것이다. 역사를 돌아보면, 시간과 장소와 문화에 따른 차이는 있을지라도 이런 의식의 중요성을 표현해온 다양한 지식인의 목소리를 들을 수 있다. 단테는 『제정론De Monarchia』에서 이렇게 말했다. "전체적으로 보면, 인류의 적절한 역할은 지성의 모든 역량을 끊임없이 구체적인 형태로 표출해가는 것이다. 처음에는 사색이라는 형태로 그것을 꾸준히 확장하면서, 그리고 다음에는 행위라는 형태로 말이다." 따라서 가장 고귀하고 신성神性에 가능한 한 다가서려는 행위는 앎의 행위이다. 로크의 『인간지성론An Essay Concerning Human Understanding』 첫대목은 이와 동일한 것을 좀더 세속적이고 행동주의적으로 바꿔 말한 것일 뿐이다. "인간이 다른 감각적 생명체들과 구별되고 모든 우월성과 지배력을 가질 수 있는 것은 **지성**이 있기 때문이다." 호손은 『블라이스데일 로맨스The Blithedale Romance』의 거의 마지막 대목에서 조물주가 인간을 통해 추구하는 최고의 목적은 "의식적인 지적 생활과 감성"이라고 말한다. 마지막으로, 우리 시대의 앙드레 말로는 한 소설에서 "인생을 최대한으로 구가하기 위해서는 어떻게 하면 좋을까?"라고 묻고는 이렇게 답한다. "그러려면 가능한 한 폭넓은 경험을 의식적 사고로 전환해야 한다."

지성주의intellectualism는 결코 의심하는 사람들에게만 국한되는 것은 아니지만, 회의론자들은 종종 그것을 유일한 의지처로 삼는다. 나는 몇 년 전에 한 동료로부터 짧은 논문 한 편을 읽어달라는 부탁을 받은 적이 있다. 그의 분야에서 좀더 높은 단계의 연구를 계속하려는 학생들을 위해 쓴 글이었다. 논문의 표면적인 취지는 자신의 학문 분야 안에서 어떻게 하면 지적인 삶을 영위할 수 있는지를 보여주려는 것이었지만, 결과적으로는 지적 작업에 대한 그의 헌신적 노력을 개인적으로 표현하는 것이었다. 그 글은 신랄한 회의의 정신으로 쓴 것이었지만, 나는 어쩐지 리처드 스틸Richard Steele의 『상인의 소명The Tradesman's Calling』이나 코튼 매더Cotton Mather의 『선행록Essays to Do Good』에 견줄 만한 경건한 문학 작품을 읽는 듯한 느낌을 받았다. 거기서는 프로테스탄트 작가들과 마찬가지로 지적 작업을 하나의 소명으로 표현하고 있었기 때문이다. 그는 자신의 일을 일종의 경건한 수련, 즉 인격 수양으로 여기는데, 이런 사고방식이 가능했던 것은 그 직업이 장인적 직무나 전문직을 넘어서는 것이었기 때문이다. 그것은 생각에 생각을 가다듬는 일, 즉 이른바 진리에 봉사하는 일이었다. 지적인 삶은 여기서 모종의 기본적인 도덕성을 띠게 된다. 내가 지식인의 신앙이라고 부르는 것은 지식인이 지식에 대해서 가지는 감각의 한 측면이다. 지식인은 앙가주망, 즉 맹세하고, 책임지고, 참여한다. 다른 모든 사람들이 기꺼이 인정하려 드는 것, 요컨대 지식이나 추상적 개념이 인간의 삶에서 특히 중요하다는 것을 지식인은 지상명령처럼 느낀다.

물론 여기서 문제가 되는 것은 순전히 개인적인 규율이나 숙고 및 이해의 삶 자체에 그치지 않는다. 사고하는 삶이 인간 활동의 최고 형태로 여겨진다 할지라도 그것은 하나의 매개수단이며, 그것을 통해 다른 가치들이 인간 사회에서 다듬어지고 주장되고 실현되어가기 때문이다. 전반적으로 지식인들은 종종 인류의 도덕적 안내자 노릇을 하려고 해왔다. 근본적인 도덕적 쟁점들을 대중이 의식하기에 앞서 그것들을 예견하고 가능한 한 분명하게 밝히려고 한 것이다. 사상가는 스스로 자신의 진리 탐구와 관련이 있는 도리나 정의 같은 가치들의 특별한 수호자가 되어야 한다고 느끼며, 때로 자신의 정체성 자체가 조야한 악폐에 의해 위협을 받게 되면 공인公人으로서의 존재감을 강하게 드러내려 한다. 이와 관련해서는 칼라스Calas 가문〔17세기 전반의 프랑스 상인. 신교도. 로마 가톨릭으로 개종하려는 장남을 살해한 혐의로 거열형에 처해졌다. 훗날 볼테르의 활동으로 재심에 부쳐져 무죄가 확정되었다〕을 변호한 볼테르나 드레퓌스를 위해 목소리를 높인 졸라, 그리고 사코와 반제티의 재판〔니콜라 사코Nicola Sacco와 바톨로메오 반제티 Bartolomeo Vanzetti는 이탈리아계 미국인 아나키스트로. 1920년 매사추세츠주의 한 신발 공장에 침입해 2명을 죽인 혐의로 기소되었다. 재판 과정에서 실질적인 증거는 전혀 제시되지 않았고, 오히려 두 사람의 알리바이를 증언하는 증인들이 많았다. 하지만 두 사람은 법정에서 무기를 휴대한 이유를 묻는 심문에 아나키스트적 신념을 당당하게 밝혔고, 배심원단은 유죄를 평결했다. 이후 1925년에 스스로 살인 사건에 관여했다는 인물이 나타나고, 1심 판사까지 나서서 재심을 요구했지만 대법원은 재심을 기각했고, 1927년에 사코와 반제티의 사형이 집행되었다. 이 사건은 미국뿐 아니라 국제적으로도 많은 항의를 불러일으켰다)에 격분한 미국의 지식인들이 생각난다.

이러한 가치들에 지식인들만 관심을 갖는다면 불행한 일일 테고, 또한 그들의 열정이 때로는 그릇된 방향으로 흐를 수 있는 것도 사실이다. 그러나 지식인들이 다른 누구보다 이런 가치들에 민감하다는 것도 사실이다. 어느 의미에서 특권을 가진다고 여겨지는 모든 계급 가운데 지식인이 자신들보다 하층에 있는 사회계급의 안녕에 가장 일관되게 관심을 보여온 것은 현대 서양 지식인 계급의 역사적 영광이다. 지식인의 사명감 이면에는 합리성에 따라 행동하는 그들의 능력과, 정의나 질서를 추구하는 그들의 열정에 이 세상이 어느 정도는 공감할 것이라는 믿음이 있다. 인류에 대한 지식인의 가치는 많은 부분 이런 확신에서 생겨나며, 또 한편으로는 해악을 끼치기도 쉬워진다.

2

그러나 지식인이 해악을 끼치기 쉽다고 지적하는 것은 지식인의 경건함이 그 자체로 충분하지는 않다는 생각으로 이어진다. 앞서 말한 것처럼, 지식인은 지식을 위해 사는 존재이지만, 그들에게는 **단 하나의 지식**을 위해서만 살거나 강박에 사로잡히지 않도록 하는 뭔가가 있다. 광신자들 중에는 우리가 여전히 지식인으로 여길 수 있는 이들이 있지만, 광신은 그런 부류의 결함이지 불가결한 것은 아니다. 지식에 대한 관심이 아무리 헌신적이고 진지하다고 할지라도, 지식인이 모종의 제한된 선입견이나 완전히 외적인 목적에만 봉사하게 되면, 광신이 지성을 삼켜버린다. 정신적 삶에서 지식에 자립적으로 헌신하지 않는 것 이상으로 위험한 것은 특수하고 제한된 지식에 지나치게 몰입하는 일이다. 그 영향을 신학만큼이나 정치에서도 관찰할 수 있다. 극히 제한된 관점에 지나치게 매몰되면 지성의 기능이 훼손될 수 있다.

따라서 그런 경건함에는 균형 감각이 필요하다. 경건함이 너무 경직된 방식으로 행사되는 것을 막기 위해서 말이다. 그리고 그것은 대부분의 지적인 기질에 있는, 내가 장난기라고 부르는 자질, 즉 정신의 놀이이다. 우리는 정신의 놀이에 관해 말한다. 지식인은 분명 정신의 놀이 그 자체를 즐기며, 이런 놀이에서 인생의 주요한 가치를 발견한다. 여기서 떠오르는 것은 지적인 활동으로 맛보는 순수한 기쁨의 요소이다. 이런 관점에 서면, 지성을 건전한 동물적 본능이라고 여길 수도 있다. 정신 에너지의 잉여분은 실용성이나 한낱 생존에 필요한 일에서 해방될 때 작동한다. 실러는 "사람은 놀 때에 비로소 완전한 인간이 된다"고 말했다. 이런 격언이 나오는 것은 생존에 필요한 것을 넘어서는 잉여가 인간에게는 중요하다는 인식이 있기 때문이다. 베블런Thorstein Veblen은 종종 지적 능력을 "게으른 호기심"이라고 일컬었다. 그러나 장난기를 지닌 호기심이 너무 활발한 한, 이런 명명은 잘못된 것이다. 이런 왕성함과 활발함이 바로 지성의 진리에 대한 시각이나, 도그마에 대한 불만을 특색 있는 것으로 만든다.

이상론으로서는 진리 탐구가 지식인이 하는 일의 핵심이라고 하지만, 이는 과대평가이며 동시에 충분하다고도 말할 수 없다. 행복과 마찬가지로 진리도 추구하는 일 자체에 기쁨이 있으며, 그것이 성취되면 결국 덧없음이 느껴진다. 진리는 손에 잡히는 순간 매력을 잃는다. 오래도록 널리 믿어져온 진리는 시간이 흐름에 따라 어쩔 수 없이 오류로 바뀐다. 간단한 진리는 따분한 것이며, 이런 진리는 대부분 절반의 진리로 변모한다. 뭔가를 확신하더라도, 건전한 놀이의 정신을 지닌 지식인이라면 불만스러운 점을 발견하기 시작한다. 지적인 삶의 의미는 진리를 소유하는 것이 아니라 불확실한 것을 새로이 탐색한다는 데에 있다. 해럴드 로젠버그Harold Rosenberg는 지적인 삶의 이런 측면을 요약해서, 지식인이란 해답을 질문으로 바꾸는 사람이라고 말했다. 정곡을 찌르는 말이다.

이런 장난기의 요소는 아벨라르의 『예와 아니요Sic et Non』에서 다다이즘 시까지 온갖 다양한 정신의 산물들을 고취해왔다. 하지만 내가 **놀이와 장난기**라는 말을 사용한다고 해서 진지함의 결여를 암시하려는 것은 아니다. 오히려 정반대이다. 아이든 어른이든 노는 모습을 보면 놀이와 진지함이 전혀 모순되지 않음을 누구나 알게 된다. 또 어떤 놀이는 일을 할 때보다 훨씬 진지한 집중을 유발한다는 사실도 알게 된다. 물론 장난기에 실용성이 없는 것도 아니다. 미국에서는 공공의 논의에서 지성이 거론될 때 항상 검증되는 것이 바로 이 실용성이라는 기준이다. 그러나 원칙적으로 지성은 실용적이지도 비실용적이지도 않다. 말하자면 초실용적이다. 자신의 경건함에 압도된 광신자나, 팔릴 만한 지적 기능에만 관심이 있는 장인에게는 지식의 출발점과 도달점도 지적 과정의 외부에 있는 목표와 관련해서 유용한지 어떤지로 결정된다. 반면에 지식인은 애당초 이런 목표에는 관심이 없다. 그렇다고 지식인이 실제적인 것을 경멸한다는 의미는 아니다. 많은 실제적인 문제들에 대한 지적 관심에는 마음을 빼앗는 요소가 있다. 또한 지식인이 비실용적이라는 것은 더더구나 부적절하다. 지식인은 다른 어떤 것, 즉 실용적인 목적이 있는지 없는지만으로는 재단할 수 없는 문제에 관심을 가진다. 지식인이 천성적으로 비실용적이라는 통념은 조금만 검토해봐도 금세 그릇된 것으로 드러난다(애덤 스미스나 토머스 제퍼슨Thomas Jefferson, 로버트 오언Robert Owen, 발터 라테나우Walter Rathenau, 존 메이너드 케인스 같은 지식인이 정치인이나 기업가들이 볼 때 대단히 실용적인 사람들이었음을 쉽사리 떠올릴 수 있다). 하지만 지식인에게 실용성은 지식에 대한 관심의 본질이 아니다. 이런 견해를 액턴John Dalberg-Acton은 다소 극단적으로 이렇게 표현한 바 있다. "나는 우리가 하는 연구는 거의 목적이 없어야 한다고 생각한다. 연구는 수학처럼 순수하게 수행해야 한다."

순전히 실용적인 것에 대한 지식인의 견해를 보여주는 한 예로서 수학자이자 이론물리학자인 제임스 클러크 맥스웰이 전화 발명에 대해 보인 반응을 들 수 있다. 이 새로운 도구의 기능에 관한 강연 요청을 받은 맥스웰은 처음에 미국으로부터 소문이 들렸을 때만 해도 그런 것이 실제로 발명되었다고는 믿기 힘들었다고 말했다. 하지만 그는 이렇게 말을 이었다. "마침내 이 작은 도구가 등장했을 때, 모든 부품이 눈에 익은 것들이고 초보자도 조립할 수 있는 것으로 보였다. 그런 변변찮은 외관 때문에 생긴 실망감은 정말 그것으로 대화를 나눌 수 있다는 걸 알고는 조금이나마 누그러졌다." 전화기의 유감스러울 만큼 단순한 외관 속에 "어떤 난해한 물리학적 원리가 숨어 있거나 학계 사람들이 한 시간은 경청할 만한 연구가 반영되어" 있다면 납득이 되었을지도 모른다. 그러나 천만의 말씀이었다. 맥스웰은 전화기와 관련된 물리적 프로세스를 이해하지 못하는 사람을 단 한 명도 만나지 못했고, 일간지의 과학 기자마저도 거의 정확하게 이해하고 있었다![3] 이 물체는 실망스러울 정도로 따분한 것이었다. 난해하거나 곤란하거나 심오하거나 복잡하지 않았다. **지적으로** 새로운 것이 아니었다.

　내 생각에 맥스웰이 보인 반응은 별로 칭찬할 만한 것 같지 않다. 그는 역사가나 사회학자, 심지어 가정주부가 아닌 순수과학자의 관점에서 전화기를 대하고는 공상의 나래를 펴지 못했던 것이다. 상업적으로나 역사적으로, 또 인간의 삶의 영위로서도 전화는 흥미진진한 발명이었다. 통신 수단으로서, 심지어는 교통의 수단으로서의 그 가능성은 상상력의 새로운 창을 열어젖혔는지도 모른다. 하지만 맥스웰은 스스로 한정한 관심 분야인 물리학 안에 머물면서 이 문제에 대한 지적 흥미에 관해 얼마간 완고하고 대담하게 발언했던 것이다. 물리학자인 그에게 이 새로운 도구는 놀이의 가능성을 전혀 제시하지 못했다.

　혹자는 지적인 기질에 내포된 이 두 가지 성질, 즉 장난기와 경건함 사이에는 어떤 치명적인 모순이 있는 건 아닌지 하는 물음을 던질 수 있다. 분명 둘 사이에는 긴장이 존재하지만 결코 치명적이지는 않다. 이런 긴장은 인간의 성질 속에서 창의적인 자극을 불러일으키는 것 가운데 하나이다. 말하자면 이것은 서로 다를 뿐만 아니라 대립하기도 하는 다양한 견해들을 이해하고 표현하는 능력이며, 상상력을 통해 자신과 반대되는 감정이나 지식을 용인하고 심지어 끌어안기까지 하는 능력이다. 이것이야말로 인간적인 표현의 모든 영역이나 다양한 탐구 분야에서 일류의 작업을 낳는 계기가 된다. 인간이라는 존재는 모순투성이이며, 홈스Oliver Wendell Holmes Jr.의 표현을 빌리자면, 지식인의 삶조차 논리가 아니라 경험이다(올리버 웬델 홈스 2세는 법의 삶은 논리가 아니라 경험이라고 말한 바 있다). 과거의 지식인들이나 자기 주위의 지식인들을 생각해보면 잘 알 수 있다. 어떤 이들은 장난기가 지배적일 테고, 또 어떤 이들은 눈에 띄게 경건할 것이다. 하지만 대다수 지식인들의 경우에는 이 두 가지 특질이 각각 제한적이고 견제를 받는다. 사상가의 유연성은 정신의 이 두 측면 사이에서 평형을 유지하는 능력으로 측정할 수 있다. 한쪽 극단에서는 장난기가 지나쳐서 사소한 것에 구애받거나, 지적 에너지를 단순한 테크닉으로 허비하거나, 딜레탕티슴에 빠지거나, 창의적인 노력을 허사로 돌리게 될 것이다. 그리고 다른 극단에서는 경건함이 지나쳐서 경직된 태도나 광신, 메시아주의로 치닫거나, 도덕적으로 비열하든 훌륭하든 간에 지성적이지 않은 삶의 방식으로 이어진다.4

역사적으로 보면, 장난기와 경건함은 각각 지식인의 기능이 가지는 귀족적인 면과 사제적인 면의 잔재라고 생각하는 게 유용할지도 모른다. 놀이의 요소는 유한계급의 기풍에 뿌리를 두는 것으로서 창조력이나 인문학의 중심이 되어왔다. 경건함의 요소는 지식인들이 사제적 유산을 이어받은 존재임을 상기시킨다. 진리를 탐구하고 파악하는 것은 거룩한 소임이었던 것이다. 그러한 유산을 이어받는 현대의 지식인은 귀족으로부터는 청교도주의나 평등주의자의 반감에 취약한 처지를, 그리고 사제로부터는 위계질서에 대한 대중의 공격이나 반교권주의자에 취약한 처지를 물려받는다. 따라서 다른 어떤 나라보다도 민주주의와 반율법주의의 본거지인 미국에서 지식인의 위치가 대체로 불안정하다고 하더라도 놀랄 일은 아니다.

지식인의 비극의 하나는 자기 자신이나 자신의 연구에 관해 최대의 가치를 두는 것이 그 사회가 그에게서 찾는 가치와 완전히 다르다는 사실이다. 사회가 지식인을 중시하는 것은 실제로 대중오락에서 무기 설계까지 지식인을 다양한 목적으로 활용할 수 있기 때문이다.

하지만 내가 지성주의의 본질이라고 지적해온 기질이라는 것을 사회가 충분히 이해하기란 불가능에 가깝다. 갖가지 형태로 나타나는 지식인의 장난기는 아마도 대다수 사람들에게 비뚤어진 사치로 보일 공산이 크다. 미국에서 지적 유희는 가장 꼴사납게 보이는 놀이의 유일한 형태일 것이다. 지식인의 경건함도 실제로 위험하지는 않더라도 눈 밖에 날 수 있다. 그리고 두 자질 가운데 어느 것도 실용적인 비즈니스 사회에 큰 기여를 한다고 여겨지지는 않는다.

3
—

이제껏 말해왔듯이, 미국에서 지성이나 지식인에 관해 맨 먼저 제기되는 문제 중 하나는 그 실용성이다. 우리 시대에 반지성주의가 변화를 겪은 이유의 한 가지는 지성의 비실용성에 대한 우리의 인식이 바뀌었다는 데에 있다. 19세기에는 기업의 기준이 거의 아무런 도전도 받지 않은 채 미국의 문화를 지배하고 기업가나 전문직 종사자가 정식 교육을 별로 받지 않고도 출세할 수 있었기 때문에 고등교육은 종종 무익한 것으로 여겨졌다. 학교 교육은 지성의 특질을 기르기 위해서가 아니라 개인적 출세를 위해 존재한다고 여겨졌다. 그래서 실무에 직접 관계하는 편이 훨씬 유용한 교육 방법으로 여겨진 반면, 지적이고 문화적인 목적 추구는 비현실적이고 남자답지 않으며 비실용적이라고 여겨졌다. 이런 주장은 흔히 거칠고 속물적인 언어로 제시되었음에도 불구하고 미국적인 삶의 현실과 요구에 거칠게나마 부응하는 측면이 있었다. 정식으로 육성되는 지성에 대한 이런 회의주의는 20세기에 들어와서도 살아남았다. 물론 오늘날 미국 사회는 대단히 복잡해지고 세계의 다른 지역과의 관계도 깊어졌다. 생활의 거의 모든 영역에서 이제는 정식 교육을 받는 것이 성공의 전제 조건이 되었다. 동시에 현대 생활이 점점 복잡해짐에 따라 보통의 시민이 혼자만의 지능과 이해력으로 할 수 있는 일도 점차 줄어들었다. 미국인이 원래 가지고 있었던 꿈에서는 보통사람이 만사를 주무르는 것은 당연하고도 불가피한 일이었다. 특별한 교육을 받지 않고도 보통사람이 전문적인 일을 수행하고 정부를 운영할 수 있다고 믿어졌다. 그러나 오늘날에는 하다못해 아침식사도 무슨 기구를 사용하지 않고는 먹을 수 없다. 어쨌든 그 정체야 모르지만 전문가가 자유롭게 사용할 수 있게 해준 것들이다. 더구나 아침 식탁에 앉아 조간신문을 대하면, 온갖 생생하고 복잡한 문제들이 눈에 들어온다. 다만 자신에게 솔직한 사람이라면, 그런 문제들을 제대로 판단할 만한 능력이 자신에게는 없음을 인정한다.

그리하여 일상적인 실무 세계에서도 훈련된 지적 능력이 압도적인 중요성을 가지는 힘으로 인정을 받기에 이르렀다. 한때는 지성이나 정식 교육이 은근한 조롱거리였지만, 이제는 지식인이 전문가로서 악의적인 원한의 대상이 되고 있다. 물론 얼빠진 교수라는 스테레오타입으로 적절하게 표현되는 고수머리 지식인이라는 오랜 관념은 여전히 남아 있다. 하지만 오늘날 이 관념은 점점 어떤 심대한 두려움에 맞설 절실한 방어벽으로 변해가고 있다. 한때 지식인은 불필요한 존재라는 이유로 점잖게 조롱을 받았다. 오늘날 지식인은 지나치게 필요한 존재라는 이유로 격렬한 분노의 대상이 되었다. 지식인은 너무나도 실용적이고 지나치게 효율적인 존재가 되었다. 운이 나빠지는 게 아니라 좋아지기 때문에 원한의 대상이 되었다. 독을 품은 공격의 대상이 될 만큼 지식인을 부각시킨 것은 그들의 관념적 특질이나 무용함, 무기력함이 아니라 그들의 업적이나 영향력, 쾌적한 실생활, 상상되는 화려함이며, 또한 사회는 지식인의 기능에 의존하고 있다. 지성은 권력이나 특권의 한 요소로서 선망의 대상이 되고 있는 것이다.

다만 여기서 우리가 염두에 두는 것은 지식인이라기보다는 전문가라는 것일 수도 있다. 분명 많은 지식인은 공공의 장에서 중요한 역할을 하는 전문가가 아니며, 대중의 의식에 큰 영향을 끼치지도 못한다.[5] 이 점은 논의의 여지도 없지만, 내가 강조하고 싶은 바는 지식인을 대하는 일반적인 태도가 대개는 큰 영향력을 행사하는 지식인에 의해 형성되었다는 것이다. 대체로 지식인이 대중에게 영향을 끼치는 것은 그들이 전문가나 이데올로그의 입장에서 행동할 때이다. 어느 쪽 입장이든 간에 지식인은 심대하고 어느 정도는 정당한 공포감과 분노를 불러일으킨다. 두 입장 모두 미국 사회에 만연한 무력감을 증대시키고 있다—뭔가에 조종당하고 있다고 느끼는 대중의 격분을 전문가는 늘 자극하고, 이데올로그는 체제 전복에 대한 공포를 일깨우며 근대화에 수반되는 온갖 암울한 심리적 스트레스를 고조시킨다.

최근 30년 동안만 해도 공적인 문제에 관해 다소라도 아는 사람이라면 누구나 전문가들이 자기 존재를 부각시키려고 만든 조직이나 기구를 의식할 수밖에 없었다. 우선 뉴딜 시대에는 널리 알려진 두뇌위원회brain trust나 세분화된 각종 통제기관들이 대공황에 대처하기 위해 세워졌고, 전쟁중에는 전략사무국Office of Strategic Services이나 과학연구개발국Office of Scientific Research and Development이 만들어졌다. 오늘날에는 중앙정보국CIA, 원자력위원회AEC, 랜드연구소Rand Corporation, 대통령 경제자문위원회, 그리고 전쟁의 수단이나 전략에 관한 연구조사를 수행하는 모든 기관이 온갖 문제를 다룬다. 이 문제들은 보통사람의 운명을 결정할 수 있고 종종 실제로 결정하지만, 보통사람은 자세히 들여다볼 수 없다. 대다수 대중은 스스로 사실에 입각해서 판단을 내릴 수 없는 처지에서 기꺼이 정치적 수동성에 몸을 맡긴다. 하지만 공무나 사기업의 관리운영은 그동안 하류 정치인이나 소기업가들이 대개 자기 뜻대로 하면 되는 것으로 여겨온 분야이다. 그러던 것이 프랭클린 D. 루스벨트 대통령 시대 이후로는 자신들보다 더 나은 교육을 받고 지식도 갖춘 전문가들과 대결할 수밖에 없게 되어 줄곧 좌절감을 느꼈다. 일반 대중과 마찬가지로 이 사람들도 이제는 중요한 결정에 참여할 힘도 없고 식견도 없다. 권력의 내부 세계를 이해할 수 없게 됨에 따라 그들 역시 권력이 행사되는 방식에 대한 대중의 의구심에 공감하며 그것을 부추기는 쪽으로 기운다. 연방의회 의원에 선출된 소도시 법률가들이나 사업가들은 주요한 조언자로서의 역할을 전문가로부터 빼앗아올 수는 없지만, 연방의회에서 벌이는 조사나 괴롭힘을 통해 일종의 복수를 할 수는 있다. 그리고 당연히 도덕적 사명감을 가지고 이 임무를 수행한다. 어쨌든 전문가가 제안한 정책에는 숱한 결점이나 실패가 따랐지만, 대중의 눈에 이런 실패는 단순한 인간적 실수가 아니라 냉혹하고 냉소적인 조작과 음모, 심지어 배신행위로까지 비쳤다. 앨저 히스 등의 공직 경력은 이런 감정이 배출구를 찾는 상징이 되었다. 그리고 과학 지식을 구사한 간첩 사건이 드러나면서, 세계는 비밀 권력에 의해 굴러가고 또 거기에서는 기밀을 훔치려는 자들이 들끓는다는 이미지를 강화하고 있다.[6]

물리과학 분야에서는 가령 많은 수의 전문가가 의심스럽게 보더라도 전문가의 조언은 필수불가결한 것으로 받아들여진다. 반면에 사회

과학 분야에서의 전문적 의견은 불길하지는 않더라도 불필요한 것이라고 퇴짜를 맞을 수도 있다. 연방의회의 한 의원은 다음과 같이 말하면서 사회과학을 전미과학재단National Science Foundation에 포함시키는 방안에 반대했다.7

내 생각에 나 말고 다른 사람들은 모두 자기를 사회과학자라고 여깁니다. 나는 사회과학자가 아닌 게 분명하지만, 다른 사람들은 모두 남들이 어떻게 행동해야 하는지를 결정할 수 있는 고유의 권리를 신에게 받았다고 믿는 것 같습니다.…… 평범한 미국인이라면 전문직 사람들에게 자기 생활이나 개인적 문제를 들킨다든지 장래의 설계가 대신 결정되는 걸 원치 않습니다. 만약 이 법률에 의해 모든 사람의 개인적 문제나 생활에 간섭하면서 아내를 사랑하는지 등을 캐묻는 조직이 생길 조짐이 의회에서 힘을 얻는다면 어떻게 될까요? 거기에서는 짧은 머리의 여성이나 긴 머리의 남성이 우글거릴 겁니다. 이런 인상을 받는다면, 여러분은 이 법안을 통과시키지 않을 테지요.

정치인의 관점에서 보면, 프랭클린 D. 루스벨트 시대에 전문가들은 이미 꽤나 성가신 존재였다. 대통령은 정치인들과는 거리를 두었지만 전문가들은 백악관을 자유롭게 드나드는 것처럼 보였다. 냉전 시대에는 상황이 더욱 악화되었다. 대중의 관심이 최대로 집중되는 문제에 대해 전문가들만이 판단을 내릴 수 있었기 때문이다. 에드워드 실스가 지적했듯이, 포퓰리즘 문화에서는 언제나 보통사람에 의한, 보통의 판단에 근거하는 정치를 장려하고, 알권리의 신성함을 깊이 믿기 때문에 모든 것이 더욱 화나는 일이다. 여기서 정치인은 대부분의 대중이 느끼는 바를 대변한다. 시민은 전문가를 필요로 하거나 그 뜻에 따를 수밖에 없다. 하지만 현실을 외면한 대학교수나 무책임한 두뇌위원회 멤버, 미치광이 과학자 등을 조롱하고, 체제 전복적인 교사나 수상쩍은 과학자, 배반을 일삼는 듯한 대외정책 조언자를 추적하는 정치인들에게 갈채를 보내는 식으로 일종의 복수를 할 수는 있다. 미국의 역사에서는 증오를 일종의 신조로 격상시키는 어떤 정신 유형이 늘 존재해왔다. 이런 정신 유형 때문에 다른 현대 사회에서 벌어지는 계급투쟁과 유사한 방식으로 집단적 증오가 정치에 등장하는 것이다. 모호하고 방향도 어긋난 한탄이나 욕구불만이 쌓이고, 비밀이나 음모에 관한 환상을 지닌 불평분자 집단은 각 시대마다 다양한 희생양을 찾아왔다. 즉, 프리메이슨 회원이나 노예제 폐지론자, 가톨릭교도, 모르몬교도, 유대인, 흑인, 이민자, 주류업 관계자, 국제 은행가 등이다. 이런 모르쇠주의Know-Nothingism〔1850년대에 외국인 배척을 내건 미국의 정치적 운동을 가리킨다. 아일랜드계 가톨릭교도를 비롯한 이민자들의 영향력을 제한함으로써 미국 정치를 정화한다는 목표를 내세웠다. '모르쇠Know-Nothing'라는 명칭의 유래에 관해서는 비밀결사의 회합에 참가하는 암호가 "나는 모릅니다"였기 때문이라는 설과, 당의 정체를 묻는 질문에 모르쇠로 일관했기 때문이라는 설 등이 있다〕적 전통의 계승자들은 우리 시대에 이르러 마침내 인텔리겐치아를 희생양으로 고른 것이다.

만약 현대 반지성주의의 많은 부분이 지식인이 전문가로서 계속 공무에 은근슬쩍 발을 들여놓는 것에 대한 대중의 충격에서 기인한다면, 하나의 계급으로서 자신들에 대한 평판에 민감한 지식인들의 태도는 주로 그들의 성스러운 역할과 세속적인 역할이 어색하게 병존하는 데에서 생긴다. 예언자나 학자, 예술인으로서의 성스러운 역할에서 지식인은 어느 정도 용인되고 보호된다. 물론 완전하게 준수되고 존중되는 것은 아니지만 지금도 이런 규정은 살아 있다. 지식인은 현대 도시 문명의 틈바구니 안에서 프라이버시와 나름의 익명성을 보장받는다. 지식인은 금욕적인 특질을 지닌 것처럼 보이기 때문에 어느 정도 존경을 받는다. 또한 학자라면, 비록 완전하지는 않더라도 실효성이 있는 학문의 자유라는 원칙의 혜택을 누린다. 지식인은 대학뿐만 아니라 각종 재단과 도서관, 출판사, 박물관 등을 마음대로 이용할 수도 있다. 지식인의 생활에는 분명 정연하고 우아한 위엄이 있다. 그러나 만약 지식인이 전문가의 자격으로 공무에 관여함으로써 세속적인 역할을 맡는다면, 그는 아마도 소름이 끼칠 것이다. 공인公人이 되면 이 나라 정치에 만연해 있는 윤리의식을 결여한 논쟁이나, 사회 전체에 스며든 프라이버시 경시 풍조에 자기 역시 고스란히 노출된다는 걸 깨닫기 때문이다. 그리고 심지어 악의나 중상이 특별히 자신이나 지식인 부류만을 겨냥하는 것이 아니라는 사실조차 망각할지도 모른다. 실제로 저명한 현역 정치인이라면 으레 비슷한 경험을 한다. 미국이 낳은 가장 위대한 정치인들조차—제퍼슨, 링컨, 프랭클린 D. 루스벨트도—그런 악의와 중상에서 자유롭지 않았다. 일찍이 에머슨은 이렇게 물었다. "항간의 화제에 오르는 한, 욕설을 듣고 중상을 받는 것이 미국인의 첫번째 속성이자 특성이 아닐까?"[8]

4
—

전문가로서의 지식인은 두려움의 대상이면서도 받아들일 수밖에 없는 존재이지만, 이데올로그로서의 지식인은 지독한 의심과 원한과 불신의 대상이다. 전문가는 평범한 개인을 지배하며 파멸시키지는 않을까 하는 두려움으로 비치지만, 이데올로그는 소중하게 키워온 미국 사회를 이미 파괴해버렸다고 많은 사람들이 생각한다. 이러한 배경을 이해하려면, 지식인이 정치에서 얼마나 일관되게 반우익적 입장에 서왔는지를 상기해볼 필요가 있다. 물론 이것은 미국 정치에만 국한되지 않는다. 하나의 계급을 구성하는, 독립적인 사회세력으로서의 지식인이라는 현대적 관념은—나아가 **지식인**이라는 말 자체마저—정치적·도덕적 저항이라는 관념과 동일시된다. 가장 넓은 의미에서라면 지식인은 훨씬 전부터 존재해왔지만, 산업사회나 일종의 사상 시장이 출현하기 전만 해도 하나의 직업으로서 독립적인 지적 생활을 한다는 감각은 별로 없었다. 또한 그들을 결속할 필요도 그다지 없었고 동원할 필요는 더더욱 없었다. 따라서 지식인이 19세기 중반, 1848년 2월혁명과 3월혁명, 러시아의 농노 해방, 미국의 노예 해방 등으로 가는 길을 닦기 위해 노력했지만, 당시만 해도 영어에는 그들을 하나의 집단으로서 설명하기 위해 널리 사용하는 말이 아직 없었다.

지식인intellectual이라는 말이 처음 쓰이게 된 것은 프랑스에서였다. 드레퓌스 사건 때, 지식인 사회의 수많은 사람들이 들고일어나 반드레퓌스 음모에 항의했고, 이 사태는 프랑스 반동세력에 대한 이데올로기상의 성전聖戰으로 비화되고 있었다.[9] 당시에 양 진영 모두에서 이 용어를 사용하게 되었다—우파는 일종의 모욕을 담아서 썼고, 드레퓌스 지지파 지식인들은 자랑스러운 깃발로 내세웠다. 1898년에 그중 한 사람은 이렇게 썼다. "이 말을 쓰기로 하자. 이제는 지극히 신성한 말이 되었기 때문에." 그리고 이 말은 곧바로 수출되었다. 이듬해 윌리엄 제임스는 드레퓌스 사건 당시 프랑스 지식인들이 어떤 역할을 했는지를 언급한 편지에서 이렇게 썼다. "우리 미국의 '지식인'은 개인주의라는 고귀한 생득권과, 여러 제도〔교회, 군대, 귀족, 군주 — R. H.〕로부터의 자유를 지키기 위해 모든 노력을 다해야 한다. 모든 위대한 제도는 어떠한 선善을 이루든 필연적으로 부패를 낳는다. 다만 자유로운 개인 간의 관계에서만 완전히 이상적인 모습을 발견할 수 있다."10 미국 역사에서 의미심장한 것은 이 용어가 초기에는—미국에서 처음 사용된 것에 관해 내가 아는 한—"급진적"·유토피아적·반제도적인 목적을 드러내는 맥락에서 사용되었다는 점이다. 적어도 혁신주의 시대 이후로 미국에서 지적 리더십을 가진 다수의 사람들은 정치에 헌신할 경우 자유주의적liberal(이 말의 미국적 용법에서), 진보적, 혹은 급진적 등으로 표현될 수 있는 대의를 신봉하고 있었다.11 (물론 미국 정치의 스펙트럼은 다소 좁고 중심도 프랑스에 비해 상당히 오른쪽에 있지만, 중앙과의 관계에서 지식인의 위치는 비슷했다.) 미국에도 보수적인 지식인, 나아가서는 반동적인 지식인조차 적잖이 존재했다는 사실을 부정하는 게 아니다. 그러나 미국에서 지식인 기성 집단이라고 부를 만한 게 존재한다면, 그 집단은 실로 급진적이지는 않더라도(급진적이라면 기성 집단이라 부르기에 걸맞지 않을 것이다) 중도의 왼쪽을 견지해왔다. 그리고 온건한 진보파와 혁명파의 구별을 흐려놓기 좋아하는 우파로부터 끊임없이 깊은 원한을 사게 된 것도 그 때문이다.

혁신주의 시대나 뉴딜 시대에 두드러졌듯이, 지식인 사회의 혁신주의가 일반 대중 사이에서 널리 드러나는 저항의 정신과 다소간 여전히 조화를 이루는 한, 극우파로부터 비난공격을 받는 일은 별로 없었다. 하지만 1930년대에 지식인 사회의 상당 부분이 공산주의자와 그 동조자에게 충성을 보이면서 우파에게 절호의 구실을 주게 되었다. 여기서 중요한 것은 반지성주의 문제와 관련하여 현실적으로 두드러지는 요소에 정당한 평가를 내리는 일이다. 여기서 이 점에 관한 지식인들의 취약성은 이미 우파의 프로파간다 내에서 악용되었다거나, 1930년대 지식인들이 공산주의에 공감한 정도가 과장되었다거나, 심지어 지난 세대에서 가장 결정적인 영향력을 가진 지식인은 공산주의자도 그 동조자도 아니었다고 주장하는 것으로는 충분하지 않다. 이런 진술들은 모두 진실이지만, 지식인들이 그토록 끈질기게 비난을 받아온 이유는 다른 데에 있었다. 즉, 1930년대에 공산주의에 큰 매력을 느낀 부류는 지식인층이었다는 점, 그리고 몇몇 놀랄 만한 사례에서는 공산주의에 대한 믿음이 간첩 활동으로까지 이어졌다는 사실이다. 내 생각에는 우선 공산주의자와 그 동조자의 활동은 지적으로도 도덕적으로도 수미일관하지 않은 탓에 반지성주의자들의 손에 유력한 무기를 넘겨주게 되었을 뿐만 아니라, 지난날 공산주의에 쉽게 빠져든 것을 부끄러워하는 의식이나 지난날 정치에 관여한 것에 대한 죄의식 때문에 많은 지식인들이 일종의 마비 상태에 빠졌다는 점을 인식해야 할 것 같다. 그 결과, 지식인들은 1950년대의 대심문Great Inquisition〔매카시즘을 가리키는 표현이다〕에 직면해서 무기력했고, 때로는 서로를 비난하는 쓰라린 경험까지 했다. 한 예로, 다소 고통스럽게 떠오르는 것은 1939년 8월 나치와 소련이 상호불가침조약을 맺기 직전의 일이다. 당시 400명가량의 자유주의 지식인들은 "소련과 전체주의 국가들이 기본적으로는 동류라는 터무니없는 허위"를 비난하고 소련이야말로 평화의 "보루"라고 하는 선언문에 서명했다. 이 문서는 히틀러-스탈린 조약이 조인된 바로 그 주에 〈네이션〉지에 실렸다.12 이런 사실을 간과당한 지식인들은 매카시즘에 맞서 적극적으로 대응할 수 있는, 역사적·도덕적·심리적으로 유리한 위치에 서지 못했다.

그렇지만 미국의 반지성주의를 배후에서 움직이는 요소를 이해하고자 한다면 다음과 같은 점을 놓쳐서는 안 될 것이다. 즉, 이데올로그로서의 지식인에 대한 사람들의 불만이 실제의 공산주의나 그 동조 활동에 대한 비난에 그치지 않고 도를 넘은 비난으로까지 나아간다는 점이다. 공산주의자들과는 아무런 관계도 없던 뉴딜의 실무적 지식인들―렉스퍼드 가이 터그웰Rexford Guy Tugwell이 제일 좋은 예이다―도 공산주의 동조자들만큼이나 표적이 되었다. 그리고 공산주의가 미국 국내에서 오늘날처럼 보잘것없는 세력으로 쇠퇴해도, 그들을 희생양으로 삼으려는 움직임은 이 나라에서 거듭 부활할 것이다. 현재 공산주의자의 입당 상황을 파악하지 못하고 있는 자들은 공산주의 동조 활동의 케케묵은 기억을 들쑤시거나, 자유주의자와 공산주의자의 차이를 가능한 한 모호하게 만드는 수단에 의지하고 있다. 사실 우익은 공산주의자들을 몹시 필요로 하며, 애처로울 정도로 공산주의자들에 대한 추적을 포기하지 않는다.13 1950년대의 대심문이 실제로 했던 역할은 간첩을 적발하거나 간첩 활동을 저지하고(이런 일에는 경찰 기관이 적절했을 것이다), 진짜 공산주의자를 폭로하는 등의 단순하고 합리적인 것이 전혀 아니었다. 그보다는 원한이나 욕구불만을 해소하고, 처벌하고, 기본적으로 공산주의 문제와는 별개의 적의를 씻어주기 위한 것이었다. 그래서 그토록 무자비하게 물불 안 가리고 희생자를 찾고, 아무래도 좋은 무명의 볼셰비키보다는 높은 지위에 있는 유력한 표적을 더 반긴 것처럼 보였던 것이다. 매카시즘 동조자들은 매카시가 구사한 방법에는 찬동하지 않지만 그의 목표는 인정한다고 공언했지만, 그들은 진의를 파악하지 못한 셈이었다. 매카시의 진정한 신봉자들이 느낀 매카시의 매력은 그의 방법에 있었다. 매카시의 목표는 언제나 모호하기 짝이 없었기 때문이다. 그들로서는 매카시가 고발 대상을 점점 확대하는 것이 좋았다. 그렇게 되면 의혹의 그물을 넓게 펼침으로써 이제 더는 공산주의자가 아니거나 과거에도 공산주의자가 절대 아니었던 많은 희생자를 잡을 수 있었기 때문이다. 또한 표적을 들볶고 을러대는 매카시의 모습이 환영받은 것은 복수를 향한 갈망을 풀어주고, 뉴딜로 두각을 나타낸 유형의 리더들을 깎아내리려는 욕망도 채워주었기 때문이다.

만약 매카시 등의 대심문이 공산주의자들만을 겨냥했다면, 좀더 정확하고 엄밀한 색출을 꾀했을 것이다. 하지만 대심문의 주역들은 공산주의자와 일각수의 구별 등에는 별로 관심이 없는 것 같았다. 진짜 공산주의자들은 대개 시시한 존재들이라서 굳이 긴 시간을 들여 추적할 가치도 없었다. 예컨대 육군에 채용된 무명의 급진적인 치과 의사가 있었는데, 매카시는 이 사나이에게 신경을 쓰지 않았다. 실은 육군 자체, 더 나아가 아이젠하워 정부까지 공격하기 위해 이 사건을 활용할 수 있었는데도 말이다. 심문자들은 자유주의자, 뉴딜파, 개혁파, 국제주의자, 지식인, 그리고 심지어 자유주의 정책을 뒤집지 못한 공화당 행정부까지 적대해서 만족을 얻고자 했다. 특히 이 소용돌이에 말려든 것이 정치적 대립 항쟁인데, 거기에서 뉴딜은 복지국가와, 복지국가는 사회주의와, 사회주의는 공산주의와 연결되어버린다. 이 십자군전쟁에서 공산주의는 표적이 아니라 무기였다. 그리고 이 때문에 국내의 무능한 공산주의자를 가장 열심히 쫓는 사냥꾼들 대다수가 공산주의가 정말로 문제가 되는 곳—세계정치라는 무대—에서 국제 공산주의 세력에 맞서는 일에는 완전히 무관심했던 것이다.

대심문의 원점이 역사적으로 얼마나 오랜 것인지는 그들이 열광한 다른 문제들을 보면 훨씬 잘 알 수 있다. 예컨대 프랭클린 D. 루스벨트에 대한 증오, 뉴딜 개혁자들에 대한 끈질긴 반대, 국제연합을 파괴하려는 집념, 반유대주의, 흑인 혐오, 고립주의, 소득세 폐지를 향한 열망, 상수도 불소 첨가물의 유해성에 대한 우려, 교회의 현대화에 대한 반대 등이 그것이다. 매카시 자신의 표현인 "국가에 대한 반역의 20년"은 십자군 전사들이 오랫동안 품어온 불만을 시사하는 것이었다. 물론 우익 대변인 프랭크 초도로브가 좀더 전체적인 견지에서 미국의 배반은 사실 1913년 소득세법 개정안의 통과와 함께 시작되었다고 꼬집기는 했지만 말이다.

분명 대심문에 관여한 사람들에게는 1930년대의 이단자들이나 냉전하의 안보 문제보다 더한 뭔가가—한국전쟁이라는 끔찍한 좌절보다도 더한 뭔가가 문제로 다가왔다. 매카시즘 시대는 오랫동안 근대화에 맞서 저항해온 다양한 세력들을 막다른 골목으로 몰아넣었다. 1890년대까지의—어느 의미에서는 1914년까지의—옛 미국은 대륙으로서 고립된 데 따르는 안전과 마을 사회, 여러 프로테스탄트 교단, 번창하는 산업자본주의 등에 싸여 유지되고 있었다. 하지만 급기야 20세기에 진입해서는 불쾌한 현실과 맞닥뜨릴 수밖에 없었다. 처음에는 세계주의cosmopolitanism나 회의주의의 습격을 받았고, 뒤이어 미국적 고립과 안이한 군사적 안보가 종언을 고했으며, 전통적 자본주의가 쇠퇴하고 그 자리를 중앙집권화된 복지국가가 대신했으며, 마지막에는 제2차세계대전과 한국전쟁, 나아가 냉전의 가차 없는 지출과 재정 압박에 시달렸다. 그때까지 미국의 심장부는 종교적으로는 근본주의, 편견에 대해서는 이민 배척, 대외 정책에서는 고립주의, 경제에서는 보수주의 쪽 사람들로 채워져 있었지만, 결국에는 현대적인 곤경이 고통스러운 형태로 표출되었고, 이에 맞서 지하에서 일어난 반란으로 끊임없이 들끓게 되었다.

이제까지 국내의 물질적 발전에 그토록 전념하고 여러 면에서 너무도 단순했던 국민이 "평소의" 관심사 밖으로 밀려나 낯설고 거친 세계에 던져져서 극히 짧은 기간에 그토록 많은 것을 배워야 하는 처지가 되었다. 이 사람들의 반응이 마음에 들지는 않을지언정, 이들이 처한 곤경에 대해서는 안타까움을 금할 수 없다. 이런 현대 세계에 대해 누구보다 보통의 미국인이 보인 반응으로서 정말로 놀라운 것은 아마도 인내와 관용일 것이다. 제1차세계대전 전까지만 해도 아직 많은 곳에서 볼 수 있었던 농촌적인 프로테스탄트 개인주의 문화는 겨우 두 세대 사이에 잇따른 변화로 충격을 받았다. 사람들은 종교·문학·예술에서 일어난 모더니즘, 도덕의 상대화, 윤리와 공법의 원리가 된 인종적 평등, 매스커뮤니케이션의 제한 없는 성적 자극 등에 직면해야 했다. 또한 미처 정신을 차릴 새도 없이 다윈주의(스코프스 Scopes 재판을 보라), 프로이트주의, 마르크스주의, 케인스주의 등과 연달아 대치하는 한편, 정치나 취향, 양심의 문제에서는 교양 있는 코즈모폴리턴 미국인이라는 새로운 유형의 지도자층을 따를 수밖에 없게 되었다.

이데올로그로서의 지식인은 그동안 혁신이 일어날 때마다 그것을 이 나라에 전하는 과정에서 주도적인 역할을 하며 종종 그런 변화를 수용하도록 촉구해왔다. 이 때문에 당연히 미국을 주조해온 틀을 깨뜨리는 데 중요한 역할을 했다고 여겨져, 결과적으로는 필요 이상의 비난을 받았던 것이다. 생각해보면 전에는 다양한 이데올로기를 가지는 게 아니라 똘똘 뭉친 하나가 되는 것이 미국이라는 나라의 운명이었다. 18세기에서 19세기에 걸쳐 유럽에서 나타났던 적대 관계는 미국 땅에서 점차 그 의미를 상실했다. 따라서 이 신생 국가는 적대 관계에서 자라난 여러 이데올로기를 공유하는 게 아니라 그 대안을 제시할 존재로 여겨지게 되었다. 그 결과 타협이나 공정한 거래 능력, 근면이나 상식의 선호 등이 광범위하고 분열적인 추상 개념과 관계하는 것보다 낫고 또 실용적이기도 하다는 점을 이 나라가 입증할 것으로 여겨지게 되었다. 이런 관점에서 보면 미국의 커다란 실패―다른 신조를 조정할 수 없었던 유일한 예―가 결국 남북전쟁으로 이어졌다고 할 수 있다. 그리고 이 실패에 의해, 정치적 추상 개념이나 이데올로기상의 일반론을 고집해서는 안 된다는 신념이 더욱 강해졌다. 미국인들은 흔히 "외래의 이념들foreign isms"이라고 불리는 것의 도움 없이 잘 지낼 수 있다고 줄곧 자화자찬했다. 유럽과 달리 "부패"나 "타락"을 피할 수 있다고 언제나 자랑해온 것처럼 말이다.

    그러나 지난 20~30년 사이에 미국의 대중은 다음과 같은 사실을 고통스러울 정도로 깨닫게 되었다. 정치적·군사적 고립의 붕괴가 지적 고립주의의 붕괴로 이어진다는 점, 세계에는 이데올로기라 불리는 강대한 힘이 여럿 존재하며 미국도 그 중대한 영향을 피할 수 없다는 점, 그리고 수많은 사람들이 도처에서 식민지주의, 인종주의, 민족주의, 제국주의, 사회주의, 공산주의, 파시즘 등에 휘둘리고 있다는 점 등을 말이다. 이 모든 사실에는 우리가 충분히 간파할 수 없는 어떤 아이러니가 있다. 애초에 미국이 세계에 대해 품었던 기대는―예전의 미국이 세계 전반에 관해 생각하고 있었던 한에서—세계가 미국의 체제를 모방함으로써 스스로를 구할지도 모른다는 것이었다. 형식적인 이데올로기를 버리고, 미국형 민주주의를 받아들이며, 열심히 일하면서 행복을 추구하고, 상식의 명령에 따르는 식으로 말이다. 그런데 아이러니는 미국인들이 스스로 품었던 열망의 좌절로 고통받는 만큼이나 그 승리로부터도 고통을 받고 있는 점이다. 몇 가지 신념, 즉 생활을 개선할 수 있고, 식민지 사람들도 예전의 미국처럼 스스로를 해방할 수 있으며, 빈곤이나 억압에 굴종해서는 안 되고, 후진국도 산업화를 추진해 높은 수준의 생활을 누릴 수 있으며, 모든 사람이 행복을 추구해야 한다는 이런 신념을 세계 속에 뿌리내리도록 한 것은 미국적인 행동주의가 아니고 무엇이겠는가? 미국의 리더십을 따르려 하지 않던 식민지 나라들이 미국을 본받으려 애쓰고 있고, 미국의 힘에 도전하는 소련인들도 스스로 미국의 산업화에 감탄을 금하지 못한다. 하지만 이런 모방은 우리가 미처 알아보지 못한 이데올로기적 색채를 띠면서 전혀 예상하지 못한 결과를 가져왔다. 모방할 수 있는 것은 미국적인 행동주의이지, 이른바 미국적인 삶의 방식은 아니었던 것이다.

가장 편협한 미국적 정신의 눈에는 추상 개념에 눈이 멀고 상식을 결여한 사람들만이 미국 체제의 모든 장점을 알아보지 못하는 것으로 보였다. 또한 도덕적으로 취약한 치명적인 콤플렉스 때문에 다른 나라들의 사회 제도가 제대로 작동하지 못하며, 그것은 특히 사악한 이데올로기들을 받아들인 결과로도 보였다. 하지만 소련이 스푸트니크를 쏘아올려 우주에서 큰 승리를 거두며 실력을 과시하자, 그러한 자신감도 큰 충격을 받았다. 미국에 맞서는 소련의 물리적 힘이 이제는 영구히 무너뜨릴 수 없을 만큼 강해졌기 때문이다. 설상가상으로 이 물질적 힘은 유해한 외래의 이념들 중 하나의 자극을 받으면서 성장하고 있다. 이처럼 낯설고 위협적이며 별 쓸모도 없는 이데올로기라는 세계에서 커다란 불안을 느끼는 미국인들은 지식인이 그런 세계에 정통한 것은 아닌지 의심한다. 심지어는 지식인이 그런 이데올로기를 만들어냈다고까지 생각한다―어느 의미에서는 맞는 생각이다. 20세기에 벌어진 여러 변화는 조작이나 음모로 이루어진 사악한 캠페인의 결과가 아니라, 일단은 일련의 극히 어리석은 과오의 결과이다. 이런 사실을 믿지 않는 사람들은 조바심이 났고, 필연적으로 지식인이 그런 조바심을 어느 정도 떠안아야만 했다. 어쩌면 지난날 미국의 국력을 지탱했던 특질들이 지식인에 의해 빼앗겼을 가능성도 있다고 여겨졌다. 확실히 지식인은 이 모든 불행한 변화가 벌어지는 바로 그 시기에 세계의 주목을 받게 되었다. 그들이 꼭 죄인은 아니라 할지라도 경계의 눈총을 받는 것은 당연할 것이다.

5

지성에는 사회를 파괴하는 힘이 있는 건 아닌지 의심하는 이들에게 사실 지성은 안전하고 온건하며 유화적이라고 답해도 별 소용이 없을 것이다. 어떻게 보면 의심 많은 보수주의자Tory나 호전적인 속물들이 하는 다음과 같은 말들이 맞다. 지성은 **위험하다**. 방치해두면 지성이 음미하고 분석하고 의문을 던지지 않을 것은 아무것도 없다.[14] 일찍이 존 듀이는 이렇게 썼다. "보수주의자의 주장을 인정하자. 일단 생각을 하기 시작하면, 목표나 목적이나 제도의 운명이 틀림없이 정해지는 것을 제외하고는 그 결과가 어떻게 될지 누구도 장담할 수 없다. 사상가들은 모두 외견상 안정된 세계의 일부를 위험에 빠뜨리지만, 그 자리에 무엇이 나타날지는 전혀 예상하지 못한다."[15] 더욱이 지식인 계급이 영향력 행사를 자제하리라는 보장도 없다. 다만 어떤 사회에서든 확실한 것은, 만약 지성의 힘의 자유로운 행사를 부정한다면, 행사를 인정한 경우보다 그 사회의 상황이 훨씬 더 나빠질 것이라는 점이다. 확실히 지식인은 문화자경단 사람들의 공상과는 정반대로, 사회 전체를 전복시킬 일은 우선 없다. 그러나 지성은 늘 뭔가에 맞서서 움직인다. 모종의 억압이나 기만, 환상, 도그마, 이익 등은 언제나 지식인 계급의 면밀한 조사를 받으며 폭로와 의분과 조소의 대상이 된다.

여러 세대를 거치면서 지성의 이런 움직임으로 피해를 당한 사람들이나, 지성을 두려워하고 증오한 사람들은 지성과 그것이 사회에서 맡는 역할에 관해 일종의 대항신화를 발전시켜왔다. 이 신화는 우리의 역사적 경험에 깊이 뿌리내리고 있기 때문에 오늘날 지성에 반대하는 사람들은 별개의 새로운 주장을 만들어낼 필요성을 느끼지 않는다. 다음에 이어지는 장들에서 나는 이 신화가 미국에서 어떻게 성장하고 영속화하고 자신을 표현해왔는지를 조금 자세히 보여주고자 한다. 하지만 우선 여기서는 오랫동안 반지성주의적 주장의 전제가 되어왔던 것에 관해서, 그리고 내가 적절하다고 여기는 그 분석방법에 관해서 간략하게 이야기하고 싶다.

반지성의 입장은 완전히 추상적인 가공의 적의에 바탕을 둔다. 지성은 감정과 대립된다. 지성은 따뜻한 감정과는 어쩐지 안 어울린다는 이유로 말이다. 지성은 인격과 대립된다. 지성은 단순한 영리함이라서 교활함이나 악독함으로 간단히 바뀐다고 널리 믿어지기 때문이다.[16] 지성은 실용성과 대립된다. 이론은 실용과 반대되는 것으로 여겨져, "순전히" 이론적인 정신은 터무니없이 경시되기 때문이다. 지성은 민주주의와 대립된다. 지성은 평등주의를 무시하는 일종의 차별이라고 느껴지기 때문이다. 이러한 적의가 일단 인정되면 지성을, 넓게는 지식인을 옹호하는 입장은 사라져버린다. 어느 누가 따뜻한 감정이나 견고한 인격, 실용적 능력, 민주적 정서를 희생하는 위험을 무릅쓰면서까지 그저 영리할 뿐이고 최악의 경우에는 위험할 수도 있는 유형의 인간에게 경의를 표하겠는가?

물론 이런 허구적 적의의 근본적인 과오는 인간 생활에서 드러날 수 있는 지성의 진정한 한계를 탐구하려는 것이 아니라 지성과 결합되게 마련인 인간의 다른 모든 특질을 단순히 지성과 분리해버리는 점에 있다. 개개인의 인격적 성장에서나 역사의 흐름에서나 이렇게까지 단순하고 추상적인 방식으로 문제가 제기된 적도 없다. 같은 이유로, 지성에 대한 문제제기 방식을 그대로 인정하면서 감정이나 인격, 실용성과 **상반되는** 것으로서의 지성을 옹호하려 하는 것도 온당치 않다. 우리는 지성을 인간의 다른 장점들을 치명적으로 희생해서 얻을 수 있는 것으로 이해해서는 안 된다. 오히려 그런 장점들을 보완하는 것으로, 인간의 장점을 완성시키는 것으로 이해할 필요가 있다. 이성적인 인간이라면, 지적인 힘의 행사는 근본적인 인간 존엄성을 드러내는 것이며 인생의 여러 정당한 목표 가운데 하나라는 것을 일단 부정하지 않는다. 지적인 정신을 감정에 대한 위협이 아니라 그것을 이끄는 길잡이로 본다면, 지성을 인격의 보증이나 인격에 대한 위협이 아니라고 볼 수 있다면, 이론을 반드시 실천에 뒤처지는 것이 아니라 뭔가 쓸모 있는 것으로 여긴다면, 그리고 우리의 민주적인 열망을 현실적이고 충분히 설득력 있는 말로 정의할 수 있다면, 이 모든 가상의 적의는 힘을 잃을 것이다. 이처럼 다소 일반적인 측면에서 바라보면 사실이 분명하게 보일 것이다. 하지만 역사적으로는 극소수의 사람들만이 분명하게 볼 수 있었는지도 모른다. 그리고 본서에서 나의 목표는 우리 역사상의 몇몇 사회적 움직임 속에서 지성이 다른 인간적 덕목들과 동격이 아니라 특별한 악덕의 지위로 깎아내려진 사실을 추적하는 것이다.

우선 반지성주의를 미국 종교사의 틀 안에서 탐구할 필요가 있다. 역사적으로 합리주의와 신앙의 요건이 줄곧 긴장관계에 있었기—이 자체가 인간의 오랜 숙제이다—때문만이 아니라, 종교적 사고든 세속적 사고든 간에 현대적 사고의 여러 유형이 미국의 초기 종교사에서 이미 드러나기 때문이다. 어떤 나라의 문화에서든 종교가 주로 정신의 직관적 특질이나 마음과 관련되는 문제이고 또 합리적 정신이 종교와 무관하거나 혹은 종교보다 나쁜 것으로 여겨지는 한, 이성의 힘은 쓸모없거나 심지어 위험하다고 믿어질 것이다. 그리고 학식 있는 전문적인 성직자들을 사회에서 의심하는 한, 종교적이든 세속적이든 간에 지식인 계급은 배척당하는 경향이 있다. 현대 문화에서 복음주의 운동은 이런 식의 종교적 반지성주의와 반율법주의로 치닫는 경향을 훨씬 강력하게 지녀왔다. 물론 미국 사회만이 복음주의 영향을 받아온 것은 아니다. 하지만 미국의 경우에 종교문화는 대체로 복음의 정신에 의해 형성되어왔다. 이 나라에서는 복음주의와 기성 종교 사이의 힘의 균형은 오래전부터 압도적이라 할 만큼 전자 쪽으로 기울어져 있었기 때문이다. 이 사실을 확인하려면, 영국과 미국에서 종교가 역사적으로 발전해온 과정을 비교해보면 된다. 영국에서는 성공회가 복음주의 운동의 대부분을 흡수해 동화시킬 준비가 되어 있었던 반면에, 미국에서는 복음주의자들이 종래의 예배 중심 교회들을 급속하게 뒤엎고 앞지르고 압도했던 것이다.

영향이라는 면에서 복음주의 정신에 무척 가까운 것이 미국에서 유별나게 폭넓은 지지를 얻은 일종의 원시주의primitivism이다. 원시주의에 관해서는 여기서 특별히 주의를 환기시켜둘 필요가 있다. 무엇보다 본서에서는 원시주의를 독자적인 세력으로 다루지 않았기 때문이다. 원시주의는 한편에서는 그리스도교와, 또 한편에서는 이교 신앙paganism과 연결되어왔다. 그리고 원시주의가 널리 받아들여진 이유는 다음과 같은 데에 있는지도 모른다. 즉, 사람들은 원시주의를 통해 그리스도교 신도이면서도 이교와 접촉하는 사치를 누릴 수도 있었다는 점, 혹은 거꾸로 본래 이교적 정신은 원시주의 안에서 신앙의 위안을 찾을 수도 있었다는 점이다. 원시주의는 어떤 지역에서는 원시 그리스도교 정신을 탐구하는 것으로서 등장했지만, 한편으로는 인간 내면의 "자연"의 힘을 되살리고 싶어하는 것이기도 했다. 원시주의와 더불어 사람들은 대자연이나 하느님—둘의 차이가 반드시 확연한 것은 아니다—과 가까워질 수 있을지도 모른다. 하지만 원시주의는 언제나 직관에 기초한 "지혜"를 선호하는 경향이 있다. 인위적으로 계발한 합리성보다는 타고나거나 신이 부여한 것으로 여겨지는 직관을 앞세우는 것이다.

원시주의는 서구의 역사나 미국의 경험에서 다양한 형태로 끊임없이 모습을 드러내왔다. 지식인 계급 자체가 인간이 일궈낸 합리적이고 질서정연한 삶에 실망하거나 의구심을 품을 때, 또는 지식인 계급이 문명의 발전과 함께 생겨나는 틀에 박히고 둔감하고 세련된 일상에서 벗어나고자 할 때 원시주의는 세력을 키우는 것 같다. 미국에서 원시주의는 많은 사람들의 사고에 영향을 끼쳐왔다. 그들은 식견과 교양이 워낙 풍부해서 변경 개척지의 부흥운동가와는 어울리지 않지만, 문명화에 대한 근원적인 불신에는 공감한다. 이따금 지식인의 복음주의로 모습을 드러내는 초월주의Transcendentalism에서 그 뚜렷한 예를 볼 수 있다.17 원시주의는 파크먼Francis Parkman과 밴크로프트George Bancroft에서 터너Frederick Jackson Turner에 이르는 미국의 역사학 저술에서 나타나는 유력한 사고방식이다.18 또한 인디언이나 흑인에 대한 미국 작가들의 태도에서 집요하게 나타나는 주제이다. 그리고 대니얼 분Daniel Boone이나 데이비 크로켓Davy Crockett 같은 개척지 민중전설의 주인공에서 서부극이나 탐정소설의 히어로에 이르기까지 일관되게 흐르는 주제이며, 거기에 등장하는 온갖 고독한 모험가들이 쌓아온 신화는 D. H. 로렌스가—특유의 거칠고 빛나는 과장법을 써서—미국 혼의 본질은 "견실하고 고립적이고 금욕적이고 살인자"라고 말했을 정도이다. 원시주의는 일종의 성적인 신비를 자아내는 것으로서도 미국 문학을 강력하게 추동했으며, 근래에는 빌헬름 라이히Wilhelm Reich의 이론에 감명을 받은 작가들 사이에서 가장 과장된 형태로 나타났다. 또한 미국 정치에서도 하나의 세력을 이루어, 그 영향은 앤드루 잭슨Andrew Jackson, 존 C. 프리몬트John C. Fremont, 시어도어 루스벨트Theodore Roosevelt, 드와이트 D. 아이젠하워 같은 다양한 인물들의 대중적 이미지에서 명료하게 드러났다.

이 모든 것은 놀라운 일이 아니다. 미국에 정착한 사람들은 무엇보다도 억압적이고 퇴폐적이라는 이유로 유럽 문명을 부정한 이들이며, 가장 인상적인 미국적 소질을 당시의 조잡한 사회형태에서가 아니라 자연과 원시적인 세계 속에서 발견한 이들이다. 문명에서 이상향Arcadia으로, 유럽에서 자연으로의 탈출은 그대로 동부에서 서부로, 정착 세계에서 개척지로의 탈출이라는 형태로 반복되어왔다. 미국적 정신은 조직화된 사회의 잠식에 줄곧 조바심을 보여왔다. 과거에 던져버린 것을 다시 들이밀려는 시도라고 느꼈기 때문이다. 문명을 총체적으로 부정하기는 힘들지만, 그래도 거기에는 여전히 뭔가 유해한 것이 있다고 믿어졌다.

복음주의와 원시주의가 미국인의 의식의 뿌리에 반지성주의를 심어놓는 데 일조했다면, 기업 사회는 반지성주의가 미국적 사고의 전면에 계속 살아남을 수 있도록 해주었다. 토크빌의 시대 이래로 미국의 연구자들 사이에서는 기업의 행동주의가 이 나라의 자기성찰에 대한 압도적인 반대세력이라는 것이 정설로 자리잡았다. 토크빌이 보았듯이, 미국적 삶의 민주적·능률적인 성격에는 항상 행동하고 결정하는 생활이 수반되었다. 대범하게 생각하는 습관, 신속한 결정, 즉각적인 기회 포착 등이 장려되었다—그러나 이 모든 활동이 사고에서의 신중함이나 치밀함, 정확함과 어울리지는 않는다.[19]

대륙을 정복하고 산업을 일구는 긴급하고도 큰 과제를 안고 있었기 때문에, 사람들은 아무래도 이익이나 명예를 얻기 힘든 활동에서는 멀어져갔다. 하지만 사업에 집착하는 데는 더 큰 이유가 있었다. 미국에서 최고 수준에 오른 사업은 욕망이나 권력 지향을 자극했을 뿐만 아니라 상상력도 자극했던 것이다. 또한 사업은 인간 내면에 있는 건립자, 도박사, 지배자로서의 속성을 건드리면서 사냥 이상의 즐거움과 정치 이상의 권력을 안겨주었다. 토크빌은 이렇게 말했다.

"민주 사회에서는 상업보다 더 위대하고 빛나는 것은 없다." 사람들이 상업에 열성적으로 종사하는 것은 "이익만이 아니라 이익 추구에 따르는 끊임없는 흥분을 사랑하기 때문이다."[20] 몇몇 예외는 있지만, 미국에서는 사업을 상쇄할 만한 계급도 없고 가치관도 없었다―귀족이 있는 것도 아니고, 사업적인 야심 외에는 이렇다 할 국민적 야심이 있는 것도 아니었다. 사업은 정력적이고 야심 있는 사람들을 끌어들였을 뿐만 아니라 그 밖의 사회에서도 따를 만한 기준을 제시했다. 따라서 각종 전문직―법률, 의료, 교육, 심지어 사목―에 진입한 사람들이 사업가 흉내를 내면서 자신들의 직업상의 기준을 사업의 기준에 적응시켰다. 실제로 미국의 지식인들은 그런 전문직 계층이 비즈니스 업계에 물들어 있는 탓에 그들과 좋은 관계를 맺지 못한다는 불만을 줄곧 토로해왔다. 결국 남자들은 지적·문화적 세계에는 별 관심이 없다는 식의 통념을 만들어내, 문화를 고립시키고 여성화해버린 것이 바로 사업이다. 여성들의 몫은 따로 있었다―이디스 워튼Edith Wharton이 말한 것처럼, 혼자서는 문화와 접촉하는 게 두려운 나머지 떼를 지어 문화를 사냥하는 유형의 여성들에게 말이다.

종교도 사업도 미국인의 삶에 만연한 공격적일 정도의 평등주의에 영향을 받아왔지만, 평등주의의 정신은 이제는 오히려 정치나 교육 분야에서 영향력이 크다.[21] 잭슨 민주주의Jacksonian democracy라고 모호하게 불리던 것은 이미 쇠락해가던 귀족계급의 리더십에 종언을 고했다. 오래지 않아 문학이나 학문은 쓸모없는 귀족들의 특권이라는 오명을 뒤집어썼다―그리고 미국 지식인 계급의 대다수가 실제로 민주주의적인 갖가지 주장을 지지했다고 해서 그런 주장이 위축되지는 않았다. 미국의 보통사람들이 추구하는 목표는 문학이나 학문 없이도 얼마나 많은 일을 할 수 있는지를 보여주는 사회—또는 문학이나 학문이 보통사람들이 이해하고 활용할 수 있는 정도의 기초적인 것에 국한되는 사회—를 건설하는 것처럼 보였다. 그리하여 19세기 초의 미국에서는 일류 과학과 학문의 장려나 일류 대학의 창설보다는 오히려 읽고 쓰는 능력을 보급하거나 일반 시민이 방대한 정보와 아울러 독립심과 자존감, 공공적 관심을 가지는 일이 특징적으로 나타났다.

거듭 되풀이되지만, 특히 최근에 두드러지듯이 미국에서 지성은 일종의 우월함의 표시로서, 특별대우를 요하는 것으로서, 평등주의에 대한 도전으로서, 그리고 사람들에게서 서민성을 거의 확실하게 앗아가는 자질로서 원한을 사고 있다. 미국의 교육은 여러 면에서 옹호는 아닐지라도 칭찬할 만하다. 하지만 세계적으로 유례가 없는 교육 제도처럼 보이기도 한다. 지성에 대한 적의를 공공연히 드러내고 지적 능력이 떨어지는 아이들을 애써 감싸려고 하는 사람들이 교육 제도의 핵심 부분을 장악하고 있기 때문이다. 본서의 마지막 장에서는 비록 역사로서는 단편적일 수밖에 없지만, 어떻게 해서 교육에서 이런 세력이 우리의 사고 속에 널리 받아들여지는 전제들—실용성과 "과학"에 대한 좁은 이해에 따른 지지, 그릇된 평등주의, 아이들에 대한 원시주의적 견해 등—에 의해 형성되었는지를 보여줄 것이다.

2부

마음의
종교

3장
복음주의 정신

1

미국의 정신은 근대 초기 프로테스탄티즘의 틀 안에서 형성되었다. 종교는 미국의 지식인들에게 최초의 활약 무대였고, 따라서 반지성주의를 추동하는 사람들에게도 최초의 활약 무대였다. 초창기 미국 종교에서 이성이나 학습의 역할을 심각하게 위축시킨 모든 요인은 나중에 세속의 문화에서도 그 역할을 위축시키게 된다. 사상은 무엇보다도 실용적이어야 한다는 정서, 학설이나 교의에 대한 멸시, 사상을 닦는 것에 대한 경멸, 감정에 호소하는 힘이 있는—혹은 여론 조작 기술을 가진—인간을 사상가보다 중시하는 태도. 이는 모두 20세기에 시작된 것이 아니라 미국 프로테스탄티즘의 유산이다.

정신mind과 마음heart, 감정과 지성 사이의 일정한 긴장은 그리스도교 신도가 일상적으로 경험하는 것이기 때문에, 종교적 반지성주의를 특별히 미국에만 국한되는 것으로 본다면 오산일 것이다. 아메리카가 '발견'되기 훨씬 전부터 그리스도교 사회는 두 그룹으로 분열되어 있었다. 지성이 종교 안에서 극히 중요한 자리를 차지해야 한다고 믿는 사람들과, 지성을 감정보다 아래에 두거나 감정의 명령에 따라 사실상 무시해버려야 한다고 믿는 사람들로 말이다. 요컨대 내가 말하고 싶은 것은 아메리카라는 신세계에서 새로운, 더 악랄한 반지성주의가 발견되었다는 것이 아니다. 오히려 미국적 상황에서 전통적인 권위와, 부흥주의 운동이나 열광주의 운동 사이의 균형이 후자 쪽으로 크게 기울어지고 말았다는 것이다. 그 결과 학식 있는 직업적 성직자들이 자리를 잃었고, 그들이 선호하는 이성적인 스타일의 종교도 설 자리를 빼앗겼다. 역사의 이른 시기에 프로테스탄트와 저항의 정신을 물려받은 미국은 종교의 성격을 둘러싼 보편적인 역사적 투쟁이 매우 격렬하게 벌어지는 현장이 되었다. 그리하여 열광주의와 부흥주의 세력이 가장 인상적인 승리를 거두었다. 미국의 반지성주의의 강한 힘과 침투력은 대부분 미국 종교 생활의 몇몇 특이성에서 유래했다. 특히 지식인을 받아들이는 확고한 제도의 결여, 복음주의 교파들의 경쟁적 분파주의가 큰 영향을 끼쳤다.

 교회나 교파의 스타일은 대체로 사회 계급에 의해 결정된다. 그렇기 때문에 한 사회 집단에 적합한 예배 형식이나 교의가, 다른 집단에는 적합하지 않을 수도 있다. 대체로 가진 게 많은 계급은 종교를 합리화하고 고도로 발달한 예배 형식을 지키는 데 많은 관심을 보였지만, 가진 게 없는 계급—특히 배운 게 없는 사람들의 경우—은 감정에 호소하는 종교에 마음을 쏟아왔다. 그리고 이런 정서적인 종교는 상류 계급이 다니는 교회의 종교적 스타일, 전례, 성직자 등에 반항함으로써 힘을 얻기도 하는데, 이것은 동시에 귀족적인 양식이나 도덕에 대한 반항이기도 하다.1 하층 계급의 종교는 종말론이나 천년왕국론이 분출하는 경향을 띠고, 학문적으로 형식화된 종교에 맞서 내면적인 종교 경험의 정당성을 강조하며, 전례 형식을 간소화하고, 학식 있는 성직자라는 관념(때로는 직업적 성직자라는 존재 자체)을 거부한다.

미국은 초창기에 유럽에서 가진 게 없고 불만을 품은 사람들을 대거 받아들여, 당시 종교적 "열광"이라고 비판받은 예언자들에게 이상적인 나라가 되었다. 열광의 주된 추진력은 개인이 직접 하느님과 만난다는 감정이었다.2 열광주의자들은 신학적 확신이나 성례전聖禮典을 경시하지 않았다. 하지만 그들은 무엇보다도 하느님과 교섭한다는 내적 확신을 추구했기 때문에 전례 표현이나 종교적 확신을 위한 지적 토대의 필요성을 거의 느끼지 않았다. 지식을 얻는 수단에 대해서도 미적인 대상과 마찬가지의 감정을 느꼈다. 기성 교회들은 미술이나 음악이 정신을 천상으로 이끈다고 생각한 반면, 열광주의자들은 그것들을 거추장스러운 것으로 보면서 경우에 따라서는 마음의 순수하고 직접적인 작용을 가로막는 것으로 느꼈다―다만 중요한 예외로서 감리교도는 찬송가에서 가치를 발견하고 있었다. 내면의 경험에 확실하게 의지하는 열광주의자들은 전통적이고 외적인 종교상의 권위를 완전히 무너뜨릴지도 모르는 무질서한 주관주의에 빠질 위험성을 늘 안고 있었다.

어느 면에서 열광주의적 종교에 분파·분열의 경향이 있는 것은 이 때문이기도 하다. 그러나 열광주의는 권위를 소멸시키기보다는 파편화했다. 사람들의 내적인 확신에 호소하거나 원하는 대로 감정을 불러일으키는 이례적인 능력을 지닌 전도자들이 언제나 일말의 권위를 가지고 있었다. 따라서 열광주의에서의 권위는 제도적이라기보다는 개인적이고 카리스마적인 경향이 강했다. 열광주의에서 생겨난 감리교 같은 교회의 창설자들은 신도들을 단일한 제도하에 묶어두기 위해 천재적인 조직 능력을 갖춰야 했다. 분명 더 안정된 복음주의 교파들은 제멋대로인 주관주의에는 아무런 지원도 하지 않았다. 이 교파들에 따르면, 진정한 종교적 권위의 원천은 성서와 그 올바른 해석에 있었다. 하지만 다양한 교파들 사이에서 무엇이 올바른 해석인지를 놓고 견해가 크게 엇갈렸다. 예컨대 학문이나 합리적 전문성의 역할을 중시하는 견해도 있고, 점차 늘어나는 열광주의나 반지성주의에 속하는 견해도 있으며, 모든 개인이 **자기 나름으로** 성서를 이해하고 학자의 목소리를 거부해야 한다는 견해도 있었다. 고등 성서 비평 및 연구가 이루어지자, 성서에 대한 개인주의의 타당성은 근본주의자들에게 사활을 건 문제가 되었다.

아직 미국이 서양 문명 가장자리의 작은 영국령 식민지였을 무렵, 나중에 미국의 종교에서 나타날 특질들이 모국에서 벌어지는 종교적 저항 운동 속에서 모습을 드러내기 시작했다. 영국의 종교개혁가들이 자국의 종교개혁은 아직 신도들의 사회적·영적인 요구를 충족시킬 만큼 충분히 진행되지 않았다고 확신하게 되자, 천년왕국파나 재세례파, 추구자Seekers〔1620년대에 레게트Legate 삼 형제의 설교에 영향을 받아 등장한 프로테스탄트 교파. 퀘이커의 선조로 여겨진다〕, 랜터Ranters〔초기 감리교도의 별칭. 떠들썩하게 고함을 지르는 예배 때문에 '고함치는 자들'이라는 이름을 얻었다〕, 퀘이커 등이 잇따라 등장해 기존 질서나 성직자들을 비난하고, 가난한 이들의 종교를 거론하며, 학문과 교의에 대치되는 직관과 영감을 옹호했다. 또한 평신도 전도사를 지도자로 추대하고, 직업적 성직자를 "법적으로 무효이며 권위도 없다"는 이유로 거부했다. 청교도 혁명 시대에는 신형군New Model Army 전도자들이 성직자, 대학교수, 법률가 등에 대해 반전문가적·반지성적 비난을 아낌없이 퍼부었다. 분명 대다수 청교도들은 교양 있는 목사들을 진심으로 지지했다. 하지만 수평파Levellers나 개간파Diggers(모두 청교도 혁명 시대에 등장한 평등주의 운동 단체. 후자는 사유재산제 폐지를 주장했다) 계열의 좌익 군중 목사들은 제라드 윈스탠리Gerrard Winstanley를 본보기 삼아 대학들을 "악취가 나는 고인 연못"이라고 부르고, 교양을 익혀도 죄를 덜어주지는 못한다고 지적했으며, 가난한 사람들의 평등주의적 열정을 자극했다.³

미국에서는 성공회, 장로교, 회중교회가 교회 조직의 기준이 엄격할 뿐만 아니라 정식으로 조직되고 많은 교육을 받은 성직자를 두고 있어서 처음에는 평등화 경향을 잘 제어했다. 하지만 이 교회들이 조직화를 제대로 이루기도 전에 반대자들의 비판이 나오기 시작했다. 그 때문에 남부 개척지를 중심으로 많은 이들이 한동안 교회를 완전히 등지고 말았다. 또 어떤 이들은 특히 종교적 행동주의가 인생의 주요한 원칙이었던 뉴잉글랜드 등에서 기성 교회를 비판하고 반대 운동을 선동했다. 예를 들어, 매사추세츠 만안 지역은 아주 초기에 앤 허친슨Anne Hutchinson 부인의 활동으로 뿌리째 흔들렸다. 학식 있는 목사나 대학 교육에 대한 허친슨 부인의 반감은 기성 조직 사람들에게 극심한 불안을 안겨주었다.⁴ 이 불행한 여자가 박해를 당한 것은 자신의 비타협적인 태도 때문이기도 하지만, 무엇보다도 그녀를 철저한 파괴자로 규정한 사회적 편견 때문이었다. 열광주의자들이 단일 식민지의 경계를 넘어 전면적인 승리를 거둔 것은 18세기의 대각성운동

Great Awakening 시대에 이르러서였다. 그때 열광주의자들은 19세기에 거듭된 복음주의 물결의 선구가 되었고, 신앙이라는 형태로 한정해서 말하자면 미국 각지의 반지성주의 전통에서도 선례가 되었다. 하지만 대각성운동을 이해하려면 식민지에 확립된 성직자 제도를 검토해야 한다. 그중에서도 청교도 목사들의 지위는 특히 주목할 만하다. 그들은 미국 사회의 지적인 지배 계급—좀더 정확히 말하자면 지배 권력과 가장 밀접하게 연결되어 있던 지식인 계급—에 제일 가까운 존재였기 때문이다.

2

여느 지식인 집단처럼 청교도 목사들에게도 심각한 결함이 있었는데, 그들이 권력을 장악하게 되자 역시 위험한 것이 되었다. 그러나 우리에게 중요한 것—그리고 미국의 지적 상황을 생각하는 데 유용한 틀이 될 수 있는 것—은 청교도 목사들이 무엇보다도 그런 결함 때문에 대중에게 기억된다는 점이며, 실은 결함의 책임이 그들 자신보다 당시의 사회 쪽에 있는 경우에도 마찬가지였다. 또한 코튼 매더라는 이름으로 대표되는 청교도 목사의 이런 나쁜 이미지가 일반인의 역사관뿐만 아니라 지식인들의 역사적 사고를 좌우해온 것은 더욱 중요하다. 미국 지식인의 첫 세대인 그들에 대한 이런 평가는 결국 비난으로 바뀌어, 이후 세대의 지식인들은 종종 청교도 목사들에 반대하는 캠페인을 이끌었다.

그런데 매사추세츠 만안의 지역사회만큼 학문과 지성의 가치를 신뢰한 곳이 또 있었을까? 모지스 코이트 타일러Moses Coit Tyler는 식민지 시대의 미국 문학사를 다룬 책에서 다음과 같이 말했는데, 거기에는 과장이라고 할 만한 것이 거의 없다.5

> 개척 초기에 뉴잉글랜드는 농업 사회도 아니고 공업 사회나 교역 사회도 아니었다. 그곳은 사고를 중시하는 사회이고 사상이 활약하는 장이었다. 뉴잉글랜드를 특징짓는 기관은 손이나 심장, 주머니가 아니라 두뇌였다.…… 아마도 개척자 공동체 중에서 이곳만큼 연구를 중시하고, 학문의 상징이나 수단을 숭배한 곳도 없을 것이다. 그들의 사회 구조는 책을 주춧돌 삼아 쌓아올린 것이었다.…… 존 윈스럽John Winthrop이 세일럼 항에 도착하고 불과 6년 뒤, 매사추세츠 사람들은 사재를 털어 대학 설립 기금을 마련했다. 처음 개척한 수확지의 나무 그루터기들이 아직 생생한 절단면을 보이고 있던 때부터, 또 한밤중의 늑대 울음소리가 마을 한쪽에서 사라지지 않던 때부터, 이런 황야에서도 사람들은 젊은이들이 당장 아리스토텔레스나 투키디데스, 호라티우스, 타키투스, 히브리 성서 등의 연구에 나설 수 있도록 준비를 했던 것이다.…… 학자 계급은 실제로 그들 중에서 고귀한 지위에 있었다.

아메리카 청교도의 첫 세대 중에는 학식 있는 사람들이 많았는데 그들은 존경도 받았다. 얼추 40~50가구당 한 명꼴로 대학 교육을 받은 학자가 있었다(대개는 케임브리지나 옥스퍼드 출신). 청교도들은 자기네 목사가 유명한 학자이기를 기대했고, 식민지 시대 내내 뉴잉글랜드 회중교회 목사들의 경우 약 5퍼센트를 제외한 전원이 대학 학위를 가지고 있었다. 이 청교도 이민자들은 성서와 풍부한 학식에 근거한 리더십으로 지적·학문적 전통을 세웠고, 이 전통 덕분에 뉴잉글랜드는 3세기 동안 교육과 학문의 업적에서 미국을 이끌 수 있었다.

초창기 하버드의 졸업생들이 협소한 신학 교육만 받았다고 생각하면 오산이다. 하버드를 비롯한 식민지 대학들이 처음에는 신학교에 불과했다는 통념이 널리 퍼져 있다—그리고 청교도 선조들이 "일자무식인 목사들"의 증가에 우려를 표명한 것도 이런 생각을 뒷받침하는 것처럼 보인다. 하지만 사실 하버드 창립자가 교육을 받은 옥스퍼드나 케임브리지 대학은 오래전부터 철저한 인문학의 세례를 받은 곳이었다. 식민지 시대의 교육을 세운 선조들은 성직자에게 적합한 기초 교육과 그 밖의 교양인에게 적합한 기초 교육을 구별하지 않았던 것이다. 하버드가 신학교였다고 보는 것은 근대의 전문주의나 교과 간 경쟁의 산물이며, 대학의 세속화 위협이 낳은 반동에 불과하다. 그런 생각은 선조들의 시야를 벗어난 것이었다. 그들은 다른 직업보다도 목사직에서 학식 있는 사람의 필요성을 느꼈지만, 목사들에게는 다른 세속의 지도자나 실무자들과 나란히 똑같은 교양교육을 받기를 기대했다. 나중에는 실제로 그렇게 되었다. 하버드에 다닌 초창기 두 세대를 보면, 졸업생의 절반 정도만 목사가 되고 나머지는 세속적인 직업으로 진출했다.

청교도 사회는 학식과 교양을 갖춘 계급을 확립하고 그들이 마음껏 재능을 발휘할 수 있는 장을 제공했다. 청교도 목사들은 사회에서 좋은 대우를 받았고, 이에 보답이라도 하듯 사회에 많은 기여를 했다. 나라가 점차 안정됨에 따라 성직자들은 자신의 생각을 글로 표현할 만큼의 여유를 갖게 되었는데, 일부 성직자들이 보여준 생산성은 놀라울 정도였다. 성서의 종교인 청교도주의는 해석과 합리적 담론을 매우 강조했으며 떠들썩한 감정 표출을 삼갔다. 청교도의 설교는 철학과 신앙심과 학문을 결합한 것이었다. 이런 담론을 이해할 수 있도록 평신도들을 훈련시키는 것이 청교도 대중 교육의 목표 가운데 하나였다. 적어도 초창기에는 이런 목표를 달성한 것처럼 보인다.

그러나 훨씬 더 많은 성과가 있었다. 청교도 이주민들이 이룬 지적 성과를 평가할 경우에 잊어서는 안 될 것이 있다. 정착이 시작되고 70년 넘게 지난 1700년에도 인구는 10만 6천 명 정도에 불과했고, 그나마도 대부분은 아주 넓게 흩어져 살았으며, 최대 도시인 보스턴조차 1699년에 인구가 7천 명 정도에 불과했다는 사실이다. 더구나 1670년대에 이 도시는 인디언들과 벌인 격전으로 막대한 타격을 입었다. 군입대 연령에 이른 남성 16명당 1명이 사망하고, 도시의 절반이 파괴되었다. 그러나 고립과 빈곤 등의 온갖 역경에도 불구하고 식민지 주민들은 많은 세속 지도자나 목사를 배출할 대학을 설립했고, 얼마 지나지 않아 졸업생들의 학위는 옥스퍼드나 케임브리지와 어깨를 나란히 하는 학위로 인정받았다. 또한 이 대학은 성서나 신학 관련 저작을 읽고 해석하는 법뿐만 아니라 헤시오도스, 호메로스, 소포클레스, 아리스토파네스 등의 고전 작가들을 읽는 법도 가르쳤다. 매사추세츠 만안 지역의 식자층은 신학뿐만 아니라 인문학에도 관심이 있는 교양인이 되었으며, 유럽 문명의 최고의 유산 대부분을 신세계에 들여왔다. 식민지 지도자들은 하버드 대학 외에도 그래머스쿨grammar school(원래는 중세 이후 영국의 교육 기관을 가리킨다. 주로 고전 언어와 인문교양 교육을 담당했다. 식민지 시대 아메리카의 그래머스쿨은 엘리트들을 교육하는 중등학교로 기능했다)과 초등학교, 신문사, 그리고 몇몇 훌륭한 도서관도 세웠다. 목사들은 설교문, 역사서, 시 등의 주목할 만한 저작을 내놓았고, 또 정치적 고찰이나 논쟁을 책에 담음으로써 혁명기 정치 저술의 씨를 뿌렸다. 그들은 교육 체계의 토대를 놓았을 뿐만 아니라 학습에 열중하는 사회 기풍을 확립했다. 그 결과 뉴잉글랜드와 그 정신은 이후 3세기 동안 미국 문화사에서 탁월한 지위를 가지게 되었다. 성직자들은 전도와 계몽에 힘쓰며 신학과 더불어 과학도 육성했다. 또한 보통이라면 그런 일이 있을 법하지 않은 시골에서 정신의 문제에 전념하는 모범을 보여주었다.[6]

청교도 성직자들에 대한 현대의 가장 일반적인 인식은 그들 역시 당시의 공동체와 마찬가지로 결함이 있었을 뿐만 아니라 공동체 박해도 주도했다는 것이다. 이 판단은 신중하게 음미할 필요가 있다. 열린 현대 정신의 기준에서 보면, 당시는 불관용의 시대였고 성직자들 자신도 불관용의 태도를 가지고 있었다. 게다가 특히 첫 세대의 성직자들은 지식인들이 정치적 사안에서 갖기 쉬운 약점을 노출했다—즉 그들은 자신들이 시민사회에 초월적 도덕이나 종교적 규범을 실현할 수 있고, 나아가 그 사회 안에서 통일된 지배적 교의를 유지할 수 있다고 생각했다. 그리고 그것이 가능함을 보여주기 위해 대서양을 건너고 위험을 무릅쓰며 황야를 가로질렀다. 물론 결국에는 실패했다. 자신들의 의도를 실현하려는 과정에서 숱한 실수를 저지른 끝에 말이다.

그렇지만 청교도 목사들 같은 지적인 집단을 공정하게 평가하려면 관용이나 계몽 등의 가장 선진적인 기준을 들이댈 게 아니라 당대의 상황과 그들이 속했던 사회, 그들이 섬겼던 평신도들과의 관계에 비추어 판단해야 한다. 현대의 자유주의적 정신에서 보면, 목사들은 지역사회의 지도자로서 세일럼의 마녀재판처럼 우리의 정신을 심각하게 뒤흔드는 행위의 주동자라고, 또 그 사회의 과오에 대한 책임이 목사들에게 있다고 생각하기 쉽다.

그러나 진실은 그렇게 간단하지 않다. 목사들 자체가 동질적인 집단이 아니었다. 첫 세대가 가고 사회의 규모가 커지면서 그들 역시 다양해졌기 때문이다.7 이러한 다양성의 가장 중요한 점은 아마도 세대의 차이와 지역의 차이에 관한 것이었을 것이다. 나이든 성직자들, 특히 외딴 지방의 성직자들은 청교도 사회의 출발점이 된 완고한 정통파 교리에 집착했다. 하지만 17세기 말에 이르면 젊은 성직자 집단이 등장한다. 세계주의적 관점을 지닌 그들은 비교적 자유주의적인 종교적 경향을 띠었으며, 유럽으로부터 최신의 지적 영향을 받았다. 대다수 젊은 성직자들은 해안을 따라 눈부시게 발전하는 도시들에서 목회를 했다.

성직자들은 학식이 깊고 코즈모폴리턴적일수록(그중에는 인크리스 매더Increase Mather와 코튼 매더 부자도 있었다) 하나의 지식인 계급으로서 특권적인 지위를 누렸다. 그들의 리더십은 충분히 효과를 발휘하지 못했고 지배적이지도 않았지만, 관용을 말하고 학문을 폭넓게 추구하고 과학을 발달시킬 정도의 영향력이 있었다. 또한 지방의 지도적 평신도나 시민들, 계몽이 덜 된 목사들의 편협한 경향을 얼마간 제어할 수도 있었다. 17세기 말에 지도적인 목사들은 상당수의 시골 신도들을 장악하고 있던 무식하고 나이든 평신도들이나, 단지 점증하는 유권자들에게 인기가 있다는 이유로 종교적 근본주의를 자극하기도 했던 지방 정치인들보다도 사상적으로는 훨씬 더 자유주의적이었다.

1680년 이후, 청교도 목사들은 침례교나 퀘이커 같은 비주류 교파들에 대해 보스턴의 일반 대중보다도 더 관용적인 태도를 보였다. 그리고 매더 부자를 비롯한 보스턴의 영향력 있는 목사들은 이런 점에서 시골의 나이든 전도자들보다도 더 자유주의적이었다. 세계주의적인 목사들이 영국에서 최신의 자유주의적인 종교 책자를 수입하고 해가 갈수록 점차 칼뱅주의의 엄격한 전통에서 벗어난 반면, 지도적인 평신도들은 이러한 변화에 저항하는 일이 많았다. 과학의 장려에 관한 한, 18세기 중반까지는 거의 전적으로 목사들이 후원했다(하버드 최초로 성직자가 아닌 과학자 존 윈스럽 교수는 1738년부터 강단에 섰다). 당시에 가장 논쟁적이고 시끄러웠던 과학상의 문제는 천연두 예방접종을 실시하는 것이었는데, 이 혁신적 기술을 옹호하는 데 앞장선 부류도 역시 성직에 있는 지식인들이었다. 특히 코튼 매더는 예방접종에 반발하는 선동가들이 그의 서재에 폭탄을 던지는 와중에도 자기 입장을 고수했다. 또한 많은 논란을 불러일으킨 마녀재판과 관련해서도 그의 증언은 비록 혼란스럽기는 해도 세속의 판사나 일반 시민의 기록보다는 낫다. 대다수 목사들은—서구 세계의 일부 뛰어난 지성들과 마찬가지로—마녀라는 관념 자체를 믿었지만, 끔찍한 세일럼 재판에서 받아들여진 지극히 막연한 증거 기준에는 격렬하게 반대했으며, 많은 목사들이 마녀재판을 저지하려고 노력했다.[8]

17세기 후반에 청교도의 종교적 감성에서는 이미 모종의 긴장이 빚어져 목사들의 생활이나 지위에 영향을 끼쳤다. 청교도주의는 늘 지성과 감정 사이의 미묘한 균형을 필요로 했다. 지성은 뉴잉글랜드의 참된 종교에서 본질적인 것이라 여겨졌고, 감정은 청교도 신앙심의 힘과 지속성에 필수적인 것이었다. 이런 균형이 불안정해지고, 종교적 사회 자체가 분열로 향하는 경향이 커지고 있었던 것이다. 교회 내의 한쪽은 사회적으로 올바르고, 세련되고, 자유주의적이고, 지적인 시야는 관용적이지만, 종교적으로는 냉정하고 형식적이었다. 그리고 (결국 부흥주의의 공격을 받게 되는) 다른 한쪽은 사상과 종교적 열정 둘 다에 의해 움직였지만, 신앙심이 가장 고조된 때에 신도들이 반율법주의와 반지성주의로 향했다. 예컨대 조너선 에드워즈Jonathan Edwards 같은 이는 지도적인 목사들 중에서 거의 유일하게 뉴잉글랜드의 오랜 지성주의와 신앙심의 본보기가 되는 한편, 여기에 새로운 사상을 창의적으로 다루는 능력을 결합시켰다. 18세기 중반에 뉴잉글랜드의 종교는 다른 식민지와 마찬가지로 학식 있는 목사들의 지위에 큰 영향을 끼칠 각성을 맞이하려 하고 있었다.

3

교육 받은 목사들이 노골적으로 거부당하는 최초의 큰 사건은 18세기 중반의 대각성운동 시기에 일어났다. 물론 이러한 종교 부흥이 지성이나 학문에 명백한 악영향을 끼치지는 않았다. 하지만 훗날 벌어진 학식 있는 목사들에 대한 공격이나, 종교의 형식주의를 지양하고 지도층에 전문가 이외의 인사들도 받아들이려 한 운동에서, 이런 움직임은 중요한 선례가 되었다.

 미국의 각성운동은 유럽에서 일어난 유사한 종교적 변화, 특히 독일 경건주의와 영국 감리교의 출현에 대응한 것이었지만, 미국의 경우는 특히 종교적 재각성을 위한 여건이 조성되어 있었다. 많은 미국인들은 교회의 상황에 이의를 제기하고 있었고—가령 침례교도는 이미 제도를 정비한 성공회나 회중교회 아래에서 불안하게 생활하고 있었다—, 또 상당수가 교회에 다니지 않거나 어느 교파에도 속하지 않은 상태였다. 이미 많은 사람들이 지리적으로나 영적으로 목사들의 손에서 멀리 떠나 있었던 것이다. 특히 버지니아 같은 일부 지역에서는 성공회 사제들의 상당수가 멀리 떨어져서 지내다보니 영향력이 없었다. 뉴잉글랜드마저도 종교의 열기는 식어 있었다. 1730년대와 1740년대에 이르러 뉴잉글랜드의 회중교회들(그리고 중부 식민지 Middle Colonies〔델라웨어, 뉴욕, 뉴저지, 펜실베이니아〕 및 다른 곳의 장로교회들)은 초창기의 열의를 거의 잃은 채 기성 계급들을 위한 따분한 신앙의 저장소가 된 상태였다. 추상적이고 매우 지적인 전통을 지닌 이 교회들은 이미 소박한 사람들을 사로잡을 힘을 잃어버렸다. 이 교회들의 교의를 다듬는 원천이 된 종교개혁 논쟁 역시 대체로 의미를 잃어버렸다.9 청교도 첫 세대의 열렬한 신도들이나 제대로 교육을 받은 그 아들들은 이미 과거의 사람이 되어 있었다. 목사들 스스로가 초창기의 의욕을 거의 잃었고, 위신도 잃은 상태였다. 세련되고 다재다능한 목사들도 많았지만, 어떤 경우에는 너무나 세련되고 다재다능하고 세속적인 나머지, 본연의 역할을 전혀 하지 못했다. 그들은 졸린 회중 앞에서 종종 낡은 교의 논쟁을 둘러싼 지루하고도 난해한 설교를 늘어놓았다. 부흥사Awakener 조지 휘트필드George Whitefield는 "회중이 그처럼 활기가 없는 것은 활기 없는 사람들이 설교를 하기 때문이다"라고 말했다.10 그리하여 매사추세츠에서 버지니아, 나아가 더 남쪽 지역에서도 대중의 잠재적인 종교적 에너지는 그들의 마음을 움직일 설교 기량을 갖춘 전도자의 등장을 고대하고 있었다.

대각성운동은 1720년에 시작되었다. 영국과 네덜란드의 청교도주의에 고무되어 신세계로 온 젊은 전도자 테오도어 프렐링하위젠Theodore Frelinghuysen이 설교를 통해 뉴저지의 네덜란드개혁교회Dutch Reformed Church 신도들을 일깨우기 시작한 것이었다. 뉴저지에서 일어난 부흥운동은 중부 식민지의 스코틀랜드-아일랜드계 장로교회 신도들에게로 이어졌다. 1726년에 그중 한 명인 윌리엄 테넌트William Tennent가 펜실베이니아 네샤미니에 일종의 초급 신학교인 "통나무 대학Log College"을 설립했다. 그후 20년 동안 테넌트는 그곳에서 약 20명의 젊은이를 훈련시켜 장로교 목사들에게 부흥주의 정신을 불어넣도록 했다. 1734년에는 뉴잉글랜드에서 독자적인 형태의 부흥주의가 등장했다. 부흥 설교자 중에서도 독특한 인물인 조너선 에드워즈는 청교도의 오랜 관습(교의를 중시하고 글로 표현된 설교를 선호한다)을 부흥운동가들의 열정 및 종교적 열광과 결합시켰다. 에드워즈의 부흥 설교는 1734년과 1735년에 노샘프턴 일대에 불을 붙이긴 했지만, 조지 휘트필드의 설교에 비하면 좁은 범위에 그쳤다. 잉글랜드에서 웨슬리 형제의 젊은 동지였던 달변의 휘트필드는 1738년과 1739년에 복음 선교단의 일원으로 아메리카로 왔다. 두번째 선교 활동을 조지아에서 시작했고 북부도 두 차례 방문했던 휘트필드는 1740년 가을에 뉴잉글랜드에 도착했다. 데이비드 개릭David Garrick에 따르면, "메소포타미아"라는 말만으로도 청중을 흥분의 도가니로 몰아넣을 수 있었던 휘트필드는 설교 때마다 곳곳에서 열광적인 반응을 얻었다고 한다. 그가 설교하는 타운에는 인근에서 수천 명이 모여들었고, 수많은 이들이 죄를 깨닫고 영적 부활을 경험했다. 휘트필드가 처음 뉴잉글랜드를 방문한 뒤, 이번에는 윌리엄 테넌트의 아들 길버트가 방문했다. 하지만 부흥운동을 거의 광적인 수준으로까지 밀어붙인 탓에, 벌써부터 영적 각성의 기운을 환영하던 많은 이들에게 혐오감을 샀다.

열광적이고 기괴한 형태의 부흥운동을 추진한 인물로 제임스 데이븐포트James Davenport가 있었다. 롱아일랜드의 목사로 예일 대학 졸업생이었던 그는 1742년과 1743년에 코네티컷과 매사추세츠를 돌았는데, 기존 목사들에게 독설을 퍼붓고 무례한 행동을 서슴지 않은 탓에 곳곳에서 당국과 충돌했다. 1742년 여름에는 코네티컷에서 종교 집회를 연다면서 치안을 해친 혐의로 재판에 회부되었지만, 관대하게도 그 주에서 추방당하는 벌을 받는 데 그쳤다. "이성의 작용이 교란된" 상태라고 여겨졌기 때문이다. 몇 달 뒤에 그는 보스턴에 나타났는데, 목사들을 비방한 죄로 투옥되었지만 이번에도 정신 상태가 정상이 아니라는 이유로 풀려났다. 그리고 롱아일랜드로 돌아가서는 담당 교구를 방치한 죄로 재판에 넘겨졌다. 마지막으로 코네티컷의 뉴런던에서 또다시 요란한 사건을 일으킨 그는 결국 설득을 받아들여 사직했고, 1744년에는 다소 앞뒤가 맞지 않는 회심의 글을 남겼다. 데이븐포트를 거부하며 호된 비난을 퍼부었던 길버트 테넌트를 보면, 이 운동이 일으킨 파란으로 온건한 부흥사들도 정규 목사들만큼이나 위기감을 느끼고 있었음을 알 수 있다.[11]

정규 목사들의 경우, 처음에는 그 압도적 다수가 순회 부흥사야말로 교구민들의 신앙을 북돋아주는 이들이라며 환영했다. 목사들은 보스턴의 벤저민 콜먼Benjamin Colman 같은 걸출한 교양인까지 순순히 받아들였다. 그러나 자신들이 부흥사들에게 공통의 영적 소임을 수행하는 동료가 아니라 경쟁자—그것도 아주 열등한 경쟁자—로 여겨진다는 사실을 정규 목사들이 알아차리기 시작한 것은 대각성운동이 본궤도에 오르고부터였다.

길버트 테넌트는 나이든 성직자들에 대한 부흥운동가들의 견해("정통파이자 학식 있는 교조적 형식주의자"라는 것)를 『회개하지 않은 목사들의 위험성』이라는 주제의 설교에서 표명했다. 그리고 나이든 성직자들은 교활하고 잔인하고 차갑고 편협하고 신앙 없는 위선자들로서 사람들을 얕잡아본다고 비난했다. 또한 각성하지 않은 목사들의 종교적 동기나 신앙심을 의심한 테넌트는 그들을 동료가 아니라 적으로 여겼다. ("할 수만 있다면 그들은 신앙이 독실한 사람을 목사로 받아들이지 않을 것이다. 그러므로 그들이 반대한다는 것은 고무적인 일이다"라고 테넌트는 말한 바 있다.) 테넌트의 접근법은 결코 매력적이지 않았지만, 그는 자신이 중대한 문제를 논하고 있다고 믿었는데, 여기서 그의 주장이 일종의 종교적 민주주의였다는 점은 부정하기 힘들 것이다. 기존의 교회 조직 아래에서 차갑고 회개하지 않은 목사를 받들고 있다면, 그리고 이 목사의 동의 없이는 각성된 목사를 부를 수 없다면, 회중은 어떻게 "독실한 목사"를 가까이할 수 있겠는가 하고 테넌트는 주장했다.[12] 요컨대 테넌트는 진정한 프로테스탄트답게 과연 종교가 독점된 상태에서 신앙을 전파할 수 있겠는가 하는 중대한 문제에 다시금 도전했던 것이다. 기존 목사들이 보기에 이 문제는 전혀 다른 형태를 취했다. 종래의 교회 원칙에 얽매인 상태에서, (정규 목사들을 적으로 생각하는) 테넌트나 휘트필드 같은 영감 받은 전도자들에게 어떻게 맞설 수 있을까?

실제로 기존 목사들은 각성자들의 도전에 제대로 대처할 수 없었다. 특별한 종교적 흥분을 느낄 일이 없는 상태에서 늘 회중과 코를 맞대고 살던 정규 목사들은 보통의 일상적 환경에서 신도들의 영적 각성을 유지하는 과제에 직면했다. 휘트필드처럼 능력과 열정을 지닌 복음주의자들, 그리고 그보다는 조금 떨어지지만 길버트 테넌트나 데이븐포트처럼 설교대를 두드리고 발을 동동 구르며 열변을 토하기까지 하는 이들을 상대로, 목사들은 마치 무대 위의 가무단 맨 앞줄에

선 젊은 여성에게 마음을 빼앗긴 남편을 보고 있는 늙은 아내와 같은 심정이었다. 회중과는 거의 무관한 지식인이었던 에드워즈 같은 예외는 있지만, 부흥운동가들은 청중의 이성에 호소하거나 까다로운 교리 문제를 다룰 필요성을 별로 느끼지 않았다. 그들은 (역시 에드워즈는 예외로 치고) 미리 준비한 설교가 아니라, 청중과 즉흥적으로 직접 대화했다. 그들은 종교적 경험에서의 궁극적 진실―죄의식, 구원의 열망, 하느님의 사랑과 은총에 대한 기대―을 직접적으로 거론하면서 청중의 감성에 호소하는 데 주저함이 없었다. 훗날 부흥주의의 특징이 된 온갖 기이한 행위도 이때 나타났다. 예컨대 테넌트는 발을 쿵쿵 구르다가 앞뒤가 안 맞는 말을 늘어놓더니 급기야 청중을 현혹시켜 개종으로 이끌었다. 그런 설교는 분명 인기가 많았다. 테넌트는 3개월에 걸쳐 뉴잉글랜드를 돌면서 종종 엄청난 눈발을 맞으며 설교하기도 했는데, 그때마다 회심한 사람들로 하여금 땅을 기게 만들었다. 이런 광경을 다소 편견을 가지고 목격한 성공회 신자 티머시 커틀러 Timothy Cutler는 이렇게 이야기했다. "그 사람〔휘트필드―R. H.〕 다음에는 테넌트라는 이가 왔는데―괴물이다, 건방지고 시끄럽다!―청중을 향해 모두 다 **저주받고, 저주받고, 저주받고 있다**고 거듭 말했다. 이 말에 사람들이 매료되었다. 나는 그토록 무시무시한 겨울을 경험한 적이 없다. 테넌트의 짐승처럼 울부짖는 목소리에 사람들은 밤낮으로 눈 속에서 뒹굴었고 상당수는 진이 빠져버렸다."[13]

오래지 않아 부흥운동의 극단적인 주창자들이 회중교회, 네덜란드 개혁교회, 장로교회, 성공회 등 기성 교회의 모든 전제에 이의를 제기할 것임이 분명해졌다. 앞에서 말한 것처럼, 뉴잉글랜드의 회중교회 신도들이나 그 밖의 지역의 장로교 신도들은 목사야말로 학식 있는 전문가여야 한다고 생각하고 있었다. 전통적으로 이런 교회의 목사들은 신앙심과 영적 자질 면에서 존경을 받았지만, 학식이 필수적이라고 여겨졌다. 학식 그리고 교리에 대한 합리적 이해가 종교 생활에서 극히 중요하다고 여겨졌기 때문이다. 게다가 정식 교회들은 질서정연하게 운영되고 있어서, 목사는 초빙되고 파견되는 존재였다. 요컨대 회중과 목사의 관계는 안정되고 엄숙하고 규율 있는 결합이었다. 무자격 전도자는 생각할 수도 없었고, 요청받지 않은 설교 역시 상상할 수 없었다.

그러나 이 모든 전제 조건이 마침내 도전을 받았다. 가장 극단적인 부흥운동가들은 개인적인 언행으로 성직자의 위엄을 깎아먹고 있었다. 그들은 기존 목사들이 확보한 회중의 충성심을 공략해서 갈라놓으려 했다. 또한 교회 체계의 틀 안에서 활동하는 목사들을 차갑고 죄 많은 존재라고 깎아내리려 했다.¹⁴ 많은 부흥운동가들은 구원에 필요한 것은 학식이 아니라 성령이라고 설교했다. 결국에 그들은 평신도—이른바 평신도 설교자lay exhorter—에게 회심 소임을 맡김으로써 목사들의 전문적 기반을 훼손하려 했던 것이다(테넌트 같은 일부 각성자들은 찬성하지 않았지만). 이윽고 많은 회중이 둘로 갈라져, 회중교회나 장로교 같은 주요 교파에서는 서로 다투는 몇몇 분파가 생겨났다. 사태는 걷잡을 수 없는 지경에 이르렀다. 에즈라 스타일스Ezra Stiles는 약 20년 뒤에, "대다수의 사람들이 심각하게, 냉정하게, 진정으로 제정신을 잃었다"고 회상했다.¹⁵

4
—

머지않아 각성자들은 기성 교파에 소속된 목사들에게 외면을 당했다. 1743년에 이르러서는 목사들 사이에서도 불화가 생겼다―그들은 평신도에게 설교를 맡긴다거나 교구에 난입하는 등 감싸줄 여지가 없는 소행에 관해서가 아니라 대각성운동 자체의 의미를 둘러싸고 갈라진 것이다. 힘있는 소수파(많아야 3분의 1 정도는 되었을 것이다)는 그 운동에 결함은 있지만 "축복해야 할 종교의 부흥"이라고 생각한 반면, 다수파는 그 운동을 미신적 열광의 발작이자 전통적·합리적 권위에 맞선 반지성주의적 반역으로 여겼다. 각성자들을 반박하는 저작 중에서 가장 반향이 컸던 것은 다소 고리타분하지만 자유주의적 정신을 지닌 찰스 천시Charles Chauncy의 소책자이다. 보스턴 목사들의 지도자로서 극히 비타협적이었던 천시의 『뉴잉글랜드의 종교 상태에 관한 시의적절한 의견』(1743)에서는 온갖 잡다한 직종에서 급성장하여 목사들에게 도전한 어정뱅이들―아무 자격도 없지만 자만심과 독단으로 똘똘 뭉친 이들―의 **오만함**에 대한 분노가 묻어난다. 그는 부흥운동이 평신도 설교자들에게 길을 내줘버렸다고 불만을 토로했다. "아무 근거도 없이 자기는 남들을 이끌 자격이 있다고 우쭐대는 온갖 직종의 사람들, 학식도 없고 능력도 변변찮은데 스스로 유능하다고 여기며 공부도 하지 않은 채 자기 말을 들으면 영적으로 득이 될 거라고 말하는 자들"이라고 말이다.[16]

"공부도 하지 않은 채!", 이것이야말로 대각성운동의 핵심 문제 중 하나에 다가선다고 천시는 단언한다. 그의 주장에 따르면 "앞선 시대"의 오류, 즉 "성경 이외의 책은 필요 없다"고 말한 이단들이나 초보 전도자들의 오류가 반복되고 있었던 것이다. "그들은 설교에는 학식이 필요 없다면서, 자기들은 학식으로 설교하는 목사보다도 성령의 힘으로 설교를 더 잘할 수 있다고 항변했다. 마치 성령과 학식이 대립된다고 보는 듯이." 이런 점이 부흥운동가들의 근본적인 과오라고 천시는 생각했다.17

그들은 학식을 경멸하고 성령의 힘에 의존한다. 이 때문에 그토록 많은 이들이 학교나 대학을 대수롭지 않게 여기는 것이다. 권한만 생기면 학교나 대학을 깡그리 없애버릴 태세다. 이런 설교자 무리가 이 나라에 등장하고(많은 수가 거의 상식을 무시하는데도) 칭송을 듣고 지지자를 모으는 것도 이런 이유 때문일 것이다.…… 그토록 많은 목사가 성경에 의거하지 않을 뿐만 아니라 공부도 하지 않고 설교를 하는 것도 같은 이유 때문일 것이다. 그들은 미리 준비를 하면 성령이 싫어한다고 둘러댄다.

성서에 기초하는 종교를 전파하는 사람에게 성서를 올바르게 읽는 것은 중요한 관심사이다. 성령만 중시하면서 학식이 없는데도 하느님의 말씀을 해석하고 구원자처럼 행동하는 자는, 그들이 보기에 심한 이단이었다. 여기에 기성 교회의 대변자들과 각성자들의 핵심적 차이가 있다. 전자는 성서—넓게는 하느님의 말씀—를 역사 속에서 정확하고 합리적으로 이해하는 것을 중시하는 데 비해, 후자는 온당한 감정, 즉 내적 확신과 하느님의 관계에 대한 올바른 느낌을 북돋우는데, 여기서 어느 쪽이 더 중요한지를 두고 의견이 갈렸던 것이다.
어느 부흥주의 목사 단체는 이런 식으로 자신들의 주장을 펼쳤다.18

하느님에 의해 동등하다는 자격을 얻은 모든 형제는 신앙의 정도에 따라 설교할 권리를 가지며, 설교를 하는 데 필수적인 자격은 하느님의 성령에 의해 주어진다. 말뿐인 지식이나 교양이 절대적으로 필요한 건 아니다. 지식이나 교양은 편리하며, 제대로 활용하기만 하면 분명 유익할 것이다. 그러나 하느님의 성령의 결핍을 채우려고 활용하면, 지식이나 교양을 활용하는 이들과 그들을 따르는 모든 이들에게 결국 덫이 될 것이다.

이 주장에서 보수주의자들은 종교에서 학식이 맡는 역할에 대한 철저한 부정을 발견했다. 그리고 각성주의적인 사람의 설교에 의지하는 감정적인 종교는 종교 생활로부터 일체의 이성을 앗아간다는 것을 깨달았다. 남부의 어느 복음주의 반대자는 "종교를 다룰 힘이 있는 것은 이성적인 인간뿐이다"라고 말했다.[19]

그래서 이성을 활용하지 않는 참된 종교도 없다. 종교에는 언제나 **진리와 의미**, 이 두 가지가 있다. 그리고 이성이 그것을 판정해야 한다. 우리 종교의 의의는 우리의 정신을 내적으로 확신하는 데 있어야지, 출생이나 기질, 이해관계 같은 어떤 외적 조건이나 동기에서 자기 종교의 가치를 찾으려 하면, 모든 종교를 같은 수준에서 다루게 된다. 그리고 우리가 교육 덕분에 참된 종교를 믿고 있다고 할지라도, 그 믿음의 의미를 이해함으로써 자기 것으로 만들지 않는다면, 아무런 도움도 안 될 것이다. 그것은 하느님이 기뻐하시지 않을 **어리석은 자들의 제물**을 바치는 셈이다.

부흥운동의 영향을 받은 식민지에서는 보수적인 목사들도 처음에는 종교에 좋은 결과가 나타날 것으로 기대하고 있었다. 그러나 얼마 지나지 않아 이 운동을 혐오하기 시작했다. 자신들의 지위나 교회 자체, 그리고 모든 참된 종교를 위협하는 움직임으로 여기게 된 것이다. 그러면서 근본적 교리가 경시되고, 조직에 소속된 성직자들은 무시당하며 갖가지 비방에 시달렸다. 곳곳에서 벌어진 복음주의자들의 즉석 설교는 종교의 모든 합리적인 요소를 훼손할 우려가 있었다. 그들 중 상당수가 자신들의 설교를 "성령께 직접 받은 감동으로 뇌리에 사고의 긴 사슬이 생겨나 말이 입을 뚫고 나온" 결과라고 여겼기 때문이다. 보수주의자들은 이런 악습은 교육을 받은 목사에게서도 볼 수 있지만 훨씬 더 위험한 것은 "아무런 교육도 받지 않은데다 복음서의 위대한 교의를 제대로 이해하지 못하는 사적인 개인에 불과한"[20] 평신도 설교자의 경우라고 생각했다. 결국 부흥운동가들의 이런 난입 때문에 수많은 회중 사이에서 분열과 다툼이 빚어졌고, 또한 기성 목사들은 복음주의자들이 대학이나 통상적인 목사 양성 과정, 즉 교육받은 목사들의 공급원을 공격할 것이라는 우려를 감추지 못했다.

이런 우려는 과장된 것이었다. 하지만 부흥운동가들은 대학을 위협하고 있었고, 심지어 책을 불태우는 경우도 있었다. 온건한 휘트필드조차 특정 책들을 태워버리도록 부추겨서, 일부 추종자들이 그의 지시에 따랐다. 1743년 3월, 제임스 데이븐포트는 뉴런던에서 인크리스 매더, 벤저민 콜먼, 찰스 천시를 비롯한 정규 목사들의 저서나 설교집을—일부 사람들이 가지고 있던 보석류나 사치품과 함께—불태워버리자고 선동했다. 그리하여 어느 일요일 아침, 부두에서 커다란 장작불이 타는 동안 데이븐포트와 그 추종자들은 〈영광송Gloria

Patri〉이나 〈할렐루야〉를 부르면서 이런 기도를 읊었다. "이 저자들의 고통의 연기가 그것들을 쓸 때와 같은 믿음 속에서 멎고⋯⋯ 이제 이 책들의 연기가 일어나듯 지옥에서 피어오르고 있었으니."21

　　대각성운동이 교육에 직접적으로 끼친 영향은 여러 가지가 뒤섞인 것이었다. 장로교회 같은 조직에서는 스코틀랜드에서 대학을 나오고 훈련도 잘 받은 많은 목사들과 마찬가지로 부흥주의자도 자신의 저작이 학식에 적대적이라는 비난을 받지 않도록 신경을 썼다. 윌리엄 테넌트는 자신이 세운 "통나무 대학"에서 유능한 학자들을 대거 길러냈고, 아들 길버트도 흔히 묘사되는 것처럼 무식한 시골뜨기가 아니었다. 무엇보다도 부흥주의적인 장로교 신도들은 1746년에 자체적인 학문의 중심으로 삼고자 뉴저지 대학(프린스턴의 전신)을 설립했다. 또한 다른 대학들—브라운, 럿거스, 다트머스—도 부흥운동의 영향을 받은 사람들에 의해 설립되었다. 부흥운동이 일관되게 교육을 적대시하게 된 것은 나중의 일이었다. 하지만 대각성운동이 결국에는 교육을 종교적 분파주의에 종속시키고 대학에 대한 교파의 통제를 강화하게 되었다는 점은 지적해둬야 한다. 열렬한 종교 분파주의자들이 중점적으로 추구한 것은 학문의 중심이 아니라 **그들 자신의** 교육 기관이었다. 그들은 인문학을 희생시키면서 교리나 독실한 신앙의 가치를 전면에 내세웠다. 학식 있는 조너선 에드워즈조차도 한때는 하버드나 예일이 "독실한 신앙의 양성소"가 되지 못하고 학생들에게 종교보다 "인문학을 가르치는 데" 더 애를 쓴다고 비난했다.22

　　역시 중요한 복음주의자였던 휘트필드도 뉴잉글랜드의 두 대학에 불만을 품고 있었다. 이들 대학의 빛이 "어둡고, 어두워져버린 것을 느낀다"고 그는 개탄했다. 1744년에 그가 뉴잉글랜드에 돌아왔을 때는 첫 방문 때와는 달리 대다수 목사들이 단호하게 설교단을 닫아버렸다. 예일과 하버드의 교수들은 그를 비난하는 한편, 대학에 대한 그의 비난을 반박하는 소책자를 발행했다. 좀 수상쩍은 일부 휘트필드 반대자들 중에서는 그가 기존 목사들을 파멸시키고 후계자들을 훈련시키는 완전히 새로운 방법을 마련하기 위해 뉴잉글랜드의 두 대학을 "비방하고 뒤엎으려" 한다는 견해도 있었지만, 이를 인정할 이유는 어디에도 없었다. 다만 현지 목사들이 자기네 회중 앞에서 각성자들에 의해—악마의 앞잡이는 아니라 할지라도—참된 신앙심이 없다는 비난에 시달리던 때여서, 그러한 두려움을 가지는 것도 이해할 만한 반응이었다.[23]

책을 불태우고 대학을 비판하는 것이 각성자들 특유의 행태는 아니지만 지나친 행동이었음은 분명하다. 각성자들은 처음부터 교회를 분열시키거나, 대학을 공격하거나, 지성이나 학문을 깎아내리려 한 게 아니었다. 그들의 노림수는 어디까지나 종교를 부흥시키고 사람들을 하느님에게 인도한다는 기본적인 목적을 이루는 것이었다. 게다가 학문이나 합리성에 경의를 표하는 회중교회나 장로교회의 틀 안에서 일어났기 때문에 비록 천시 같은 신랄한 비평가도 있었지만 뉴잉글랜드나 중부 식민지의 각성운동이 끼친 반지성주의적 영향은 극히 제한적이었다. 하지만 뉴잉글랜드에서조차 대각성운동은 이런 부흥운동에 거의 통제할 수 없이 극단으로 치닫는 경향이 있음을 드러냈다. 천시와 같은 반대자들은 감정적 열광이나 반지성주의야말로 각성운동의 본질이라고 말했지만, 부흥운동은 기본적으로 그리스도교 신도를 회심시키는 선한 운동이라고 보는 지지자들은 감정적 열광이나 반지성주의를 우연히 생긴 결점이라고 여겼다. 단기적으로는, 그리고 뉴잉글랜드 교회들이라는 한정된 환경에서는 각성운동 지지자들이 옳았을 것이다. 그러나 반대자들은 이런 부흥운동에 내재하는 경향과 장래의 방향성—특히 부흥주의가 뉴잉글랜드의 전통과 제약에서 벗어나 내륙으로 깊숙이 진입했을 때의—을 좀더 적확하게 간파하고 있었다. 뉴잉글랜드 각성운동을 연구하는 오늘의 역사가들은 이 운동에 공감을 보인다. 그러나 그들도 이 운동은 "지적 훈련이 안 된 열광적인 복음주의의 가능성을 보여주고 그 생각을 확산시켰다"고 결론짓고, "각성운동 동안에는 그저 소수의 특징이었던 '인문학'에 대한 불신이 나중에는 프로테스탄트 다수의 전형적인 특징이 되었다"고 말한다.[24]

각성운동에 대한 전통적인 평가는 대체로 옳다. 확실히 그들은 보통사람들에게 받아들여지기 쉬운 종교적 스타일을 만들어내고, 상류 계급에 의해 (그리고 대체로 상류 계급을 위해) 운영되는 교회를 대신할 만한 것을 보통사람에게 제시함으로써 미국에서의 민주주의 정신의 고양을 자극했다. 또한 부흥운동가들은 자신들이 선호하고 이해할 수 있는 설교를 들을 권리—경우에 따라서는 자신들이 직접 설교할 권리—가 있다고 사람들에게 말함으로써 기성 제도의 지배 구도를 뒤흔들었다. 그 결과, 훗날 미국을 방문하는 외국인들은 자기주장과 자부심이 미국인들의 특성이라고 여기게 된 것이다. 게다가 여러 인도주의적인 움직임—노예제 반대 및 노예나 인디언의 개종—에 대해서도 대각성운동은 큰 영향을 끼쳤다. 훌륭한 각성자는 모든 사람의 행복에 관심을 기울였다. 그러나 종교에서의 지성이나 학식의 의의가 희생된 것도 (대학이 신설된 것은 인정하더라도) 염두에 둬야만 한다. 지성의 가치를 깔본 것은 각성자들이 처음은 아니었지만, 그들은 반지성주의를 추동했다. 그리고 미국의 반지성주의에 처음으로 짧은 순간 호전적인 승리를 안겨주었다. 각성운동과 더불어 미국의 종교에서 청교도의 시대는 종언을 고하고 복음주의의 시대가 시작되었다. 그후의 부흥운동은 어느 때보다도 넓은 무대를 배경으로 18세기 부흥운동의 장점과 단점을 거듭 드러냈다.

5

부흥주의는 훗날 뉴잉글랜드나 중부 식민지(즉 회중교회나 장로교회)로부터 남부나 서부의 개척지대로 옮겨감에 따라 좀더 원시적이고 감정적인, "황홀감"을 강조하는 쪽으로 변해갔다. 학식이 부족한 전도자들이 점점 늘어났고, 회심의 수단으로서 육체적인 반응을 별로 자제하지 않게 되었다. 엎드려 기고, 경련을 일으키고, 울부짖거나 하는 반응이 흔해졌다. 남부 식민지에서는 처음부터 휘트필드의 영향이 컸다. 그의 설교와 중부 식민지의 수많은 장로교 부흥주의자들에 의해 힘을 얻는 복음주의 운동은 버지니아나 노스캐롤라이나로, 1740년대와 1750년대에는 심남부深南部까지 확산되었다. 그 지역은 교회에 속하지 않은 인구를 대거 거느리고 있는데다 시골 사람이 다 된 성공회 성직자들이 겨우겨우 선교 활동을 벌이고 있을 뿐이었다. 그 때문에 부흥주의자들은 기존 목사들을 고발하기가 북부보다 유리하다고 판단했던 것이다. 또한 그곳에서는 기성 성공회가 상류 계급과 연결되어 있었기 때문에, 부흥운동의 민주주의적인 이의제기는 그 함의가 더욱 강렬했다. 훗날 프린스턴 대학 총장이 된 새뮤얼 데이비스Samuel Davies 같은 뛰어난 장로교 전도자들도 남부에서 활동했다. 하지만 주

3장 복음주의 정신_ 115

요한 역할을 한 교파는, 장로교나 회중교회에 비해 성직자의 학식에 집착하지 않았던 침례교나 감리교였다. 즉, 부흥운동 특유의 현상인 무보수 순회 설교자, 평신도의 설교, 기존 성직자들에 대한 비난 등의 장애 요소가 별로 없었던 것이다.

남부의 부흥운동가들은, 교회에 속해 있지 않을 뿐만 아니라 문명의 혜택도 별로 받지 못하는 사람들에게 복음의 빛을 전해주었다. 1760년대와 1770년대에 캐롤라이나의 오지까지 구석구석 찾아 나선 성공회의 찰스 우드메이슨Charles Woodmason 신부는 그곳에서 목격한 야만적인 생활에 대한 인상적인 묘사를 남겼다. "기성 교회나 성직자들에 맞서서 사람들의 마음을 휘저어놓는—신사들을 무척 불안하고 초조하고 불쾌하게 만드는 방랑 설교자들"에 대한 그의 기록은 일말의 편견이 담겨 있긴 하지만 상당히 암시적이다.

회중 교리문답서, 와츠Isaac Watts 성가집, 번연의 천로역정, 러셀〔매사추세츠 만 식민지 초기의 청교도 목사 존 러셀John Russell(1626~1692)을 가리키는 듯하다〕과 휘트필드와 어스킨〔스코틀랜드의 성직자로 미국에도 영향을 끼친 연합장로교회의 창시자 에버니저 어스킨Ebenezer Erskine을 가리키는 듯하다〕의 설교집을 제외하면 이 광활한 땅에서 책 한 권 찾아보기 힘들다. 또 영국의 서민들과 달리, 사람들은 역사책을 읽거나 남에게 읽어주는 것도 즐기지 않는다. 이 사람들은 지식을 경멸하며 예술, 과학, 언어의 지혜나 지식을 지닌 사람을 존경하기는커녕 경멸하고 사갈시한다. 이런 정신은 이 지방의 중심이 되는 사람들 사이에도 퍼져 있다.

몇 년 뒤 우드메이슨은 침례교 내부의 부흥주의파나 새빛파New Light에 관해, 그들이 권위에 전적으로 반대하며 기성 교회에 대한 고발에 성공한 뒤 이제 국가를 파괴하려 하고 있다고 보고했다. "법률에 종사하는 신사들이 이제 관심을 기울이는 것으로 보인다. **스트로와 타일러**〔1381년 영국 농민봉기의 주역인 존 랙스트로John Rackstraw(잭 스트로 Jack Straw와 동일 인물로 추정된다 ― 옮긴이)와 와트 타일러Wat Tyler ― R. H.〕처럼 그들도 학식에 관한 모든 직종을 파괴하려 한다. 바야흐로 인간의 학습은 하느님의 성령과 대립되고 있다."25

18세기에 우드메이슨이 캐롤라이나 변경지대에서 관찰한 모습은, 다소 과장되기는 해도, 많은 인구가 이동할 때 벌어지는 상황의 한 예이다. 독립 이후 점점 서부로 옮겨간 사람들은 확립된 사회의 제도들을 선취한 셈이었다. 동일한 속도와 일관성을 유지하면서 제도를 확립하기란 불가능했기 때문이다. 앨러게니 산맥을 넘어 이동한 인구는 1790년에 10만 명 정도이던 것이 30년 뒤에는 225만 명으로 급증했다. 많은 가족이 두 번이고 세 번이고 이사를 자주 다녔다. 조직은 해체되고, 규제는 실종되었다. 교회, 사회적 유대, 문화적 제도들이 와해되는 경우가 많았고, 미처 회복되기도 전에 변경의 가족들은 황야나 평원으로 또다시 이주를 했다. 훗날 미국성서공회American Bible Society의 설립에 관여한 새뮤얼 J. 밀스Samuel J. Mills는 두 명의 동료와 함께 1812~15년에 서부를 여행하면서 공동체를 둘러보았다. 그들이 방문한 곳은 오래전부터 사람이 정착해 살고 있었지만 학교나 교회도 없고 사람들이 그것들을 세울 생각도 하지 않았다. 일리노이 준주準州의 중심 도시인 카스카스키아에서는 제대로 된 성서가 한 권도 없었다.26

처음에 일리노이와 미주리 지역에 파견되었던 침례교 선교사 존 메이슨 펙John Mason Peck은 1818년에 목격한 "극히 원시적인 상태로 살아가는 변경 개척자들의 실태"에 관해서 나중에 이렇게 회고했다.27

아홉시쯤, 내가 방문하려던 가족을 발견했다. 이 가족은 초창기에 이주해온 개척민인데, 그들에 대해 조금 구체적으로 묘사하면 흥미로워할 독자가 있을지도 모르겠다. 지금〔1864년—R. H.〕은 미주리 변경에서도 그러한 예는 볼 수 없을 것이기 때문이다. 옥수수밭에서 조금 떨어진 곳에 가장 원시적인 구조의 통나무집 한 채가 자리잡고 있었다. 집 안팎에 가장과 그의 아내, 두 딸과 사위들, 그리고 그들 부부 각각에 딸린 아이들 서넛, 성인이 다 된 아들과 딸 하나씩이 보였다. 나이든 남자는 글을 읽을 줄은 알지만 "아주 형편없다"고 말했다. 나이든 여자는 **찬송가**책이 하나 있으면 좋겠다고 했지만 읽을 줄은 몰랐다. 이 고풍스러운 가족의 다른 성원들은 책이나 "그런 쓰레기"는 필요 없다고 했다. 나는 침례교 선교사이고 사람들에게 복음을 전하기 위해 곳곳을 돌고 있다고 자기소개를 했다. 나이든 남자와 부인은 침례교 신도였고, 적어도 "정착촌"에 살던 무렵에는 침례교회에 다녔다. 그 시절 이런 부류의 사람들에게 "정착촌"은 버지니아나 캐롤라이나의 오지, 어떤 경우에는 켄터키나 테네시의 오래된 지역을 의미했다. 하지만 그 사람들이 살던 곳에서 침례교 설교를 듣는 것은 "대단히 드문" 일이었다. 나이든 남자는 세인트프랑수아에서 열린 침례교 집회에 참석한 일이나, 세인트마이클 근처에 있는 파라 장로Elder Farrar의 저택에 관해 이야기했다. 나이든 여자와 젊은이들은 이곳에서 8~10년 동안 살면서 침례교 선교사를 본 적이 없었다. 이따금 감리교 집회에는 가본 적이 있었다. 이것이 당시 미주리 변경의 정착촌에 흩어져 살던 수많은 사람들의 상태였다. "순회 선교사"는 나이든 사람들로부터 극진한 환대를 받았다. 젊은층은 부끄럼을 타서 통나무집 밖을 서성거렸고, 들어와서 선교사가 성경을 읽고 기도를 드리는 걸 들으라고 설득을 해도 소용없었다. 가재도구는 하나같이 구식이고, 특유의 경향이 있는 것 같기도 했다.

탁자나 의자 등 가구라고 할 만한 것은 하나도 눈에 띄지 않았다. 변경지대에서는 사정이 비슷했다. "정착촌"을 떠나 이주할 때면 흔히 말에 실을 수 있는 짐만 꾸렸기 때문에 가구 따위는 가져갈 수 없었다. 고작 조리도구나 침구, 여벌 옷 한두 벌 등 필수품만 챙길 뿐이었다. 하지만 이 가장은 정말 주변머리가 없는 게 분명했고, 오지 생활에 필요한 최소한 기술이나 의지도 없어서 가족이 쓸 탁자 하나 만들지 못했다. 여기서 말하는 이 시절에는 생필품에 두 가지 형태가 있었다. 하나는 "켠 재목puncheon"이라 불리는 평판인데, 큰 통나무를 길이 120센티미터, 너비 40~45센티미터 크기로 두툼하게 잘라낸 널빤지이다. 여기에 걸상이나 긴 의자처럼 적당한 높이의 다리 네 개를 끼워맞춘다. 다른 하나는 거친 탁자 뼈대에 다리를 끼워맞추고 참나무 판자를 매끄럽게 다듬어서 작은 나무못을 박아 상판을 만드는 것이다. 깔끔하게 정돈되고 근면함이 묻어나는 수많은 통나무집에는 이런 탁자가 있었다.……

개척지의 실생활을 정확하게 서술하려면 마지막으로 먹을거리를 빼놓을 수 없다. 예컨대, 마당 건너편에서 악취가 나서 찾아보면, 십중팔구 끓이면 고약한 맛이 나는 베이컨이 냄새의 근원이었다. 곁들여

먹는 강낭콩은 설익지도 않은 상태였다. 시큼한 버터밀크는 소에서 짠 우유를 한철 내내 넣어두고 버터를 만드는 교유기攪乳器에서 따른 것인데 맛은 "별로였다". 오전 10시가 지나, 나그네에게 아침식사로서 정성껏 내온 음식은 깨끗한 물로 삶은 옥수수였다.

때로 선교사들은 뜻밖의 상황에 완전히 질려버리기도 했다. 한 선교사는 1833년에 인디애나의 차이나라는 마을에서 겪은 곤경에 관해 이렇게 썼다.[28]

무지와 천박함. 전반적인 지성의 결여. 글자와는 무관한 사람들. 와일더 형제와 나를 빼고는, 관내에 글을 아는 사람이 없습니다. 내가 아는 한 문법학자나 지리학자는 전무하고, **이런 학문을 가르칠 수 있는 교사도 없습니다**. 인근에는 **어떤 종류든 학교가 있어 본 적이 없는** 동네가 몇 군데 있지요. 부모와 아이들 모두 일자무식입니다. 교육을 받기도 하지만 연중 두세 달뿐이고, 그나마 가장 케케묵고 비합리적인 방식으로 읽고 쓰기와 셈하기를 배웁니다. 그들은 전형적인 무학자입니다. "**학교에서 교사에게 배운 것**"말고는 공부하지 않고, 굳이 더 배우려고도 하지 않아요. 남자든 여자든 아이들이든, 글을 읽지 못하는 걸 부끄럽게 여기지 않습니다. 기다란 코가 부끄럽지 않은 것처럼. 우리 교회에서는 요전날 성경을 읽을 줄 모르는 남자를 장로로 선출했지요. 정치나 종교 관련 신문을 구독하는 집은 열 가구도 안 되며, 그들 모두가 내는 우편료를 전부 합쳐도 나 혼자 내는 것만큼도 안 됩니다. 역겨운 파충류 무리에 대한 이야기는 그만두지요. 투덜대는 질투, 커지는 편견, 꿈틀거리는 시기심, 벌레 같은 맹목성,

악어 같은 악의라니요!……

그러나 어려서부터 위스키와 싸움질 속에서 자라고 인디언의 습격과 열병, 학질의 위험에 고스란히 노출된 채 가난과 가혹한 노동에 시달리며 살아온 그 사람들은 교육이나 문화의 혜택을 누릴 여유가 없었다. 더구나 자신들이 가질 수 없는 것은 아예 부정해버리는 쪽이 그것을 결핍으로 인정하는 것보다는 나았다.

인디애나 인근에서 선교 활동을 하던 한 목사는 비슷한 시기에 좀 더 동정적인 글을 남겼다. "사람들이 가난한데다가 시장에서 멀리 떨어진 채 새로운 땅을 개간하고 경작하는 데만 매달린다." 하지만 그의 눈에 비친 문화적 여건도 앞의 경우와 별반 다르지 않았다.[29]

합중국 각지에서 모여든 사람들로 이루어진 이 사회는 아직 혼돈 상태에 있다.…… 종교 교파도 대단히 많고, 무지한 선도자—글을 읽을 줄 모르는 자도 있다—의 수는 아라비아의 낙타를 전부 삼킬 정도다. 안식일을 얕보는 설교를 하는 자, **그리스도의 신성**을 앗아가려는 자까지 있다! 또 모두가 한목소리로 교육을 비난하고, 보수를 받고 있는 학식 있는 성직자를 매도한다. 서부에서는 대체 언제쯤이면 이와 같은 무지와 오류의 지배가 막을 내리게 될까?

물론 이 나라의 상황을 생각하면 복음주의자들을 비난하기도 어려워진다. 그들은 고급문화의 수준을 떨어뜨린 게 아니라 아예 문화가 존재하지 않는 지역에 문명사회 일반의 규칙이나 제도들을 도입하려 했기 때문이다. 그들 중 최고는 분명 그런 환경에서도 지적·문화적으로 뛰어난 이들이었고, 가장 변변찮은 이들조차도 상황을 더 악화시키지는 않았다고 말해야 할 것이다. 종교 단체에서 파견한 선교사들은 사회의 해체 과정에서 나타나는 이런저런 현상—교회에 다니지 않는 비종교적인 사람들의 점증, 교회에서 인정받지 못한 "결혼"과 무절제한 생활, 지나친 음주, 야만적인 싸움질 등—에 끊임없이 맞서서 싸웠다. 환영받는 경우도 없지는 않았지만, 그들은 여전히 적대적인 환경에서 일을 진행해야 했다. 그 과정에서 온갖 야유에 시달렸고, 최악의 경우에는 정말로 위험에 직면하기도 했다. 감리교의 순회 설교자 중에서 가장 유명했던 피터 카트라이트Peter Cartwright의 보고에 따르면, 천막 집회에 참석한 사람 중에는 예배 진행을 방해하려고 칼과 몽둥이, 채찍까지 소지한 난폭자도 있었다. 어느 일요일 아침, 폭력배들이 설교를 방해하자 카트라이트는 회중을 이끌고 반격을 할 수밖에 없었다. 만약 동부의 안정된 교회에 어울리는 부류의 목사가 손수 말을 몰고 서부로 가서 종교를 전파하는 고된 일을 맡았다면, 그들은 자기 소임을 다하지 못했을 것이다. 또한 현지의 사투리로 설교하는 방법을 찾지 못했거나 설교를 듣는 청중의 감성이나 편견—반反권위, 반귀족, 반동부, 반학식 등—을 어느 정도 공유하거나 거기에 동조하지 못했다면, 유동성이 높은 집단을 개종시키는 일 따위는 애당초 불가능했을 것이다. 다양한 교파는 이런 필요성에 각기 다른 방식으로 대응했다. 하지만 대체로 회중은 끌어올리고 전도자는 끌어내렸다고 말할 수 있을지도 모른다. 요컨대, 문화의 전파를 담당하는 엘리트들은 거친 사회의 관습에 따름으로써 품위를 떨어뜨린 셈이었다. 복음주의 목사들을 평가하는 것이 목적이라면, 성실함과 용기, 자기희생, 지성 등의 면에서는 그들을 변호할 수 있다. 그러나 우리의 주된 목적은 문명의 추이나 문화의 발전을 평가하는 것이기 때문에 당시 막 등장한 사회를 염두에 둬야 한다. 그 사회는 용기와 품격, 인내력과 실질적인 수완을 갖추고 있었지만, 시인이나 예술인, 학자를 낳을 만한 풍토는 아니었다.

4장

복음주의와 부흥운동가

1

19세기 초 미국의 발전 상황은 새롭고 독자적인 형태의 그리스도교를 낳았고, 교회의 조직이나 성직자의 수준 면에서도 독특했다—현 시점에서 돌아봐도 확실히 그랬지만 당시에도 실제로 그렇게 생각하는 사람들이 있었다. 여러 세기 동안 그리스도교의 전통은 무엇보다도 가톨릭교회의 전통이지 여러 종교 "교파"의 전통은 아니었다. 하지만 아메리카 식민지에서는 처음부터 종교개혁 이후 유럽에서 성장한 갖가지 신조·교파—종교적 "우파"뿐만 아니라 "좌파"까지 아우른다—의 다양한 이민자 집단이 정착해왔다. 초기부터 이 식민지에서 독점적이고 강권적인 체제를 유지하기란 무척 어려울 것임이 분명했다. 그리고 18세기 중반에는 식민지 주민들도 종교적으로 조화를 이루고 관대한 법제를 평화적으로 마련할 방법에 관해서 충분히 배우게 되었다.

　종교의 분열에 이어 그 다양화가 진행됨에 따라 미국인들은 전통적인 교회 체제를 무너뜨리고 종교의 자유를 끌어안았다. 18세기 말에서 19세기 초에 걸쳐 미국의 여러 주는 폭넓은 자유를 누렸고, 애초에 분파로서 등장한 종교 단체들도 확고한 조직들로 발전했다. 이들 단체는 과거의 교회만큼 형식적이지는 않았지만, 안정성이나 조직력 면에서 더이상 분파라고도 할 수 없었다. 이처럼 발전한 분파들과 쇠퇴한 기성 교회는 자발적이고 자유롭게 경쟁하는 종교 환경에서 대체로 유사한 기능을 함으로써 교파주의denominationalism라고 불리는 상황이 되었다.[1] 미국 교파주의의 본질은 교회가 **자발적인** 조직이 되었다는 점이다. 미국의 신도들은 어떤 교회에도 입교를 강요당하지 않았고 또 선대로부터 물려받는 전통적인 신앙도 유명무실해지는 경우가 많았다. 그 때문에 평신도들은 여러 교파 중 어디에 충성을 바칠지를 자유롭게 **선택**할 수 있었다. 종래의 교회 양식에서는 신도들은 태어날 때부터 이미 소속 교회가 정해져 있었고, 국가가 그 교회에 대한 귀속을 강제하는 경우도 많았다. 종교적 체험도 소속 교회의 전례 형식에 따라 이루어졌다. 하지만 미국의 평신도들은 한 교파에 소속된 채로 태어나지 않았고, 또 어떤 성례전 형식을 물려받지도 않았다. 교파는 종종 자기를 바꿔놓을 만한 종교적 체험을 한 뒤에 자신의 선택으로 들어갈 수 있는 자발적인 단체였다.

　이런 선택에서 허위적인 것은 전혀 없었다. 18세기 말의 미국 사회 상황이 워낙 유동적이었고, 또 독립전쟁으로 대단히 무질서해졌기 때문에, 1790년 시점에서는 미국인의 무려 90퍼센트가 교회에 다니지 않았다고 한다. 그러나 그후 수십 년 사이에 이처럼 놀라운 종교적 무질서 상태는 상당히 개선되었다. 종교를 둘러싼 사회 상황은 대체로 정비가 되었고, 많은 사람들이 이런저런 교파에 속하게 되었다. 하지만 어느 교회에 다닐지에 대해서는 무수히 많은 개인들이 이 과정에서 몇 번이고 시행착오를 겪었다. 그리고 평신도들의 선택 기준은, 앞선 세대들에 의해 선택되어 이미 그 성격이 확립되어 있는지 여부, 그리고 미국적 요소가 담겨 있는지 여부였다. 미국인들은 과거와의 단절을 희망하고, 미래에 대한 열정이 있으며, 역사에 대한 경멸이 점차 강해졌다. 미국의 정치적 신조에서는 유럽이야말로 반드시 극복해야 하는 지난날의 부패를 대표한다는 관념이 지배적이었다. 프로테스탄트 교파들도 그리스도교의 과거에 대해 비슷한 견해를 가지고 있었다.[2] 그리고 사람들은 대개 그리스도교의 역사적 발전은 가치 있는 제도상의 형식이나 관행의 누적되는 과정이 아니라 원시 그리스도교의 순수성을 잃어버리는 부패와 타락의 과정에 불과하다고 보았다. 따라서 신도들의 목표는 형식을 보존하는 게 아니라 이 순수성을 되찾기 위해 새롭게 시작하는 것이었다. 유명한 복음주의적 장로교 신도인 앨버트 반스Albert Barnes는 1844년에 이렇게 썼다. "지금은 자유의 시대이다. 이제 사람들은 자유로워질 것이다. 형식의 종교는 과거의 진부한 지식이나 어리석은 행동의 소산에 불과하며, 이 시대의 자유로운 운동과 넓어진 시각, 다양한 계획에는 어울리지 않는다."[3]

사람들의 목표는 원시 그리스도교의 순수한 상태로 돌아가는 것이었고, 거기에서는 성서만이 길을 열어주는 열쇠였다. 미국 종교의 이런 경향을 싫어하는 이들조차도 그 중요성은 이해하고 있었다. 1849년, 독일개혁교회의 어떤 대변자는 각 분파의 사적인 의견과 성서에 대한 주장에 관해 다음과 같이 말했다.[4]

이 주장들은 필연적으로 과거의 모든 권위에 대한 항의를 내포하고 있다. 다만 이러한 권위가 진리와 합치되는 것처럼 보이는 경우를 제외하면 말이다. 물론 이 경우에도 진위를 가릴 유일한 잣대는 이런 역사의 권위가 아니라 특정 분파가 지닌 정신이라고 여겨진다.…… 순수한 분파라면 처음부터 과거와의 결합으로 고민할 일이 없을 것이다. 이런 점에서 그들은 오히려 **자생적**인 존재로 보이기를 바란다. 성경으로부터, 또는 성경을 통해 하늘로부터 저절로 튀어나온 것처럼 보이고자 한다.…… 교회의 역사적 연속성이라는 관념은 분파 의식에 어떤 영향도 끼치지 못한다.

여기서 중요한 것은, 대다수 교파를 하나로 묶는 것이 대대로 물려받은 전통적인 신앙의 고백―즉 교리에 근거하는 신앙의 역사 체계―이 아니라는 점이다. 정도의 차이는 있겠지만, 그들을 하나로 묶는 것은 새롭게 형성되어 공유된 목표나 동기였다. 교파들의 신앙 고백에는 일치점만 있으면 충분했기 때문에, 신학적 쟁점들에 관한 이성적 논의―과거에는 교회에서 이루어진 지적 훈련의 커다란 원천이었다―는 혼란이나 분열을 야기하는 것으로 여겨지게 되었다. 따라서 이런 논의가 도외시되지는 않았지만, 실제적인 목표보다는 중요성이 아주 낮은 것으로 여겨졌던 것이다.[5] 전반적인 복리나 전도 사업에 유용하다고 여겨지지 않으면 어떤 교파의 견해나 행동도 별다른 아쉬움 없이 희생되었다.[6] 그리고 이런 사명 자체가 복음주의에 의해 규정되었다. 그토록 이동이 심하고 유동적인 사회나, 교회에 다니지 않는 수많은 사람들을 신앙으로 이끌어야 하는 사회에서 교파들이 기본적으로 추구한 목표는 회심자를 얻는 것이었다. 다른 모든 책무는 부차적이었다.

이유야 어떻든, 교파들은 전통적인 종교의 제재를 받은 적이 **없고** 전례 형식이나 정교한 신조와도 무관한 사람들을 교회의 충실한 신도로 끌어들이려고 노력했다. 다만 과거의 형식이나 신조에 의한 호소를 통해 사람들을 되찾아올 가능성은 많지 않았다. 유효한 수단으로 여겨진 것은, 처음에 사람들을 그리스도교에 귀의시키면서 활용한 것과 같은 일종의 원시적이고 감정적인 호소를 되살리는 일이었다. 부흥주의는 전통주의가 실패한 데에서 성공을 거두었다. 감정적 고조가 기성 종교 체제의 일방적인 규제를 대신했던 것이다. 소박한 사람들은 소박한 관념에 의해 신앙을 되찾았다. 힘있는 전도자들은 복잡한 것을 배제해버리고 사람들에게 가장 단순한 양자택일의 선택—천국이냐 지옥이냐—을 다그칠 수 있었다. 구원 역시 선택의 문제로 여겨졌다. 죄가 많은 자는 "종교를 얻을" 것으로 여겨졌지, 종교가 그를 얻는 것은 아니었다. 어떤 방법이든, 사람들을 교회 신도로 되돌려놓기만 하면 되었다. 지칠 줄 모르는 영혼의 구원자인 드와이트 L. 무디 Dwight L. Moody는 일찍이 "그 사람을 하느님 곁으로 데려갈 수만 있다면, 무슨 수를 쓰든 상관없다"고 말했다.[7] 실용주의는 철학적 신조가 되기 훨씬 전부터 소박한 형태로 복음주의자들에 의해 제시된 셈이었다. 평신도들의 경우는 회심을 경험했는지 여부로 그 종교적 실용주의를 가늠할 수 있었다. 목사에게 필요한 것은 이 경험을 이끌어내는 능력이었다. 목사가 사람들을 얻는 데 성공하면, 그가 진리를 설교한 결정적인 증거로 여겨졌다.[8]

목사들 자신도 교파 체계나 강한 복음주의 정신에 의해 변해갔다. 교파 형태나 조직이 어떻든 간에 교회들은 많든 적든 일종의 회중주의나 지역주의localism〔회중주의가 해당 교회의 회중을 중심으로 삼는다면, 지역주의는 교회가 있는 지역의 자율성을 강조한다〕로 나아가는 경향이 있었다. 지역주의와 부흥주의 세력이 결합되면서 이단이나 분리론자의 영향력도 상당히 커졌다. 다양한 성과를 내는 이상, 통제를 할 수는 없었다. 이런 세력은 또 평신도들의 힘도 키웠다. 압도적인 중앙교회의 지원을 잃은 목사는 자기 힘으로 회중과의 관계를 다지는 수밖에 없었다. 목사는 가능한 한 자신의 권위를 확립하려 했지만, 미국 사회의 현실에서는 평신도들의 지배력이 대단히 강했다. 남부에서는 전통적으로 목사가 권위를 가지는 식민지의 성공회에서조차 이례적으로 강력한 통제 수단이 교구민 대표자들의 손에 맡겨져 있었다. 미국의 목사들은 곳곳에서 평신도들에 의해 **평가를 받아**, 어떤 의미에서는 부려지고 있었다. 이미 18세기에 크레브쾨르는 네덜란드인의 태도를 이렇게 평한 바 있다. "그들은 목사를 한낱 고용인으로밖에 보지 않는다. 아무리 일을 열심히 해도 정해진 금액만 지불한다. 일을 제대로 못하면 해고하고, 설교 없이 몇 년이고 목사관을 닫아버린다."9

한편 목사들도 구세계에서처럼 교회의 권위나 자신의 지위에 안주할 수 없었다. 그러나 제일 성공한 목사들은 교회 운영은 물론이고 재능 있는 정치인처럼 세속적인 여론 조작에도 능했다. 더구나 종교와 국가 운영 양면에서 정치적 수완을 지닌 목사가 높게 평가받았다. 그들의 목적은 나라를 개혁하고 그리스도교를 위해 서부를 획득하는 것이었다. 사회 기관이 이러한 목적에 매진하는 경향은 1800년에서 1850년 사이에 급속히 강해졌는데, 이에 대해 어떤 목사는 다음과 같이 불만을 토로했다. "목사들은 경우에 따라 사회 공익 시설의 관리자나 자선 기관을 뒤에서 움직이는 사람의 역할도 떠맡게 되고", "실제로 사회 개혁에서 얼마나 눈에 띄는 성과를 거두었는가"[10]에 따라 평가되기 일쑤라고 말이다. 그 결과, 시드니 E. 미드Sidney E. Mead가 지적했듯이, "목사 개념은 이제껏 받아들여진 사제적인 면을 사실상 상실했으며, 하느님의 부름을 받아 현실의 교회에서 특정한 목적의 활동들을 지휘하는 신성한 관리가 되었다".[11]

최종적으로 목사의 소임은 오직 얼마나 많은 영혼을 구원했느냐에 따라 평가되기에 이르렀다. 지역 목사의 평가 기준은 카리스마적 능력이 있는지 여부였다. 아니면 사람을 실제로 각성시키는 순회 설교자의 설교에 귀기울이게끔 회중을 준비시킬 수 있는지 여부였다.[12] "스타" 시스템은 연극계보다도 일찍 종교계에서 위세를 떨쳤다. 복음주의의 충격이 점점 범위를 넓히며 지배적이 되면서 목사도 점차 부흥주의의 판단 기준—목사로서 얼마만큼의 실적을 올렸는가—에 따라 선발되고 훈련되었다. 목사를 지성과 교육 지도자로 보는 청교도의 이상은 목사를 대중적인 개혁 운동가나 권유자로 보는 복음주의의 이상 앞에서 꾸준히 약해졌다. 신학 교육 자체가 수단으로 전락하는 경향이 강해졌다. 단순한 공식 교리만으로도 충분하다고 여겨졌다. 교회는 세속 세계에 지성을 가져다주는 역할에서 눈에 띄게 멀어졌다. 그리고 종교는 지적 경험에 기초하는 생활의 일부를 이룬다는 이념을 포기했고, 종종 합리적 연구 분야를 단념했다. 합리적 연구에는 오로지 과학만 관여하면 된다고 생각했던 것이다. 1853년경에 어느 걸출한 목사는 "일반적으로 지적인 목사는 경건함이 부족하고, 유독 경건한 목사는 지성이 부족하다는 인상을 받는다"고 불평했다.[13]

2
—

여기까지는 모두 일반론으로서 서술한 것이다. 미국의 종교에 관한 한, 이런 접근에는 늘 위험이 따른다. 실제로 지역에 따라 종교의 양상이 다르고 다양성을 지니기 때문이다. 하지만 나는 이렇게 일반화함으로써 미국의 교파적 종교의 유형이나 복음주의의 특징적 영향을 대체로 서술할 수 있었다고 생각한다. 물론 복음주의자들에게 거의 또는 전혀 영향을 받지 않은 중요한 보수적 교회들도 있었다. 예컨대 로마 가톨릭교회나 루터교회는 외적인 면을 제외하고는 복음주의적 풍조에 영향을 받지 않았다. 성공회 감독파는 지역에 따라 각기 다른 정도로 영향을 받았고, 장로교나 회중교회는 복음주의 운동에 의해 내적으로 분열되었다.

대부분이 여전히 앨러게니 산맥 동쪽에 치우쳐 있던 독립전쟁 말기의 미국 사회와, 교파들의 양상이 기본적으로 고정된 가운데 훨씬 광대해진 1850년의 미국 사회를 비교해보면, 복음주의에 속하는 집단의 증가가 인상적이다. 독립전쟁 말기에 가장 규모가 크고 세력이 강한 교파는 성공회, 장로교, 회중교회였다. 그중 성공회, 장로교는 과거에 이런저런 나라에서 기반을 확립했고, 회중교회는 미국에서 확고한 전통을 가지고 있었다. 1850년에 이르면 뚜렷한 변화가 일어나, 로마 가톨릭이 가장 큰 단일 교파가 되었다. 프로테스탄트 집단에서는 일찍이 대항분파에 불과했던 감리교와 침례교가 맨 위였고, 이어서 장로교, 회중교회, 루터교회 순이었다. 성공회 감독파는 8위로 떨어졌다―상류 계급을 위한 보수적 교회였던 이 교파는 미국 사회에서 독자성을 유지할 능력이 없음을 보여주었다.[14]

그리하여 서부의 새로운 땅과 점차 성장해가는 도시들에서 프로테스탄트 그리스도교의 세력을 유지하고 확대하려는 노력을 성공적으로 수행한 것은 전례를 중시하는 교회가 아니라 대중적인 복음주의 교파들이었다. 감리교나 침례교의 눈부신 세력 확대는 이 교파들이 미국의 생활 조건에 적응할 수 있었음을 보여주는 증거였고, 복음주의자들이 회중교회나 장로교 같은 교파를 석권한 사실은 역시 종래의 종교 체제를 변혁하려는 복음주의 운동의 힘이 어느 정도나 강했는지를 말해준다.

복음주의자들은 부흥운동을 최고의 무기로 삼아 프로테스탄트 그리스도교의 확산을 이끈 주역이었다. 부흥운동의 물결은 18세기 말부터 19세기 초까지 이곳저곳을 연이어 휩쓸었다. 1795년경부터 1835년경까지 이어진 최초의 물결은 특히 테네시나 켄터키 등의 신서부 주에서, 그리고 그후로는 뉴욕 주 서부나 중서부 여러 주에서 위세를 떨쳤다. 이런 열정이 사그라지고 얼마 지나지 않은 1840년경부터 새로운 물결이 시작되어 여러 마을이나 도시를 휩쓸면서 (훗날 드와이트 L. 무디, 빌리 선데이Billy Sunday, 빌리 그레이엄 같은 복음운동가들이 이해하게 되었듯이) 부흥운동이 시골에만 국한된 현상이 아님을 보여주었다. 이 부흥운동은 문제가 많았던 1857년과 1858년에 절정에 달했다. 이 두 해에 부흥의 정신이 거대하게 분출하면서 뉴욕, 보스턴, 필라델피아, 신시내티, 피츠버그, 로체스터, 빙엄턴, 폴리버와 그 밖의 수많은 소도시에 강렬한 영향을 끼쳤다.[15]

이런 세력 확대의 수단이 된 것은 부흥회만이 아니었다. 1830년대까지 복음주의자들은 수많은 선교 협회를 설립했다. 성서나 종교 관련 소책자를 발행하는 협회, 교육을 벌이는 협회, 주일학교 연합회,

금주 단체 등도 등장했는데, 그 대부분이 초교파적 차원에서 조직된 것이었다. 선교를 지원하기 위해 설립된 이 기관들의 원래 목적은 미시시피 강 일대를 그리스도교화하고, 이 지역을 종교적 무기력과 불신, 로마 가톨릭 등으로부터 구제하는 데 있었다. 그리고 궁극적으로는 모든 미국인, 더 넓게는 말 그대로 전 세계를 개종시키는 것이었다. 회의주의나 소극성, 로마 가톨릭 같은 공동의 적을 무찌른다는 목적 앞에서는 오랜 교파 간 차이도 부차적인 문제에 불과했다. 교파들이 협력하지 않는 곳에서는 자선 단체가 협력의 마당이 되었다. 또 성직자들이 직접 나서기를 꺼리는 분야에 대해서는 적극적인 평신도들이 자선 단체를 통해 공동의 자선 사업을 벌일 수 있도록 지원했다. 1795년부터 1835년까지 부흥운동이 활발하게 일어난 시기에 여러 복음주의 집단은 거의 일관되게 협력 체제를 유지했다. 하지만 1837년경에 이르면 이런 공동의 노력도 힘을 잃는다. 교파 간 논쟁이나 각 교파 내부의 분열도 쇠퇴의 원인이었지만, 복음주의 개혁 운동이 이미 주요한 목표를 달성해버렸기 때문이라는 측면도 있었다.[16]

모든 점에서 보더라도 복음주의는 성공을 거두었다. 여러 통계를 보면, 극도로 곤란한 환경에서 놀라운 회심 운동이 진행되었음을 알 수 있다(미국의 종교 통계는 신뢰할 수 없는 것으로 악명이 높지만). 18세기 중반에 미국은 다른 어떤 그리스도교 국가보다도 총인구에서 교회 신자가 차지하는 비율이 낮았다. 교회 신자가 1800년에는 15명에 1명꼴로 추산되었는데, 1850년에 이르면 7명에 1명꼴이 되었다. 1855년에는 2700만이 넘는 총인구 중에서 400만을 돌파했다. 인구의 절대다수가 교회 신자로 등록되어 있는 오늘날의 눈에는 그다지 인상적인 수치로 보이지 않을지도 모르지만, 교회 신자가 되는 일이

맥 빠지고 종종 무의미하기도 한 지금과 달리, 당시에는 한결 진지하고 절실한 의미가 내포된 일이었음을 유념할 필요가 있다. 복음주의를 말하는 모든 분파는 사람들에게 꽤 엄격한 종교 규율뿐만 아니라 회심이라는 개인적 경험까지 요구했다. 게다가 교회에 가는 사람이 교회에 등록된 신자보다 많았다—1860년의 기록만 보더라도 인구는 3100만 명인데 교회 좌석 수는 2600만이나 되었다.[17] 모든 교파 중에서 가장 눈에 띄는 성과를 올린 것은 감리교와 침례교로, 이 둘을 합치면 전체 프로테스탄트 세례교인의 70퍼센트에 달했다.

3

서부로 향한 복음주의 물결이 점차 성장하는 도시들까지 휩쓸면서 미국의 종교는 주로 세 교파의 수중에 놓이게 되었다. 감리교, 침례교, 장로교이다. 이 교파들을 살펴보면 미국 문화의 복음주의화에 관한 많은 것을 알 수 있을 것이다.

복음주의 집단 중에서 지적 경향이 가장 강했던 것은 장로교이다. 그들은 뉴잉글랜드의 회중주의 전통과 식민지 장로주의 전통을 서부로 가져왔다. 1801년에 체결된 연합계획Plan of union의 조건에 따라 장로교와 회중교회의 활동은 통합되었고, 그로 인해 회중교회는 뉴잉글랜드 바깥에서는 정체성을 거의 잃어버렸다. 연합계획은 양쪽에 공통되는 칼뱅주의계 신학에 바탕을 두었다. 매사추세츠 이외의 회중교회 신도들은 대체로 장로교의 교회 조직 형태에 강한 반감을 품지는 않았기 때문에 뉴욕이나 중서부에서는 장로교에 흡수되는 경향이 있었다. 그렇지만 중서부의 장로교회에는 회중주의의 뚜렷한 문화적 영향이나 강한 뉴잉글랜드색이 남았다.

장로교는 지나치게 교조주의적인 태도를 보이기도 했다. 기업가나 상인 계급의 지지를 받은 장로교는 전통이 없는 교파들 중에서는 엘리트를 위한 교회가 되었다.[18] 장로교는 유용한 고등교육을 육성하여 자기 교파의 이익을 위해 활용하는 데 관심이 많았다. 또 자신들의 교의에 얽매인 나머지 분열을 겪기도 했는데, 회중교회나 새로운 신도들에게 큰 영향을 받은 일부 목사들은 뉴헤이븐 신학이라는 상당히 자유화된 칼뱅주의의 한 형태를 설교하기 시작했다. 이 신학은 더 많은 인류에게 하느님의 은총을 받을 수 있다는 희망을 제시했고, 스스로도 복음주의적 부흥운동의 정신과 실천을 좀더 적극적으로 받아들이려 했다. 스코틀랜드나 스코틀랜드-아일랜드 전통에 속하며 프린스턴 대학과 프린스턴 신학교Princeton Theological Seminary에 기반을 둔 좀더 엄격한 구학파Old School 칼뱅주의자들은 신학파New School의 사고를 받아들일 수 없었다. 1828년부터 1837년까지, 장로교회는 갖가지 논쟁과 이단 심문으로 뒤숭숭했다. 앨버트 반스, 라이먼 비처Lyman Beecher, 에이사 머핸Asa Mahan, 그리고 라이먼 비처의 아들 에드워드 같은 장로교 복음주의 지도자들은 이단으로 단정되었다. 마침내 1837년에 구학파는 신학파를 몰아냈고, 그후로 전국 각지의 대회synod〔장로교에는 당회-노회-대회-총회 등으로 이어지는 계층적 질서가 있다〕와 노회는 두 파벌 가운데 어느 한쪽에 줄을 서야 했다. 신학상의 차이는 제쳐두고라도, 구학파의 눈에 비친 신학파의 문제점은 초교파적인 선교 조직에 지나치게 동정적이라는 것이었다. 또한 구학파는 신학파 내부에서 영향력이 강한 노예제폐지론 지지자나 선동자들에 대해서도—다소 정도는 덜했지만—반대했다. 예일 대학, 오벌린 대학. 신시내티의 레인 신학교는 신학파 복음주의의 지적 아성이 되었다. 신학파의 대표적 인물인 찰스 그랜디슨 피니Charles Grandison Finney는 에드워즈 및 휘트필드의 시대와 드와이트 L. 무디의 시대 사이에 나타난 걸출한 부흥운동가였다.

찰스 그랜디슨 피니의 경우는 이른바 "장로회중교회Presbygational" 복음주의의 모호함과 종교적 반지성주의를 안이하게 정의하는 것의 문제점을 여실히 보여준다. 피니와 그의 동료들은 뉴잉글랜드의 지적 전통을 물려받은 이들이었기 때문에 학문의 계승―발전은 아니더라도―에 대해서는 무척 관심이 많았다. 오벌린 대학이나 칼턴 대학 같이 훌륭하게 이식된 '양키 대학'에 남겨진 문화적 유산은 그들의 지적 전통이 강한 생명력을 지녔음을 보여주는 증거이다(''양키Yankee'라는 표현은 이 시기에는 보통 뉴잉글랜드 사람을 가리키며, 오벌린과 칼턴은 뉴잉글랜드 사람들이 각각 오하이오 주 오벌린과 미네소타 주 노스필드에 설립한 대학이다). 장로교 이외의 복음주의 집단 중에는 피니나 에이사 머핸, 라이먼 비처와 같은 문인이나 지식인이 많지 않았다. 남북전쟁 이후, 피니의 『회고록Memoirs』에 필적할 만한 자서전을 쓸 수 있는 복음주의자도 많지는 않았다. 이 사람들의 정신은 칼뱅주의 신학이나 신칼뱅주의 신학과 끊임없이 격투함으로써 강해지고 단련되었다. 자신들만의 신학 이론을 파고들 필요성 때문이었다. 하지만 그들의 교양 문화는 대단히 협소했으며, 학문을 수단으로 보는 경향이 너무 강했다. 그들은 자신들의 지적 유산을 확대하기는커녕 오히려 그것을 점차 축소시켰다.

지금은 미국의 종교사나 사회사에 관심이 많은 사람들만 그 이름을 기억할 뿐이지만, 피니가 미국의 위대한 인물 가운데 한 사람임은 틀림없다. 서부 이주 물결에 휩쓸린 어느 코네티컷 가정에서 태어난 그는 처음에는 뉴욕 주 중부의 오네이다 카운티에서, 그리고 나중에는 온타리오 호숫가에서 어린 시절을 보냈다. 뉴저지 주에서 잠깐 학교 교사로 일한 뒤, 뉴욕 주 유티카 인근의 작은 타운에서 변호사 자격을 얻었다. 우연히 회심을 하게 된 것은 스물아홉 살 때의 일이다. 그의 말에 따르면, 어두운 법률사무소에서 영적 인도를 바라며 기도하던 중에 "성령의 강한 세례를 받았다"고 한다. 이것이 생애 최초의 신비로운 체험이었다. 다음날 아침 그는 한 의뢰인에게 이렇게 말했다. "주 예수 그리스도에게 수임료를 받은 터라 당신 변호는 어렵겠습니다."[19] 그때부터 그는 성직에만 몰두했다. 1824년에 장로교회의 정식 목사가 되었고, 1825년부터 1835년까지 일련의 부흥회를 열어 당대의 복음주의 설교자들 중에서도 독보적인 존재가 되었으며, 미국 종교사에서 가장 주목할 만한 인물로 남았다.

피니는 극적인 설교를 하기 위한 큰 목소리와 재능을 타고난 인물이었다. 하지만 가장 큰 신체적 자산은 상대를 뚫어져라 응시하며 사로잡아버리는 강렬하고 광기 어린 예언자의 눈이었다. 19세기 미국의 초상화 중에서—아마도 존 C. 캘훈John C. Calhoun을 제외하면—가장 인상적인 눈빛이다. 그의 설교는 이성적인가 하면 감성적이고, 을러대는가 하면 다독이기도 하면서 그야말로 회중을 압도했다. 그는 활동 초기에 빛나는 성공을 거둔 부흥회에 관해 이렇게 말했다. "경탄스럽게도 주님은 나를 사람들 앞에 풀어놓으셨고, 회중은 여기저기서 나가떨어지면서 제발 자비를 베풀어달라고 부르짖었다.…… 거의 모든 회중이 무릎을 꿇거나 엎드려 빌었다."[20]

신학과 관련해서 말하자면 피니는 신학을 독학으로 깨쳤으며, 일종의 개인주의적인 시골 철학자 같았다. 그의 독자성은 아직 실증되지 않은 이념을 추구할 때 발휘되는 미국인의 특별한 능력의 한 예로서 토크빌에게 깊은 인상을 남겼다. 장로교 목사 지망생이던 시절에 피니는 자신에게 관심을 가진 일군의 목사들로부터 프린스턴에 가서 신학 공부를 해보지 않겠느냐는 제안을 받았지만 정중하게 거절했다. "그들이 받았던 영향을 나는 받을 생각이 없다. 그들은 엉터리 교육을 받았고, 또 내가 그리는 목사의 이상형에 부합되지 않는 존재들이다—이런 뜻의 내 생각을 그들에게 밝혔다." 그는 스스로 신학에 관해서는 초심자라는 것을 인정하면서도 자신의 견해와 맞지 않는 지침이나 수정 요구를 받아들이려 하지 않았다. "나는 이 일에 관해 성경 말고는 읽은 것이 없다. 그리고 성경의 내용을 마치 법률 문서같이 이해했다"는 피니는 이렇게 덧붙였다. "권위에 바탕을 두는 학설은 받아들일 수 없다.······ 직접 성경을 접하거나, 또 나 자신의 철학이나 정신의 작용에 따르는 것 외에는 나에게 다른 길은 없었다."21

옛 청교도는 이성에 의한 설득을 중시했는데, 피니는 그런 요소를 법정에서 설교단으로 가져왔다(그는 배심원에게 말하듯이 회중에게 말한다고 토로한 바 있다). 특히 교양 있는 중간계급 회중을 상대할 때면 그런 경향이 강했다. 그래서 회중의 감정을 움직이는 힘은 있었지만, 일부 복음주의 동료들로부터는 지나치게 합리적이라는 지적도 받았다. 1830년에 피니의 친구들은 그에게 "지성주의자intellectualist로 전향할 위험이 있는 건 아닌가?"라는 의구심이 든다고 경고했다.22 그러나 피니는 대중의 감성에 맞게 설교 스타일을 바꿀 수 있는 자신의 능력을 자랑스러워했고, 작은 시골 마을에서는 감정에 중점을 두고 조금 세련된 로체스터 같은 서부 도시에서는 이성적인 설득에 더 신경을

썼다. "내 설교에 걸려들면 판사고 변호사고 교양인이고 하나같이 회심해버린다."²³

어쨌든 피니가 "지성주의자"로 전향할 위험은 없었다. 대체로 그는 설교 방식에서나 목사에 대한 이해에서나 부흥의 전통에 충실했다. 무지한 설교자를 존중한 적은 없지만, 어떤 방법으로든 간에 영혼을 획득한 **결과**는 존중했다. 또한 자발성을 잃는다는 이유에서 글로 된 설교문은 경멸했고, 세속 문화는 구원에 잠재적인 위협이 된다고 보았다.

피니는 목사 교육이나 교양 있는 성직자들이 하는 식의 설교를 거의 인정하지 않았다. 그 스스로 말했듯이, "학문을 가르치는 고등교육의 수혜"를 누린 적 없는 그는 목사들에게 아마추어 취급을 받는 처지를 강하게 의식했고, 자신이 위엄 없는 존재로 여겨진다는 걸 잘 알았다. 활동을 시작한 초기에 그는 "내가 목사로 성공하면 학교의 평판이 실추될 것"이라고 많은 이들이 믿고 있다는 걸 알았다. 어느 정도 설교를 경험한 뒤, 그는 "학교 때문에 목사들이 망가지고 있다"고 확신하게 되었다. 성서학이나 신학을 충분히 배우지만 정작 그 활용법을 모른다는 것이다. 피니에게는 실천이 전부였다. "누구든 설교를 직접 해보지 않고는 절대로 설교하는 법을 배울 수 없다." 학교에서 훈련받은 목사들의 설교는 "문학적인 에세이로 전락한다.…… 우아한 에세이를 읽는 건 설교가 아니다. 문학 취미는 만족시키겠지만 영적인 계발로 이어지지는 않는다."²⁴

피니는 우아함이나 문학성, 그 밖의 모든 세련된 형식에 반기를 들었다. 옷에 장식을 달거나 가구, 취미, 생활양식을 개선하려고 하는 것은 그가 보기에 흡연이나 음주, 카드놀이, 연극 감상 등의 기호나 오락거리처럼 사람을 타락시키는 것이었다. 문학에 관해서 "나는 하느님의 사랑을 이미 알고 있는 사람이 세속적인 소설을 즐길 수 있다고는 절대로 생각하지 않는다"고 말한 그는 "당신네 거실이나 응접실 등 책이 있는 곳이면 어디든 보여달라"고 을러댔다. "거기에 무엇이 놓여 있는가? 바이런, 스콧, 셰익스피어, 그 밖에 하느님을 가지고 놀며 모독하는 무리가 아닌가." 목사에게 필수적이라고 여겨지던 고전어의 가치도 그는 의심했다. 동부의 대학생들은 "**고전어**를 배우느라…… 4년을 보내지만, 그들의 머리에 하느님은 들어 있지 않다". 그리고 졸업하자마자 그런 "학생들은 'hic, haec, hoc〔'이것'을 뜻하는 라틴어 지시 대명사의 주격. 각각 남성, 여성, 중성에 해당한다〕'를 잘 이해하지만, 겸허한 그리스도교 신도를 비웃고 무지렁이라고 놀릴지 모른다. 하지만 이런 그리스도교 신도야말로 500명의 학생 집단보다도 더 영혼을 구원할 수 있을 것이다."[25] 신심과 지성은 공공연한 적대 관계라고 본 피니는 대학을 나온 젊은 목사들이 "대학의 담벼락처럼 굳어버린 마음을 품고 있다"고 생각했다. "학문의 전당"이 가지는 문제점은 그런 기관들이 "젊은이들의 도덕적 감정의 계발을 거의 무시할 만큼 지적인 교육에 치우친" 데 있었다. "그들은 지적인 종족이다. 흥분도 열광도 모두 지성을 위해 사용한다. 젊은이는…… 확고한 영성을 잃고 있다.…… 지성은 높아도 마음은 비어 있다."[26]

    미국의 목사 교육에 관한 피니의 말이 타당한지 어떤지는 판단하기 어렵지만, 그의 정서가 당시 유력한 복음주의자들의 견해를 대표하는 것은 분명하다. 풋내기 목사들의 지적 수준이 얼마나 높든, 피니는 그들에게 반감을 품었던 것이다.

4

피니에 관해서 이렇게 장황하게 이야기한 것은 그가 장로회중교회의 복음주의 운동을 대표하는 인물이기 때문이다. 그는 복음 전도자들 중에서 가장 교양이 있었던 인물도 아니고 그렇다고 가장 거친 인물도 아니었다. 어쨌든 복음주의의 충격—사람들의 마음을 움직이고 영혼을 구원한다는 새로운 스타일의 종교를 추구하는 움직임—에 의해 장로교와 회중교회의 강한 지적·교육적 전통은 약해져버렸다. 그 점에서 감리교의 사례는 흥미로운 대조를 이룬다. 최대의 교회 조직인 감리교는 우매한 미국인들을 회심시키는 데서 장로교보다 훨씬 큰 성공을 거두었기 때문이다. 처음에 미국 감리교는 지적 전통이 없었고 교육이나 목사에 대한 고도의 훈련에도 별 관심이 없었다. 하지만 시간이 흐르면서 교파주의 정신이 상당 부분 희석되고 조직이 안정됨에 따라 감리교는 교육에 관심이 높은 사람들을 갈수록 더 끌어들였다. 그러나 19세기 중반까지는 간헐적으로 벌어진 논쟁으로 곤란을 겪었다. 한쪽에는 무지하지만 사람들을 감동시키는 순회 설교자들이 활약하던 시절을 그리워하는 이들이 있고, 또 한쪽에는 좋은 교육을 받은 목사가 어엿한 평신도들을 이끄는 것을 이상으로 여기는 이들이 있었기 때문이다. 그런 의미에서 감리교와 침례교의 역사는 미국인의 신앙심에 나타난 분열을 이야기하는 데 매우 시사적인 사례이다. 이들 교회 신도들의 다수가 강한 반지성주의적 복음주의를 자유롭게 표출하는 한편, 큰 교회에서는 으레 학문을 숭배하고 찬미하는 세력이 있었다(그들이 지지한 학문은 장식적이고 예절을 중시하며 논쟁을 유발할 여지가 없는 것이었다). 이런 점에서 필립 라브Philip Rahv가 미국 학문의 특징으로 제시한 구릿빛 피부redskin와 창백한 얼굴paleface이라는 구별〔반反교양파와 학문숭배파〕은 이미 종교계 내에 그 모습을 드러낸 셈이다.

옥스퍼드에서 교육을 받은 목사로 대단한 독서가였던 존 웨슬리John Wesley는 비범한 지적 활기와 지독한 우직함이 흥미롭게 결합된 인물이었다. 그는 감리교를 지적으로 신뢰할 만한 수준까지 끌어올렸지만, 미국의 추종자들은 이런 지적 수준을 유지하는 데는 별 관심이 없었다. 요컨대, 복음주의의 정신적 특질이 부흥운동에서 보이는 반지성주의를 형성한 것은 의심의 여지가 없지만, 미국 자체에도 반지성주의적 경향에 어울리는 토양이 존재하고 있었던 것이다.[27]

웨슬리 자신도, 또 미국에서 감리교 설립을 이끈 프랜시스 애즈베리Francis Asbury도 순회 설교자로서 편의가 아니라 원칙에 따라 순회 설교에 전념했다. 그들은 저택에 거주하는 목사(대부분 영국풍 목사관을 구비하고 있다)는 부패하거나 회중으로부터 멀어지기 쉬운 반면, 순회 설교자는 종교에 새 생명을 불어넣을 수 있다고 믿었던 것이다. 그리고 미국이라는 토양에서는 순회 설교를 실천하는 것이야말로 거처를 계속해서 옮기는 사람들을 그리스도교로 끌어들이는 데 유용한 전략적 무기였다. 초기 미국 감리교도의 주력군이자 자랑거리는 유명한 순회 설교자들이었다. 왕성한 활동력과 유연성, 용기를 가진 그들은 근면과 헌신을 통해 스스로 훈련이나 위엄이 부족한 부분을 메웠다. 이런 순회 설교자들은 사람들에게 복음을 전해주기 위해 불굴의 자기희생을 감내하면서 당연히 자부심을 느꼈다. 적은 급여에 과로하기 일쑤였지만, 그들은 어떠한 여행 조건과 어떠한 날씨에도 아랑곳하지 않고 자신의 사명을 수행했다(특히 사나운 폭풍이 몰아칠 때면 이런 말이 돌았다. "오늘밤에는 까마귀나 감리교 전도자 말고는 아무도 나다니지 않을 거다.") 그들이 직면한 곤경이 곧 그들의 진정성을 입증할 기회였고.[28] 교회에 다니지 않는 이들을 교회로 이끌었던 그들의 업적은 참으로 경이적이었다. 이러한 그들의 노력 덕분에, 애즈베리가 도착하고 4년 뒤(1775년)에 신도가 약 3천 명인 작은 교파였던 미국 감리교는 다시 80년 뒤에는 150만 명이 넘는 신도를 거느린 개신교 최대의 교파로 성장했다.

여러 고상한 교파의 교양 있는 목사들에 대한 평가가 어떻든 간에, 순회 설교자들은 자기들 나름의 활동 방식이 효과를 발휘한다는 것을 알고 있었다. 자신들이 하는 일은 가능한 한 빠르고 광범위하게 영혼을 구원하는 것—그것을 단 하나의 본질적 신조로 삼은 그들의 자세는 생경하고 경건한 실용주의라고 부를 만한 것이었다. 이런 목적을 고려하면 교양 있는 목사들의 정교한 신학 지식은 불필요한 장식일 뿐만 아니라 심각한 장애물이기도 했다. 순회 설교자들은 설령 빈약한 지식이나 사상에 대한 비난을 받더라도 회심자를 양산한 성과를 올리기만 하면 되었다. 이에 대한 반론은 거의 불가능했기 때문이다.

반대자들이 말하는 것처럼, 감리교 지도자들은 가난하고 못 배운 사람들을 상대하고 있다는 것을 잘 알았으며, 이를 장점으로 여기고 있었다. 프랜시스 애즈베리는 예일 대학 학생들이 "참으로 점잖다"며 못마땅해하고 퀘이커교도조차 너무 "지체가 높다"고 여기면서 "뭐랄까, 이런 표현에는 죽음의 그림자가 있다"고 말했다.[29] 대체로 전국적 규모에서는 사람들을 회심시키는 경쟁에서 감리교도가 다른 교파를 앞질렀다. 뉴잉글랜드에서 그들의 운동이 별다른 성과를 거두지 못했다는 것은 중요했다(정착 인구가 많은데다 교양 있는 목사들의 수준에 익숙해져 있었기 때문에 감리교 입장에서는 가장 파고들기 힘든 토양이었다). 하지만 19세기 초에 이르러 감리교는 그곳에서도 종교 생활에 침투하기 시작했다. 감리교는 처음에 뉴잉글랜드의 각성운동과 흡사한 기치를 내걸었다. "우리는 언제나 **학식 있는** 목사보다는 **활기 있는** 목사를 우선시해왔다."30 뉴잉글랜드 감리교의 지도자 제시 리Jesse Lee는 어떤 교육을 받았느냐는 질문을 받을 때면(학식 있는 목사들과 경쟁했던 감리교 목사들에게는 익숙한 경험이었다) 전국을 돌아다닐 수 있을 정도의 교육은 받았다고 대꾸하곤 했다.31 얼마 지나지 않아 뉴잉글랜드는 감리교도의 적응 능력을 시험하는 장소가 되었고, 그들은 기꺼이 적응했다. 그들은 체통이나 세련된 몸가짐을 갖추고 교육도 받았던 것이다. 이런 적응 과정은 훗날 다른 지역에서도—뉴잉글랜드에서처럼 요란하게는 아니지만—진행되었.

예를 들어, 1800년의 어느 소책자 저자는 코네티컷 주 노리치의 감리교도를 "가장 취약하고 못 배우고 무지한, 인류의 가장 밑바닥에 있는 무리"라고 묘사했다.32 하지만 19세기 중반에 이르러 어느 회중교회 신도는 인근 리지필드의 감리교회에서 변화가 일어났다고 회고했다. 그의 말은 다른 곳에도 널리 적용될 수 있는 것 같다.33

처음에 감리교는 사회의 낙오자들 사이에서 번성하는 것 같았다. 그런데 이제는 감리교 사람들도 타운의 여느 종교 단체 사람들 못지않게 지체가 높다. 더이상 헛간이나 학교 구석 같은 곳에서 예배를 드리지도 않는다. 이제는 여윈 몸에 길쭉한 얼굴, 빗지 않아 헝클어진 머리도 아니다. 또 설교를 할 때 문법적으로 틀리거나 비속한 말투, 귀에 거슬리는 콧소리도 쓰지 않는다.…… 그 전도자는 교양 있고 세련되고 품위 있는 사람이다.

감리교회가 전국으로 확산되고 학문을 그다지 필요로 하지 않는 변경이나 남부로 침투하는 과정에서 지체 높고 교양 있는 기성 집단에 대한 반감은 여전히 지속되었지만, 나름대로 성공을 거두면서 이제는 세련된 세력들의 침입에 맞서 싸울 수밖에 없었다. 분권화 경향이 강한 교회라면 지방색을 자유롭게 드러낼 수도 있었겠지만, 감리교처럼 무서울 정도로 중앙집권화된 교파에서는 교회의 문화적 기풍이 광범위한 논쟁의 씨앗이 되었다. 감리교의 고급 기관지인 〈메소디스트 매거진 앤드 쿼털리 리뷰〉(1841년 이후에 〈메소디스트 쿼털리 리뷰〉로 제호 변경)를 보면, 감리교 안에서 견해가 바뀐 과정을 추적할 수 있다. 1830년대 초에는 자신들이 여전히 기성 종교 집단들의 공격 대상임을 강하게 의식하고 있었던 게 분명하다. 그런데 한쪽에 순회 설교자들로 대표되는 설교 방식을 지지하는 이들이 있고, 다른 한쪽에 개혁을 원하는 평신도들이나 교양 있는 전도자들이 있어서, 양쪽 사이에서 동요를 겪었다.[34] 1834년에 이 논쟁은 라 로이 선더랜드La Roy Sunderland 목사가 쓴 글을 계기로 본격화되었다. 모든 감리교 전도자에게 양질의 교육을 시켜야 한다고 제안한 그의 글은 사실상 순회 설교자들의 존재 자체를 약화시키는 것이었다. 그는 열띤 목소리로 이렇게 물었다.

관행이든 현실적 요구 때문이든, 감리교회에서는 복음을 전하는 전도자의 자격을 얻는 데 교육이 필수적이라고 상정할 수조차 없는 게 아닌가? 아니, 감리교회의 관행은 대체로 교육이 필요하지 않다는 인상을 풍기도록 되어 있는 건 아닌가? 관례에 따라…… 우리는 회의 자리에서 모두가 재능이나 은총, 적절한 이해력만 있으면 그것으로 충분하다고 말하지는 않는가?

이러한 문제제기에 대해 어떤 구학파 대변자는 정교한 신학 교육을 요구하는 이들은 설교를 '사업'이나 상거래, '**법률**이나 **의학**' 같은 세속의 직업과 동일시하면서 '훈련'을 요구하는 잘못을 저지르고 있다고 응수했다. 실제로 기존 목사들은 무지하지 않았고, 그런 발언은 "적들의 주장을 정당화해주는" 셈이었다. 감리교는 자체적으로 사립 전문학교나 칼리지(미국에서 처음으로 대학을 세운 이들은 영국의 옥스퍼드나 케임브리지를 졸업한 사람들이었다. 그들이 설립한 소규모의 고등교육 기관은 옥스퍼드나 케임브리지 같은 정규 종합대학university이라기보다는 이런 종합대학을 구성하는 단과대학에 가까웠다. 19세기 말 이후에 명칭과 규모 면에서 칼리지가 종합대학으로 바뀌었지만, 이런 역사 때문에 일상어에서 'college'와 'university'는 동일한 의미로 사용된다), 심지어 종합대학까지 열지 않았던가? "이제 감리교회의 모든 젊은이는 교육을 받을 수 있다. 오염되고 신심이 없는 교사들 때문에 도덕심을 잃을 일도 없고, 교수나 총장에게 감리교에 대한 경멸을 당할 일도 없다."[35] 시간이 흐름에 따라 이런 매체의 논조 자체가 보수파에 대한 개혁론자들의 승리를 뒷받침하게 되었다. 오래전부터 잡지의 상투적 구성요소의 대부분을 차지했던 구식 순회 설교자들의 회고담 비중을 줄이고, 기본적인 신학적 주제나 일반적인 지적 관심사를 다룬 글의 비중이 늘어났기 때문이다.

사실 감리교회는 1830년대와 1840년대에 중대한 변화의 진통을 겪고 있었다. 사람들에게 널리 인정받고 싶다는 열정이 이전 세대들로부터 이어진 순회 복음주의적·반지성주의적 전통을 물리치고 의미심장한 승리를 거두고 있었다. 그러면서 평신도와 목사에 대한 교육 정책이 핵심 쟁점으로 부각되었다. 당시까지 감리교는 대체로 교육에 극히 소극적이었다.[36] 아주 초기에는 교육을 실시하기에도 극히 곤란한 상황이었다. 교회 수가 적은데다 관심도 별로 없어서, 신분이 낮은 평신도들에서부터 애즈베리 자신에 이르기까지 교육에 대한 관심이 부족했던 것 같다.[37] 어쨌든 감리교 평신도들은 대부분 일반 교육에 힘을 쏟을 여력이 없었고, 자신의 소임은 소박한 사람들에게 소박한 복음을 전하는 것이라고 여기던 목사들로서도 신학 교육은 시간 낭비처럼 느껴졌다.

초창기에 출범한 학교들도 지원 부족으로 실패하기 십상이었다. 하지만 1816년에 애즈베리가 타계한 뒤, 심지가 굳은 일군의 교육 개혁가들(주로 뉴잉글랜드 출신이었다)이 차츰 숫자도 많아지고 이해력도 높아진 평신도들을 대상으로 움직이기 시작했다. 그러한 노력은 1820년대 말에 결실을 맺기 시작해, 감리교회는 몇몇 전문학교나 평판이 좋은 소규모 칼리지에 대한 재정 지원에 착수했다. 가장 두드러진 몇 군데만 꼽아보면, 1831년 코네티컷 주에 설립된 웨슬리언을 비롯해 디킨슨 대학(1833년에 장로교로부터 인수받았다), 앨러게니 대학(1833년), 인디애나 애즈베리(1833년 설립, 나중에 드포DePauw로 개명), 오하이오 웨슬리언(1842년) 등이 설립되었다. 1835년부터 1860년까지 감리교는 200곳이 넘는 전문학교나 대학을 출범시켰다. 하지만 과거와 마찬가지로 많은 학교들이 재정난에 시달려, 감리교는 교육을 한낱 도구로만 여기고 있었음이 드러났다. 그래도 학문 교육은 종교에 도구적인 가치도 없다고 여겨지던 시대였음을 고려하면 하나의 진일보인 셈이었다. 그리고 일부 지도적인 목사들이 성직자 교육의 강화에 열의를 보이기 시작해, 점차 예민해지는 비판론자들에 맞서 감리교의 신학적 입장을 옹호할 필요성도 커졌다.[38] 결국에는 이 두 가지가 학식 있는 목사들에 대한 감리교 쪽의 의심을 씻어냈다. 그러나 아직 신학교는 이단의 원천이라고 의심을 받고 있었기 때문에, 감리교에서 처음으로 세운 신학교 두 곳은 "성경학원Biblical Institute"이라는 이름을 달았다. 이번에도 역시 학교 지도자들은 뉴잉글랜드 출신이었다. 뉴잉글랜드의 감리교는 최강도 최대도 아니었지만, 교육 수준은 가장 높았던 것이다.[39]

전문학교와 대학, 신학교, 잡지 등으로 새로운 면모를 갖춘 감리교회를 보수파는 결코 용인할 수 없었다. 가장 유명한 순회 설교자인 피터 카트라이트는 1856년에 쓴 주목할 만한 자서전에서 목사직에 관한 낡은 복음주의적 견해를 장황하고 솔직하게 토로했다. 반지성주의적 입장을 여실히 보여주는 그의 이야기는 조금 길지만 인용할 가치가 있다.[40]

그런데 웨슬리 씨가 전성기의 그 영광스러운 활동을 시작하기에 앞서 학식 있고 신학 교육을 받은 전도자들이 등장하기를 기다렸다고 가정해보자. 그러면 오늘날 감리교는 웨슬리와 어떤 관계를 갖게 되었을까?…… 만약 애즈베리 감독이 엄선된 이런 전도자들을 기다렸다면, 불신앙이 이 나라의 구석구석까지 퍼지지 않았을까?

장로교를 비롯한 프로테스탄트 교회의 칼뱅주의 분파들은 교육 받은 목사들이나 교회용 벤치, 악기를 사용하는 음악, 회중, 그리고 정해진 급여를 받는 사역을 놓고 다투곤 했다. 감리교는 일반적으로 이런 관념에 반대했다. 그리고 못 배운 감리교 전도자들은 그런 자들이 성냥불을 밝히는 사이에 세계(적어도 미국 세계)에 불을 질렀다!……
교육의 가치를 경시할 마음은 없다. 그러나 이런 교육 받은 목사들을 보고 있으면 복숭아나무 그늘 아래서 더디게 자라는 상추나 이슬을 맞으며 걷다가 가랑이가 찢어지기 일보 직전인 새끼 거위를 떠올릴 수밖에 없다. 하도 많이 본 탓에 넌더리가 나고 어지러워서 고개를 돌려버린다. 이런 교육 받은 목사나 신학 교육의 효과에 관해서 시험해볼 시기는 이미 지났다. 다른 교파들은 이런 시도를 했고, 하나같이 완전한 실패로 끝났다.……
나는 우리의 소중한 감리교를 경외한다. 칼리지, 종합대학, 신학교, 전문학교를 늘려라. 우리의 기관과 편집부를 늘리고 가장 유능한 전도자들로 그 자리를 채워라. 목사들을 현지로 내보내 세속에 동참시켜라. 그렇게 되면 순회 전도와는 멀어질 것이다. 이것이 실패하면 우리는 곧바로 회중주의로 전락하며, 다른 모든 교파들의 출발점에서 걸음을 멈추게 된다.……
너무도 많은 전도자가 이런 기관이나 교수직에 들어가 있는 것이 분명 일상의 직무에 종사할 전도자가 그토록 부족해진 원인이 아니겠는가? 게다가 총장이나 교수, 직원이나 편집자는 그들보다 훨씬 더 많은 급여를 더 확실하게 받는다. 순회 설교자는 어떤 폭풍도 헤치고 나아가야 하고, 훈련 수당이 태부족한 경우도 많은데 말이다. 고위직에 오를 자격이 있는 사람들은 바로 그런 유혹 때문에 설교나 영혼의 구원 같은 일상적인 소임을 저버리면서까지 그런 자리를 탐내기 십상이다.

영혼을 구원하고 감리교회를 세우는 이런 영광스러운 일에 고용되어 활동하는 수천 명의 순회 설교자나 지역 목사 가운데 일반적인 영어 교육 이상의 교육을 받은 이는 아마 50명도 안 될 것이다. 그 정도의 교육조차 받지 못한 사람들도 많다. 또한 신학교나 성경학원에서 교육을 받은 사람은 한 명도 없다. 그런데도 수백 명의 사람들이 복음을 전해서, 솜털이 보송보송한 작금의 신학박사들 이상으로 성공을 거두고 목사라는 이름에 걸맞은 활동을 하고 있다. 반대로 신학박사들은 낫을 챙겨들고 광막한 영혼의 추수 밭으로 들어가려 하지 않는다. 대학의 총장직이나 교수직, 편집자, 또는 급여를 두둑하게 주는 기관을 좇으며, 사치스런 생활을 독점할 수 있는 최신 유행의 기구를 창설하려고 애쓴다. 가난으로 죽음에 내몰린 수백만의 죄인들이 하느님도 보지 못하고 복음도 듣지 못한 채 지옥으로 가는 길로 몰려들고 있는데도…….

나는 내 주장을 버린 채 학문이나 고학력의 목사를 지지할 마음이 추호도 없다. 숭고한 천직이 악용되고 있다고 주장하는 목사들은 모두 무지를 옹호하는 자들이다—학식 있고 신사인 척하는 목사들은 그렇게 말한다. 또한 무지야말로 헌신의 원천이라고도 말한다. 그러나 이 목사들이 태도를 바꿔 이런 발언을 하는 것은 그렇게 하는 것이 곧 냉엄한 진리로부터 눈길을 피하는 데 가장 편리하기 때문이다. 신학을 하나의 과학으로서 공부한 학식 있는 목사들이 세상을 위해 한 일이 도대체 무엇인가? 이제까지 목사들이 걸어온 길을 돌아보면 된다. 인간은 쉽사리 자만심을 품고, 훌륭한 교육을 받은 수많은 목사들도 배웠다는 그런 자만심 탓에 타락하고 파멸한 게 아닐까? 하지만 나는 악을 악으로, 폭언을 폭언으로 갚아줄 마음이 없다. 오히려 교육을 내려주시라고, 그리고 바른 성품과 진정한 정신을 지닌 교육 받은 복음주의 목사들을 내려주시라고 하느님께 빌고 싶다. 그런데 목사들에 대한 교육의 필요성을 주장하는 사람들은 이 문제를 어떻게 생각할까? 이 문제에 관해 이따금 열리는 강연 때, 일반적인 교육밖에 안 받은 수백 명의 전도자들은 그 자리에서 뭔가를 느껴야 한다고 여기는 것일까? 목사들은 교육을 받고 지적으로 진일보해야 한다고 주장하는 사람들 가운데 많은 수는 확실히 초기의 개척 시대에 감리교회를 세운 무식한 선배들을 열광적인 어조로 말한다. 하지만 솜털이 보송보송한 신학박사들이 입에 발린 말로 양보를 강요하더라도 나의 영혼은 그런 감언이설에 넘어가지 않을 것이다. 그들은 분명 마음속으로 사람들의 무지 덕분에 성공을 거두었다고 생각할 것이기 때문이다.

이것이 순회 설교자들에게 비판적이었던 일부 사람들의 마음을 정확하게 대변하는 것이었음은 틀림이 없다. 하지만 카트라이트는 그들의 주장에도 타당하다고 인정할 만한 부분이 있다고 생각했을지도 모른다. 모든 복음주의자가 그런 주장을 부정했던 것은 아니다. 피니가 등장하기 몇 해 전에, 어느 복음주의 봉사단은 "교육 받지 못한 사람들보다는 교육 받고 교양도 있는데다 대단히 회의적인 사람들과 함께 일하는 것이 더 어렵다"고 말했다.[41]

5

침례교의 역사는 여러 면에서 감리교와 똑같은 길을 걸었다. 하지만 중앙의 힘이 한결 약했기 때문에, 학력이 없는 무급 목사직을 고집하는 경향이 강하고 비타협적이기도 했다. 그리고 감리교에 비해 변혁의 파도를 만난 시기도 늦고 그 범위도 좁았다. 윌리엄 워런 스위트 William Warren Sweet가 말한 것처럼, "침례교는 교육을 받고 급여도 받는 목사직에 대한 편견이 가장 심한 종교 단체였으며, 19세기 초에는 변경의 침례교도뿐만 아니라 이 교파의 거의 전체가 이런 편견을 가지고 있었다."[42]

물론 회중교회가 강한 매사추세츠나 성공회가 강한 버지니아에서 침례교는 교육 받은 목사들이나 기성 교회들을 상대하면서 극심한 박해를 받았다. 침례교의 특징은 일반 신도들로부터 목사를 충원하는 데 있다. 침례교 전도자는 여느 평신도들과 마찬가지로 농부나 목수였다. 그런 사람이 자기 생업을 제쳐두고 일요일이나 평일의 설교, 침례식이나 장례식에 임했던 것이다. 그들에게는 책을 읽을 시간이 거의 없었다. 이렇게 근면한 시민들은 다른 교파의 전도자들과 경쟁하는 데는 관심이 없었다. 더구나 침례교와 손잡고 오지에 복음을 전하려 한 방문선교협회에 대해서도 극렬하게 저항했다. 이런 목사들은 "외부의" 간섭이나 중앙의 통제에 저항하면서 신도들에게도 그런 태도를 주입했다. 선교협회와 관련 있는 사람은 침례교연합회에서 환영받지 못할 것이라는 말도 나왔다. 켄터키의 한 침례교연합회는 이렇게 선언했다. "성경을 존중하지 않는 협회에 가입하는 교회나 신도는 우리 단체에 받아들일 수 없다." 또 일리노이의 한 집단은 회람 서한에서 거의 편집증에 가까운 극단적 태도로 권위에 대한 의심을 드러내면서 이렇게 선언했다. "나아가 교회들에 고한다. 우리는 성서협회와는 아무런 관계도 없다. 야심이 있는 몇몇 사람에게 거룩한 성경을 번역할 권한을 주는 것은 위험하다고 생각하기 때문이다. 그리스도께서 주신 자유를 굳게 지키고, 노예의 멍에에 얽혀들지 말지어다."[43] 침례교 전국 총회에서 성서 번역이 이루어지는 것을 의아해하는 사람은 잠시 생각을 더듬어봐야 할 것이다. 초기에 겪은 박해나 무자비한 조롱의 기억 때문에 침례교가 품은 의심이 여전히 생생했다는 점도 지적해두고 싶다.[44]

중앙집권화된 권위에 반대하는 침례교는 대체로 선교 활동에도 반대했다. 중앙의 교회 조직에 조금이라도 양보하는 것은 "로마의 교황과 창녀들의 어미[요한계시록 17장 5절에 나오는 바빌론의 창녀들의 어미는 종교의 이름으로 땅의 왕들 위에 군림하고 음행으로 땅을 부패시킨다]"로 나아가는 길이었던 것이다. 따라서 침례교의 못 배우고 급여도 없는 목사들은 높은 수준의 교육을 받고 상당한 급여도 받는 목사들의 침입에 분개할 수밖에 없었다. 무급 전도자 입장에서는 동부에서 온 학식 있는 선교사들은 오로지 돈을 위해서만 일한다고 믿기 쉬웠다.[45] 당시의 한 관찰자는 못 배운 전도자들은 자신들의 한계를 잘 알고 있었다고 결론지었다. 하지만 "대의를 진척시키기 위해 주님께서 뛰어난 재능을 주신 것을 그들은 기뻐하지 않았다. 편협하고 허약한 정신을 가진 이들이 흔히 그렇듯이, 그들은 자존심이 상해서 분노를 느끼고 있었다." 이런 시각을 뒷받침하는 것으로서, 어느 침례교 전도자가 교회의 장로에게 보낸 솔직한 반박의 말이 있다. 어쨌거나 사람들은 자발적으로 그런 선교사들의 말에 귀를 기울이고 돈을 내고 있다고 지적하는 장로에 맞서서 이 전도자는 이렇게 말한다. "그럼, 말씀드리죠. 숲속에서는 큰 나무들 때문에 작은 나무들에 그늘이 집니다. 마찬가지로 이 선교사들은 모두 훌륭한 사람들일 테고, 사람들은 모두 그들의 설교를 들으러 가겠지요. 우리는 모두 잠자코 있을 수밖에 없고요. 그것이 반대 이유입니다."⁴⁶

하지만 침례교 역시 보수파 감리교처럼 교육 받은 목사들의 압력을 완전히 내칠 수는 없었다. 그들 내부에서는 자존심과 타인으로부터의 존경이 표리일체가 되어 뒤얽혀 있었던 것이다. 버지니아의 한 침례교연합회는 이미 1789년에 다음과 같은 이유로 신학교를 설립하려 했다.⁴⁷

이제 우리 주위의 다른 교파 형제들은 우리가 법을 모른다고 욕설을 퍼붓지 못할 것이다. 또한 원어는 고사하고 모국어도 모른다는 이유로 우리의 가르침 대부분을 무시하거나 비난하지 못할 것이다. 우리가 (어떤 일에서도 이처럼 해야 하지만) 하느님의 영광을 드높이기 위해 예수 그리스도의 마음에 드는 일을 실천한다면, 우리는 천국에 들어갈 허가를 받게 되리라고 충분히 기대할 수 있다.

한편 침례교 평신도들은 존경할 만한 인물을 희망하는 태도와, 마음에 맞고 큰돈이 들지 않는 목사를 바라는 생각 사이에서 분열되었다. 1830년에 이르기까지 침례교 지도자들은 상당한 진척을 이루어, 평신도들의 교육 수준을 끌어올리는 동시에 교육 받은 유급 목사들을 배출하게 되었다. 그러나 침례교회에 처음부터 가해진 편견은 좀체 바로잡히지 않았고, 깊이 뿌리내린 부흥주의의 영향에도 끊임없이 맞서 싸워야 했다.⁴⁸

6

　남북전쟁이 끝난 뒤 교회의 입지에서 중요한 구조적 변화가 일어났다. 도시가 발달하면서 그곳에 사는 사람들에게 그리스도교를 전파하는 일이 점점 더 시급한 과제로 떠올랐지만, 한편으로는 그 일 역시 점점 어려워졌다. 교회가 시골에서 이주한 사람들을 끌어들이는 것뿐만 아니라 도시 노동자의 감수성에 적응하고 그들의 빈곤에 대처하는 길까지 찾아야 했기 때문이다. 이런 도시에서는 부흥주의자들의 관심이 이미 1840년대와 1850년대에 급속히 높아졌는데, 이제는 실로 긴급한 과제가 되었다. 드와이트 L. 무디의 시대부터 빌리 선데이의 시대까지 대도시에서 다수를 회심시키는 것—그것도 국제적인 규모로—은 복음 전도자의 중요성을 가늠하는 결정적인 시금석이었다. 시골이나 작은 타운에서만 호소력을 발휘한 평신도 설교자는 결코 삼류를 넘어서지 못했다.

　피니와 빌리 선데이 시대의 중간에 위치하는 무디는 누구보다도 인상적인 인물이었다. 매사추세츠 주 노스필드에서 가난한 벽돌공의 아들로 태어나 어린 나이에 아버지를 잃은 무디는 열여덟 살 때 순회 복음 전도자였던 회중교회 목사를 만나 회심했다. 이미 20대 초반에는 남북전쟁 전 10년 동안 여러 도시에서 시작된 종교·복지 활동에 종사했다. 시카고에서 구두 도매상으로 큰 성공을 거두었음에도, 무디는 1860년에 사업을 그만두고 독자적인 선교 활동에 나서기로 결심했다. 전쟁 때에는 기독교청년회YMCA에서 활동했고, 전쟁이 끝나자 곧바로 시카고 지부 회장이 되었다. 열세 살 때 이후로 학교를 다닌 적이 없는 그는 안수를 받으려 하지 않았고 목사도 되지 않았다.

1873년 이전에 무디는 주로 YMCA와 주일학교에서 활동했다(그전에 그리스도교 지도자들의 활동 방식을 관찰하기 위해 영국을 두 차례 다녀오는 등 진취적인 정신과 호기심을 보여준 바 있다). 그러다 1873년에 처음으로 커다란 성공을 거둔다. 지인들의 초청으로 영국에 가서 복음 집회를 지휘했을 때의 일이다. 그해 여름에 오르간 연주자이자 가수인 아이라 D. 생키Ira D. Sankey와 함께 일련의 집회를 열기 시작하여 2년에 걸쳐 요크, 에든버러, 글래스고, 벨파스트, 더블린, 맨체스터, 셰필드, 버밍엄, 리버풀, 런던 등지를 연이어 방문했다. 런던에서만 250만이 넘는 사람들이 무디의 설교를 들었다고 한다. 웨슬리와 휘트필드 시절 이래로 영국은 그토록 인상적인 설교를 접한 적이 없었다. 미국을 떠났을 때는 무명이었던 무디는 엄청난 명성을 떨치면서 귀국했다. 1875년부터 1899년에 타계할 때까지 그는 미국 복음주의의 새로운 국면을 선보인 독보적인 지도자였을 뿐만 아니라 미국 개신교에서 가장 중요한 인물이기도 했다.

무디는 피니와 무척 달랐다. 피니가 거의 위압적이라 할 만한 힘으로 청중을 압도했다면, 무디는 온화하고 사랑스러운, 지옥의 고통을 경고하기보다는 천국행을 약속하는 극히 낙천적인 인물이었다. 작고 뚱뚱한 체구에 수염이 덥수룩했던 그의 외모는 그랜트 장군(남북전쟁 당시 북군의 장군으로, 훗날 대통령이 되었다)을 닮았는데, 단지 신체적으로만 비슷한 게 아니었다. 그랜트와 마찬가지로 무디 역시 극도로 소박했지만 강인한 의지력을 지니고 있었다. 사람의 마음을 사로잡는 방식도 빅스버그 포위에 나선 그랜트의 결연한 조직 능력과 어딘지 비슷했다. 그랜트와 마찬가지로 그 역시 상대의 약점을 파악해 저항력이 소진될 때까지 압도적으로 우월한 힘을 쏟아부었다. 또 그랜트처럼 그도 외관상의 겸손함 이면에 강렬한 개성을 숨겨두고 있었다. 그러나 다른 점도 있었다. 그랜트는 내적인 확신이 부족했어도 자신의 의무를 다했다. 전쟁에 뛰어들어 빛나는 경력을 쌓기 전에는 사업 세계에 몰두했었고, 전쟁 이후에는 정치 세계에 몰두했다. 한편 무디는 자신감으로 똘똘 뭉친 사람으로, 젊은 시절에 이미 재산을 쌓고 있었지만 사업을 버리고 종교에 뛰어들었다. 또한 인내심과 기민함, 결단력과 소박한 남성다움, 인간미 등이 일차적 필수조건으로 여겨지는 인생의 다양한 국면에서 실패 따위는 상상하기 어려웠다. 그는 그야말로 일자무식이었다—그의 설교를 비판하는 사람들이 줄곧 입에 올려왔듯이, 심지어 문법조차 몰랐다. 하지만 그 나름으로 성서를 알고 있었고, 청중에 대해서도 알고 있었다. 그는 결코 선정적이지 않은 태도로 지치는 일도 없이 청중에게 거듭해서 피할 수 없는 질문들을 던졌다. "여러분은 그리스도교인입니까?" 그러고는 화려한 몸짓을 써가며 거대한 회당의 구석구석까지 울리는 목소리로 숨도 쉬지 않고 말을 쏟아내면서 청중을 단번에 구원으로 향하는 길로 몰아갔다.

무디가 전하는 메시지는 광범위하고 비교파적이었다—로마 가톨릭, 유니테리언파, 유니버설리스트파[보편구원설 교파]를 제외한 거의 모든 교파가 그를 한 번쯤 인정했다는 점은 의미심장하다.49 그리고 그는 신학적 쟁점에 관한 형식적인 논의에는 전혀 관심이 없었다("나의 신학! 나에게 그런 것이 있는지 모르겠습니다. 나의 신학이란 대체 무엇인지 여러분이 가르쳐주십시오"라고 무디는 말했다).50 그에게 당시의 지식이나 문화, 과학은 아무런 의미도 없었고, 혹시라도 그가 그런 분야를 언급할 때면 더없이 신랄한 인상을 풍겼다. 이런 점에서 무디는 복음주의 전통에 충실했다. 그에게 기성 목사 집단이나 그들이 받은 훈련을 공격하고 싶은 마음은 없었지만, 종교적 직무를 수행하는 평신도들을 진심으로 인정하면서도 신학교에서 교육을 받은 목사들에 대해서는 "사람들로부터 동떨어진 교육을 받는 경우가 많다"고 생각했다.51 그는 종교가 추구하는 목적에 기여하지 않는 교육을 모두 폄하했다. 그의 말처럼, 세속의 교육은 사람들에게 그들이 얼마나 사악한지를 가르치지 않고, 오히려 사람들에게 아첨하면서 "교육을 받으면 얼마나 선량해지는지"를 가르쳤기 때문이다. "교육을 받은 악당은 악당 중에서도 가장 비열한 악당이다"라고 무디는 말한다. 그는 성서 외에는 거의 아무것도 읽지 않았다. "독서에 관해서는 내 나름의 규칙이 있다. 성경을 이해하는 데 도움이 안 되는 책이라면 어떤 책도 읽지 않는다." 그렇다면 소설은? 소설은 "번지르르하다.…… 내 취향도 아니고, 읽고 싶은 생각도 전혀 없다. 설령 그런 생각이 들더라도 굳이 읽지는 않을 것이다." 그 밖의 지적 분야에 관해서도 무디의 견해는 대체로 비슷한 맥락이었다. "좋은 연극을 보는 것도 인간 교육의 일환이라고들 하는데, 그런 교육이라면 풍비박산이나 나라지." 문화도 "제자리에 있으면 괜찮"지만, 인간이 하느님의 창조 행위를 잊은 채 문화에 관해 이야기하는 것은 "정말로 미친 짓"이다. 그럼, 학문은? 그것은 영성을 가진 사람에게는 거추장스러운 것이다. "나라면 차라리 지식 없는 열정을 가지겠다. 세상에는 열정 없는 지식이 너무도 많다." 그리고 무디의 시대에 이르면 과학은 이미 하느님을 발견하고 찬미하는 수단이 아니라 종교에 대한 위협이 되었다. "요즘 일부 젊은 남녀가 배우고 있는 것처럼 인간이 원숭이의 자손이라고 믿기보다는 하느님의 형상을 따라 만들어졌다고 믿는 쪽이 훨씬 더 쉽다."52

무디는 지성이나 문화에 대해서는 복음주의 전통에 충실했지만, 그의 시대는 부흥주의 역사에서 새로운 출발을 알리게 되었다. 목표나 태도가 아니라 방식이 바뀐 것이다. 조너선 에드워즈의 시대에는 부흥운동을 신이 재림한 결과로 보는 것이 일반적이었다. 노샘프턴의 부흥운동을 가리켜 에드워즈는 "하느님의 놀라운 작품"이라고 말하면서 자신의 첫 대저의 제목으로도 사용했다. 이 세상의 일은 인간의 의지로는 도저히 통제할 수 없다고 이 노샘프턴의 전도자는 생각했고, 이는 또 그러한 그의 생각을 상징하는 말이었다. 오랫동안 부흥운동을 추진해온 휘트필드는 분명 인간의 의지가 이 운동과 관련되어 있음을 에드워즈 이상으로 잘 알고 있었을 것이다. 하지만 그도 신의 개입이 본질적인 활동 동인이고 인간의 의지는 좀더 수동적인 것이라는 설을 선호했다. 피니의 시대에 이르면 이런 관념이 쇠퇴하고, 미국 복음주의 전통을 특징짓는 자발주의voluntarism가 대두된다. **"종교는 인간의 작품이다"**라고 피니는 주장했다. 하느님이 그 명령을 따르도록 하기 위해 인간에게 성령을 불어넣었다는 사실은 그 역시 인정했다. 하지만 피니 생각에, 언제나 작동하는 성령은—현대식으로 말하자면—상수이고, 인간의 반응은 변수이다. 부흥운동은 인간의 의지가 위기에 대처하며 고양될 때 일어나는 것이고, 종교 부흥은 "결코 기적이 아니며 기적에 의거하지도 않는다. 이미 있는 수단을 바르게 사용한 데 따른 순수한 철학적 귀결일 뿐이다"라고 피니는 단언한다. 따라서 부흥이 다시 기적적으로 일어나기를 가만히 기다리는 것은 잘못이고 나태한 일이다. "여러분에게 부흥이 일어나지 않는 이유는 명백합니다. 오로지 여러분이 그것을 원하지 않기 때문입니다."53

피니는 『종교 부흥에 관한 강의』라는 저서에서, 올바른 수단이란 무엇이고 어떻게 하면 부흥을 이를테면 뜻대로 일으킬 수 있는지를 온전히 보여주고자 했다. 하지만 피니가 이야기하는 수단이 한낱 기계적인 것이나 기술적인 것이 아니라는 점은 유의해둘 필요가 있다. 그런 수단들은 어떻게 마음이나 정신, 의지를 통합하여 종교의 부흥이라는 위대한 목적으로 이끌 수 있는지를 보여주는 일련의 가르침이었다. 무디와 그의 세대가 새로운 산업 시대의 정신에 맞춰 부흥주의를 적용하는 출발점으로 삼은 것이 바로 이것이었다. 무디 같은 사람의 힘과 진정성에는 정작 요구되는 내적인 정신적 자질이 부족했다고 말한다면 적절치 못한 평가가 될 것이다. 오히려 그가 다른 어떤 것─사업을 조직하는 기법─을 추가했다는 사실에 주목해야 할 것이다. 피니의 부흥주의가 앤드루 잭슨이나 라이먼 비처의 시대에 속한 것이었다면, 무디의 부흥주의는 앤드루 카네기Andrew Carnegie나 P. T. 바넘P. T. Barnum의 시대에 속한 것이었다.

    피니의 부흥운동은 면밀하게 계획된 것이긴 했지만 별다른 도구가 없는 채로 수행되었다. 반면에 무디의 부흥운동은 조직을 대거 가동했다.54 우선 교섭인을 파견해서 지방의 복음주의 목사들이 초청을 하게 만들었다. 홍보 캠페인에도 나섰는데, 포스터나 신문 공고가 주요 수단이었다(후자는 오락란에 실렸다). 규모가 아무리 큰 교회라도 군중을 다 수용할 수 없어서 대규모 강당을 물색하거나 경우에 따라서는 아예 대강당을 지어야 했다. 임시로 지어진 강당은 부흥회를 한 뒤에 매각하거나 해체해서 폐자재로 이용했다. 무디가 보스턴 집회를 위해 지은 건물은 3만 2천 달러나 들었다. 거액의 비용을 대기 위해─한 도시에서 연속 집회를 열 때는 3만 달러(뉴욕)에서 14만 달러(런던)가 필요했다─재정위원회가 설립되었다. 이런 위원회를 통해 지역 사업가들로부터 자금 지원을 받을 수 있었다. 하지만 무디는 소규모 사업가들에게만 의지할 필요가 없었다. 시카고의 사이러스 맥코믹Cyrus McCormick과 조지 아머George Armour, 필라델피아의 제이 쿡Jay Cooke과 존 워너메이커John Wanamaker, 뉴욕의 J. P. 모건J. P. Morgan과 코넬리어스 밴더빌트 2세Cornelius Vanderbilt II 등이 무디를 도와주었다. 집회를 열려면 군중을 안내할 현지 직원과, 설교가 끝난 뒤 "심사" 모임에서 무디가 회심시킨 사람들의 영적 상태를 추적, 조사할 조수 등도 필요했다. 음악도 준비해야 했다—생키의 노래와 오르간 외에 도시마다 600명에서 1000명에 이르는 현지 합창단을 꾸렸다. 또한 여느 사업과 마찬가지로, 무디의 집회도 숫자로 판정되었다. 처음에 무디 자신은 구원된 영혼의 수를—런던 3000명, 시카고 2500명, 뉴욕 3500명 등으로—추산하는 데 반대했지만, 나중에는 심사실에 찾아온 사람들의 이름과 주소를 체계적으로 기록하는 "판정 카드"를 사용하게 되었다.

앞서 살펴본 것처럼, 피니는 자신의 이성적인 설교에서 과거에 받은 법률 훈련이 얼마간 활용된 것을 자랑스러워했다. 이와 달리 무디의 설교에서는 무의식적으로나마 젊은 시절의 사업 경험이 묻어났다. 그의 말투는 때로 구원의 판매원 같았다. 그가 심사실의 의자에 앉아 입을 열 때면 여전히 제품을 판매하는 사람처럼 보였다. "이제 누가 그리스도를 따를까요? 그것이야말로 당신이 원하는 것입니다. 그리스도와 더불어 당신은 영원한 생명과 필요한 모든 것을 얻습니다. 그리스도가 없으면 당신은 파멸할 것입니다. 그리스도는 스스로를 당신에게 주셨습니다. 그리스도를 따를 자, 누구일까요?"[55] 그는 또 이렇게도 말했다. "외투가 필요한 사람은 수중의 돈으로 최고의 외투를 사려고 합니다. 이건 세계 어디서나 일반적인 법칙입니다. 종교가 최고로 좋은 것임을 사람들에게 보여주면, 우리는 이 세계를 얻을 수 있을 것입니다." 이는 "구두 장수의 사투리"라고 거메일리얼 브래드퍼드Gamaliel Bradford는 평했는데, 확실히 고개를 끄덕일 수밖에 없다.56 당시 사람들도 이 점을 놓치지 않았다. 라이먼 애벗Lyman Abbott은 무디에 관해 이렇게 썼다. "설교단에 선 그의 모습은 마치 사업가 같았다. 옷차림에서 집회 운영 방식, 말하는 법까지 사업가 같았다."57

피니가 적어도 하나의 중요한 사회적 쟁점, 즉 노예제 문제에 대해서는 급진적이었던 반면, 무디는 일관되게 보수적이었다. 그후 부흥운동가의 일반적 특징이 된 복음주의 정신과 사업가 정신의 결합은 상당 부분 그의 공적에 의한 것이었다. 그의 정치관은 그를 지지하는 친親공화당 사업가들의 견해와 흡사했으며, 또한 성서의 가르침이 재산가들에게 얼마나 유익한지를 보여주는 것 이상은 하지 않았다. "시카고의 부자들에게 말합니다. 공산주의나 이교도가 이 나라를 휩쓸어 버린다면 돈은 아무 쓸모도 없게 될 것입니다", "시카고의 자본가들로서는 이 암울하고 절망한 사람들에게 복음이라는 구원의 소금을 뿌리는 것보다 더 좋은 투자가 있을 수 없습니다"라고 무디는 말했다. 하지만 그가 가진 자들에게 영합했다고 보는 것은 잘못일 것이다. 그의 보수주의는 전前천년설(그리스도의 재림 시기 및 천년왕국과 관련된 학설로, 천년왕국이 임하기 전에 그리스도의 재림이 먼저 있다는 견해이다) 적인 믿음의 반영이며, 이런 믿음 때문에 철저히 비관적인 사회관을 지녔던 것이다. 인간의 본성은 철저하게 악하며, 속세에서는 아무것도 기대할 수 없다고 그는 생각했다. "나는 개혁, 개혁에 대해 듣다가 결국 모든 것에 지치고 질려버렸습니다. 우리에게 필요한 것은 성령의 힘으로 중생하는 것입니다." 그 결과 무디는 어떤 식의 사회학적 논의도 견디지 못했다.[58] 인간이 스스로 행한 것은 모두 실패해왔다. 진정한 과제는 이 세상이라는 침몰해가는 배에서 최대한 많은 영혼을 구하는 일이었다.

7

무디 시대의 부흥주의는 한 가지 중요한 점에서 앞선 시대에 비해 더 통제되어야 했다. 예전 부흥회의 "열광적인" 신앙 표현―비명소리, 신음, 기절, 울부짖음, 고함소리―은 더이상 허용되지 않았다. 더욱 자제된 경건주의가 성장해왔을 뿐만 아니라 군중의 비판적인 시선에 노출되는 도시 부흥회 역시 대중의 공감을 앗아가는 어떤 일도 일어나서는 안 되었기 때문이다. 농촌의 교회나 야영 집회에서는 어느 정도 허용되던 무질서도 대규모 부흥회에서는 위험한 사태를 초래할 우려가 있었다. 부흥회 동조자들 중에서 가장 지적인 사람들은 극도로 열광적인 신앙 표현에 늘 곤혹스러워했다. 걸핏하면 이런 열광을 유도했던 피니는 그런 행태를 어쩔 수 없는 장애 요소이자 필요악이라고 생각했지만, 한편으로 무디는 그런 행태에 대처하기로 마음먹고 갑자기 설교를 중단하고는 안내인을 시켜 청중 사이에서 소란을 일으키는 신도를 내보내곤 했다. 심지어 "아멘"이나 "할렐루야"를 지나치게 외쳐도, "여러분, 제발 그렇게 부르짖는 건 나에게 맡겨주십시오"라고 호소했다.[59] 그의 후계자인 빌리 선데이는 "공연한 소란을 일으키지 않고도 회심시킬 수 있다"고 믿으면서 청중을 단호하게 단

4장 복음주의와 부흥운동가_ 163

속했고, 제멋대로 시끄럽게 구는 사람은 내쫓으라고 안내인들에게 지시했다. 한번은 이렇게 소리치기도 했다. "형제여, 두 사람이 동시에 지껄일 수는 없습니다. 나에게 맡겨주십시오." "자매여, 잠깐만요. 모두의 점화기를 끄고 연료를 조금 아끼면 어떨까요?"⁶⁰ 어느 정도의 예절은 지켜야 했다. 그리고 인기 스타의 공연을 방해하는 일은 없어야 했다.

도시의 복음주의는 다양한 상황 속에서 청중을 규제할 수밖에 없었다. 그러나 한편으로 전도자들은 자유로웠던 것으로 보인다. 대중의 감수성에 주목하는 역사가가 보기에 복음주의의 발전에서 매우 흥미로운 측면 중 하나는 설교가 일상어에서 상스러운 말로 타락한 사실이다. 설교는 학식을 자랑하지 않고 진솔하고 꾸밈이 없어야 한다는 관념이 언제나 경건주의의 핵심에 자리잡고 있었다. 피니는 정말로 좋은 설교는 정말로 좋은 삶이 그렇듯이 우아함이나 겉치레를 걷어낸 것이라고 주장했다. 그는 일상어로 감동적인 설교를 이어나갔고, 글로 쓴 설교보다는 즉흥적인 설교를 선호했다. 자연스럽게 나오는 말이 더 직접적이고, 원래 하나였던 보통의 말common speech[창세기 11장 1절에 나오는 "처음에 세상에는 언어가 하나뿐이어서, 모두가 같은 말"을 쓰던 시대의 말을 가리킨다]에 더 가까울 것이라고 생각했기 때문이다. 사람들이 온전히 진심을 다할 때, "그들의 말은 빗나가지 않고 직접적이며 단순하다. 그런 문장은 짧고 강력하며 설득력이 있다"고 피니는 말했다. 그에 따르면 이런 말은 행동을 촉구하며 좋은 결과를 낳는다. "이런 이유 때문에 일찍이 무지한 감리교 전도자나 성실한 침례교 전도자가 가장 학식이 높은 신학자나 성직자보다도 훨씬 더 큰 영향력을 발휘했던 것인데, 지금도 사정은 마찬가지이다."⁶¹

일상어로 설교를 해야 한다는 피니의 주장을 반박할 사람은 거의 없었다. 어쨌든 대부분의 좋은 설교에는 일상어의 요소가 있지 않은가? 예를 들어, 루터는 청중에게 가장 직접적이고 친밀하게 예수의 탄생을 이렇게 묘사했다.62

결혼한 지 1년밖에 안 된 젊은 새댁이 나사렛의 자기집에서 아이를 낳을 수 없어 무거운 몸으로 꼬박 사흘이 걸릴 길을 나서다니, 이런 가련한 일이 또 있을까요!…… 출산했을 때는 훨씬 더 가련했습니다. 이 젊은 아내가 이제 곧 첫 출산을 하리라고는 누구도 생각지 않았습니다. 누구도 그 여자의 몸이 어떤 상태인지 신경을 쓰지 않았어요.…… 그 여자는 아무 준비도 못했습니다. 한밤의 어둠 속에서…… 빛도 불도 없었지요. 출산이 임박했음을 요셉과 마리아가 알았더라면 아마 나사렛에 남았을 것이라고 나는 생각합니다.…… 누가 이 불쌍한 여자에게 어떻게 하라고 가르쳐주었을까요? 그 여자는 아이를 낳아본 적이 없었습니다. 나는 이 어린 여자가 얼어 죽지 않은 게 놀랍습니다.

피니 자신의 평이한 말투도 어쩌면 설교에 관한 청교도의 가장 훌륭한 전통을 이어받은 것이었는지 모른다. 실제로 미국 설교의 역사가 낳은 가장 위대한 이미지는 조너선 에드워즈가 묘사한 영혼의 이미지, 즉 부엌 난롯불 위쪽의 거미가 하느님의 자비로 비단실 같은 거미줄에 매달려 있는 모습이다. 그런데 이 이미지야말로 미국 문학에 독창성과 특색을 꽤 많이 부여한 일상어투가 아닌가?
이제까지의 이야기는 모두 사실이며, 설교에 관한 피니의 견해를 옹호하기에 충분하다. 후대의 복음주의가 직면한 과제는 대중이 지니는 감성의 거친 측면이 수긍되거나 심지어 과장되지 않도록 일반적인 말투를 억제하는 일이었다. 피니와 동시대 인물인 자베즈 스완Jabez Swan은 다음과 같은 식으로 요나의 물고기[구약성서 요나서]를 묘사했는데, 어디까지나 생생한 구어투를 가미했을 뿐이다.63

거대한 물고기가 첨벙거리며 거품을 일으키면서 아래위로 요동을 쳤습니다. 뱃속에 든 요나를 뱉어내려고 이곳저곳 사방으로 몸부림을 친 것입니다. 마침내 속이 더 거북해진 물고기는 기슭으로 가서 메스꺼운 덩어리를 입 밖으로 토해냈지요.

1분에 220단어를 쏟아낸 무디의 설교는 구어투이면서도 조야한 느낌이 없었다(다만 자기 시대에 걸맞게 피니라면 이상하게 느꼈을 감상적인 말투를 썼다). 무디도 피니와 마찬가지로 "논설적 설교"는 못마땅해했다. "달변이 되려고 애쓰는 것은 어리석은 짓이다"라고 그는 말했다.64 전통을 중시하는 청중은 무디의 서민적이고 소탈한 말투를 싫어했으며("이 집회에 참석하는 사람들은 스스로 고무되지 않는 한 전부 실망할 것이다"라고 그는 말한다), 런던의 〈새터데이 리뷰〉는 "고함만 지르는 가장 거친 스타일의 설교자일 뿐"이라고 평했다.65 하지만 대체로 그의 설교는 거칠거나 천박하지는 않았다. 그 시대의 젊은 사람들은 더 노골적이고 공격적인 어조로 말했다. 예컨대 그중 한 사람인 샘 존스Sam Jones는 이렇게 말한다. "이 타운의 학식 있는 전도자들은 절반이 문학사나 철학박사, 신학박사, 법학박사, 그리고 멍청이들입니다." "이제껏 들어본 적 없는 속도와 충실함으로 진실을 말하는 것이

못마땅하게 느껴진다면, 이 자리에서 나가는 게 낫겠습니다."66 훗날 빌리 선데이가 흉내낸 것은 이런 말투이지 무디의 말투가 아니었다.

복음주의자 빌리 선데이의 경력은 1896년부터 1935년까지 걸쳐 있다. 그가 등장함으로써 복음주의의 수사修辭는 땅에 떨어지게 된다. 이와 대조적으로 오늘날의 빌리 그레이엄 같은 사람은 놀라울 만큼 품위 있고 차분해 보인다. 선데이의 경력은 어떤 점에서는 무디의 경력과 비슷하다. 그의 아버지는 아이오와의 벽돌공으로 1862년에 북군에 종군했다가 전사했다. 선데이는 시골에서 꽤 가난한 소년 시절을 보내고 고등학교를 중퇴한 뒤 1883년에 시카고 야구단 화이트 스타킹스〔시카고 컵스의 전신〕의 선수로 뽑혔다. 1883년부터 1891년까지 그는 야구 선수로 생계를 유지했다. 그후의 경력은 링 라드너Ring Lardner의 소설에 등장하는, 병적으로 자기중심적인 한 외야수가 종교에 귀의해 복음주의로 돌아서는 그런 과정이었다. 무디와 마찬가지로 빌리 선데이도 YMCA를 통해 복음주의 활동에 발을 들여놓았다. 1886년에 회심한 그는 YMCA에서 강연을 시작했고, 야구단에서 나온 뒤에는 YMCA 서기로 일했으며, 1896년에 설교를 하기 시작했다. 다만 무디가 평신도 신분을 그대로 받아들인 것과 달리, 선데이는 목사 안수를 간절히 원했고, 1903년에 시카고 장로회의 평의회에서 심사를 받았다. "저로서는 무척 심오한 물음이군요"라는 식으로 대답을 거듭한 끝에 심사는 중단되었다. 선데이가 이미 그 자리의 어떤 사람보다도 많은 회심자를 탄생시켰기 때문이다. 그는 추가 심사 없이 목사로 승격되었다.

1906년 이후로 선데이는 초창기에 성공을 거둔 중서부의 작은 타운들을 떠나 중간 규모의 타운들을 찾아다니기 시작했다. 1909년에 이르러서는 주요 도시의 일류 복음 전도자로서의 지위를 굳히고 무디의 뒤를 이었다. 브라이언William Jennings Bryan, 윌슨, 시어도어 루스벨트 같은 정치 지도자들은 어떤 식으로든 그를 축복해주었고, 기업계의 거물들은 무디에게처럼 그에게도 자금을 지원했다. 상류 사회로부터도 인정을 받아, 수많은 사람들이 그의 설교를 들으러 왔다. 1914년에는 〈아메리칸 매거진〉지가 벌인 '미국에서 가장 위대한 인물' 투표에서 앤드루 카네기와 함께 8위에 올랐다. 그는 가장 외적인 측면에서 무디와 비슷한 방식으로 복음주의 사업을 수행했다. 하지만 두 가지 중요한 차이점이 있었다. 무디는 현지 목사들의 초청을 필요로 하고 또 실제로 그것을 바라고 있었다. 반면에 선데이는 한 걸음 더 나아가 성직자들을 우격다짐으로 전열에 가담시키는 경우가 많았다. 또한 무디는 쾌적한 생활을 하면서도 큰 자산은 쌓지 않은 반면, 선데이는 백만장자가 되었다. 자신의 부흥회를 여는 데 돈이 너무 많이 든다고 비판하는 사람들에게 선데이는 이렇게 대꾸했다. "내가 일의 대가로 받는 돈은 회심자 1인당 고작 2달러에 불과합니다. 내가 회심시킨 사람들의 수를 감안하면, 현역 복음 전도자 중에서는 가장 적게 받는 편입니다." 두 사람 모두 사업가적인 면이 강했지만, 무디는 대식에 탐닉했고 선데이는 화려한 옷을 즐겨 입었다. 줄무늬 수트나 하드 칼라, 다이아몬드 넥타이핀과 장식 단추, 번들거리는 에나멜 가죽 구두, 스패츠 등을 갖춘 선데이는 여자들과 어울리려고 나선 철물 판매원 같은 모습이었다. 또한 무디와 마찬가지로 그 역시 호머 A. 로드히버Homer A. Rodeheaver라는 반주자를 데리고 다녔다. 하지만 생키가 달콤하게 노래한 반면, 로드히버는 찬송가를 재즈풍으로 연주하기 시작했다.[67]

피니가 살아 있었다면 선데이의 스타일이나 부흥회에서 보인 오락적 요소에 깜짝 놀랐을 것이다. 선데이는 서커스의 거인을 문지기로 고용하고, 동시대 사람들을 천연덕스럽게 흉내내기 시작했으며(피니는 경거망동을 제일 경계했다), 설교단에서 열띤 설교를 하다가 갑자기 외투와 조끼를 벗어던지고 곡예를 선보이기도 했다. 선데이는 속어를 쓰는 걸 자랑스러워했다. 그는 이렇게 말했다. "내가 평이한 앵글로색슨 단어를 쓴다는 이유로 퉁방울눈을 한 고상한 전도자가 불만을 늘어놓는다고 해서 신경쓸 게 뭐 있나? 나는 사람들이 내가 하는 말을 알아듣기 바라며, 그 때문에 나는 사람들의 삶 속으로 들어가려 하는 것이다." 그는 또 학식 있는 전도자들은 "지식인들을 즐겁게 하려다가 대중을 놓친다"고 말했다. 선데이가 보기에 무디가 사용한 말도 간명하기는 했지만 재미는 없었다. 무디는 일찍이 "교회의 기준은 너무 낮기 때문에 그다지 중요성이 없다"고 말했는데, 선데이는 이렇게 단언했다. "교회의 장벽은 너무 낮아서 옷 두세 벌과 약간의 돈만 있으면 늙은 돼지라도 들어갈 수 있다." 무디는 "우리는 지성이나 돈의 힘이 아니라 오직 하느님 말씀의 힘을 원한다"는 데 만족했다. 선데이는 거기에 이렇게 덧붙였다. "모든 신도가 백만장자나 대학 졸업자라면 미국의 교회는 썩어문드러져 깊은 지옥으로 가라앉고 말 것이다."[68]

과거의 고전적인 서민적 설교에서는 성서의 이야기를 사실적이고 친근하게 다루려고 노력했다. 선데이는 작은 타운에서 쓰는 독특한 사투리로 어둠과 빛을 이야기하는 힘을 지니고 있었다. 그의 설교에서 악마가 예수를 이렇게 유혹한다. "이 돌멩이를 빵으로 바꿔 푸짐한 식사를 만들어보라! 물건을 만들어내라!" 그런데 선데이는 빵의

기적을 다음과 같은 식으로 이야기한다.

하지만 예수님이 주위를 둘러보고는 한 소년을 찾아내셨습니다. 어머니가 점심으로 비스킷 다섯 개와 물고기 두 마리를 챙겨준 아이였지요. 예수님이 소년에게 말씀하셨습니다. "이리 오너라, 아들아. 주님께서 너를 원하신다." 그리하여 주님이 소년에게 원하는 바를 말씀하시자 소년이 말했습니다. "많지 않습니다, 예수님. 하지만 뭐가 됐든 마음대로 드십시오."

1920년대에 브루스 바턴Bruce Barton의 『아무도 모르는 남자The Man Nobody Knows』[69] 〔당시 미국에서 베스트셀러가 된 이 책에서 광고인 바턴은 예수를 최초의 사업가이자 탁월한 광고인으로 소개하여 보수적 그리스도교로부터 엄청난 비판을 받으며 불매운동에 직면했다〕에서 나타나는 천박함은 사람들을 놀라게 했는데, 사실 그리스도를 수완 좋은 재주꾼으로 묘사한 바턴에게는 선데이라는 선배가 있었던 것이다. "예수님은 큰 성과를 올리실 수 있었습니다. 예수 그리스도는 6기통 차처럼 달리실 수 있었습니다. 아니, 불가능한 일이었다고요? 천만의 말씀입니다"라고 선데이는 말했다. 또한 다음과 같은 점을 명확히 하는 것도 선데이에게는 중요한 일이었다. 예수는 "결코 줏대 없고 알랑거리는 심부름꾼이 아니었습니다. 예수님은 역사상 가장 위대한 투사이셨습니다".[70]

5장

근대성에 맞선 반란

1

빌리 선데이의 거친 언사는 표면적인 현상에 불과했다. 그의 언사로 명확해진 당시의 복음주의 입장이 수사修辭 자체보다 중요했다. 속어나 조야한 표현의 밑바닥에는 피니나 무디에게는 생소했을 무시무시한 전의戰意가 도사리고 있었다. 확실히 지난날의 복음주의자들에게도 전투적인 자세는 있었지만 그들은 지옥의 세력에 맞서 싸우고 영혼을 구원하기 위해 싸웠다. 하지만 선데이는 그 밖에도 근대주의의 정신과도 맞서 싸웠는데, 오히려 그 싸움에 더 주력하는 것처럼 여겨질 정도였다. 개인적인 기질도 중요하지만, 그의 공격적인 말투가 중시되고 인기를 얻은 이유는 전혀 다른 데 있었다. 즉, 그의 말은 역사적으로 쇠퇴기에 접어든 근본주의의 진통을 상징하고 있었던 것이다.

20세기에 들어서면서 복음주의 전통은 위기를 맞았다. 우선 첫째는 내부적인 위기였다. 옛 종교 형태를 고집하는 입장과 근대주의 간의 대립이 좀더 공공연하고 보편적인 단계로 치달아, 급기야 어느 한쪽을 선택할 수밖에 없었기 때문이다. 근본주의자들은 평신도든 성직자든, 침례교나 감리교 등 주요 복음주의 교파가 근대주의 사상에 얼마간 굴복한 것에 괴로워했다. 게다가 이들 교파의 배반에 대한 분노는 쓰라린 감정을 더욱 부채질했다. 둘째 위기는 외부적인 것이었다. 종교의 정통성에 대한 세속주의의 도전이다. 이런 현상 자체는 미국 건국 이전부터 나타났지만, 다윈주의가 새로운 도시 스타일과 결합됨으로써 이런 압력이 전례 없이 강해졌다. 게다가 교육이 보급되고 나라 전역에 걸쳐 인구가 이동하면서 사상의 시장이 전국 차원으로 확대되었다. 그래서 인텔리겐치아의 세속적이고 자유로운 사상과 근본주의자들의 성서 중심적 신앙은 저마다의 길을 추구하기가 점점 어려워졌다. 다양한 형태로 표출되는 세속주의가 엘리트 집단만의 현상인 한, 근본주의자들로서는 문제될 게 없었다. 무시하거나 설교의 편리한 공격 목표로 여길 수 있었기 때문이다. 하지만 이제 세속주의와 근본주의는 직접적이고 항상적인 싸움에 휘말리게 되었다. 그것이야말로 대중문화가 발달하고 고급문화와 접하게 된 데 따른 종교의 당연한 귀결이었다.

세속 문화 속에서 종교가 정신적 영향력을 은연중에 상실해가는 그런 사태도 있을 수 있다. 그러나 많은 전투적인 인간에게 종교의 쇠퇴는 바람직한 일이 아니었다. 많은 개인이나 집단에게 종교는 평온한 신앙, 개인적인 평화, 정신의 자애 등의 표현일 수 있다. 하지만 호전적인 정신으로 무장한 이들에게 종교는 적의의 원천도 될 수 있고 배출구도 될 수 있다. 이런 유형에서는 어떤 경우에도 적의가 가장 흥미롭거나 가치 있는 것으로 인식된다. 증오를 인생의 신조로 삼는 자도 있다. 다양한 반가톨릭 운동이나 반프리메이슨주의, 혹은 온갖 기묘한 열광주의를 통해 미국사에서 이어지는 그런 흐름을 추적할 수도 있다. 근본주의에는 온건파도 있고 호전파도 있으며, 어느 쪽이 우세한지는 속단하기 어렵다. 다만 이 책의 주제로 보면 호전파 쪽이 흥미롭다. 그들은 과감하게도 종교뿐만 아니라 미국 문화 전반의 근대주의와도 맞서나갔다. 따라서 여기서는 전체적인 복음주의의 흐름에서 보면 아주 작지만 무시할 수 없는 세력에 관해 이야기할 것이다. 그들은 신도 수의 감소를 열정과 사업적 운영 능력을 강화함으로써 벌충할 수 있다고 생각했다.

빌리 선데이의 언사가 가장 인상적으로 느껴질 때, 그의 말투에서는 새로운 두 가지 특징이 분명하게 드러났다. 거친 자세와, 비웃음을 수반한 고발이다. 이 두 가지는 대중 속에서 새롭게 생겨난 정신을 상징하는 것이라고 해석할 수 있을 것이다. 선데이의 발자취를 더 듬어보면 어떤 심적 자세mentality가 나타나는 것을 알아차릴 수 있을 것이다. 대중 사이에서 지배적이었던 우둔한 감성에 전적으로 의존하여, 어떠한 반대도 허용하지 않는 강경한 정신, 즉 100퍼센트 심적 자세(완벽주의)라고도 부를 만한 것 말이다. 이런 유형의 심적 자세는 근본주의적인 신앙심과 근본 원리에 따른 미국주의Americanism를 통합한 것으로, 그 탄생은 비교적 최근의 일이었다. 또한 이 정신은 종종 엄격한 근본주의적 도덕관을 중시한다.[1] 이런 식의 완벽주의자는 불명료한 것이나 모호함, 속임수나 비판을 결코 용인하지 않으며, 자신들의 태도야말로 거친 남자다움의 징표라고 여겼다. 당시에는 어느 누구도, "루스벨트 씨마저 자기 나름의 호전적인 남자다움을 그토록 강조하지는 않았다"고 선데이에 관해 말한 사람도 있었다. 투사였던 예수의 사도인 선데이는 모름지기 그리스도교 신도는 "연약하고 남들에게 휘둘리기 쉬운 계집애 같은 얼빠진 남자"여야 한다는 고정관념을 깨부수려고 하면서 이렇게 말했다. "주님께서는 인습에 젖고 하찮은 그리스도교로부터 우리를 구해주셨습니다. 퉁명스럽고, 뺨이 축 늘어지고, 뼈는 약해빠지고, 다리는 약하고, 피부도 얇고, 게다가 연약하고, 온순하고, 줏대 없기까지 한 그리스도교로부터." 선데이는 "그리스도교를 받아들이면 속세의 삶이나 활동의 번거로움에서 도피해 줏대 없고 계집애 같은 무리가 된다"는 통념을 근절하기 위해 루스벨트 같은 말투로 "도덕 전쟁은 사람을 단단하게 만든다. 피상적인 평화는 사람을 흐물흐물하게 만든다"고 단언했다. 그리고 고백 자리에서는 자신의 기질을 요약해서 "벌을 내리지 않는 하느님에게는 아무 관심이 없다"고 말했다.2

이와 같이 호전성이 강화되는 경향의 역사적 의미를 판단하려면 복음주의 운동의 역사를 되돌아볼 필요가 있다. 시드니 E. 미드는 이렇게 말한 바 있다. 1800년경 이래로 "미국인들은 사실상 지적 활동의 중심지의 기준에 따를 것인지, 아니면 자기가 속한 교파의 수준에 맞출 것인지―요컨대 지적인 사람이 될 것인지, 아니면 종교적인 사람이 될 것인지, 어려운 선택에 직면해왔다."3 하지만 1860년 이후, 특히 1900년 이후에 비하면, 1800년경에 이런 양자택일은 결코 명확하거나 다급한 문제도 아니었다. 미드 자신도 지적한 것처럼, 이 무렵까지 경건주의 정신과 합리주의 정신 사이에는 공통적으로 박애주의와 종교적 자유에 대한 열정을 인정한다는 암묵적 양해가 존재했다. 예를 들어, 벤저민 프랭클린은 필라델피아에서 휘트필드의 설교를 들으면서 각성론자의 자선 사업을 돕기 위해 돈을 냈다. 또한 그는 정규 성직자들이 휘트필드에게 설교단을 내주지 않자, 어떤 전도자든 이용할 수 있는 집회소 건설을 위한 자금을 기부하기도 했다. 경건주의와 합리주의의 이런 협조 관계는 제퍼슨 대통령 시대에 정점에 달했다. 당시의 반대파, 특히 침례교는 종교적 자유를 확고하게 지지하는 부류라면 그들이 합리주의자든 아니든 간에 지원을 아끼지 않았다.[4]

물론 미국에서 이신론理神論의 영향이 정점에 달한 1790년대에는 불신앙의 침입을 우려하는 논의가 무성했다. 그리고 그 영향을 받은 쪽은 주로 기성 교파들의 신도들이었고, 그런 교파들의 대학이나 한때의 신자들도 이런 움직임과 무관하지는 않았다.[5] 또한 1795년 이후로 부흥운동이 고양되자, 볼테르나 토머스 페인이 당시의 설교자들 대신에 비난을 받은 것 역시 사실이다.[6] 그러나 극히 현실적이었던 초기 복음주의자들은 전도 대상인 소박한 대중에게 학식이나 지적 자의식으로 무장한 회의주의가 실질적 위협이 된다고는 생각하지 않았다. 주된 적은 합리주의가 아니라 종교적 무관심이라는 것을 그들은 간파하고 있었다. 요컨대 토머스 페인의 성서 공격에 노출된 사람들이 아니라 성서를 본 적도 없는 사람들에게 다가가는 것이야말로 가장 중요한 일이라고 여겼다. 1795년부터 1835년까지 복음주의가 큰 성과를 거두고 이신론이 주춤해짐에 따라 경건주의와 합리주의의 싸움은 무대 뒤로 사라졌다. 복음주의자들은 계몽주의의 희미한 잔재를 씻어내는 일보다는 광대한 미국을 로마 가톨릭과 종교적 무관심이라는 양대 악으로부터 구하는 일에 훨씬 더 관심이 많았다.

그러나 이 모든 상황은 남북전쟁 후에 일변하여, 합리주의는 다시 복음주의 정신의 주요한 적이 되었다. 당시 출현한 다윈주의가 사상의 모든 영역에 광범위하게 스며들어 영향을 끼치자, 정통 그리스도교는 다시 수세에 몰리게 되었다. 게다가 학식 있는 목사나 교육 받은 평신도들 사이에서 근대적인 학문에 힘입은 성서 비평이 이루어지면서 다원주의의 영향력은 더욱 커졌다. 그리고 19세기 말에 가까워지면 결국 산업주의에 의한 여러 문제가 원인이 되어 도시의 교회들이 또하나의 근대주의적 흐름을 낳는다. 다시 말하자면, 사회복음 운동이 폭넓게 전개된 것이다. 그리하여 목사와 평신도 모두가 근본주의와 근대주의, 그러니까 보수적 그리스도교와 사회복음 사이에서 선택을 해야 했다.

시간이 지나면서 다수의 성직자들이—상당수가 복음주의에 동조하고 있었다—자유주의 성향으로 바뀌어갔다.7 한편, 태도를 바꾸지 않은 사람들은 곤경에 처했다고 느꼈다. 즉, 합리주의적 회의론을 외치는 소수파와 마찬가지로, 그들도 좁은 세계에서 살아가야만 했기 때문이다. 또한 정통 그리스도교가 근대주의에 점차 굴복해가는 데서도 그들은 위기감을 느끼고 있었다(주로 구원이라는 영원한 과제에 매달려온 그리스도교는 노동조합이나 사회복지, 심지어 사회주의의 추진 같은 세속적인 일로 분주해졌다). 19세기 말에 이르러 근본주의자들은 결국 영향력과 체통을 상당 부분 상실했음을 통감할 수밖에 없었다. 그러자 이번에는 그들 사이에서 새로운 종교 스타일이 등장한다. 그것은 성서 비평, 진화론, 사회복음, 갖가지 합리적 비판 등 모든 근대적 가치관에 역행하려는 욕구에서 형성되었다. 마침내 사회적 반동과 종교적 반동이 손을 잡음으로써 '100퍼센트 심적 자세'의 토대가 마련되었던 것이다.

강경한 자세가 강화되는 과정을 살피려면 무디와 그의 막강한 후계자인 선데이를 비교해보면 된다. 무디의 주장은 훗날의 근본주의자의 그것과 비슷했지만, 그의 종교 스타일은 이미 1870년대 초에 형성되어 있었다. 아직까지는 근대주의의 침입이 지식인들 사이로 국한되던 때였다. 무디 역시 근본주의와 근대주의의 대립에 관해 언급했는데, 그의 말투에서는 편견도 호전적인 면도 묻어나지 않았다. 그 점은 그의 온화한 성격에서 비롯된 것이지만, 그의 사상 형성기에 벌어진 대립 자체의 일반적 정황을 보여주는 것이기도 하다. 성서는 하느님의 말씀이며, 현명하지 않은 것이나 선하지 않은 것은 하나도 없다—그것이 무디의 주장이었다. 그래서 성서를 어떤 일부라도 폄훼하려는 것은 악마의 소행이라고 여기면서, "성경 속에 단 하나의 오류라도 있다면 전체가 무의미해져버릴 것"이라고 주장했다. 또한 "성경은 이해하라고 만든 게 아니다"라고도 말했는데, 이는 당시에도 여전히 과학이나 성서의 합리적 해석을 무시했음을 시사한다. 더구나 성서의 비유적 언어나 상징적 의미에 관한 논의에 대해서는 "요즘 사람들은 그런 식으로 이야기하며 모든 걸 무리하게 해석하려 든다"라며 강하게 반발했다.[8] 그럼에도 무디의 발언은 편견이나 호전적인 태도와는 무관한 것으로 파악된다. 그는 종교적 자유주의자들을 존경하면서 그들과 원만한 관계를 유지하려 했다. 또한 자신이 개최한 노스필드 성서대회에 그들을 기꺼이 초대했으며, 다른 보수주의자들이 그들을 불신앙자라고 부르는 것을 싫어했다. 무디의 지원으로 설립된 두 교육 기관은 그의 뜻이 어떤 형태로 계승되었는지를 잘 보여준다. 시카고의 무디 성경학원은 훗날 근본주의를 표방하게 된 반면, 매사추세츠의 노스필드 신학교는 근대주의를 표방하게 되었는데, 두 곳 모두 무디의 정신을 실천하고 있다고 주장했다.

그런데 선데이의 경우는 완전히 달랐다. 근본주의는 어중간하고 확고하지 않고 강인하지도 않다—그런 굴욕을 그는 결코 허용하지 않았다. 그는 마음에 들지 않으면 어떤 것이든 독설을 퍼부으며 울분을 터뜨렸는데, 성서 비평이나 진화론도 예외는 아니었다. 여기서는 그의 발언 몇 가지를 인용해둔다. "지옥은 있습니다. 성경에서 그렇게 말하고 있는데도 믿지 않는다면, 당신들은 사악하고 비열하고 타락한 겁니다. 이 어리석은 사람들아!" "수많은 대학 졸업생들이 앞을 다투어 지옥으로 떨어집니다. 내게 100만 달러가 있다면 99만 9999달러를 교회에 기부할 겁니다. 교육에 보낼 돈은 1달러로 충분합니다." "하느님의 말씀과 다른 말을 하면, 학자는 지옥으로 갑니다!"⁹

2
—

분노의 말투는 그후 더욱 히스테릭해졌다. 정통 교의에 대한 도전을 더이상 경시할 수 없었다. 그만큼 힘이 강해져, 사회의 중심적 세력이나 상층부로 침투해 들어갔기 때문이다. 아마 근본주의자들 스스로도 이따금 자신들의 신앙에 대한 의심에 시달렸을 것이다. 실제로 도처에서 그것이 문제가 되었다. 예컨대 라인홀드 니부어Reinhold Niebuhr는 이렇게 말한다. "극단적 정통주의에서 나타나는 열광이야말로 회의주의의 독이 교회의 영혼을 침범한다는 증거이다. 사람들은 확신이 흔들릴 때 오히려 그런 확신을 가장 격렬하게 주장하기 때문이다. 의심을 덮어 감추기 위해 사람들은 광기 어린 정통주의로 치닫는다."¹⁰

결국 토론을 통해 합리주의나 근대주의와 대화할 시기는 지났다는 정서는 극히 폭력적인 언사로 그들을 압도하려는 광신적인 움직임으로 발전하여 탄압과 위협으로 비화되기에 이르렀다. 이런 움직임은 1920년대의 반反진화론 십자군운동에서 절정에 달했다. 선데이가 이 무렵의 설교에서 주장한 것처럼, "이단의 소수파는 미국에 살 수 없는" 시대가 온 것이다.[11] 하지만 근본주의자들로서는 불행한 일이지만 **그들 자신**이 이단의 소수파가 되었다. 그들은 비판 의견을 위협하고 억누를 만한 힘이 없어서 역사의 뒷전으로 떠밀려가고 있었다. 심지어 주요한 복음주의 교파들 내부에서조차 장악력을 거의 상실했다. 감리교의 다수는 종교적 자유주의를 받아들이기 시작했고, 침례교 역시 북부에서는 마찬가지였다. 이제 복음주의 내부에서 소수파로 전락한 많은 근본주의자들은 절망감을 느끼게 되었다.

　1920년대에 미국 개신교는 문화투쟁Kulturkampf에서 중대한 고비를 맞이하게 된다. 광고나 라디오, 대중잡지가 확산되고 대중 교육이 진전됨에 따라 낡은 사고방식과 새로운 사고방식이 불가피하게 직접 대결하게 되었다. 농촌과 작은 타운으로 대표되는 옛 미국은 바야흐로 현대적인 생활의 공세에 맞서서 전면 대결에 돌입했다. 그중에서도 가장 결연하게 맞선 상대는 코즈모폴리턴주의, 로마 가톨릭, 그리고 인텔리겐치아의 회의주의와 도덕적 실험주의였다. 쿠클럭스클랜(KKK단) 운동, 금주법에 대한 완고한 옹호, 스코프스 진화론 재판, 1928년의 앨 스미스Al Smith 반대 운동〔앨 스미스는 1928년 민주당 대통령 후보로 출마했으나 가톨릭 신자로서 금주법 관련 논란 등으로 허버트 후버에게 대패했다〕 등을 통해 권위를 재구축하려 한 옛 미국의 시도는 모두 수포가 되었다. 이 세력이 유일하게 거둔 승리는 스미스 패퇴였지만 스미스가 도시적·코즈모폴리턴적 세력으로 민주당을 재건하는 데 성공함으로써 그 의미가 퇴색되고 말았다. 스미스의 이 성공을 발판으로 삼아 민주당은 이후 선거에서 연이어 승리하게 되었다.[12]

당시의 고뇌에 찬 주장들에는 옛 미국과 같은 유형은 이제 진부한 것이 되었다는 명확한 의식과 함께, 그 말살을 도모하는 쪽은 다름 아닌 인텔리겐치아라는 비난이 담겨 있었다. 1926년, 쿠클럭스클랜의 '최고마법사Imperial Wizard'〔이 집단의 최고위 지도자 명칭〕인 하이럼 W. 에번스Hiram W. Evans는 이 조직의 목적을 밝힌 감동적인 글에서, 그 시대의 중심적 과제는 "옛 개척자의 후예인 대다수의 미국인"과 "지적 잡종인 '자유주의자들'" 간의 투쟁에 있다고 묘사했다. 그는 "북유럽계 미국인"의 모든 도덕적·종교적 가치가 이 나라에 침입해온 다른 종족 집단에 의해 훼손당하며, 자유주의 지식인들에게 공공연하게 비웃음 당한다고 불만을 토로했다. 에번스는 다음과 같이 썼다.[13]

우리 운동의 주체는 보통사람들이며, 문화나 지적인 지원, 훈련된 지도부 등의 측면에서 매우 취약한 편이다. 우리가 바라는 것은 오래전부터 이어져온 평균적 시민들의 수중에 권력을 돌려주는 것이며, 승리를 기대한다. 그런 사람들은 높은 교양도 지성도 갖추고 있지 않다. 그러나 조금도 부패해서는 안 되고 탈미국화해서도 안 된다. 우리 운동의 구성원이나 지도자는 모두 이런 계급에 속하며, 지식인이나 자유주의자가 우리를 반대하는 것은 거의 자명한 이치이다. 국가 지도부를 장악하고 미국 정신Americanism을 저버린 그들에 맞서서 우리는 그 지배권을 빼앗고자 하기 때문이다.

이런 것들은 분명 우리의 약점이다. 그래서 "시골뜨기"니 "얼간이"니 "차는 중고 포드"니 하는 놀림을 당한다. 우리는 인정한다. 게다가 우리 대부분은 언어 능력이 부족하기 때문에, 가장 효과적인 방식으로 우리의 상황을 설명하거나 개혁 운동을 변호하기가 제법 어렵다.……

이제까지 모든 대중운동은 이런 불리한 조건으로 고통을 받아왔다.……

그러나 날카로운 지성을 갖추지 못하고 감정적이며 본능적이라고 해서 그 사실이 약점이 되리라고 우리는 생각하지 않는다. 모든 행동은 추론이 아니라 감정에서 나온다. 행위의 원천인 감정이나 본능은 수천 년에 걸쳐 우리 안에서 자라왔다. 이성이 인간의 두뇌에 자리잡기 훨씬 전부터 말이다.…… 감정과 본능은 위대한 역사적 문서들보다 중요한 우리 미국 문명의 토대이다. 변질된 지식인들의 허튼 추론은 믿지 못하지만, 감정이나 본능은 믿을 수 있다.

이 서술 자체는 꼭 부적절한 것도 아니고 어투도 지나치지 않다. 다만 그것을 실행에 옮기는 수단은 극히 지나친 것이었다. KKK단의 초라한 역사는 이 점을 잘 말해준다. 근본주의자들 사이에서 나타난 극심한 공포도 이 점에서는 마찬가지였다. 조지아의 한 주의회 의원은 다음과 같이 말한 바 있다.

성경을 읽으세요. 성경은 어떻게 행동할지를 가르쳐줍니다. 찬송가책을 읽으세요. 찬송가책에는 이제껏 쓰인 것 중에서 가장 훌륭한 시가 담겨 있습니다. 연감을 읽으세요. 날씨가 어떨지 예측하는 법을 배울 수 있습니다. 그 밖에 꼭 읽어야 할 책은 없습니다. 따라서 나는 모든 도서관에 반대합니다.

이는 너무 모호해서 주목할 만한 발언이 아니라고 생각할지도 모른다. 하지만 대통령 후보에 세 번 도전한 전 국무장관이 다음과 같이 발언한 것에는 주목할 수밖에 없다. 윌리엄 제닝스 브라이언은 1924년 제칠일안식일예수재림교 신도들 앞에서 한 연설에서 이렇게 말했다. "미국을 괴롭히는 모든 악폐의 근원은 진화론 교육입니다. 창세기의 첫 세 절만 제외하고, 이제까지 쓰인 책은 전부 없애버리는 게 좋을 것입니다."[14]

근본주의 운동은 진화론 교육에 반대하는 강력한 부흥운동으로 정점에 달했다. 특히 스코프스 재판에서 그들은 가장 강경한 자세를 보였는데, 이 재판은 근본주의 정신과 근대주의 정신 간의 쟁점을 분명하고도 극적으로 보여주는 사건이었다. 공립 고등학교에서 진화론을 어떻게 다룰 것인가가 중심 쟁점이 된 사실 자체가 근대주의가 엘리트 집단의 의식 차원의 문제로부터 대중이 실제로 체험하는 것으로 바뀌었다는 증거였다. 교육에서의 진화론을 둘러싼 싸움은 전에도 벌어진 적이 있었다. 1860년 이후 30년 동안 칼리지나 종합대학에서 보수적인 성직자들이 다윈주의 물결을 저지하려 했던 것이다. 하지만 이 싸움은 엘리트 집단 차원에서 벌어진 일이었고, 반진화론자들이 입은 타격은 근본주의자들의 핵심부에까지 미치지는 않았다. 어쨌든 대학에 진학한 신도들은 거의 없었고, 아직 『종의 기원』에 감염되지 않은, 시대에 뒤처진 학교에 진학할 수도 있었다. 그러나 1920년대에 들어 진화론 교육이 고등학교에서도 행해지게 되었다. 보통사람들도 고등학교에 진학하게 되었다. 1차대전이 벌어지기 전 15년 동안에 고등학교 수가 두 배 이상 늘었고, 그후로도 계속 늘어났다. 그리하여 대부분의 아이들이 고등학교 졸업장을 받게 되었다―그것이 출세 경쟁에 필요한 학력이었기 때문이다. 경건하고 야심 찬 많은 미국인들은 이제 자녀를 고등학교에 보내야 한다고 느끼기 시작했고, 또한 고등학교에 간 아이들이 진화론의 위협에 직면하리라는 것도 거의 확실하게 깨닫고 있었다. 존 T. 스코프스John T. Scopes가 테네시 주에서 재판에 회부된 것은 한 진화론 교과서(조지 헌터George Hunter 의 『시민 생물학Civic Biology』)의 사용이 문제가 되었기 때문이다. 그 책은 1919년에 테네시 주 교과서위원회에서 정식 채택되었는데, 이미 1909년부터 이 주의 여러 학교에서 사용되고 있었다. 이 책의 위험성이 지적되기 15년 전부터 말이다.

테네시 주를 비롯한 여러 주의 근본주의자들이 진화론 교육에 반대한 것은 자녀들의 종교—넓게는 가족 모두의 신앙—를 진화론자나 지식인, 코즈모폴리턴의 폐해로부터 지켜내고자 했기 때문이다.[15] 이 점에서 근본주의자들에게도 동정의 여지는 있다고 말할 수 있을 것이다. 그들이 이 논쟁을 가정과 가족을 지키기 위한 노력의 일환으로 여겼다—이 점은 오늘날에도 변함이 없다—면 그들의 과격함도 이해할 수 있다. 그 좋은 예가 원시침례교Primitive Baptists〔비타협침례교Hard Shell Baptists, 반전도침례교Anti-Mission Baptists, 구학파침례교Old School Baptists라고도 한다. 1800년대 초반에 선교위원회, 성서협회, 금주협회 등이 적절한지 여부를 둘러싸고 논쟁이 벌어지면서 생겨난 보수적 침례교. 칼뱅주의 신조를 고수하며 전도와 주일학교 등에 반대한다〕 신도인 테네시 주의원이기도 했던 존 워싱턴 버틀러John Washington Butler이다. 그는 테네시 주 당국에 진화론 교육을 금지하는 법안을 제출했다. 자기 출신지의 젊은 여성이 대학에 진학해서 진화론자가 되어 돌아왔다는 이야기를 들었기 때문이다. 그 이야기를 듣고 자신의 다섯 아이의 장래를 걱정하게 된 버틀러는 1925년에 자신의 소망을 주의 법률로 제정하는 데 성공했다. 버틀러가 제출한 법안을 심의하던 중에 테네시 주의 한 상원의원은 이렇게 외쳤다. "제발 우리 아이들을 구해주세요." 이런 관점에 서면, 스코프스 재판에서 "모든 아이들은 부모보다 똑똑해야 한다"고 말한 클래런스 대로Clarence Darrow 변호사는 근본주의자들이 가장 겁을 내는 유령을 불러낸 셈이다. 더 똑똑해진 아이들이 부모의 생각을 내팽개치고 부모의 방식을 저버리는 것이야말로 근본주의자들이 기피하는 태도였기 때문이다. 재판에 나온 윌리엄 제닝스 브라이언은 이렇게 말했다. "글쎄, 친구여, 아이들이 [진화론을—R. H.] 믿는다면 부모의 종교를 비웃게 되겠지. 그래서 부모들은 자기네가 월급을 주는 어떤 교사에게든 이렇게 말할 권리가 있다네. 아이들의 신앙심을 빼앗아서는 안 되며, 아이들을 회의론자나 불신앙자, 불가지론자, 무신론자로 바꿔서 집으로 돌려보내서는 안 된다고 말일세." 또한 재판이 시작되기 전에 이렇게 선언했다. "우리의 유일한 목표는 자녀들의 종교를 지키고자 하는 부모의 권리를 옹호하는 것입니다.……"16 즉, 브라이언과 그의 추종자들이 보기에는 대로가 신앙심이나 가족의 유대를 흩트리고자 한다는 것이 분명했다. 어떤 테네시 사람은 대로의 면전에서 주먹을 휘두르며 을러댔다. "이봐, **우리 어머니의 성경**을 훼손할 작정인가? 그러기만 해봐, 당신을 갈가리 찢어놓을 테니까."17

브라이언이 반진화론 운동의 국민적 지도자가 된 것은 당연한 일이었다. 그는 보통사람들이 대대로 물려받은 두 가지의 기본적인 충성심—복음주의적 신앙과 다수지배형 민주주의populistic democracy—을 한몸에 갖춘 평신도였기 때문이다. 그의 정신 속에서 신앙과 민주주의는 공통된 반지성적 원리로 연결되어 있었다. 그는 바른 마음을 지닌 보통사람들의 목소리와 지식인을 대립시켰다. 브라이언에게 지식인이란 그릇된 과학과 기계적 합리주의를 떠받드는 소수의 오만한 엘리트 집단이었다. 그는 지식인들에 의한 지배에 "과학을 동원한 소비에트 체제", "자칭 '지식인'들에 의한 극히 무책임한 과두제" 등의 딱지를 붙였다.18 또한 브라이언은 종교가 엘리트 집단의 독점물이었던 적은 없다고 지적하고, "그리스도교는 이른바 '사상가'들만을 위한 종교가 아니라 **모든 사람**을 위한 종교이다"라고 주장했다. 그에 따르면, 기계적인 작용만 하는 정신은 명령을 내릴 마음을 필요로 했다. 정신은 사회적인 행위뿐만 아니라 범죄도 계획할 수 있으며, "정신 숭배야말로 오늘날의 지적인 세계에서 자행되는 가장 큰 죄악"이었다. 오로지 마음—바로 종교의 영역에 속한다—만이 선행을 하도록 정신을 규율할 수 있는 것이었다.

여기에 등장한 다수지배형 민주주의와 구식 종교의 결합이야말로 문제의 핵심이다. 마음의 문제는 보통사람의 문제라고 브라이언은 생각했다. 이런 문제에 대한 보통사람의 직관은 지식인의 직관만큼—실제로는 그 이상이다—뛰어나다고 보았던 그는 종교 문제에서도 보통사람의 판단에 맡겨야 한다고 주장했다. 종교와 과학의 싸움에 판결을 내리는 주체는 보통의 일반인들이지 "인간을 졸업장이나 학위로 평가하는 자들"이 아니라고 브라이언은 확신하고 있었다. 월터 리프먼Walter Lippmann이 지적했듯이, 모든 인간은 궁극적으로 신 앞에서 평등하다는 종교적 신념이 브라이언의 머릿속에서는 모든 사람이 테네시 주의 투표함 앞에서는 똑같이 뛰어난 생물학자라는 생각으로 바뀌었다. 결국 브라이언은 진화론 시비를 그리스도교인들의 투표에

붙이자고 제안하여, 쟁점을 다수의 권리 문제로 돌려버렸다.[19]

성경에 담긴 이야기의 의미에 관한 그리스도교인들의 판단을 신뢰할 수 있다면, 성경은 유물론적 진화론뿐만 아니라 유신론적 진화론까지도 비난한다. 성경을 하느님의 말씀으로 받아들이는 사람 중에서 진화론의 가설이 인간에게 적용될 수 있다고 믿는 사람은 열 명 중 한 명도 안 된다. 소수가 다수에게 자신들의 견해를 강요할 수 있는 규칙이 없는 이상, 진화론은 신의 계시와 반대되는 것으로서 부정하지 않으면 안 된다.

브라이언이 보기에 학교에서 진화론을 가르치는 것은 일반적으로 받아들여진 민주주의에 대한 도전이었다. "정통 그리스도교 신도들이 성경의 정통적 해석을 가르치는 것은 허용되지 않는데, 소수에 불과한 진화론자들에게는 **공공의 비용으로** 이른바 성경의 과학적 해석을 가르칠 권리라도 있다는 것인가?" 어쨌든 브라이언은 진화론자들의 과학을 신뢰하지 않았다. 그리고 설령 신뢰할 만하다고 해도 진화론자들이 "정부의 과학"을 무시하고 있다고 그는 말했다. 그가 말하는 정부란 헌법상 보장되는 소수자의 권리를 제외하고 "**다수**가 권리를 가지는" 정부이다. 그런 시각에 따르면, 소수자가 **공립**학교에서 자신들의 교의를 가르치는 것을 막는다고 해서 그들의 권리를 침해하는 것은 아니다—"그들은 부모나 납세자들이 바라지 않는 것을 가르치기 때문에 보수를 요구할 권리가 없다. 급여 지불 수표에 사인을 하는 사람이 학교를 지배한다." 그리스도교인들이 학교나 칼리지를 세운 것은 그리스도교를 가르치기 위해서만이 아니었다—"무신론자나 불가지론자도 학교나 칼리지를 세워서 그들의 교의를 가르치면 되는 것 아닌가?"[20] 따라서 브라이언의 주장이 통했다면, 공립학교에서는 진화생물학 교육이 완전히 금지되었을 테고, 현대 과학을 가르치는 곳은 극소수의 비종교적 사립학교로 제한되었을 것이다. 그런 결과는 미국의 교육에 재앙이 되었을 테지만, 바른 교육과 정통적인 신앙은 모순되지 않는다고 생각한 브라이언으로서는 불가피한 경우 어느 쪽을 택해야 할지가 명확했다. 종교를 믿지 않는 교육 받은 사람은 수로 안내원이 없는 배와 같다고 그는 말했다. "종교와 교육의 어느 한쪽을 포기해야 한다면, 교육을 포기해야 한다."[21]

3
—

오늘날 동부의 지식인들에게는 진화론 논쟁도 먼 과거의 이야기가 되었고, 양쪽이 서로 거들먹거리는 일도 드물지 않다. 그렇지만 미국의 일부에서는 지금도 논쟁이 벌어지고 있다. 예를 들면 몇 년 전에 스코프스 재판이 〈바람을 물려받다Inherit the Wind〉〔영화는 〈신들의 법정〉이라는 제목으로 한국에 소개되었다〕라는 제목으로 극화되었을 때의 일이다. 브로드웨이에서는 이 연극이 사상의 자유를 호소하는 것이라기보다는 기묘한 시대극에 가까웠다. 하지만 어느 지방 순회 극단이 몬태나 주의 작은 타운에서 이 작품을 무대에 올렸을 때, 브라이언 역을 맡은 배우가 연설을 하는 장면에서 한 관객이 벌떡 일어나 "아멘!" 하고 외쳤다. 오늘날의 지식인들에게는 학교에서의 근본주의보다 훨씬 더 무서운 걱정거리가 있지만, 1920년대의 지식인들이 얼마나 겁을 먹었는지를 떠올리지 못한다면 상상력이 크게 부족한 것이다. 어쩌면 1950년대의 매카시즘만큼은 아닐 수도 있었겠지만, 탄압의 위험은 똑같이 현실적이었다. 지식인들이 실제로 얼마나 큰 불안감에 시달렸는지를 이해하려면, 당시의 반진화론 운동을 개괄적으로 살펴본 메이너드 쉬플리Maynard Shipley의 『현대 과학과의 전쟁The War on Modern Science』을 읽어보면 된다. 스코프스 재판은 30년 후의 육군-매카시 청문회와 마찬가지로 사람들의 감정을 극도로 고조시킨 다음 극적인 정죄와 해결을 제공했다. 재판이 끝난 뒤 반진화론 운동은 억제되었고 지식인들의 공포심은 너무 극단적이었다는 것이 분명해졌다. 그러나 재판 전에는 이 운동이 남부 이외의 몇몇 주를 포함해서 많은 주에서 큰 세력을 이루고 있었다. 특히 남부에서는 KKK단의 경우와 같은 진정한 민중운동folk movement이 되어, "남부 사람들의 압도적 다수로부터 적극적인 지지와 공감"을 받았다고 당시 상황을 직접 목격한 W. J. 캐시W. J. Cash는 말했다. 게다가 지지자들 중에는 일반 대중만이 아니라 영향력 있는 평신도나 성직자 지도자도 있었다.[22] 어쨌든 안전한 학문의 중심지에 있었던 지식인들이 이 나라의 중등교육 체계가 무너질지도 모른다고 우려할 만한 이유는 있었다. 더구나 그들에게는 중등교육 체계를 지킬 수단이 없었다. 오늘날까지도 대부분의 중등학교가 생물 교과서의 용어에 대해서는 신중을 기하며, 에두른 표현으로 진화론을 가르치는 지역도 많다. 불과 몇 년 전만 해도, 전국의 청소년을 대상으로 한 여론조사에서 "인간은 좀더 하등한 동물로부터 진화했다"라는 항목에 긍정한 응답자는 3분의 1에 그쳤다.[23]

　진화론 논쟁과 스코프스 재판으로 반지성주의는 급격히 고양되었다. 20세기 들어 처음으로 사회적 영향력이 큰 지도자들이 지식인과 전문가를 적으로 지목하게 된 것이다. 물론 호전적인 근본주의자들은 소수이긴 해도 완강한 소수였다. 그리고 그들이 드러내는 적의는 훨씬 더 많은 사람들의 감정을 반영하는 게 분명했다. 이 사람들은 근본주의자들의 반동적 개혁 운동에 적극적으로 가담하지는 않았지만, 당시의 풍조에 대해서는 역시 불안감을 안고 있었다. 또한 코즈모폴리턴적 사고방식이나 비판적 지성, 도덕이나 문학상의 실험주의에 대한 두려움도 공통적으로 가지고 있었다.24 그런 의미에서 "전문가"들에 대한 브라이언의 맹렬한 비난은 양쪽의 심각한 분열상을 상징하는 것이었다. 그렇지만 지식인들이 늘 대중으로부터 동떨어져 있었던 것은 아니다. 과거 진보적인 분위기의 시대에는 지식인들도 대중의 기본적인 이해利害나 욕구와 본질에서 조화를 이룬다고 생각했다. 그런데 이제 이런 협조 관계는 기정사실도 아니고 그것을 유지할 보장도 없다는 것이 다시금 분명해진 것이다. 많은 종교적인 대중이 영적으로 점점 더 진지해지면 진지해질수록 그들의 시각은 대다수 지식인들의 시각과는 크게 달라지는 것처럼 보였다. 한편, 주요한 싸움에서 패배한 근본주의자들도 섣불리 항복하거나 소멸된 것은 아니었다. 마뜩잖게 후퇴할 수밖에 없었지만, 일부는 근대주의자들이 상대적으로 취약한 다른 영역을 탐색했다. 근본주의자들은 종교 논쟁 자체에서 근대주의나 세속주의를 압도하지는 못했지만, 다시 일어서서 주먹을 날릴 수 있는 무대를 찾을 수는 있었다.

근본주의자들에게 대공황은 별 위안이 되지 못했다. 더구나 복음주의 교파의 본류로부터 신학적으로 고립된 그들은 이중의 압박감을 느끼고 있었다. 압도적 다수의 복음주의자들이 이제 정치적으로는 자유주의자나 좌파가 되어버렸기 때문이다.25 그래도 평신도들은 성직자들만큼 좌파로 기울지는 않았다. 보수적인 평신도들의 다수는 새로운 사회복음 운동이 발전함에 따라 회중의 다수파와 어울리지 못하는 새로운 "사제 계급"(어느 우익 성직자의 표현이다)이 생겨났다고 느꼈다. 그리하여 그들 사이에서는 고립감이나 무력감이 높아지고 세력도 약해졌지만 수적으로는 여전히 상당했던 근본주의자들은 이러한 감정에서 뉴딜에 반대하는 광신적 우익에 가담하게 되었다. 십자가의 근본주의에 국기國旗의 근본주의가 가세한 것이다. 근본주의는 1930년대 이후로 일관되게 미국 정치에서 극우파의 중요한 구성요소였는데, 극우파는 대개 강한 근본주의적 사상 경향을 드러냈다.[26] 그리고 정치적 근본주의의 이런 흐름을 대표하는 사람들은 진화론 논쟁에서 나타난 서민적 반지성주의를 견지해왔다. 어떤 지도자는 이렇게 선언했다. "나는 학문적 견지에서 본 권위로서의 정치과학은 이해하지 못합니다. 나는 유럽의 예술적 걸작들에는 익숙지 않지만, 오늘밤에는 이렇게 말하고자 합니다. '나는 미국 민중의 마음은 이해할 수 있습니다.'" 그러면서 그는 배신자들을 이렇게 비난했다. "20세기의 율법학자나 바리새인은…… 국민을 상대로 그때그때의 정치적 유행이나 종교적 태도, 저급한 윤리나 불순한 도덕을 포함하는 강력한 선전을 펼칩니다." 이 발언 자체는 오래된 상투어이지만, 거기에 호응해서 다른 지도자는 극히 간단하게 이렇게 말했다. "우리는 이 정부를 도회지 협잡꾼들의 수중에서 빼앗으려 합니다. 그래서 지금도 2 더하기 2는 4이고, 하느님은 천국에 계시며, 성경은 하느님의 말씀이라고 믿고 있는 사람들에게 돌려주고자 합니다."[27]

대공황기 및 그후의 급진적 우파와 1920년대의 근본주의자들의 역사적 연관성을 상세히 연구한 예는 이제껏 없었지만, 양측 지도자들 사이에는 어느 정도의 연속성이 보인다. 우익 집단의 지도자들은 대부분 전도자나 전도자 출신, 혹은 엄격한 종교 교육을 받고 자란 목사 아들이었다. 1930년대 중반에 빌리 선데이와 관련이 있던 사람들 중 일부는 나중에 우익 선동가나 준準파시스트 선동가로 변신하기도 했다. 우리 시대의 가장 두드러진 우익 예언자로 손꼽히는 캔자스의 제럴드 윈로드Gerald Winrod는 선동가로서의 경력을 호전적인 반진화론자로서 시작했다. 또다른 인물인 제럴드 L. K. 스미스는 목사의 아들로서 사도교회Disciples of Christ의 전도자였다. 작고한 J. 프랭크 노리스J. Frank Norris는 남침례교 전도자로서 텍사스에서 반진화론 운동의 최전선에 선 뒤 가장 다채로운 우익 지도자의 한 사람이 되었다. 칼 매킨타이어Carl McIntire는 근대주의에 맞서는 우익의 저항을 조직한 지도자로서 원래는 교양 있는 근본주의자인 J. 그레셤 메천J. Gresham Machen의 부하였다.²⁸ 최근에 존 버치 협회나 다양한 "그리스도교도 선교회"에서 볼 수 있듯이 우익이 다시 힘을 얻어감에 따라 대다수 우익의 근본주의적 지향이 과거 어느 때보다도 현저해졌다. 이 운동은 대체로 전도자와 전직 전도자들이 이끌었던 것이다. 극우 문학에서도 스타일 면에서 중요한 연속성이 나타난다. 전투적 민족주의가 상당한 정도까지 근본주의의 특징을 계승한 것이다(제럴드 L. K. 스미스가 자신이 펴내는 신문에 〈십자가와 국기The Cross and the Flag〉라는 제호를 단 것도 이런 연속성을 제대로 이해했기 때문이다).

정치에 관심이 많은 근본주의자를 극우로 이끄는 것은 단순한 기회주의가 아니다. 근본주의자들도 다른 이들 못지않게 자신들이 폭넓은 세계관을 지녔다고 여기는 경향이 강하며, 종교적 반감과 정치적 반감을 결합할 수 있을 때 더 큰 만족감을 느낀다. 그들은 언뜻 보기에 서로 무관한 적의를 하나로 결합해서 상승작용을 하게 만드는 능력을 발전시켰다. 예를 들어, 오늘날의 근본주의자들이 종교적 감정을 냉전과 연결시킨 것처럼, 1920년대의 그들은 1차대전의 문제들과 그에 따른 반反독일 정서에 반응했다. 근대주의자들에 대한 비난에서 공통적으로 나타난 것은 성서 비평이 독일의 학문으로부터 가장 큰 자극을 받았다는 주장이었다. 근본주의자들은 이 점을 활용해서 독일인의 비도덕성(전시의 잔학 행위에 관한 일화로 드러난)과 성서 비평의 반도덕성 간의 연관성을 강조할 수 있었다. 그 형식은 단순한 것에서 복잡한 것까지 다양했는데, 가장 알기 쉬운 것은 아마도 빌리 선데이의 다음과 같은 발언일 것이다. "1895년 포츠담 궁에서 황제는 신료들을 모아놓고 세계 정복 계획의 개요를 설명했는데, 독일 국민은 마르틴 루터의 가르침에 어긋나는 이 계획을 결코 지지하지 않을 것이라고 누군가가 말했습니다. 그러자 황제가 소리를 질렀습니다. '그러면 독일의 종교를 바꿔버리자'고 말입니다. 그렇게 해서 성경 비평이 시작된 겁니다."[29]

이 발언에서는 더욱 포괄적인 편견이 느껴진다. 정치적 불관용과 인종적 편견에 관한 연구에 따르면, 열성적이고 엄격한 종교적 신앙과 정치적·인종적 증오 사이에는 높은 상관관계가 있다.[30] 그리고 이런 유형의 정신이 존재하는 것이야말로 '완벽주의자'의 출현을 부추겼고 현대 우익과 근본주의자의 유사성을 가져왔던 것이다. 실제로 냉전하의 여러 조건과 세계 공산주의에 맞서 끊임없이 싸우는 과정에서 육성된 호전적인 정신 덕분에 근본주의자들의 정신이 새롭게 생명을 연장할 수 있었다. 현대 세계의 모든 것들이 그렇듯이 근본주의 자체도 상당히 세속화되어 있었는데, 이런 세속화 과정에서 일종의 유사 정치적 심성이 그 대체물로서 생겨난 것이다. 이런 변화를 초래한 사고방식을 이해하려면 부흥 설교자나 야영 집회가 겪은 변화와 비교해보는 것이 가장 낫다. 근본주의자의 정신은 진화론이나 금주법에 관한 도덕·검열의 문제에서 패배하는 쓰라린 경험을 했다. 그리고 이제는 권위를 지닌 거대한 대중매체에 의해 감성이 훼손되거나 무시당하면서 현대 세계에서의 영향력 저하를 자각하고 있다. 실험적이고 "세련된" 현대 사회에서 근본주의자의 정신은 자꾸 구석으로 밀려나고 놀림거리로 전락한다. 심지어 우리 시대의 종교적 "부흥"도 과거의 근본주의자적 열정에서 보면 도저히 만족할 수 없을 만큼 점잖고 온건하다. 그러나 정치는 다르다. 현대의 세속화된 근본주의는 정치의 영역에서 새로운 힘과 응징하는 능력을 발견하고 있다. 즉, 2차대전 이후의 정치 풍토 속에서 근본주의적 심성은 '완벽주의자'와 강력하게 결속되었던 것이다. 근본주의 교육에 여전히 충성을 다하고, 소득세로 타격을 입고, 뉴딜이 추진한 사회 개혁에 적의를 품는 부유층, 그리고 고립주의자 집단과 호전적인 민족주의자들, "신 없는 공산주의" 문제를 놓고 과거의 박해자들과 비로소 손을 잡으려 하는 가톨릭 근본주의자들, 흑백 분리 철폐를 둘러싼 싸움으로 새롭게 활기를 얻은 남부의 반동 세력 등이 그들이다.

현대의 정치적 지성이 우익적 심성에 대해 그토록 회의적이고 이해력도 부족한 원인 중 하나는 우익적 세계관을 특징짓는 본질적인 신학상의 관심을 충분히 고려하지 않기 때문이다. 정치적 지성은 특정한 이해관계를 추구하는 단순한 책략을 위해서가 아니라 순수하게 일종의 시민 세력으로서 기능해야 하는데, 그러자면 필연적으로 일상생활에 대처하고 전략을 세울 독자적인 방법을 마련해야 한다. 그들은 투쟁을 중요하고도 영속적인 현실로 받아들이고, 인간 사회를 지속적인 타협 과정에서 비롯되는 균형의 산물로 이해한다. 또한 전면적인 대결을 피하며, 하나의 세력이 궁극적인 승리를 거두는 것은 실현 불가능한 목표, 즉 오랫동안 유지해온 균형 상태를 위협하는 것으로 본다. 정치적 지성은 미묘한 변화나 세부를 중시하며, 모든 것을 정도의 차이로 잰다. 그들의 태도는 본질적으로 상대주의적이고 회의적이지만, 동시에 신중하고 인간적이기도 하다.

그렇지만 근본주의자의 정신은 이 모든 것과 아무런 관련이 없다. 본질적으로 마니교적 사상을 지닌 그들은 세계를 절대선과 절대악이 충돌하는 장으로 본다. 따라서 타협을 수치로 여기고(누가 사탄과 타협을 하겠는가?), 모호한 것을 절대 참지 못한다. 또한 별 차이가 없다고 생각하는 것에서는 어떤 중요성도 발견하지 못한다. 예컨대 자유주의자들은 현실적인 목표를 가진 사회주의적 정책을 지지한다. 그러나 사회주의도 그들 눈에는 무신론임이 명백한 공산주의의 변종에 지나지 않는다. 뛰어난 정치적 지성이라면 먼저 정치의 현실을 생각하고, 적대하는 세력 간의 균형에 기초해서 처음에 정한 목표를 실제로 어느 정도까지 달성할 수 있는지를 파악하려고 한다. 그러나 세속화된 근본주의자의 정신은 우선 무엇이 절대적인 정의正義인지를 결정해버린다. 그들의 눈에 정치의 세계는 이 정의를 실현해야 하는 투쟁의 장인 것이다. 예를 들어, 그들은 냉전을 현실 세계의 정치 문제―살아남기 위해서는 어느 정도 타협할 수밖에 없는 두 권력 체제 간의 투쟁―가 아니라 신념의 충돌로만 생각한다. 또한 세력 균형상의 현실―이를테면 소련의 핵 보유 등―이 아니라 공산주의자와의 정신적 싸움에 관심을 둔다. 특히 자국 공산주의자들과의 싸움에 관심이 있는 근본주의자들로서는 공산주의자들의 행동이나 그들의 존재 여부보다는 오히려 정신의 싸움에서 그들이 적의 원형을 상징한다는 점을 의식한다. 근본주의자들이 공산주의자의 실물을 한 번도 본 적이 없는 이상, 그만큼 현실성 있는 존재일 리 없는 것이다.

따라서 현실 세계의 문제들은 정신의 최종전쟁Armageddon이라는 '궁극의 현실'로 변질되고 만다. 거기에서는 어떠한 일상 현실의 묘사도 비유적 삽화의 성격을 띠게 되어, 보통의 인간이 경험적인 증거에 따라 보통의 결론을 내릴 수는 없게 된다. 예컨대 어느 우익 지도자는 드와이트 D. 아이젠하워가 국제 공산주의 음모에 자발적이고 헌신적으로 가담하고 있다고 비난했는데, 정치적 지성의 통상적 기준에서 보면 제정신은 아닌 듯한 발언이지만 조금 정확히 말하자면 그는 말 그대로 현실 세계에서 벗어난 게 아닐까? 그가 문제로 삼는 것은 보통의 기준에서 본 아이젠하워의 실제 정치 자세가 아니다. 궁극의 도덕적·영적 가치의 관점에서 아이젠하워를 일종의 타락 천사로 보고 있다. 그 지도자에게 이러한 가치는 속세의 정치와는 비교도 안 될 정도로 현실성을 갖는다. 이렇게 생각해보면, 그의 비난도 자의적으로 왜곡된 게 아니라 오히려 "부조리하기 때문에 나는 믿는다Credo quia absurdum est"라고 할 만한 일종의 숭고한 난센스로 와 닿는다.

4

미국 가톨릭교회에 관한 메모

이제까지는 주로 개신교 복음주의와 미국의 반지성주의의 관계에 대해 서술했다. 미국은 개신교의 제도에 따라 형성된 개신교 국가이기 때문이다. 그렇지만 미국 가톨릭 신앙의 독특한 정신을 놓쳐서는 안 될 것이다. 그 정신은 미국의 반지성주의에 큰 영향을 끼쳐왔다. 이 나라의 가톨릭교회는 지난 두세 세대 동안 신자 수를 늘리고 정치적 발언력을 키우면서 폭넓게 받아들여졌다. 19세기 중반에는 전체적으로 소수자이긴 했지만 단일 교회로는 최대 규모였고, 반가톨릭 정서에 맞서서 꾸준히 지반을 넓혔다. 오늘날 가톨릭교회는 신자 수가 전체 인구의 약 4분의 1에 달한다고 하는데, 30년 전에 비하면 놀라울 정도로 널리 퍼져 있다.

다른 역사관과 세계관을 지닌 가톨릭 신앙은 미국에 인간의 존재 방식이나 제도·관행의 원칙에 관해서도 다른 인식을 가져다주고 지적 상황에 독특한 색조를 안겨주었을 것으로 생각하는 부류도 있을지 모른다. 하지만 현실은 전혀 다르다. 그들은 미국의 지적 전통을 발전시키지도 못했고, 독자적인 지식인 계층을 배출하지도 못했다. 그 때문에 가톨릭 내부에서 권위를 행사할 인재나, 가톨릭 정신과 세속적 정신 및 개신교 정신을 소통시킬 인재를 배출하지 못했던 것이다. 오히려 미국 가톨릭은 때로는 미국적 생활에서 받아들일 수 없는 측면을 비난하고, 때로는 소수자 콤플렉스를 극복하고 스스로를 "미국화"하기 위해 미국적 생활에서 받아들이기 쉬운 측면을 모방하는 데 몰두했다. 그 결과 미국 가톨릭교회는 브라질과 이탈리아를 제외한 어떤 나라보다도 교회 구성원의 수가 많고 국가 단위 교회로서는 재정적으로 가장 넉넉했지만(조직화 면에서도 최고였을 것이다) 지적인 문화는 형편없었다. D. W. 브로건D. W. Brogan은 이렇게 말한 바 있다. "미국 가톨릭은 재산이나 교회 구성원 수, 조직력 면에서는 대단히 강력했지만, 그 지적 위신은 서양의 어떤 나라보다도 낮았다." 최근 20년 사이에는 중간계급 가톨릭 신자나 교양 있는 신자가 눈에 띄게 증가하는 가운데 가톨릭 지도자들도 이런 결점을 깨닫게 되었다. 몇 년 전, 몬시뇰 존 트레이시 엘리스John Tracy Ellis는 미국 가톨릭의 지적 빈곤에 관해 간결하면서도 통찰력 있는 조사 결과를 발표해 가톨릭계 언론으로부터 압도적인 호평을 받았다.31

미국 가톨릭교회가 지적인 삶에 무관심해진 것은 초기의 발전 과정에서 형성된 환경 때문이었다. 우선 중시해야 할 것은 19세기에 가톨릭교회가 헤치고 나아가야 했던, 편견으로 똘똘 뭉친 모르쇠주의 Know-Nothing 심리였다. 국가 조직에서 배제시켜야 할 외래 단체나 외세의 앞잡이로 여겨진 가톨릭교회는 독자적인 미국 정신을 확립하기 위해 분투해야 했다. 자신들의 종교적 정체성에 자부심을 가지는 가톨릭 평신도들은 이러한 미국 특유의 환경에 늘 전투적인 자기주장으로 맞섰고, 교회측도 학문보다는 활발한 논쟁이 필요하다고 느끼는 것 같았다.32 그리하여 가톨릭교회는 묵상과는 어울리지 않는 호전적인 자세를 취하게 되었다. 그리고 가톨릭에 대한 초기의 편견이 상당히 약해진 오늘날에도 가톨릭교회 구성원들은 몬시뇰 엘리스가 말하듯이 여전히 "스스로 게토에 틀어박히는 심적 태도"를 고집한다. 그 다음 결정적인 요인은 미국 가톨릭교회의 오래도록 제한된 자원이 별도의 긴급 과제를 위해서만 소비되고 있었다는 것이다. 교회는 방대한 이민자—1820년에서 1920년 사이에 거의 1000만 명이 유입되었다—를 흡수하여 기초적인 종교 교육을 제공해야 했다. 그런 현실적 요구에 전념하느라 설령 가톨릭 문화에 관심을 가진 교회 구성원들이 있었다고 해도 문화를 고양시키는 데 투입할 자원은 거의 없었다.

게다가 가톨릭은 이민자들의 종교였다.33 미국 가톨릭교회 구성원들이 보기에 **참된** 교회는 유럽에 있는 것 같았다. 따라서 지성을 높이는 과제는 세련된 유럽인들의 몫으로 돌리는 데 만족했다(그 때문에 벨록Hilair Belloc이나 체스터턴Gilbert Keith Chesterton 같은 가톨릭 작가들에게 과장되고 불필요한 경의를 표했다). 영어를 못하는 이민자들은 미국 사회 전체에 대해서와 마찬가지로 교회 지도자들 앞에서도 극히 수동적이었다. 아마도 가장 중요한 것은 아일랜드인들이 미국과 여타 이민자 집단 사이의 주된 매개 역할을 하게 된 사실일 것이다(미국 가톨릭교회의 문화적 문제에 대해 가톨릭 분석가들은 별다른 관심을 기울이지 않지만). 미국으로 일찍 이주했고 영어 지식도 있었던 아일랜드인들은 미국으로 이주한 대부분의 가톨릭교도들이 미국 사회에서 자리를 잡을 수 있도록 그 이점을 살려 정치 조직이나 교회 성직자 집단의 네트워크를 구축했다. 또한 아일랜드인들은 미국 가톨릭교회에 다른 어떤 집단보다도 큰 족적을 남겼다. 그 결과, 미국 가톨릭교회는 독일 가톨릭교회의 장대한 학문 체계나 프랑스 가톨릭교회의 꼼꼼하게 따져 묻는 지성주의를 거의 흡수하지 않은 대신, 아일랜드계 성직자들의 엄격한 청교도주의와 격렬한 호전성을 많이 받아들였다.

이민자 노동계급 가톨릭교도들은 언어나 계급 면에서 주류 개신교 앵글로색슨 문화에 쉽사리 진입하지 못했기 때문에 지적 대변자를 만들어낼 수 없었다. 중요한 것은 미국 가톨릭교회의 지적 지도자들이 출신 민족이라는 점에서는 상당수가 미국 가톨릭 대중의 전형이 아니라 오레스티즈 브라운슨Orestes Brownson이나 아이작 헤커Isaac Hecker 신부같이 가톨릭으로 개종한 토박이 영국계 미국인들이었다는 사실이다. 성직자의 사회적 출신이나 문화적 기회에 관해서는 쿠싱Richard Cushing 대주교가 1947년에 다음과 같이 말한 바 있다. "미국에 거주하는 성직자 집단 중에서 대학을 졸업한 부친이나 모친을 둔 주교나 대주교, 추기경을 나는 한 명도 알지 못합니다. 우리의 주교나 대주교는 하나같이 노동자와 그 아내의 아들들입니다." 이처럼 문화적으로 소외된 계층 출신이었던 고위 성직자도 물론 교육은 받았지만, 교양교육보다는 직업교육 중심이었다. 예를 들면 스폴딩John Lancaster Spalding 주교는 볼티모어에서 열린 제3차 전국공의회에서 다음과 같이 지적했다. "미국에서나 다른 나라에서나 교회의 신학교는 교양을 위한 학교가 아니다. 따라서 신학교가 교양의 거점이 될 수 있다는 생각은 망상에 지나지 않는다." 이 발언에서는 그리스도교 교회 중에서 가장 오랜 전통을 지닌 가톨릭에도 미국 나름의 상황이 반영되어 미국적인 문제가 첨예한 형태로 나타났음을 알 수 있다. 그들도 문화적으로는 새롭게 출발해야 했던 것이다. 미국의 가톨릭교회는 학문적 지향이 너무도 부족했다. 그래서 이런 상황을 타개하고자 1889년에 고위 성직자들이 아메리카 가톨릭 대학을 설립했을 때도 초대 교수진 여덟 명 가운데 여섯 명은 유럽에서 채용해와야 했다. 본토 출신 두 명도 가톨릭교회 외부에서 교육을 받은 개종자였다.

부유층의 비율도 다른 교파에 비하면 낮은 편이었기 때문에, 가톨릭 평신도가 지식 교육 기관을 오래도록 후원하는 예도 거의 없었다. 근래에 들어 가톨릭 백만장자가 등장했지만, 그런 상황은 별로 바뀌지 않았다. 몬시뇰 엘리스가 하나의 적절한 예를 들어 언급한 바에 따르면, 아메리카 가톨릭 대학이 설립 이래 60년 동안 10만 달러 이상의 유산 기부금을 받은 것은 10건에 불과했고, 그나마 세속적인 사립 대학에 어울릴 만한 후한 기부금은 한 건뿐이었다. 가톨릭 인구의 대부분의 지위가 점차 상승함에 따라 가톨릭교도들도 개신교도들처럼 자녀들을 대학에 보내게 되었다. 하지만 가톨릭 교육자나 로버트 M. 허친스Robert M. Hutchins 같은 비가톨릭 협력자는 미국의 고등교육 전반에 퍼진 직업주의, 체육편중주의, 반지성주의가 가톨릭계 학교들에서도 흔히 나타나는 것을 보고 당혹감을 느꼈다. 가톨릭계 칼리지나 종합대학의 지적 성과는 과학에서든 인문학에서든 극도로 빈약하다. 로버트 H. 냅Robert H. Knapp과 그의 동료들은 1952년에 미국 과학자들의 출신 대학을 조사했는데, 가톨릭계 교육 기관이 "모든 교육 기관 중에서 극히 낮은 배출 결과를 보여, 비생산성의 본보기 같다"고 말했다. 인문학 분야에서는 놀랍게도 성적이 더 나빴다. "가톨릭계 기관들은 모든 학문 영역에서 배출 학자가 대단히 적지만, 과학 분야에서 그나마 가장 좋은 업적을 나타낸다."[34]

상상이 가는 바이지만, 미국에서 가톨릭교도 지식인은 이중의 어려움에 직면해왔다. 개신교나 세속의 지식인 사회에 맞서서 가톨릭교도로서의 자기 입장을 명확히 할 필요가 있었을 뿐만 아니라 가톨릭교도들 앞에서도 지식인으로서 자신을 정당화해야 했기 때문이다. 가톨릭교도들에게 지적인 직업은 미국 사회 전체의 경우보다 훨씬 중대한 문제였다. 가톨릭 학자나 저술가는 일반 사회에서는 인정을 받는다 할지라도 같은 신도들로부터는 좀처럼 인정받지 못했던 것이다.[35]

물론 여기까지 이야기해온 것은 모두 미국 가톨릭교회의 반지성주의와 관계되기보다는 그 문화적 빈곤이나 비지성주의non-intellectualism와 관계된 문제이다. 하지만 그 이면에는 좀더 중요한 문제가 숨어 있다. 즉, 실제로 상당수의 가톨릭 신자들이 앞에서 언급한 개신교 근본주의들과 마찬가지로 근대성에 맞선 반란에 동조해온 것이다. 또한 '100퍼센트의 심적 자세'를 발달시키는 데는 오히려 개신교 신도들이상으로 기여했는지도 모른다. 이 점은 진실에 제법 가깝다. 왜냐하면 가톨릭 지식인들은(최근에 그 수와 영향력이 증대하고 있다) 아직 가톨릭 내부에서 충분한 권위를 확립하지 못해, 지성에 대한 일반적 의심이나 지식인에 대한 반감 등 근대성에 맞선 반란에서 나타나는 가장 퇴행적인 모습을 제지할 수 없기 때문이다. 우리 시대의 사제들은 에너지의 상당 부분을 검열이나 이혼, 산아제한 등 가톨릭교회가 세속적인 정신이나 개신교의 정신과 충돌해온 문제들에 쏟고 있다. 또한 지식인 사회와 결코 수긍할 수 없는 초보수적인 정치 운동에도 에너지의 일부를 쏟고 있다. 가톨릭 지식인들은 대체로 이러한 적의의 극단적이고 (신앙의 관점에서) 무리한 측면에 반대하지만, 그런 움직임을 제지할 수는 없는 것이다.[36]

사실 오늘날 가장 두드러지지는 현상 중 하나는 개신교 근본주의자들과 가톨릭 근본주의자들 사이의 일종의 연합—혹은 적어도 협력하는 태세—이다. 양측은 공히 청교도주의를 견지하며, 스스로 정치적 쟁점이라고 생각하는 문제에 대해 분별없는 호전성을 발휘한다. 즉, 그들이 거듭 들먹이는 '신 없는 공산주의'에 함께 반대하고 나선 것이다. 흔히 가톨릭 신자라고 하면 자기 조상들을 괴롭혀온 편협한 개신교도와 손잡는 일은 당연히 꺼릴 것이라고 여겨지겠지만, 많은 가톨릭 신자들은 그런 저항감을 극복한 것처럼 보인다. 그리스도교적 형제애라는 공통의 유대가 아니라 증오에 의해 교회의 연합이 달성되었다는 사실은 우울한 아이러니처럼 느껴진다. 과거 매카시 시대에 이 위스콘신 주 출신의 연방 상원의원은 우익 개신교 집단과 많은 가톨릭 신자들로부터 공히 폭넓은 지지를 받았다. 가톨릭 신자들은 대체로 매카시가 개인적 정책이 아니라 가톨릭의 정책을 선전하고 있다고 믿었던 것 같다. 〈커먼윌Commonweal〉이나 예수회의 〈아메리카〉 같은 가톨릭 지식인들의 기관지가 매카시를 강하게 비난해도 신자들에게는 중요한 문제가 아니었다. 최근의 예를 들자면, 존 버치 협회는 개신교 근본주의적 분위기를 물씬 풍김에도 불구하고 많은 가톨릭 신자들의 마음을 사로잡아, 가톨릭 고위 성직자 중 한 명이 신자들에게 경고를 하는 지경까지 이르렀다. 오늘날 미국에 퍼져 있는 무차별적인 반공주의 심성은 가톨릭 신자들에게 모종의 위험한 만족감을 주는 원천이 되고 있다. 한 세기가 넘도록 박해를 받았던 그들은 '미국 정신'이 마침내 불문에 부쳐지는 것을 분명 기뻐할 것이다. 또한 지난날의 박해자들과 손잡고 기본적으로 인정할 수 없는 신조를 가진 외국―이번에는 로마가 아니라 모스크바이다―을 국제적 음모를 꾸미며 미국에 반기를 드는 새로운 적으로서 추궁할 수 있게 된 것도 그들에게는 분명 반가운 일일 것이다. 게다가 그에 따른 기쁨이 너무도 큰 나머지, 국내 공산주의자들의 위협이 환영幻影이 되어도 당장 별문제는 아닌 것이다. 이 가톨릭 신자들은 자신들이 마치 크롬웰의 군대를 물리치고 있는 듯한 느낌을 가지면서, 엉뚱한 문제제기로 자신들을 방해하려는 자들―제아무리 가톨릭 사상가라 할지라도―에게는 조금도 고마워하지 않을 것이다.

3부

민주주의 정치

6장

젠틀맨의 쇠퇴

1

미국이 국가로서 첫걸음을 내디딘 무렵에는 아직 지성과 권력의 관계는 문제가 되지 않았다. 국가 지도자는 곧 지식인이었던 것이다. 민주주의의 발달이라는 측면에서 미국은 진일보했지만, 국정은 어디까지나 귀족적인 엘리트 집단이 좌우하고 있었다. 그리고 이 엘리트 집단 안에서 지식인들은 자유롭게 행동했고 그들의 발언도 누구나 경청할 정도의 권위를 가졌다. 당시만 해도 전문화가 되지 않고 한 사람이 다양한 분야에서 활약하는 시대였기 때문에 전문가로서의 지식인은 별다른 존재가 아니었다. 하지만 지배 계급 젠틀맨〔영국에서 유래한 신분상의 젠틀맨은 귀족에는 들지 않지만 자작농인 요맨yeoman보다 상위를 가리킨다. 그렇지만 영국에서도 19세기 중반부터는 신분상의 의미보다 일정한 재산과 그에 따른 교양과 지성을 갖춘 남성 일반에 대한 호칭이 되었다]으로서의 지식인은 법조계, 전문직, 재계, 정계 등 사회 각 분야의 지도자로 행세했다. 헌법을 제정한 건국의 아버지들은 현자이자 과학자이며 폭넓은 교양을 갖춘 사람들이었다. 그 대부분이 고전적 교양을 갖춘 채 역사, 정치, 법률에 관한 광범위한 독서를 통해 얻은 지식을 구사해서 당시의 시급한 문제들을 해결했다. 미국 역사에서 이때만큼 많은 지식인을 정치 지도자로 배출한 적도 없다. 존 애덤스John Adams, 존 디킨슨John Dickinson, 벤저민 프랭클린, 알렉산더 해밀턴Alexander Hamilton, 토머스 제퍼슨, 제임스 매디슨James Madison, 조지 메이슨George Mason, 제임스 윌슨James Wilson, 조지 위스George Wythe 같은 인물들이다. 당시에는 지식인이 정치 지도자들만큼 쓸모없고 비현실적인 부류는 아니라고 여겨졌는지도 모른다. 그런 지식인들의 정치적 업적에 의해 미국의 뼈대가 형성된 이상, 그 존재감은 영원히 흔들리지 않을 것이라고 말이다.

그러나 미국이 지식인들에 의해 건국되었다는 것은 하나의 아이러니이다. 그후의 미국 정치사에서 지식인은 대체로 아웃사이더이거나 종복이거나 희생양일 뿐이었기 때문이다. 미국인들은 자국 역사를 돌이켜볼 때면 듀마 멀론Dumas Malone이 "위대한 세대"라고 부른 세대—독립혁명을 수행하고 합중국 헌법을 제정한 세대—에게 링컨에 버금가는 깊은 존경심을 늘 품어왔다. 여기서 한 가지가 궁금해진다. 그런 건국의 역사에 존경심을 품는 국민들이 어떻게 하루아침에 정치적 지성을 외면하게 된 것일까? 건국의 아버지들이 아직 살아 있을 무렵부터 지식인이라는 평판이 어떻게 정치적으로 불리한 조건이 되었을까?

물론 시간이 흐르면서 귀족적인 엘리트 집단의 지배 대신 대중민주주의가 자리를 잡았지만, 정치에서 지성을 존중하는 태도가 쇠퇴한 것을 민주주의 운동 탓으로만 돌릴 수는 없다. 당파 분열이 극심해지면서 엘리트 집단은 몰락하기 시작했고 정치 윤리도 존중하지 않게 되었다. 훌륭한 인격과 용기로 미국 혁명을 주도하고 탁월한 통찰력과 기량으로 1787~88년에 새로운 정부를 수립했던 이 사람들이 1796년에는 이해관계의 대립으로 철저히 분열되고, 프랑스 혁명의 여파에 따른 의견 충돌까지 겹치면서 히스테릭하게 서로 으르렁대게 된 것이다.[1] 독립선언과 합중국 헌법을 기초한 세대의 사람들은 한편으로 외국인 규제법과 선동 금지법도 기초했다. 이 세대의 뛰어난 지도자들은 결속력을 잃었고, 윤리 의식도 느슨해졌다. 그들은 모두 귀족적인 계급의 일원으로서 혁명과 건국을 경험하고 핵심적인 사상이나 교양을 공유하고 있었지만, 품위와 상식을 저버린 채 정치를 농단했다. 프랑스 첩자와 손잡은 음모에 대한 과장된 고발, 그리스도교를 멸망시키려는 책략, 왕정을 통해 미국을 영국에 복속시키려는 흉계 등에 의해 정치 논쟁은 갈피를 잡지 못하다가 결국 민중 선동으로 전락해버렸다. 건국의 아버지들은 정당의 운영법이나 건실한 반대당의 기능을 전혀 이해하지 못했기 때문에, 스스로의 정치적 격정에 휩쓸려서 그만 온갖 언사를 동원해 싸우게 되었다.

그리하여 워싱턴마저도 비방과 중상의 표적이 되었다. 특히 반지식인 일제 공격의 첫 희생양이 된 유명인사는 토머스 제퍼슨이었는데, 그를 공격한 사람들은 연방주의 지도자나 뉴잉글랜드의 기성 교회 성직자들이었다. 제퍼슨에 대한 비난은 훗날의 반지성주의 역사에서 대단히 중요한 의미를 지닌다. 그 비난은 제퍼슨의 어떤 면을 공격해서 그의 평판을 깎아내리려 했는지를 보여주고, 또 미국 정치사에서 연면히 이어지는 반지성주의 이미지의 선례이기도 하기 때문이다. 1796년에 제퍼슨이 워싱턴의 뒤를 이어 대통령에 취임할 것으로 예견되자, 사우스캐롤라이나 출신의 연방당 하원의원 윌리엄 라우턴 스미스William Loughton Smith는 익명의 소책자를 발행해서 제퍼슨을 공격하며 그의 대통령으로서의 자질이 부족하다고 헐뜯었다. 스미스는 제퍼슨의 "교조주의적" 리더십이 얼마나 불안정하고 위험하기까지 한지를 보여주려 했다. 스미스는 제퍼슨을 가리켜 철학자라고 지적한다. 철학자는 정치를 하는 방식에서 교조주의자가 되기 십상인데, 로크의 비현실적인 캐롤라이나 헌법이나 콩도르세의 "정치적 우행", 그리고 리튼하우스David Rittenhouse가 필라델피아 민주주의 협회 Democratic Society of Philadelphia에 이름을 올리려 한 것 등이 좋은 예일 것 같다고 말이다〔콩도르세는 프랑스 혁명 당시 지롱드파로서 1793년 헌법 초안을 기초해 자코뱅파와 충돌하다 결국 체포되어 옥중에서 음독자살했고, 천문학자이자 시계제작자였던 리튼하우스는 정치에 별 관심이 없고 필라델피아 민주주의 협회에도 동조하지 않았지만 감언이설에 속아 협회 회장에 이름을 올렸다고 한다).[2]

철학자의 특징은 정치인으로 변신하면 소심하고 변덕스러워지며, 인간의 본성이 아니라 어떤 주의나 원칙으로부터 논리를 전개하려는 경향이 있다는 점이다. 또한 현실의 사물이나 상황이 아니라 내각회의실에서 형성된 추상적 이론에 입각해서 모든 걸 단정하는 경향도 있다. 또한 정부 정책을 실행할 때에는 정신의 활동이 둔해지며, 결정의 신속성이나 행동의 기민함을 필요로 하는 긴급시에는 허둥대기만 하고 최종 결정을 내리지 못한다.

요컨대 필요한 것은 지성이 아니라 인격이었는데, 제퍼슨은 이 점에서도 부족한 것으로 여겨졌다. 철학자는 감언을 잘 늘어놓고 명예욕이 강하다고 스미스는 말한다. 제퍼슨의 능력에 관해서도 "나라의 실질적인 이익보다는 문학가로서의 명성을 얻는 데에" 더 신경을 썼다고 말했다. 하지만 워싱턴에 관해서는 허튼소리를 할 수 없었다. "다행히도 위대한 **워싱턴**은 철학자가 아니었다. 만약 **그**가 철학자였다면, 우리가 그의 위대한 군사적 공적을 보는 일도, 그의 현명한 행정 아래서 우리가 번영하는 일도 결코 없었을 것이다." 더구나 스미스는 훗날 지성을 공격하는 사람들이 반드시 사용하게 될 수사修辭를 생각해냈다. 지식인은 사소한 일에 매달리다 중대한 문제는 놓친다는 것이다. 그는 "나비나 곤충을 핀으로 고정시키거나 회전의자를 창안한" 제퍼슨의 솜씨를 비웃으며, 제퍼슨의 혹은 이 나라의 진정한 친구라면 "이 조용한 철학자를 그런 유용한 탐구심에서 멀어지게 만들어" 정치에 열정을 쏟게 하지 말라고 지적했다. 스미스는 마치 한 세대 뒤에 존 퀸시 애덤스John Quincy Adams에게 던져진 것과 똑같은 표현으로 이렇게 말했다. 제퍼슨의 장점은 "그가 대학교수로 나서는 데는 잘 어울릴지 몰라도, 대통령 직무를 수행하는 데는 서부의 군대를 지휘하는 경우처럼 어울리지 않는다."3

이런 스미스의 공격에는 훗날 정치 관련 저술의 원형이 될 또다른 편견도 나타난다. 즉, 군사적 능력이 정치적 리더십을 가늠하는 잣대라는 사고이다. 이런 사고에 따르면, 공직에 나설 때 중요한 것은 군사적 업적인 셈이다(심지어 오늘날에도 정계에 몸담은 지식인이 군대 경력을 들먹이며 자신의 약점을 메우려 하는 경우가 있다).

1800년의 선거 운동에서는 모든 것이 감정에 맡겨졌다. 제퍼슨이 사상가이자 학자라는 것을 내세워 그의 신망을 훼손하려 한 것은 공격의 일단에 불과했다. 신앙도 도덕도 없는 위험한 선동가라며 그의 사상이나 인격을 전면적으로 공격하기도 했다. 또한 어느 비평가는 제퍼슨을 가리켜 "양심도 종교도 박애심도 없는" 인간이라고 몰아붙였다. 그 밖에도 제퍼슨은 다음과 같은 비난을 받았다. 노예 하녀를 두어 혼혈아를 낳게 했다, 독립혁명 때는 겁쟁이였다, 프랑스 혁명을 선도했다, 워싱턴을 헐뜯었다, 독재자가 되려는 또다른 나폴레옹이다, 공상가이자 몽상가이다, 비현실적인 교조주의자이며 게다가 프랑스 교조주의자이다 등등.4

제퍼슨 반대 운동은 한편으로 사색적인 정신이라는 자질을 오히려 사악하고 위험한 것으로 규정하려는 시도이기도 했다. 사람들은 학문이나 사색이 제퍼슨 같은 무신론자를 낳는 것이라며, 이런 주장들을 폈다—학문이나 사색 때문에 제퍼슨은 지구의 나이에 관해 신학자들과 논쟁을 벌이거나 어린 학생들에게 성경을 읽히는 데 반대하게 되었다. 상아탑의 철학자가 이런 엉뚱한 짓을 하는 건 무해할지 몰라도 이런 사색적 정신을 가진 사람이 대통령이 되면 종교나 사회가 위험해질 것이다.5 추상적 정신이나 문학적 관심 때문에 그는 실무에 어울리지 않는다, 그는 언제나 정치를 이론화하려 했다 등등. 어느 연방주의자는 "경험에서 나온 생각은 모조리 무시당했다. 그는 현란한 재능과 이론적 학문, 그리고 우아한 문체 등에서 단연 돋보인다"6고 말하면서 이렇게 덧붙였다.7

제퍼슨 씨는 혁명이 어느 정도 진전을 이룰 때까지 거의 7년 동안이나 프랑스에 있었다. 그 과정에서 그의 이론 중시 성향이나 종교, 도덕, 체제에 대한 회의주의가 가다듬어진 것이다.…… 제퍼슨 씨는 철학이나 도덕뿐만 아니라 정치 분야에서도 이론가로 알려졌다. 그는 현대 프랑스어의 의미대로 철학자philosophe이다.

당시의 저명한 인사들도 같은 생각이었다. 피셔 에임스Fisher Ames의 생각에 따르면, 제퍼슨은 "여느 천재들과 마찬가지로…… 실제적인 감각을 지닌 보통사람이 현실이라는 이름의 차원 낮고 확고한 기반 위에서 일을 추진하는 것과 달리, 체계를 잡고 이론화하려는 끝없는 열정에 휩쓸려버렸다."8 연방주의 문필가인 조셉 데니Joseph Dennie는 제퍼슨을 "위험하고 이신론적이고 유토피아적인" 프랑스 철학파의 유능한 제자로 보면서 이렇게 말했다.9

이 남자에게는 재능이 있다. 하지만 그런 재능은 위험하고 망상에 가까운 것이다. 그는 많은 책을 읽고 그럴듯하게 글을 쓸 줄 안다. 그는 문필가이며, 오히려 세상과 거리를 두어야 할 사람이다. 그가 있어야 할 자리는 내각회의실cabinet이 아니라 서재closet이다. 서재에서는 그가 정체를 알 수 없는 괴물의 이빨이나 아프리카인의 분비물이나 배네커〔Benjamin Banneker(1731~1806). 아프리카계 미국인 과학자, 측량사, 연감 발행인〕의 연감 등을 파고들어도 별 해악은 없을 것이다.…… 그러나 정부에 자리를 차지하고 앉으면 그의 추상적이고 적용 불가능하고 형이상학적인 정치학은 아무 쓸모도 없고 해만 끼칠 것이다. 게다가 그가 신봉하는 원리는 파리의 향이 강하고 프랑스산 마늘을 너무 많이 넣은 맛이라서 국민 모두가 불쾌감을 느낀다. 미국인의 입장에서는 한 사람의 철학자가 나라의 각종 위원회에 영향을 끼치거나 혹은 볼테르나 엘베시우스의 저작에 심취해 프랑스인과 가까운 관계를 맺으려 하는 것보다는 차라리 드넓은 평원에 "밀 대신 엉겅퀴가, 보리 대신 선옹초가 자라는" 것이 더 낫다.

캐럴턴의 찰스 캐럴Charles Carroll of Carrollton은 제퍼슨이 "지나치게 이론적이고 공상적인 정치인이라서 점점 발전해가는 이 연합 정체政體의 현안들에 신중하게 대처해나가기 어렵지 않을까"하고 생각했다.10 이 말은 분명 이 젊은 연합 정체가 발전하려면 비범한 지식인은 실무에서 배제시켜야 한다는 의미였다.

기성 교회의 성직자들이 제퍼슨에 대한 공격을 선동한 것은 그가 하나의, 성직자들로서는 마음에 들지 않는 연합을 구현했기 때문일 수도 있었다. 제퍼슨은 이신론자이고 세속의 학자였는데도 복음주의나 경건주의 교파들, 특히 침례교로부터 많은 지지자를 얻고 있었다. 이 지지자들은 민주주의적 정서를 지녔다는 제퍼슨에 대한 평판에 감동했을 뿐만 아니라 그가 종교의 자유를 옹호한 것에서도 비주류 교파로서 큰 감명을 받았다. 신앙 무자격자라고 낙인찍는 기성 교회들의 횡포에 시달렸던 그들은 제퍼슨에게 가해진 불신앙자라는 비난에도 개의치 않았다. 그리하여 제퍼슨을 비롯한 세속의 지식인들은 기성 교회의 정통성에 대한 공통의 반감을 바탕으로 경건주의 교파들과 기묘한 정치적 동맹을 맺었다. 양측 모두 기성 교회 바깥에서 권위의 기준을 찾았다. 즉, 세속의 자유주의자들은 합리적 비판에서, 경건주의자들은 직관에서 권위를 찾았던 것이다. 기성 교회의 교의에 대한 공통의 혐오감에서 자유주의자들과 경건주의자들은 서로 간의 차이를 별로 의식하지 않았다. 또한 한쪽은 모든 교의에, 다른 한쪽은 모

든 기성 교회에 반대한다는 사실도 한동안 의식하지 않기로 했다.[11]

이 동맹을 이간시키기 위해 기성 교회 성직자들은 제퍼슨이 모든 그리스도교 신도에게 위협이 된다고 주장했다. 이 그리스도교 신도들은 저마다 자기 교파의 문제들을 안고 있었기 때문에 그런 비난을 추호의 의심도 없이 믿었다. 그러다 경건주의자들과 계몽된 자유주의자들의 동맹이 파탄 나자, 일반 대중과 지식인 사이의 간극도 더 벌어졌다. 하지만 제퍼슨이 당선되었을 때는 아직 자유주의적 지성과 복음주의적 민주주의는 손을 잡고 있었다. 결국 최종적인 분열이 일어났을 때, 즉 힘을 키워간 대중민주주의 세력이 계몽된 귀족적 지도자들의 손아귀에서 벗어났을 때, 복음주의 세력은 반지성주의를 낳게 되었다. 게다가 그들의 반지성주의는 모든 점에서 기성 교회 성직자들이 제퍼슨에게 사용한 것보다 훨씬 더 강렬하고 독성이 있었다.

2

제퍼슨에 대한 비열한 공격과 그후 제정된 외국인 규제법과 선동 금지법에 의해, 부유하고 교양 있는 연방주의자들 다수가 관용이나 자유라는 문화적 가치를 불신한다는 사실이 분명해졌다. 그렇다고 제퍼슨이나 잭슨이 주도하는 좀더 민중적인 당파들이 이런 가치를 옹호하리라고 기대할 수도 없었다. 결국에는 민중적인 당파들 자체도 전문가나 젠틀맨, 학자에게 적의를 품는 원시주의나 반지성주의적 민중주의의 매개체가 되었다.

이미 초창기부터 미국의 평등주의적 충동에는 정치의 전문화 political specialization의 싹에 대한, 훗날 전문 지식expertise이라 부르는 것에 대한 경계심이 있었다. 자유인free man의 정치적 능력에 상당한 자부심을 가지고 있던 많은 민중주의 저술가는 교양인이나 부유층이 정부 내에서 특별하거나 매우 지배적인 역할을 맡는 것에 당연히 의심을 품었다. 하지만 그 의심은 거기서 그치지 않고 모든 학문에 대한 적의로 변해갔다. 반지성주의의 흐름은 초기에 표현된 민중주의적 정치사상의 일부에서 발견할 수 있다. 혁명기에 일부 민중주의적 저술가들은 부유한 명문가의 권력을 억누르려면 그들의 동맹자인 지식인 계급도 공격 대상으로 삼아야 한다고 생각했다. 1788년 합중국 헌법의 비준에 즈음하여, 매사추세츠 주에서 선출된 어느 농촌 지역 대표는 회의석상에서 다음과 같은 말로 헌법 초안에 반대했다.[12]

이러한 법률가나 학자, 자산가는 참으로 교묘하게 우리 같은 무식한 사람들을 그럴듯한 말로 꼬드깁니다. 그들은 의회에 들어가거나 이 헌법의 관리자가 되거나 모든 권력과 부를 수중에 넣으려 합니다. 그리고 결국에는 저 거대한 레비아탄처럼 우리 같은 하찮은 사람들을 집어삼킬 것입니다, 의장님! 마치 고래가 요나를 집어삼킨 것처럼 말입니다. 그런 사태를 저는 우려하는 것입니다.

다행히도 뉴잉글랜드의 평범한 농부인 매사추세츠 주 노스빌러리카의 윌리엄 매닝William Manning이 쓴 정치 팸플릿이 보존되어 있어, 명민하고 전투적인 민주주의자인 한 미국인이 통치의 철학에 주목할 때는 무엇을 생각했는지를 우리는 알 수 있다. 제퍼슨주의 문서인 이 『자유의 열쇠The Key of Libberty』는 당파 감정이 극에 달했던 1798년에 작성되었다. 여기서 주목할 만한 점은, 매닝("나는 평생 동안 반년도 학교에 다닐 기회를 누려본 적 없는 무식한 남자"라고 스스로 말한다)이 정치 투쟁을 실행하는 힘으로서 학문을 그 중심에 둔다는 사실이다. 그는 글의 서두에서 이렇게 강조한다. "학문과 지식은 자유를 보전하는 데 필수적인 것이다. 더구나 학문과 지식을 갖추지 못하면 우리의 자유를 오래도록 지탱할 수 없다."[13] 그러나 매닝의 관심은 주로 계급적 무기로서의 학문과 지식에 있었다.

매닝의 철학에는 지식 계급과 유산 계급에 대한 뿌리깊은 의심이 들어 있었다. 매닝이 보기에 상인, 법률가, 의사, 성직자, 행정 및 사법 관리 등은 학식과 여가시간이 있고 직업의 성격상 노동하는 사람들과 달리 한데 뭉쳐 공통의 목적을 추구할 수 있었다. 이런 계급에 속하는 사람들은 자유로운 정부를 대체로 싫어한다고 매닝은 생각했다. 자유로운 정부는 자신들의 이기적인 이익을 방해하기 때문에, 그들은 끊임없이 이런 정부를 무너뜨리려 한다는 것이다.

이런 목표를 이루기 위해 그들은 어떠한 대가나 수고도 아끼지 않는다. 먼저 각종 결사를 만들고 협정을 맺고 정보 교환을 함으로써 자신들의 계획을 통일시킨다. 상인, 의사, 각료는 자기네끼리 뭉치고, 재판관이나 행정 관료는 직분별로 결속을 다지면서 의사소통을 꾀한다. 학자나 부호도 그렇다. 그들은 일하지 않고도 먹고살 수 있기 때문에 시간을 내서 상의할 수도 있다. 그들은 모두 공통의 이해관계라는 가장 강한 끈으로 묶여 있어, 은밀히 정보를 주고받거나 공동으로 다수의 이익에 어긋나는 행위를 하며 상대의 주머니를 턴다. 이런 일이 벌어지는 것은 오로지 보통사람들에게 지식이라는 수단이 없기 때문이다.

학식이 개인의 이익을 추구하기 위한 수단인 이상, 매닝에게는 "소수자"가 자기 계급에 기여하는 제도 쪽에 가세하는 것은 당연한 일이었다. "소수자는 언제나 일을 하지 않고도 먹고살 수 있는 거점을 확보하고 자신들의 당파를 강화하기 위해 돈이 드는 대학이나 국립 전문학교, 중등학교 등의 이점을 큰 목소리로 주장한다. 하지만 소수자는 언제나 값싼 학교나 여학교, 즉 대다수의 사람들에게 학식을 보급하는 유일하고도 주된 수단에 반대한다." 그가 보기에 대학에서는(매닝은 분명 연방주의자들의 하버드를 염두에 두고 있다) 공화주의의 원리들이 비판받고, 젊은이들은 군주제의 이념을 주입받는다. 매닝은 대학 졸업생들이 "자기 직업의 품위를 유지하도록 교육을 받는다"면서 여기에도 반대했다. 그런 식으로 교육을 하면 대학 졸업생들은 자기들의 일에 부당하게 높은 가치를 부여하고, 보통사람들은 교육자나 종교인의 일에 큰돈을 내야 되기 때문이다. "우리가 전도자나 교사를 고용하려 해도 급료는 이 이하로는 안 된다는 말을 듣는다. 급료는 관례상 정해져 있어서 그보다 덜 받으면 체면이 깎이기 때문이다." 매닝이 보기에, 교사는 사실 미국에 걸맞은 존재가 되어야 했다―지위가 낮고 임금도 싼 노동자 말이다.

바로 여기에 매닝이 생각하는 교육론의 열쇠가 있다. 일반인들도 큰돈 들이지 않고 교육을 받을 수 있게 하고, 고등교육은 예전처럼 오로지 초등교육에 이바지하는 방향으로, 즉 보통학교common school[미국에서 1830년대에 호러스 만이 제안해 자리잡은 공립 초등학교. 백인에 국한되긴 했지만, 초등 수준의 무상 의무 공교육을 보편화했다는 점에서 의미가 있다]에 저임금의 교사들을 보내는 방향으로―체계화해나가야 한다고 그는 생각했다. 매닝은 "가능한 한 저렴하고 바람직한 방식으로 학습을…… 장려해야 한다", 즉 "다른 노동과 동일한 수준의 저임금으로 근무할 남녀 교원을 서둘러 대거 양성하고, 노동과 교육의 관계를 밀접하게 하며, 일하지 않고도 먹고살 수 있는 사람의 수를 줄여야" 한다고 생각했던 것이다. 매사추세츠가 자랑하는 보통학교 체계가 홀대를 받던 때에 나온 만큼, 매닝의 처방은 요점을 찌른 것이었다. 하지만 그는 교육 제도상 초등교육을 개선하기 위해 고등교육의 내용을 축소하자고, 즉 일반교양을 지닌 값싼 노동력을 배출하는 쪽으로 고등교육의 기능을 한정하자고 제안했다. 수준 높은 학문에는 장려할 만한 본질적인 가치가 없다고 생각했던 것이다. "우리 아이들에게 알파벳을 가르치는 데에" 필요한 지식을 훨씬 넘어선 학술 연구나 고전 연구는 "젠틀맨 자녀들이나 일하지 않고도 먹고살 수 있는 사람들에게 맡기면 된다. 농부가 가래를 쥐는 데 선원의 기술이 필요 없는 것처럼, 아이들에게 읽고 쓰고 셈하는 법을 가르치는 데 모든 언어를 알 필요는 없기 때문이다"라고 매닝은 말했다. 오랫동안 소수자의 도구였던 교육을 매닝은 가능한 한 일반 대중의 도구로 만들기를 원했다. 그는 교육의 도구적 성격, 즉 기능적 성격을 의심하지 않았다. 또한 자신의 정책이 고급문화에 끼칠 영향에 대해서도 걱정하지 않았다. 그에게 고급문화는 일하지 않고도 먹고사는 사람들의 특권이었던 것이다.

이런 소수자와 다수자 간의 논쟁에서 분명해지듯이, 교육의 위치는 미국 정치에서의 고급문화의 위치를 전적으로 반영하고 있다. 교육은 안락한 계급과, 강력하게 대두되는 평등주의를 표방하는 사람들 사이에 끼어 있었다. 전자는 교육을 완전하게 육성할 수 없고, 후자는 신분 차별을 없애고 특권 계급으로부터 그 도구를 빼앗는 것이 주된 목표였다. 보통사람들이 스스로의 이익을 보호하고 자신들이 사회에서 활약할 기회를 넓히기 위해 교육을 활용하고자 했던 것은 충분히 이해할 수 있다. 그러나 어떻게 하면 지성주의 문화 자체를 손상시키지 않고 그 목표를 달성할 수 있는지를 보여줄 수 있는 사람은 아무도 없는 것 같았다.

비록 거칠지만 매닝의 주장에 일말의 정당성이 있음은 부정할 수 없다. 실제로 연방주의자들은 하버드 대학을 차지해왔다. 그런데 왜 민주주의자들은 가능한 한 보통교육이라는 도구를 차지하는 식으로 보복하지 않은 것일까? 민주주의자들이 자기 길을 갔다면, 하버드 대학 같은 기관은 더이상 필요 없었을 것이다. 또한 지식 계급이 특권을 유지하는 것 말고는 아무 일도 하지 않았다면, 그들의 존재 의의는 사라졌을 것이다. 매닝의 글이 나오고 거의 반세기 뒤에 호러스 그릴리 Horace Greeley는 사실 미국의 자작농은 재능과 학식을 높이 평가하며 존중하고 있다고 논했다. 하지만 그는 재능이나 학식이 "인류의 복지에 거의 기여하지 않는 식으로, 게다가 스스로의 특별한 역할을 저버리는 식으로 부와 호화로운 생활을 추구한다"[14]는 것을 새삼스레 깨달았다. 19세기에 들어 일반 대중의 권리 요구가 구체적 형태를 띠게 되면서 무상 초등교육에 대한 요구도 높아졌지만, 한편으로는 적의 창조물인 고급문화에 대한 어두운 의혹도 동시에 일었다.

3

미국의 민중주의적 민주주의 논의에는 뭔가 빠진 게 있었다. 그들의 의도는 미국인의 삶에서 신분 격차를 시정하거나 가능하면 철폐하고, 자산 계급이나 지식 계급의 리더십을 약화시키는 것이었다. 그러나 민중이 스스로 지배하고 자산 계급이나 지식 계급의 리더십을 극력 억누르려 하는 경우, 어디에서 지침을 받아야 할까? 답은 내부에 서일 것이다. 민중민주주의가 힘과 자신감을 키워감에 따라, 직관력을 타고난 민중의 지혜는 지식 계급이나 자산 계급의 교양 있고 지나치게 세련되고 자기중심적인 지식보다 우월하다는 일반적인 믿음이 더욱 강해졌다. 복음주의자들이 마음의 지혜나 하느님과의 직접 교섭을 중시하고 학문으로서의 종교나 형식적으로 제도화된 성직자 집단을 거부한 것처럼, 평등주의 정치를 주창하는 이들도 보통사람의 타고난 현실적 감각과 진리와의 직접 대면을 중시하고 훈련된 지도자들을 배제시키자고 제안했다. 보통사람의 지혜를 중시하는 이런 경향은 민주주의적 신조를 과격하게 선언하는 가운데 서민들에 의한 일종의 호전적인 반지성주의로서 꽃을 피웠던 것이다.

반지성주의자도 아니고 교조적인 평등주의자도 아니었던 제퍼슨조차 때로는 이런 경향을 보였다. 1787년에 조카인 피터 카Peter Carr에게 보낸 편지에 그는 이렇게 썼다. "농부와 대학교수에게 도덕에 관해 말해보라고 해봐라. 농부는 대학교수와 동등한, 어쩌면 그 이상의 판단을 보여줄 것이다. 농부는 인위적인 규칙에 미혹되지 않기 때문이다."[15] 제퍼슨은 18세기적 사고에 의한 인습적 관념, 즉 신은 인간에게 필요한 **도덕** 감정을 주었다는 관념을 단순히 표명한 것에 지나지 않는다. 아마도 농부 쪽이 지적으로 우월하다고 단언할 마음은 없었을 것이다. 하지만 정치의 세계에서 고도의 지식을 부정할 토대를 쌓기 위해서는 제퍼슨의 사상을 좀더 밀고 나가 정치 문제란 본질적으로 도덕 문제라고 말하기만 하면 되었다.[16] 농부가 대학교수와 동등하게 도덕을 이해할 수 있다면 정치도 동등하게 이해할 수 있다고 생각되기 때문이다. 그리고 제퍼슨은 동의하지 않겠지만, 농부는 사실 자신들은 남에게서 배울 게 별로 없고 지식이 풍부한 지도자도 필요 없다고 결론지을지도 모른다. 이 논의를 더 밀고 나가면, 대학교수는 뛰어난 지도자가 될 수 없고 정치 지도자는 아예 교육을 받지 않은 것이나 진배없는 사람들 사이에서 뽑아야 한다는 주장도 받아들여질 수 있을 것이다. 아이러니하게도 제퍼슨 자신이 이런 주장의 피해자가 되었다. 이런 주장은 훗날 잭슨 민주주의의 구호 가운데 하나가 되었다.

  미국 정치에서 실로 강력하고 대대적인 반지성주의를 초래한 최초의 충동은 실제로 잭슨주의 선거 운동에서 나타났다. 전문 지식층에 대한 불신, 중앙집권화에 대한 혐오, 고착된 계급의 틀을 부수고자 하는 열망, 중요한 직무는 누구라도 수행할 수 있다는 설 등 잭슨주의의 여러 특징이 맞물린 결과, 이 나라가 18세기 이래로 계승해온 젠틀맨들에 의한 통치 체계는 부정되고, 공적 세계에서 지식 계급에 부여된 특별한 가치도 부정되기에 이르렀다. 그런데도 많은 지식인과 문필가, 특히 젊은이들은 잭슨주의의 대의를 지지했다. 이는 지식 계급이 보통사람들에게 이익이 될 만한 운동에는 공감하지 않는다는 일반적 비난이 허울뿐임을 잘 보여준다. 주요 문예지들이 상류 계급에 헌신적이고, 여전히 야당인 휘그당의 수중에 있었음은 사실이다. 하지만 존 L. 오설리번John L. O'Sullivan은 〈데모크래틱 리뷰〉를 창간하면서, 정치적 신조를 달리하는 저명한 작가들로부터 기고를 받을 수 있었다. 뉴잉글랜드의 주요 초월주의자들이 대개 초연하거나 적대적이었던 것도 사실이지만, 오레스티즈 브라운슨이나 윌리엄 컬런 브라이언트William Cullen Bryant, 조지 밴크로프트, 제임스 페니모어 쿠퍼 James Fenimore Cooper, 너새니얼 호손Nathaniel Hawthorne, 제임스 커크 폴딩James Kirke Paulding, 월트 휘트먼 같은 작가들은 저마다 성의나 관계 내용은 다를지라도 이 새로운 민주주의를 지지했다.[17]

이런 인사들은 잭슨 정권의 요직에 앉아 때로는 후한 대우를 받았지만, 전반적으로 지식인은 크게 인정받거나 명성을 누리지 못했다. 다만 역사가인 조지 밴크로프트는 두드러지는 예외이다. 매사추세츠에서 민주당이 야당에 우수한 인재가 많은 것을 의식해 문학가나 지식인을 영입하려던 무렵이라서, 아직 30대의 밴크로프트는 일찍부터 당내에서 두각을 나타내기 시작했다. 그는 보스턴 항 징세관으로 임명되었고, 포크James Palk 대통령 밑에서 해군장관(이 자리는 밴 뷰런 Martin Van Buren 대통령에 의해 작가인 폴딩에게도 주어졌다)에 올랐으며, 후에 영국 주재 공사도 지냈다. 그의 영향력으로 호손은 보스턴 세관에 취직했고, 브라운슨은 보스턴 해군병원의 사무장이 되었다(밴크로프트는 그를 취직시켜준 것을 곧바로 후회했지만). 호손의 상황은 이와 대조적이었다. 호손은 자신의 재능이나 절박한 형편에 비해 늘 보잘것 없는 일자리만 얻었다. 세관에서는 무게와 치수를 재는 사람에 지나지 않았는데, 그 자리(그는 "서글픈 종살이"라고 지칭했다)는 역사가로서 남극 원정대에 참가하고 싶은 그의 숙원에 대한 초라한 대체물에 불과했다. 나중에 그는 세일럼의 우체국장 자리를 원했지만 대신에 항구의 수입품 검사관이 되었다. 그리고 마침내 친구이자 대학 동기인 프랭클린 피어스Franklin Pierce의 대통령 선거 운동용 평전을 쓴 뒤 영사에 취임했다—그나마 근무지는 리버풀이었다. 지식인이나 문필가와 일반 대중 사이의 관계 호전을 꾀한 점에서 잭슨 민주주의의 성과는 대체로 훗날의 혁신주의나 뉴딜에는 미치지 못했다.

1824년과 1828년의 대통령 선거에서 잭슨과 존 퀸시 애덤스가 벌인 대결을 살펴보면, 대조적인 두 정치사상을 철저하게 파악할 수 있을 것이다. 애덤스 행정부는 19세기 초 미국 지식인의 기질이 정치적 리더십에 부적합함을 보여주는 시금석이었다. 젠틀맨에 의한 통치라는 오랜 노선을 견지한 마지막 대통령이었던 애덤스는 옛 질서의 상징이자 지식인에 대한 반발의 첫 희생자가 되었다. 그는 하버드뿐만 아니라 파리, 암스테르담, 라이덴, 헤이그 등지에서 수학했다. 하버드에서는 수사학과 웅변술 강의를 맡았고, 서사시를 쓸 날을 고대했다. 또한 제퍼슨처럼 과학에 관심이 많은 사람으로 알려져, 여러 해 동안 미국 예술과학 아카데미 원장을 지냈다. 먼로James Monroe 행정부 때는 국무장관으로서 지금도 고전으로 남아 있는 도량형 체계에 관한 치밀한 과학 보고서를 작성했다. 애덤스는 새로운 공화국이 예술이나 과학의 진흥에 힘을 쏟지 않으면 "우리에게 주어진 재능을 땅속에 묻어버리는 셈이며, 우리가 신탁 받은 가장 신성한 것을 배신하는 셈"이라고 믿었다. 그의 희망은—워싱턴이나 제퍼슨, 매디슨 정부 때 그랬던 것처럼—연방정부가 교육이나 과학의 진흥을 위한 국가 계획의 중심적 길잡이로 나서는 것이었다. 결국 그는 워싱턴을 문화의 중심지로 발전시키자고 제안했지만, 오히려 중앙집권화에 대한 대중의 혐오를 불러일으키고 말았다.

애덤스는 첫 의회 연두교서에서 산업계의 이익에 유리한 국내적 개선책—도로나 운하의 정비—을 제안했고, 주로 지식 계급이 바라는 안건의 재가를 요청했다. 즉, 워싱턴 소재 국립대학 설립, 해군의 직업군인 양성학교, 국립천문대 설립, 루이스와 클라크 원정대의 후속 사업으로 북서부 탐사여행 실시, 특허청 신설, 행정부처 신설을 통한 연방 차원의 과학 지원 등이 그것이다.

애덤스의 특징은 잭슨이 완벽하게 호소했던 그 오만한 대중적 민족주의의 심기를 건드린 데 있었다. 애덤스는 유럽 나라들은 미국만큼 자유를 누리지는 못하지만 과학에 전력을 기울이고 있다고 지적했다. 그리고 무모하게도 프랑스나 영국, 러시아의 정책에는 미국도 따라 배울 것이 있다고 말했다. 당시에도 지금과 마찬가지로 이런 지적 코즈모폴리턴주의는 인기가 없었다. 이런 식으로 국민의 자존심을 깔아뭉갠 애덤스는 과학적 목적을 위한 대폭적인 지출을 촉구함으로써 민주적인 정서를 더욱 조롱했다. 그는 심지어 연방의회 지도자들이 "우리나라가 유권자들의 의지 때문에 마비 상태에 있다고 세계에 선언하는 일"은 없어야 한다고 선동적인 어조로 말하기도 했다. 게다가 애덤스는 유럽 각국 정부의 후원으로 세워진 많은 천문대를 "하늘의 등대"라고 부르며 어깃장을 놓았다. 이 말에 의원들은 실소를 금치 못했고, 등대라는 말은 애덤스를 공격하는 상투어가 되다시피 했다. 그 자신의 정부 내에서도 대통령의 계획은 나라 전체에 충격을 줄 것이라고 여겨졌다. 예를 들어 클레이Henry Clay 국무장관은 국립대학 설립안은 "확실히 가망이 없음"을 알았고, 행정부처 신설안에 대해서도 하원에서 과연 찬성표를 다섯 표나 얻을 수 있을지 의구심을 품었다. 결국 애덤스는 이 계획들을 포기해야 했다. 지도자로서의 애덤스는 시대에 뒤떨어졌던 것이다. 과거 해밀턴이나 워싱턴, 제퍼슨조차도 모종의 국가 계획에 기초한 중앙집권화에 관심이 있었고, 미국의 발전에 어떤 식으로든 질서를 부여하고 싶다는 동부 젠틀맨의 공통된 바람을 표명한 적도 있었다. 하지만 나라는 빠른 속도로 성장했고, 어떤 계획이나 질서도 받아들여지지 않았다. 이러한 유형의 지도자가 정치의 세계에서 시대에 뒤처짐에 따라 지식인의 지위도 떨어졌다.[18] 애덤스는 식견을 바탕으로 과학의 목적과 목표에 찬동하면서, 학술의 장려야말로 연방정부의 기능이라고 믿고 있었다. 그는 그런 사상을 지닌 19세기 최후의 백악관 주인이었던 것이다.

애덤스가 낡은 스타일을 구현한 것과 달리, 앤드루 잭슨은 새로운 스타일을 구현했다. 그리고 1820년대의 정치에서 벌어진 양측의 대립은 기존의 미국과 다가올 미국을 상징했다. 유럽의 과거에 정면으로 맞선 미국인들은 "퇴폐의" 유럽은 "자연의" 미국보다 야만스럽다고 생각했다. 미국인들은 문명의 발달이 "인위적"인 것이어서 자국이 자연에서 멀어지지나 않을까 두려워했다. 잭슨 지지자들은 그가 자연인의 자연적 지혜를 대표한다고 치켜세웠다. 잭슨이 국가 지도자로서 국민에게 해줄 수 있는 것은 제법 많았다. 특히 뉴올리언스의 영웅, 문화국 영국의 "야만스러운" 군대를 물리친 이 정복자는 자연의 활력과 자연친화적인 삶의 유지를 국민들에게 보장할 수 있었다. 잭슨은 운이 좋게도 "활기와 독창성"을 손상시키는 틀에 박힌 교육을 피할 수 있었던 인물이라고 한다. 그는 "자연이라는 학교에서 배웠고", "인위적인 것이라고는 전혀 없는" 행동하는 인간으로 여겨졌다. 이런 시각에 따르면, 그는 다행히도 "학교의 교육이나 변론술"에 오염되지 않고, "아카데미즘에 의한 망상적 사색으로 판단을 그르칠 일"이 없으며, "타고난 정신력과 실천적인 상식, 온갖 유익한 목적에 필요한 판단력과 식별력"을 갖춘 인물이었던 것이다. 그리고 "이런 자질은 현자가 익힌 어떤 학문보다도 가치가 있는" 것으로 여겨졌다. 그의 정신은 "삼단논법이라는 번거로운 큰길이나 분석이라는 다져진 좁은 길, 논리적 연역이라는 따분한 샛길"을 걸을 필요가 없었다. 타고난 직관력을 지닌 그의 정신은 "번개와 같은 섬광에 이끌려 걸으며 자신이 나아갈 길을 스스로 비출" 수 있었기 때문이다.[19]

조지 밴크로프트는 분명 자신의 교사 경력을 보잘것없는 것으로 여겼을 것이다. 그는 교육을 받지 않은 잭슨의 정신을 열광적으로 칭송하며 이렇게 말했다.[20]

저 서부의 배우지 못한 사람을 보라. 야생의 총아, 허미티지Hermitage〔테네시 주 내슈빌 근처에 있던 잭슨 소유 농장의 이름. 은자의 거처라는 뜻이다〕의 농부를. 책도 읽지 않고, 옛 전통과 이어지는 학문과도 떨어져 있으며, 민중의 뜻에 따라 명예의 최고봉에, 공화국의 자유로운 문명 속에서 우뚝 선 남자를…… 과연 그는 어떤 정책을 추구할까? 숲에서는 어떤 지혜를 가져올까? 자기 정신 속의 신탁神託에서 어떤 소임을 끌어낼까?

숲에서 곧바로 지혜를 얻는 이 원시주의 영웅과는 대조적으로, 외국 궁정에서 경험을 쌓고 학식도 풍부한 애덤스는 인위적인 인물로 보였다. 1824년, 네 명의 후보가 다투는 특이한 선거에서 애덤스가 이겼을 때조차 잭슨 쪽이 훨씬 더 인기가 높았다〔1824년 6대 대통령 선거에는 당시 미국의 유일한 정당이던 민주공화당에서 존 퀸시 애덤스, 앤드루 잭슨, 헨리 클레이, 윌리엄 H. 크로퍼드가 후보로 나섰다〕. 이 '장군'〔1812년 영미전쟁에서 이겨 소장으로 진급한 잭슨의 별명〕이 4년 뒤 애덤스에게 재도전했을 때, 결과는 자명했다. 애덤스는 뉴잉글랜드를 제외한 모든 주에서 열세였다. 양측이 파렴치하게 싸운 이 선거를 대조적인 두 인물 간의 싸움으로 본 다음과 같은 묘사도 있었다.

글을 쓸 줄 아는 존 퀸시 애덤스와
싸움을 할 줄 아는 앤드루 잭슨.

잭슨 지지자들이 애덤스 쪽을 비난한 주된 이유는 그가 방종하고 귀족적이며 사치스러운 생활을 한다는 것이었다. 그리고 여기서 제일 문제가 되는 것은 그의 학식과 정치 경력이 이런 단점을 상쇄하는 강점이 아니라 오히려 그것을 증폭시키는 약점으로 여겨졌다는 사실이다. 잭슨 지지자들 일부는 애덤스의 지적 성취 덕분에 국민의 생활이 향상되는 일은 없을 것이라고 단언했다(아래에 인용된 시는 밀턴이 쓴 『실낙원』 8편의 구절이다).21

그에게 **학식**이 있다는 건 인정하자. 그러나 그에게 **지혜**가 있는지 어떤지는 답을 기다려보자.…… 우리는 소박한 가르침에 애착을 가지고 있음을 고백한다. 위대한 영국 시인이 이렇게 잘 표현하고 있다.
　실용에서 동떨어진, 모호하게 얼버무리는
　것을 알기보다는 우리 눈앞의
　나날의 생활 속에 있는 걸 아는 것이
　최고의 지혜이리.
우리는 이런 지혜를 잭슨 장군이 누구보다도 훌륭하게 갖추고 있다고 믿는다.

또다른 잭슨 지지자들은 두 사람의 이력을 떠올리면서 "잭슨은 법

을 만들었고, 애덤스는 그 법을 인용했다"고 말했다.22

잭슨은 애덤스를 상대로 압도적인 승리를 거두었다. 다만 이를 두고 행동하는 사람이 지성을 갖춘 사람에게 거둔 명백한 승리라고 말하는 것은 아무래도 섣부르다. 유권자들 앞에 놓인 쟁점의 핵심은 귀족정치와 민주정치 중 어느 쪽을 선택할 것인가에 있었기 때문이다. 그러나 양 진영이 후보자의 이미지를 퍼뜨리는 과정에서 귀족정치는 메마른 지성과 짝을 이루고, 민주정치는 타고난 직관이나 행동력과 연결되었다.23

4

잭슨 지지자들은 평등주의 정서와 반지성주의 정서에 강하게 호소했지만, 어느 쪽도 독점하지는 못했다. 잭슨 지지자들만 평등주의를 추구한 것이 아니다―국가 자체가 평등주의적이었다. 경쟁에 입각한 양당 체제에서는 유권자들에게 호소해서 상대 당보다 앞서더라도 그 호소는 금세 모방당하기 때문에 어느 한쪽에 오래 머물 수가 없었다. 잭슨의 적수들은 1828년에 잭슨 지지자들이 구사한 전술에 깜짝 놀랐지만, 상대의 민주주의 언사에서 느껴지는 불쾌감을 참으면서 오히려 그것을 활용할 방도를 찾는 것은 시간문제일 뿐이었다. 그런 게임을 하지 못하거나 할 생각이 없는 정당 지도자들은 얼마 지나지 않아 정치 영역에서 밀려났다.

사업가들―운하, 은행, 유료 도로, 제조업 등의 관리자―과 연계된 정당 관계자들이 계속해서 직면했던 문제는 민중의 편에 서는 것, 그리고 민중과 관련된 현안 중에서 사업가들의 이익을 해치지 않고도 해결할 수 있는 안전한 사안을 찾는 일이었다. 일반 서민과 꾸준히 접촉하면서도 정계나 기업에서 자기 직무를 능숙하게 수행할 줄 아는 사람이 중시되었다.24 헨리 클레이는 그런 재능이 있었고, 또한 대중적 영웅이 될 만한 자질도 다분히 갖춘 인물이었다. 하지만 1830년대 초에는 그의 역할도 끝나가고 있었다. 너무 오랫동안 국가적인 무대에서 활약한데다 사고방식도 세간에 널리 알려져 있고, 또 평판이 나빠진 애덤스와 너무 밀착되어 있었기 때문이다. 새로운 정당 지도자들 가운데 이런 문제를 잘 파악하고 있던 유명한 인물은 설로 위드Thurlow Weed였다. 위드는 프리메이슨에 반대하는 격렬한 평등주의의 열정으로 두각을 나타내면서 휘그당의, 그리고 뒤이어 공화당의 최고지도자 가운데 한 사람이 되었다. 하지만 반反잭슨주의자들은 1828년의 경험을 살리지 못한 채, 데이비 크로켓이 잭슨주의자의 대열에서 이탈할 때까지 자신들에게 어울리는 스타일의 인물을 발견하지 못했다.

모든 변경 개척민이나 사냥꾼, 전사, 그리고 서부의 가난한 무단 거주자들의 대변자였던 크로켓은 미국 민중의 상징이 되었고, 그의 자서전은 미국의 개척자 정신을 드러내는 고전의 반열에 올랐다. 부나 학식에 현혹되지 않은 크로켓은 자신이 지닌 인간적 매력 때문에 정치 세계로 끌려들어갔다. 테네시 주 숄크리크 연안의 작은 정착촌으로 이주한 서른 살 무렵에 그는 치안판사로 임명되었고, 얼마 지나지 않아 그 지역에서 조직된 민병대 대장으로 뽑혔으며, 나중에는 주 의회에 진출했다. 1826년, 몇 차례 연방의회 진출을 권유받은 그는 특유의 입담으로 활기찬 선거 운동을 펼쳐 결국 당선되었다. 이제 테네시 주는 "미시시피 강을 걸어서 건너고, 증기선을 등에 져 나르며,

자기 몸무게만큼 나가는 살쾡이들을 맨손으로 때려잡을 수 있는" 인물을, 게다가 소탈하지만 주눅들지 않는 발언으로 "어떤 상대든 쓰러뜨릴 수 있는" 인물을 의회에 보내게 되었다.

크로켓은 자연인 스타일과 타고난 직감력을 자랑으로 삼았다. 1834년에 출간된 자서전에서 그는 테네시 주의 법정에서 내린 판결에 관해 이렇게 자랑했다. 당시는 "내 이름이나 겨우 쓸 줄 알던" 때였지만 "내 판결에 상소를 하는 경우는 한 번도 없었고, 상소가 되더라도 원래 판결은 밀랍처럼 굳어져 흔들림이 없었을 것이다. 나는 상식적인 정의와 인간끼리의 성실함이라는 원칙에 입각하여 판결을 내렸고, 인간 본연의 판단력을 신뢰하지 법률 지식을 신뢰하지는 않았기 때문이다. 나는 평생 동안 법률책이라면 단 한 페이지도 읽은 적이 없다."[25] 상식의 힘에 대한 이런 순수한 신뢰감은 크로켓의 법적 판결에 의해 그 정당성이 입증되었는지도 모르지만, 그는 그것으로 만족하지 않았다. 그는 깊은 생각 끝에 지적인 세계를 경멸하게 되었던 것이다. 연방의원 시절에 크로켓은 다음과 같이 말했다.[26]

몇몇 젠틀맨이 내게 케임브리지로 가보라고 권유했다. 저 큰 대학이 있는 곳으로, 젠틀맨들이 사람들에게 붙여주려고 직함이나 별명을 준비해둔 곳으로. 나는 가고 싶지 않았다. 그들은 나에게 법학박사 LL. D. 학위를 들이밀지 않고는 놓아줄 것 같지 않았기 때문이다. 그리고 나는 "합중국 하원의원" 직함을 "게으르게 빈둥거리는 바보lazy lounging dunce"로 바꿀 마음이 전혀 없었다. 내 선거구민들은 새로 얻은 법학박사 칭호를 그런 의미로 해석할 게 분명하다. 선거구민들은 내가 어떤 자격도 가지고 있지 않다는 것을, 또 내가 의지하는 것은 양식良識이라는 작은 자격뿐이라는 것을 알고 있기 때문이다.

1813~14년 크리크 전쟁 당시 잭슨 밑에서 싸운 크로켓은 처음에 테네시 주의 잭슨주의 집단의 일원으로서, 과거의 자신과 비슷한 형편에서 살아가는 주 서부의 가난한 무단 거주자들의 대표로서 연방의회에 진출했다. 그러나 오래지 않아 양쪽에 대한 자신의 충성심이 양립될 수 없음을 깨닫는다. 제임스 K. 포크가 이끄는 테네시 주 출신 집단은 용도 지정이 되지 않은 서부 지역의 토지 일부를 주 차원의 학교 재산으로 넘겨받기 위해 연방정부를 상대로 노력하고 있었다. 교육을 둘러싼 이해와 빈곤층의 이해는 유감스럽게도 여기서 충돌하게 되었다. 크로켓은 무단 거주자들의 대변자로서 당연히 포크가 내놓은 토지법안을 불신의 눈으로 바라보았다. 이미 노스캐롤라이나 대학이 토지소유권을 획득한 과정에서 크로켓의 선거구민들 중 일부는 집을 잃기도 했다. 크로켓은 내슈빌에 설립할 대학을 위해 토지 매각 수익의 일부를 사용하자는 것도 역시 다른 사람들에게 피해를 주게 된다고 결론지었다. 선거구민들은 하나같이 대학을 다닐 만한 형편이 아니었기 때문에, 그들의 피해는 대학의 발전으로도 보상받을 수 없다고 그는 지적했다. "우리에게는 보통의 흔한 시골 학교, 즉 대학 졸업자들이 조롱하듯 입에 올리는 편리한 B급 학교만 있으면 된다. 그런 학교라면 연장자는 겨울 동안에, 연소자는 1년 내내 다닐 수 있다. 특히 매 학기 말에 교사의 급료로 너구리 가죽이나 이런저런 소소한 것들을 마련할 수만 있다면 우리는 그걸로 족할 것이다."[27]

연방의회에서 크로켓은 교육에 반대하는 건 아니라고 해명하면서, 자신이 대표하는 사람들의 이익, 즉 "자신들이 점유한 땅에서 땀흘려

일하는" 사람들이나, "부자들 자녀용 학교를 짓는 법안을 가결시키려는 주의회에 의해 자신들의 초라한 집"에서 쫓겨날 처지인 사람들의 이익을 옹호할 수밖에 없다고 말했다.[28]

거듭 말하지만, 제가 이 계획에 전적으로 반대한 건 제가 교육의 적이기 때문이 아니라 교육의 혜택이 공평하게 돌아가야 하기 때문입니다. 이 대학 체계가 실행되면 사회를 이루는 두 계급 사이에 구분선을 긋게 됩니다. 아이들은 부잣집 자녀와 가난한 집 자녀로 갈라져 버립니다. 저를 지지해주는 사람들의 자녀들은 이제껏 대학 구내에 들어가본 적이 없을 테고 앞으로도 들어갈 일이 없을 것입니다.…… 무슨 유령 기구 같은 걸 만들어서 측량기사, 대학, 토지 증서 보유자들이 겨우 남겨놓은 것까지 빼앗아간다면 저는 결코 좌시하지 않을 것이며, 적어도 그들의 입장을 옹호하지 않았다는 말은 안 들을 것입니다.

우리는 이 발언에서 보통학교는 민중에게 도움이 되고 대학은 부자들의 요구를 채워준다는 매닝의 사상을 떠올리게 된다. 미국 사회로서는 고등교육과 일반 시민의 이해가 이처럼 노골적으로 충돌할 수밖에 없었던 것은 비극이었다. 하지만 잭슨 진영으로부터 줄곧 심한 압박을 받고 있던 애덤스나 클레이 같은 사람들에게 테네시 주 잭슨 지지자들의 이런 분열은 실로 하늘이 내린 선물이었다. 빈틈없는 야당측 조직가들은 곧바로 개척자 민주주의자들을 끌어들이면 잭슨과 당당하게 맞설 수 있음을 알고 크로켓에게 접근한다. 그리고 크로켓이 자기 주의 잭슨 쪽 사람들로부터 소외된데다 대통령에게 개인적 원한을 품고 있다는 사실을 활용해 그를 설득함으로써 영입에 성공한다. 크로켓과 전국의 반잭슨 세력의 동맹은 니컬러스 비들Nicholas Biddle의 친구로 미합중국은행United States Bank(1913년 연방준비제도이사회가 설립되기 전에 미국의 중앙은행으로 기능했다)의 총재인 매슈 St. 클레어 클라크Matthew St. Clair Clarke가 성사시켰는데, 1829년에는 아직 진행중이었고 1832년경에야 확실하게 굳어졌다. 크로켓의 연방의회 연설문은 누군가가 대신 써준 것이었고, 그의 유명한 『자서전』의 많은 부분도 그 자신의 분위기는 풍기지만 대필 작가가 쓴 것이었다.29 1835년, 크로켓은 마틴 밴 뷰런을 공격하는 글을 발표했는데, 이 글은 1840년 휘그당 선거 운동에서 극에 달한 선동의 선구가 되었다.

    1840년에는 민중주의 언어를 구사한 휘그당의 승리가 거의 확정적이었다. 크로켓은 대통령 자리에 오르기에는 너무 편협하고 신뢰성도 부족해, 텍사스로 떠났다가 앨러모 방어전에서 죽었다(그후 신격화되어 영웅으로 여겨졌다). 하지만 1836년 대통령 선거에서는 잭슨과 마찬가지로 초창기 인디언 토벌전의 영웅이었던 윌리엄 헨리 해리슨 William Henry Harrison이 크로켓과 비슷하게 대중적 호소력을 발휘하는 것처럼 보였다. 1811년 티피커누에서 테쿰세Tecumseh 세력을 격파한 그의 유명한 승리는 어찌 보면 대실패에 가까웠는데, 그것은 별로 문제가 되지 않았다. 그가 민중의 마음을 사로잡는 한편, 시간이 지나면서 뉴올리언스에서 올드 히커리Old Hickory(앤드루 잭슨의 별명. 히커리는 북미에서 자라는 단단한 나무로 주로 지팡이를 만드는 데 쓰이는데, 잭슨의 타협할 줄 모르는 완고한 성격을 빗댄 별명이다)가 거둔 승리에 비견될 만한 위업으로 치켜세워졌기 때문이다. 해리슨은 오하이오 강 기슭에 대저택을 갖추고 있었지만, 세간에 떠도는 말은 작은 통나무집에 살면서 사과주를 즐긴다는 것이었다. 이런 전술로 해리슨은 실제로 밴 뷰런을 누르고 우위를 점할 수 있게 되었다. 그러나 휘그당은 좀 더 승리를 확실하게 다지려고 했다. 12년 전에 잭슨주의자들이 존 퀸시 애덤스를 상대로 써먹은 것과 똑같은 요란한 선전과 비방 공세를 밴 뷰런에게 구사했던 것이다. 그 기조가 된 것은 펜실베이니아 주 출신 연방 하원의원 찰스 오글Charles Ogle이 4월에 하원에서 했던 연설로, "제왕 같은 대통령궁"이라는 제목의 소책자로 제작되어 수천 부가 배포되었다. 백악관과 그 경내를 개보수할 예산으로 겨우 3600달러가 계상된 데 반대하는 연설에서, 오글은 마틴 밴 뷰런의 호사스런 생활이 얼마나 매력적인지를 늘어놓아 하원을 들끓게 했던 것이다. 이는 1828년 애덤스에게 가해진 공격을 무색게 하는 것이었다. 밴 뷰런이 백악관에 욕조 몇 개를 설치한 것에 대해 오글이 카라칼라의 대욕장(3세기 초 로마 황제 카라칼라가 민심을 얻기 위해 1600명을 수용할 수 있는 큰 규모로 건립한 욕장을 가리킨다) 못지않은 규모라고 과장된 말투로 성토했을 때, 이 탄핵연설은 절정에 달했다.30

1840년에 휘그당이 내건 "우리는 이기기 위해서는 비열한 행위도 서슴지 않는다"는 슬로건은 지나치게 솔직한 감이 있다. 교양 있고 까다롭고 보통선거를 반대했던 사람들이 이제 민중의 벗을 자처하면서 가장 노골적이고 분별없는 선거 기법을 반긴 것이다. 지난날 다소 자제하던 시대의 논쟁을 통해 단련된 저명한 정치가들은 내심 불편했을지 모르지만, 그들도 어느 신문이 명명한 "데이비 크로켓 노선"에는 동조했다. 내성적이고 교양 있는 남부 귀족인 휴 스윈턴 르가레Hugh Swinton Legaré는 불쾌한 기색을 감추고 유세에 나섰다. 대니얼 웹스터Daniel Webster는 이런 멋진 연설을 했다. 자신은 작은 통나무집에서 태어나는 행운은 누리지 못했지만 "형이나 누나들은 거기서 자랐습니다.…… 나는 그 집을 매년 방문하는데, 아이들도 데려갑니다. 아이들이 그곳에서 느껴지는 의연하고도 소박한 미덕을 칭송하고 평가하는 법을 배우게끔 말입니다.……" 웹스터는 자신을 귀족이라 부르는 사람은 모두 **거짓말쟁이**이자 **겁쟁이**"이며, 자신의 눈에 띄면 싸울 각오를 해야 한다고 말했다. 헨리 클레이는 사석에서 "우리 민중의 이성이나 판단력이 아니라 감정이나 정념에 호소해야 한다는 것—실제적인 것이든 상상 속의 것이든—이 개탄스럽다"고 말했지만, 바로 그런 호소에 앞장섰다.

감수성 강한 휘그당원이라면 통나무집과 사과주 이야기로 다져진 선거전의 언사를 꺼렸을지 모르지만, 정치판에서 자리를 지키려면 너무 오랫동안 움츠려서도 안 되었다. 미국 정계에서 하나의 세력으로서의 젠틀맨은 자멸해가고 있었다. 워싱턴에서 이런 실망스러운 광경을 바라보던 존 퀸시 애덤스는 선거의 이런 떠들썩함 속에서 "민중의 습성과 태도상의 혁명"을 발견했다.31 이미 수십 년 전에 태동하기 시작해 1829년에 그 자신이 백악관에서 물러남으로써 분명해진 사태의 추이는 여기에서 완결되었던 것이다. 모건 딕스Morgan Dix는 이렇게 말했다. "우리 역사에서 하층 계급에 직접 호소한 것은 이번이 처음일 것이다. 그것은 하층 계급의 호기심을 자극하고, 향락 욕망을 채워주며, 지지를 얻기 위해 상스럽고 천박한 것을 제공하는 식이었다. 그때 이후로 사태는 한층 심각해져서, 좋은 집안에서 태어나거나 젠틀맨이라는 당당하고 오랜 이름을 계승하는 것이 오히려 불이익이 될 지경이다."32

5

온건하고 냉철한 사람들이 정치에서 멀어지는 경향은 노예제 문제나 당파 간 갈등으로 일어난 새로운 열광에 의해 더욱 심해졌다. 일찍이 1835년에 토크빌은 하원의원들의 "천박한 품행"이나 낮은 출신 배경에 관해 언급한 바 있었다. 만약 그가 1850년대의 상황을 목격했다면 사태가 더욱 악화된 사실을 간파했을 것이다. 1850년대에 해군장관 존 펜들턴 케네디John Pendleton Kennedy는 외삼촌에게 보낸 편지에 이렇게 썼다. "우리나라에는 공적 지위에 있는 사람들 가운데 자부심을 가지고 입에 올릴 만한 이가 얼마나 적은지 아십니까?…… 젠틀맨이라는 개념과 그에 대한 평가가 사람들의 마음속에서 얼마나 완벽하게 사라졌는지요! 그나마 남아 있던 인물들도 거의 무대에서 쫓겨난 것처럼 보입니다."33 1850년, 프랜시스 보언Francis Bowen은 〈노스 아메리칸 리뷰〉에 기고한 글에서, 상하 양원 모두 "시끄럽고 싸우기 좋아하는 토론 클럽으로 변해버렸다"고 꼬집었다.34

차분하고 품위 있는 토론 대신 격렬한 위협과 저급한 과장이 자리를 차지한다. 의사당 회의실에서는 종종 곰 사육장을 무색게 할 만큼 떠들썩한 장면이 연출된다. 그리고 하원은 문명 세계에서 찾아보기 힘들 정도로 무기력하고 무질서하고 비효율적인 입법부라는 오명을 얻게 되었다.

조지아 주 출신 연방 하원의원 로버트 툼스Robert Toombs도 같은 생각이었다. 그는 친구에게 보낸 편지에 이렇게 썼다. 현재의 하원에는

"내가 여태껏 보아온 의원들 중에서 최악의 본보기 같은 인간들이 모여 있다네.…… 성공한 중개상, 운좋은 머슴, 교구 없는 목사, 순회 연사 등이 대거 유입되고 있지. 하나같이 지혜나 식견도 없고 예의도 없는 자들이야. 이런 상태에서는 좋은 입법을 기대하기가 힘들다네."35 1853년에 이르러서는 하원의원이 정부를 상대로 소송을 제기해서 보상을 받는 것을 법으로 금하거나, 뇌물 수수를 금하는 형벌을 제정할 필요성이 널리 인정되었다.36 1859년이 되자 사태는 도저히 손을 쓸 수 없는 지경에 이르렀다. 하원은 의장을 선출하는 데도 동의를 모으지 못했다. 그해에 젊은 찰스 프랜시스 애덤스Charles Francis Adams는 당시 하원의원이던 아버지를 찾아와서 워싱턴에 머무르고 있었다. 훗날 아들 애덤스는 다음과 같이 회고했다.37

당시의 상원과 하원이 어땠는지 기억이 생생하다. 어느 쪽도 좋은 인상은 남아 있지 않다. 하원은 국가의 곰 사육장이었다. 당시는 지금 이상으로 살벌했던 개척자나 감독관의 시대였기 때문이다. 패거리 의식이 강하고, 예의는 형편없었다. 위스키, 가래침, 사냥칼 등이 그 시대의 질서였다. 실제로 하원에서 지켜지는 "질서"는 그것 말고는 없었다. 뉴저지의 가련한 페닝턴William Pennington이 최후의 의지처로 하원의장에 선출되었는데, 아마 하원 역사상 모든 면에서 가장 무능한 의장이었을 것이다.

공화국 초기에는 고위직에 있는 사람이 스스로 판단하여 재능 있고 우수한 인물들을 간부직에 채용할 수 있었다. 이 방법은 언뜻 생각하는 것처럼 비민주적이지는 않았다. 이런 식으로 채용된 사람들은 출신 배경이나 재산상의 혜택을 누리지 못하는 경우가 많았기 때문이다. 예를 들어, 1808년에는 대통령 제퍼슨이 이민자인 여인숙 관리자의 아들로 태어난 저명한 변호사이자 수필가인 윌리엄 워트William Wirt에게 다음과 같은 편지를 보내기도 했다.[38]

이 편지를 쓰는 목적은…… 당신에게 의회로 들어오라고 제안하기 위함입니다. 의회는 이 나라의 위대한 극장이며, 어떤 부처나 기관에도 들어갈 자격을 얻을 수 있는 곳입니다. 당신의 명성이나 재능, 바른 식견을 신중하게 잘 활용한다면, **당장 하원에서 공화주의 집단의 우두머리 자리에 서게 될 것입니다**. 그리고 시간이 조금 흐르면 응당한 지위를 보장받아, 당신은 당신 뜻대로 군사, 사법, 외교를 비롯한 국가 기관 어디든 **마음에 드는 대로 들어갈 수 있을 것입니다**. 우리나라의 이른바 뛰어난 인재들의 현재 상태를 볼 때, 당신은 일생에서 가장 명예로운 직책에 오를 수 있다고 확신해도 될 것입니다.

제퍼슨이 타계하고 몇 년 뒤, 이 편지에 담긴 자신만만한 가정들은 이제 상상할 수도 없는 것이 되었다. 출세의 방법이 바뀌어버렸다. 야심적인 정치인에게는 대중에 영합하는 자질이 그의 동료나 선배들에게 인정받는 자질보다 중요해진 것이다. 위에서 간택되는 사람보다 아래에서 추대되는 사람이 더 많아졌다.

의원 선출의 기준이 바뀐 것과 마찬가지로 공직자의 운명도 바뀌었다. 미국 공무원 제도의 첫 전통은 워싱턴이 연방주의자들을 위해 확립하고 연방주의자들과 제퍼슨주의자들에 의해 공히 1829년까지 이어졌는데, 그것은 곧 젠틀맨에 의한 통치의 전통이었다.[39] 당시 유럽의 행정 기준에서 보면, 워싱턴이 연방 공직자를 임명하는 데 적용한 애초의 기준은 비록 당파성이 있기는 해도 높은 것이었다. 그만한 역량이 요구되고 공적인 평판과 인격적 고결함이 무척 중시되었다. "국민성에 위엄과 영예를 가져다줄 만한 인물"을 지명하면 새로운 정부에 힘이 될 것이라고 워싱턴은 기대했기 때문이다. 인사상 지역 차별을 두지 않는다는 일반 원칙이 처음부터 준수되었고 연고 채용은 배제되었다. 1792년에 이르러서는 정치적 충성심이 공직자 임명에서 더 큰 역할을 하게 되었지만, 그래도 여전히 그다지 크지는 않았다. 워싱턴의 후계자인 존 애덤스가 말한 것처럼, 초대 대통령은 "철저한 민주주의자와 자코뱅주의자"를 주로 발탁했으니 말이다.[40] 공직자를 충원할 때의 가장 큰 걸림돌은 지방의 여론 때문에 연방 직원의 급여가 낮은 수준에 묶인 점이었다. 그리고 처음부터 공직의 위신이 각료조차도 별로 높지 않아서 매력적인 자리는 아니었다는 점도 문제였다. 제퍼슨주의자들이 연방주의자들을 대신했을 때, 제퍼슨은 정치적 이유만으로 공직을 대거 없애는 일은 피하면서 수년 동안 지속된 정치적 히스테리를 조금이라도 진정시키려고 애썼다. 가장 거침없고 비타협적이며 적극적인 연방주의자들은 해임되었지만, 비교적 온건한 사람들은 자리를 지켰다. 제퍼슨은 두 당파가 공직을 어느 정도 공평하게 나눠 가져야 한다고 생각했지만, 공직자의 역량이나 자질은 이전과 같은 수준을 유지했다. 청렴함이나 고결함 같은 오랜 기준이 우세하여, 제퍼슨의 "1800년 혁명"에 관해 이런저런 말은 할 수 있더라도 행정에서는 어떤 혁명도 일어나지 않았다. 실제로 이런 측면에서 인사의 기준에 연속성이 있었다는 것은 주목할 만하다.[41]

하지만 결국 임명권을 각 당파가 가지는 것이 몇몇 주, 특히 펜실베이니아 주와 뉴욕 주에서 표준적인 관례가 되었다. 선출직에서 임명직까지 윤번제[선거 결과에 따라 주요 공직자가 교체 임용되는 현상을 가리킨다] 개념이 확대되었다. 보통선거와 평등주의적 정서가 확산됨에 따라 1820년대에는 행정의 오랜 전통이 점차 약해지고 임명권이 좀더 노골적인 방식으로 당파적인 목적을 위해 행사되었다. 정당한 민주주의적 신조로 여겨진 윤번제 원칙을 잭슨주의자들은 행정 인력의 질적 저하 요인이 아니라 사회 개혁으로 보았다. 또한 그들은 공직을 얻을 기회 역시 열린사회에서 보통사람들이 누릴 수 있는 또하나의 기회로 보았다. 윤번제로 공직을 채우면 비민주적인 공직자 계급이 등장하지 못할 것이라는 게 그들의 주장이었다. 해임하기 쉽다는 것은 행정의 약점이 아니라 민주주의의 강점으로 여겨졌던 것이다. 이 개념은 1829년 12월, 앤드루 잭슨이 첫 의회 연두교서에서 가장 권위 있는 형태로 표명한 것이다.

개개인이 고결하여 부패 따위는 생각조차 할 수 없는 경우에도 한 자리에 너무 오래 앉아 있다보면 공공의 이익을 저버리는 사고 습관이 생기게 마련이라고 잭슨은 주장했다. 장기 재직자들은 "공직을 재산의 일종으로 여겨, 정부도 국민에게 봉사하기 위해 생겨난 도구가 아니라 개개인의 이익을 증진시키는 수단으로 본다". 머지않아 노골적인 부정부패에 의해서든 "올바른 감정이나 원칙의 왜곡"에 의해서든 간에 정부는 정당한 목표에서 벗어나 "다수를 희생시켜 소수를 받쳐주기 위한 수단"으로 전락한다. 잭슨은 윤번제 때문에 주기적으로 경험 없고 확인되지 않은 사람들이 등장하는 문제는 별로 심각하게 보지 않았다. "모든 공직자의 임무는 너무도 분명하고 단순해서, 지성을 가진 사람이라면 능히 그런 직무를 수행할 수 있다. 공직자의 임무란 본래 그런 것이며, 적어도 그러한 것이어야 한다." 그리고 특정 인이 오랜 기간 같은 자리에 머무름으로써 생기는 손실은 그들의 경험이 가져다주는 이익 이상으로 크다고 잭슨은 말했다. 이런 발언에서는 기회 균등이라는 민주주의 이념을 구현하는 차원에서 초심자에게도 직무를 개방하여 공직이 재산의 일종이라는 통념을 깨뜨리려 했던 잭슨의 결의를 엿볼 수 있다. 그는 윤번제 구상을 "공화주의 신조 중에서도 가장 중요한 원칙"으로 생각했다.42

여기에서 쟁점은 분명해진다. 누구나 공직을 재산의 일종으로 여겼지만, 잭슨주의자들은 이런 재산을 정당하게 **공유**할 수 있다고 믿었던 것이다. 공무에 대한 그들의 사고방식은 경제 문제에 대한 반反독점적 입장과 완벽하게 일치했다. 에너지나 활력을 주로 정치적·경제적 기회의 확산에 의존하는 사회에서 이런 사고방식에는 잭슨의 반대 세력이 기꺼이 인정하려 한 것 이상의 숨은 지혜가 들어 있었는지도 모른다. 하지만 정부 직원의 임무는 너무도 단순해서 거의 누구나 수행할 수 있다는 잭슨주의의 확신에 의해 전문직이나 훈련된 사람들의 역할이 경시되고 결국 정부 기능이 복잡해지는 것은 위험하다고 여겨지게 되었다.43 젠틀맨이 미국 선거의 필요성 때문에 밀려난 것처럼, 전문직, 아니 그저 유능한 사람조차도 정당 체제나 윤번제에 의해 미국의 정치 체제에서 극히 한정된 자리밖에 차지할 수 없게 되었다. 여기에서 숙련과 지성은 결정을 내리거나 관리하는 권한에서 완전하게 소외되었던 것이다. 공공생활에서 지성의 지위는 유감스럽게도 교육이나 훈련에 대한 젠틀맨의 시각에 의존하게 되었고, 따라서 그들의 정치적 명운과 밀접하게 연결되어왔다. 19세기 미국에서 지성은 결국 존재 가치를 잃어버렸다.

7장

개혁가의 운명

1

19세기 중반에 이르면 젠틀맨에게는 미국의 선출직이든 임명직이든 주류에서 벗어난 역할만 주어져, 그들은 실질적으로 미국 정치에서 완전히 소외되고 말았다. 그러나 한동안은 남북전쟁이 젠틀맨들의 불만을 잠재웠다. 이 전쟁은 국가의 중요한 위기 가운데 하나였기 때문에 문화 비판은 잠시 중단되었다. 남북전쟁의 대의, 혼란, 과제는 모두 긴급하게 처리하지 않으면 안 되었다. 귀족적인 계급에 속하는 북부인들은 대부분 자신들이 지키자고 한 정치 문화의 가치를 묻지 않은 채 국가를 지탱하고자 모여들었다. 링컨을 알고부터는 그에게 기대를 걸면서 찰스 프랜시스 애덤스, 존 비글로John Bigelow, 조지 윌리엄 커티스George William Curtis, 윌리엄 딘 하월스William Dean Howells, 존 로스롭 모틀리John Lothrop Motley 같은 교양인이나 문인을 외교 직책에 임명한 그에게 호의를 품었다. 미국의 민주주의를 발달시킨 문화가 이런 인물들을 낳은 것이라면 그것은 아주 무가치한 것도 아니었다.

하지만 전쟁이 끝나자 정치 체제의 실패가 그저 극적으로 드러나는 것처럼 보였다. 전쟁 전 세대에 의한 정치적 실패를 메우기 위해 수십만 명이 목숨을 잃었고, '재건'이라는 끔찍한 재앙의 시기를 거치면서 북군의 승리라는 최소한의 목표 이외에는 과거로부터 무엇 하나 배우지 못했음이 분명해졌다. 새로운 세대의 사업가들은 앞선 세대보다 탐욕스러웠고, 정치는 철도왕에 대한 공유지 불하나 관세 사기 등을 위한 적의에 찬 선동으로 전락한 것처럼 보였다. 1856년의 이상주의적이었던 공화당은 어느샌가 벤저민 F. 버틀러Benjamin F. Butler나 벤 웨이드Ben Wade 같은 인물들의 당이자 그랜트 행정부에서 추문을 일으킨 사람들의 온상이 되어버렸다.

많은 개혁가들은 1868년에 리처드 헨리 데이나 2세Richard Henry Dana, Jr.가 벤저민 F. 버틀러를 매사추세츠 주 연방 하원의원 자리에서 쫓아내려고 시도했을 때 이미 시국이 어떻게 바뀌고 있는지를 목도했다. 개혁가들에게는 문제가 선명하게 보였다. 명문가 출신 지식인 계급의 중심부이자 귀족적인 부류의 도덕적·지적 원천인 매사추세츠 주에서 바야흐로 그들 계급에 속하는 사람이 대단히 냉소적인 정계의 한 상징적 존재를 정치 무대에서 끌어내리려 했던 것이다. 〈뉴욕 타임스〉의 논평에 따르면, 이 대결은 "이 지역의 지적이고 진지하고 사려 깊은 사람들과, 생각 없고 무모하고 저주를 퍼붓는 난폭자들 간의 싸움"이었다.[1] 또한 분명 한줌의 소수와, 이민자와 노동자로 이루어진 압도적 다수 간의 싸움이기도 했다. 이는 그야말로 구태

의연하고 부적절한 데이나의 선거 운동 기법에서 잘 드러났다.² 그리고 데이나 같은 인재에게는 더이상 기대할 게 없다는 것이 이 선거를 통해 명료하게 드러났다. 데이나는 투표 수의 10퍼센트도 얻지 못했던 것이다.

데이나의 굴욕은 장차 이어질 충격의 서막이었다. 개혁가의 친구들은 어려움을 겪고 있었다. 모틀리는 소문에 휩싸인 나머지 앤드루 존슨Andrew Johnson에 의해 외교관직에서 파면되었다. 그후 그랜트에 의해 재임명되었지만 그랜트가 그를 통해 섬너를 공격하려 한 탓에 다시금 버림을 받았다. 에버니저 R. 호어Ebenezer R. Hoar 판사의 연방대법관 지명은 무엇보다 정치가들이 그를 싫어한다는 이유로 부결되었다("70명의 상원의원을 냉대한 사람에게 무엇을 기대할 수 있겠는가?"라고 사이먼 캐머런Simon Cameron은 말했다). 유능한 경제학자인 데이비드 A. 웰스David A. Wells는 자유무역론자라는 이유로 특별세무 대표직에서 해고되었다. 행정 개혁을 주창한 제이컵 돌슨 콕스Jacob Dolson Cox는 대통령의 지지를 얻지 못해 그랜트 정부의 내무장관직 사임을 각오하고 있었다. 1870년에 이르러, 헨리 애덤스Henry Adams는 워싱턴을 떠나 하버드의 강단에 서는 이유를 다음과 같이 설명했다. "내 친구들은 모두 정부에서 쫓겨났거나 곧 쫓겨날 처지입니다. 내가 이대로 남아 있더라도 내 편이나 정보원은 없어질 것입니다."³

링컨과 그랜트의 당이 개혁에 나서기를 기대했던 젊은이들은 이제 더는 환상을 품지 않았다. 새로운 미국의 그늘진 모습이 전쟁의 여진 속에서 나타남에 따라 미국 특유의 반체제 세력, 즉 좌절한 귀족적 계급의 모습도 함께 나타났다. 그들은 품위 있는 개혁가 유형으로, 그 존재만으로도 지성과 교육이 주요한 정치·경제상의 권력으로부터 소외되고 있음을 극적으로 보여주었다. 이런 품위 있는 개혁가들을 지배하는 이념은 공적 봉사였고, 중심 과제는 공무원 제도의 개혁이었다. 또 그들의 이론적 대변자는 〈네이션〉지의 E. L. 고드킨E. L. Godkin이었고, 정계에서 가장 성공한 영웅은 그로버 클리블랜드Grover Cleveland였다. 개혁가들의 문학적 금자탑은 자기연민을 예술로 표현한 걸작인 『헨리 애덤스의 교육』이었다.

역사가 애덤스는 품위 있는 개혁가들을 돌아보고, 그들이 온갖 중대한 사회 문제를 조금밖에 건드리지 않았거나 혹은 많은 문제를 조금도 건드리지 않았음을 실감했다. 아마도 그는 개혁가들의 열정이 식은 것으로 느끼고, 훗날 그들 가운데 존 제이 채프먼John Jay Chapman 같은 대담하고 열광적인 인물이 나타나기를 기대했는지도 모른다. 하지만 품위 있는 개혁가들은 이 사회에서 정치적으로 활발한 지식인 계급의 대부분을 이루고 있었다. 그리고 미국 정치에서 정신의 지위는—지위가 있다면—주로 그들의 번영 여부에 달려 있었다. 그들 스스로 이 점을 잘 알고 있었다. 로웰James Russell Lowell이 "두뇌 집단 없이도 시도해보려는 공화당의 이상한 생각"에 대한 반론을 〈네이션〉지에 싣도록 고드킨에게 요청한 것도, 찰스 엘리엇 노턴Charles Eliot Norton이 "〈네이션〉과 하버드, 예일 양 대학은 현대의 야만적이고 저속한 풍조의 침투를 막을 유일하고 견고한 방벽인 것 같다"면서 간절하지만 조금 편협한 호소를 한 것도 마찬가지 생각에서였다.4

개혁가는 미국 전체를 대표할 존재는 아니었다. 대체로 품위 있는 개혁가들은 주로 북동부의 매사추세츠, 코네티컷, 뉴욕, 펜실베이니아 주 태생이었고, 드물게 양키나 뉴요커가 이주해간 중서부에도 산재했다. 그들은 도덕적으로나 지적으로 뉴잉글랜드 정신의 계승자였고, 대부분이 뉴잉글랜드의 가계를 잇는 사람들이었다. 즉, 유니테리어니즘이나 초월주의에 대한 철학적 관심, 청교도주의의 도덕적 의지, 자유토지 운동free-soil movement〔서부로 노예제를 확대하는 데 반대한 운동. 1848년과 1852년에 자유토지당을 결성해 대통령 선거에 나서는 등 적극적으로 활동했다〕의 열정적인 유산, 교육과 지성에 대한 뉴잉글랜드적 경의, 공적 의무와 국가 개혁에 대한 양키 특유의 열정 등을 계승한 것이다.

게다가 그들은 자신 확신과 자기 정당성이라는 양키적 특질을 강하게 지니고 있었다. 품위 있는 개혁가들은 대부분 스스로의 도덕적 순수성을 확신하고 있었던 것이다. 출판업자 조지 헤이번 퍼트넘 George Haven Putnam은 자서전에서 그들을 이렇게 묘사했다. "각 세대의 시민들 중에서 이기주의를 버리고 공동체에 대한 책임을 인식하면서 힘이 닿는 한 주위 사람들에게 봉사하고자 자신의 노동과 능력을 기꺼이 바치려는 인물이 배출된다."5 사욕이 없는 이런 봉사는 경제적 보장과 가문의 확고한 전통이 있어서 가능한 일이었다. 품위 있는 개혁가들은 그다지 부자는 아니었지만 대체로 유복한 편이었다. 미천하거나 가난에 찌든 가정에서 자수성가한 사람은 거의 없었다. 개혁가들은 주로 대상인이나 제조업자, 변호사, 성직자, 의사, 교육자, 편집인, 저널리스트, 출판업자 등의 아들로서 아버지의 회사나 직업을 잇고 있었다. 교육 수준은 일반적인 수준보다 월등히 높았다. 아직은 대학 졸업장이 흔치 않던 무렵인데도 그들 가운데는 문학사 학위를 가진 이가 무척 많았고, 그 밖의 사람들도 대부분 법률학교 졸업증서를 가지고 있었다. 역사가나 골동품 연구가, 수집가도 있고, 시인이나 소설가, 비평가도 있었다. 대학 출신자 중에는 하버드나 예일 졸업자가 많았고, 뉴잉글랜드의 교육 전통에 속하는 애머스트, 브라운, 윌리엄스, 다트머스, 오벌린 출신자도 상당수였다. 종교적으로는 소수의 독립파나 회의주의자를 제외하면 상류 계급의 교파, 특히 뉴잉글랜드의 전통에 영향을 받은 교파나 상인 귀족층에 호소하는 교파―회중교회, 유니테리언파, 성공회 감독파―에 속했다.6

헨리 애덤스가 신랄하게 묘사한 것처럼, 이 품위 있는 개혁가들에게는 정치적으로나 도덕적으로 기댈 데가 없었다. 친구도 거의 없고 자기편은 전혀 없었다. 미국인의 삶에서는 정계든 재계든 거칠고 무례한 유형의 인간이 온갖 문제를 처리했는데, 남북전쟁 후 애덤스가 영국에서 돌아왔을 때에는 이런 유형이 지배적이었다.7

개인차는 있겠지만 사람들은 대체로 [그랜트 이외의―R. H.] 다른 인간 유형을 정상이라고 생각하게 되었다. 요컨대 사고에는 에너지를 적게 쓰는 사람들, 농부의 몸으로 권좌에 오른 사람들, 자기 자신과 타인을 신뢰하려 들지 않는 사람들, 또한 소심하고 남을 시기하며, 때로 집착을 보이고, 다소 둔감해 보이지만 늘 자극을 찾으며, 행동하는 것이 최고의 자극인―투쟁 본능 덩어리인―사람들이다. 이런 사람들은 마치 익갑류Pteraspis 같은 타고난 힘과 솟구치는 에너지를 가지고 있지만, 학자들을 간단히 무시했다. 그들은 수천 명의 학자들을 통솔하지만 누가 학자인지 분간하지도 못한다. 그 결과, 토론이나 지성이 금세 뭉개져버렸다.

교양 있는 사람들은 어디를 보든 적대적인 세력이나 낯선 사고방식과 마주하고 있음을 깨달았다. 그들은 사업에서나 공공의 문제에서나 자신들을 무색하게 만드는 새로운 금권 정치에 분개했다. 그들은 금권 정치를 인간적으로 야비할 뿐만 아니라 사회적으로 위험하다고 보았다. 금권 정치는 문제의 거물들이 구성하고 있었기 때문이다. 예를 들어 찰스 프랜시스 애덤스 2세〔찰스 프랜시스 애덤스의 아들. 남북전쟁에서 장군으로 활약했고 유니언퍼시픽 철도회사의 회장을 지냈다〕에 따르면, 거물들 중에는 몇 년 동안 교분을 나눠도 다시 만나고 싶은 사람이나, "유머나 사상, 세련 같은 관념을 떠올릴 만한" 사람은 한 명도 없었다는 것이다.[8] 정치가들도 그들 못지않게 저속하고("아주 천박하고 추잡한 자들"이라고 고드킨은 불렀다) 무능한데다 무식하고 부패하기까지 했다.[9] 헨리 애덤스가 워싱턴으로 돌아온 지 얼마 후, 한 각료는 그에게 연방의원을 인내심을 가지고 상대하는 것이 얼마나 무의미한지를 털어놓았다. "연방의원을 잘 상대하기란 애당초 무리입니다. 하나같이 돼지들이에요! 몽둥이로 코를 때려야 한다니까요!" 보스턴이나 뉴잉글랜드, 뉴욕에서 만난 사람들은 이구동성으로 "워싱턴은 체통 있는 젊은이가 살 만한 곳이 못 된다"고 애덤스에게 경고했다. 애덤스 자신도 워싱턴에는 분별 따위란 없고, 세련된 사람의 사상이 영향을 끼칠 만한 기풍이나 사회적 수단도 없다는 걸 알아챌 수 있었다.[10]

사회 전체도 그 사람〔애덤스를 가리킨다. 그의 자서전인 『헨리 애덤스의 교육』은 3인칭 서술로 되어 있다〕과 마찬가지로 편안해 보이지 않았다. 행정부와 의회 모두 사회와 동떨어져 있었다. 사회의 어느 누구도 정부로부터 아무런 관심도 받지 못하는 것 같았다. 정부의 어떤 사람도 사회의 누구와 상의할 필요성을 느끼지 않았다. 세상은 이미 정치와는 완전히 무관해졌지만, 정치도 점점 사회에서 멀어졌다. 남북전쟁에서 살아남은 사람―조지 밴크로프트나 존 헤이John Hay 등―은 어떤 식으로든 자기 기반을 유지하려고 애썼지만, 눈부신 성공을 거두지는 못했다. 그들은 마음 내키는 대로 말하고 행동했지만, 그런 언행에 주의를 기울이는 사람은 아무도 없었다.

품위 있는 개혁가들은 기업체나 정치 기구의 핵심으로부터 소외된 만큼이나 일반 대중으로부터도 소외되었다. 그들은 급진적 개혁을 외치기에는 사회적 이해관계가 복잡했고, 다른 부류의 개혁가들과 정치 동맹을 맺기에는 상대를 너무 경멸했다. 불만을 품은 농민들은 괴팍한 열정과 금전만능주의 때문에 혐오감만 불러일으킬 뿐이었다. 계급적 이해利害나 거드름과 기품 때문에도 이 개혁가들은 노동자 계급이나 이민자들과 사이가 멀어졌다. 찰스 프랜시스 애덤스 2세는 자기 계급에 공통되는 정서를 이렇게 표현했다. "나는 내 동네에서 노동자들과 어울리지 않는다." 그렇게 어울리면 "어느 쪽도 기분이 좋지" 않을 것이라고 덧붙인 그는 이중으로 옳았던 것이다.[11] 이민자들에 관해 말하자면, 개혁가들은 도시의 실정失政에서 이민자들이 맡은 역할이야말로 정계의 보스들이 힘을 얻은 주된 요인의 하나라고 보았다. 개혁가들은 때로 제한 없는 민주주의와 모든 성인 남성에게 부여하는 보통선거권의 이점에 대해 회의적인 시선을 보냈고, 학력 시험이나 인두세 납부 등을 선거권의 기준으로 삼는 방안을 만지작거렸다. 그렇게 되면 대다수 이민자들이 선거권에서 배제될 게 분명했다.[12]

사회의 주요 구성원과는 다른 요구를 가진 이 개혁가들은 결국 사회 전체와 이해를 달리하는 존재가 되었다. 그래서 유용한 정치적 동맹을 맺지 못한 채 정치적으로 무력한 처지에 내몰릴 수밖에 없었다. 그들은 제임스 포드 로즈James Ford Rhodes의 말처럼 "교양을 갖춘 일부 사람들에게 영향을 끼치는" 식으로, 혹은 "재산과 지성을 가진" 사람들에게 호소함으로써 때로는 자신들의 목적을 달성할 수 있으리라는 기대에 만족해야 했다.[13] 1874년에 칼 슈어츠Carl Schurz는 "우리는 이 나라의 가장 좋은 사람들이 자랑스러워 할 정부를 원한다"고 말했다.[14] 그들이 실제로 바란 것은—어떤 부류의 엘리트도 쓸모없는 이 나라에서—교양 있고 공적 정신을 지닌 엘리트가 리더십을 행사하는 것이었다. "가장 좋은 사람들"이란 아웃사이더였다. 그들은 사회적 지위 때문에 불리해진다고 생각했다. 그리고 교양이 있다는 것은 확실히 불리한 점이었다. 1888년, 제임스 러셀 로웰은 다음과 같이 불만을 토로했다. "이 나라의 일부 지도적 정치가들이나 많은 신문들의 의견으로는 학식이 있는 사람은 처음부터 공적인 문제에 판단을 내리기 어려운 입장이 된다. 설령 숙고하지 않고 판단을 내릴 경우에는 적어도 시민들에게 그 뜻을 전하는 것은 삼가야만 한다."[15]

품위 있는 개혁가들은 지지해주는 시민이 너무 적어서 정치나 행정에 관한 문제에 정면으로 대응하기가 어렵다고 느꼈다. 그래서 독자적으로 싸우는 전략을 택할 수밖에 없었다. 양대 정당 간 힘의 차이는 언제나 근소했기 때문에, 독자 세력으로서도 탈당 위협으로 강하게 맞서면 자신들의 숫자에 어울리지 않는 큰 영향력을 발휘할 수 있었다.[16] 진정한 영향력과는 거리가 멀지만, 개혁가들은 잠시나마 감질나게 균형을 유지하는 것처럼 보였다. 처음에 그들은 그랜트 정권에서 어느 정도 발언권을 가질 것으로 기대했다. 하지만 그랜트에게 실망하자 그들의 대부분은 1872년 자유공화당Liberal Republicans의 반란에 가담했지만 결국 실패로 끝났다. 그러자 헤이스Rutherford Birchard Hayes가 정성스러운 구애의 손길을 보내와 그들의 기대도 부풀었지만, 이번에도 역시 실패로 끝났다. 대체로 그들은 우체국이나 뉴욕 세관의 개혁, 혹은 해밀턴 피쉬Hamilton Fish, E. R. 호어, 윌리엄 M. 에버츠William M. Evarts, 칼 슈어츠, 웨인 맥비Wayne MacVeagh 같은 사람들의 각료직 취임 등 제한된 승리를 맛보는 데 만족해야 했다. 그들이 가장 행복했던 순간은 1884년 선거 때 찾아왔다. 당시 그들은 '머그웜프' 세력이 공화당에서 탈당함으로써 뉴욕 주가 블레인 지지에서 클리블랜드 지지로 돌아섰고, 그에 따라 선거 판세도 달라졌다고 확신했던 것이다(1884년 선거에서는 민주당의 그로버 클리블랜드와 공화당의 제임스 G. 블레인James G. Blaine이 붙었는데, 당시 블레인에게 반기를 들며 민주당원까지 끌어들여 다른 대선 후보를 내세우려고 당내 반란을 일으킨 공화당 개혁파를 가리켜 머그웜프mugwump(원래 알곤킨족의 언어로 '우두머리'라는 뜻)라고 불렀다. 이후로 머그웜프는 지지 정당이 없는 사람, 무소속 정치인 등을 뜻하는 영단어가 되었다). 하지만 그들이 입법 차원에서 뚜렷한 성공을 거둔 것은 공무원 제도 개혁, 즉 1883년의 펜들턴법Pendleton Act(엽관제의 폐해를 극복하기 위해 정치와 행정을 분리하는 것을 골자로 한 법. 정치적 이해관계에서 벗어나 중립적으로 공무원을 임용하기 위한 인사위원회 설치, 공무원 공채 제도 확립, 공무원의 정당 자금 제공과 정치 운동 금지 등을 규정한 이 법이 제정됨으로써 엽관제가 폐지되고 실적제가 자리잡게 되었다) 제정이었다. 이 개혁은 특히 주목할 만하다. 젠틀맨의 계급적 쟁점인 공무원 제도 개혁은 미국 정치 문화의 시금

석이었기 때문이다.

2

―

개혁가들의 중심 이념―그들이 모두 동의하고 가장 깊은 관심을 보인 이념―은 공무원 제도의 개혁이었고, 그들은 그것 없이는 다른 어떤 개혁도 성공적으로 실행할 수 없다고 믿었다.[17] 공무원 조직 개혁이라는 이상을 둘러싸고는 정당 조직과 정당의 보상, 그리고 공직 윤번제를 신뢰한 직업 정치인들의 신조와, 능력이나 효율성, 공직의 경제성, 실적에 바탕을 둔 공개적인 일자리 경쟁, 임기 보장 등을 추구한 개혁가들의 구상이 직접적으로 대립했다. 개혁가들은 개혁안을 마련하기 위해 미국의 군대 제도나 프로이센 및 중국의 관료제까지 참고했지만, 원래 영국 지향이었던 이 지식인 계급은 영국에서 전례를 찾으려 했다. 영국에서는 1854년에 노스코트-트리벨리언 보고서Northcote-Trevelyan Report가 공표된 뒤로 공무원 제도 재편이 한창 진행 중이었기 때문이다.

영국의 공무원 제도 개혁가들은 공무원 제도와 계급 구조 및 교육 제도 간의 유기적 관계를 충분히 인식하면서 개혁안을 세웠다. 그들이 설계한 공무원 제도는 글래드스톤William Ewart Gladstone이 말한 것처럼 젠틀맨 계급에는 "모든 고위직을 장악하게" 하고, 하층 계급에는 실무적이고 비용이 덜 드는 훈련을 받은 사람으로 채울 수 있는 자리를 할당하는 것이었다.[18] 이 시안은 매콜리 경Lord Thomas Babington Macaulay에게 큰 영향을 받은 것인데, 그는 "문예적 소양이 뛰어난 젠틀맨만 요직에 앉히는 방안"을 구상했다. 다시 말해 고위직은 전통 있는 대학에서 엄격한 고전 교육을 받은 젠틀맨으로 채우고, 하위직은 다소 낮은 교육을 받은 지원자들로 채울 생각이었던 것이다. 그리고 각 범주마다 경쟁시험을 치러 우수한 인재를 확보하는 것이다. 1877년에 이르러 주요 개혁가 중 한 사람인 찰스 트리벨리언 경Sir Charles Trevelyan은 미국인 친구에게 영국의 변혁은 성공했을 뿐만 아니라 호평을 받고 있다며 이렇게 전했다.

과거의 임명제에서는 이득을 본 사람도 많았지만 배제당한 사람이 훨씬 많았다. 그중에는 이 나라의 최고 계급에 속하는 사람들도 있었다—변호사, 온갖 교파의 성직자, 교사, 농민, 상점주 등 분주한 전문 직업에 종사하는 사람들이다. 이런 사람들은 새로운 제도의 이념을 곧바로 이해하고 존중할 만한 또다른 특권으로 기꺼이 받아들였다.

게다가 찰스 경은 공무원 제도와 군대 제도의 효율성을 높인 개혁이 "교육에도 놀라운 자극을 주었다"고 말했다. 지난날 상류 계급의 아들들은 공직에 진출하고 싶은 경우에도 굳이 노력할 필요가 없었다. 어쨌든 임명될 게 확실했기 때문이다. 하지만 이제는 자신의 미래가 주로 자신의 역량에 달려 있음을 알게 되었다. 그리하여 "활약을 기대할 만한 새로운 인재들이 속출했다. 공무원 제도와 군대 제도의 개방은 국민 교육에 끼치는 영향 면에서 가장 가치 있는 장학금 수십만 개가 새로 생긴 것과 맞먹는다.……"19

영국 개혁가들의 주장이 미국의 개혁가들에게 호소력을 가진 것은 이해할 만하다. 미국의 주요 개혁가들은 선발시험으로 결정되는 공직이 자신들의 마음을 끌 만큼 높은 지위가 아닌 경우에는 대개 이기적인 관심을 기울이지 않았다.[20] 그러나 자신들이 살고 있는 사회의 규범에 의해 공직에 임용되지 못하고 친구들을 도울 수도 없음을 알게 되는 것은 그들에게 굴욕이었다.[21] 개혁가들이 주된 과제로 삼은 것은 계발적이고 정치적인 이상의 실현이었다. 즉, 그들 자신의 기준에 따른 순수함과 우수성을 정치의 실무에 반영하는 것이었다. 그들 눈에는 "국민성"이 위기에 처해 있었다. 그들은 대학의 고전파 경제학 수업에서 배우고 관세 문제에 적용했던 자유와 경쟁에 의한 우위의 원리가 공직에도 적용되어야 한다고 생각했다. 요컨대 능력을 기준으로 한 열린 경쟁에 의해 산업계의 공정한 경쟁에 필적하는 것을 공직에도 적용할 수 있어야 한다고 생각했던 것이다.[22] 하지만 직업 정치인들이 보기에 능력을 판별하는 수단 ― 경쟁시험 ― 은 학교풍이 강했기 때문에, 지성이나 교육, 훈련에 대한 그들의 반감이 곧바로 머리를 쳐들었다. 직업 정치인들은 당장 그것에 대해 "학교 교사에 의한 시험"이라고 말했다. 이 논점은 직업 정치인들의 예민한 신경을 건드림으로써 격렬한 반지성주의적 반감이 터져나왔다. 직업 정치인들은 시험에 바탕을 두고 임기를 보장하는 공무원 제도의 구상을 비난했다. 그들에 따르면, 그런 구상은 귀족주의적이며, 영국과 프로이센, 중국의 관료제를 모방한 것이고, 군주제를 떠받들며 공화제를 위협하는 것이었다. 또한 군대 제도상의 자격시험을 본보기의 하나로 답습하고 있었기 때문에 군사주의적인 것이기도 했다. 이처럼 훈련된 지성에 대한 불신감은 처음부터 강했던 것이다. 1868년에 로드아일랜드 주 출신의 연방 하원의원 토머스 A. 젱크스Thomas A. Jenckes가 공무원 제도 개혁을 요구하는 법안을 제출했을 때, 일리노이 주 출신의 연방 하원의원 존 A. 로건John A. Logan은 하원에서 이렇게 비난했다.[23]

이 법안은 이 나라에 귀족제를 도입하는 단초입니다.…… 이 법안이 통과되면 이 나라에 두 개의 국립학교가 출현할 것입니다―군인을 위한 학교와 공민교육을 하는 학교입니다. 이 학교들이 정부로 가는 모든 길을 독점할 겁니다. 누구든 이 가운데 한 학교에 합격해서 학생 명부에 이름을 올리지 않으면, 능력이나 자격이 아무리 충분해도 정부에서 일자리를 얻지 못하게 됩니다. 일단 합격한 사람은 평생토록 안락을 누리며 자식들도 같은 길을 걷게 할 것입니다. 이런 학교를 나온 학자는 이제 정부를 통할할 자격이 있는 사람은 자신들뿐이라고 믿게 되고, 또한 자신들만이 정부를 통할해야 한다고 마음먹게 될 겁니다.

공무원 제도를 둘러싼 논쟁이 진행됨에 따라, 직업 정치인들이 능력이나 문자해득, 지성 같은 요건을 정부 조직의 원리에 대한 위협으로 보고 두려워한다는 것이 분명해졌다. 그리고 이런 위협에 직면한 그들은 자신들의 엽관제 원리를 지키기 위해 아무 거리낌도 없이 민중선동에 나섰다. 인디애나 주 출신의 어느 연방 하원의원은 놀라운 전망을 내놓았다. 예를 들어 로버트 E. 리Robert E. Lee가 총장으로 있는 버지니아 주의 워싱턴 대학 졸업생이라면, "치카모가 전투에서 수족을 잃었고 보통교육이나 작업장 연수를 받았을 뿐"인 서부의 상이군인보다도 경쟁시험에서 좋은 점수를 얻을 것이다. 그러나 "시험을 잘 치르고 학업 성적이 높다는 이유로 반란 지역〔남북전쟁 시기의 남부 연방 지역을 가리킨다〕대학의 학생들이 비록 배운 건 없어도 실무 경험이 풍부하고 애국적인 상이군인을 밀어내는 것을 사람들은 결코 용인하지 않을 것이다. 그런 자리에는 군인들이 훨씬 적합하기 때문이다."24

위스콘신 주 출신의 연방 상원의원 매슈 H. 카펜터Matthew H. Carpenter도 비슷한 말로 격하게 규탄했다.25

〔남북전쟁 당시―R. H.〕 국가의 운명이 위태로워지면서 용감한 젊은 이들이 전쟁의 폭풍 속으로 돌진하고 있을 때, 애국심이 없는 시민의 아들들은 대학 교육을 받는 혜택을 누리고 있었습니다. 그리고 이제, 불구가 된 병사들이 돌아와서 연방 공무원에 지원하지만 거절당합니다. 능력이 있는데도 말입니다. 그들이 조국을 위해 피를 흘리는 동안, 책을 읽으면서 온갖 사실과 원리를 머릿속에 욱여넣은 자들에게 그런 자리를 넘겨줘서는 안 됩니다. 희망봉의 조류가 어떻게 바뀌는지, 달이 지구에 얼마나 가까이 접근하는지, 카스피 해로 흘러드는 주요한 강들의 이름이 무엇인지를 모른다는 이유로…….

이 상원의원은 "선발시험을 잘 치렀다고 해서 천국에 들어가는 건 아닙니다"라고 꼬집으면서, 형식적인 교육과 실천적인 지식의 차이를 여러 예를 들며 설명했다. "공무원 임용에서는 아무리 바보라도 예일 대학에서 온갖 지식을 주워들어 졸업증을 받기만 하면 이 나라에서 가장 유능하고 가장 성공하고 가장 정직한 사업가보다도 더 선호되게 마련입니다. 사업가는 초등교육의 혜택을 누리지 못했거나 오랫동안 실무에 몰두한 나머지, 마치 고향을 떠나는 선원이 삐죽 튀어나온 곳에 작별을 고하듯이, 세세한 학문적 지식이나 기품 따위와는 아주 멀어졌기 때문입니다."

이런 적의를 품은 평가는 북부인들 입에서만 나온 게 아니었다. 미시시피 주 출신의 연방 하원의원 맥키George C. McKee는 교육 기준이 적용되면 교육 수준이 낮은 사람들이 임용에 즈음하여 그동안 지리적 조건으로 누려온 특권을 거의 이용할 수 없게 된다며 이의를 제기했다. 만약 능력이 필요조건이라면, 자신이 미시시피 유권자들을 위해 할 수 있는 일도 없어진다고 솔직하게 불만을 털어놓았다. "뉴멕시코 출신의 야생마 같은 여자가 여기로 와서 일자리를 찾는다고 생각해봅시다. 그 여자는 멕시코 만류가 북으로 흐르는지 남으로 흐르는지 모를 수도 있습니다. 그것이 폭포처럼 수직으로 서 있다고 생각할지도 모르고요. 아니면 '일본 해류'가 구스베리 비슷한 것이라고 대답할지도 모릅니다. 그리고 자신이 지원한 하위직을 맡을 만한 능력이 충분한데도 탈락해서 집으로 돌아가고, 그 자리는 뉴멕시코인이라는 토박이 의식이 그 여자의 절반만큼도 없는 안경 쓴 여교사 같은 사람의 몫이 됩니다."26 맥키는 이런 한탄도 했다.

이곳에는 당신네 행정직 전체보다 더 많은 걸 아는 유권자가 있습니다. 미시시피 주에서 태어나 자란 그 사람은 안타깝게도 최하위 사무직을 맡을 자격도 없다고 여겨졌지요. 그런데 그는 지금 태평양 연안에서 손꼽히는 은행의 창구 직원입니다. 당시 인사 담당자들은 실무 능력이나 상식에 관한 한 서기는커녕 구두닦이만도 못한 메인 주 출신의 안경잡이 교사를 임용했지요.(일동 웃음) 한마디로 줄곧 이런 식이었습니다.

오랫동안 공무원 제도에 반대하는 사람들은 일반 서민의 마음에 공무원 제도 개혁의 이미지를 심어놓는 데 성공해왔다. 이 개념은 현실과는 별 관계가 없지만, 평등주의 정서나 탐욕스러운 정당 조직, 반지성주의 등에 크게 호소하는 힘을 지녔다. E. L. 고드킨이 일찍이 말한 바에 따르면, 개혁 추진 세력이 처음 등장했을 때 그것은 단지 "일부 학자 계급이 여가시간을 즐기기 위해 고안한, 사회를 재생시킬 수천 가지 비현실적인 시도"의 하나로 여겨졌다. 1868년부터 1878년까지 정치 진영 내부에서 개혁안은 혐오와 비웃음이 뒤섞인 "애처로운 공직 개혁"이라고 일컬어졌다. "개혁가들은 때로 일종의 천년왕국 신봉자라거나 우유부단하다는 말을 들었다. 정치 사회를 부드러운 훈계와 값싼 칭찬으로 관리할 수 있는 일종의 주일학교로 여긴다는 지적을 받는 그들과는 해가 되지 않는 선에서 비위를 맞춰주고 논쟁을 하지 않는 것이 실무적인 사람의 자세라는 말도 돌았다."[27] 직업 정치인들은 공무원 제도 개혁이야말로 대학 졸업자에 대한 편애를 의미하며, 대학 교육을 받은 세습 귀족들만 공직을 보유할 것이라고 보았다. 또한 그들은 공무원 채용 시험에서는 별의별 난해하고 기이한 문항들이 출제될 것이라고 생각했다(R. R. 보커R. R. Bowker는 "거리 청소를 해야 하는 사람에게 고대사나 천문학, 산스크리트어 등에 관해 묻는 것을 두고 실로 별것 아닌 것이 화제에 오르거나 문서화되고 있다"고 항의했다). 교양 중심의 선발시험을 시행하는 구상에 대해 개혁 반대론자들은 공포감을 느꼈는데, 많은 잠재적 구직자들도 마찬가지였을 것이다. 개혁 반대 입장을 좀더 명료하게 밝힌 한 인물은 다음과 같이 단언했다.[28]

이제부터는 공무원 조직에 들어가려면 경쟁시험이라는 좁은 문을 통과해야 하는데, 사실상 대학 졸업자들만이 통과할 수 있기 때문에 피어스 같은 사람은 합격하지만 링컨 같은 사람은 탈락할 것이다. 그리하여 그런 자리를 차지한 소수자는 세상의 부침과 무관하게 평생 동안 편안하게 지내면서 정기적으로 점점 더 높이 승진한다. 이 계급은 사회의 다른 사람들로부터 분리되어, 자기들 공통의 이익과 오직 한 사람, 즉 군 총사령관이기도 한 미합중국 대통령에 대한 복속으로 결속된다.

개혁가들은 모든 지원자가 공평하게 응시할 수 있는 시험은 조금도 비민주적인 것이 아니며, 미국의 교육 제도 자체는 고등교육에서도 민주적인 것이라고 주장했다.29 또한 그들은 공무원 후보자가 미국철학회 회원이나 아이비리그 졸업자일 필요는 없음을 입증하기 위해 기존 시험문제집을 다시 출간했다. 게다가 1881년 이전부터 이미 경쟁시험제가 실시되던 뉴욕 세관에서, 시험이나 임명으로 뽑힌 후보자 가운데 아주 적은 수만이 대학 졸업자임을 입증하는 통계를 제시했다.30 그러나 이 모든 것들은 아무 소용이 없었다. 교육 받은 공무원이라는 망령이 직업 정치인들을 끝까지 쫓아다녔던 것이다. 가필드 James Abram Garfield 대통령이 암살당한 뒤, 공무원 제도 개혁을 지지하는 대중의 감정이 고양되었을 때조차 후임 대통령인 체스터 A. 아서Chester A. Arthur는 공무원 시험이 다른 자질보다 "단순한 지적 실력"을 높이 평가하고 있어, 실무 경험이 있는 사람이 미숙한 대학 출신 젊은이와 경쟁하면 불리하지 않겠느냐고 연방의회에서 우려를 표명했다.31 의회에서 공무원 제도 개혁법안을 추진한 조지 H. 펜들턴 George H. Pendleton 상원의원은, 시험제는 대학 출신자에게만 부당하게 유리한 "학력 테스트"가 아님을 상원에 재확인시킬 필요가 있다고 인식했다.32 가필드가 돌연 저격을 당하지 않았다면, 펜들턴법으로 구체화된 개혁은 거의 한 세대쯤이나 지체되었을 것이다.

3

직업 정치인에 대한 개혁가의 비판에서는 **무지, 천박, 이기주의, 부패** 같은 몇 가지 기본적인 단어들이 거듭 등장한다. 이런 언어에 대항하기 위해 정치인들은 적절하고 설득력 있는 답을 준비해야 했다. 단지 지금 문제가 되고 있는 논쟁을 이끌기 위해서만이 아니라 자신들의 격한 분노를 삭일 필요도 있었기 때문이다. 물론 보통사람들과의 신뢰관계에 관한 한 정치인들 쪽이 분명 유리했다. 하지만 논쟁 자체가 개혁가들이 설정한 용어로 이루어진다면, 정치인들은 상당히 곤란해질 터였다. 정치 세계의 가장자리에서 살아가며 결정이나 책임 같은 부담에서 자유로운 모든 사람이 그렇듯이, 개혁가들은 직업 정치인들에 비해 스스로 내세우는 순수성을 한결 더 쉽게 유지할 수 있었다. 개혁 지도자들은 대부분 명문가 출신으로, 적어도 그에 상응하는 부와 안정되고 독립적인 직업을 가지고 있어서 생계를 정치에 직접 의지할 필요가 없었던 것이다. 직업 정치인에 비해 그들은 공직에 필수적이라고 느끼는 공평무사의 분위기를 유지하기가 쉬웠다. 게다가 그들은 실제로 더 많은 교육을 받고 교양도 풍부한 사람들이었다.

　정치인이나 정치 거물은 하나의 대응책으로서 개혁가들의 우월한 교육이나 문화를 정치적으로 불리한 점이라고 깎아내리고, 일상적으로 이루어지는 정치라는 어렵고 더러운 일이 그들의 적성에 맞을까 하는 의문을 던졌다. 일반 서민들이 살아가려면 생계수단을 찾아야 하듯이, 정치 거물이나 정당 활동가도 이 현실이라는 고통스러운 세계 속에서 어떤 식으로든 움직여야 한다고 정치인들은 말했다. 현실은 도덕이나 이상, 교육이나 문화의 영역이 아니라 사업이나 정치라는 극히 남성적인 영역인 것이다. 개혁가는 자신들이 이기적이지 않다고 주장한다. 그러나 그 주장이 설령 진실이라고 할지라도, 정치인들에 따르면 그것은 단지 그들이 논평을 늘어놓는 현실 세계에서 동떨어져 있었던 탓이다. 정치인들은 개혁가들이야말로 현실 세계에서 일을 하지 않아도 되고 또 그 세계와는 어울리지 않는 부류로 보았다. 잘나가던 시절, 극심한 경쟁에 내몰린 냉혹한 물질주의적 세계에서 이기적이지 않다는 것은 순수성을 가리키는 것이 아니라 자아의 결여, 현실에 맞설 힘의 결여, 자기주장과 남성다움의 결여를 가리키는 것이라면서 말이다.

정치인들은 미국 남성이라는 하나의 정착된 선입견에 기대면서, 교양은 비실용적이고 교양인은 쓸모없으며 교양은 여성적이고 교양 있는 남자는 여자처럼 연약해지기 쉽다고 주장했다. 개혁가들은 공직이나 권력을 남몰래 갈망하지만 실제로 필요한 것에 대한 필수적인 이해력이 없어, 성공한 사람들에게 분노를 쏟아내고 있는 것이다. 개혁가들은 공직자나 권력자의 뒤를 캐는 위선적인 감독관에 불과하다. 일찍이 제임스 G. 블레인이 말한 것처럼, 그들은 "거드름피우고, 어리석고, 시시하고, 지식도 없는…… 인간이다. 그들은 시끄럽지만 수가 많지는 않고, 바리새인처럼 허례를 좋아하지만 실제적이지 않으며, 야심은 품고 있지만 현명하지 못하고, 우쭐대지만 강하지 못하다."33 정치가들은 그렇게 주장했던 것이다.

개혁가와 정치인의 대립은 직업 정치인들의 마음속에 정치 세계에서 활동하는 교육 받은 인간에 대한 고정관념을 심어놓았고, 그것은 지금까지도 사라지지 않고 있다. 이런 고정관념을 매력적으로 묘사하는 것이 태머니홀Tammany Hall〔원래 혁명전쟁 참전군인들이 1789년에 만든 공화파의 정치 기구였다. 19세기 후반에는 이민자들에 대한 일자리 알선 등을 무기로 뉴욕 시와 뉴욕 주를 장악하고 보스 정치를 일삼는 거점이 되었다〕의 조지 워싱턴 플렁킷George Washington Plunkitt에 의한 기록이다(다소 윤색되었을 테지만). 그는 세기 전환기에 대한 보고자이며 솔직한 시정市政 실무자였다. 만약 태머니파 지도자들이 "모두 책벌레에 대학교수였다면 태머니파는 선거에서 4천 년에 한 번밖에 승리할 수 없었을 것입니다"라고 단언한 플렁킷은 이렇게 말을 이었다.34

대부분의 지도자는 민중, 즉 평범한 미국 시민이며, 중간 이름을 가진〔전통적으로 중간 이름은 귀족이나 상류층이 많이 썼다〕거드름쟁이들을 누르는 데 필요한 만큼의 교육은 받았습니다.…… 이 지역 사람들에게 나는 언제나 친근감을 느낍니다. 그들과 함께 있을 때면 굳이 말을 가려서 쓸 마음이 안 듭니다. 헌법에 관해 이야기하거나 전기는 몇 볼트인지도 입에 올리지 않고요. 어쨌든 내가 그들보다 더 많이 배운 사람이라는 느낌을 주지 않으려고 합니다. 그 사람들은 그런 걸 좋아하지 않으니까요.

또 이런 말도 했다.35

정치에서 성공하는 법을 책에서 배울 수 있다고 생각하는 젊은이도 있을 겁니다. 그래서 그들은 대학에서 가르치는 온갖 허튼 지식을 머릿속에 가득 집어넣지요. 이보다 더 심한 착각은 없습니다. 다만 오해하지 마세요. 내가 대학이라면 뭐든 반대하는 건 아닙니다. 책벌레들이 있는 한 대학은 계속 존재할 테고, 어느 면에서는 쓸모도 있겠지만, 정치의 세계에서는 도움이 안 됩니다. 사실 대학 교육을 받은 젊은이는 처음부터 불리한 입장에 서게 됩니다. 정치에서 성공할 수도 있겠지만 그럴 확률은 백에 하나일 겁니다.

정치인으로서는 개혁가를 위선적이고 비현실적이라고 비난하는 것만으로는 성에 차지 않았다. 개혁가의 몸에 밴 교양과 결벽증은 "찬 홍차를 홀짝거리는" 이 "감상적이고 선량한 체하는 젠틀맨들"이 남자답지 않음을 보여주는 증거로 여겨졌다.36 개혁가들은 때로 "정치적 남녀추니"라고 비방을 들었다(정당 내에서의 그들의 불안정한 지위가 성별의 불확실함으로 간단히 대체되는 것이다). 캔자스 주 출신의 연방 상원의원으로 괴팍한 성질을 자랑하는 잉걸스John James Ingalls는 한때 그들이 정당에 충성하지 않는 데 분노하여 "제3의 성"이라 부르며 비난했다. 즉, "남자답지도 않고 여자답지도 않고, 아기를 임신시킬 수도 없고 낳을 수도 없으며, 여성적 출산력도 없고 남성적 생식력도 없는 인간. 남자들에게는 경멸을, 여자들에게는 조롱을 받으며, 불임과 고립과 절멸의 운명을 타고난 인간"으로 단정되었던 것이다.37

1872년 자유공화당 운동에서 개혁가들이 하나의 조직된 세력으로서 등장한 이래, 정치 브로커 중 가장 의욕이 넘쳤던 인물인 로스코 콩클링Roscoe Conkling은 "이상주의자, 대학교수, 불평분자의 모임"이라고 그들을 비난했다.38 콩클링은 또 미국의 고전적인 독설로 꼽히는, 남자답지 않은 남자를 공격하는 함의를 지닌 표현들을 일일이 들먹였다. 콩클링에게 당한 희생자는 조지 윌리엄 커티스였다. 과거 독일의 대학에서 공부했던 커티스는 〈하퍼스〉지의 편집인이자 저명한 개혁가였고, 브라이언트나 로웰, 섬너 같은 이들의 친구였으며, 교육받은 사람들이 정치에서 좀더 공격적인 역할을 해야 한다고 주장한 거물이기도 했다. 사건은 1877년 당 조직을 둘러싼 정치 거물과 개혁가의 싸움이 절정에 달한 뉴욕 주 공화당 대회에서 일어났다. 콩클링에게 발언 기회가 오자 그는 이런 질문을 던졌다. "신문 등에서 공화당원에게 채찍을 휘두르고 공화당이나 그 양심, 신념에 학교 교사처럼 설교를 늘어놓는 이 작자들은 대체 누굽니까?" 콩클링은 이어 "그들 중에는 장신구 업자, 정치 딜레탕트, 정계의 애송이들이 있습니다"라고 말했는데, 당시 커티스의 잡지에서 연재하기 시작한 패션 기사에 빗댄 이 장신구 업자라는 표현은 그 자리에서 조롱 섞인 웃음을 자아냈다. 그는 개혁가들이 "얄팍한 겉치장일 뿐인 순수성"을 자랑한다고 비난하고 그들의 배신이나 위선, 고약하고 점잔빼는 독선을 조롱한 뒤, 다음과 같은 말로 발언을 끝맺었다. "그 사람들은 정당이라는 것이 행동거지나 여성잡지나 과장된 하소연으로 이루어지는 것이 아님을 망각하고 있는 것입니다.……"[39]

여기서 콩클링은 나중에 플렁킷이 "중간 이름을 가진 거드름쟁이들"을 언급하면서 암시한 내용을 아주 명료하게 말하고 있다. 그에게 개혁가들의 교양과 꼼꼼함은 연약함을 의미했다. 교양은 여성적인 것을 암시했으며, 커티스가 여성잡지 편집인이라는 점이 그 증거였다. 최근에 매카시 상원의원 등이 동부 명문 사립고 출신의 영국 지향적인 국무부 직원들을 동성애자라며 공격한 것은 이 나라 독설의 역사에서 보면 그다지 특별한 일이 아니다. 〈뉴욕 트리뷴〉지가 콩클링의 연설을 통째로 실어 비난했음에도 불구하고 조카가 쓴 그의 전기에서는 이 사건을 기술하면서 "장신구 업자"라는 말을 빼버리고 마치 외설적인 어구를 생략한 것처럼 별표 처리를 한 것을 보면, 그 표현을 당시의 많은 사람들이 그런 의미로 이해했음을 알 수 있다.[40]

정치인들은 개혁가들의 탐탁지 않은 성격에 대한 암묵적 동의의 기반으로서 모종의 정서에 의지하고 있었다(당시만 해도 사실상 모든 남성과 대다수 여성이 이런 정서를 받아들였다). 정치 활동은 남성의 특권이라서 여성은 정치에서 배제된다는 정서, 더 나아가 정치에서 중요한 역할을 하는 능력이야말로 남자다움의 잣대라는 정서였다. 정치 세계에서 활동하는 것은 남자의 일인 반면, 개혁 운동에 참여하는 것은 (적어도 미국에서는) 늘 진취적이고 개혁적이고 도덕적인 여성들과 결부되어서 생각되었다. 그 증거가 노예제 폐지론자들이다. 여성 참정권을 둘러싼 논쟁에서 툭하면 들을 수 있었던 남성들의 공통된 사고는 여성이 정치 활동이라는 더러울 수밖에 없는 남성의 세계에 들어서면 그만 타락해서 여자다움을 잃는다는 것이었다. 이 더러운 남성의 세계를 정화하는 것은 "무지갯빛 꿈"이라고 잉걸스 상원의원이 말한 바 있다.

남성이 개혁을 지지하면 여성처럼 되듯이 여성이 정치에 진출하면 남성처럼 되어버린다는 것이다. 호러스 부시넬Horace Bushnell은 만약 여성이 선거권을 얻어 수백 년 동안 이어간다면, "여자들의 외모나 기질 자체가 바뀔 것"이라고 걱정했다. 여성의 생김새는 날카로워지고 몸은 빳빳해지며 목소리는 갈라지고 행동도 조심성이 없어질 것이다. 자기 확신이나 의지, 대담함으로 가득차서 지위나 권력을 갈망하게 될 것이다. 또한 권리 주장이라는 꿈에 매달리는 동안, 여성은 실제로 "생리적으로 다른 유형으로 바뀌어서 키가 더 커지고 기골이 장

대해지고 손발이 커지고 뇌 용량도 늘어날" 것이다. 게다가 "절망하고 지나치게 선동을 당한 사람이 그렇듯이, 몸이 마르고 머리카락도 푸석푸석해질" 것이다. 부시넬은 그렇게 예상했다.[41]

여성은 정치적 권리가 없는 대신에 남성보다 훨씬 더 도덕적 순수성을 갖추고 있다고 여겨져왔다(그렇지만 이 순수성은 좀 취약하다는 말을 들었다).[42] 그리고 여성은 아내나 어머니라는 역할을 통해 그 순수성을 실현한다는 말도 인습적으로 들어왔다. 여성이 정치의 영역에서 떨어져 있는 한, 이상과 순수성이라는 영역은 여성의 몫이었던 것이다. 이와 마찬가지로 현실이나 더러운 거래의 영역은 그것이 존재하는 한, 남성의 몫이었다. 그리고 좀더 순수하고 사심 없는 개인적 이상을 정치에서 구현하려 했던 개혁가들은 정치를 여성화하고 남녀 구별을 모호하게 만든다는 비난을 들었다. 여자들이 정치 세계에 들어감으로써 여자다움을 잃듯이, 개혁가들도 여성적 기준—도덕성—을 정치 생활에 도입함으로써 남자다움을 잃었다는 것이다. 개혁가들을 가리키는 상투적인 어구—"긴 머리 남자와 짧은 머리 여자"—는 이런 대중적 정서를 적절하게 드러내는 것이었다.

여성 참정권 요구가 성의 구별을 뭉개버리고 비인간화를 초래한다는 통념은 헨리 제임스Henry James가 쓴 『보스턴 사람들』이라는 소설의 중심 주제였다. 부시넬과 마찬가지로 제임스도 여성이나 여성적 원리의 비뚤어진 공격성 때문에 남성의 세계가 파멸하지는 않을까 우려했다. 소설에 등장하는 남부인 주인공 배절 랜섬은 이렇게 일갈한다.[43]

모든 세대가 여성화되어버렸어. 남성적인 것은 이 세상에서 사라지고 있다고. 지금은 여성적이고 신경질적이고 히스테릭하고 재잘대고 점잔빼며 말하는 시대야. 공허한 문구와 거짓된 섬세함, 과장된 배려와 연약한 감수성의 시대라고. 당장에라도 조심하지 않으면 이제껏 본 적 없는 더 연약하고 김빠지고 허세 떠는 평범한 사람들의 세상이 되고 말 거야. 남성적인 특성, 즉 과감하고 인내하는 성격이나, 현실을 알면서도 두려워하지는 않는 능력, 세계를 직시하며 있는 그대로의 실상─뭔가 이상하거나 비천한 것이 뒤섞인─을 받아들이는 능력. 이것이야말로 내가 지키고 싶은, 아니 오히려 되찾고 싶은 것이라고…….

그러나 제임스가 이미 남성적인 것을 잃어버렸다고 개탄한 세계는 짐 피스크Jim Fisk나 카네기, 록펠러의 세계가 아니었다. 또한 철도왕의 세계도 아니었고, 트위드 패거리Tweed Ring〔연방 하원의원, 뉴욕 카운티 감독위원, 뉴욕 주 상원의원 등을 지낸 윌리엄 M. 트위드William M. Tweed(1823~1878)를 중심으로 한 부패 집단을 가리킨다. 태머니홀의 정치 거물이자 뉴욕 시에서 세번째로 많은 땅을 소유한 부동산 거물, 이리 철도와 메트로폴리탄 호텔 등을 소유한 재벌이었던 트위드는 19세기 말 미국 정치의 부패를 상징하는 인물이다〕나 로스코 콩클링의 세계도 아니었다. 그것은 오히려 교양 있는 남성의 세계였다. 지난날 그 학식이 남성적인 행동이나 주장과 연결되어 있던, 보스턴으로 대표되는 동부 사회였던 것이다. 헨리 제임스는 다른 어느 곳보다도 동부 사회를 잘 알고 있었다. 이 사회에서 거의 통절하다고 할 정도로 갈구한 존재는 사상과 도덕관념의 영역을 행동이나 주장이라는 남성적 특질과 결합할 수 있는 남자였다.

4

개혁가들 스스로가 충분히 인식하고 있었는지 어땠는지는 제쳐두더라도, 그들은 무능하고 연약하다는 오명을 뒤집어쓴 채 미국 정치의 주류로부터 소외되고 말았다. 이런 상황을 타개하려고 나선 인물 가운데 한 사람이 시어도어 루스벨트였다. 그는 개혁 지도자들과 동일한 사회 계층에 속하고 동일한 교육을 받았음에도 불구하고 젊은 시절부터 개혁가들에 대한 비판이 틀린 것은 아니라고 느껴왔다. 그리고 개혁의 목표를 달성하려면 지식인 계급 출신의 새롭고 열정적인 지도자가 필요하다고 통감하고 있었다. 루스벨트는 개혁가들에 관해 『자서전』에서 이렇게 회고했다.44

> 그들은 극히 세련된 젠틀맨이며, 정치의 부패를 개탄하면서 응접실이나 거실에서 토론을 거듭했다. 그러나 실생활에서의 사람들의 마음은 조금도 알지 못했다. 그들은 마치 개혁이 케이크 같은 구체적인 사물이라도 되는 듯이 절박하게 요구하기만 하면 마음대로 건네줄 수 있는 것인 양 툭하면 큰 소리로 "개혁"을 외쳤다. 이 거실 개혁가들은 행동력의 부족을 비판의 열정으로 메웠던 것이다.……

이 글을 쓸 당시에 루스벨트는 이미 극도의 혐오감 때문에 고드킨 부류의 개혁가들과 갈라선 지 오래였다. 그의 입장에서는 개혁가들이 자신을 도덕적 배신자로 비판한 점 때문에 노여웠고, 그들 입장에서는 루스벨트 같은 계층의 인간이 도덕적 타협을 한다는 게 이해가 되지 않았다. 하지만 루스벨트가 19세기 말에 미국 전역에서 인기를 모을 수 있었던 것은 그가 동부의 유복한 계급에 속하고 하버드 출신의 문필가이면서도 카우보이나 러프라이더 연대Rough Riders(1898년 스페인-미국 전쟁이 발발하자 루스벨트가 조직한 의용기병대) 대원들과 어울리는 법을 잘 알았기 때문이다.

 1880년, 루스벨트는 가족이나 친구의 반대를 무릅쓰고 뉴욕 시의 자기집 근처에 있던 제이크 헤스 공화당 클럽Jake Hess Republican Club에 가입함으로써 정치 세계의 끝자리에 발을 들여놓았다. 처음에는 클럽의 환경이나 텃세를 부리는 지역 당원들이 싫었지만, 그래도 정치 게임을 포기하지 않았다. 이듬해에 그는 공화당 조직 안에서 많은 지지를 얻어 올버니 시의회 의원에 당선되었다. 스물세 살의 나이로 비로소 뉴욕 주의회 의원에 당선되었을 때도 루스벨트는 여전히 상류층 출신이라는 낙인에 시달렸다. 헨리 F. 프링글Henry F. Pringle이 말했듯이, "그는 상당한 재산을 가진 뉴요커인데다 하버드 출신이기까지 했다. 검은색 실크 줄이 달린 안경을 쓴 여성적인 멋쟁이로, 영국에 대한 미국인의 열등감이 낳은 희극적인 인물이었다. 역시 신입 당원이자 루스벨트와 함께 숱한 싸움을 경험한 아이작 L. 헌트Isaac L. Hunt조차 '머리를 빗어넘기는 모양새나 말투 등이 농담처럼…… 멋있었다'고 회고할 정도였다". 프링글이 말한 것처럼, 몸에 밴 매너나 문법에 충실한 영어, 남다른 패션 감각은 오히려 루스벨트의 불리한 점으로 작용했다. 또한 우스꽝스러울 정도로 고음인 목소리로 의장 앞에서 어느 동시대인의 말처럼 "뉴욕의 명문가 사람들이 쓰는 사투리로" 연설을 한 탓에, 루스벨트는 정치인으로서의 경력을 불운한 형태로 시작한 셈이다.[45] 그의 정적들은 곧바로 그에게 대학물을 먹은 도련님이라는 딱지를 붙였다. 전국적인 남자 대학생 사교 클럽인 알파델타파이 회원 네 명이 주의회 선거관리위원회에 있다는 사실이 밝혀지자, 뉴욕의 〈월드〉지는 다음과 같이 썼다. "맙소사! 맙소사! 루스벨트 회원은 주의회 위원 자리를 거래하는 업자가 아닌가. 알파델타파이는 크레이프 천으로 그 심벌을 가려야 한다.…… 막일로 손에 굳은살이 박인 뉴욕 주 유권자들은 머리가 굳은 의원들이나 법률가들이 주의회 경선에 '대학 정치'를 도입하고 있다는 걸 알면 놀라고 혐오하게 될 것이다. 알파델타파이는 분명 대학생들에게는 순수하고 즐거운 오락을 제공하겠지만, 성숙한 정치를 위한 안전한 길잡이는 되지 못한다."[46]

그러나 루스벨트가 만들어낸 강렬한 개인 이미지는 신문에서 다뤄지기 시작했다. 그의 활력과 성실성이 애정 어린 반응을 얻어, 그는 교육과 출신 배경에도 불구하고 호의적인 주목을 받았다. 뉴욕 주 북부의 어느 신문 편집인은 "부와 학식을 갖춘 젊은이가 단지 사교계의 나비에 머무르지 않고 타고난 재능을 살려 공적인 일에 봉사하려고 노력하는 모습을 보는 건 즐거운" 일이라고 말했다. 보스턴의 한 신문은 그가 "미학적 소양"을 가지고 있기는 하지만 "명민하고 분별 있는 공화당식 연설"을 한다고 논평했다. 또다른 신문은 그가 "구세계와 신세계의 여러 일류 대학에서 익힌 온갖 이론에 짓눌려 있기는" 하지만 "정말로 총명한 젊은이이며 실제적인 사고를 하고 있다"고 평가했다. 스프링필드의 〈리퍼블리컨〉지는 평범한 시민들이 겪는 문제를 제대로 이해하지 못하는 젊은이들의 지적 훈련에 대해 우려하면서도, 루스벨트야말로 "민중의 대의에서 동떨어지지 않은 교양"을 습득한 경우라고 인정했다. 그리고 루스벨트가 공무원 제도 심의위원이 된 무렵에 어느 신문 편집인은 이렇게 말했다. "그가 추진하는 개혁은 결코 정당에 대한 복종을 은폐하기 위한 위선적인 말속임이나 학자들의 레크리에이션이 되지 않을 것이다."

또한 루스벨트가 서부에 밝고 목장 경험도 했다는 점은 그의 남자다운 이미지를 굳히는 데 큰 도움이 되었다. 덕분에 "그는 서부에 대농장을 여럿 가지고 있고 사냥을 즐긴다.…… 사내답고, 강건하고, 활력에 넘치는 인물이다.…… 젊은 시절에는 서부에서 **거친 생활**을 하면서 자기방어술도 익힌 인물이다"라는 평가를 얻었다. 또한 인디언들과의 경험도 영웅담으로서 회자되었다. 사냥 솜씨도 정치적 자산이 되었다. "그는 로키 산맥의 회색 곰을 쫓을 때와 마찬가지로 정치 브로커의 뒤를 쫓을 때도 진정한 스포츠 정신을 발휘할 것이다. 그리고 그가 정치의 부패에 맞서 총을 쏘는 것은 지근거리에서 연발총을 쏘는 모습과 흡사할 것이다." 루스벨트는 공무원 제도 개혁이 위험한 사냥과 비슷하다는 점을 자신의 삶으로 보여준 유일한 개혁가였다.

루스벨트는 도시적이고, 상업주의적이고, 냉소적이고, 연약한 세계에 대항하는 존재였다. 서부나 야생의 세계, 활력과 정력이 넘치는 남성적인 생활 스타일을 체현하고 있었다. 또한 "성실하고" 이상적인 외모를 지니고 있었다. 루스벨트 자신도 교육이나 개혁이 활력이나 남자다움과 양립 가능함을 극적으로 보여준 것으로 알고 있었고, 스스로 이 메시지를 젊은 세대에게 전하는 역할까지 맡았다. 1894년에 하버드 대학으로부터 강연 요청을 받았을 때 그가 고른 주제는 "정치에서의 능력주의와 남자다움"이라는 것이었다. 그리고 청중에게 "훌륭한 남자일 뿐만 아니라 남자다운 남자가 되어야 하고, 악을 대표하는 자들이 모든 사내다운 특질을 가로채게 내버려두어서는 안 된다"고 촉구했다. 1890년대에 그는 특히 미국 남자들에게 적극적이고, 끈기 있고, 실제적이면서도 이상주의적인 태도로 정치 투쟁에 동참하라고 소리 높여 호소했다. 그가 종종 이야기한 "정력적인 삶"은 단순히 민족주의나 제국주의적인 주장의 문제가 아니라 국내적인 개혁 정치의 문제였던 것이다. 루스벨트는 거듭 말했다. 훌륭한 미국인이라면 비판만 할 게 아니라 실제로 행동에 나서야 한다. 또한 "정당 간부회의에서 벌어지는 거친 소동"에 기꺼이 몸을 던져 남자답게 자기 역할을 맡고, "때로는 거칠고 추잡하며, 때로는 마땅히 추구해야 하는 것보다 천박한 이상을 좇지만 유능하고 노련하고 능숙한 남자들"과 어울리는 것을 결코 마다해서는 안 된다. 그리고 "더욱 거칠고 남자다운 미덕, 특히 육체적 또는 정신적인 용감함이라는 덕목"을 길러야 하며, 군인들에게서 칭송되는 "끈질김의 미덕" 즉 "그것이 없으면…… 어떤 나라도 존립할 수 없는, 남자답게 싸우는 자질"을 갖추고 "정신과 육체 모두 활력이 넘치도록" 해야 한다. "처음에 실패했다고 해서, 일이 어렵거나 싫다고 해서 경쟁에서 물러나는 것은 남자답지 못하고 비겁한" 행동이다. 루스벨트는 이런 말도 했다. "약하고 온순한 마음"을 보여서는 안 된다. "마땅히 해야만 하는 거칠고 어려운 일을 내팽개쳐서는" 안 된다. 진정한 예술가라면 "골동품을 좋아하고 교양은 있지만 무능한 남자"의 경우와 같은 "딜레탕티슴"에 빠져서는 안 된다.…… 교육 받고 교양도 있는 계급의 사람들에게는 특별한 책무가 있는 것이다.[47]

1890년대의 심각한 경제 불황으로 불안감이 더욱 심해지는 상황에서 이런 태도는 널리 환영을 받았다. 캘리포니아의 한 신문은 이렇게 썼다. "최고의 남자다움에서 오는 열의와 힘은, 특히 모든 정치·사회 상황이 과도기에 있는 지금, 미국 정부에 시급하게 요구되는 자질이다."

 호전적 국가주의와 정력적인 삶을 루스벨트가 이야기함으로써 그의 공격성은 부각되었다. 잭슨과 같은 투쟁과 결단의 자질을 갖추고, 제퍼슨 같은 겁쟁이가 아니며, 존 퀸시 애덤스 같은 학자도 아니고, 커티스에게 던져진 우유부단하다는 비난 따위는 결코 듣지 않을 지식인 정치가가 마침내 등장한 것이다. 루스벨트는 누가 뭐래도 "투사"였다. "그는 싸움을 좋아했지만 그 싸움은 모두 좋은 정부를 위한 것이었다. 루스벨트는 공격성 그 자체"였던 것이다. 1896년 시어도어 울시Theodore Woolsey나 헤르만 폰 홀스트Hermann von Holst 같은 학자들이 미국 제국주의를 한창 비판할 때, 클리블랜드의 〈월드〉지는 소심한 학자들의 입을 완전히 봉해버릴 힘이 루스벨트에게 있다고 보도했다. 시어도어 루스벨트의 영향력은 "애국심의 산들바람 같은 것이다.⋯⋯ 이 산들바람은 울시나⋯⋯ 홀스트 등의 수많은 대학교수가 말라붙게 만든 비애국심의 평원을 스쳐지나간다. 그들만큼의 학식을 갖춘 사람의 입에서 이 신선하고 고마운 숨결이 나오는 것이다". 설령 남성적인 애국심과 호전성이 부정적인 이미지를 주었더라도, 루스벨트가 스페인과의 전쟁에서 러프라이더 연대를 이끌며 크게 활약함으로써 그 틈은 메워졌다. 이로써 그는 일약 국민적 영웅이 되었다. 1899년 〈하퍼스 위클리〉지는 다음과 같이 평가했다. "그의 인기는 대부분의 남자들이 좋아하는 어떤 사내다운 특징에서 나온다.⋯⋯ 뒤쫓는 상대가 스페인인이든, 회색 곰이든, 수송아지든, 또는 군인이든, 사냥꾼이든, 목동이든 간에 사람들은 말에 올라탄 그 남자의 모습이 좋은 것이다." 1900년, 디트로이트의 〈뉴스〉지는 루스벨트에게 쏟아진 열렬한 찬사를 논평하면서 이렇게 썼다. "기묘한 대조를 이루는 패거리―대학 출신자와 카우보이―를 한데 묶어 그들과 함께 현대사의 페이지를 휩쓸고 가는 이 사나이에게 남자들은 떠들썩한 환호를 보냈고 여자들은 우아하게 경의를 표했다." 이듬해 시카고의 〈저널〉지는 다음과 같이 말했다. "도시에서 커가며 무대 출입구나 지켜보던 활기 없고 방탕한 젊은이들이 시어도어 루스벨트 같은 진짜 남자에게 공감할 수 있을 거라고는 생각되지 않는다. 하지만…… 몸속 혈관에 붉은 피가 힘차게 도는 그야말로 살아 있고 정력적인 미국인이라면 그의 진가를 알아챌 것이다."

도시화된 상업 문명은 심각한 불황에 시달리며 타락의 위기에 직면한 가운데, 루스벨트를 좀더 남성적이고 활력 넘치는 신세대의 선구자로서 환영했다. 루스벨트는 개혁에 관심이 있는 교육 받은 귀족적 계층의 위신을 되찾아줌으로써, 그리고 그런 사람들에게 남성적 덕목을 다시 불어넣음으로써 혁신주의로 가는 길을 닦았던 것이다. 거칠고 강인한 자세를 요구받은 미국의 남성들은 이미 남자다움을 잃었다는 것을 두려워하지 않은 채 이런 식의 이상주의나 개혁에 부응할 수 있었다. 사람들은 루스벨트에게서 미국인 정치가의 전형적인 이미지를 발견했던 것이다. 그것은 향상심에 불타는 정치인이며, 한편으로는 교양이나 이상주의 말고도 지적 관심이 지나치게 많다고 의심을 받더라도 적극적인 군복무 기록―그게 없으면 풋볼 팀을 만든 기록이라도 괜찮았다―을 내세워 검열을 통과해버리는 정치인이다.

그런데 루스벨트의 업적은 소극적인 측면에 머문 게 아니었다. 젠틀맨 학자는 연약하고 정치적으로는 무능하다는 이미지를 떨쳐버렸을 뿐만 아니라 그런 유형의 사람들이 유용한 역할을 할 수 있음을 루스벨트는 보여주었던 것이다. 그 세대의 사람들은, 사회적 지위나 정신적·도덕적 자질을 들먹이며 필요 이상으로 리더십을 요구했던 이전 세대의 지식인들을 대체해나갔다. 시어도어 루스벨트와 그의 세대는 오히려 국가의 여러 기획에서 자신들이 특수하고도 필요불가결한 기능을 수행해야 한다고 주장하는 경향이 있었다. 그들이 보기에, 정치에서 학자들이 맡는 역할은 그 특수 기능, 즉 정부가 건설적으로 기능하는 데 점점 필요해지는 유용한 능력에 따라 정해진 셈이다. 바야흐로 정치의 세계에서 젠틀맨 개혁가가 좌절을 맛보는 시대는 막을 내리고 있었다. 그리고 혁신주의 세대가 등장함에 따라 전문가로서의 학자의 시대가 그 막을 열고 있었다.

8장

전문가의 부상

1

잘나가던 도금 시대의 개혁가들에게 뼈아픈 좌절감을 안겨준 지식인과 권력측의 이반은 혁신주의 시대에 들어 조금은 갑자기 끝을 맺었다. 미국 경제와 사회의 발전은 새로운 국면에 접어들었다. 그동안에는 산업의 개발이나 대륙 전체의 지배, 부의 증대에 관심이 쏠렸는데, 여기에 필적할 만한 것이 새롭게 생겨났다. 앞선 수십 년 동안 구축된 거대한 권력들을 인간화하고 조정하려는 기운이다. 이제까지 미국은 늘 정신적 굶주림 같은 것을 느끼며 사회 문제에 그리스도교 윤리를 적용해온 것처럼 보인다. 다만 그 경우에도 그리스도교의 교의만 거론될 뿐, 실천 행동으로 나타난 적은 별로 없었다. 그래도 자기비판과 자기분석의 필요성이 과거 어느 때보다도 강하게 인식되었다. 젠틀맨 개혁가들이 요구했지만 실현하지 못한 좋은 정부의 원칙들이 드디어

현실화될 조짐이 보인 것이다.

하지만 좋은 정부의 원칙 자체도 변화하기 시작했다. 공무원 제도 개혁가들은 좋은 정부가 실제로 무엇을 하는지에 관해 제한된 사고를 하고 있었다. 게다가 좋은 정부가 어떤 점에서 좋은 정부인지를 국민들에게 납득시키지 못한 탓도 있어서, 개혁가들의 뒤를 이을 사람이 적었다. 그러나 그것이 무엇인지를 이제는 점점 많은 수의 지적인 미국인들이 이해하게 되었다. 거대 권력을 주요 기업가나 정치 거물들의 수중에서 빼앗아 거기에 인간성을 불어넣고 도덕을 가미하려면 정치를 정화하고 경제를 지배할 수 있을 정도로 행정부를 강화할 필요가 있었다. 당연히 정부의 기능은 더 복잡해지고, 그에 따라 더 많은 전문가들이 필요해질 것이었다. 민주주의 자체를 위해서도, 전문가들을 의심한 잭슨주의적 태도는 불식되어야 했다. 민주주의와 교육 받은 사람 간의 긴장은 해소되어가는 듯했다. 언제나 전문가의 가치를 강조해온 사람이 민주주의의 가치를 이해하게 되고, 민주주의도 역시 전문가의 가치를 이해하게 되었기 때문이다.

이 새로운 사회 질서에서도 꾸준한 모색과 폭넓은 이해가 필요했다. 미국이 새로운 시대의 문턱에 서 있다는 인식은 거의 보편화되었다. 또한 범국가적인 자기비판을 피할 수 없게 되면서 사상이 현실 생활 속에서 점차 뿌리를 내렸다. 지식인은 한 세기 만에 일부는 전문가로서, 또다른 일부는 사회 비판자로서 미국 정계의 중심적 지위에 복귀했다. 하지만 국가의 문제들과 관련하여 지성이 맡는 역할은 지난날 젠틀맨 개혁가들이 예상했던 것과는 상당히 달랐다. 젠틀맨 개혁가들이 생각하기에 지성은 주로 사회 계층이나 품위에 의해 판가름이 나는 것이었다. 그들이 정치에서 지성이 활용되지 않는다고 개탄한 것은 지성에 더 많은 경의를 표해야 한다고 느꼈기 때문이다. 다만 정치에서 지성이 어떻게 활용되도록 해야 하는지에 관해서는 아주 보수적인 생각밖에 없었다. 그러나 이제는 지성의 필요성도 그것을 구현한 사람들의 사회적 지위와는 무관하고, 오히려 국가를 부단히 비판하며 개혁할 수 있는 에너지를 끄집어내고 이끌어나가는 데 있었다. 요컨대, 지성의 복귀는 그것이 보수적인 입장을 지키는 데 유용하다고 여겨졌기 때문이 아니라 변혁을 추진할 힘이 그것을 다시 호출했기 때문이었다. 이런 점에서 사회 비판이나 행정 조직에서 나타난 혁신주의 시대의 변화는 헤이스나 가필드 시대의 보수적인 공무원 제도로 회귀하는 것이 아니라 뉴딜 복지 국가나 프랭클린 D. 루스벨트의 두뇌위원회의 전조였던 셈이다.

　분명 혁신주의자들은 새로운 행정 체제를 실현하기보다는 새로운 도덕적 분위기를 형성하는 데서 더 수완을 발휘했다. 지식인들은 당대의 도덕적·지적 요구에 따라 미국의 일반 대중뿐만 아니라 정치 지도자들과도 전례 없이 밀접한 관계를 맺었다. 일부 지식인들은 외부에서 정치 세계로 이끌려 들어갔지만 대다수는 정치 질서 내부에서 직접 등장했으며, 과거보다는 명예나 안정도가 높은 지위를 확보했다. 시어도어 루스벨트, 우드로 윌슨, 헨리 캐벗 로지Henry Cabot Lodge, 앨버트 J. 베버리지Albert J. Beveridge, 로버트 M. 라 폴레트Robert M. La Follette 등, 사상이나 학문에 관심이 있는 사람들에게는 정치 세계에서 지도적인 지위가 제공되었다. 혁신주의 운동기의 걸출한 정치 지도자들 가운데 민중민주주의 내에서의 반지성주의 경향을 계속 유지한 사람은 브라이언뿐이었다.[1] 한편, 라 폴레트는 특별한 지위를 누렸다. 동시대의 몇몇 사람들과 비교하면 학식이나 지성이 떨어지지만, 두뇌위원회라는 발상은 처음부터 그의 공로로 돌려야 마땅하다. 그는 위스콘신 주지사로서 위스콘신 대학과 주정부 간의 협력 체제를 구축했고, 또 상원의원 시절에는 유능하고 연구심 강한 직원들을 워싱턴에 데려가기도 했다. 라 폴레트는 정치인으로서의 경력을 시작하면서 이미 대학 출신이라는 배경은 현실 정치에서 아무 소용이 없다는 조지 워싱턴 플렁킷의 주장이 잘못되었음을 입증했다. 첫 선거 운동 때 대학 동기들을 불러모아 잘 짜인 정치 조직의 중핵으로 삼았던 것이다. 시어도어 루스벨트가 지성과 남자다움이 양립할 수 있음을 보여주었다면, 라 폴레트는 지성이 정치적으로 유용할 수 있다는 것을 입증했다.

2

혁신주의는 지역이나 주 차원에서 전국 차원의 정치로 확대되었다. 우선 주정부에 새로운 법률 관련 기관이 탄생하여 입법 전문가를 위한 실질적 직책이 마련되었다. 정치 세계에서 전문가의 역할을 시험한 무대는 워싱턴이 아니라 주도州都, 특히 위스콘신 주 매디슨이었다. "국민"과 주에 봉사하는 전문직이 그곳에서 처음 등장했기 때문이다. 라 폴레트가 위스콘신 주에서 벌인 실험은 그 성공과 실패, 그리고 그에 따른 반감 속에서도 전국적인 혁신주의 정치의 본보기이자 뉴딜 두뇌위원회의 역사적 원형이 되었다. 위스콘신 주의 실험이 교훈적인 것은 정치에서의 전문가나 지식인의 역할이 사회 속에서 인정을 받아가는 모든 단계를 보여주었기 때문이다. 우선 첫 단계로, 지식인의 필요성을 제기하게 된 변화와 불만의 시대가 있었다. 둘째 단계로는 지식인이나 전문가와, 그들이 관여한 개혁을 동일시하게 되었다. 셋째 단계에서는 이 개혁에 대한 불만이 점차 높아졌다. 개혁의 효과에 대한 직접적인 반응이 대개는 이런 불만 표시로 나타났던 것이다. 이런 불만은 특히 기업들 사이에서 심했는데, 그들은 정부의 간섭을 규탄하고 개혁에 따른 비용이 너무 높다고 불평하는 등 다양한 근거로 호소하면서 일반 서민이 개혁가들에게 대항하도록 부추겼고, 그 하나가 반지성주의였다. 그리하여 최종 단계에서는 개혁가들이 쫓겨나고, 개혁은 미완성으로 끝났다.

훗날 "위스콘신 아이디어"라고 알려지게 된 움직임이 맨 처음 나타난 것은 젊은 경제학자 리처드 T. 일리Richard T. Ely의 지휘 아래 위스콘신 대학에 경제·정치·역사학부가 신설된 1892년이었다. 이 운동의 지도자인 프레더릭 잭슨 터너와 토머스 C. 체임벌린Thomas C. Chamberlain 총장은 위스콘신이 중서부 주들 가운데 사회과학의 발전을 추진하는 선구자가 되기를 기대했다. 두 사람은 사회과학이야말로 지난 사반세기 동안 더욱 복잡해진 산업계에 실제적인 전망을 제시할 수 있는 엄청난 잠재력을 지녔다고 느낀 것이다. 결국 두 사람이 시도한 대로, 위스콘신 대학은 행정이나 시민적 활동을 위한 훈련의 중심 기관이자, 주정부에 기여할 유능하고 실천적인 봉사 기관이 되었다.

대학의 역할 중에서 특히 강조할 점은 완전한 무당파성이었다. 요컨대, 대학은 정당 간의 싸움에 좌우되어서는 안 된다고 여겨졌고, 더 넓은 의미에서 말하면 특정 계급의 이익이 아니라 "국민" 전체에 봉사할 것으로 기대되었다. 또한 대학은 선전이나 이데올로기가 아니라 정보, 통계, 조언, 기술, 교육을 제공해야 한다고 인식되었다. 그리고 같은 근거에서 대학의 유용성이 높게 평가되는 것과 더불어 대학의 위신 또한 커질 것으로 기대되었다. 대학 지도자들은 대학의 기득권이 침해될 것으로는 보지 않았다. 터너는 초창기의 편지에서 일리에게 다음과 같이 요청했다. "이 신설 학교가 어떻게 하면 실제로 위스콘신 사람들에게 봉사할 수 있는지, 당신의 생각을 간략하게 알려주십시오.…… 학교의 이런 실천적 측면이라는 새로운 가치를 통해 우리는 냉정한 위스콘신 자본가들로부터 지원을 받을 수 있을 것입니다."[2] 나중에 터너는 공평한 학문이라는 개념을 좀더 명료하게 표현했다.

> 대학은 과학, 법률, 정치, 경제, 역사 교육을 함으로써 민주주의의 여러 집단으로부터 **상충되는 이해관계를 공평하고 지적으로 조정할** 행정관이나 입법자, 판사, 지방행정 전문가 등을 배출할 것이다. "자본가 계급"이나 "프롤레타리아트" 같은 말이 미국에 유포되는 지금이야말로 주에 봉사한다는 이상으로 무장한 채 이런 상호 충돌하는 힘을 조정하고, 서로 다투는 세력들 사이에서 공통의 기반을 발견하고, 미국의 최고 이상에 진정으로 충성하는 정당들로부터 존경과 신뢰를 받는 사람들을 양성해야 한다. 그런 인물들이 양성되고 있음은 이미 몇몇 주에 만들어진 전문가 위원회나, 주의회 의원 중에서 대학 출신자의 비율이 점차 높아지고 있는 점, 연방 각 부처나 위원회에서 대학 출신자의 영향력이 커지고 있는 점에서 명백하게 나타난다. 경제, 사회 관련 입법이나 행정에서 지적이고 원칙 있는 진보를 바란다면, 우선 미국 대학의 영향력을 키워야 한다고 말해도 과언이 아니다.

터너는 이어 미국의 대학이 처한 위험 요소를 여기서 모두 알 수 있다고 말한다. "개척자 민주주의pioneer democracy"는 이제껏 전문가를 존중하는 데 인색했고, 전문가는 "선대부터 받아온 의심"에 계속 항변해야 할 것이라고 말이다. 하지만 전문가는 그것을 "창조적인 상상력과 인격"으로 극복할 수 있다고 그는 생각했다.3

19세기 말에 이르러 위스콘신 대학은 특히 주나 지방자치체의 사회·경제 문제를 전문으로 하는 뛰어난 학자들을 모았는데, 그 덕분에 훌륭한 논문도 많이 나왔다. 또한 공개강좌 제도를 도입해 위스콘신 주민州民들 교육에 협력했다. 예를 들면 농민 강습회를 통해 농업에도 관심을 쏟으며 위스콘신 주의 농업 기술을 향상시키는 데 크게 기여했다. 그런데 1900년 로버트 M. 라 폴레트가 주지사로 당선되고부터 그 프로그램이 논쟁을 일으키게 되었다. 자신도 위스콘신 대학 출신으로서 대학의 이상주의적 지도자의 포부에 공감하고 있던 라 폴레트는 곧바로 대학이 양성한 전문가들을 등용했다. 그의 정책인 세제 개혁, 철도 통제, 기본 법률의 직접 제정 등에 대해 조언을 구하기 위해서였다.

얼마 지나지 않아 입법참고국(그후 연방 차원에서 입법참고국이 출범했고, 1970년에 의회조사국CRS으로 개명되었다)이라는 독립 기관이 생겨 그동안 대학이 맡아온 역할을 보완하게 되었다. 역시 그 무렵에 위스콘신 대학을 졸업한 찰스 매카시Charles McCarthy라는 정력적인 인물이 이끄는 조직이었다. 매카시가 참고도서관에 거는 포부는 터너가 대학에 거는 포부와 흡사했다. 그의 생각은 어느 한쪽에 치우치지 않는 공정한 서비스 기관이 되어야 한다는 것이었다. 철도와 전화·전신, 보험 회사의 시대에 주와 관련된 문제는 아주 다양해지고 복잡해지기 때문에 입법자들은 이런 문제를 제대로 다루기 위해서는 방대한 양의 정보가 필요하다고 그는 말했다. "유일하게 합리적인 방도는 전문가들에게 자료를 모으도록 하는 것이다." 그것은 입법 관련 논쟁에서 어느 쪽 편을 들 것인가의 문제와는 별개였다.4

위스콘신 주의 우리 부서에 관해 말하자면, 우리는 의원들에게 어떤 식으로든 영향을 끼치려 하지 않고, 어떤 문제에서든 어느 한쪽 편을 들지 않고 찬반의 입장도 밝히지 않는다. 우리는 주정부의 한 부서일 뿐이다. 우리는 입법을 지배하는 게 아니라 우리 주의 유능하고 정직한 의원들의 하인에 불과하다. 이 바쁜 사람들이 바라는 정보를 수집하여 취합하는 사무직원에 불과하다. 이것이 우리의 직무 계획이다.

오늘날 같으면 이런 이상은 진실하긴 해도 이상주의에 불과한 것처럼 보이기도 한다. 라 폴레트 주지사의 정책은 아주 많은 문제들에 관해 "어느 한쪽 편"을 드는 성격의 것이었고, 터너가 지지를 얻을 것으로 기대한 "냉정한 위스콘신 자본가들"의 이익과도 충돌하는 것이었다. 게다가 1903년, 위스콘신 대학을 주의 필요불가결한 기관으로 만들고자 했던 라 폴레트의 친구 찰스 P. 밴 하이스Charles P. Van Hise가 대학 총장에 선출된 뒤로는 보수주의자들의 분노가 점점 커졌다. 전국 각지에서 언론인들이 "위스콘신 아이디어"를 알려주기는 했지만 사태는 나아지지 않았다. 그들 대부분은 공감하는 뜻에서 위스콘신을 혁신주의가 실천되고 있는 모델 주임을 검증하기 위해 찾아왔다가 돌아가서는 다소 과장된 표현으로 "주를 지배하는 대학"에 관해 썼던 것이다.5

언론인들이 널리 알려준 덕분에 다른 주에서도 위스콘신 모델에 가까운 혁신주의가 대두되었다. 그런데 위스콘신 주 안에서는 오히려 대학이 음모의 한 축이라는 보수주의자들의 확신이 깊어져버렸다. 하지만 사실 대학의 전문가들은 자신들이 급진적이라고 생각하지 않았고, 정부 안에서 주도권을 행사해왔다고는 더더욱 생각하지 않았다. 주 행정에 가장 활발하게 참여한 대학 관계자들은 정책 조언자보다는 주로 기술자들(공학자, 지질학자, 과학자, 각 분야의 농업 전문가)이었으며, 대학은 이데올로기보다는 기술적 정보를 훨씬 더 많이 제공했다. 위스콘신 굴지의 사회과학자인 존 R. 카먼스John R. Commons는 대학 교수진 자체는 보수주의자가 압도적으로 많다고 생각했다. 훗날 그는 "혁신주의자들만이 나를 찾았는데, 그것도 그들이 원할 때뿐이었다. 나는 무슨 일이든 먼저 제안한 적이 없다"고 회고했다.6

그러한 상황에서 대학의 연구자들은 과세나 철도 규제 등의 문제에 관해 조언했고, 그런 영향력 때문에 보수주의자들의 분노를 샀다. 라 폴레트는 행정이 일반 기업에 좌우되던 시절에 유행한 정치 거물 중심의 밀실 회합 대신, 매카시나 밴 하이스 총장, 카먼스, 에드워드 A. 로스Edward A. Ross, 일리 등의 대학교수들과 함께 주의 현안을 논의하는 '새터데이 런치 클럽'을 정례화한 것을 자랑스럽게 여겼다.7 하지만 혁신주의 정치로 피해를 본 기업가들—그 피해는 대체로 규제 확대에 따른 불안 이상의 것은 아니었지만—은 위스콘신 대학과 입법참고국을 철도위원회, 세제위원회, 산업위원회와 나란히 자신들의 적으로 간주할 수밖에 없다고 확신하게 되었다.

1914년, 당의 전국적 분열로 위스콘신 주의 혁신공화당Progressive Republicans(1910~20년대 공화당 내 혁신주의자 집단. 정부의 경제 개입, 트러스트 해체와 대기업 규제, 소득세 등 중도좌파 성향으로 공화당 개혁에 앞장섰지만 점차 세력이 약해졌다. 민주당이 왼쪽으로 이동하면서 많은 이들이 그쪽으로 옮겨갔다. 시어도어 루스벨트, 로버트 M. 라 폴레트, 하이럼 존슨Hiram Johnson 등이 대표적 인물이다〕세력이 상처를 받았을 때, 보수주의자들은 이 기회를 포착했다. 그들은 라 폴레트의 혁신주의를 이어나갈 후보자를 물리치고 철도와 목재 사업가인 이매뉴얼 L. 필립Emanuel L. Philipp을 주지사로 당선시켜 권력을 되찾았다. 필립은 선거 운동 과정에서 대학의 전문가들을 비난하며 반지성주의자로서의 자기 면모를 내세웠다. 또한 감세나 대학 예산 삭감, 대학의 정치 "개입" 중단 등을 요구했다. 그는 이렇게 말했다. 대학을 철저하게 청소해야 한다. 그곳에서는 사회주의가 기반을 다지고 있고, "많은 학생이 미국적이지 않은 사상을 지닌 채 졸업하기" 때문이다. 또한 전문가를 채용하면 대학은 결국 정치에 개입하게 될 것이다. 그의 주장에 따르면, 어떠한 이유로든 정부가 전문가들만 중시하는 것은 정당하게 선출된 관리들이 무능하다고 자인하는 셈이며, 주정부가 정치에 관한 지혜는 대학이 아니면 얻을 수 없다고 생각한다면 나머지 주민들 역시 "정신적 파탄자"라고 자인하는 셈이었다. 필립의 요구 중에는 매카시의 "법안 공장"인 입법참고도서관의 철폐도 들어 있었다.

 그러나 일단 선출이 되자 필립은 이 기관들에 대해 선거 때의 공약보다는 유연한 자세를 보였다. 그는 주의회에 매카시 도서관의 폐지와 대학의 예산 삭감 및 규모 축소를 요구했지만, 시간이 흐름에 따라 점차 신중한 태도를 취했다. 필립은 대학의 확장을 규제하고 정부에 대한 영향력을 억제했지만, 전국에 퍼져 있는 위스콘신 대학 출신자들의 만만치 않은 반대에 부딪히자 밴 하이스와 화해했다. 매카시마저도 공격을 면했다. 보수적인 법안을 제출한 사람들이 입법참고국을 이용하기 시작하자, 주지사도 어느 한쪽에 치우치지 않는 공정함을 요구하는 매카시의 주장에 근거가 있음을 이해했던 것이다.[8]

위스콘신 대학이 혁신주의에 관여했어도 그것이 대학 안에서 완전히 인정된 것은 아니었다. 카먼스가 말한 것처럼, 연구자들 다수는 철저히 보수적이었다. 하지만 그보다도 대학의 많은 관계자들은 대학이 실제로 정치에 관여하는 것은—정확한 정치상의 입장은 제쳐두더라도—순수하고 공평무사한 지성주의라는 오랜 이념을 저버리는 처사라고 느꼈다. 1920년에 J. F. A. 파이어J. F. A. Pyre는 위스콘신 대학에 관한 저작에서, 이 대학을 "주의 자산"으로 여겨야 한다는 밴 하이스의 견해에 이의를 제기했다. 그의 말에 따르면, 하이스의 견해는 대학의 기능을 즉물적인 것으로 보는 나머지, 공평무사하고 자율적인 학문의 전통을 경시함으로써 결국 대학을 희생시키게 된다는 것이었다.[9] 하지만 이 대학의 대다수 전문가들은 분명 매카시가 자신의 저서 『위스콘신 아이디어』에서 표명한 실용주의를 받아들였을 것이다. 매카시는 그 책에서, 경제학 같은 분야의 앞선 세대 사상가들은 "정부가 실제로 직면한 문제를 직접 연구한 적이 없는 공론가"였다고 주장했다. 그리고 그런 사람들 대신, 경제 문제를 직접 관찰하고 "현실이라는 엄연한 사실"[10]에 의해 이론을 검증할 수 있는 상식적인 전문가들이 등장했다. 그리하여 일반인 공동체는 전문가들을 받아들일지 여부를 놓고 논쟁을 벌이고, 학자 공동체는 대학의 미래를 좌우할 열쇠를 실용적인 전문가에게 맡길지, 순수한 학자에게 맡길지를 놓고 논쟁을 벌이게 되었던 것이다.

3
―

 권력투쟁의 장에서 혁신주의가 거둔 성과는 비록 적었다고 하더라도, 그 분위기는 무한하게 확장되는 것처럼 보였다. 이런 경향은 미국 사회에서의 정신의 지위에 관심을 기울이는 사람들을 크게 고무시켰고, 지성의 지평은 점점 넓어졌다. 지성은 해방되어 어디서나 흘러넘쳐, 마침내 상층부의 권력자들뿐만 아니라 국민 전체에 스며드는 것처럼 보였다. "장벽은 무너지고 이제껏 만난 적이 없던 사람들이 서로 마음을 열게 되었다. 새로운 의사소통 수단이 생겨났을 뿐만 아니라 온갖 종류의 새로운 소통 방법도 등장했다."11 메이블 다지 루한 Mabel Dodge Luhan이 주로 예술과 문학을 염두에 두고 한 이 말은 미국인의 삶 전반에 해당되는 이야기였다. "소小르네상스"라는 이 시대에 문학이나 예술의 기조는 해방이었다. 이는 학문의 입장에서는 영향을 끼칠 가능성이 확대되었음을 의미했다. 사람들은 어디서든 새로운 관심이나 자유에 취했다. 철도의 특권이나 신용 대출의 온갖 악행에서부터 성생활이나 교육 지도에 이르기까지, 재검토할 수 없는 것은 아무것도 없었다. 추문 폭로자는 세상에서 얼마나 많은 악행이 저질러지고 있는지를 사람들에게 알려야 했고, 정치 평론가는 갖가지 사건의 의미를 해석해줘야 했으며, 성직자나 편집인은 도덕을 강조해야 했다. 학자는 철학, 법률, 역사, 정치학에서 혁신주의의 이론적 해석을 명확히 해야 했다. 그리고 모든 분야의 기술자들은 아카데미즘에서 벗어나 사회나 경제 문제를 자세하고 실제적으로 연구하고, 신설된 조정위원회의 직원으로서도 기꺼이 일해야 했다.
 그러나 사상은 고양되었어도 사회 혁명은 일어나지 않았다. 이 시기의 막바지에 종래의 미국 지배층이 예전처럼 거의 완전하게 지배권을 장악하며 나타났지만, 혁신주의적 의식과 스타일은 그 힘을 키워, 학자나 문필가뿐만 아니라 정치인에게도 제일 중요한 것이 되었다. 그래도 월터 리프먼이나 허버트 크롤리Herbert Croly 같은 정치 평론가든, 존 듀이나 찰스 A. 비어드Charles A. Beard 같은 대학의 학자든, 지식인만큼 그 혜택을 입은 경우도 없었다. 지식인들의 모든 작업은 이론과 실천 간의 틈이 메워지고 있는 것에 고무되어 활기를 띠었다. 리프먼은 이런 기운의 본질을 포착하여 1914년에 『표류와 지배Drift and Mastery』라는 책을 냈는데, 거기에서 그는 사회를 제어하고 지배할 새로운 힘이야말로 자기 세대의 미래를 약속할 열쇠라고 말했다. 아무리 추상적인 이론을 말하는 학자라도, 적절한 사회 통제 수단에 관한 조언을 요청받는 지식인 공동체에 속해 있으면 자신도 중요한 존재라고 인식할 수 있었다. 이제는 학자를 "아카데믹〔학구적이고 비실용적인〕"이라 부르며 그 사상을 무시할 수 없게 되었다. 상아탑과 일반 사회 간에 뚜렷한 경계선이 있다고는 누구도 생각하지 않았기 때문이다. 어느 평자는 "새로운 유형의 대학교수를······ 어디서나 볼 수 있다"고 썼다.[12]

철도, 교량, 지하철, 가스 요금, 전력 공급량, 통화, 은행 업무, 필리핀의 관세법, 베네수엘라의 국경선, 포르토리코〔푸에르토리코의 옛 이름. 미 군정이 시작된 1898년부터 1932년까지 포르토리코라고 불렸다〕의 산업, 공무의 구분, 트러스트 규제 등의 모든 것을 전문가들은 알고 있다.

아마도 여기서 가장 중요한 점은 이런 학계 전문가들의 기술이 필요하다고 여겨졌을 뿐만 아니라 환영까지 받았다는 사실일 것이다. 전문가와 민주주의의 관계를 우려하는 소수의 비평가들은 있었을지도 모른다.13 또한 어떤 사업가는 규제에 따른 희생이 너무 크다는 데 놀라서, 이론가들의 영향력이 점차 커지는 경향을 맹렬히 비난했다.14 그러나 전체적으로 보면, 새로운 전문가들은 호평을 받으며 대중적으로 널리 인정받았다. 1909년, 브랜더 매슈스Brander Matthews는 이렇게 말했다. "문인들에 대한 편견과 마찬가지로 대학교수들에 대한 편견이 빠르게 사라지고, 일반 서민이 그들의 국가에 대한 헌신을 인정하기 시작한 것은 미국인들이 상식을 가졌다는 증거이다.…… 이런 변화는 사람들이 전문가나 이론가의 가치를 이해하기 시작하면서 나타난 것이다."15

게다가 정치 지도자도 지식인을 제법 인정하게 되었다. 아이작 마커슨Isaac Marcosson 같은 언론인이 업턴 싱클레어Upton Sinclair 같은 추문 폭로물을 다루는 소설가가 쓴 책의 교정쇄를 시어도어 루스벨트에게 보여준 것이나, 그것이 식품 위생 법안의 가결을 앞당긴 것은 이 시대의 특징을 말해주는 일이었다. "학자"라는 것을 자인하고 자랑하던 베버리지나 로지 같은 상원의원은 제쳐두더라도, 지식인이라고 부를 만한 사람이 미국 대통령에 오른 것은 건국 이래로 처음이었다.

루스벨트와 윌슨을 잘 들여다보면, 둘 다 나름의 방식으로 지성과 권력의 관계가 지니는 한계에 관한 일종의 생생한 본보기를 제공했음을 알 수 있다. 두 사람이 대통령에 취임함으로써 사상은 국가의 통치에서 결정적인 역할을 한다고 사람들이 믿게 되었다. 하지만 둘 다 동시대의 지식인에게 완전히 공감했던 것은 아니며, 지식인들로부터 전폭적인 신뢰를 받은 것도 아니었다. 그래도 루스벨트가 사상에 폭넓고 큰 관심을 기울였다는 것은 명기해둬야 한다. 그는 크롤리, 리프먼, 스테펀스Joseph Lincoln Steffens 같은 사람들과 어울리는 것을 즐기고, 에드윈 알링턴 로빈슨Edwin Arlington Robinson에게 정부 공직을 주었다. 게다가 한 세대 이상 동안 정부에서 별로 볼 수 없었던 정력적이고 헌신적인 인재들―로버트 베이컨Robert Bacon, 찰스 보나파트Charles Bonaparte, 펠릭스 프랭크퍼터Felix Frankfurter, 제임스 가필드, 프랭클린 K. 레인Franklin K. Lane, 기퍼드 핀쇼Gifford Pinchot 등―을 공직에 끌어들이고, 철도 규제나 이민, 육류 검역 등의 문제에 관한 조언을 학계 전문가들에게 구했다. 이런 점에서 루스벨트는 링컨 이래로, 아니 제퍼슨 이후의 어떤 대통령보다도 공적인 문제의 처리에서 전문가의 두뇌와 재능을 많이 활용했다. 브라이스 경Lord Bryce은 루스벨트의 업적을 평하면서 이렇게 말했다. "워싱턴 등지에서 정부 일을 하는 사람들보다 더한 열의와 지성을 갖춘 유능한 공무원 집단과, 또 그들 이상으로 국가에 유용하고 신뢰할 만한 사람들은 어떤 나라에서도 본 적이 없다."16 잘나가던 시절의 젠틀맨 개혁가들이 바라던 것이 바로 이런 체제였다.

그렇지만 루스벨트는 의외로 일찍 사소한 견해차라고 여길 수 있는 문제로 지식인 친구들을 비난하게 되었다. 또한 이질적인 사상에 직면했을 때는 고지식한 친미주의자를 자처했다. 그는 수많은 온건한 항의의 의미를 제대로 파악하지 못했다. 예컨대 추문 폭로자들을 "혁명적 정서"를 낳는 위험한 자들이라고 생각했다. 20세기의 대통령 중에서 그만큼 지식인으로 여겨지길 바란 사람도 없지만, 루스벨트는 생활에서 차지하는 지성의 위치에 대해 상반되는 감정을 품고 있었다. 그것은 그를 존경하는 중간계급 식자층이 품고 있었던 감정과 똑같은 것이었다. 그는 사업 능력만큼이나 지적 능력도 칭찬했는데, 그래도 지성에 대한 칭찬 쪽이 더 강했다.[17] 하지만 그는 그런 능력들보다는 자기가 "인성"이라고 부르는 것을 항상 더 중시했다. 실제로 정치나 실생활에서 지성보다 인성을 더 높이 사는 미국인의 태도나, 양자가 어떤 식으로든 대립한다고 생각하는 거의 보편적인 경향은 루스벨트에게서도 나타났다. "개인에게나 국민 모두에게나 인성이 지성보다 훨씬 더 중요하다.…… 힘이 아름다움보다 앞서는 것처럼 인성은 지성이나 재능보다 앞선다.…… 가장 타락한 태도, 즉 도덕적 책임감이 전혀 없는 단순한 지적 날카로움을 신성시하는 일이 없도록 나는 국민 모두에게 경고하고 싶다."[18]─그의 저술은 끊임없이 이 양자의 대조를 언급하고 있다. 그런데 이처럼 인성이 수반되지 않는 지성을 거듭 경계하는 것은 이상하게 느껴진다. 그것이 틀렸기 때문이 아니라 그 경고에 나름의 의미가 있다면, 미국에서는 도덕을 경시하고 지성을 드높이는 경향이 있다고 루스벨트가 실제로 믿고 있었던─도덕의식이 높았던 혁신주의 시대로서는 이상한 판단이다─셈이기 때문이다.

윌슨은 대통령직에 학자 기질을, 그 결점과 함께 장점까지 도입했다는 말을 들어왔다. 또한 대부분의 윌슨 연구자들이 그의 개인적 자질은 미국에서 정치적 리더십을 행사하는 데 최적은 아니었다고 보고 있다. 확실히 그의 성격은 무척 엄격하고 차가운 편이었다. 하지만 그것은 그가 학자여서 그런 게 아니라 장로교도였기 때문일 것이다. 아마도 개인적인 자질이 크게 작용했던 것 같다. 학자 혹은 비판적 지식인으로서의 그는 과거의 인물이었다. 그의 창의적이고 지적인 활동은 1880년대 말, 즉 탁월한 저서 『의회 정치』나 간결한 『국가』를 쓴 무렵에 끝났다. 취미나 사상, 독서의 경향에서 보면 그는 빅토리아 시대 젠틀맨의 남부 지방판이라 할 만한 인물로, 그의 정신은 미국이 복잡한 현대 사회가 되기 직전 시대로부터 한 걸음도 나아가지 않았다. 또한 이미 오래전부터 신랄하게 비판받은 소기업, 경쟁 경제, 식민지주의, 앵글로색슨 백인의 우위, 남성 제한 선거 등을 그는 변함없이 지지했다. 윌슨의 사상 면에서의 첫 스승은 배젓Walter Bagehot이나 버크Edmund Burke였다. 그는 세기말에 쏟아진 비판적 사상—그 충격은 혁신주의 시대까지 이어졌다—의 영향을 받지는 않았던 것이다. 1890년대에 그는 학자풍 실무가로서 학자 사회와 일반 대중 사이의 골을 메우는 데 힘썼다. 동시대의 많은 학자들이 그 무렵의 독선적인 전제를 해체한 것과 달리, 윌슨은 은행가나 기업가가 대학 총장들에게 기대할 법한 이론을 사람들에게 소개했다. 1902년에 프린스턴 대학 총장이 된 뒤로 그는 사상의 세계에서의 발전을 뒤쫓으려 하지 않았다. 1916년에는 "나는 14년 동안이나 진지한 책은 한 권도 읽지 않았다"고 솔직하게 털어놓았다.19 따라서 공직에서 활동하는 동안 그의 사고방식은 가장 창조적인 미국의 지적 문화로부터 그다지 영향을 받지 않았고, 그의 정신은 당대 지식인들로부터 존경을 받았다고는 말할 수 없었다.

1912년에 윌슨이 대통령에 당선되었을 때, 많은 지식인이 그를 지지한 것은 사실이다—지식인들은 루스벨트에게 환멸을 느끼고 윌슨 특유의 고귀한 이미지에 마음이 끌렸다. 하지만 1차대전 이전의 윌슨은 학자 출신이라는 배경에서 예상된 것과 달리, 정치의 세계에서 지식인 조언자를 등용할 생각이 없었다. 게다가 그는 자신이 "전문가"

라고 부르는 사람들을 일관되게 불신했다. 루스벨트나 라 폴레트와 달리, 윌슨은 전문가들을 개혁의 추진자가 아니라 오히려 대기업big business이나 특수 이익에 유용한 고용인으로 여겼다. 대부분의 혁신주의 사상가는 대기업에 의한 통치와, 달갑지 않은 사업 관행을 규제하기 위해 전문가를 고용하는, 민중에 의한 통치를 대비시켰다. 그러나 윌슨은 전문가들이 대기업이나 특권화된 이익과 결탁되어 있다고 보고, 이를 타파하려면 정부를 "국민"의 손에 돌려줘야만 한다고 생각했다. 루스벨트의 견해와는 달리, 그는 대기업의 규제에 관여하는 전문가는 오히려 대기업의 지배를 받게 될 것이라고 주장한 것이다. 그는 1912년 선거 운동 과정에 이렇게 말했다.[20]

내가 우려하는 것은 전문가들에 의한 통치입니다. 민주주의 국가에서 우리가 임무를 저버리고 통치를 전문가들의 손에 넘겨주는 것은 하느님이 금하는 일입니다. 만약 정부 일을 이해할 수 있는 소수의 젠틀맨에게만 교묘히 보호받는다면, 우리의 존재 의의는 사라질 것입니다. 정부 일을 이해할 수 없다면, 우리는 더이상 자유로운 국민이 아니기 때문입니다. 우리는 자유로운 제도를 포기하고 누군가에게 지금의 상황에 대한 가르침을 받아야 합니다. 나는 이따금 노동자 회관에서 이뤄지는 토론을 방청할 기회를 누렸는데, 공적인 문제에 대해 그만큼 통찰력 풍부한 토론은 들어본 적이 없습니다. 일상적인 문제와 정면으로 씨름하는 사람은 그럴듯한 언사가 아니라 사실에 입각해서 문제를 따지기 때문입니다. 그리고 내가 관심이 있는 것은 오로지 사실뿐입니다.

노동자 회관을 자주 찾는다거나 번듯한 표현을 경멸하는 윌슨의 모습은 신선했다. 하지만 전반적으로는 이런 주장에 기초해서 국내 정책을 세웠기 때문에, 그의 정부에서 전문가가 맡은 역할은 불가피하게 이전 10년 동안과 비슷한 정도로 늘어났다.[21] 대통령 자신은 기업 경쟁에 관해 같은 생각을 지닌 루이스 D. 브랜다이스Louis D. Brandeis를 경제 정책에 관한 보좌역으로 삼으려 했다. 하지만 윌슨은 브랜다이스의 입각에 반대하는 보스턴의 세력가나 재계의 입김에 굴복해서 대체로 다양한 유형의 사람들에게 조언을 구했다. 예컨대 그가 존경하는 비서로 기관 정치나 언론 쪽에도 밝은 조 터멀티Joe Tumulty, 아주 혁신적이지만 사려 깊지는 않은 사위 윌리엄 깁스 매커두William Gibbs McAdoo, 그리고 매사에 민감하고 지적이지만 윌슨의 허영심을 채워줄 수는 없었던 에드워드 M. 하우스Edward M. House 대령 등이 대표적인 인물이었다. 주로 부유층이나 권력층의 견해를 전달했던 하우스는 브랜다이스나 브라이언, 매커두 같은 윌슨 측근의 혁신주의적 인물들에게는 강력한 대항마 노릇을 했다.

초기의 윌슨 행정부는 지식인들 사이에서 압도적인 인기를 누리지는 못했다. 특히 혁신주의 운동은 소기업의 경쟁이라는 오랜 이상을 실현하려고 노력할 뿐만 아니라 아동 노동, 흑인의 지위, 노동자의 처우, 여성 참정권 등의 요구에 어떤 식으로든 부응해야 한다고 믿는 사람들 사이에서는 별로 인기가 없었다.[22] 개혁에 관심이 있는 지식인들은 윌슨을 무척 회의적으로 보았기 때문에 그의 당당한 연설도 솔직하게 평가하지 않았다. 그들이 보기에 윌슨의 연설은 도덕적이긴 해도 혁신성은 부족했다. 그리고 개혁이 지지부진한 것 자체가 자신들의 회의적 시각을 정당화해주는 것 같았다. 허버트 크롤리는 윌슨이 "자신의 행위는 영원히 옳다는 확신으로 가득차 있고, 그것을 미사여구로 포장하고 있다"고 말하면서, 대통령의 사고는 "가장 구체적인 일조차 추상적인 것으로 돌려버린다.⋯⋯ 그의 정신은 사물의 윤곽을 흐리게 만드는 빛과도 같아서, 빛은 강하지만 보이는 건 거의 없다"고 불만을 토로했다.23

윌슨이 부전不戰을 고수하고 그의 "새로운 자유New Freedom" 노선이 성과를 거둔 1916년에 이르러서야 자유주의 지식인들은 전면적인 윌슨 지지로 돌아섰다. 아이러니하게도 어떤 국내 문제보다 전쟁이 지식인들의 영향력을 키웠던 것이다. 역사가나 작가가 선전을 위해 동원되고, 온갖 부류의 전문가들이 조언자로 영입되었다. 군사정보부, 화학전국, 전시산업위원회 등에는 학자들이 우글거렸고, 워싱턴의 코스모스 클럽은 "모든 대학을 망라한 교수단 회의나 다름없다"는 말이 나돌았다.24 1919년 9월, 하우스 대령은 윌슨을 위해 '조사단The Inquiry'이라고 불리는 학자 집단을 조직했다(이미 영국과 프랑스에도 비슷한 조직이 있었다). 한때 조사단의 전문 인력은 150명—역사가, 지리학자, 통계학자, 민족학자, 경제학자, 정치학자가 포진했다—에 달했는데, 조수나 사무직원까지 헤아리면 총 수백 명에 이르렀다. 비밀조직이었던 조사단은 1차대전 휴전 후에 미국평화교섭위원회American Commission to Negotiate Peace 정보부로 개편되었고, 주요 구성원들은 윌슨을 따라 파리 회담에 참여해서 중요한 역할을 수행했다. 언론에서는 이 집단을 야유하는 논평을 냈고, 보수적인 외교관들은 이들 정치 아마추어와 군용 트럭 3대분의 문서에 의구심을 품었다.25 그러나 전쟁이나 평화 교섭, 베르사유 강화조약이나 국제연맹 규약을 둘러싼 논쟁 속에서 일반 대중이 학자들의 조언자로서의 역할을 인정하게 된 것은 대단히 놀라운 점이다. 전시의 정부 권한 확대, 특히 "대학교수와 지식인이 장악한 정부"를 장대한 연설로 통렬하게 비판한 일리노이 주 출신의 연방 상원의원 로렌스 셔먼Lawrence Sherman 같은 정치인은 반지성주의를 고집한 드문 예외에 불과했다.26 하지만 셔먼의 비판은 미래를 예언한 셈이었다. 전쟁에 대응함에 따라 혁신주의 정신이 일소되고 말았기 때문이다.

대중의 분위기는 표변했다. 1919년만 해도 공화당 전국위원회 의장에게 당의 "외피를 덮고 있는 낡은 반동"이 결딴났다고 말했던 윌리엄 앨런 화이트William Allen White가, 1년 뒤에는 "위선자들이 신전을 관리하고 있다"면서 사람들은 거기에 항의하려고도 하지 않는다고 개탄했다. 1920년에 그는 레이 스태너드 베이커Ray Stannard Baker 에게 이런 편지를 썼다. "이 얼마나 빌어먹을 세상입니까!⋯⋯ 10년 전에 오늘의 상황을 예언하는 자가 있었다면⋯⋯ 나는 그 사람이 제정신인지 의심했을 겁니다."27 그 결과는 지식인의 지위에 치명상을 입혔다. 윌슨 대통령과 손을 잡고 1차대전을 지휘했던 지식인들은 윌슨과 그와 연관된 모든 것에 대한 대중의 반발이 자신들에게도 미치는 것을 각오해야 했다. 하지만 더욱 결정적이었던 것은 대다수 지식인들이 무턱대고 열광해서 전쟁 분위기에 가담함으로써 그들 자신의 도덕심이 무너진 일이었다. 일부 사회주의자나 랜돌프 본Randolph Bourne 같은 사상가, 〈세븐 아츠〉지의 동인 등을 제외하면, 지식인들은 전쟁에 가담하거나 전쟁을 열렬히 지지했다. 그리고 승리에 대한 기대에 부풀어, 많은 지식인들이 전쟁에서 이기면 혁신주의 운동에 따라 개혁을 이룰 수 있으리라고 기대했다. 그렇지만 평화가 그들에게 가져다준 것은 실망이고 부끄러움이고 죄책감이었다. 월터 리프먼은 "다시 한번 똑같은 일을 해야 한다면, 이번에는 반대편에 설 것이다.…… 우리는 죽음의 대대에 너무 많은 탄약을 보급해버렸다"고 말했다. 허버트 크롤리도 "미국인들이 세계대전을 치르는 중압감 속에서 어떤 심리상태"에 빠질지 자신은 전혀 이해하지 못했다고 고백했다.[28] 지식인과 일반 대중의 우호적 관계는 이전보다 훨씬 일찍 허물어졌다. 대중은 지식인을 쓸모없는 거짓 개혁을 부르짖는 예언자라거나 행정부의 주역, 전쟁 지지자, 심지어 볼셰비키라고 공격했다. 한편 지식인들은 미국을 얼뜨기와 배빗Babbitt(싱클레어 루이스Sinclair Lewis가 1922년에 발표한 동명 소설[29]의 주인공 이름. 교양 없고 돈만 밝히는 중산층을 가리킨다)과 광신도의 나라라고 공격했다. 젊고 자유로운 지식인들은 국외로 이주했고, 그 밖의 사람들은 국내에 남아 멩켄을 읽었다. 이런 소원한 관계를 극복하기 위해서는 대공황과 또다른 개혁의 시대를 기다려야 했다.

4

뉴딜 시기 동안 지식인과 대중의 우호적 관계는 복원되었다. 정치에 대한 대중의 주장과 지식인의 사고방식이 이토록 완벽하게 조화를 이룬 것은 전례 없는 일이었다. 지난 혁신주의 시대에 지식인과 대중은 대체로 똑같은 대의를 신봉했다. 그것이 뉴딜 시대에는 양측을 더욱 끌어당겨, 지식인들이 실질적인 역할을 해야 한다는 목소리는 윌슨이나 시어도어 루스벨트의 시대와는 비교할 수도 없을 만큼 높았다. 하지만 뉴딜에 반대하는 소수는 미국 정치사에서는 보기 드문 격렬한 적의를 품고 대항했다. 지식인들이 승승장구하는 동안 그들에 대한 감정도 악화되어, 2차대전 후에 결국 폭발하고 말았다.

장기적으로 보면, 지식인들이 이런 비타협적인 소수에게 받은 상처는 매우 깊었다. 지식인들이 뉴딜로부터 받은 단기적인 혜택과 거의 같은 정도로 깊었다고 말할 수 있다. 하지만 단기적이라고 해도 뉴딜이 처음에 가져다준 혜택은 얼마나 컸을 것인가! 여느 사람들처럼 지식인들도 대공황으로 실업과 사기 저하를 겪었다. 뉴딜이 젊은 변호사나 경제학자에게 수천 개의 일자리를 제공하자, 그들은 신설된 조정 기관들에 취직하려고 워싱턴으로 몰려들었다. 공공사업진흥청 WPA이나 국가청소년청NYA이 추진한 각종 조사, 예술, 연극 프로젝트는 실업 상태의 예술인이나 지식인, 대학생 등을 지원해주었다. 이런 실제적인 지원보다 훨씬 더 중요했던 것은 널리 확산된 무형의 지원이었다. 즉, 뉴딜은 이론가나 대학교수를 자문역이나 이데올로그로 활용함으로써 지적인 진영과 권력을 좀더 밀접하게 연결했던 것이다. 당시의 사람들이 기억하는 한, 양측이 이만큼 밀접했던 적은 과거에 없었다. 건국 이래로 처음이었을 것이다. 대학이나 로스쿨을 갓 나온 젊은이들에게 중요한 일자리를 제공한 것만으로도 참신하고 주목할 만한 일이었다. 그러나 뉴딜은 중요한 자리를 학자 자문역에 제공함으로써 대학교수나 이론가, 비판적인 지식인의 역할을 더욱 부각시킨 셈이었다. 사상, 이론, 비판이 새로운 가치를 얻기 시작해, 지적인 소양을 쌓은 인재들이 필요해졌다.[30] 지식인의 필요성을 입증한 것은 경기 침체였지만, 그것을 그들 자신에게 확신시킨 것은 뉴딜이었다. 그 점에서 보면, 뉴딜이 소수의 보수파나 급진파를 제외한 모든 지식인을 열광시킨 것도 이상하지는 않다(1933년부터 1935년까지 뉴딜에 격렬하게 반대한 공산주의자도 뉴딜 속으로 들어가 뉴딜을 상찬하는 대중적 분위기를 활용했다).

지식인의 지위가 바뀌었음을 보여주는 가장 극명한 경우는 두뇌위원회의 창설이었다. 두뇌위원회는 뉴딜 초기 몇 년 동안에는 언제나 뉴스였다. 레이먼드 몰리Raymond Moley나 렉스퍼드 가이 터그웰, 아돌프 A. 벌리Adolph A. Berle처럼 두뇌위원회에서 두각을 나타낸 사람들은—대개는 자주 공격을 당했지만—여러 연방 기관에 취직한 수백 명의 무명 직원, 특히 하버드에서 워싱턴으로 온 펠릭스 프랭크퍼터 제자들의 심벌이었다. 뉴딜 초기에는 프랭클린 D. 루스벨트 대통령 자신의 위신이 대단히 높았다. 그래서 반대파로서는 심리적으로든 전략적으로든 대통령이 측근들의 사악하고 무책임한 조언을 받아들이고 있다며 그 주변을 공격하는 편이 더 쉬웠다. 특히 두뇌위원회는 대통령에게 마치 피뢰침 같은 역할을 했다. 대통령이 뉴딜의 중심인물로서 직접 뒤집어쓸지도 모를 숱한 비난을 측근들이 대신 뒤집어썼다. 그리고 여의치 않으면 그들을 좌천시켜 비난을 피하면 되었다.

레이먼드 몰리가 일찍 실각하자, 이번에는 렉스퍼드 가이 터그웰 교수가 보수적인 뉴딜 비판론자들의 먹잇감이 되었다. 터그웰이 몇몇 뉴딜 계획의 구조를 믿고 그 사상을 설명하는 몇 권의 책을 집필한 것이 그의 불운이라면 불운이었다. 1934년 6월에 터그웰이 농무차관에 지명되자, 그토록 악랄한 이론가를 승진시켜도 되느냐는 항의의 물결이 일었다. 상원에서 가장 집요한 괴물로 꼽히는 사우스캐롤라이나 주 출신의 "코튼 에드" 스미스"Cotton Ed" Smith는 터그웰이 "하느님의 위대한 대학" 졸업생이 아니라고 끈질기게 주장했고, 결국 이 컬럼비아의 경제학자는 소년 시절에 진흙투성이 장화를 신은 진짜 농부임을 장황하게 입증해야 했다(프랭클린 D. 루스벨트는 헨리 A. 월리스Henry A. Wallace에게 "그런 흙투성이 출신이란 걸 듣고 놀랐다고 렉스〔'렉스퍼드'의 애칭〕에게 전해주세요"라고 말했다). 스미스는 상원에서 농업에 필요한 자격은 "쓰라린 경험으로 얻는 것입니다. 미국에서는 밭에서 포도 짜는 틀을 밟아본 사람 말고는 농업 문제를 해결할 수 없습니다"라고 말했다(다만 그는 이런 요건에 부합되는 전임 농무장관의 이름을 하나도 대지 못했다). 루스벨트는 스미스가 아끼는 지지자 중 한 명을 연방 보안관으로 임명할 수밖에 없었다. 그 남자는 살인 전과가 있어서, 대통령은 내각에서 스미스가 "마음에 들어하는 살인자"라고 설명했다. 터그웰의 지명은 이런 교환—대학교수와 살인자—에 힘입어 결국 53 대 24로 상원의 승인을 받았다.

터그웰이 식의약품 위생 법안 발의를 적극 추진하자 독점적인 제약회사를 비롯한 영향력 있는 광고주들이 언론을 부추겨, 그에 대한 언론의 악평은 더욱 심해졌다. 급진주의자도 지식인도 아닌 제임스 A. 팔리James A. Farley조차도 그처럼 "노골적이고 부당한" 평가에 움찔할 정도였다. 가장 격렬하게 비판하는 사람들이 묘사하는 터그웰의 인물상은 양면적이었다. 한편으로는 완전히 무기력하고 비실용적이며 탁상공론만 일삼는 이론가이고(멩켄에 따르면, 이류의 현학자 같은 면모가 반이고 나머지 반은 "〈뉴 리퍼블릭〉에서 뒷돈을 받는 어용 이상주의자"였다), 다른 한편으로는 사회의 구조를 파괴할 수 있을 만큼 힘있고 과감한 파괴분자라는 것이었다. 터그웰이 이런 비난을 참아낸 것은 정계에 발탁된 학자들이 꼭 격해지기 쉬운 부류는 아니라는 것을 보여준다.[31]

반대파가 두뇌위원회를 희생양으로 써먹을 수 있으려면, 이 위원회가 권력의 핵심부라고 그 중요성을 과장할 필요가 있었다. 시카고의 〈트리뷴〉지는 이렇게 말했다. "두뇌위원회가 내각의 역할을 완전히 빼앗아버렸다. 그들은 대통령에게 각료보다도 큰 영향력을 행사한다는 설이 자자하다.…… 두뇌위원회는 여러 대학에서 교수들을 빼내와 마침내 각료 자리를 한낱 부서의 장이나 사무장 수준으로 끌어내려버렸다. 일상적인 행정 문제를 다룰 때는 각료를 찾지만, 정책 같은 고도의 정치 문제에 관해서는 대학교수에게 의견을 구한다."[32] 사실 뉴딜 초기—처음 100일쯤—만 해도 혼란에 빠진 연방의회는 늘 그렇듯이 주의깊게 검토할 의지나 겨를도 없이 수많은 법안을 순순히 서둘러 가결했다. 이 때문에 법안 기초나 정책 입안과 관련한 결정권은 주로 뉴딜 내부의 계획 작성 그룹에 맡겨졌고, 이 그룹 안에서는 전문가 조언자들이 결정적인 영향력을 가졌다(그렇다고 그룹을 지배한 것은 아니다). 하지만 미국의 권력 구조에서는 기본적인 계급 이해나 정치적 지반이 없는 소수의 대학교수들이 장기간에 걸쳐 중요한 갖가지 결정을 내리는 것은 불가능한 일이었다. 혼란이 수습됨에 따라 의회의 활동이 정상으로 돌아가, 전문적 조언자들의 영향력도 제한되었다. 대체로 뉴딜 아래서 취해진 조치들은 지식인이나 실험적 개혁 지지자들을 만족시켰다. 그러나 이러한 정책이 시행된 것은 대체로 전문가들이 원했기 때문이 아니라 대다수의 유권자들이 원했기 때문이다. 두뇌위원회 구성원들은—종종 아주 훌륭하게—대중의 요구에 부응했지만 대중을 지배했던 것은 아니다. 자유주의적인 두뇌위원회 구성원들이 더욱 이상주의적이고 실험적인 계획을 세우면 거의 예외 없이 회피되거나 제한되거나 방해를 받았다. 뉴딜이 학계의 몇몇 이론가들이 주창한 인플레이션 통화 실험을 몇 차례 했지만 실패로 끝난 것은 사실이다. 하지만 이런 실험은 상원의 극히 유력한 통화 팽창론자의 지원을 받은 것이지, 루스벨트의 전문가 조언자들이 중시한 정책은 아니었다. 결정적인 쟁점에서 자유주의적 전문가들은 거의 번번이 패했다. 제롬 프랭크Jerome Frank가 이끄는 자유주의적인 이론가들은 전국부흥청NRA에서 소비자의 이익을, 농업조정법AAA에서 소작농의 이익을 대변하려 했지만 이내 쫓겨났다. 지방 재정착이라는 렉스퍼드 터그웰의 기발한 구상은 형편없이 망가졌고, 결국 터그웰 자신이 지방으로 이주해야만 했다. 레이먼드 몰리는 런던 경제회담 문제를 놓고 코델 헐Cordell Hull 국무장관과 충돌하여 역시 각료에게 패했다.[33]

그런데도 교수들이 사태를 좌우하고 있다는 통념이 퍼졌다. 그 결과 진정한 두뇌위원회 전쟁이 시작되어, 반지성주의라는 종래의 전통이 되살아났다. 교수들이 실제로 상황을 지배하지는 않았지만, 그런 세간의 통념에는 일말의 진실이 담겨 있었다. 교수들은 미국의 권력기구 안에서 뭔가 새로운 것을 대표했다. 교수들 자신은 이렇다 할 권력을 행사하지는 않았다. 하지만 중요한 결정을 내릴 권한은 없어도, 권력을 행사하는 쪽에 폭넓고 큰 영향력을 행사했다. 쟁점의 조건 자체를 정하고 경제·사회적 쟁점의 윤곽을 명확하게 규정하는 것은 전문가들의 특권이 되어 있었기 때문이다. 권력의 세계에 대한 사고는 굳어 있어도, 그런 의미에서 교수나 두뇌위원회를 비난한 우익 인사들은 건전한 본능을 지니고 있었던 셈이다. 우익 인사들은 다수의 일반 대중을 움직일 수는 없었지만, 적어도 대중의 편견이라는 오랜 무기를 가지고 있었다—그리고 얼마 안 가서 이 무기를 휘두르기 시작했다. 게다가 당시 교수들이 누린 명성 때문에 기존의 정치인이나 기업가는 풀이 죽게 되었다. 정치인이나 기업가가 무척 초조해진 것은 이제까지 경시되고 주목받지 못했던 부류가 대중의 눈앞에서 자신들을 능가하여, 사회 속에서 자신들의 역할을 아주 무의미한 것으로 만들어버렸기 때문이다. H. L. 멩켄은 특유의 노골적인 과장법을 써가면서 이런 아이러니한 변화에 관해 다음과 같이 말했다. "수년 전만 해도 뉴딜의 예언자들은 길거리에서 경찰이 알아봐주면 기분이 우쭐해질 정도로 하나같이 이름 없고 무능한 친구들이었다. 그런데 지금은 세속의 왕자 같은 지위를 차지하고 영적인 대주교 같은 권한을 가지고 있다." 그는 또 두뇌위원회 구성원들은 너무 큰 성공을 거둔 나머지, 자신들을 만능이라고 믿게 되었다면서 이런 질문을 던졌다.[34]

만약 누군가가 휑뎅그렁하고 냄새나는, 학생들의 비웃음 소리만 들리는 강의실에서 당신을 낚아채 칼리굴라나 나폴레옹 1세, J. P. 모건에게나 어울리는 권력과 영광의 자리에 앉혀놓는다면 **당신**은 어떻게 하겠는가? 당신의 농담 한마디라도 기사화하려고 워싱턴의 통신원들이 몰려들고, 당신이 내뱉는 탁상공론이 신문 1면을 장식한다면 또 어떻게 하겠는가?

뉴딜을 비판하는 세력은 지식인들의 권력을 과장했다. 그리고 그들을 비현실적이고 무책임하고 음모를 즐기는 실험주의자로 보면서, 무명 신세에서 갑자기 유명해진 탓에 오만하고 명성을 의식하게 되었다고 비난했다. 반지성주의의 기수였던 〈새터데이 이브닝 포스트〉지에서 아무 기사나 뽑아보더라도 뉴딜 지식인들의 특성은 다음과 같이 그려질 것이다.[35]

강의실에서 끌려나와 뉴딜의 소용돌이 속으로 던져진 한 무리의 교수들. 그야말로 자의식 과잉. 명성을 좇다가 이제 그 기회를 잡은 오만한 자들. 난로 앞의 고양이처럼, 새로운 영예에 젖어 있는 자기과시욕이 강한 무리.…… 갑자기 몰려와서 흥분된 목소리로 "이제 달러는 어떻게 될까요?"라고 묻는 사람들—마치 달러의 상태에 그들 나름의 이해가 달려 있기라도 한 것처럼. 그들 중 누구도 100달러를 모으지 못한다.…… 과연 학자적인 법률이 탄생했다. 물론 연방의회 내의 교수가 아닌 사람들이 수정하기는 했지만, 거기에는 교수들의 생각이 잘 반영되어 있다.…… 사려 깊은 사람이라면 두뇌위원회에서 내놓은 구상이나 계획 대부분이 소련 이데올로기에 바탕을 두고 있다고 결론내릴 수밖에 없다.…… 누군가는 이 똑똑하고 젊은 지식인들이나 교수들에게 경제계의 실태를 가르쳐줘야 한다. 황새가 이익이나 번영을 물어다주는 것은 아니며, 견실한 통화 제도가 양배추 아래서 자라는 건 아니다.…… 결국 자신의 병을 다스리는 건 자연의 도움을 받고 정부의 현명한 지원을 받는 농민이나 기업가이다. 실험주의자를 자처하는 아마추어가 현재의 사회 구조나 산업 구조를 해체하여 자신의 의도에 맞게 다시 짜맞출지 어떨지를 타진한다—그런 행위를 허용할 만큼 우리는 어리석고 나태한가?…… 미국의 생활, 자유, 산업에 관한 실험.…… 시험관을 이용해서 하는 실험과 살아 있는 국민을 대상으로 하는 실험은 천지 차이이다. 그건 지나칠 정도로 생체 해부 느낌이 난다.…… 실제적인 경험이 전혀 없는 사람들. 정부를 운영하는 아마추어들—다양한 나이의 대학생들—은…… 이제까지 뮤즈 신의 샘물을 마셔왔지만 최근에는 보드카가 마음에 들어 실컷 마셔댄 모양이다.…… 이론가, 정치적인 꿈을 꾸는 몽상가, 비를 부르는 주술가, 요술쟁이.…… 현실주의적인 상원의원이나 하원의원에게는 라커룸만한 안식처도 없다.……

한편, 지식인을 옹호하는 쪽에서는 그들이 실제로 가진 권력을 좀 더 정확하게 평가하려 했다. 또한 지식인이 이전에 권력을 잡았던 "실용적인" 사람들만큼 나쁘지는 않음을 밝히려 했다. 오스월드 개리슨 빌러드Oswald Garrison Villard는 〈네이션〉지에 기고한 글에서 "실용적인 사람들의 완전한 패퇴"를 환영하면서, 세계 각지에서 "실용적인 사람들이 어쩔 줄을 몰라 한다"고 꼬집었다.36 자유주의적인 언론인으로 일찍이 뉴딜의 조언자이기도 했던 조너선 미첼Jonathan Mitchell은 이 문제를 매우 사려 깊게 분석한 글에서, 루스벨트가 학계 전문가를 등용한 것은 당면한 위기와 미국 행정의 특수성이 낳은 당연한 결과라는 것을 보여주려 했다. 그의 말에 따르면, 교수들은 주요한 정책을 결정하는 게 아니라 단지 수단에 대해 조언할 뿐이었고, 이런 사정에 걸맞은 훈련된 공무원이 부재했기 때문에 루스벨트가 정계나 관계官界 외부에서 인재를 서둘러 찾을 수밖에 없었다는 것이다.37 미첼의 이런 평가는 틀린 게 전혀 없었다. 정치인들은 대공황으로 인한 여러 문제를 제대로 처리할 능력이 없었고, 그런 문제에 대처할 만한 공무원도 없었다. 그리고 대부분의 기업가들은 차라리 없는 편이 나았다. 새뮤얼 I. 로젠먼Samuel I. Rosenman은 대통령에게 다음과 같이 조언했다. "보통 이런 상황에서 후보자는 자기 주위에 성공한 기업가나 거대 자산가, 국민적인 정치 지도자로 이루어지는 그룹을 만듭니다. 제 생각에 이런 사람들은 전부 멀리해야 합니다. 그들은 지금의 혼란을 해결하는 데 필요한 방안을 하나도 내놓지 못할 것입니다.…… 그럼 이 나라 대학들의 문을 두드려보면 어떨까요?"[38]

하지만 미첼의 분석은 뉴딜을 반대하는 사람들의 눈에 선동적인 것으로 비칠 공산이 컸다.

루스벨트 씨에게 필요한 것은 중립적인 인물이었다. 월가 냄새를 풍기지 않으면서도 부유층에게 별다른 위협이 되지 않는 인간이었다. 게다가 스스로 결정한 정책이라면 무엇이든 완수할 만한 두뇌와 능력과 의지를 갖춘 사람이 필요했다. 루스벨트 씨는 대학교수들을 택했다. 그런 자격을 갖춘 집단은 이 나라에 그들 말고는 없었던 것이다.……

우리 미국에는 뉴딜 공무원으로 활용할 만한 세습적인 지주 계급이 없다. 거기에 가장 가까운 집단이 대학교수들인데, 워싱턴의 중립적인 교수야말로 뉴딜의 성패를 결정하게 될 것이다.…… 한때 이 나라에는 색다른 계급이 있어서, 다른 사람들은 별다른 불만 없이 그들의 주장에 복종했다. 그 계급이란 식민지 시대의 목사들, 특히 뉴잉글랜드의 목사들이다. 대개 세속의 일에 관심이 없었던 그들은 루스벨트 씨가 뉴딜에서 하려는 것 이상으로 엄격하게 공동체를 규제했고, 스스로의 견해에 따라 판단을 내렸다.…… 뉴잉글랜드의 목사들이 세상을 뜬 지 오래이지만, 대학교수들은 그들의 방계 후손인 것이다.…… 우리는 장차 스스로의 손으로, 특유의 충성심과 전통을 지닌 미국의 전문적인 공무원 조직을 수립하게 될 것이다.

이 설명에서는 어느 것도 기업가나 권위를 잃은 정치인이나 그 밖의 보수층을 달래거나 안심시킬 것으로 기대되지 않았다. 그들은 전문적인 공무원의 필요성을 거의 느끼지 못했고, 대학교수가 "중립적"이라고 믿지도 않았다. 또한 그들은 대학교수가 실제로 부유층에게 위협이 된다고 생각했고, 어떤 계급의 주장에 "아무 의문 없이" 복종한다는 생각에 기겁을 할 수밖에 없었다. 어떤 대답도—미첼의 대답보다 온건하게 표현된 대답조차도—그들의 근본적인 불안을 해소할 수 없었을 것이다. 그 불안은 두뇌위원회나 전문가에 대한 불안이 아니라 자신들이 신뢰하는 세계가 무너질지도 모른다는 불안이었다. 이런 적들 속에서 뉴딜이 지식인이나 전문가에게 준 특권은 반지성주의라는 오랜 전통을 확인하고, 새로운 의심과 분노로 그 전통을 강화했을 뿐이다.

1차대전 때와 마찬가지로 2차대전 때에도 전문가의 필요성은 커졌다. 뉴딜이 활용한 전문가 부류뿐만 아니라 이전에는 정치와 무관하다고 여겨진 학문 분야 출신도 환영을 받았다—서양 고전학자나 고고학자조차도 지중해 지역 전문가로서 중시되었다. 하지만 전쟁이 끝나자 뉴딜과 전쟁에 의해 장기간 억눌렸던 혐오감이 나라 전체를 휩쓸었다. 두뇌위원회를 상대로 한 싸움은 이런 반발의 첫걸음인 셈이었다. 이와 더불어 지식인과 민중민주주의의 협조적인 관계도 다시금 종언을 고했다.

5

지식인이나 두뇌위원회에 대한 누적된 불만은 1933년 이래로 미국의 우익 사이에서 지속되다가 결국 1952년 선거에서 애들라이 스티븐슨에게 쓰라린 패배를 안겨주었다. 불행하게도 자유주의적 지식인들은 그의 정치 생명을 기준으로 미국 정치 생활에서의 지성의 위치를 가늠했다. 이처럼 잘못된 사고를 하는 것도 당연했다. 스티븐슨에게는 비극의 주인공 같은 일면이 있어서, 지식인들은 그의 주장을 자신들의 그것과 동일시했다. 트루먼 행정부가 벌인 갖가지 당혹스러운 일들을 겪은 뒤인지라, 그의 격조 높은 연설을 들으면 상쾌한 바람이 불어오는 것 같았다. 하지만 결정적인 것은 스티븐슨의 태도와 아이젠하워-닉슨의 선거 운동이 압도적으로 달랐다는 점이다. 스티븐슨은 적확한 표현을 능숙하게 구사하는 감각을 지니고 있었지만(또한 그는 선거 참모들과도 보조를 잘 맞출 수 있었다), 아이젠하워는 정계로 나선 초기만 해도 뭔가 어색하고 말도 어눌했다. 이처럼 대조적인 양측의 면모는 닉슨에 의해 더욱 뚜렷해졌다. 닉슨은 터무니없는 "체커스" 연설[1952년 부통령 후보 당시 부정 선거 의혹에 대해 해명하면서 한 연설. 1만 8천 달러의 정치 자금을 불법적으로 받은 데 대해 개인적으로 유용하지 않았다고 주장하는 한편, 유권자에게 받은 체커스라는 이름의 애완견은 딸이 너무 좋아해서 돌려줄 수 없다고 말함으로써 국민의 감성을 자극했다]과 교양 없이 남발하는 상투적인 표현, 아이젠하워에 대한 어리석은 찬사 등으로 빈축을 샀다. 그리고 마지막에는 매카시의 추악한 이미지가 보태졌다. 그가 선거 운동에 기여하는 것을 공화당은 기꺼이 환영했다. 미국의 대통령 선거 운동에서 격조 높은 언어를 기대할 수는 없지만, 1952년에 공화당이 구사한 언어는 트루먼이 부끄러움도 모르고 월가에 추파를 던진 것마저 무색하게 할 정도였다. 이런 공화당의 태도는 스티븐슨의 매력적인 자질 하나하나를 돋보이게 만들었다.

모든 지식인이 스티븐슨을 흔쾌히 환영한 것은 미국 역사에서 유례가 없는 일이었다. 시어도어 루스벨트는 오랜 공직 생활을 통해 지식인들 사이에서 인기를 누렸지만, 어디까지나 노력해서 얻은 것이었다. 그가 대통령에 취임했을 때에는 많은 지식인이 그를 의심과 호기심이 뒤섞인 눈길로 바라보았다. 루스벨트가 지식인들과 긴밀한 관계를 맺게 된 것은 사실 그가 백악관을 떠난 뒤의 일이다. 이런 관계는 1912년 혁신당Bull Moose 선거전에서 정점에 달했지만, 전시에 그가 주전론을 외치는 바람에 빛을 잃어버렸다. 우드로 윌슨은 특유의 스타일에 학자 출신임에도 불구하고 지식인 사회의 많은 사람들로부터—그 자신의 태도에 걸맞게—차갑고 서먹서먹한 대접을 받았다. 당시의 "새로운 자유"는 주로 중소기업의 이익을 위한 잘못된 구상이자 퇴행적인 운동이라는 월터 리프먼의 평가에 많은 지식인들은 동의했다. 그리고 마지막으로, 윌슨의 평판은 전시의 군중심리에 대한 반발에 심하게 시달렸다. 대통령 자신도 당시의 군중심리와 무관하지는 않았던 것이다. 프랭클린 D. 루스벨트는 두뇌위원회가 널리 알려졌음에도 불구하고 첫번째 대통령 선거 운동에서는 대다수 지식인들을 실망시켰고, 또 뉴딜 초기에는 줄곧 불신의 대상이자 좌익의 예리한 비판 대상이었다. 지식인들은 1936년의 두번째 선거 운동 직전까지도 그에게 호의를 품지 않았고, 그후로도 주로 공통의 적들 때문에 그를 지지하는 것처럼 보였다. 그런데 스티븐슨의 경우는 달랐다. 일리노이 주지사 시절에는 거의 무명이었는데도 불구하고 1952년에 그가 대통령 후보로 지명되자, 그를 하늘의 신성新星처럼 여기던 사람들이 그의 후보 지명 수락 연설을 듣자마자 매료되어버렸다. 이 세상 사람이라고는 생각할 수 없을 만큼 훌륭한 인물로 보였던 것이다.

    스티븐슨의 참패는 미국의 지식인 또는 지성 자체가 국민투표에서 부결되었음을 의미한다—매카시 패거리가 기세등등하게 날뛰던 시기에 이런 결론에 반대하기란 쉽지 않았다. 이런 결론을 내린 지식인들은, 미국 지식인은 조국을 사랑하지도 이해하지도 않고 또 어느 사이엔가 무책임하고 오만해졌기 때문에 징벌을 받는 것은 당연하다는 식의 비판을 받으며 점점 더 패배감을 느껴야 했다. 분명 많은 지식인들이 상처를 받았을 것이다. 그러나 스티븐슨이 위트 넘치고 지적인 사람이라서 대중에게 인정받지 못했다고 보는 것은 온당치 않다. 그의 패배를 그런 식으로 해석하는 것은 너무 한쪽으로 치우친 시각이다. 1952년 선거에서 그는 절망적일 정도로 완패했다. 그해에는 다소나마 매력적인 공화당 후보라면 누구나 민주당 후보를 이길 수 있었고, 게다가 아이젠하워는 매력 이상의 것을 갖고 있었다. 그는 모든 사람들을 끌어당기는 자석 같은 국민적 영웅이었다. 그의 인기는 스티븐슨만이 아니라 정치 무대에 올라서는 상대가 누구든 압도할 만했다. 그리고 양당제라는 이상을 위해서라도 이 선거는 정권 교체의 시기상 오히려 너무 늦은 셈이었다. 민주당의 지배가 20년 동안 이어진 뒤였기 때문이다. 공화당으로서는 한국전쟁과 그에 따른 불만만으로도 충분했다. 게다가 히스 사건을 비롯해 공산주의자가 연방정부에 침투한 사실이 밝혀지고 트루먼 행정부 때의 사소하지만 자극적인 부패 사건이 드러나, 이런 작은 쟁점도 공화당은 활용할 수 있었다. 닉슨이나 매카시가 아이젠하워보다 두드러졌던 공화당 선거 운동은 스티븐슨 같은 인물을 대중이 거부하게 하는 용렬한 것이었다. 그것이 없었다면 스티븐슨의 절망적인 상태는 더 쉽게 받아들여졌을 것이다.

하지만 돌이켜 생각해보면, 스티븐슨의 사고방식이나 위트, 고상함이 선거 운동에서 약점이 되었다고는 볼 수 없다. 오히려 그런 평판이 없었다면 그의 패배는 훨씬 더 흠잡을 데 없었을 것이라고 믿을 이유도 없다. 다수의 대중은 그의 자질이 지닌 가치를 전혀 알아보지 못했다는 통념은 조금만 검토해보아도 사실이 아님이 드러난다. 그를 칭찬하거나 아니면 비방한 사람들이 공히 믿을 정도로 그의 개인적 자질이 매력 없는 것이었다면, 그가 1948년 일리노이 주지사 선거에서 어떻게 주 역사상 최다 득표로 당선될 수 있었는지를 이해할 수 없다. 또 4년 뒤 민주당 전당대회에서 어떻게 유창한 지명 환영 연설을 짤막하게 한 뒤 대통령 후보에 추대될 수 있었는지를 이해할 수 없다—잘 알려져 있었듯이, 그는 지명을 바라지도 않았다(그것은 1916년에 휴즈Charles Evans Hughes가 추대된 이래로 처음인데, 아마 미국 정치사에서 그토록 고사했던 후보자가 추대된 예도 달리 없을 것이다).

스티븐슨의 패배는 그와 공화당의 선거 운동이 극적으로 대비됨으로써 더욱 뚜렷해졌다. 12년 전에 역시 당대의 위대한 정치 영웅에 대항해서 출마한 웬델 윌키Wendell Willkie는 인기투표에서 스티븐슨과 거의 똑같은 득표율—44.4퍼센트 대 44.3퍼센트—을 기록하여, 대단히 역동적인 자질을 갖춘 지도자로 여겨졌다. 1952년 선거에서는 강한 개성을 지닌 두 후보 모두 정치적 흥분이 고조됨에 따라 다수의 유권자들을 투표소로 유도했다—아마도 진실은 이 언저리에 있을 것이다. 스티븐슨은 패했지만, 인기투표에서는 1948년에 당선된 트루먼이나 1940년과 1944년의 루스벨트를 웃돌았다. 그리고 선거가 끝난 뒤 그의 우편함에는 비록 아이젠하워에게 표를 던지긴 했지만 스티븐슨의 선거 운동에는 감동했다는 편지나, 만약 상황이 달랐다면 스티븐슨을 지지했을 것이라는 편지가 넘쳐났다.

이는—요즘 유행하는 말을 쓰자면—스티븐슨이 지닌 "이미지"에 뭔가 누락된 게 있었음을 부정하는 것이 아니다. 그는 20년 동안이나 지속된 민주당 정권을 이어가는 일이 얼마나 어려울지를 잘 알고 있었다. 하지만 그가 정권을 떠맡기를 꺼린다는 것—어느 의미에서는 칭찬할 만한 태도이지만—은 너무나도 분명했기 때문에 한편으로는 불안감을 자아냈던 것이다. 그는 민주당 전당대회에서 이렇게 말했다. "저는 여러분의 지명과 여러분의 강령을 받아들입니다. 다만 이 말은 저보다 더 강하고, 현명하고, 훌륭한 사람이 하는 걸 듣는 편이 더 낫겠습니다." 이 발언은 그 시점의 분위기에 어울리는 것은 아니었다. 사람들은 불안감을 가지면서, 아이젠하워의 부드러운 자신감에 매력을 느꼈다. 스티븐슨의 겸손함은 진심에서 우러나온 것처럼 보였지만, 그는 그런 태도를 너무 당당하게 드러내버렸다. 사람들은 그가 공적인 문제를 인습적인 허튼소리에 굴하지 않고 성실하게 다뤄나갈 것임을 알았지만, 최근에 두 루스벨트가 가장 유효하게 사용한 권력의 효용이나 가능성을 상상력 풍부하게 파악했는지에 관해서는 여전히 의문을 품었다(하지만 아이젠하워와 스티븐슨의 대조적인 인상이 그릇된 성격 규정을 낳은 점은 명기해두고 싶다. 예컨대 아이젠하워 정권은 나름의 강점은 있었지만 이 장군은 권력을 잡으면서 당을 단합시키고 향상시키는 데 실패한 반면, 스티븐슨은 정권 바깥에서 당을 혁신하고 활성화하는 데 크게 기여했다).

따라서 스티븐슨의 패인을 지식인이라는 평판에서 찾는 것은 옳지 않다. 또한 그런 평판을 강점이 아니라 약점이라고 보는 것도 사실과 어긋난다. 하지만 상당수의 대중에게 이런 자질은 확실히 불리한 것이었다. 이런 부류에 관해서는 그 규모나 영향력을 과장 없이 명확하게 검증할 필요가 있다. 반지성주의의 형상에 대한 연구에서는 이런 사람들이 가장 중요한 소재이기 때문이다.

가장 빈번하게 공격당한 스티븐슨의 자질은 지성이 아니라 위트였다.39 미국에서 위트로 인기를 누린 정치 지도자는 없었다. 대중은 유머를 즐기고 잘 받아들인다—링컨과 시어도어 루스벨트, 프랭클린 D. 루스벨트는 그것을 효과적으로 구사했다. 유머는 서민적이고 대체로 아주 단순하며 친해지기 쉽다. 그러나 위트는 지적으로 다듬어진 유머이다. 유머보다 날카로운 위트는 품위나 교양과 연결되어 있어서 귀족 취향이 강하다. 스티븐슨은 흔히 "코미디언"이나 "광대"로 불리면서, 만화에서도 광대 모자와 나팔바지 차림의 어릿광대 모습으로 묘사되었다. 한국전쟁이라는 음울하고 모질고 불만스러운 상황에서, 스티븐슨의 위트는 그를 헐뜯기 좋아하는 사람들에게는 위화감 같은 것을 주었다. 이에 비해 아이젠하워의 지루하지만 견실한 발언이 당시 분위기에는 더 어울렸다. 스티븐슨 지지자들은 그가 한국전쟁이나 그 밖의 힘겨운 시대적 문제에 관해 유권자들에게 농담을 던진 것은 아니라고 옹호했지만 아무 소용이 없었다. 그의 위트는 약점이 된 다른 이미지를 없애버리기는커녕 상당수 유권자들과의 거리만 넓혔을 뿐이다("그의 유창한 영어 구사력은 보통의 미국인이 이해하기 힘든 수준이었다"). 한 여성은 디트로이트 〈뉴스〉지의 독자투고에서 "우리는 대통령 후보와 공통되는 뭔가를 가져야 합니다. 그것이 내가 아이젠하워 장군에게 표를 던지려는 이유입니다"라고 썼는데, 이 말은 선거 운동과 관련한 생각할 거리를 던져준다.

스티븐슨은 앨저 히스 사건에서 성격 증인[법정에서 원고나 피고의 성품에 관해 증언하는 증인]으로 법정에 선 적이 있어서, 자칫 지성과 급진주의, 급진주의와 비국민이라는 흔한 도식에 입각한 비난을 받기 쉬웠다. 그를 지지하는 지식인들 역시 똑같은 꼬투리를 잡히기 쉬웠다. 그들 다수가 동부, 특히 하버드 출신이라는 사실을 많은 비판자들은 의미심장하게 받아들였다. 〈시카고 트리뷴〉지는 "하버드가 인디애나에 투표 방법을 가르치다"라는 제목의 사설을 통해, 스티븐슨은 슐레진저 부자나 아치볼드 매클리시Archibald MacLeish의 수중에 있고 그들 모두는 가장 사악한 동맹을 이루고 있다고 주장했다. 펠릭스 프랭크퍼터가 뉴딜에 끼친 영향을 잊지 않은 웨스트브룩 페글러 Westbrook Pegler는 스티븐슨이 프랭클린 D. 루스벨트와 마찬가지로 하버드와 손을 잡고 있음을 독자들에게 상기시키려고 애썼다. 하버드 로스쿨에서 수년간 공부한 스티븐슨은 그곳에서 프랭크퍼터의 간계에 굴복한 게 틀림없다고 페글러는 생각했던 것이다. 페글러는 스티븐슨이 "1933년 이래로 걸핏하면 나타나는 가장 위험한 유형의 뉴딜 관료"였다고 생각했다. 또한 스티븐슨 지지자들이나 전기 작가들은 그와 하버드의 관계, 혹은 좌익과의 유대 관계를 은폐하려고 했다―그리고 스티븐슨 자신은 그러한 시도를 간파했을 것이라고 페글러는 판단했다. 페글러는 "스프링필드의 총아가 좌익 동맹의 재구축을 꾀한다"는 사실을 밝혀냈다. 스티븐슨의 하버드와의 탐탁지 않은 관계 때문에 프랭크퍼터, 히스, 슐레진저 부자―그리고 스티븐슨 자신―는 우익의 망상 속에서 하나로 엮여, 불길한 이미지로서 모습을 드러냈던 것이다.

다른 대학과 관련해서도 사정은 마찬가지였다. 컬럼비아 대학의 상당수 교수들이 스티븐슨을 지지하고 당시 총장이던 아이젠하워를 비판하는 성명을 발표하자, 뉴욕의 〈데일리 뉴스〉지는 서명자 중에서 "빨갱이pinko 교수"로 추정되는 인사들의 이름을 공개하는 식으로 맞받아쳤다. 또한 이보다는 온건한 논조였지만, 중서부의 한 신문은 대학인들이 "공산주의에 대한 확고한 충성심과 좌익 사회주의 사상에 물들어" 있음을 누구나 알고 있기 때문에, 컬럼비아 대학의 학생들이나 교수진이 아이젠하워를 반대하면 그에게는 오히려 유리하게 작용할 것이라고 내다봤다. 그러한 지지는 스티븐슨을 파멸로 내몰 뿐이었다. 이 신문은 "지식인인 스티븐슨은 조언자들과 같은 견해를 가진 게 분명하다. 그렇지 않고서는 그들을 발탁했을 리가 없다. 평범한 미국인인 아이젠하워에게 던지는 표는 민주주의를 위한 표이다"라고 결론지었다. 국가에 대한 충성심의 결여를 중요한 쟁점으로 꼽는 사람들 사이에서는 뉴딜에 대한 오랜 원한이 분명하게 나타났다. 다음과 같은 문장이 그 전형이다. "우리는 이 나라를 위대하게 만든 예전의 미국적인 방식에서 너무나도 멀어져버렸다. 이 나라의 대학들에는 좌익이 우글거리고, 이 '똑똑한 젊은이들'은 미국을 더욱 '빛나는 신세계'로 만들려고 한다. 부디 다시는 이 나라에 뉴딜-페어딜Fair Deal〔트루먼 대통령이 1949년에 공정한 사회를 만들겠다며 내건 구호〕의 4년이 도래하지 않기를."

앞서 도금 시대의 개혁가들과 관련하여 언급한 바 있는, 지성 및 품위와 연약함을 연결하려는 시도가 1952년 선거 운동에서 다시 등장했다. 이런 때에 스티븐슨은 애처롭게도 약점이 있었다. 양차 대전 기간에 문민 계통의 직무를 봤던 스티븐슨으로서는 아이젠하워가 장군으로서 세운 공적에 필적할 만한 것이 전혀 없었다. 만약 시어도어 루스벨트처럼 권투선수나 사냥꾼, 군인이었거나 해리 트루먼처럼 포병이었거나 케네디처럼 전쟁 영웅이었더라면, 스티븐슨으로서도 거친 남성의 세계와는 동떨어진 존재라는 인상을 누그러뜨릴 수 있었을지도 모른다. 하지만 그는 아이비리그 출신의 젠틀맨일 뿐이었고, 아이비리그라는 표현이 미국인의 정신 밑바닥에서 자아내는 어두운 이미지를 털어버릴 만한 경력은 아무것도 없었다. 뉴욕의 〈데일리 뉴스〉지는 그를 얕보며 애덜레이드Adelaide('애들라이'와 발음이 비슷한 여자 이름)라고 부르면서, "낭랑한" 목소리로 "간드러지게" 연설을 하는 인물이라고 공격했다. 또한 그의 목소리와 말투는 의구심을 불러일으켜, "스미스 양의 예비신부 학교 과목 중 발성법에서 A학점을 받은 걸 결코 잊지 못하는 품위 있는 미혼 여성"을 연상시키는 "상냥한 말투"라는 지적도 받았다. 이 신문은 그의 지지자들에 대해서도 "레이스 소매 셔츠나 입는 전형적인 하버드 자유주의자들", "레이스 팬티를 입은 외교관들", "여자처럼 올백 머리를 한 애완견들"이라는 식의 비난을 퍼부었다. 매카시의 비난을 받고는 "향수를 머금은 손수건을 꺼내" 훌쩍이고 때로는 자신들의 반공주의에 관해 "킥킥거리는" 무리라고도 지적했다. 스티븐슨 비판자들이 흔히 말하는 것처럼, 정치라는 건 남자들에게나 어울리는 거친 게임이라고 이 신문은 말을 이었다. 끝까지 싸울 각오가 안 되어 있는 주지사나 그를 따르는 사람들은 "자신의 재정 문제에 관해 남자다운 해명"을 한 리처드 닉슨에게 배워야 한다는 것이었다.

악의나 무례한 언동과는 거리가 먼 곳에서도 "상아탑" 냄새를 풍기는 스티븐슨보다는 아이젠하워의 "검증된 능력"을 선호한다는 말이 자주 들렸다. "지난날의 성과로 보면, 사상가이자 연설가인 스티븐슨보다는 뚜렷한 업적을 이룬 아이젠하워가 필요하다고 생각한다"는 것이었다. "이 나라의 어떤 두 사람보다도 아이젠하워 한 사람이 세계정세를 훨씬 잘 알고 있다. 더구나 그는 그 지식을 책이나 신문을 통해 얻은 게 아니다." 제퍼슨이나 존 퀸시 애덤스가 살아 있다면 어느 열렬한 지지자의 이런 말에서 분명 반가운 울림을 느꼈을 것이다. 이런 주제는 장래에도 사라질 것 같지 않다. 8년 뒤 닉슨과 로지의 선거 지원 연설을 하면서 아이젠하워는 두 사람에 관해 이렇게 말했다. "이 둘은 교훈을 책에서만 얻지 않았습니다. 책을 써서 얻은 것도 아닙니다. 변화하는 세계 속에서 날이면 날마다 직면하는 문제들과 씨름하면서 배워온 것입니다."[40]

하지만 같은 대통령 선거전에서 존 F. 케네디는 다시는 입증할 필요가 없다고 생각한 것을 입증했다. 책을 읽거나 심지어 책을 쓰는 것은, 지성을 갖추고 있다는 평판과 그 밖의 필수적인 자질을 두루 갖춘 대통령 후보에게는 결코 치명적인 장애 요소가 되지 않음을 분명히 한 것이다. 케네디는 20세기 초의 시어도어 루스벨트처럼 대통령 자리에서 지성과 인격을 다시금 연결한 것 같다. 지적·문화적 탁월함에 대한 존경, 그리고 공무에서의 지성이나 전문성에 대한 적극적인 지지를 진취적이고 실천적인 덕성과 일체화시켰던 것이다. 스티븐슨은 선거전을 치르기에는 너무나 섬세하고 패기 없는 인물로 보였다. 그래서 그들 스스로 대중으로부터 소외되고 거부당하고 있다고 여기는 지식인의 강박관념에 호소했다. 반면에 케네디는 권위와 자신감으로 무장한 채 지성이나 교양을 권력과 연결하려는 지식인들의 바람에 호소했다. 케네디는 아이젠하워 못지않은 자신감을 지녔지만 아이젠하워처럼 수동적이지는 않았다. 아직 젊고, 종교적으로는 소수파인 가톨릭에 속하며, 후보 지명 때만 해도 그다지 알려지지 않았던 케네디가 닉슨을 꺾은 것은 무엇보다도 텔레비전 공개 토론에서 뛰어난 공격성과 자기 확신을 보여준 것이 주효했기 때문이다. 시어도어 루스벨트라면, 그가 남자다운 덕성을 보여준 덕분이라고 말했을지도 모른다.

　대다수 지식인들에게도, 힘의 과시에 깊은 의구심을 품은 많은 사람들에게도, 신임 대통령의 정신은—심원하지는 않더라도—기민하고 포용력이 크며, 세련되고 회의적인 것처럼 보였다. 케네디는 국익을 위해서는 지성이나 문화에 관심을 기울여야 한다는 신념을 확실하게 표명했다. 예를 들면 후버 같은, 케네디 이전의 뛰어난 지성을 지닌 대통령은 대통령의 의례적인 기능을 좀처럼 수긍하지 못했다. 귀중한 시간을 그런 일로 허비하고 싶지 않았기 때문이다. 그렇지만 건국의 아버지들은 대통령의 직무에 대해 다르게 생각했다. 그들 대부분은 국가의 수장은, 특히 공화제적 정치 질서에서는 **명사**名士여야 한다고 생각했다. 이 명사와 대중의 교감이야말로 통치에 필수적인 중요한 끈이라고 이해했던 것이다. 그 존재 자체가 신정부의 성공을 가져온 워싱턴은 이런 기능을 완벽하게 수행한 예였다. 20세기에 들어서 미국은 선전광고에 열을 올리기 시작해, 매스미디어의 발달로 대통령직의 의례적·공적 측면이 차츰 강조되었다. 프랭클린 D. 루스벨트는 라디오와 기자회견을 교묘하게 활용함으로써 현대적인 선전을 주요한 무기로 바꾼 최초의 대통령이었다. 케네디는 대통령으로서는 처음으로 지식인이나 예술인이 사회의 극히 중요한 일부임을 이해하고, 국가의 의례에 그들을 참여시킬 뿐만 아니라 모종의 공적 지위를 부여함으로써 충성심을 확보하려고 노력해야 한다고 생각했다. 그리하여 대통령 관저는 다시금 하나의 상징이 되었다. 관저 개보수 상황은 텔레비전을 통해 일반 서민들에게 알려졌다. 소수이지만 전략적으로 중요한 사람들에게는 백악관이 다시금 문화 수용의 중심지가 되었다—로버트 프로스트Robert Frost, e. e. 커밍스e. e. cummings, 파블로

카살스Pablo Casals 등이 환영을 받았다. 그리고 권력은 지성에 어느 정도의 경의를 표해야 한다는 생각이 거듭 강조되었다. 아마도 가장 인상적인 사례는 1962년 봄에 백악관에서 열린 노벨상 수상자 초청 만찬회였을 것이다. 그 자리에서 대통령은 참으로 그답게, 토머스 제퍼슨이 혼자서 식사를 하던 시절 이래로 이만큼 많은 멋진 지성이 백악관 식탁에 동석한 적도 없을 것이라고 말했다.

물론 이것은 어떤 특수한 집단의 정당성을 인정하기 위한 의식에 불과했다. 이러한 의례의 기능은 오래전부터 잘 알려져 있었다. 아일랜드계 정치인이 이탈리아계 사람들의 축제에 참여하거나 유대계 정치인이 아일랜드식 경야經夜에 동참하는 것도 그런 예였다. 이런 소수민족과 마찬가지로 지식인들도 대중에게 인정받은 행사에 참가하게 된 것이다. 신정부는 문화를 의례적으로 인정하는 일에 관심을 기울이고 기쁨을 느꼈다. 그러나 좀더 중요한 것은 신정부가 유능한 인재들을 계속 찾아 나섬으로써 미국 정부에서 전문가의 지위가 전례 없이 높아진 점이다. 정치에서 볼 수 있는 지성에 대한 평가와 인식은 시대상황에 따라 다를 수 있지만, 전문가의 필요성은 꾸준히 높아질 것으로 보인다. 예를 들어, 아이젠하워 정권은 지식인들을 노골적으로 경멸하고 그들의 반대 의견에 불쾌감을 드러내면서도 전문가들을 상당히 전략적으로 활용했다. 공화당 지도자들도 자신들에게 우호적인 학자들을 "활용"하는 데 관심을 보였다. 더욱 큰 문제—이에 관해서는 마지막 장에서 재론한다—는 상당수가 지식인이기도 한 전문가들과, 그 밖의 지식인 사회와의 관계이다. 그리고 권력의 주변부에 선 자신을 의식하는 지식인들의 처지도 문제가 된다. 많은 지식인들은 힘없는 지위로 밀려났을 때 지성의 주요한 기능이 위기에 처했다고 느낀다. 그러나 지성이 권력과 엮여 있을 때에도 역시 위기감이 생긴다. 지성과 권력의 관계가 곤란해지는 것은 이 때문이기도 하다. 권력과 손을 잡는 것도, 중요한 정치적 지위에서 소외되는 것도 쉽사리 받아들여지지 않는다—현대 사회에서 하나의 세력을 이룬 지성은 이런 사실 때문에 심각하고 역설적인 문제에 직면하는 것이다.

4부

실용적인 문화

9장

기업과 지성

1
—

적어도 최근 75년 동안 미국의 대다수 지식인들은 기업을 지성의 숙적으로 낙인찍어왔다. 기업가들 스스로도 오랫동안 이런 역할을 받아들인 탓에 이제는 양측이 적의를 품는 것도 당연한 듯하다. 확실히 기업가 기질과 지식인 기질 사이에는 모종의 불협화음이 존재한다. 서로 다른 가치를 지향하기 때문에 반목이 생길 수밖에 없다. 지성은 늘 제도나 권력의 확고한 중심을 위협하는 잠재적 존재이기도 하다. 하지만 양측이 어느 면에서는 서로 의존하고 있기 때문에 이런 적의가 항상 겉으로 드러나는 것은 아니다. 양측의 적의를 낳는 일반적 토양만큼이나 그것을 억제하거나 강화시켜온 역사적 환경도 매우 중요하다. 다만 산업화 시대의 미국에서 기업가는 정신이나 문화의 적대자 중에서도 극히 강력하고 중심적인 위치에 있었기 때문에 다른 적대자들은 모두 희미해져버린 것이다.

수년 전에 기업 전문 저널리스트인 존 체임벌린John Chamberlain은 〈포춘〉지에 쓴 글에서 미국의 소설가가 기업가를 너무도 부당하게 다루고 있다고 불만을 토로했었다. 그의 지적에 따르면, 오늘날 미국 소설에서 기업가는 대개 우둔하고, 교양 없고, 탐욕적이고, 오만하고, 반동적이고, 부도덕한 부류로 묘사된다. 체임벌린이 보기에, 드라이저Theodore Dreiser의 카우퍼우드 3부작(투기적 사업가인 프랭크 카우퍼우드를 주인공으로 한 『금융가』, 『타이탄』, 『금욕주의자』를 가리킨다)에서 현재에 이르는 기업 소설의 목록에서 기업가를 호의적으로 그린 작품은 세 권뿐이다. 인기 작가의 작품이지만 별로 중요하지 않은 하나를 제외하면, 나머지 둘은 윌리엄 딘 하월스의 『사일러스 레이펌의 성공The Rise of Silas Lapham』과 싱클레어 루이스의 『도즈워스Dodsworth』이다.1 하지만 이 두 작품이 단명한 것 자체가 체임벌린의 불만이 타당함을 뒷받침해준다. 『사일러스 레이펌』이 발표된 1885년만 해도 소설가와 기업가의 대립이 아직 확실하게 굳어진 것은 아니었다. 5년 뒤에 하월스는 기업가의 전형적인 예라고 할 만한 도마뱀 같은 기업가가 등장하는 『새로운 부의 위험A Hazard of New Fortunes』을 출간했고, 나중에는 사회주의 냄새를 풍기는 사회비평을 썼다. 그리고 『배빗』을 통해 소도시에서 작은 업체를 운영하는 미국 속물의 원형을 세상에 선보인 작가가 싱클레어 루이스였다.

체임벌린의 언급에 따르면, 대체로 소설가들이 그리는 기업가 이미지는 머릿속에서 떠올린 것이지(이를 가리켜 그는 "건조하고 교조주의적인 태도"라고 말한다) 그들을 직접 관찰하거나 속속들이 알아보고 쓴 것은 아니다. 그러나 이런 지적이 시사하는 짓궂은 의도는 대부분 체임벌린의 공상이 낳은 것일지도 모른다. 미국 사회에는 작가와 기업가가 가볍게 교제할 수 있는 단일한 엘리트 집단이 없다. 설령 현존하는 기업가들의 생생한 모습이 미국 소설에 나타나지 않는다고 해도, 그것은 작가가 기업가 사회에 들어가는 경우가 드물기 때문이고, 가까이서 자세히 관찰할 기회가 거의 없기 때문이기도 하다. 적대감은 양측 모두에게 있는지라, 기업가에게는 자기방어나 보복의 수단이 없다거나 그런 수단을 사용하지 않았다고 주장하는 것은 상당히 무리가 있다.

어쨌든 체임벌린이 말하고자 하는 바는 엄연하다. 미국의 사회 소설에서 묘사되는 기업가상像은 지식인 사회의 전반적인 태도를 나타내는 것이며, 그 태도는 시대에 따라 민중주의적이거나 혁신주의적이거나 마르크스주의적이거나 혹은 이 세 가지가 섞인 것이었다. 남북전쟁 이후 산업화가 진전되면서 기업가와 문필가의 반목은 뿌리깊은 채로 지속되었다. 게다가 혁신주의와 뉴딜이 부상한 뒤로는 기업가와 사회과학 분야 자유주의적 지식인들 사이의 긴장 역시 날카로워졌다. 아직은 정치적 갈등과는 떨어져 있던 번영의 시기에 지식인 사회는 기업가를 속물로서 묘사하는 데 만족했다. 하지만 정치적·경제적 불만이 팽배하면서 양측의 불화도 깊어지고, 기업가들 역시 비정한 착취자가 되었다. 이처럼 기업이 추구하는 가치와 지성이 추구하는 가치는 영원히 불가피한 갈등을 겪을 것으로 보인다. 한편에는 돈과 권력에 중심을 두면서 몸집 불리기나 달러, 거기에 경기 부양이나 공허한 낙관주의 등을 부추길 뿐인 사람들이 있고, 다른 한편에는 미국 문명을 불신하면서 자질이나 도덕적 가치에 관심을 가지는 비판적 지성을 갖춘 사람들이 있다. 미국 문명을 자신들의 목적을 위해 주조하고 자신들의 기준에 맞게 변형하려고 기업가들이 사용하는 교묘한 수법을 지식인들은 잘 알고 있다. 기업가는 어디에서나 모습을 드러낸다. 그들은 정당의 금고를 채워주고, 영향력 있는 언론사나 대중문화 기관을 소유하거나 지배한다. 대학 이사회나 지역 교육위원회에 참여하며, 문화 자경단을 동원하거나 재정 지원을 하기도 한다. 기업가의 목소리는 실제의 결정을 지배하는 것이다.

현대의 기업가는 자신들을 실제로 성공한 사람이자 국가적 독지가로 생각하는 경향이 있다. 게다가 막대한 책임을 짊어지고 있는데도 제 손으로 급여를 지불해본 적도 없는 무책임한 사람들의 반감을 사며, 자신들이 온갖 일을 제멋대로 처리한다는 통념도 잘못된 것이라고 생각한다. 기업가는 또 **자신들이** 만든 것도 아닌 복지국가의 관료적인 규제 때문에 곤란을 겪고, 강력한 노동조합에 휘둘리며, 지식인에게 사로잡힌 대중으로부터 늘 의혹의 눈길을 받는다고 느낀다. 그뿐 아니라 예전—이를테면 앤드루 카네기 시절—의 위대한 기업가는 반감을 좀 사기는 했어도 일종의 문화적 영웅이었다는 것도 알고 있다. 당시의 기업가는 국가를 대표하는 참으로 훌륭한 인물이었으며, 인생 전반에 관한 조언을 구할 수 있는 현인이기도 했다. 하지만 그런 부류의 마지막 인물인 헨리 포드Henry Ford 이후로 영웅적 이미지는 쇠퇴했다. 기업가들은 정계나 행정 기관에 발을 들여놓을 때에만 신문 헤드라인을 장식한다. 예를 들어, 찰스 E. 윌슨은 1953년 국방장관 재임중 〈뉴욕 타임스〉에 이름이 오른 횟수가 제너럴 모터스GM 회장이었던 3년 전보다 열 배나 늘어났다.[2] 그 무렵에는 부유층이 여전히 정치 세계에 입문할 수 있었지만, 존 F. 케네디, 넬슨 록펠러Nelson Rockefeller, 애버럴 해리먼Averell Harriman, 허버트 리먼Herbert

Lehman, G. 메넌 윌리엄스G. Mennen Williams 등은 진정한 기업가가 아니다. 그들은 대대로 부를 물려받은 인물들로, 종종 정치 문제에서 자유주의적인 견해를 보여 주목을 받았다.

지식인들이 조성한 적의에 찬 환경 속에서 기업가는 때로 지식인 일파에 의해 위신을 잃었다고 생각했을지도 모른다. 그렇다면 지식인들의 힘을 과대평가하는 셈이다. 사실 기업가의 위신 실추는 대개 그 자신이 남긴 업적의 결과였다. 비인격적 조직인 거대 기업은 기업가의 경력을 단련시키지만 그의 명성에 어두운 그림자를 드리운다. 거대 기업을 창출한 것은 기업가 자신이다. '미국적 삶의 방식'이나 '자유 기업제' 같은 추상 개념은 대중적 보편성을 얻게 되지만, 개별 기업가의 명성을 흡수하고 동화시킨다. 그러나 이런 추상 개념을 열심히 선전한 것도 기업가 자신이었다. 한때는 위대한 인간이 부를 창출했지만, 오늘날에는 거대한 시스템이 운좋은 인간을 만든다.

그렇지만 지성과 기업의 대립 이면에는 어떤 기묘한 관계가 자리 잡고 있다. 많은 지식인이 자신들이 공격하는 기업가 일족에 의해 길러지고 있다는 사실은 이런 관계를 상징적으로 보여준다. 실제로는 불편한 공생 관계가 양자 사이에서 발전해온 것이다. 미국에서는 유럽에 비해 정부가 예술이나 학문의 진흥에 소극적이었기 때문에 문화는 언제나 개인의 후원으로 지탱되었다. 지식인의 관심이 기업 비판에만 쏠린 최근 수십 년 동안에도 그런 의존성은 결코 줄어들지 않았다. 따라서 비판적 지식인의 처지는 대단히 거북한 것이다. 자신의 연구나 생계를 위해 한 손으로는 구겐하임, 카네기, 록펠러, 포드 등의 가문을 비롯한 기업가 일족의 기금을 받고, 다른 한 손은 고결함이나 가치관을 지키기 위해 주먹을 불끈 쥐는 경우가 많기 때문이다. 지성이나 예술의 자유는 비판하고 비난할 자유, 파괴하고 재창조할 자유와 떼려야 뗄 수 없다. 그러나 지식인도 예술인도 일상적으로는 고용인, 피보호자, 수혜자로서 기업과 관계를 맺을 수밖에 없다. 이런 양의적 관계는 기업가들에게도 영향을 끼친다. 기업가라는 존재는 자신의 평판에 민감하고, 비판에는 두려움과 분노를 느끼며, 종종 권력을 등에 업고 오만하게 군다. 기업가는 학문이나 예술을 후원함으로써 자신의 명성을 더 높이는 데 신경을 쓸 수밖에 없다. 조금 긍정적으로 말하자면, 그들 역시 개인의 사회적 책무stewardship라는 전통적 도덕 규범의 계승자인 것이다. 그들은 종종 자기 돈을 유용하게 써야 한다는 책임감을 느낀다. 또한 정신적인 것에도 그들 나름의 존경심을 품는다. 과학기술이 고도로 발달한 현대의 상황에서는 기업으로서도 실제의 문제를 해결하려면 많든 적든 지성의 도움이 필요한 것이다. 그리고 결국에는 무엇보다 인간적이기 위해, 그들 스스로가 돈으로는 살 수 없는 평판을 듣고자 하는 자연스러운 열망을 갖게 마련이다.

 기업가의 반지성주의를 지식인에 대한 적의라는 식으로 좁게 해석할 경우, 그 본질은 어디까지나 정치적 현상이다. 하지만 좀더 넓게 해석해서 지성 자체에 대한 의구심으로 포착할 경우, 그들의 반지성주의는 미국인의 삶 전반에 퍼진 실용성이나 직접적 경험 등에 대한 집착의 한 부분이다. 흔히 비즈니스는 지나치게 실용 본위라고 하지만, 사회 계층이나 역사적 정황에 따라 다소간의 차이는 있으며, 이런 경향은 미국의 거의 모든 곳에서 발견된다. 원래 실용주의에 대한 모종의 건전한 관심은 배타적이거나 인간의 여타 활동을 경시 혹은 조롱하는 것이 아닌 한, 그 자체로 비난할 만한 것은 아니다. 실제적인 활력은 미덕이다. 이 나라 역사에서 정신적인 문제를 불러일으킨 것은 실용주의를 신비화하려는 경향이다.

2

본서가 기업계를 미국 문화 속 반지성주의의 주요 세력으로 다루는 것은 기업의 역할을 과장하고 싶기 때문이 아니다. 확실히 미국 문화는 학문이나 예술의 후원자인 소수의 부자들에게 큰 빚을 지고 있으며, 이 점은 충분히 고려해야만 한다. 기업계에서의 반지성주의를 특별히 다루는 것은 기업이 미국 사회의 다른 부문에 비해 명백하게 더 반지성주의적이거나 속물적이기 때문이 아니라 기업이 미국인의 삶에서 가장 강하고 폭넓은 관심을 유발하는 분야이기 때문이다. 그래서 미국의 생활 문화에서는 실용성이 압도적으로 중시되어왔고, 기업가는 19세기 중반 이후로 가장 강력한 반지성주의 세력이었다. 예를 들면 워런 G. 하딩Warren G. Harding은 1920년에 "미국은 본질적으로 기업의 나라"라고 말했는데, "미국의 사업은 기업The business of America is business"이라는 캘빈 쿨리지Calvin Coolidge의 유명한 말은 하딩의 말을 고스란히 되풀이한 것이다.3 적어도 1929년 이전까지 기업계에 특별한 지위를 부여한 것은 이런 비즈니스 중시 태도였다.

미국의 기업계가 지식인과의 논쟁에서 성공을 거둔 한 가지 이유는 그들의 주장이 여러 가지 점에서 전통적인 서민의 지혜와 합치된 데 있었다. 예컨대, 고등교육이나 직업교육 중시에 관한 기업가의 발언은 지성에 대한 서민의 정서와 차이가 없었다. 에드워드 커크랜드Edward Kirkland가 다음과 같이 말했다. "서민들은 자녀로 하여금 학교를 그만두게 하거나 대학에 보내지 않는 식으로 교육 제도에 대한 불신임을 표명해왔다. 따라서 헨리 조지Henry George 같은 '급진적' 노동 개혁론자가 자기 아들에게 대학은 배울 필요가 없는 것만 머릿속에 집어넣기 때문에 곧장 신문사에 들어가 현실 사회를 익히는 편이 낫다고 조언해도 놀랍지는 않다. 기업계의 거물도 똑같은 조언을 할 것이기 때문이다."4

기업을 다룬 문학이 실리 우선의 사고방식을 강조하는 것에서 명백하게 드러나듯이, 지성에 대한 두려움과 문화 멸시는 기업계의 반지성주의에서 여실히 드러난다. 그리고 그 기반이 되는 것은 문명과 개인적 신조에 대한 미국인의 두 가지 보편적인 태도이다—첫째는 많은 사람들에게 공통되는, 과거에 대한 경멸, 둘째는 신앙심조차 실리주의의 도구로 만들어버리는 자조自助와 자기계발이라는 사회적 기풍이다.

먼저 미국의 기술 문화에 큰 영향을 받아온, 과거에 대한 미국인의 태도를 생각해보자. 흔히 말하는 것처럼, 미국은 유적이나 폐허가 없는 나라이다—요컨대, 대대로 이어져온 인간 정신의 흔적 같은 게 없다. 반면에 유럽인은 이런 정신과 더불어 생활하며, 큰 틀에서 보면 아무리 소박한 농부나 노동자라 할지라도 그 규제에서 벗어나기 힘들다. 미국은 과거로부터 도망쳐온 사람들의 나라이다. 대부분의 미국인은 자신의 과거를 지워버리기로 마음먹고 이주를 택한 사람들이다.5 마음을 확실하게 미래로 돌린 미국인은 자신들이 광대한 토지와 자원에 둘러싸여 있지만 노동력과 기술력의 부족으로 어려움을 겪고 있다는 사실을 깨달았다. 사람들이 장려한 것은 풍요로운 자원을 개발하고 부유한 미래로 가는 문을 열어줄 기술적 지식이나 창의성이었고, 또한 기술이나 숙련—중요한 아메리카니즘의 요소인 모든 "노하우"―이 요구되었다. 과거는 경멸스러울 정도로 비실용적이고 창의적이지 못하다고 여겨졌으며, 오로지 극복해야 할 대상으로 인식되었다. 과거를 멸시하는 미국인의 태도는 18세기 말에서 19세기 초에 걸쳐 나타났는데, 그러한 태도에 적극적으로 평가할 만한 측면이 있었음은 알아둘 필요가 있다. 과거에 대한 멸시의 근저에 있는 것은 역사의 중압에서 벗어나는 것만을 목적으로 삼은 과학기술적·물질주의적 야만주의가 아니었다. 미국인들의 태도는 무엇보다도 군주제나 귀족정에 대한, 그리고 무자비한 민중 착취에 대한 공화주의적이고 평등주의적인 항의를 상징했다. 또한 미신에 대한 합리주의적 항의, 구세계의 수동성이나 비관주의에 대한 적극적인 항의, 그리고 역동적이고 활력 넘치는 독창적 심성을 상징했다.

하지만 결과적으로 보면 이런 태도는 의도는 아닐지언정 분명히 반문화적인 것이었다. 그것은 과거를 혼란과 부패와 착취의 집적으로 여기는 지적 스타일의 발전을 조장하고, 실용적인 지능과 결합되지 않는 모든 계획과 진보에 도움이 되지 않는 모든 열정을 경멸하도록 부추겼기 때문이다. 인간사에 대한 이런 견해는 실제적 진보와 관련되는 일이야말로 삶의 요체라는 주장에 쉽게 굴복했다. 또한 자신들이 지켜나갈 삶의 방식은 미국적인 생활양식뿐이며, 이런 생활양식을 다른 나라 사람들은 애써 거부하거나 무시해왔다는 식의 독선적인 사고를 조장했다.[6] 많은 미국인은 문명의 진정한 성과는 특허청에 있다고 생각하게 되었다. 1844년, 한 강연자는 예일 대학 학부생들 앞에서 특허청에 가면 미래를 읽을 수 있다며 이렇게 말했다.[7]

철학의 시대는 지나갔고, 이제는 그 흔적조차 거의 남아 있지 않습니다. **영광**의 시대는 지나갔고, 우리 인간에게 남겨진 것은 고통스러운 수난의 전통뿐입니다. 그리고 지금 시작되는 것은 **실용성**의 시대입니다. 이 시대가 영원히 이어지고, 신비의 베일을 벗은 자연의 경이로 빛나리라는 것은 상상하기 어렵지 않습니다.

기계 공업이 발전함에 따라 모든 곳에서 실용성과 전통 사이에 구분선이 그어졌다. 미국은 대체로 실용성, 개량과 발명, 돈과 안락함을 중시했다. 사람들은 기계의 발달이 오랜 정체와 불편함, 야만을 타파하고 있다는 사실은 분명히 이해했지만, 기계가 새로운 불편함과 야만을 낳고 전통이나 이상, 정조나 충정, 미적 감수성을 훼손하고 있다는 사실은 그만큼 폭넓게 이해하지 못했다. 이 점에서는 유럽과 미국의 차이가 명료하게 드러난다. 유럽에서는 낭만주의적인 면에서나 도덕적인 면에서나, 이런 산업주의의 추악함에 강력하게 대항하는 전통이 늘 존재했다. 이 전통은 괴테나 블레이크, 모리스나 칼라일, 위고나 샤토브리앙, 러스킨과 스콧 같은 인물들에 의해 지속되었다. 그들은 기계에 대항하는 것으로서 언어나 지역에 대한 애정, 유물이나 유적에 대한 애정, 그리고 자연의 아름다움에 대한 애정을 내세웠다. 그들이 견지해나간 것은 자본주의적 산업주의에 대한 저항의 전통과, 산업의 발달이 인간에게 가져다주는 것에 대한 회의의 전통, 그리고 도덕적·미적·인도적 저항의 전통이었다.

미국에는 이런 사람들이 없었다는 말을 하려는 게 아니다. 몇몇 작가들은 실제로 진보에 관한 미국의 독선적 신념에 저항했다. 다만 그들은 자신들이 쓸모없고 고립되어 있으며 주류에 맞서고 있음을 민감하게 의식했다. 『대리석 목신상 The Marble Faun』의 서문에서 이 나라에는 "그림자도 고풍스러움도 신비로움도, 생생하고 어두운 악도 없고, 그저 흔해빠진 풍요로움만이 순진한 햇빛 아래 펼쳐져 있다"고 말한 너새니얼 호손이라면, 미국에서 뭔가를 쓴다는 것이 얼마나 어려운 일인지를 개탄했을지도 모른다.

　　인간이 저속해진다—야만스러워진다
　　통속적인 과학에 의해서

라고 『클래럴Clarel』에서 경고를 날린 허먼 멜빌Herman Melville이라면 과학적 진보주의에 대해 "너희는 제2의 훈족이 될 훈련을 받고 있을 뿐이다"라고 지적했을지도 모른다. 또한 헨리 애덤스가 살아 있었더라면 훗날의 미국 풍경을 차가운 무관심과 초연한 체념의 시선으로 바라보았을 것이다(하지만 이들 중 누구도 자신이 여론의 대변자라고는 꿈에도 생각하지 않았다). 무엇보다 소로의 『월든』은 인도적 저항의 이야기이며, 철로의 침목 아래 묻힌 죽은 이들의 눈에 드는 광경과 잃어버린 생명의 목소리를 묘사한 작품이었다. 미국의 미래에 대한 정열은 소로와는 아무 상관이 없었다. 그는 국가가 변화나 확장, 과학기술, 실용성을 우선시하는 것에 반기를 들었다. 1853년에 그는 다음과 같이 썼다.[8]

　　이 나라의 모든 사업은 위쪽으로 향하는 게 아니라 서쪽—즉 오리건, 캘리포니아, 일본 등—으로 향하고 있다. 걸어서 가든, 태평양 철도로 가든, 내 알 바 아니다. 이런 움직임에는 사상이 없고, 감정의 따스함도 없기 때문이다. 게다가 사람이 목숨을 걸 만한 건 아무

것도 없고, 장갑이라도 걸 만한 가치조차 없다―신문을 집어드는 것조차 시간 낭비이다. 일부러 서부로 가는 길을 따라 천국을 **향해** 쳐들어가는 것은 야만적인 행위이다. 그들은 자명한 운명을 향해 자기 길을 갈지도 모른다. 하지만 그것은 결코 나의 길은 아니다.

이것과 어느 정도 비슷한 정신을 가진 인물이 보수적인 고전학자이자 동양학자이기도 했던 테일러 루이스Tayler Lewis이다. 그는 미국이 실용주의적 교육을 통해 "평범한 획일성"을 부추기면서 미국의 개인주의를 자랑하는 것에 이의를 제기했다. "이렇게까지 독창성을 기대하기 힘든 때가 또 있었을까? 모든 아이들은 무의미한 자화자찬을 반복하도록 교육 받고, 모든 개인의 사상적 차이는 뭉개지고 있다. 누구든 진보라는 메마른 이념과 과거에 대한 경멸, 그리고 미지의 미래에 대한 맹목적인 숭배 말고는 다른 어떤 것도 받아들일 여지가 없기 때문이다."[9] 하지만 극히 소수만이 이런 항의의 목소리에 동조했다. 앤드루 카네기는 "과거는 어디에서 무엇을 택할지가 아니라 무엇을 피할지를 가르쳐줄 뿐이다"라고 말했고, 어느 석유왕은 학생들이 "고리타분한 사어死語를 공부하고, 신화에 나오는 신들이나 과거의 온갖 야만적인 일들에 얽힌 지겨운 이야기를 배우는" 것은 아무 가치도 없다고 생각했다. 또 제임스 A. 가필드는 미국의 젊은이들이 "동시대의 고무적인 삶이나 활력 대신에 죽은 시대의 삶으로 정신을 기르는 것"은 바라지 않았고, 헨리 포드는 어느 인터뷰에 응해서 "역사란 다소간 터무니없다. 언제나 그렇다"라고 말했다. 당시의 주류는 이런 사람들이었다.[10]

이런 식의 전형적인 미국적 발언에서는 기계가 없던 과거를 얕잡아보는 정서나, 과학기술의 진보에 대한 희망을 엿볼 수 있다. 마크 트웨인은 특히 이런 정서를 가장 솔직하게 드러낸 좋은 예이다. 오래전에 밴 윅 브룩스Van Wyck Brooks는 『마크 트웨인의 시련The Ordeal of Mark Twain』이라는 명저의 인상적인 구절에서 마크 트웨인을 이렇게 비난했다. "문학에 대한 그의 열정은 기계에 대한 열정에 비하면 아무것도 아니었다. 그는 기계의 진보야말로 인류의 진보라는 동시대인들의 환상을 고스란히 받아들였다." 브룩스는 트웨인이 페이지Paige 사 제품인 자동식자기―그는 인간 두뇌가 낳은 최고의 발명품이라고 여겼다―에 매료된 부분을 인용하면서, 트웨인이 휘트먼의 70세 생일에 보낸 심술궂은 편지에 관해서도 언급한다. 트웨인은 휘트먼이 "놀랍도록 다양하고 방대한 양의 콜타르 제품들"을 비롯해 온갖 물질적 혜택을 누릴 수 있는 시대까지 살아남은 것을 축하했다. 하지만 그 시대가 월트 휘트먼을 낳은 사실도 주목할 만하다는 것은 이해하지 못했다.[11]

브룩스는 마크 트웨인에 관한 다른 많은 평가와 마찬가지로 이 점에서도 본질적으로 정확하게 평가한 것으로 보인다. 하지만 휘트먼 본인에게는 이 편지가 그렇게 당돌하게 여겨지지는 않았을 것이다. 30여 년 전에 휘트먼은 아주 비슷한 맥락에서 이렇게 쓴 바 있다.[12]

우리의 쾌적하고 호사스러운 생활을 위해 지난 5~6년 사이에 쏟아져 나온 수많은 발명품이나 신기술을 생각해보라. 욕실이나 제빙기, 저빙고, 파리잡이 통, 모기장, 초인종, 대리석 벽난로, 이동식 테이블, 신식 잉크스탠드, 베이비점퍼〔유아용 놀이기구〕, 재봉틀〔원문에는 'serving machine'으로 되어 있으나 'sewing machine'의 오기로 보인다.

1846년에 일라이어스 하우Elias Howe가 재봉틀로 미국 특허를 받았다), 도로 청소기—한마디로, 두툼한 특허청 공보물을 잠깐이라도 훑어보면 된다. 그리고 서기 1857년에 당신의 운명을 결정할 당신의 별에 감사하라.

이 점에서 마크 트웨인은 특히 흥미롭다. 그는 기술 친화적 정신에 대한 관심을 매우 충실하게 굴절시켰기 때문이다. 여기서 '구현'이 아니라 '굴절'이라고 한 데는 이유가 있다. 그는 기계가 진보하기만 하면 된다고 생각하기에는 지나치게 도덕주의적이고 비관주의적이었기 때문이다. 그는 모순으로 똘똘 뭉친 인간이었고, 그만큼 기업적 산업주의의 가치를 열렬히 신봉한 사람도 없고 그 가치를 경멸적으로 부정한 사람도 없다. 과학기술의 진보에 관해 가장 폭넓게 논평한 작품인 『아서 왕 궁전의 코네티컷 양키A Connecticut Yankee in King Arthur's Court』[13]에서, 트웨인은 기술에 사로잡힌 19세기의 양키 정신과 6세기의 사회를 나란히 놓고서 풍자한다. 이 이야기의 도덕적 주제는 인간의 악행과 허술함이 기계의 진보를 능가한다는 점에 있다. 하지만 이 이야기에서 대비되는 양쪽 중에서는 코네티컷 양키가 모든 면에서 항상 우위를 점한다. 코네티컷 양키는 증기의 힘이나 전기를 자유자재로 조종해서 박애적인 독재를 확립한다. "내가 정권을 잡고 처음에 한 공식적인 일은—정부가 구성된 첫날의 일인데—특허청을 출범시키는 것이었다. 특허청과 제대로 된 특허법이 없는 나라는 옆으로 새거나 뒷걸음질을 할 뿐, 어디로도 가지 못한다는 것을 알고 있었기 때문이다."[14] 물론 트웨인은 소설의 양키 주인공에 관해서도 다소 양의적인 태도를 보였다. 헨리 제임스가 신랄하게 평한 것처럼, 트웨인은 정신적으로 미숙한 독자들을 위한 작가였는지도 모르지만, 그 자신은 적어도 서투른 땜장이의 한계를 모를 만큼 미숙하지는 않았다.[15] 그렇다 하더라도 심리적·도덕적 우월함은 이 코네티컷 양키에게 있으며, 독자들은 이 인물에게 공감하도록 쓰여 있다. 여기에는 마크 트웨인의 국민적 자부심이 배어 있다. 이 작품은 영국을 위한 영국인의 미국 비판(그는 대놓고 말하지는 않았지만 특히 매슈 아널드의 비판을 가리킨다)에 대한 응답이며, "영국 국민의 수준을 조금이라도 끌어올리려는" 시도라고 그는 영국의 출판사에 써보냈다. 그는 인간 일반, 특히 양키 산업주의를 풍자할 생각이었는지 모르지만, 결과적으로 그런 의도는 훗날의 미국적 삶의 방식을 정당화하려는 충동에 휘말려버렸다. 이 작품은 현대 미국의 악폐를 다소나마 직간접적으로 비판하긴 하지만, 주로 유럽과 과거에 대한 응답, 즉 비참함이나 미신, 잔학함, 무지, 착취로 특징지어지는 사회에 대한 응답으로 되어 있다. 6세기 사회와 19세기 사회를 똑같이 풍자하는 것이 트웨인의 원래 의도였다면, 이 작품은 실패작이다. 오히려 그의 의도는 거의 한 방향으로만 향했다고 생각하는 편이 더 수긍이 간다. 이렇게 해석하는 쪽이 그가 페이지 사의 자동식자기—그는 이 기계에 투자까지 했지만 오히려 많은 돈을 잃었다—에 매료된 사실과 잘 부합된다[마크 트웨인은 집필 활동으로 많은 돈을 벌었지만 신기술과 발명품에 투자해서 큰 손해를 보았다. 1880년에서 1894년 사이에 트웨인은 페이지 사 자동식자기에 30만 달러(인플레이션을 감안한 현재 화폐 가치로 820만 달러에 해당)를 투자했다. 그러나 이 기계가 완성되기도 전에 라이노타이프라는 신형 기계가 등장해서 막대한 손해를 보았고, 그에 따른 빚을 갚기 위해 해외 강연 여행에 나서기도 했다]. 이런 해석이 더 잘 어울리는 것은 『철부지의 해외 여행기』The Innocents Abroad』[16]이다.

이 작품에서 트웨인은 이탈리아의 모든 예술품보다도 유럽의 철도나 정거장, 유료 고속도로 쪽이 더 마음에 든다고 고백했다. "왜냐하면 후자라면 나도 이해할 수 있지만, 전자의 가치를 이해할 만한 능력이 나에게는 없기 때문이다."[17] 이런 해석은 또 『허클베리 핀의 모험』 말미의 장황하고 무덤덤한 장면을 새롭게 보는 단초가 될 수도 있을 것이다. 거기서 톰 소여는 자신이 좋아하는 유럽 모험담의 진부한 주인공처럼, 스스로 유일하고 적절하다고 생각하는 방법으로 검둥이 짐을 구출하자고 주장한다. 톰 소여는 온갖 성가신 의례를 늘어놓으면서 허클베리 핀이 본능적으로 생각해낸 상식적인 제안을 뒤집어버린다. 이런 터무니없는 행각은 이 작품의 도덕극으로서의 기본적인 성격과는 동떨어진다는 비난을 받았지만, 트웨인에게는 아주 중요한 부분이었다. 톰 소여는 전통 문화의 비실용성을 대표하고, 허클베리 핀은 주어진 현실에 충실하게 맞서나간다는 미국인의 본분을 상징하는 존재였기 때문이다.

3

마크 트웨인은 미국을 분명하고 널리 뒤덮고 있던 양의성을 언어로 표현했다. 그에 따른 신조의 중심은 특허청과 미래에 대한 확고한 믿음이었다. 그러나 많은 미국인이 마크 트웨인과 마찬가지로, 동부에서 꽃을 피운 기품 있는 문화에 일말의 경외와 선망의 눈길을 던졌던 것도 사실이다(이 문화를 "향유"하고 싶으면서도 한편으로는 조롱하려 했던 클레먼스〔마크 트웨인의 본명은 새뮤얼 L. 클레먼스Samuel L. Clemens이다. 마크 트웨인이라는 필명은 수로 안내원 시절에 강 깊이를 재는 측심

수測深手가 '두 길mark twain(3.6미터)!'이라고 외치던 말에서 따온 것이다〕는 미국 역사상 가장 고통스러운 상황의 하나에 직면했다— 휘티어John G. Whittier 탄생일 연설에서 큰 실수를 저지른 것이다〔1877년 12월 17일, 〈애틀랜틱 먼슬리〉지가 주최한 휘티어의 70세 생일 축하 만찬에서 트웨인이 연설을 했다. 당시의 주요 문인들이 모인 이 자리에서 트웨인은 캘리포니아의 어느 산골 광부의 집에 에머슨과 롱펠로, 올리버 웬델 홈스를 자칭한 이들이 들른 적 있다는 허구적인 일화를 소개했는데, 그 일화에서 세 사람은 무례하고 추잡한데다 자기 시구도 제대로 읊지 못했다. 동시대의 대문호들을 노골적으로 풍자한 이 연설은 동부 교양인들에게 큰 충격을 주었다〕). 이 문화에는 나름의 한계도 있었지만 트웨인이 살아 있던 무렵에는 미국에서는 거의 유일한 고급 문화였고, 대체로 상인 계급의 후원에 의지했다.

유력한 세습 귀족이나 국가의 보호가 부재했던 미국에서 예술이나 학문은 상업적 부에 의지했고, 이런 이유로 기업가들의 교양 수준이 지식인의 삶에서는 늘 특별히 중요한 의미를 가졌다. 처음부터 미국은 일을 하지 않으면 성립될 수 없는 사회였지만, 그래도 18세기 중반에는 동해안의 타운들에서 예술이나 학문의 실질적인 토대가 만들어지고 문화에 관심을 기울이는 상인 사회의 기초가 마련되었다. 이미 1743년에 벤저민 프랭클린은 과학 진흥을 위한 식민지 간 협조 계획의 밑그림을 그리면서 이렇게 말했다. "필요한 것에만 사람들의 관심이 쏠리던 시기에 새로운 식민지 건설을 위한 힘든 사업은 이제 거의 완료되었다. 지금은 어디를 가든 대부분의 사람들이 안정된 생활을 하고 있고, 좀더 우수한 예술이나 지식을 축적할 만한 여유도 생겼다."[18] 영 제국 최대의 식민지 가운데 하나였던 동해안 타운들에서는 당시에 이미 상인 계급과 전문가 계급이 학문과 과학, 예술의 진흥을 진지하지 모색했다. 이런 계급의 사람들이 신세계에서의 문화 보호 모델을 확립했던 것이다.

이 계급의 중추를 이룬 것은 상업으로 쌓은 부였다—여기서 중요한 것은 그 부가 꼭 사업을 추구하고 돈을 모으는 것을 인생 최대의 목적으로 여기지는 않는 사람들의 수중에 있었다는 사실이다. 사업을 인생의 한 방식이라고 생각한 사업가도 있지만, 그것을 인생의 다양한 측면의 하나, 경우에 따라서는 인생의 한 측면에 **이르는** 수단에 불과하다고 생각한 사업가도 있었던 것이다. 후자의 사업가들 사이에서는 상당한 재산을 축적하고 나서 은퇴하는 것이 적어도 인생의 목표 가운데 하나라고 여겨졌다. 자기 세대의 백만장자들 가운데 예외적인 존재였던 앤드루 카네기는 그다지 이런 이상에 맞게 살았던 건 아니지만 입에 발린 말은 아끼지 않았다. 33세 때 연간 5만 달러를 벌어들이던 카네기는 다음과 같이 썼다.[19]

> 사업에 혈안이 되어 단기간에 얼마나 벌어들일지만 궁리하는 생활을 지금 이상으로 계속하면 나는 타락해서 영영 회복할 수 없게 되어버릴 것이다. 35세가 되면 사업에서 손을 뗄 생각이다.

이런 생각에 전혀 개의치 않으면서 오로지 일에만 매달리는 남자들은 언제나 존재했다. 하지만 카네기가 말하는 인생의 이상은 실제로 상당한 영향력을 발휘했다. 보스턴, 뉴욕, 필라델피아, 찰스턴 등지에서 활약한 이전 세대의 상인 중에는 다재다능하고 세계적인 시야를 지닌 사람들도 많았다. 상업을 통해 유럽이나 동양과 접촉함으로써 정신을 바깥으로 열어두었기 때문이다. 범선 시대에는 상거래의 템포가 느렸기 때문에 성공적인 사업 수행과 품위 있는 여가 생활이 모순되지 않았다(그러나 19세기 중반 이래로 교통과 통신 수단이 급속히 발달하면서 그 템포도 빨라졌다). 계층화가 어느 정도 진행된 18세기 후반의 사회에서는 상류 사업가 계급의 상당 부분이 세습으로 부와 지위를 얻은 사람들이었는데, 그들은 상인이라면 교양이나 여가, 교육을 중시해야 한다고 생각했다. 게다가 18세기의 상인들은 정치에 적극적으로 관여하기도 했다. 그들은 사업뿐만 아니라 관직이나 입법, 행정 등에도 관심이 있었기 때문에 폭넓은 행동력과 사려 깊은 태도를 보여줄 수 있었다.

19세기 초에도 문명인 혹은 문명의 첨병이라는 사업가의 이상은 지속되었다. 이런 이상을 신봉하는 사람들에게 노동에 대한 헌신, 검약, 절제라는 청교도적 가치와, 여가와 문화, 다재다능함이라는 젠틀맨의 이상을 동시에 강조하는 것은 전혀 모순되지 않았다. 당시의 유력한 상업지인 〈헌츠 머천츠 매거진Hunt's Merchants' Magazine〉의 칼럼을 보면 이런 인생관이 잘 드러난다.[20] 이 잡지의 발행인이자 편집인인 프리먼 헌트Freeman Hunt는 매사추세츠의 조선업자 아들로 태어나, 다른 19세기 출판업자들과 마찬가지로 인쇄공에서 출발했다. 그에게는 지성주의나 뉴잉글랜드 상인 정신의 전통과, 자수성가한 인간의 현실 감각이 결합되어 있었다. 어린 시절에 아버지를 여읜 그는 혼자서 세상을 헤쳐나가야 했기 때문이다. 헌트는 1839년의 창간호에서, 상업은 정신을 고양시키고, 이해를 심화시키며, "포괄적인 지식의 보물 창고"를 늘리는 중요한 직업이라고 썼다. "우리의 주된 목표 가운데 하나는 상업의 도덕적 가치를 높이는 일이다." 그는 성실함과 자긍심을 중시했고, 그것이 없으면 다른 모든 면에서 뛰어나더라도 고상하고 명예로운 상인이 될 자질이 부족한 셈이라고 강조했다. 상업은 또한 "다른 어떤 직업보다도 다종다양한 지식과 전반적인 정보, 즉 여러 외국의 토양, 기후, 생산, 소비, 그리고 세계 속의 역사, 정국, 법, 언어, 관습 등을 포괄하고 필요로 하는 직업"이었다. 그는 상업의 지적·도덕적 수준을 유지하는 일이 자신의 소임이라고 여겼다. "〔옛 상인들을 대신할—R. H.〕 젊은이들의 정신이 어디에서 형성되든 간에 그들은…… 우리가 고상하고 명예로운 직업에 뛰어든 초보 상인을 지원하기 위해 온 힘을 다하고 있음을 알게 될 것이다."21 그의 저서 중 하나는 『가치와 부』라는 그럴듯한 제목을 달고 있다. 또한 "상업과 문명은 함께 걷는다"는 그의 사고방식은 훗날의 작가들에게 이어졌다. 헌트의 잡지는 장기간에 걸쳐 광범위한 내용의 "문예란"을 실었는데, 거기서는 전반적인 지적 관심을 불러일으키는 책들을 다루었다. 또한 뉴욕상업도서협회 주최로 열린 강연의 내용도 소개했다. 이 잡지가 「여가: 그 효용과 폐단」이라는 제목의 어느 목사의 글을 게재한 것은 그럴 만한 가치가 충분하다고 판단했기 때문이다. 한편 「상업의 이점과 혜택」이라는 글은 "상업을 위대하고 계몽된 원리에 입각해서 발전시켜온 나라에서는 자유로운 학문 연구의 자세도 발전했다"고 지적하고 있다. 여기서 중요한 것은, 상인이 사회에 유익한 일을 명예와 성실함을 가지고 수행한다고 볼 뿐만 아니라, 사업 자체와는 무관한, 좀더 보편적인 문화를 넓히고자 하는 모습도 눈여겨보면서 상인의 역할을 적극적으로 평가하고 있는 점이다.22

실제적·도덕적·문화적 의무를 지고 있어서, 상인들의 오랜 이상은 실행하기가 어려워 보였을지도 모른다. 그러나 많은 사람들, 특히 동해안의 큰 타운에 거주하는 사람들은 일관되게 그 이상을 지키며 실현했다. 보스턴에서 막대한 부와 권력을 가진 새뮤얼 애플턴Samuel Appleton(1776~1853)과 네이션 애플턴Nathan Appleton(1779~1861) 형제가 그런 예이다. 사업뿐만 아니라 정치에도 적극적이었던 새뮤얼은 60세에 일선에서 물러나 여생을 자선 사업에 바치기로 마음먹었다. 그러고는 대학이나 학술단체, 학계, 병원, 박물관 등을 아낌없이 후원했다. 동생 네이션도 과학, 정치, 신학에 적극적으로 관심을 기울여, 보스턴 문고Boston Athenaeum나 매사추세츠 역사협회Massachusetts Historical Society 등의 문화 기관을 지원했다. (언젠가 그는 우연히 면방적 업계에 발을 들여놓지 않았더라면 사업으로 번 20만 달러로 충분히 만족했을 것이라고 말하기도 했다.) 헨리 애덤스와 브룩스 애덤스의 할아버지인 피터 차던 브룩스Peter Chardon Brooks(1767~1849)는 에드워드 에버렛Edward Everett과 너새니얼 프로싱엄Frothingham, 찰스 프랜시스 애덤스 1세를 사위로 두었는데, 사업을 그만두고 36세에 은퇴해서(나중에 몇 년 동안 사업에 복귀했다) 자신의 생애를 공무나 자선 사업, 그리고 두 사위의 정계 활동을 돕는 데 바쳤다. 이런 사람들은 사업 세계에서 활약하면서도 한편으로는 은퇴할 생각도 했다. 그들의 마음속에서는 교양을 갖춘 완전한 인간이 된다는 이상이 결코 사라지지 않았다. 다재다능하고 교양 있는 상인이자 철도 기업가였던 존 머리 포브스John Murray Forbes(1813~1898)에게 에머슨이 보낸 감동적인 찬사는 상인의 이상을 최상의 형태로 체현한 인물과 지식인이 우호적인 관계를 이룰 수 있었음을 보여주는 상징적인 예이다.[23]

그는 어디를 가든 은혜를 베풀었다. 그는 승마나 사격, 배 몰기에 능하고, 집안도 잘 보살피고, 갖가지 업무를 잘 처리했으며, 또한 모든 자리에서 말을 제일 잘하는 사람이기도 했다.…… 그렇지만 나는 혼잣말을 한다—그는 그토록 사람들에게 공감하고 학자나 과학자에게 경의를 표하지만, 어디를 가든 자기보다 뛰어난 인간을 만날 리 없다는 걸 조금도 의심하지 않는다고 말이다. 나는 이 나라가 참 멋진 곳이라고 생각한다. 그와 같은 존재를 낳을 수 있었으니까.

뉴욕에서 상인의 이상을 체현한 인물로는 유명한 일기 작가인 필립 혼Philip Hone(1780~1851)을 들 수 있다. 혼의 예는 조직이 탄탄한 지방 상류사회가 유능한 신참자를 흡수할 능력을 갖추고 있었음을 말해준다. 가난한 용접공의 아들로 태어나 벼락출세를 한 이 사람은 다른 누구보다도 교양 있는 상인의 삶을 살았기 때문이다. 혼은 열아홉 살에 형과 함께 수입업에 뛰어들어, 마흔 살에 50만 달러의 재산을 쌓고 은퇴해서 유럽 여행에 나섰다. 그는 열여섯 살 이후로는 학교 교육을 받지 않았지만, 전형적인 자수성가형 인간과는 달리 자신의 그런 처지에 만족하지 않았다. 그는 1832년에 다음과 같이 썼다. "나는 내게 부족한 점을 잘 알고 있으며, 전 재산의 절반을 들여서라도 고전 교육을 받을 기회를 갖고 싶다."[24] 그는 정규 교육을 받지 못한 결점을 왕성한 지식욕으로 채웠다. 오랜 기간에 걸쳐 수많은 책들을 모으며 폭넓은 지적 관심 속에서 탐독해나갔던 것이다. 또한 많지는 않지만 양질의 미술품을 수집했고, 오페라단이나 극장의 후원자, 뉴욕학술협회 지도자, 컬럼비아 대학 평의원 등으로 활동했으며, 그 밖의 수많은 자선 단체를 지원했다. 그의 집은 거물급 정치인들뿐만 아니라 작가나 배우, 외교관의 사교장이 되었다. 그는 정계에서도 활약하여, 시의원 보좌관이나 잠시나마 뉴욕 시장을 지내기도 했다. 또한 웹스터나 클레이, 수어드 같은 공화당원을 지원하기도 했다. 혼이 좋아했던 문화는, 비슷한 부류의 사람들과 마찬가지로 독창적인 게 아니었고 점잖은 체하는 면이 있었다. 하지만 이런 사람들의 후원과 관심이 없었더라면 미국의 문화적·지적 생활은 상당히 초라해졌을 것이다.

4

포브스나 혼 같은 상인의 존재를 생각하면, "미국에는 지적 기쁨을 추구하고 그것을 조상 전래의 재산이나 여가로서 계승하거나, 지성을 드높이는 것을 명예로 여기는…… 계급이 없다"는 토크빌의 말은 사실과 어긋난 것처럼 생각될지도 모른다.[25] 하지만 토크빌에게는 "조상 전래의"라는 말이 매우 중요했다. 혼이나 포브스 같은 스타일의 인간은 대부분 자신의 삶의 방식을 후세까지 퍼뜨릴 수 없었기 때문이다. 이것은 토크빌이 미국을 방문해 장대한 논평을 쓴 1830년대에 분명해지기 시작했으며, 이후 수십 년 사이에 점차 분명해졌다. 상업의 중요성이 상대적으로 떨어지고 제조업이 부상함에 따라, 해외 무역에 종사하면서 폭넓은 시야와 범세계적인 견해를 갖게 되는 사람들도 점차 줄어들었다. 미국의 경제와 미국인의 정신이 내부로 향하면서 차츰 자족적인 쪽으로 바뀌기 시작했다. 내륙의 앨러게니 산맥 너머나 중서부로까지 사업이 급속하게 확산되자, 문화 제도나 심적 여유도 뒤로 밀려났다. 사람이나 물자는 제도나 문화보다도 빠르게 이동하기 때문이다. 또한 계급 간 장벽이 무너지고 보통사람에게도 새로운 사업 기회가 열려, 관련 업계나 상류 사회가 벼락출세한 사람들로 북적거리게 되었다. 그런 벼락부자들의 취향이나 습관이 점차 사회를 지배하게 된 것이다. 그전 시대, 특히 동해안 도시들의 경우는 권위 있는 지방 귀족들이 혼과 같은 벼락부자들을 흡수하고 훈련시킬 힘을 가지고 있었다. 하지만 문화가 보스턴이나 뉴욕, 필라델피아를 중심으로 번성하던 무렵만 해도 황무지였던 내륙의 신흥 도시에서는 새로운 부류의 사람들과 귀족의 후손들이 대등하게 뒤섞였다. 그리고 대개는 벼락부자들이 젠틀맨 집단을 하향평준화했다. 물론 신시내티나 렉싱턴 같은 내륙의 일부 타운들은 나름의 방식으로 문화적 중심지가 되려고 했지만, 이런 노력은 상대적으로 미약할 뿐이었다. 내륙 사회에서 새로 떠오른 사업가들은 자기 자신을, 또는 혼인을 통해 자녀들을 보스턴에서 볼 수 있었던 기성 전문직이나 사업가 귀족층에 진입시킬 필요성을 별로 느끼지 않았고, 그럴 기회도 적었다. 당시에는 모든 것이 새롭고 미숙했다.

 게다가 상황은 새롭고 미숙할 뿐만 아니라 점차 불안정하고 위험해지기도 했다. 심지어 혼 같은 사람도 시대가 불안정한 탓에 고통을 받았다. 1830년대에 그는 전 재산의 3분의 2를 잃고 별수없이 사업에 복귀했지만, 예전과 같은 성공은 거두지 못했다. 유례를 찾아보기 힘들 정도로 투기적인 미국의 사업 풍토에서는 돈을 버는 것도 잃는 것도 간단했다. 거래의 속도는 점점 빨라졌고, 사업도 점차 전문화되고 분화되었다. 과거에 대서양 횡단 속도에 맞춰 사업을 하던 수입업자들은 그 중간에 여가를 즐길 수도 있었다. 하지만 언제 어디서든 새로운 위협이나 기회에 직면하게 된 사람들에게는 그런 여가는 아예 없고, 사업에 더욱 몰두해야 했다. 지난날 정치에 직접 관여했던 사업가들도 공직에서 손을 뗐고, 문화적 생활에서는 더욱 멀어졌다. 1859년, 영국인 여행가 토머스 콜리 그래턴Thomas Colley Grattan은 미국의

젊은 사업가들을 평하면서 이렇게 말했다.[26]

그들은 단순 노무자처럼 사업을 추구하고, 대단히 열정적으로 정치에 종사한다. 그들은 몸을 가다듬는다. 그들은 파티에 참석하는 것을 거절한다. 옷을 차려입는 일은 아예 포기한다. 얼굴에 주름살이나 눈꼬리 주름을 억지로 만들 수는 없지만, 항상 눈살을 찌푸리고 예민하고 수척한 표정을 짓기 때문에 금세 얼굴이 바뀐다. 그들의 분위기나 거동, 대화 역시 여유가 없다. 어깨도, 정보도, 야망도 옹색하다. 육체적 힘은 억눌리고, 정신적 능력은 좁은 범위에 갇혀 있다. 두뇌의 일부분만이 끊임없이 움직이고, 나머지는 가라앉아 있다. 발달하는 것은 오직 돈 버는 재능뿐이다. 그들은 자유롭고 폭넓게 전반적인 지식을 획득할 능력이 없다. 상거래, 재무, 법, 그리고 사소한 지방 정보가 전부이다. 그들에게 예술, 과학, 문학은 사어나 마찬가지이다.

또한 경제 관련 출판물에서 보이던 문화적 향취도 퇴색했다. 헌트 잡지의 특징이었던 중후한 문예란도 점차 빈약해졌다. 매호마다 약 8페이지를 차지했던 서평란은 1849년 이후 4~5페이지로 줄었다가 다시 2페이지 반짜리의 형식적인 소개에 그치더니 결국 1870년 최종호 직전의 호에서는 아예 사라져버렸다. 그해 말에는 잡지 자체가 〈커머셜 앤드 파이낸셜 크로니클〉에 흡수되었다. 월간이었던 〈헌츠 머천츠 매거진〉과 달리 후속 잡지는 주간이었다. 헌트 스스로 최종호에서 설명하듯이, 사업 정보 전달의 속도가 빨라진 탓에 그런 종류의 월간지는 시대에 뒤처지는 셈이었다.[27] 그리고 후속 잡지의 편집 방향도 지적이긴 했지만, 예전과 같은 문학에 대한 이해는 찾아볼 수 없었다.

사업이 미국 사회 전반을 뒤덮게 됨에 따라, 사업 이외의 가치를 통해 그 존재를 정당화할 필요성도 점점 줄어들었다. 초창기에는 상거래를 활발하게 추구하는 것이 하느님에게 봉사하는 길이라는 주장이 정당화의 근거가 되었지만, 나중에는 사업이 덕성이나 문화에 봉사한다는 주장으로 바뀌었다. 이런 주장이 사라진 것은 아니지만, 이제 사업의 이론적 근거로서는 별로 부각되지 않았다. 미국인의 삶에서 사업이 점차 지배적 기조가 되고 또 광대한 물질적 제국이 신세계에서 부상함에 따라, 사업은 점차 순전히 물질적이고 내재적인 기준, 즉 그것이 산출하는 부의 규모에서 정당성을 찾게 되었던 것이다. 한때는 고도의 문화를 낳는다는 이유로 옹호되었던 미국의 사업은 이렇게 해서 주로 높은 수준의 생활을 가져온다는 이유로 정당화되기에 이르렀다.[28] 물질적 번영 자체가 일종의 도덕적 이상은 아니라고 할지라도, 적어도 번영은 다른 모든 도덕적 이상의 전제 조건이다―대부분의 사업가는 주저 없이 이렇게 말했을 것이다. 1888년, 철도회사 중역인 찰스 엘리엇 퍼킨스Charles Elliott Perkins는 다음과 같은 질문을 던졌다.[29]

위대한 상인, 위대한 제조업자, 위대한 발명가가 전도자나 자선가보다 세상에 더 도움이 되지 않았는가?…… 생활필수품이나 일용품의 값을 낮추는 것이 문명이나 진보의 가장 강력한 요인임을 의심할 수 있는가? 다른 조건이 같다면, 잘 먹고 따뜻하게 지내는 사람들이 춥고 배고픈 사람들보다 더 훌륭한 시민이 된다는 사실이 이 질문에 답하고 있지 않은가? 세계 어디서든 가난은 대부분의 범죄나 불행의 원인이다―일용품이나 생활필수품의 값을 낮추는 것이 가난을 줄이는 길이며, 다른 방법은 없다. 절대로 없다. 역사가 보여주듯이, 부가 축적되고 물가가 낮아짐에 따라 인간도 향상된다. 그 사고 습관이나 타인에 대한 공감에서도, 자비나 정의의 관념에서도.…… 어쨌든 우선 물질적 진보가 이루어져야 한다…… 다른 모든 진보의 기반은 거기에 있다.

문화가 발전하려면 물질적 토대가 확립되어야 한다고 프랭클린이 생각한 때로부터 거의 150년 뒤에, 전제 조건으로서의 물질의 필요성을 퍼킨스는 이처럼 전에 없던 확신을 가지고 단언했던 것이다.

10장

자조와 영적 기술

1
—

상인의 이상이 쇠퇴하자, 대신에 자수성가의 이상이 대두되었다. 백만장자는 아니더라도 적어도 부유한 사업가가 된 무수히 많은 시골 출신 소년들의 경험과 야망을 반영한 이상이었다. 현대의 사회 동태 연구자들이 완벽하리만치 명확하게 밝혔듯이, 미국의 전설적인 입신출세 이야기는—기업의 역사를 장식하는 눈부신 사례들이 있긴 하지만—통계상의 실태라기보다는 하나의 신화이자 상징으로서 중요한 의미가 있었다.[1] 19세기의 가장 열띤 팽창기에도 미국 산업계의 정점에 선 사람들은 대부분 결정적으로 유리한 조건에서 태어난 부류였다. 하지만 자수성가한 사람도 확실히 많았다. 그들의 존재는 극적이고 감동적인 출세 이야기와 함께 신화에 실체를 부여할 수 있었다. 그리고 정점에 선 사람들과는 별개로, 그만그만한 지위를 차지한 사람들도 있어서, 오히려 현실적인 성공의 목표로 여겨진 것은 이쪽이었다. 실제로 밴더빌트나 록펠러처럼 되려고 마음먹은 사람은 극소수였지만, 어느 정도의 성공이라면 많은 사람들이 모방할 수 있었기 때문이다. 가난뱅이에서 일약 대부호로 올라서는 것은 무리였지만, 어지간한 지위까지 상승할 수는 있었다. 그리고 어떻게 하면 출세할 수 있는지 그 방도를 찾기 위해 사람들은 과거의 성공 사례를 열심히 뒤져 보았다.

게다가 미국에서 자수성가한 사람들이 하나같이 가난한 처지에서 출발한 것은 아니었다고 해도, 정규 교육이나 단란한 가정의 혜택도 없이 사업으로 성공했다는 점에서는 그들 역시 자수성가한 이들이었다. 통념상 자수성가한 사람이라고 하면 대개 정규 교육을 받지 않고 성공을 거둔, 사업에 관한 것을 제외하고는 개인의 교양을 별로 중시하지 않는 인간을 가리킨다. 19세기 중반에 이르러서는 이런 부류의 인간이 미국 사회의 주류가 되어, 그들의 생활양식을 대변할 만한 사람들이 필요해졌다. 티머시 셰이 아서Timothy Shay Arthur는 필라델피아의 작가로 『어느 술집에서 보낸 열흘 밤과 거기서 본 것Ten Nights in a Barroom and What I Saw There』이라는 작품으로 역사에 이름을 남긴 인물이지만, 생존시에는 모럴리스트이자 자조自助를 설파하는 작가로도 유명했다. 그는 1856년에 다음과 같이 말했다. "이 나라에서 가장 탁월하고 유능한 존재는 태어날 때부터 부와 사회적 지위를 가진 사람들이 아니라, 이 양자를 지치지 않는 개인적 에너지로 얻어낸 사람들이다." 아서의 주장에 따르면, 미국의 번영은 이런 사람들의 노력의 결과였다.[2]

그러므로 이런 사람들의 생활양식이 이후 세대에게 끼칠 영향은 헤아리기 어렵다.…… 이제까지 전기에서 다뤄진 미국인은 정치나 문학의 세계에서 탁월한 업적을 쌓은 사람들로만 국한되었다.…… 이런 전기만 읽으면 우리 젊은이들은 분명 사회의 진정한 구조를 제대로 알지 못하고, 이 나라의 어디에 진보를 이끌 활력이 있는지도 인식할 수 없게 될 것이다.…… 자수성가한 사람들의 역사를 널리 알리는 것이 바람직하다. 그래야만 이 사람들이 어떻게 낮은 신분에서 출세했는지 알 수 있을 것이기 때문이다.

'자수성가'라는 이상은 역사적으로 청교도의 설교와 프로테스탄트의 소명 교의에서 파생된 것으로, 특별히 새로운 것은 아니었다. 사실 벤저민 프랭클린도 이 생각을 설파한 바 있다. 다만 그 자신이 이런 얼핏 그럴듯한 처세훈에 따라 후반생을 보낸 건 아니었음을 놓쳐서는 안 된다. 상당한 재산을 이룬 뒤, 그는 필라델피아나 런던, 파리 등지에서 지적이고 사교적인 활동에 몰두했고, 사업보다는 정치, 외교, 과학에 더 많은 관심을 기울였다. 미국 특유의 자수성가한 사람이 눈에 띄는 존재가 된 것은 19세기 초였다. 이 표현은 1832년, 헨리 클레이가 보호관세에 관해 연설한 자리에서 처음 사용되었다. 그는 보호관세를 도입하면 세습적인 산업 귀족이 생겨나리라는 견해를 부정하고, 오히려 이만큼 민주적인 것도 없다고 주장했다. 보호관세를 도입하면 이름 없는 사람들이 출세할 기회가 더 많아질 것이라고 말이다. "켄터키에서는 내가 아는 거의 모든 공장이 기업가 정신에 충실하고 자수성가한 사람들에 의해 운영되고 있다. 그들은 끈기 있고 근면한 노동으로 자신들의 모든 부를 쌓았다."[3] 30년 뒤 클레이가 세상을 뜨자, 이런 유형의 인간은 널리 알려지는 정도를 넘어서 정신적으로 이 나라를 지배하게 되었다.

여기서 정신적이라는 단어를 사용한 것은 비꼬려는 게 아니다. 어빈 G. 와일리Irvin G. Wyllie는 계몽적 연구인 『미국의 자수성가한 사람 The Self-Made Man in America』이라는 저서에서 다음과 같이 지적한다. 자조 관련 서적은 사업의 방법이나 기술을 말하는 것이 아니다. 생산, 회계, 공학기술, 홍보, 투자를 다루는 것도 아니다. 주로 인성 계발을 다루는데, 프로테스탄티즘의 원점이 이토록 분명하게 나타나는 것도 없다. 자조 서적의 저자들 중에 목사, 특히 회중교회 목사들이 두드러진다고 그리 놀랄 것도 없다.[4] 자조란 인성의 훈련이다. 자조 관련 책들은 **의지**의 힘을 어떻게 이끌어낼지, 즉 절약하고 열심히 일하는 습관과 인내하고 절제하는 미덕을 어떻게 북돋울지에 관해 말했다. 그런 저자들은 가난한 집안에서 태어나는 것이 실제로는 일종의 자산이 된다고 생각했다. 그것이 훗날 성공하는 유형의 인성을 기르는 데 도움이 되기 때문이라고 말이다.

자조 서적 저자들과 자수성가한 사람들이 주장한 인성 개념에는 그들이 막연하게 천재라고 부르는 사람들은 들어 있지 않았다. 그런 사고의 이면에는 분명 어떤 양면성이 깔려 있었다. "천재"에 대해서는 누구나 선망의 눈길을 보내지만, 자조 서적에서는 인성은 필요하지만 탁월한 재능은 필요하지 않다는 생각이 지배적이었다. 오히려 태어나면서부터 탁월한 재능을 지닌 사람은 인성을 계발할 동기나 능력이 없다고 여겨졌다. 평균적인 인간이라도 장점을 살리고 상식을 강화함으로써 천재와 동등하거나 그 이상의 존재가 될 수 있다고 여겨진 것이다. 뉴욕의 한 상인은 이렇게 말했다. "천재는 필요하지 않다. 설령 천재가 존재한다고 해도, 몇몇 위인이 말했듯이, 그 본질은 상식의 집대성일 뿐이다." 걸출한 재능에 기대다보면 게을러지고 규율이나 책임감을 잃게 마련인 것이다. 그들에게 "천재"란 쓸모없고 하찮은 존재였다. 1844년, 헨리 워드 비처Henry Ward Beecher는 젊은이들을 대상으로 한 강연에서 다음과 같이 말했다.5

내가 관찰해온 한, 그런 사람들은 학술단체, 대학, 연극계, 혹은 마을의 토론 클럽이나 젊은 예술인, 학자 지망자 집단 등에 많이 있습니다. 그들은 매우 내성적이고 지나치게 민감하며 극도로 게으릅니다. 긴 머리에 옷깃은 열어젖힌 채 황당한 시를 즐겨 읽고 게다가 우매한 시를 즐겨 씁니다. 자만심이 하늘을 찌르고 몹시 뻐기며 아주 까다롭고 아무런 쓸모도 없습니다. 누구도 이런 자들을 친구나 학생이나 동료로 삼고 싶어하지는 않겠지요.

수십 년이 지나자, 천재나 수재에 대한 이런 의심은 사업계에 확실하게 뿌리를 내렸다. 비처가 천재의 특징을 말하고 나서 80년 뒤, 〈아메리칸 매거진〉에는 「나는 왜 수재를 고용하지 않는가」라는 제목의 글이 실렸다. 이 글의 필자는 사업에서 수재라 함은 변덕스럽고 신경질적이고 무책임한 인간이라고 지적했다. 그는 기업가로서 이런 유형의 사람들을 상대하면서 큰 곤욕을 치렀다는 것이다. "아무리 좋은 재료라도 대충대충 끼워맞추면 좋은 신발을 만들 수 없다. 하지만 보통의 재료라도 세심하게 주의를 기울여서 만들면, 참으로 훌륭한 제품이 나온다. 따라서 나는 대부분의 원재료를 배달 차량이나 가까운 곳에서 조달한다. 나는 이런 충실한 재료를 가지고 사업을 구축했고,

그 덕분에 이 일대에서는 부자라고 불리게 되었다." 이 필자는 다소 수세적인 태도로, 자기보다 더 뛰어난 사람을 인정하지 않는 평범한 인간으로 여겨져도 어쩔 수 없다고 말했다. 이런 판단은 당연할 것이라고 그는 솔직하게 말한다.6

왜냐하면 나는 **평범한** 사람이기 때문이다. 그러나…… 사업이나 인생은 성공한 보통사람이 세운다. 그리고 일부 회사가 성공을 거둔 것은 수재들을 고용했기 때문이 아니라 보통사람들에게서 최대한의 성과를 뽑아내는 법을 알았기 때문이다.……
유감스럽게도 나는 식료품 도매 거리의 좀 지저분한 건물에 있으면서 〔극도로 똑똑한—R. H.〕 사람이 경영하는 회사를 앞질러버렸다. 그러나 크롬웰은 우둔하지만 열정적인 요맨들을 모아 유럽 최강의 군대를 조직했고, 인류 역사상 가장 위대한 조직은 내륙의 호수 기슭에서 뽑은 열두 명의 미천한 사람들로 이루어져 있었다는 사실을 생각하면서 위안을 삼는다.

이런 움직임과 동시에, 정규 교육을 적대시하고 경험을 종교적일 정도로 숭배하는 경향도 강했다. 경험 숭배의 규범에서 보면, 야심이 있는 젊은이는 되도록 일찍부터, 어느 저자의 말처럼, "고된 일과 함께하는 일상생활의 훈련"을 경험할 필요가 있었다. 정규 교육은—특히 그것이 길어질수록—이런 훈련에 참가할 기회를 지연시키게 된다. 대학 출신자는 "자기는 대학을 졸업했기 때문에 열네 살에 일을 시작한 사환과 달리 사다리의 맨 아래에서부터 차근차근 올라갈 필요가 없다고 생각하기 쉽다"고 목재왕 프레더릭 와이어하우저Frederick

Weyerhaeuser는 결론지었다.7 여기서 잊으면 안 될 것은, 자조 서적 저자와 사업가는 이 점에 관해서 견해를 달리한다는 점이다. 그 저자들은 대개 정규 교육을 더 받아야 한다고 조언하는 편이었지만, 자수성가한 사업가에게 그런 처방은 설득력이 없었다. 사업가들 사이에서는 무상 보통학교에 관한 의견이 둘로 갈라졌다. 한편에서는 이런 학교에 의해 유능하고 규율 잡힌 노동자 계급이 배출될 것이라고 생각했고, 다른 한편에서는 세금을 내고 싶지 않아서 그런지, 교육은 노동자들의 불만만 키워줄 뿐이라고 생각했다.8

그래도 두 가지 점에서는 의견이 거의 일치되었다. 교육을 좀더 "실용적"으로 해야 한다는 것과, 고등교육—적어도 과거의 고전적 대학이 생각했던 그런 것—은 사업상 아무 쓸모가 없다는 것이었다. 사업계는 고등학교 차원에서 직업교육을 실시하도록 오랫동안 캠페인을 벌여 대체로 목적을 달성했다. 그들은 교양교육 위주의 고등학교를 철저히 저평가했던 것이다. 많이 배울수록 연방의회에 진출할 궁리나 할 뿐이기 때문에 자신은 보통학교만 나온 사람들을 선호한다고 말한 매사추세츠의 어느 양모 제조업자는, 대수학 지식으로 공장을 운영할 수는 없다는 이유로 교양 있는 노동자의 채용을 거부했다. 그의 입장은 이상하거나 극단적인 것이 아니었다. 미국 최초로 기술·산업 전문 출판사를 설립한 산업 평론가 헨리 케리 베어드Henry Carey Baird의 주장도 특이한 것이 아니었다. 그는 1885년에 이렇게 말했다.9

미천한 집안에서 태어난 사람이 과잉 교육, 예컨대 그리스어, 라틴어, 프랑스어, 독일어, 그리고 특히 부기 같은 교육을 받으면, 십중

팔구 사기만 떨어진다. 아니, 야비한 "젠틀맨" 군단만 배출하게 된다. 그런 부류는 이른바 "장사"에는 보란듯이 나서려 하지 않고 계산대에만 붙어 있거나 비단, 장갑, 실타래, 레이스나 팔거나 "경리" 같은 일에만 매달린다.…… 펜실베이니아 주에서 말하는 그래머스쿨을 넘어서면, 법으로 정해진 우리의 교육 제도는 조악하기 짝이 없다. 좋은 점보다는 해악이 더 많이 생긴다. 나에게 권한이 주어진다면, 일부 유용한 직업교육을 제외하면 그래머스쿨에서 배우는 것 이상의 교육을 아이들에게 공공 비용으로 시키지는 않을 것이다. 이제 "고등학교"는 열린 제도 아래에서 **기술학교**로 전환되어야 하며, 경우에 따라서는 "작업장"을 부설로 두어야 한다.…… 지금 우리는 이른바 "신사"와 "숙녀"를 그야말로 양산하고 있으며, 그 결과가 사기 저하이다.

대학에 진학하여 고전이나 교양을 배워나가는 것은 종종 고등학교 수준에서의 이론적 교육보다 더 나쁘다고 여겨졌다. 대학 교육은 젊은이들이 쓸데없는 연구에 시간을 허비하게 하고 우아한 여가생활에 대한 욕구만 키운다는 이유에서였다. 어느 사업가는 아들이 대학 입학시험에 떨어진 덕분에 그 모든 낭비를 하지 않게 되었다며 좋아했다. "대부호가 세상을 뜨면서 대학을 위해 막대한 돈을 남기는 걸 볼 때마다 나는 '그이가 가난할 때 죽지 않은 게 유감이다'라고 혼잣말을 한다"고 이 사업가는 말했다.[10]

다행히도 영향력 있는 많은 사업가들이 이런 태도에 전적으로 공감한 것은 아니었다. 코넬리어스 밴더빌트가 그런 예이다. 흔히 자기만족적인 오만의 극치를 보여준 것으로 여겨지는 이 인물에게는 다음과 같은 일화가 남아 있다. 언젠가 한 친구가 "그처럼 재능 있는 사람이 정규 교육의 혜택을 받지 못한 건 참으로 유감이다"라는 파머스턴 경Lord Palmerston의 말을 전하자 밴더빌트는 이렇게 대꾸했다. "파머스턴 경에게 이렇게 전해주게. 그런 교육 따위를 받았더라면 다른 걸 배울 시간이 없었을 거라고." 그렇지만 밴더빌트는 부를 쌓음으로써, 교양 없다는 것(밴더빌트는 평생 책이라곤 『천로역정』 한 권만 읽었는데, 그것도 노년에 읽었다고 한다)이 엄청난 약점이 되는 상류 사회에 들어갔다. 그는 목사에게 다음과 같이 고백했다. "사람들은 내가 교육에 아무 관심도 없다고 말하지만, 그렇지 않습니다. 언젠가 영국에 가서 귀족이나 그 주위 사람들을 만난 적이 있는데, 내가 그들보다 머리가 두 배나 더 좋은 것 같았습니다. 그런데도 나의 교양 없음이 들통날까 두려워서 내내 입을 다물고 있어야 했지요." 마침 그때 방에 들어오던 사위가 그 말을 듣고는, 코모도어Commodore[밴더빌트의 별명으로 '제독'이라는 뜻이다. 열여섯 살에 뉴욕 스태튼 섬에서 나룻배 사업을 할 때 동료 선장들이 붙여준 것이다)가 마침내 속내를 털어놓았다며 핀잔을 주자, 밴더빌트는 "너희 같은 교육 받은 인간의 절반보다도 내가 더 잘사는 것 같은데"라며 발뺌을 했다. 그러면서 목사에게 이렇게 말했다. "내가 목사님 같은 교양인이 될 수 있다면 지금 당장 100만 달러를 내놓을 겁니다." 그는 결국 정확히 그 금액을 밴더빌트 대학의 설립 기금으로 내놓았다.[11]

언젠가 앤드루 카네기는 맨해튼 5번가를 걷다가 맞은편에 자기보다 나이가 많고 돈도 훨씬 많은 밴더빌트가 있는 걸 보고 옆에 있던 사람에게 이렇게 중얼거렸다고 한다. "저 사람이 자기 재산 수백만 달러를 준다 해도 셰익스피어에 관한 내 지식과 바꾸지는 않겠네."[12] 하지만 카네기도 좀더 높은 차원에서는 밴더빌트와 마찬가지로 교육에 대해 복잡한 감정을 품고 있었다. "교양교육은 그것을 진정으로 흡수할 수 있는 사람에게는 부의 획득 이상의 기품 있고 고매한 취향과 목표를 안겨주며, 또한 백만장자는 발을 들여놓을 수 없는 세계도 보여준다. 따라서 교양교육이 사업을 위한 최고의 훈련이 아니라는 사실을 분명히 하는 것은, 그것이 좀더 높은 차원에 있다는 사실을 입증하는 셈이다."[13] 카네기는 교육을 위해 아낌없이 기부를 하고 지식인들과 기꺼이 어울리기도 했기 때문에 이런 발언도 위선이라고 비난받지는 않았다. 그렇지만 그는 곧잘 고등교육이 사업에서 얼마나 쓸모없는지를 보여주고자 했다. 카네기는 분명 "교양교육"을 대단히 중시했지만, 당시 미국의 대학에서 이루어지던 교양교육에 대해서는 경멸하기만 했다. 또 자기처럼 고달픈 수습 생활을 거치고 성공을 거둔 사람들의 이름을 열거하거나, 대학을 나오지 않은 사람들이 대학 출신자보다 사업에서 더 뛰어나다는 증거를 기록으로 남겼다. "지금과 같은 대학 교육은 사업이라는 영역에서는 거의 쓸모가 없어 보인다"고 그는 썼다.[14] 고전 중심의 대학 교과과정을 그는 특히 엄중하게 비판했다. 이런 교과과정 때문에 사람들은 "귀중한 몇 년을 무의미한 과거로부터 교양을 얻는 데 허비해왔는데, 과거가 우리에게 가르쳐주는 것은 주로 무엇을 택할지가 아니라 무엇을 피할지"이다. 사람들은 "그리스어나 라틴어, 즉 촉토 인디언의 말처럼 실용성이 없는 언어에 대한 지식을 얻는 데 에너지를 낭비하도록" 아들들을 대학에 보내고, 아들들은 "야만인들끼리 벌이는 사소하고 무의미한 싸움 따위를 시시콜콜하게 배운다". 이런 교육은 학생들에게 그릇된 관념을 불어넣고, "실생활에 대한 혐오"를 안겨줄 뿐이다. "이 젊은이들이 대학에 가는 대신에 실제의 일을 했더라면 진정한 의미에서 교육 받은 사람이 되었을 것이다."[15] 릴랜드 스탠퍼드Leland Stanford도 이러한 자선가의 한 사람으로, 당시의 교육을 전혀 신뢰하지 않았다. 그의 말에 따르면, 동부에서 그를 찾아온 구직자들 가운데 가장 무기력한 쪽은 대학 출신자였다. 그들에게 무슨 일을 할 줄 아느냐고 물으면 하나같이 "어떤 일이든" 하겠다고 대답하지만, 실상 "확실한 기술 지식"은 전혀 없고 뚜렷한 목적이나 목표의식도 없었다. 스탠퍼드는 자신의 기금으로 설립된 대학이 "이론 교육이 아니라 실용 교육"을 실시함으로써 이런 악폐를 타파할 수 있게 되기를 바랐다.[16]

물론 오래된 대학에서 가르치던 고전적 교육에 대한 혐오감에서 가벼이 결론을 끌어내서는 안 된다. 지적으로 탁월한 사람들 중에서도 상당수가 이와 비슷하게 느끼고 있었기 때문이다. 오래된 대학은 서구의 문화유산을 보전하고 정신적 규율을 훌륭한 형태로 가르치려 했지만, 비판적 지성을 적극적으로 함양하려는 노력은 거의 하지 않았다. 고전 교육을 허물어뜨린 것은 사업가들의 경멸적 시선이라기보다는 급속히 발달하는 과학적 지식, 구식 교과과정의 결연한 수호자들이 보여주는 비타협적 태도, 고전적 대학에서 흔히 보이는 따분한 교수법 등이었다. 카네기나 록펠러, 스탠퍼드, 밴더빌트, 존스 홉킨스 같은 백만장자들의 명예를 위해 덧붙여두자면, 미국에서는 그들의 지원에 힘입어 오래된 칼리지가 면모를 일신하고 여러 종합대학이 설립될 수 있었다. 하지만 교육에 관한 사업가들의 견해를 잘 살펴보면, 온갖 미사여구 속에 성찰적 정신이나 교양이나 과거 등을 경멸하는 논리가 뚜렷하게 드러난다.

2

19세기 말에 이르러서는 사업 성공의 전제인 정규 교육에 대한 사업가들의 태도가 크게 바뀌었다. 19세기의 마지막 20년 동안 대규모 사업이 빠르게 발전하면서 대기업을 특징짓는 승진 제도는 관료적인 것이 되었다. 자수성가한 사람들은 성공을 했다는 그 사실 때문에 어느새 시대에 뒤진 존재가 되어버렸다. 교육 받지 못한 자수성가한 사람들, 특히 사업으로 원하던 지위에 오른 사람들의 이상이 점차 현실성을 잃어가는 상황도 마지못해 직시하기 시작했다. 관료적인 사업의 세계에서 좀더 탄탄하게 출세하기 위해서는 정규 교육이 훌륭한 자산이 된다는 것을 이제는 인정해야 했다. 기업 자체에 변화가 생기면서 공학, 회계학, 경제학, 법학 등의 필요성이 커진 것이다. 그렇게 되자 사업계에서는 여전히 "경험이라는 학교"나 "시련이라는 대학"에 향수를 느끼고 있었지만, 정규 교육으로 전수되는 기능의 필요성을 인정해야 했다. 1916년, 〈커머셜 앤드 파이낸셜 크로니클〉지는 다음과 같이 현실을 인정했다. "시대는 이미 지났다. 젊은이들이 밑바닥에서 출발해 일상 업무 속에서 훈련을 받으면 되던 시대는 끝났다. 다른 나라의 젊은 사업가와 당당히 경쟁하거나 눈앞의 일밖에 모르는 경영자 이상의 지위에 오르려면, 폭넓은 지식과 철저한 훈련이 필요하다." 철강왕 엘버트 H. 게리Elbert H. Gary는 사업가들이 "일반적인 학교나 대학에서 가르치는 내용을 더 많이 알면 알수록 사업을 시작하는 데 유리할 것"이라고 생각했다.[17]

교육의 효과를 긍정적으로 보는 이런 태도는 대기업 실권자들의 학력에서도 드러난다. 1900년부터 1910년까지 활약한 경영진 세대는 1870년대에 활약했던 세대에 비해 교육 수준이 조금 높을 뿐이었지만.[18] 20세기의 첫 10년 사이에 등장한 젊은 경영진은 대학 출신자들이었다. 최고경영자에 관한 경제학자 메이블 뉴커머Mabel Newcomer의 조사에 따르면, 1900년 이후의 39.4퍼센트가 대학 교육을 받았다. 이 수치는 1925년에 51.4퍼센트로 상승했고, 1950년에는 75.6퍼센트가 되었다.[19] 또한 1950년에는 경영진의 다섯 명 중 한 명꼴로 대학원(주로 법학과 공학)에서 교육을 받았다.

이런 통계는 한때 각광받았던 자수성가라는 이상이 외면당했음을 보여주지만, 인문교양에 대한 평가가 높아졌음을 보여준다고 말할 수는 없다. 대학 자체가 선발 제도 아래에서 직업교육을 중시하게 되었기 때문이다. 19세기에 부유한 계층이 아들들을 대학에 보냈던 것은 직업적 훈련을 위해서가 아니라 지적 단련과 사회적 우위성(이 두 가지가 간단히 구별되는 것만은 아니다)을 위해서였다고 보는 게 타당하다. 하지만 20세기에 들어서자, 대학에 보내는 목적은 오히려 직업훈련을 통해 얻을 수 있는 현세적 이익으로 옮겨갔다(1954~55년의 남성 대졸자 중 가장 많은 수는 경영학과 상업학 전공자들로, 이들은 기초과학과 교양학 전공자를 합친 것보다 많았다).[20]

미국의 고등교육에서 직업교육적 성격이 강해진 것은 학부와 대학원에 비즈니스 스쿨이 창설된 데서 드러난다. 그 효시는 1881년에 설립된 펜실베이니아 대학의 와튼스쿨이고, 두번째는 18년 뒤 시카고 대학에 설립되었다. 뒤이어 1900년에서 1914년에 걸쳐 경영대학(원)이 잇따라 세워졌다. 초창기 경영대학(원)은 전문적인 연구자의 적의와 기업가들의 여전한 의심에 시달렸다. 기업가들은 설령 경영대학(원)에서 배운 것이라고 할지라도 학문적 훈련의 실용성에 대해서는 여전히 의심하는 편이었다. 미국의 교육 기관이 대체로 그렇듯이, 경영대학(원)도 교수진이나 학생의 자질, 그리고 교과과정에 인문교양을 포함시키는 정도의 측면에서 급속히 다양해졌다. 소스타인 베블런은 이런 "고급한 기업가 정신의 소유자"들을 통렬하게 비판하면서, 경영대학(원)은 신학교와 마찬가지로 대학의 참된 목적인 지적 진취성과는 아무런 관계도 없다고 장난스럽게 말했다. 에이브러햄 플렉스너Abraham Flexner는 대학에 관한 유명한 저서에서, 경영대학(원)이 때로 저명인사를 선발한 것은 직업교육을 중시하는 교과과정에 학문적 진취성의 위엄을 덧붙이려 했기 때문이라고 말했다.[21] 대학 안에서 경영대학(원)은 종종 비지성주의, 때로는 반지성주의의 중심이 되어 대단히 보수적인 이념을 신봉했다. 하버드 경영대학원 원장이었던 월리스 도넘Wallace Donham이 중서부의 한 경영대학원에 노동조합 운동의 문제에 관한 강좌를 개설하는 게 어떻겠느냐고 제안했더니, "우리 학생들로 하여금 경영이나 사업 방침에 대한 의문을 품게 만드는 것은 바람직하지 않다"[22]는 답변이 돌아왔다고 한다.

  오늘날 미국 기업의 상황은 윌리엄 H. 화이트William H. Whyte가 대기업 조직의 사회·문화적 측면에 관한 뛰어난 연구에서 고찰했듯이, 과거와 흡사한 양상을 보여준다. 물론 이제 자수성가형 인간은 사라졌다. 정치판에서 벌어지는 거친 선전전에서 그런 인간이 신화적 우상으로 활용되기는 해도, 실제의 인력 채용과 훈련에서는 관료적인 승진 제도가 중요하다는 것을 분별 있는 사업가라면 누구나 인식하고 있다. 하지만 이런 채용과 훈련 속에서 기업에서의 반지성주의 전통은 자수성가라는 이상에 고무되면서 여전히 생명력을 유지한다. 이런 전통은 이제 사업 준비가 되어버린 대학이나 다른 정규 교육의 가치를 조롱하는 것으로서가 아니라, 까다로운 직업 원리에 따라 인재를 선발하는 형태로 나타난다. 그러나 화이트가 지적했듯이, 기업의 최고위 경영진이 특별히 이런 직업 원리를 옹호하지 않는다는 점은 주목할 만하다. 그들은 연수회 등에서 훈시를 할 때, 기업 세계에서의 교양이나 폭넓은 훈련, 상상력 풍부한 경영술의 중요성을 자주 강조한다. 그 진정성을 의심할 여지는 거의 없다. 그들 대부분은 업무에 매몰된 탓에 자신의 전반적인 교양을 유지하기가 어렵지만, 부하 직원들보다는 교양 수준이 높으며 스스로의 지적 정체를 가볍게 한탄하기도 한다. 그래서 중역 후보들을 위한 예술 강좌를 조직하거나, 지식인들과의 모임을 후원하기 시작한 것이다. 사업에서 문화의 역할을 중시하는 오랜 상인적 이상은 이렇게 해서 되살아나기 시작했다. 하지만 교양을 쌓은 인재들에 대한 기업가들의 관심은, 유능한 인재를 확보하기 위해 매년 대학을 찾아가는 인사 담당자 차원까지는 아직 스며들지 않은 것 같다. 이 점에서 보면, 미국의 고등교육에 대한 기업의 압도적인 압박은 오로지 직업적인 것에 기울어 있다.

이러한 직업교육 중시 경향은 지성보다 인성—또는 인간성—을 중시하는 경향이나, 개성과 재능보다 순응적이고 부리기 쉬운 태도를 선호하는 경향과 연결된다. 어느 특이한 회사의 회장은 "우리는 우선 명민한 사람을 찾았다"고 지나온 역사의 한 대목을 언급하면서 이렇게 말했다. "이제 '인성'이라는 너무도 남용된 단어가 대단히 중요해졌다. 파이베타카파 회원인지, 타우베타파이Tau Beta Phi 회원인지는 상관없다. 우리는 다재다능한 사람들을 다룰 줄 아는 다재다능한 인물을 원한다." 어느 인사 관리자는 "아무리 진보적인 고용주라도 개인주의자에게는 의심의 눈길을 보내며, 그런 식의 생각이 수습 직원의 마음속에 스며드는 것을 꺼린다"고 말하고, 어느 수습 직원도 "나는 언제든 인간 이해를 위해 똑똑한 머리를 희생할 것이다"라고 이야기한다. 화이트 씨는 「천재와의 싸움」이라는 제목의 장에서 다음과 같이 말한다. 산업과학 분야에서조차 이런 관행이 퍼져 있다. 기업의 과학자들은 응용적 지식에 전념하도록 속박당한다. 어느 유명한 화학회사에서 과학자를 채용하기 위해 만든 다큐멘터리 영화를 보면, 실험실에서 세 명의 연구원이 의논하는 장면에 이런 내레이션이 붙는다. "이곳에 천재는 없습니다. 평균적인 미국인들이 하나로 뭉쳐 일하고 있을 뿐입니다." 기업의 과학자들은 대학의 연구자들에 비해 창의성이 한참 떨어진다. 그리고 '**명민하다**brilliant'라는 말은 보통 '**변덕스럽다**erratic', '**괴팍하다**eccentric', '**내성적이다**introvert', '**엉뚱하다**screwball' 같은 말과 연결된다.23

3

19세기 말에 미국이 더욱 세속적으로 변함에 따라 전통적 종교 안에서 종교적 실용주의를 신조로 하는 기묘한 교단이 출현해, 결국 어느 정도의 힘을 가지게 되었다. 러셀 H. 콘웰Russell H. Conwell의 「다이아몬드의 땅Acres of Diamonds」에서 노먼 빈센트 필Norman Vincent Peale의 작품까지 베스트셀러 안내서의 긴 역사를 증거로 받아들인다면, 이런 교단에는 수백만 명의 열성적인 신도가 있었다. 모든 내부 증거나 독자층에 관한 모든 정보를 보건대, 그것은 미국 중간계급의 주요 신앙이 되었다. 다시 언급하겠지만, 이런 교단은 종래의 자조 관련 서적이 상당히 과격하게 변형된 것으로, 미국 사회에 실용성이라는 동기가 광범위하게 퍼져 있음을 보여주는 뚜렷한 증거이기도 하다. 현대의 영감 관련 서적inspirational literature은 현세를 확고한 발판으로 삼아 현세적인 이익을 제공하려 한다. 노먼 빈센트 필은 이렇게 쓰고 있다. "**그리스도교는 지극히 실제적이다.** 패배자가 종교적인 신앙을 활용해서 승리자로 변모해버리는 것을 보면 놀라울 따름이다."²⁴

물론 영감을 자극하는 책자가 미국에만 있는 것은 아니다. 입신출세의 욕망이 너무도 강해서 종교적인 신앙과의 차이가 모호해진 곳이면 어디서나 유행한다. 그리스도교 문명에는 설령 적의나 긴장을 통해서라도 사업의 세계와 종교의 세계는 어떤 형태로든 손을 잡아야 한다는 신념이 있다. 양측 모두 도덕이나 인격, 훈련과 관련이 있기 때문이다. 처음에는 부정적인 관계가 앞섰다. 중세에 고리대금업을 금지하거나 제한한 것은 현세에서의 경제적 착취를 규제하는 일도 교회의 임무라는 신념을 상징했다. 나중에는 근면이야말로 하느님을 섬기는 한 방도라고 보는 청교도의 소명 교의가 좀더 긍정적인 관계를 보여주었다. 그리고 사업의 성공이나 실패는 개인의 영적 상태를 보여주는 실마리로 여겨졌다. 하지만 시간이 흐르면서 이런 관계는 점차 역전되었다. 하느님을 섬기는 것service to God과 자기를 돌보는 것service to self의 구별이 사라졌기 때문이다. 과거에는 사업이 종교적 훈련의 수단이고 하느님을 섬기는 다양한 수단의 하나였던 반면, 이제는 종교적 훈련이 사업의 수단이고 하느님을 세속적인 목적에 활용하는 방편이 된 것이다. 그리고 과거에는 사업에 성공하면 그것을 구원의 징표로 여기던 사람들이 이제는 구원을 현세에서 의지의 힘으로 이뤄내는 것, 즉 세속의 목표를 추구함으로써 성공과 동시에 얻는 것으로 여기게 되었다. 종교는 **활용**해야 하는 것이 된 셈이다. 자신의 저작은 "생각하거나 행동하는 데 도움이 되는 간편한 기법"을 알려준다고 필 씨는 독자들에게 말한다. 그의 책은 "개인의 경험이라는 이름의 실험실에서 검증되어온 과학적인 영감의 원리에 무게를 두고 있다.…… 사업에 유용한 새롭고 실행 가능한 아이디어를 얻을 수 있는 최상의 장소는 이 장에서 언급하는 형태의 예배 속에 있다.…… 신앙을 실천하면, 끊임없는 에너지의 흐름을 방해하는 악의나 열등감, 공포, 죄책감 같은 갖가지 장해를 치유할 수 있다. 믿음을 가지면 힘과 능력이 손에 들어온다."25 H. 리처드 니부어H. Richard Niebuhr가 말한 것처럼, 현대 미국의 신학에는 "계시에 의한 심판으로 신도를 복종시키는 게 아니라 힘을 얻기 위해 성스러운 현실에 맞도록 종교를 정의하려는" 경향이 있다. 그 결과, "인간이 종교의 중심으로 남고, 신은 심판관이나 구세주라기보다는 인간의 조력자가 된다."26

그런 결점을 제외하면, 종래의 자조 서적은 현세와 종교 생활 양쪽과 모종의 본질적인 연관이 있었다. 그 가치관에 따르면, 사업의 성공은 대부분 인성의 소산이며, 인성은 신앙심에 의해 형성된다. 자조 서적은 그런 의미에서 비록 지적 수준은 낮았다고 해도 프로테스탄티즘의 도덕적 규범, 고전 경제학설, 그리고 유동적이고 열린 사회가 하나로 수렴되는 역사적 현상에 대한 자연스러운 반응이었다. 이 문제에 관한 현대의 대부분의 연구가 보여주듯이, 미국 사회는 여전히 유동적이다. 하지만 성공의 조건은 바뀌었다. 이제 성공과 밀접하게 관계되는 것은 정규 교육의 기회를 활용하는 능력이지, 과거의 자조 서적에서 두드러지게 강조된 몇몇 인격적 특징이 아닌 것 같다. 19세기 초의 한 사업가에게 성공에 필요한 훈련은 무엇이냐고 물으면, "가난과 혹독한 시련이라는 학교의 훈련"이라거나 "검약과 근면의 훈련"이라고 대답했을 것이다. 현대의 사업가에게 같은 질문을 던지면, "글쎄요, 법학이 제일 좋지만 공학도 괜찮습니다"라고 대꾸할 것이다.

현대의 영감 관련 서적은 과거의 자조 전통에 기초한 것으로, 전반적으로는 유사점이 많지만 큰 차이점도 있다. 자조의 가치관에 따르면, 신앙은 인성으로 이어지고 인성은 세상을 잘 조정할 수 있는 힘과 이어진다. 반면에 새로운 가치 체계에서는 신앙이 자기 조정 능력으로 직접 이어진다. 이 능력이 건강, 부, 인기, 마음의 평화로 가는 열쇠라고 여겨진 것이다. 이것은 표면상 예전의 자조 서적이 지향한 세속적인 목표에서 벗어나는 것처럼 보일지 모르지만, 실제로는 그런 책자의 현실 인식에서 멀어지는 것을 의미한다. 그에 따라 세속의 영역과 영적 영역의 차이가 모호해지기 때문이다. 과거의 자조 서적에서는 이 두 영역이 서로 영향을 준 반면, 새로운 서적에서는 이 둘이 어렴풋이 융합된다. 이 과정은 종교의 승리가 아니라, 거의 무의식적으로 이루어지는, 미국 중간계급 정신의 근본적인 세속화를 나타내는 것으로도 볼 수 있다. 종교를 대체한 것은 분명 의식적인 세속의 철학이 아니라 정신적인 자기조작, 즉 일종의 마술 신앙이었다. 종교도 세속적인 현실 감각도 모두 병들어 있는 것이다. 새롭게 떠오르는 젊은 사업가들이 사업 세계의 필수 조건에 관해 대충이나마 알아보려고—실질적으로는 별다른 도움을 받지 못했다 할지라도—예전의 자조 서적에 눈길을 던진 것도 무리는 아니다. 오늘날 영감 관련 서적의 주요 독자는 필의 표현을 빌리자면, "패배한 사람들"이며, 남성보다는 여성 쪽이 많다. 여성의 경우는 사업의 실제적인 관례에 영향을 받긴 하지만, 사업에 직접 발을 들여놓지는 않는다.

성공학 저자들이 전하고자 하는 바를 레이먼드 포스딕Raymond

Fosdick은 "일상생활을 위한 힘"이라고 부른다. 19세기에 이런 저자들은 우선 종교가 부를 가져다줄 것이라고 약속했다. 그리고 1930년대 초반 이후로는 정신 건강이나 육체 건강을 강조하게 되었다. 영감 서적은 정신의학에서 빌려온 개념에, 지난 20년 동안의 실존적 불안을 조금 가미한 내용들로 채워졌다. 성공학 서적은 영감 서적으로 대체되었지만, 애초의 목표는 대부분 일상생활의 실천 목표로 남아 있다. 다만 영감 서적에서 보이는 비유는 한 세대 이상에 걸친 사업, 과학기술, 광고의 용어가 스며들면서 조잡해지고 말았다. 그 때문에 영적인 생활의 진전이 멋진 선전 문구로 그려져, 과학기술과 같은 체계적이고 진보적인 방법으로 그 목표를 달성할 수 있을 것 같은 인상을 준다. 루이스 슈나이더와 샌퍼드 M. 돈부시Sanford M. Dornbusch는 영감 관련 서적에 관한 뛰어난 연구에서 이것을 "영적 기술spiritual technology"이라고 지칭했다.[27] 어느 성공학 저술가는 "하느님은 24시간 가동되는 방송국이다. 당신은 거기에 접속만 하면 된다"고 말했다. 또한 "종교 생활은 과학 같은 것이라서…… 무선 통신이 물리 법칙을 정확히 따르는 것과 마찬가지로 영적 법칙을 따른다"고 말하는 사람이 있는가 하면, "옥탄값이 높은 사고란 전력과 그 운전 기능을 의미하는 것이며" 독자는 "발전소에 접속해야" 하는 존재라고 말하는 사람도 있다. 게다가 "신체는…… 하느님의 방송국으로부터 메시지를 받기 위한 수신기"이며 "가장 위대한 엔지니어는…… 침묵하고 있는 당신의 동반자"이고, "그리스도교 신도에게 기차 조종간을 잡히면 경비를 줄일 수 있다"고 말하는 사람도 있다. 또한 독자들에게 "하느님의 활력을 위해 모든 땀구멍을 활짝 열라"고 권하는 사람, 싱클레어 휘발유 광고는 "우리 영혼 속에 있는 아직 개발되지 않은 힘에 관해 설교하는 데 필요한 아이디어"를 제공한다고 말하는 사람도 있다(싱클레어 오일은 1950년대에 공룡과 슈퍼맨 등을 소재로 여러 가지 역동적인 광고를 선보였다). 브루스 바턴은 불후의 명작인 『아무도 모르는 남자』에서, 예수님은 "가장 밑바닥 일을 하는 계층에서 열두 제자를 뽑아 세계를 정복할 조직을 만들었다"고 말했다. 에멋 폭스Emmet Fox는 "당신의 영혼의 문제는 사업과 같은 방식으로 처리하라"고 권한다. "기도의 법칙을 제대로 배워 실천하는 사람은 골프도, 사업도, 연애도, 봉사활동도 잘하게 된다"고 글렌 클라크Glenn Clark는 말한다. "정확히, 과학적으로 기도하는 법을 배우라. 검증되고 입증된 방법을 사용하라. 단정치 못한 자세로 기도하지 말라"라고 노먼 빈센트 필은 말한다―기도는 쓸모 있는 도구가 되었다.

영감 관련 서적에서 보이는 것 중 하나는 주의주의主意主義적이고 주관적인 충동이 완전히 장악하고 폭주하기 시작한 듯하다는 점이다 (이런 충동에 관해서는 미국 프로테스탄티즘의 발전에 관한 논평에서 이미 언급했다). 그 결과, 종교의 구성 요소는 하나하나 떨어져나갔다. 우선 프로테스탄티즘은 초기 단계에서 종교 의례의 상당 부분을 폐지하고, 19세기에서 20세기로 나아가는 과정에서 교리를 최소한으로 간소화했다. 영감 서적은 이 과정을 완료하고, 교리도 대부분 없애버렸다―적어도 그리스도교라고 부를 수 있는 교리를 대부분 없애버린 것이다. 이제 남은 것은 개인의 주관적 경험뿐이며, 그런 경험조차도 대개는 개인의 의지를 주장하는 정도에 그쳤다. 숙고하면 바라는 것이 무엇이든 모두 이룰 수 있다고 영감 관련 저술가들이 말할 때, 그 의미는 인간에게는 스스로 목표를 세울 힘이 있고 하느님을 움직여서 엄청난 에너지를 발휘하는 데 도움을 받을 수도 있다는 것이다. "**인간**

에게는 뉴욕 시를 가루로 만들어 날려버릴 수 있는 힘이 잠재되어 있다. 바로 이런 점을 최첨단의 물리학은 우리에게 가르쳐준다"고 노먼 빈센트 필이 말할 정도로 그 에너지는 엄청나다. 그들의 견해에 따르면, 신앙으로 이런 힘을 분출하면 인간은 어떤 장해도 극복할 수 있다. 신앙은 인간과 운명을 화해시키는 것이 아니라, "인간에게 투지를 불어넣어 운명에 맞서서 격렬히 저항하게 하는 것이다."[28]

호레이쇼 W. 드레서Horatio W. Dresser는 영감에 의한 사고, 즉 신사고新思考 운동의 초기 선언에 관해 논의하면서 다음과 같이 말했다. "신사고의 경향은…… 지성이나 '객관적 정신'을 무시하는 데 있었다. 마치 지적인 사람이 되는 것은 바람직하지 않고, '심원한 잠재의식을 끄집어내면' 바라는 것은 무엇이든 가질 수 있다는 식이었다."[29] 하지만 영감을 중시하는 교단들의 반지성주의는 대체로 간접적인 것, 즉 은둔이나, 현실 문제에 관련되는 모든 철학의 부정을 상징했다. 또한 이런 반지성주의는 역설적인 세속화를 선명하게 드러냈다. 복음 그리스도교인이나 목사라고 공언하는 사람들은 호평을 받은 영감 관련 책을 쓴 사실을 자랑스러워했지만, 이 책들 자체는 세속적인 지식인에게까지 신을 모독하는 것으로 비칠 만했다. 서구의 종교적 유산은 종교의 "실용화"를 열심히 부르짖는 사람들보다 오히려 이런 세속적 지식인들의 보호를 받는 것처럼 보인다.

종교와 자기계발self-advancement을 혼동하는 태도는 헨리 C. 링크Henry C. Link의 주목할 만한 저서인 『종교에 귀의하다The Return to Religion』라는 제목에서 가장 단적으로 드러난다. 1936년에서 1941년에 걸쳐 베스트셀러였던 이 저작만이 영감 관련 서적을 전적으로 대표한다고 보지는 않지만, 이제까지 미국에서 출간된 책들 가운데 실리주의와 체제순응주의에 관한 가장 완벽한 안내서라고 생각된다. 그 점에서 이 책은 주목할 만한데, 제목과는 달리 종교나 신앙에 관한 저작이 아니다. 저자는 과학을 통해 종교에 귀의하는 길을 발견했다고 말하는 상담 심리학자이자 대기업 인사 고문으로, 이 책은 종교를 "개인이 자기 환경에 만족하는 희생자가 아니라 환경의 주인이 되기 위한 진취적인 삶의 양식"으로 본다."[30] 또한 저자가 끊임없이 싸워나가야 한다고 느끼는 대상은 인간의 개성과 체제순응적인 정신이다.

그러나 쟁점은 이런 식으로 다뤄지지 않는다. 링크는 기본적으로 내향성과 외향성이라는 양극단의 개념을 사용한다(융 심리학에서의 의미가 아니라 일반적인 의미에서). 거기에 따르면, 내향성이라는 말은 움츠러듦, 자기반성, 개성, 성찰 등의 의미를 수반하는 악한 것이다. 이것은 실제로는 이기적인 것에 불과하다. 링크는 소크라테스의 "너 자신을 알라Know thyself"는 격언을 대신해서 "행동하라Behave yourself"고 명령한다. "훌륭한 인성이나 성격은 실천으로 얻어지는 것이지 내적 성찰로 얻어지는 것이 아니기" 때문이다. 이와 달리 외향성이라는 말은 사교성, 붙임성, 타인에 대한 봉사 등의 의미를 수반하는 선한 것이다. 링크에 따르면, 예수는 위대한 외향적 인간이며, 종교의 기능 가운데 하나는—링크는 이것을 주된 기능이라고 생각하는 듯하다—외향성을 계발함으로써 성격을 단련하는 데 있다. 링크는 자신이 교회에 다니는 것은 "다니기 싫기 때문이고 또 다니는 게 나에게 이롭다는 것을 알기 때문"이라고 말한다. 교회에 다니면 인성이 더 나아진다는 것이다. 브리지 게임이나 춤추기나 판매 활동도 같은 이유에서 적극적으로 해야 한다고 링크는 말한다. 그렇게 함으로써 남들과 접촉하고 상대를 만족시켜야 한다. 그에 따르면, 개인에게 중요한 것은 자기분석에서 벗어나 매사를 장악할 힘을 얻을 수 있는 일을 하는 것이다. 그렇게 하면 사람들을 장악하게 되고 자신감도 높아진다는 것이다.

이 모든 것을 달성하는 데 비판적 정신은 부담이 된다고 링크는 말한다. 대학에서 종교를 잃는 부류는 지식인들과 분석적인 학생들이며, 나이 먹어서 지나치게 은둔적으로 바뀌는 사람은 생각이 깊은 인간이라는 것이다. 「이성의 어리석음」이라는 제목의 장에서 링크는 지성과 합리성이 과대평가된다고 주장한다.

이성은 그 자체가 목적이 아니며, 개인이 이성을 넘어서는 삶의 가치나 목표에 순응하기 위해 활용하는 도구이다. **이가 이 자체를 씹기 위해서가 아니라 뭔가를 씹기 위해 있는 것과 마찬가지로, 정신도 걱정하기 위해서가 아니라 생각하기 위해 있는 것이다. 정신은 사람이 그것을 사용해서 살아가는 도구이지, 그것을 위해 사람이 살아가는 것은 아니다.**

링크에게 중요한 것은 믿음을 가지는 것, 신앙에 입각해서 행동하는 것이다. 그동안 종교는 정신이 약한 사람들의 도피처라고 불려왔지만, 진짜 약점은 "오히려 모든 정신이 약하다는 것을 인식하지 못하는 점에 있다". "불가지론은 지식인의 병이며, 신앙이 아예 없는 것보다는 잘못된 신앙이라도 있는 편이 낫다.…… 신심이 아예 없는 것보다는 어리석은 신심이라도 있는 편이 낫다." 수상술手相術에서 손금을 보더라도 어디까지나 남의 손을 보게 되고, 골상학骨相學 역시 남의 머리를 연구하게 된다—그리고 "이 모든 믿음은 사람의 근심을 잊게 해주고 좀더 흥미로운 세계로 안내한다"고 링크는 말한다.

어쨌든 "이성에 대한 맹목적 숭배와 종교에 대한 지적 멸시"는 사람들을 돌팔이 의료나 사이비 과학, 정치 만능 사고의 먹잇감으로 만들어버렸다는 것이다. 그에 따르면, 안타깝게도 미국에서는 내향성이라는 국민적 경향이 보이는데, 이 때문에 사람들은 실업자에 대한 책임을 떠넘기고 연방정부가 실업자들을 위해 뭔가를 해야 한다고 생각하게 되었다는 것이다.

링크에 따르면, 정신은 결혼에도 위협이 된다. 내향성은 결혼의 행복을 훼손하기 때문이다. 이혼한 사람들은 행복한 결혼 생활을 하는 사람들에 비해 지적 관심이 더 높은 것으로 나타난다고 링크는 말한다. 철학이나 심리학, 급진적인 정치를 선호하거나 〈뉴 리퍼블릭〉지를 즐겨 읽는 사람은 YMCA 활동이나 성경 공부, 〈아메리칸 매거진〉지를 좋아하는 사람에 비해 결혼 생활의 행복을 누릴 가능성이 훨씬 적다는 것이다. 「교육의 악폐」라는 제목의 장에서 링크는 "자유주의적 정신의 형성"이야말로 "교육의 가장 해로운 측면"이라고 공격한다―그것은 이제까지 존재한 교회의 어떤 교의보다도 신비주의적이고 비합리적인 것이라고 그는 지적한다. 이런 교육은 "냉혹한 인습타파주의"를 낳으며, 문화를 위한 문화를 가져오고, 지적 욕구를 위한 지식을 요구한다고 링크는 말한다. 자유주의는 인간을 전통이나 과거의 속박으로부터 해방시키지만, 그것을 대신할 만한 것은 제시하지 않는다. 자유롭게 교육 받은 젊은이들은 부모가 구식이라고 생각하고, 마음대로 돈을 쓰며, 어른들의 독실한 신앙에 대해 지적인 멸시를 나타내고, 아버지가 하는 일보다는 더 지적인 직업을 찾으며, 사업에 대해서도 입신출세를 위한 것이라고 비난하는 경향이 있다는 것이다. 링크가 보기에, 풍요로운 삶에 관해 제대로 생각해볼 수 있는 곳은 오히려 육군이나 해군의 막사이다. 거기서는 사람들이 진정한 가치와 대면하고 확실히 더 외향적으로 바뀌기 때문이다.

11장
주제의 변주

1

사업가는 실용성의 가치를 거듭 강조하지만, 그것은 미국의 민간전승에서 쉽게 뽑아낼 수 있는 상투적 문구이며, 누가 누구의 말을 흉내내는 것인지가 항상 분명한 것은 아니다. 이런 상투적 문구의 표현 방식은 시대나 계급에 따라 다르지만, 그 주선율은 다양한 직종에서, 또는 완전히 이질적인 정치 진영들 사이에서 언제든 확실하게 들을 수 있다. 풍부해 보이는 그 증거는 공식적인 지식이나 심지어 응용과학의 도움 없이도 살아갈 수 있다는—실제로는 더 잘살 수 있다는—자랑스러운 확신이 대중문화에 들어 있었음을 잘 보여준다. 지식을 얻거나 사용하는 것은 언제나 불신의 소재가 되었다. 그리고 어떤 경우든 지식은 특권이나 세련된 품위를 지닌 일부 특수한 사람들의 특전으로 여겨져 반감을 샀다.

우선 이 공통되는 주제를 농민들이 어떻게 보았는지부터 살펴보자. 농민을 맨 먼저 다루는 것은 단지 미국이 오랫동안 농업국이었기 때문이다. 18세기 말, 미국인의 약 90퍼센트는 농업으로 생계를 유지했다. 1820년에는 그 비율이 70퍼센트로 줄었는데, 1880년까지만 해도 다른 직종의 인구가 농업 인구에 미치지 못했다. 미국의 농민은 여러 면에서 기본적으로 사업가였다. 그들은 농업을 하나의 삶의 방식으로 여겼을 테지만, 행동이 따랐는지 여부는 제쳐두더라도 이런 삶의 방식은 얼마 지나지 않아 사업 친화적인 측면을 가지게 되었다. 광대한 국토, 농촌, 전통과 무관하며 이동을 꺼리지 않는 성격, 그리고 사회의 개신교적 활력 등으로 인해 농업이 점차 상업적·투기적인 스타일로 전환되었다. 농민에게는 늘 자신이 경제적으로 경작할 수 있는 것보다 더 많은 농지를 확보하고, 지가 상승을 노리면서 토지를 투기적으로 보유하며, 집약적이고 정성스러운 경작보다는 조방적이고 태평한 경작을 선호하는 경향이 있었다. 또한 상품가치가 높은 단일작물을 재배하는 데 전념했고, 농지를 다루는 것 역시 수확을 올리고는 지력을 고갈시킨 뒤 팔아치우고 다른 곳으로 옮겨갔다. 1813년, 마구잡이 경작 탓에 버지니아가 "거의 황폐해진" 사실을 알았던 캐롤라인의 존 테일러John Taylor는 『아라토르Arator』라는 저서에서 현지 주민들에게 이렇게 간청했다. "제발, 어머니인 대지를 죽이지 말아주세요. 미래를 위해서도, 하느님을 위해서도 아닙니다. 여러분 자신을 위해서입니다." 1830년대에 토크빌은 다음과 같이 결론지었다. "미국인들은 특유의 사업 지향성을 농업에서도 발휘하고 있다. 다른 목적을 추구하는 경우와 마찬가지로, 그들은 농업에서도 상업적 열정을 그대로 드러낸다."[1]

농민들은 실용성에 관한 그들 나름의 의견을 가지고 있었는데, 그것은 농업의 과학적 개량이나 농업 교육에 대한 그들의 태도에서 가장 솔직하게 드러났다. 분주하게 열심히 일하지만 좀처럼 풍요롭기는 어려운 농촌 사회에 예술이나 학문에 대한 지원을 기대할 수는 없었다. 그래도 하다못해 응용과학을 받아들일 정신적 여지가 있다면, 농민들에게는 제법 유용했을 것이다. 하지만 농민들은 그마저도 쓸모없다고 여겼다. 물론 소수의 예외가 있기는 했지만, 직접 농사를 짓는 농민들 중 압도적 다수는 농업의 화학적 개량에 대해 아둔하고 자멸적인 실용주의의 태도를 보였다.

미국의 다른 분야와 마찬가지로, 농업 부문 역시 규모가 크고 이질적인 것이 섞여 있었다. 하지만 거기에는 철학적 견지에서 본 분열과 일치하는 기본적인 계급 분화가 공통적으로 존재했다—19세기 초반, 자작농과 소수의 호농층gentlemen farmers의 분열이다. 호농이란 대농이나 전문직 종사자, 칼리지나 종합대학의 과학자, 사업가, 농업 관련 서적의 발행인 등을 가리킨다. 이 사람들은 보통 농업 이외의 일에서 수입을 얻고, 농업 실험에 관심을 보이며, 이 문제에 관한 책을 읽거나 때로는 직접 책을 쓰고, 과학 지식을 활용해 농업을 개량하기를 기대했으며, 농업 협회를 결성하여 농업 교육을 향상시키는 운동에 참여했다. 호농 중에는 다른 분야에서 이룬 업적으로 이름을 날린 인사들도 있었다. 예를 들면 1748년에서 1759년에 걸쳐 고전적인 명작 『뉴잉글랜드의 농업에 관한 소론』을 쓴 코네티컷의 전도자 재러드 엘리엇Jared Eliot이나, 엘리엇과 가끔 편지를 주고받은 벤저민 프랭클린이 있다. 그는 뉴저지의 벌링턴 인근에 농장을 소유하고 거기서 수확을 거두는 한편 자신의 과학적 호기심을 추구하기도 했다. 워싱턴이나 제퍼슨, 매디슨, 그리고 캐롤라인의 존 테일러 등은 계몽적 농학자의 전통에 속하며, 버지니아의 농업 관행에 18세기 영국 농업에서 일어난 혁명의 성과를 도입하려 했다. 그 뒤를 이은 에드먼드 러핀Edmund Ruffin은 석회 비료 실험으로 유명한 인물인데, 〈파머스 레지스터〉지의 편집인이기도 했고 나중에는 섬터 요새Fort Sumter를 최초로 포격한 남부의 호전적 분리주의자가 되었다. 버지니아 바깥에서 농업 개량 운동을 가장 활발하고 인상적으로 펼친 곳은 특별한 농촌 지역이 아니라 예일 칼리지였다. 예일에서는 농업의 요구를 이해하는 것이 첨단화학 연구와 연결되었다. 벤저민 실리먼Benjamin Silliman을 비롯한 예일의 과학자들은 토양화학, 농작물, 과학적 농업 등에 관심을 기울였다. 그리고 존 P. 노턴John P. Norton, 존 애디슨 포터John Addison Porter, 새뮤얼 W. 존슨Samuel W. Johnson 등이 실리먼의 뒤를 이었다. 이 사람들은 특히 유스투스 리비히Justus Liebig가 토양화학 분야에서 거둔 연구 성과를 대중화하려 했다. 역시 예일에서 공부한 일리노이의 조너선 B. 터너Jonathan B. Turner는 농업 교육 향상의 주창자 가운데 한 사람이었다(다만 모릴법Morrill Act〔1862년 연방정부가 제정한 법. 각 주마다 연방 상하원 의원 1명당 3만 에이커의 국유지를 무상으로 제공해서 그 토지의 총수익의 90퍼센트를 농학 및 공학 강좌가 있는 주립대학의 기금 등으로 사용하도록 했다〕이 그의 제안으로 성사되었는지는 확실하지 않다). 또한 뉴욕에서는 독학한 농업 서적 발행인 제시 뷰얼Jesse Buel이 농업의 수준을 높일 것을 끈질기게 설파했다. 펜실베이니아에서는 식물 재배와 식물화학 분야의 뛰어난 연구자인 에번 퓨Evan Pugh가 펜실베이니아 농과대학 학장이 되어 모릴법을 통과시키는 데 조력하다가 서른여섯의 이른 나이에 세상을 떠났다.

이 사람들은 과학적 호기심을 농업 실천과 결합하고 시민으로서의 책임감을 농업 수익 추구와 연결했다는 점에서 지성과 실천의 멋진 융합을 선보인 셈이었다. 그리고 그들을 따르는 일반인들도 다소나마 있었고, 그들의 연구는 상당히 광범위한 호농층―이 계층은 각종 농업 협회나 농산물 축제의 중추이자 농업 관련 정기간행물의 구독자였으며 농업학교나 농과대학 설립의 주창자이기도 했다―에 영향을 끼쳤다. 농사에 관한 실용서는 제대로만 만들면 1~2만 부가 팔렸다. 농민 10명에 1명꼴로 농업 잡지를 정기구독 했고, 남북전쟁 직전에는 이런 잡지가 독자 호응은 제쳐두더라도 50종이 넘었다.[2]

하지만 직접 농사를 짓는 자영농은 농업 개량 주창자나 호농에게 분노했다. 이런 분노에는 계급 감정의 요소가 담겨 있었다. 호농이 농업 관련 활동을 조직하고 추진하는 바람에 소농이 그만큼 뒷전으로 밀려났기 때문이다. 카운티 단위의 축제에서는 호농이 가지고 나온 농산물만 호평을 받는 경향이 있었는데, 그들은 채산성을 고려하지 않은 실험적인 일류 품종을 출품했던 것이다. 따라서 일반 농민으로서는 그들과 경쟁하기가 힘들었다.[3] 호농의 장황한 설교도 소농의 보수적이고 남의 말을 잘 듣지 않으며 혁신을 의심하고 종종 미신을 믿는 정신 상태를 건드렸다. 미국의 농민은 토지 투기나 이주, 새로운 기계 도입 등에는 적극적이었지만, 농업 교육이나 영농에 과학을 응용하는 문제에서는 무척 보수적이었다. 그 결과, 전문 농학자나 농업 서적 발행인은 주위로부터 적대적이지는 않더라도 의혹의 눈총을 받고 있다고 느꼈다. 벤저민 프랭클린은 재러드 엘리엇에게 보낸 편지에서 다음과 같이 말했다. "당신 동네의 농민들도 우리 동네 농민들처럼 조상들이 걸어온 길을 벗어나려 하지 않는다면, 그들을 설득해서 개량을 시도하게 만들기는 어려울 겁니다." 또한 조지 워싱턴은 아서 영Arthur Young에게 보낸 편지에서, 미국 농민들은 굳이 힘든 노동에 나서기보다는 값싼 땅을 이용하고 싶어하며, "많은 땅을 **긁어모으긴** 했지만 필요한 만큼 경작을 하거나 개량하지는 않는다"고 변명투로 이야기했다. 에드먼드 러핀은 주위의 멸시 속에서 초기의 실험을 수행하고는 다음과 같이 결론지었다. "대부분의 농민은 아무리 간단한 것이라도 화학과 관련된다 싶으면 도무지 이해하려 들지 **않는다.**" 제시 뷰얼은 "우리 농민들은 이 나라 농업의 전반적 개량에 관해서는 무관심하거나 아무 생각이 없어 보인다. 자신들의 본분이나 진짜 이익을 잘못 알거나 이상한 말에 휘둘려서 남들이 떠오르면 자신들은 가라앉을 것을 두려워하기 때문이다"라고 개탄했다. 1831년, 〈아메리칸 파머〉지의 편집인은 "농민들은 농업 신문을 손에 쥐여준다고 해도 읽지 않을 것이고, 우연히 그 내용을 듣는다고 해도 좀처럼 믿지 않을 것"이라고 말했다. 20년 뒤, 영국의 저명한 농업과학자인 제임스 F. W. 존스턴James F. W. Johnston은 미국에서 순회강연을 한 뒤, 농민들은 "변화를 싫어하며, 자신들이 해야 하는 일에 관해서는 아예 처음부터 전혀 모른다고 주장한다"고 보고했다. 또한 뉴욕에서 농민들이 농과대학에 반대한 것은 "대학에서 가르치는 지식은 불필요하고, 그런 지식을 땅에 응용해서 이익을 얻을 수 있을 것으로 생각되지 않기 때문"이라고 존스턴은 분석했다.[4]

사실 농민이 농업 개혁가들로부터 배울 것은 상당히 많았다. 열린 사고를 가진 농민조차도 식물 생육, 가축 교배, 영양 공급, 적절한 경작법, 토양화학 등의 원리에 관해서는 무지했기 때문이다. 상당수 농민들은 달 농사—달이 차고 이지러지는 시점에 맞추어 씨를 뿌리고 수확을 하고 풀베기를 하는 농법—라는 미신에 빠져 있었다. 그들의 농사 관행은 토양을 낭비하고 고갈시켰다.5 개혁가들의 계몽 시도에 대해 농민들은 "실제적" 인간이라는 입장에서 이론가를 멸시하는, **교과서 농업**book farming이라는 말로 표현되는 경멸적인 태도를 보였다. 한 농민은 이렇게 말했다. "내가 보기에 책으로 농부가 된 사람은 농부가 아니다. 내가 바라는 것은 책보다 자기 손을 더 좋아하는 사람이다.…… 재미로 농사를 짓는 사람들은 실험을 하게 내버려두자.…… 학자는 격, 성性, 법, 시제 등에 매달리게 내버려두자. 우리는 오리나 젖소, 밭이나 울타리를 살필 테니까."6 개혁가들과 농업 서적 발행인들은 이런 압도적인 편견에 맞서 씩씩하게 어려운 싸움을 벌였다. 제시 뷰얼은 미국인들이 다른 모든 영역—전쟁, 항해술, 법률, 의학—에서 정규 교육을 중요한 것, 필수적인 것으로 여기는 데에 불만을 품었다.7

그렇지만 우리는 농업 덕분에 하느님의 축복 아래서 "살고 움직이고 존재하고" 있음에도 불구하고, 또 농업은 법률이나 의학, 전쟁, 항해술보다 더 넓고 유용한 과학을 포괄하고 있음에도 불구하고 이 나라에는 농업을 위한 학교가 하나도 없고, 어떤 교육도 하지 않으며, 정부의 지원도 없다. 사소한 분야에서도 과학 지식은 필수 불가결하다고 여겨지지만, 우리의 삶에 가장 강하고 유용한 영향을 끼치는 이 위대한 사업에서, 이제까지의 관행으로 판단하건대, 과학 지식은 소설가들이 지은 이야기 이상의 중요성을 가지지 못한다. 다른 대부분의 직업에서는 정신이 유효한 힘이라고 여겨진다. 그런데 농업에서는 정신이 아르키메데스의 지렛대라는 사실, 즉 그것 자체는 **움직이**

지 않지만 세계를 풍요롭게 하고 도덕적 건강함이나 인간적 행복감으로 **채워준다**는 사실은 망각해버린다. 이렇게 완전히 무시당하는 상황에서 농업이 대중 사이에서 촌스럽고 천한 일로 여겨진다고 하더라도 놀랄 건 아니다.

그러나 뷰얼이 생각하기에 "농업 개량을 가로막는 커다란 장해는 과학이라고 이름 붙은 것은 무엇이든 농업에 아무 쓸모가 없거나 농업과는 무관하다고 보는 퇴행적 사고였다."[8] 농업 서적 발행인들의 지속적인 계몽 활동과, 교과서 농업에 대한 반감을 극복하려는 그들의 끈질긴 노력은 뷰얼의 말을 뒷받침하는 것처럼 보인다. 물론 모든 농업 잡지가 흠잡을 데 없는 것은 아니었고, 자기만의 터무니없는 정보를 퍼뜨리는 것도 있었다. 하지만 어쨌든 이 잡지들은 지나치게 이론적인 것은 다루지 않았고, 대부분의 기사는 실제로 농사를 업으로 삼는 사람들이 쓴 것이라고 끊임없이 강조할 필요가 있었다. 1841년, 토양화학에 관한 리비히의 위대한 저작의 미국판이 나왔을 때—이 책은 농업 개혁가들뿐만 아니라 소수의 자영농 사이에서도 열렬한 호응을 받았다—그의 발견들에 대해 〈서던 플랜터〉지는 "이론에만 치우친 새로운 이론"이라고 평했다.[9]

유스투스 리비히 씨는 분명 아주 현명한 젠틀맨이며 학식이 깊은 화학자이다. 그러나 우리가 보기에 농업에 관한 그의 지식은 땅을 가는 말 정도의 수준이다. 버지니아에서 쟁기 좀 끌어본 나이든 사람이라면 누구나 그의 지나치게 정밀한 이론과는 상반되는 여러 가지 사실을 지적할 것이다.

2

과학이나 교과서 농업에 대한 이런 반발에 비춰보면, 교육은 (농사 현장에서 하는 실습 훈련은 제쳐둔다면) 자녀들에게 큰 도움이 될 수 있다는 생각을 농민들이 좀처럼 받아들이려 하지 않은 것도 놀라울 게 없다. 농민들이 농업 교육에 기대를 품었을 수도 있지만, 학교가 많아지면 세금만 무거워질 뿐이라는 우려가 더 컸던 것으로 보인다. 1827년, 어느 농업학교 설립 주창자는 지난날 "농업학교에 가장 열렬하게 반대"한 부류는 바로 농민들 자신이었다고 〈아메리칸 파머〉지에서 지적했다.[10] 또한 1852년, 〈뉴잉글랜드 파머〉지의 한 통신원은 자신도 당시에 계획된 매사추세츠 농과대학 설립에 반대했는데, 자기 주에서 실제로 농사를 짓는 농민의 90퍼센트는 자기와 같은 의견이라고 말했다. 어쨌든 그는 농과대학 설립 반대론을 적극적이고 분명하게 펼쳤다. 그의 논지는, 농민들은 농과대학을 이용하지 못할 것이고, 농과대학은 사실 그에 상응하는 대가를 보장할지 어떨지도 모르는 "막대한 돈이 드는 실험"이며, 충분한 경험도 없는 "소수의 사람들에게 수익성 좋은 직책"만 제공하게 될 뿐이라는 것이었다. 또한 대학 설립 주창자들은 부자들이나 품위 있는 직업에 종사하는 사람들의 아들들에게 영농 지식을 제공하려 하는데, 설령 그들에게 **"기술을 가르친다고 해도 정작 실천이 따르지 않으면 아무 소용이 없다"**는 것이었다.[11]

이런 발언의 배경에는 지방 주민들이 교육 사업을 별로 달가워하지 않는다는 좀더 일반적인 분위기가 있었다. 시드니 L. 잭슨Sidney L. Jackson은 보통학교 설립 운동에 대한 태도를 분석한 글에서 농민들이 "학교 개혁을 위한 싸움에서 도움이 되기는커녕 방해가 되었다"고 말했다.12 1862년에 모릴법이 통과되기 전에 미국에서 다양하게 이루어진 농과대학 실험은 주로 소수의 헌신적인 농업 개혁가들에 의해 이루어졌다—이것은 농업이 압도적인 가운데 농업 기술을 절실하게 필요로 하는 나라13에서 연방정부가 개입하기 전에는 농업 교육과 관련한 움직임이 거의 없었다는 사실의 일면을 말해준다. 1862년에 모릴법이 가결된 것도 대중의 열렬한 지지 덕분이 아니었다. 굳은 결의로 뭉친 일부 로비스트들이 이룬 성과였던 것이다. 얼 D. 로스Earle D. Ross는 토지 무상 공여 운동에 관한 뛰어난 연구에서, "대중이 자발적으로 관심을 보이는 징후는 전혀 없었다"고 지적했다. 일반 언론에서는 전쟁 뉴스가 한창인 가운데 모릴법은 거의 주목받지 못했다. 농업 신문들도 별다른 관심을 보이지 않았고, 심지어 이 법의 존재 자체를 모르는 신문도 있었다.14

다만 이 법률 자체는 애초에 좋은 의도를 담은 약속 이상의 것이 되기 어려웠다. 그리고 개혁가들도 그후 30년 동안 여론이 고조되지 않는 상황에서 의미 있는 개혁을 실행하기가 얼마나 어려운지를 통감하게 되었다. 상원의원 모릴Justin Smith Morrill(1855~67년에는 하원의원이었고, 1867년부터 1898년까지 상원의원을 지냈다)의 생각은 매우 합리적인 것이었다. 그는 미국 농민들의 경작 방식이 거칠고 지력을 고갈시킨다는 사실을 알고 있었다. 다른 나라들은 농업 교육이나 기계 교육의 측면에서 미국보다 훨씬 앞서 있었다. 미국으로서는 그만큼 실험과 조사가 필요했다. 또한 농민은 새로운 과학적 지식을 배울 필요가 있었다. 공유지에서 거두는 수익으로 건실한 농업학교나 기계학교를 설립하고 지원하는 것은 건국 이후 초창기에 교육을 육성한 선구자들의 사고와도 통하는 것이었다. 그리고 그렇게 한다고 해서 각

주의 자치권을 훼손하거나 당시의 고전적 칼리지에서 이루어지던 교육을 방해하지는 않을 것이라고 모릴은 생각했다. 그러나 모릴의 제안은 결국 정쟁에 휘말렸고, 1859년에 뷰캐넌James Buchanan 대통령은 무상으로 공여된 부지에 농과대학을 설립하려는 구상을 거부했다. 하지만 링컨은 3년 뒤 이와 비슷한 법안에 서명했다. 연방의회는 농민 대다수에 비해 개혁의 필요성을 쉽게 납득했던 모양이다.[15] 그런데 로스가 말한 것처럼, 안타깝게도 이 조치의 교육적 가치에 관해서는 아무것도 논의되지 않았다. 반대 의견도 대부분 위헌 소지가 있다거나 지엽적인 근거에 입각한 것이었다—그 결과, 연방의회를 거쳐 등장한 이 법률은 초안자의 의도를 충분히 실현할 수 없었다.

무상으로 공여된 부지에 설립된 대학들은 온갖 난관에 부닥쳤다. 특히 기존 대학들의 시샘이나, 교육에 관해서는 노력을 집중하기보다는 확산시키고 분산시키는 방식을 선호하는 미국인들의 자세도 걸림돌이 되었다. 따라서 유능한 교직원을 충원하기가 굉장히 어려웠다. 고전적인 칼리지의 전통에 머문 보수적인 교육자들은 농업 교육이나 기술 교육의 정당성 자체를 수긍하지 못했고, 때로는 새로 설립된 대학 내부에서 태업을 벌였다. 또 한편으로는 농민들이나 민중 지도자들이 인습적이고 편협한 태도로 반기를 들었다. 그들은 여전히 과학은 농민들에게 어떤 "실용적인 것"도 제공하지 못한다는 믿음을 버리지 못했다. 로스가 지적하듯이, "농민들에게 직업 훈련의 필요성이나 가능성을 납득시키는 일이 가장 어려웠던" 것이다. 이런 교육에 반대하지 않는 경우에도 다른 종합대학과 연계하거나 실험 과학과 관계를 맺으려는 시도에 그들은 저항했다. 실용적인 목적만을 중시하는 단과 차원의 농과대학이라면 인정하겠다는 것이었다. 위스콘신 그레인지Wisconsin Grange(그레인지는 남북전쟁 무렵에 중서부를 중심으로 생긴 농민 공제 조합을 가리킨다. 지식 보급과 사교를 통해 농민들의 생활을 개선하는 한편, 농산물 운송 독점에 맞서서 공동 판매와 구매 운동을 벌이기도 했다. 전성기에는 2만 개 이상의 지부를 둔 협동조합 운동으로 발전했다)는 각각의 전문 과목은 그 분야의 실제 경험자가 가르쳐야 한다고 주장했다. "성직자가 성직자를, 변호사가 변호사를, 기계공이 기계공을, 농민이 농민을 가르쳐야 한다." 일부 주지사들은 고전적인 칼리지로 대표되는 교양교육의 전통으로부터 애써 벗어나고자 했다. 오하이오 주지사는 농업 교육이 "이론적·예술적인 과학의 성격을 띤 것이 아니라 소박하고 실용적인 성격을 띤 것"이 되기를 원했다. 텍사스 주지사는 농과대학이 "농장 막노동자를 훈련시키고 교육시키는 데 목표를 둘" 것이라고 생각했다. 또한 인디애나 주지사는 어떤 종류의 것이든 고등교육은 성실한 노동을 방해하는 요소가 될 것이라고 생각했다.16

그러나 무엇보다도 결정적이었던 것은 많은 농민들이 아들을 대학에 보내지 않는다는 사실이었다. 그리고 설령 대학에 진학시킨다고 해도 그 아들들은 교육의 기회를 활용해서 농업에서 떨어져나갔다— 그들은 대개 공학 쪽으로 전공을 옮겼다. 여러 해 동안 농과대학 학생 수는 상대적으로 적었는데, 그들 중에서도 농학이 아닌 "기계기술"(즉 공학) 전공자가 해가 갈수록 크게 늘어났다. 농학의 상황이 개선된 것은 1887년 해치법Hatch Act이 통과되면서부터였다. 이 법을 계기로 농과대학과 긴밀하게 협력하는 연방 실험소 체계가 만들어졌고, 또한 점점 확대되는 연구 시설을 활용할 수 있게 되었다. 1890년대에 이르러 농과대학은 마침내 과학적 훈련에서 상당히 의미 있는 성과를 내놓게 되었다.

  토지 무상 공여 제도의 또다른 약점은 그것이 상의하달식으로 구축되었다는 것이다. 연방의회는 지방의 중등학교 제도를 발전시켜 학생들이 농과대학에 진학할 수 있는 실력을 충분히 갖추도록 하기 위한 방안을 전혀 내놓지 않았다. 이런 결함은 1917년에 스미스-휴즈법Smith-Hughes Act이 성립됨으로써 시정되었다. 이 법에 의해 농업 분야의 중등 직업교육에 연방 보조금을 지원할 수 있었다. 1873년부터 1897년까지의 긴 디플레이션을 지나 농업이 다시 활기를 찾으면서 농업 교육도 새로운 전기를 맞이했다. 수익이 늘어남에 따라 농민들도 사업 관리, 가축 사육, 토양학, 농업경제에 관해 생각하게 되었다. 기계화가 진전된 덕분에 농민들은 아들들의 손을 빌리지 않고도 작업을 해나갈 수 있었다. 농학을 공부하는 학생의 수는 1905년 이후 꾸준하면서도 급속히 증가했고, 1차대전 직전에는 공학 전공자의 수와 거의 맞먹었다. 프랭클린 D. 루스벨트 정부에서 농무차관을 지낸 M. L. 윌슨M. L. Wilson이 회고한 것처럼, 세기 전환기에 이르기까지는 교과서 농업에 대한 멸시가 자신이 사는 아이오와의 지역 사회에 만연해 있었지만 청년 시절의 불과 몇 년 사이에 사라져버렸다고 한다.[17]

  20세기에 들어서자마자 과학이 농민 대중 사이에서 혁명을 일으키기 시작했다. 농학을 공부하러 에임스로 간 1902년 무렵에 나는 그 일대에서 첫번째 대학생은 아니었지만 **농과**대학에 진학한 경우는 내가 처음이었다. 그리고 10~15년 뒤에는 농과대학에 진학하는 것이 여유 있는 사람들에게는 당연하게 여겨졌다.

이 주제를 조사한 I. L. 캔들I. L. Kandel은 1917년, 충분한 증거자료에 근거해서 다음과 같이 말했다. 무상으로 공여된 부지에 설립된 대학들은 "상원의원 모릴과 그의 지지자들이 주로 농업에 종사할 사람들에게 과학적 지식을 제공하기 위해 세웠는데, 그뒤로 50년이 지난 지금에야 애초에 의도한 기능을 수행하고 있다".[18]

농과대학이나 공과대학을 지성주의의 특별한 중심으로 생각하려 하지 않는 독자라면, 내가 결국 무엇을 보여주고 무엇을 주장하는지 의문을 가질 법하다. 나는 이런 점에서 농과대학의 성격을 잘못 말할 생각은 전혀 없다. 농과대학은 직업교육과 응용과학을 생산적인 방향으로 결합하기 위한 것이었을 뿐이다(그런 목표 자체는 유용한 것이었다고 생각한다). 여기서 중요한 점은, 긴요했던 이런 융합이 달성된 것은 농업 개혁가들이 이론은 실천에 아무런 도움도 안 된다는 완고한 확신을 품고 있던 농민들을 상대로 힘겨운 계몽 활동을 펼친 지 한 세기 만의 결과라는 사실이다.

3

농업은 "자연스러운" 삶의 방식이라고 그럴듯하게 묘사될 수 있는 것이어서, 농업 종사자들이 세련된 비판에 귀를 기울이거나 교과서적인 과학 지식을 받아들이는 것은 이익보다 손실이 크다는 의견을 내놓을 만도 했다. 그런데 공장 노동자 계급의 경우에는 사정이 전혀 달랐다. 그들의 삶의 방식은 부자연스러운 것으로 여겨졌고, 또 자신들의 운명에 대한 태도를 표현할 수 있으려면 어느 정도의 자기인식과 조직화가 필요했다. 애초에 지적 비판과 노동 운동의 관계는 농민들의 경우에 비해 복잡한 양상을 보였다. 앙리 드망Henri de Man은 탁월한 저서인 『사회주의의 심리학』에서 "노동 운동은, 인텔리겐치아나 그들의 관심사에 영향을 받지 않는다면, 프롤레타리아트를 새로운 부르주아지로 전화시키려 하는 세력을 대변하는 데 불과할 것이다"라고 말했다.19 이 말에는 미국 노동 운동에 걸맞은 빈정거림이 배어 있다. 미국 노동 운동이 목표로 삼은 것은 무엇보다도 프롤레타리아트를 새로운 부르주아지로 만드는 일이었기 때문이다. 다른 나라에서와 마찬가지로 미국에서도 노동 운동은 진정한 의미에서 지식인들이 창출한 것이었다. 하지만 미국 노동 운동은 자신의 독특한 성격을 벼려 내기 위해 자기 아버지에게 대들었다. 미국에서 마침내 상설 조직을 형성하는 데 성공한 노동자 지도부는 어떤 기묘한 변증법적 과정을 거친 뒤에야 출현할 수 있었다. 그런 변증법의 첫 단계에서는 우선 지식인들의 영향력과 자본주의에 대한 체계적 비판으로 인해 노동 운동의 필요성과 가능성이 부각되었다. 하지만 이어지는 단계들에서 지식인들의 영향력은 점차 배제되었다. 그에 따라 노동 운동은 불필요한 혼란이나 방해 요소를 떨쳐내고 직업별 노동조합을 조직하는 데 전념함으로써 견실하고 지속적인 발판을 구축할 수 있었다.

역사적으로 보면, 애초에 미국의 노동 운동은 고용이나 임금 교섭, 그리고 결국에는 그 본질적 특징이 된 파업 같은 협소한 문제에만 매달린 것이 아니었다. 미국 노동 운동에는 언제나 부르주아 지도부가 깊숙이 침투해 있었다. 또한 개혁 이론가들이 정한 목표나 구성원들의 이해관계(부르주아 사회에서 확고한 지위를 획득하거나 사회 전체를 개혁하는 데 관심을 가졌다)도 운동에 영향을 끼쳤다. 미국 노동 운동의 초창기 역사는 갖가지 철저한 개혁 사상을 선보이는 것으로 출발했다—토지개혁, 반反독점, 그린백 운동Greenbackism(남북전쟁 이후 통화 팽창을 요구한 농민 정치 운동. 링컨 대통령이 전비를 충당하기 위해 발행한 지폐 그린백이 인플레이션을 야기하자 정부는 통화 환수에 나섰다. 그 와중에 1873년에는 공황까지 겹치면서 물가, 특히 농산물 가격이 폭락했다. 그러자 농민들은 '돈을 찍어 가족을 구하자'는 구호를 내걸고 그린백당이라는 정당까지 만들어 통화 팽창을 요구하기도 했다), 생산자 협동조합, 마르크스주의, 헨리 조지의 단일세single tax(빈부 격차가 심해지는 원인이 토지 소유 제도에 있다고 본 헨리 조지가 제안한 토지세를 가리킨다. 그에 따르면, 부익부 빈익빈이 심화되는 것은 부동산 가격이 오르기 때문인데, 이런 가격 상승은 사회의 발전에 따른 결과이다. 따라서 그는 이런 불로소득을 정부가 세금으로 흡수해야 한다고 제안했다. 조지와 그 추종자들은 토지세만 충실하게 걷어도 불평등을 해결할 수 있다고 주장했기 때문에 단일세론자라고 불렸다) 등이다. 이런 실험적인 75년이 지나자, 그때까지 견실한 상설 조직이라고 할 만한 것이 없었던 미국 노동 운동에도 뭔가 유효한 움직임이 나타나기 시작했다. 새뮤얼 곰퍼스Samuel Gompers나 애돌프 스트래서Adolph Strasser 같은 실무적 지도자들이 운동을 이끌게 되면서부터 그런 변화가 보였다. 그들은 고용이나 임금 교섭, 그리고 각 업종에서 노동 시장을 독점할 수 있을 만큼 강력한 숙련공 조직을 결성하는 것 등을 목표로 삼았다.

사회주의자였던 애돌프 스트래서나 미국노동총연맹AFL 초창기의 지도적 인물이었던 새뮤얼 곰퍼스는 분명 청년기에 만난 사회주의자들에게 큰 영향을 받았을 것이다. 곰퍼스는 자서전에서 이런 초기의 지적 훈련에 대해 소극적으로나마 다음과 같이 평가했다.

노동조합 운동의 토대를 다지는 데 기여한 사람들의 다수는 사회주의를 경험하고 좀더 견실한 정책을 발견한 인물들이었다.…… 그들은 언제나 비전을 제시했다.…… 개개인이 사회주의의 공식을 넘어서는 뭔가를 창출할 수 있게 된다면, 사회주의의 경험은 건설적인 목적에 기여한 셈이다. 그런 경험에 의해 현실의 과제를 좀더 일찍 파악할 수 있고, 또 눈에 보이는 대상이 좀더 높은 정신적 목표에 도달하기 위한 수단에 불과하다는 것도 이해할 수 있었기 때문이다.

사회주의는 이런 사람들에게 노동 운동의 가능성을 가르쳐주었지만, 노동 운동이 일단 자리를 잡자 미국에서는 사회주의가 불가능하다는 것이 분명해졌다. 곰퍼스는 노동 운동의 극히 초기부터 "유행 추종자나 개혁론자, 호사가들"—노동 운동 주변을 배회하는 이데올로그들을 그는 이렇게 지칭했다—과 싸워야 했다고 말했다. 이런 이데올로그들이 가장 강력한 적으로 부상한 때도 있었던 것이다. 1894년 미국노동총연맹 위원장 선거에서 곰퍼스가 패한 것은 사회주의자들이 반대로 돌아선 탓이었다(그해는 곰퍼스가 재선에 실패한 유일한 경우였다). 그리고 그는 "나날의 노동으로 생계를 이어간 경험이 가슴과 머리에 아로새겨진 사람들"에게만 리더십을 맡길 수 있다고 확신하게 되었다. "노동 운동으로 실험을 해보려는 것은 인간의 삶을 실험 대상으로 삼는 것이다. 나는 이 점을 이해하지 못하는 지식인들과 손을 잡는 것은 위험하다는 사실을 간파했다."[20]

지식인들이 곰퍼스 같은 노동 지도자들과 사이가 틀어진 것은 노동 운동에 기대하는 바가 서로 전혀 달랐기 때문이다. 지식인들은 노동 운동을 더 큰 목적—사회주의나 또다른 형태의 사회 개조—을 이루기 위한 수단으로 보는 경향이 있었다. 그들은 노동 운동 외부에서 들어온 사람들로, 노동자 계급 자체에서 배출된 경우는 거의 없었다. 대체로 지식인들은 중간계급을 멸시했는데, 대다수 노동 지도자들과 일반 숙련 노동자들은 중간계급을 선망했다. 미국노동총연맹 같은 생활 향상을 위한 조직은 지식인들의 이상주의에 조금도 호소하지 않았고, 지식인들도 언제나 그런 조직 지도부를 낮추어 보았다. 내 생각에, 노동 지도자들은 자수성가한 사람들의 한 부류라고 보는 게 제일 타당할 듯하다. 이런 의미에서 그들은 다수의 기업가들과 별반 차이가 없었다. 기업가들과 노동 지도자들이 만난 자리에서 스트래서는 자수성가한 사람의 전형적인 말투로 "우리는 모두 실질적인 사람들입니다"[21]라고 말했다. 노동 지도자들은 대부분 노동자 계급 출신이었고, 노동자 계급과 그 지도자들도 기업가들이 누리는 정도의 사회적 지위를 획득할 수 있으리라는 기대를 품고 있었다. 노동 지도자들은 일찍부터 반자본주의나 반독점 사상을 접했지만, 지식인들과 달리 부르주아 문명을 철저하게 고발하는 전위 사상(정치나 미학의 세계에 스며들어 있었다)에는 익숙하지 않았다. 그들은 선량한 애국자였고 착실한 가장이었으며, 때로는 성실한 공화당 혹은 민주당 지지자였다.[22] 이런 노동 지도자들이 초기에 지식인—또는 그들이 지식인이라고 생각한 사람—들과 접촉한 것은 의심을 불러일으킬 만했다. 처음에는 노동 운동 내부에서 교조적 사회주의자들과의 싸움이 벌어졌다. 노동 지도자들은 대학에 몸담은 경제학자들의 비판에 늘 시달려 왔다.[23] 그런 경제학자들은 오랫동안 노동자 계급을 적대하는 듯한 결사를 이루고 있었다. 곰퍼스는 그들에게 "교수단", "노동자의 공공연한 적이자 은밀한 적", "유행 추종자, 공론가, 연약한 남자들"이라는 딱지를 붙였다. 그리고 세기 전환기에 이르러 마침내 노동자들이 중대한 위협으로 여기는 "과학적 관리" 운동이 등장했다. 곰퍼스는 이 운동의 지도자들을 노동자의 에너지를 끝까지 쥐어짜고는 쓰레기 더미로 보내버리려 하는 "학계 관찰자"나 "지식인"이라고 보았다. 이런 상황에서는 신뢰감이 커질 리 없었다.24 실제로 노동 운동은 적의에 찬 환경 속에서 자리를 잡기 위해 분투하고 있었고, 결국 1900년 이전의 지식인들은 이런 적의를 조장했다. 적의를 품지 않은 지식인이라도 어쨌든 분별없는 사람으로 여겨져 환영받지 못했다. 많은 수의 중간계급 지식인들이 노동자 계급의 대의에 우호적인 태도를 보인 것은 혁신주의 운동이 도래한 뒤였다. 또한 항구적이지는 않더라도 튼튼한 동맹이 맺어진 것은 뉴딜 시대 이후의 일이었다.25

곰퍼스 시대 이래로 긴 세월 속에서 노동조합은 성장하고 성공을 거두며 안정화의 길을 걸었다. 또한 거대한 관료 조직이 됨에 따라 법률, 보험 통계, 경제에 관한 조언이 필요해졌고, 조사연구나 선전 매체, 홍보, 로비 활동, 노동자들에 대한 광범위한 교육 등의 분야에서 전문가들이 필요해졌다. 그리하여 이 나라의 1800만 조직 노동자를 이끄는 사람들은 상당수의 지식인 직원들을 거느리는 고용주가 되었다. 하지만 조합 지도부에서 일하는 지식인들은 조직 사회의 다른 분야에 몸담은 사람들에 비해 불편함을 느꼈다. 사실 그들과 조합 지도자의 관계는 기업에 속한 지식인들과 기업 수뇌부의 관계와 별로 다르지 않았다.

지식인들이 노동조합 안에서 소외감을 느끼는 주된 원인은 다음 세 가지였을 것으로 생각된다. 첫째 원인은—일부에게만 해당되었겠지만—변혁을 향한 열정이다. 애초에 지식인들이 노동조합을 위해 일하고자 마음먹은 것은 이데올로기적 관심이 있었기 때문일 것이다. 그러나 얼마 지나지 않아 노동 운동을 급진적인 쪽으로 변화시킬 수 없다는 것을, 아니 오히려 자신들이 지도자의 권력이나 위신을 강화하기 위한 도구가 되었음을 깨닫게 된다. 그러한 조합 전문가들은, 자신을 이용하려고만 들 뿐 자신의 의지에 따르려고는 하지 않는 조직에 휘말린 것을 알아차린 순간, 전문가로서의 그들 나름의 이상주의는 무뎌질 수밖에 없다(사명감에 불타서 이 일에 뛰어든 조합 전문가보다도 자기중심적인 출세주의자가 급료를 더 받는 경향도 있었다). 둘째 원인은 연구에 대한 지식인들의 직업의식, 즉 진리에 대해 공평무사한 입장을 견지하고 싶다는 욕망이다. 이런 욕망은 이따금 전투적 조직으로서의 노동조합이 필요로 하는 것이나 지도자의 개인적 명령과 대립되기도 한다. 한 전문가는 조합 동료들이 "데이터를 대충대충 활용한다"고 말했는데, 그의 불만은 다음과 같이 이어졌다.[26]

그들은 매사에 무관심하며, 진리나 과학적 객관성을 전혀 신뢰하지 않는 철학적 상대주의자들이다. 그렇지 않은 경우라도, 너무 어렵다는 이유로 진리 탐구를 포기하고는 "누가 진리 따위에 관심을 가질까—경영진이?"라며 변명을 한다. 이것은 기본적으로 그들이 마르크스주의적이거나 사회 개혁적 태도를 지닌 데서 기인한다. 모든 게 당파적 이익의 문제가 된다.…… 그들이 원하는 것은 지도자의 편견을 보강해줄 뿐이다.…… 나는 이따금 대학에서 학생들이나 가르쳤으면 좋았겠다는 기분이 든다.

전문가들은 때로 노동조합 지도자들이 달가워하지 않는 진리를 추구하거나, 그 지도자들에게 달갑지 않은 현실, 즉 법률이나 경제의 세계에 직면하기도 했다. 이런 점 때문에 전문가들은 필요성을 인정받으면서도 동시에 분노를 샀던 것이다. 예컨대 기관지 편집인이 비판적 의견을 싣고 싶어해도 조합 지도자는 기관지가 당파적 논의에서 우세한 쪽을 편드는 데 한층 더 관심을 보였을 것이다. 또한 노동조합 교육 담당자가 노동자들에게 일반교양과 비슷한 교육을 제공하고 싶어해도, 조합 지도자는 단순하고 무난한 사상 교육을 하는 데만 관심을 기울였을 것이다.

마지막으로 소외의 셋째 원인은 학력이나 전문가의 개인적 문화에서 비롯되는 그야말로 개인적인 문제이다. 지식인은 조직 안에서 성장한, 노동조합에 어울리는 인간이라고는 여겨지지 않으며, 그의 능력이 불필요한 경우에는 동료들도 그를 멀리할 것이다. 조합 사무실에서는 여기저기서 전문가들에 대한 불평의 소리가 쏟아진다. 그런 의미에서는 로터리클럽 회의 자리와 비슷하다. "프리마돈나 타입이야.…… 그들하고는 같이 일할 수 없어.…… 그들을 좋아하는 사람은 없지.…… 여자를 보는 눈도 다르단 말이야.……"

지식인들을 대하는 노동 지도자들의 태도에는 상반되는 두 가지 면이 있는데, 기업 사회나 일반 사회에서 나타나는 것과 아주 비슷하다. 해럴드 윌렌스키Harold Wilensky는 노동 전문가들에 관한 연구에서, 노동 지도자는 때로 지식인들의 전문적 지식에 위협을 느끼거나 위압감을 느끼는 동시에 칭찬도 한다고 말했다. 하지만 노동 지도자는 전문가들의 비현실적인 측면이나 경우에 따라서는 괴짜 같은 면을 경멸함으로써 스스로를 달랜다. 어느 조합 간부는 "나는 시련이라는 이름의 학교에서 배웠소"라고 뻐기면서도, 역시 뻐기는 말투로

"내 아들에게는 대학에 가서 노동법을 전공하라고 말했지!"라면서 복잡한 감정을 드러냈다. 이런 비지식인이 전문가의 직무에 대한 질투심에 사로잡힌 경우도 있었다. "그래, 그 개자식은 편한 일만 하잖아.…… 나는 현장 조합원들한테 제대로 대접받으려고 피곤해죽겠는데 말이야. 그놈이 책상 앞에 앉아서 쓸데없는 문서나 만지작거리고 있을 때, 나는 밤마다 지부 회의에 가야 하고." 사업가와 마찬가지로, 노동조합 지도자도 자신의 실무 경험—작업대 앞에 서거나 노동조합 조직화 활동에 직접 뛰어드는 것—을 떠들썩하게 치켜세운다. "책에서는 배울 수 없어. 경험을 대신할 만한 건 아무것도 없단 말이야." 그는 처음부터 악전고투해왔다. 반면에 전문가는 아웃사이더이며, 풋내기로 보였다. 직접 경험한 적이 없기 때문에 노동 투쟁이나 노동자의 심리를 이해할 수 없다는 것이다. "이 문제에 관한 당신들의 사고는 하나같이…… 대단합니다. 당신들은 법률적 접근이 가능하겠지요. 하버드나 예일, 아니면 책상 앞에 앉아 있는 저 사람들과 마찬가지로 역시 대학 출신자들일 테니까요. 그래서 노동자들의 생각을 이해하지 못하는 겁니다." 이런 상황에서 전문가들이 때로 자기불신에 빠지거나 얌전한 자세를 취하거나 정체를 위장하려고 하는 것도 이상하지는 않다. 그들이 일하는 곳의 분위기는 여러 면에서 자극적이었지만 유익하기도 했다. 그러나 관료적인 노동계 전문가들을 연구한 어느 연구자의 말을 빌리면, 그곳에는 "반지성주의가 널리 퍼져 있었다".[27]

4
—

"부르주아적" 목표를 추구하던 미국의 조직 노동 운동이 지식인들에게 적절한 환경을 제공하지 못했다고 해도 그리 놀랍지는 않다. 오히려 놀라운 것은 이와 비슷한 문제가 지식인들에게 실제로 큰 빚을 진 비공산당계 좌파, 특히 사회당에서 생겼다는 점이다. 물론 전성기의 사회당이 반지성주의 세력이었다거나 지식인들에게 호의적이지 않았다는 건 아니다. 1900년부터 1914년까지 미국 사회당은 많은 지식인들을 매료시켰다. 지식인들의 지지는 중요한 역할을 했고, 그들의 저작은 당의 영향력 확대에 크게 기여했다. 이런 지식인들 중에는 업턴 싱클레어나 존 스파고John Spargo 같은 추문 폭로자뿐만 아니라 사회주의나 미국적인 생활 문화의 여러 측면에 관한 인상적인 비판을 전개한 저자들도 있었다. 루이스 B. 부딘Louis B. Boudin, W. J. 겐트W. J. Ghent, 로버트 헌터Robert Hunter, 앨지 M. 사이먼스Algie M. Simons, 윌리엄 잉글리시 월링William English Walling 등인데, 이들의 저서는 지금도 기꺼이 읽을 만하다. 훗날의 공산당과 달리, 지적인 분위기를 유지한 사회당은 획일주의와는 거리가 멀었고, 교조주의적 마르크스주의에 속박당하지 않는 이론서들을 양산했다. 미국 사회주의에는 다양한 계층의 사람들이 참여하여, 자유롭고 때로는 대담한 사고를 선보였다. 또한 지지자들 중에는 보헤미안적인 발랄한 정신을 지닌 사람도 있었다. 사회당의 정기간행물 중 하나는 다음과 같은 광고를 실었다. "〈대중Masses〉지는 유머 감각이 있다.…… 혁명을 즐기자."

그러나 어느 면에서는 사회당도 프롤레타리아주의 숭배에 시달렸다. 당내의 빈번한 분파 싸움에서 지식인 대변자들에게는 흔히 중간

계급 어용학자라는 낙인이 찍혔고, 운동의 보루인 진정한 프롤레타리아들과 부당한 비교를 당했다(혁명을 향한 열정이 문제가 될 때면 지식인들은 우파보다는 좌파 쪽에 서는 경우가 훨씬 많았다). 사회주의자 지식인들 중에는 견실한 중간계급 출신자도 많고 때로는 부유한 가정 출신자도 있었다.[28] 비판을 받은 그들은 출신 계급으로부터 정신적으로 이탈하여 마르크스주의의 프롤레타리아적 이상에 적응하려고 했지만, 이런 시도는 불가피하게 모종의 자기비하나 자기소외로 이어졌다. 그 때문에 당의 반지성주의 진영에도 지식인 대변자들이 있었다.[29] 그중 한 명인 W. J. 겐트는 자유주의적 논조를 띤 〈대중〉지는 너무 경박해서, 노동자들을 사회주의로 전향시키는 근본적인 사업에 진정으로 기여할 수 없다고 생각했다.

그 잡지는 사회주의, 아나키즘, 공산주의, 신페인주의Sinn Feinism, 입체파, 성차별주의, 직접행동, 사보타주 등을 하나로 뭉뚱그리는 데 아무런 위화감도 느끼지 않는다. 그것은 뭔가에 사로잡혀 안절부절못하는 대도시 사람들 특유의 산물이다. 그들은 거품처럼 실체가 없는 새로운 것을 아수라장 속에서도 끊임없이 추구한다.

또다른 지식인인 로버트 라이브스 라 몬트Robert Rives La Monte는 당이 다수의 우수한 두뇌를 필요로 하긴 하지만, 우수한 두뇌를 "인습적인 부르주아 교육"을 받은 사람들과는 구분해야 한다고 생각했다. 그는 "지식인들이나 말만 앞세우는 '거실 사회주의자'들에 대한 적절한 의심"이 존재한다는 사실이야말로 "프롤레타리아트가 하나의 계급으로서 성숙해지고 있다는 가장 확실한 징후"라고 결론지었다.³⁰ 여기에는 조지 H. 고블George H. Goebel 같은 우파 실력자도 동의했다. 지식인이나 설교자나 대학교수 등과, 노동자 즉 "노동자 계급의 대열에서 갓 배출된 사람이자 일상생활에서 실제로 일과 투쟁에 나서는 사람" 사이에서 누구를 택할 것이냐고 하면 자신은 늘 노동자 계급의 대표 쪽을 택한다고 고블은 말했다.³¹

당내에서 가장 극단적인 반지성주의 입장—진정으로 프롤레타리아적인 망나니의 태도—을 취한 것은 우파나 자기소외된 지식인들이 아니라 세계산업노동자연맹IWW 정신의 영향을 받은 서부의 당원들이었다. 사회당 서부 조직 중에서 가장 탄탄한 축에 속한 오리건 지부가 그런 정신을 보여주는 좋은 예였다. 1912년 인디애나폴리스에서 열린 전당대회에서 오리건 주 대의원들이 식탁보가 있는 식당에서의 만찬회를 거부했다는 것은 지금까지도 회자되는 이야기이다. 오리건 주 당서기인 토머스 슬래던Thomas Sladden은 언젠가 주 본부 건물에 비치되어 있던 침 뱉는 그릇을 모조리 치워버렸다. 씹는담배를 즐기는 억센 프롤레타리아들에게는 그런 고상한 물품이 필요 없을 것이라고 생각했기 때문이다. 〈국제 사회주의 평론〉지에 지식인들을 매섭게 비판하는 글을 쓴 인물도 슬래던이었다. 그의 생각에 따르면, 운동은 노동자의 것이지 다른 누구의 것이 아니었다. 사회당과 노동조합은 "'단단한 복근으로 생각하는 노동자'에게 양보하거나 전투 준비를 하거나 해야 한다." 슬래던은 진정한 사회주의적 프롤레타리아를 다음과 같이 묘사했다.³²

그는 일반적으로 인정된 문명의 언어와는 다른 자기 나름의 언어를 가지고 있다. 교양 없고 거칠어 보이지만, 이제껏 사회에 알려지지 않은 도덕률이나 윤리 규범도 지니고 있다. 그는 정통 교회나 이단 교회에서 설교하지 않는 종교, 즉 증오의 종교를 가지고 있다.…… 특별한 세계에서 나고 자라 살고 있는 지식인들의 이해를 넘어서는 지성이 그에게는 있다.

숲속에 사는 짐승이 본능적으로 그러하듯이, 그의 시각은 민감하고, 항상 경계를 늦추지 않으며, 청각은 예민하고, 천성적으로 의심이 많으며, 정신은 누구에게도 굽히지 않는다.…… 그는 당신들의 보잘 것없는 지성이나 허위를 일격에 날려버릴 것이며, 자신이 내려다보는 만물의 지배자로서 선과 악을 판정할 것이다.

이런 사람이 프롤레타리아인 것이다.…… 교육을 거의 받지 못했고, 예절이라고는 모르며, 남들의 시선에 전혀 개의치 않는다. 그가 배운 학교는 인생 경험이라는 고된 학교였다.

여기서 드러나는 프롤레타리아주의 숭배는 다양한 원시주의와 융합된 것처럼 보인다(또다른 서부인인 잭 런던Jack London은 이런 원시주의를 사회주의 운동에 이식하려 하지만 실패로 끝난다). 사회당 내 비지식인들의 정서가 전형적으로 나타난 것은 당 지도자 유진 V. 뎁스Eugene V. Debs의 온건한 입장이었다. 뎁스는 많은 사회주의자들이 "지식인을 쓸데없는 참견꾼이자 사회당에 어울리지 않는 존재라고 비웃는다"고 지적하면서, **지식인**이라는 말을 비난의 뜻으로 사용해서는 안 된다고 충고했다. 운동에는 우수한 두뇌가 필요하고, 당은 그들을 끌어들이려고 노력해야 했다. 뎁스에게 중요한 것은 무엇보다 "관료나 의회 의원, 공직 후보자 등을 노동자 계급에서 선출해야 한다"는 것이었다—"지식인들이 공직을 맡는 것은 예외가 되어야 한다. 그들이 일반 서민 사이에 있는 것과 마찬가지로." 노동자들이 지식인 조직을 운영해서는 안 되는 것처럼, 지식인들이 노동자 조직을 운영해서는 안 된다는 것이다. 뎁스가 보기에, 노동자들은 공직을 맡을 수 있는 능력을 충분히 갖추고 있었다. 지식인들이 공직을 맡는 것에 대한 그의 우려는 사회주의 운동 내에서의 계층화나 관료화에 대한 그의 우려와 똑같은 것이었다. 선량한 잭슨주의자와 마찬가지로, 그 역시 "공직 윤번제"를 지지한다고 표명했다. "나는 관료적 형식주의에 대한 편견을 가지고 있고, 관료제의 장래에 대한 불안감을 가지고 있음을 고백한다."[33]

5
—

사회당이 어느 정도의 다양성을 용인한 반면에 공산당은 획일적이었다. 공산당은 특유의 엄격한 통제에 따르려 하지 않는 작가는 원치 않았다. 무엇보다 1차대전 이전의 가장 활발하던 시기에 사회당 쪽으로 끌린 지식인들은 주로 독자적으로 마르크스주의에 정통한 사상가들이었는데, 그들이 이론가로서 당내에서 지도부를 장악했다. 공산당도 사회당 못지않게 창의적인 작가들과 문학비평가들을 끌어들였는데, 이 사람들은 마르크스주의나 정식 사회 이론을 거의 또는 전혀 알지 못한 채 적어도 한동안은 당 기구의 보호나 통제에 따르려 했다. 그러나 공산당 내에서도 1930년대에 지식인의 영향력이 확대되자, 사회당만큼 눈에 띄지는 않던 모종의 반지성주의적 경향, 특히 프롤레타리아주의 숭배가 지배하게 되었다. 거기서도 극적으로 변한 것은 도덕적 가치를 둘러싼 힘의 균형이었다. 사회당 진영에서는 지식인들이

지나치게 세력을 떨치는 데 대해 진정한 프롤레타리아들이 불만을 품게 되었다. 공산당 진영에서는 당내 지식인이나 당에 동조하는 지식인들이 스스로 직업이나 출신 배경에서 노동자가 아닌 것을 괴로워하게 되었다.

에드워드 벨러미Edward Bellamy나 헨리 디마레스트 로이드Henry Demarest Lloyd 같은 앞선 세대의 미국 급진주의자들은 때로 노동자들에 대해 약간 생색을 내는 보호자 같은 태도를 보였다. 하지만 1930년대에는 많은 미국 작가들이 극도로 감상적인 통념에 사로잡혔다. 노동자 계급은 그 고난과 "역사적 사명"에 의해 중간계급 지식인들에 비해 훨씬 우월한 도덕성을 갖추고 있다는 생각이다. 이런 지식인들의 다수가 자신들의 더럽혀진 출신 배경과 중간계급적 성격을 속죄하려면 당에서 이런저런 봉사를 함으로써 노동자 계급의 제단에 스스로를 바쳐야만 한다고 느꼈다. 또한 공산당으로서도 전향한 지식인들이 유용하다는 것과, 독립적 지성들이 유입됨으로써 당의 규율이 위협받을 수도 있다는 것을 날카롭게 감지했고, 그에 따라 지식인들을 통제하는 수단으로서 그들의 죄책감과 자기혐오를 활용하는 전략을 택했다. 요컨대 한편으로는 지식인들에게 신조를 심어주며 소수이나마 청중을 점점 더 늘려주고, 또 한편으로는 지식인들이 옆길로 새나가지 못하도록 그들의 심리적 약점을 노렸던 것이다. 이런 전략은 복잡한 결과를 낳았다. 당이 특히 탐낼 만큼 신망이 두텁고 유명한 작가들—드라이저, 싱클레어, 스타인벡, 헤밍웨이, 매클리시, 더스패서스John Dos Passos—은 당의 지시를 따르지 않았고, 굳이 당의 어용작가가 되려고 하지 않았다. 한편, 그들만큼 유명하지 않고 자신만만하지도 않은 작가들은 당이 모아주는 대중에게 의존하는 정도가 컸기 때문에 그만큼 고분고분했다(그렇다고 당의 목적에 언제나 순종했던 것은 아니다). 1933년, 폴 로젠펠드Paul Rosenfeld는 이런 작가들을 염두에 둔 채, 그들은 예술인으로서의 책임을 포기하고 "다른 당과 마찬가지로 공산당에도 있는 속물주의에 누가 먼저 자신을 동화시키는지" 경쟁하고 있다고 비판했다.34

진정한 볼셰비키적 규율의 정신이 미국의 급진적 작가들에게 배어 있었다면, 〈대중〉지 시절에 꽃피었던 보헤미안 기질은 분명 훼손되었을 것이다. 작가들은 보헤미안 기질이나 온갖 형태의 단순한 개인적 반항이야말로 경박하고 사소한 신경증적인 것이라고 여겼을 법하다. 한때 그 자신이 보헤미안이었던 존 리드John Reed가 앞장을 섰다. 그는 "이 계급투쟁은 시를 엉망으로 만들며", 만약에 그렇게 되면 시는 분명 사라질 것이라고 말했다. 또 "볼셰비즘은 지식인을 위한 것이 아니다. 민중을 위한 것이다"라고 단언하기도 했다. 그는 어느 멘셰비키 이론가에게, "당신들은 살아 있는 존재가 아니오. 기껏해야 마르크스가 무슨 말을 했는지나 무슨 말을 하려고 했는지만 생각하는 책벌레들이지. 우리가 원하는 건 혁명이고, 이제 그것을 완수하려는 거요—책이 아니라 총으로!"라도 말하기도 했다. 리드는 이런 신조를 어디까지 실행할 수 있는지를 보여줄 만큼 오래 살지 못했다. 그가 세상을 떠난 뒤, 지식인들을 불러모으는 역할을 맡은 인물은 마이클 골드Michael Gold였다. 오랫동안 당의 전투적 논객으로 활약한 골드는 대다수 좌파 지식인 이상으로 자신의 탈계급화와 탈지식인화에 성공했다.35 공산당의 동조자이지만 구제 불능의 보헤미안이기도 했던 플로이드 델Floyd Dell은 문학가로서의 골드를 이렇게 평했다. 그는 "이유는 알기 어렵지만 자신이 노동자가 아니라는 것을 부끄러워한다.…… 그래서 노동자를 만날 때면 상대를 경외하고, 칭찬하는 말을 지나치게 늘어놓는다". 델보다 젊은 세대의 작가들에게는 이런 부끄러움과 경외감의 이유가 좀더 명확했다.

지식인의 역할에 대한 공산당의 시각 때문에 실용성, 남성성, 원시주의 등 전국적으로 받아들여진 가치관에 모종의 기묘한 변주가 이루어졌다. 그리고 몇몇 측면에서 변화가 나타나기는 했지만, 당의 규약이 사업가들의 태도와 얼마나 유사했는지는 흥미로운 대목이다. 당으로서 중요한 과제는 힘겨우면서도 실제적인 일, 즉 혁명의 수행이었다. 다른 모든 일은 부차적인 것으로 여겨졌다. 예술이나 지성도 실제로 활용할 수 없으면 쓸모가 없었다. 혁명에 이바지하지 못하는 작가는 공산당 특유의 비유적 표현으로 부르주아지에게 봉사하는 문학적 매춘부라고 비난받았다. 그들은 "매춘부 중에서도 가장 고색창연한 존재"로, (흠잡을 데 없는 프롤레타리아 출신의 어느 젊은 작가 말을 빌리면) "향수 냄새를 풍기는 창녀 행세를 하고, 은화 30냥만 주면 허리춤을 추거나 전설상의 동양 여자처럼 배를 꿀렁거리는…… 문학적 해충"이었다.

혁명의 수행에는 높은 도덕적 순수성뿐만 아니라 일종의 진중한 남성성까지 요구되었는데, 많은 작가들에게는 그것이 부족했다. 또한 정치가 요구하는 현실적이고 남성적인 성격은 탐미주의의 공허함과 대조를 이루었다. 어느 작가는 당 지도부의 한 사람에게 자신이 쓴 시와 단편소설을 짬날 때 "취미"로 읽는다는 말을 듣고 깜짝 놀랐다—이 일화는 당이 문학을 근본적으로 진지하지 않은 것으로 여기고 있었음을 말해준다. 최악의 경우는 계급투쟁의 엄연한 현실을 다루려고 하지 않는 작가들의 남성성 부족이었다. 이 문제에 대한 당내 지식인들의 태도는 다양했지만, 가장 신랄한 사람들은 휴머니즘 문학가들에 대한 숙청 속에서 자신들이 "요정 문학fairy literature"이라고 부르는 것을 가차없이 비난했다. 마이클 골드는 일찍이 싱클레어 루이스에게 이런 부류의 작가들은 "남성적인 경험을 해보지 못했기" 때문에 "광적인 질투"를 품고 있다고 말한 적이 있다. 손턴 와일더Thornton Wilder를 상대로 유명한 문학 논쟁을 치르는 과정에서 골드는 이 소설가가 "피도 통하지 않고 열광하는 것도 없는 고상하고 뒤죽박죽인 도락의 종교, 우아한 가운을 걸치고 백합꽃 사이를 고풍스럽게 거니는 동성애자들의 백일몽"을 퍼뜨리고 있다고 비난했다.

이런 분위기가 가장 극단으로 치달았을 때, 공산주의의 문학 규범을 정식화하려 한 사람들은 부르주아 작가들이 이루지 못한 "프롤레타리아 리얼리즘"(골드의 표현)을 구현할 노동자 계급의 작가를 찾으려 했다. 이런 노동자 작가 중 한 사람은 "돈을 받고 글을 쓰는 작가들보다 훨씬 더 중시되어야 할 사람들, 즉 벌목공, 뜨내기 노동자, 광부, 사무원, 선로공, 기계공, 추수 일꾼, 웨이터 등"이 당 기관지인 〈새로운 대중New Masses〉의 필자도 되고 독자도 되어야 한다고 촉구했다. "아직은 완성도가 낮을지도 모른다―하지만 우리는 이제 막 거울 앞에서 치장을 하면서 반질거리는 코에 분을 발랐을 뿐이다. 누구를 두려워하는가? 비평가들? 그자들이 〈새로운 대중〉지는 문법상 틀린 작품을 싣는다고 말할까봐 두려운가? 젠장, 이봐, 신문 가판대에 가보면 깔끔한 문법으로 중무장한 허섭스레기가 널렸어." 이런 발언은 작가들을 운동에서 멀어지게 만들었다. 어느 작가가 말한 것처럼, 그 원인은 "겉치레뿐인 이상화된 프롤레타리아주의, 현실만 강조하는 단조로운 논조, 자신과는 다른 사상에 대한 반감, 온건한 저작이나 비평에 대한 멸시, 토론 회피" 등에 있었다.

이런 차이는 당이 작가들이나 다른 지식인들을 상대할 때 직면하는 커다란 문제를 예고하는 것이었다. 당은 그들을 활용하고 싶은 절실한 욕구와, 그들을 붙들어놓을 고매함을 유지하지 못하는 무능 사이의 충돌에 직면했다. 무절제한 논쟁을 일으켜, 당에 호의적인 지식인들을 멀어지게 만든 마이클 골드조차도 이따금 작가들에 대한 당 지도부의 태도에 참을성을 잃었다. 그는 과거에 지식인들은 너무도 간단히 스스로를 아웃사이더라고 느끼게 된다고 말한 적이 있다. "'지식인'이라는 말은 '개자식bastard'이라는 말과 동의어가 되었다. 그리고 미국 공산주의 운동에는 이런 정서가 어느 정도 존재한다." 당원들은 지식인들에 대한 이런 감정을 당내 투쟁에서 무기로 활용하는 것을 수치로 여기지 않았다. 조셉 프리먼Joseph Freeman의 회고에 따르면, 1920년대에 분파 싸움이 벌어지는 동안 포스터William Z. Foster 그룹은 러브스톤Jay Lovestone 그룹을 대학 출신자, 부르주아, 유대인이라는 이유로 공격하는 입소문 공세를 펼쳤다. 이런 정서는 놀랄 만한 영향력을 발휘했다. 모스크바 재판 당시 대도시의 무당파 주간지 편집장이었던 공산당 동조자 맬컴 카울리Malcolm Cowley는 트로츠키에 관해 아주 진지하게 다음과 같이 말했다. "나는 그와 같은 유형의 대도시 지식인들을 한 번도 좋아한 적이 없다. 그들은 인간의 모든 문제를 대담한 연역법으로 환원해버린다. 그렇게 하면 그들은 어떤 경우에도 항상 옳은 것이다.……"

대부분의 급진적 작가들의 생애에서 잠깐에 불과했을지라도, 당의 규약이 받아들여진 시기가 있었다. 그와 더불어 지식인이나 그들을 길러낸 기관들은 아무 쓸모가 없다는 결론도 횡행했다. 존 더스패서스는 1차대전중에 이렇게 말했다. "내 생각에 우리 모두는 아주 유약한 사람들이다. 우리가 다과 자리에서 말하는 신념이나 급진주의는 항상 예의의 틀을 벗어나지 않는다.…… 저런 바보 같은 대학들, 거기를 다니는 말쑥한 젊은이들, 따분한 지식을 주입하는 교육자들—온갖 형태의 잡종 문화나 중간계급적 속물주의를 없애버리고 싶다." 제너비브 태거드Genevieve Taggard는 혁명이라는 시급한 "실제적" 과제 앞에서는 작가들도 쓸모없다고 생각했다.

실제적인 사람들이 혁명을 수행한다. 서둘러 군대를 정비하고 신경제정책NEP을 성공시키려고 할 때, 그저 곁에서 멍한 눈으로 서 있기만 하는 사람만큼 거슬리는 것도 없다. 만약 내가 혁명을 지휘한다면 당장 예술인을 하나도 남김없이 몰아내버릴 것이다. 그리고 어려운 과업을 이룬 뒤에는 비옥한 대지가 새로운 수확물을 가져다주기를 하늘에 빌 것이다. 예술가인 나는 어머니가 한창 집안일을 하고 있을 때 아이들이 품을 만한 감정을 알고 있다. 나는 방해가 되고 싶지 않다. 사태가 좀 진정되면 내게도 편히 쉴 자리가 생기기를 바란다.

적어도 자신들에게, 부르주아 세계에 맞선 저항은 문화를 경시하는 부르주아 세계에 맞선 저항이다—많은 작가들이 이런 신념을 가지고 공산주의 운동에 뛰어들었다. 하지만 어느 세계를 택하든 간에, 항상 제일 먼저 해야 할 것은 실제적인 일이었다—부르주아 산업화인가 신경제정책인가, 개인적 성공을 추구할 것인가 서둘러 군대를 정비할 것인가?

5부

민주주의 사회의 교육

12장

학교와 교사

1

반지성주의를 미국 생활 문화의 한 특질이라고 생각할 때 유념해야 할 중요한 사실은, 이 나라 전체가 대중 교육의 유효성에 대한 완고하고 진지하며 때로는 애처롭기까지 한 믿음을 견지해왔다는 것이다. 지금까지 이런 믿음이 얼마나 광범위하고 확고하게 자리잡았는지를 의심하는 전문가는 좀처럼 없었다. 헨리 스틸 코매저Henry Steele Commager는 19세기 미국인의 기본적인 특성을 평하면서 "교육은 미국인의 종교였다"고 말한다―다만 그는 곧바로 미국인은 종교에 기대하는 것을 교육에도 기대하며, "실용적이고 이득을 가져다주는" 교육을 원한다고 덧붙인다.[1] 근대 역사에서는 프로이센이 처음으로 무상 보통학교 제도를 확립했는데, 미국은 다른 나라에 앞서 그 선례를 모방했다. 건국 초기의 법령 중에는 학교 제도를 뒷받침하기 위해 공유지의 일부를 학교용으로 할애하는 토지 조례도 있었다. 급속하게 늘어난 학교 건물이나 도서관은 지식 보급에 대한 미국인들의 관심을 보여주는 증거였고, 문화회관이나 문화강습회의 창설은 이런 관심이 학령기에서 끝나기는커녕 성인 교육으로까지 확대되었음을 보여준다.

정치인들도 건국 초기부터 교육의 필요성을 역설했다. 조지 워싱턴은 퇴임 연설에서 "지식을 널리 보급하기 위한 기관"을 설립하는 데 힘써달라고 국민들에게 촉구했다. 워싱턴은 하나의 정부 형태가 여론에 힘을 실어줄 정도가 되려면 "여론을 계몽하는 게 무엇보다도 중요하다"고 주장했다. 1816년, 노년의 제퍼슨은 "문명 상태에 있으면서 아무것도 모르고 그 무엇에도 얽매이지 않으려는 국민은, 과거에도 없었고 미래에도 결코 존재할 수 없는 것을 기대하는 셈이다"라고 경고했다. 젊은 링컨은 1832년 첫 선거 연설에서 상거먼 카운티의 유권자들을 향해, 교육은 "우리가 국민으로서 관여할 수 있는 가장 중요한 문제"라고 말했다.[2] 장작불 앞에 누워 흔들리는 불빛에 의지해 책을 읽는 청년 링컨의 이미지는 수많은 학생들의 마음속에 하나의 이상으로 자리잡았다(다만 링컨이 무엇을 읽고 있었는지를 생각해보지는 않을 것이다). 이상주의가 더욱 비상하기를 바라는 편집인이나 연설가들이 교육을 칭송하는 것은 대중을 상대로 하는 하나의 상투적 언사였다. 1836년, 중서부 한 소도시의 신문 편집인은 다음과 같이 썼다.[3]

> 이 막강한 구조가 흔들리거나, 불기둥이 되어 타오르는 환희의 횃불이…… 잦아들 때가 온다면, 그 원인은 사람들의 무지에서 발견될 것이다. 우리 연방을 지금처럼 이어가려면…… 우리의 들판을 전제

정치의 앞잡이들로부터 지키고, 축복으로 가득찬 나날이 오래도록 우리나라를 영광스럽게 감싸며, 햇빛이 앞으로도 자유민들의 얼굴에 환히 비치도록 하려면, **이 나라의 모든 어린이에게 교육을 베풀어야 한다**. 그런 교육만으로도 권력을 꿈꾸는 폭군을 깜짝 놀라게 만들고, 억압받는 사람들의 잠든 활력을 일깨울 것이다. 국민의 영광이라는 장엄한 기둥들을 길러낸 것은 다름 아닌 지성이다. 지성과 건전한 도덕심으로도 이 기둥들이 무너져 잿더미가 되는 것을 막을 수 있다.

하지만 과거의 미사여구에서 지금의 현실로 눈을 돌리면, 교육에 대한 미국인의 열정에는 뭔가 아주 중요한 것이 빠져 있다는 숱한 비판에 맞닥뜨리게 된다. 교육 문제는 대체로 무관심에서 생긴다. 예를 들면 교사의 저임금, 과밀 학급, 2부제 수업 학교, 낡아빠진 학교 건물, 불충분한 시설, 또는 다른 원인에 따른 갖가지 결함—체육 숭배, 행진 악대, 여고생 고적대, 소수민족의 게토 학교, 탈지성화된 교과 과정, 진지한 주제에 관한 교육 회피, 학구적 재능이 있는 아동 무시 등—이 있었다. 이따금 미국의 학교들은 운동경기나 상업주의, 매스 미디어의 기준 등에 지배받는 것처럼 보이며, 이런 악습은 고등교육 제도에서도 나타난다. 단적인 예가 오클라호마 대학의 총장이다. 그는 풋볼 팀이 자기 대학을 자랑스럽게 여길 수 있도록 발전시키기를 바란다고 말했다.[4] 교육의 궁극적인 가치를 미국인들은 끝내 발견하지 못할 것 같다. 미국에서는 엄청난 노력과 비용을 들여서 턱없이 많은 젊은이들을 대학에 보낸다. 그런데 그 젊은이들은 일단 대학에 들어가면 **독서**를 외면하는 것처럼 보인다.[5]

2

우리의 기대를 진지하게 받아들여온 교육자들은 미국의 교육적 성과에는 늘 중대한 뭔가가 빠져 있다는 사실을 분명하게 인식했다. 이 나라의 교육에 관한 과거의 저작을 살펴보면, 마냥 좋았던 옛 시절에 대한 향수에 쉽게 굴복해버리는 현대의 교육 비평가들은 자신들의 잘못을 통감할 것이다. 사람들에게 존경을 받는 인물이 남긴 교육 관련 저작에는 매우 신랄한 비판이나 쓰디쓴 비평이 담겨 있다. 미국인들은 보통학교 제도를 선보였지만 충분하게 지원하는 일은 망설였다. 지식을 국민들에게 보급하려는 시도에서는 다른 나라들에 비해 앞섰지만, 차츰 떠돌이나 부적격자를 교사로 채용하고는 짐마차꾼 정도의 임금만 주었던 것이다.

미국 교육 개혁가들의 역사는 대체로 적합하지 않은 환경에 맞서 싸운 사람들의 역사처럼 보인다. 미국 문학에서 교육을 둘러싼 슬픈 이야기는 청교도의 설교에 등장하는 그것만큼이나 특징적이다. 문학이 비판의 한 수단이었다는 것 자체는 놀라울 게 없다. 비판은 개혁을 지향하는 사람이라면 누구나 져야 할 짐이기 때문이다. 하지만 그 밑바닥에는 언제나 절망에 가까운 뭔가가 흐른다. 게다가 그런 절망 비슷한 것은 교육에 관한 한 변경인 서부나 미시시피의 오지만이 아니라, 보통학교 제도의 발전을 이끌며 오늘날까지 교육 분야에서 선도적 지위를 잃은 적이 없는 매사추세츠에서도 나타난다. 1826년, 매사추세츠 주에서 교육 개혁가 제임스 고든 카터James Gordon Carter는 입법부가 정책을 바꾸지 않는 한 20년 안에 보통학교가 모두 사라질 것이라고 경고했다.[6]

호러스 만Horace Mann은 1837년부터 매사추세츠 주 교육위원회 위원장을 지낸 인물인데, 그가 재임중에 미국 최고의 학교 제도를 갖춘 이 주의 교육을 비판한 내용은 당시의 실정을 잘 말해준다. 그는 다음과 같이 말했다. 학교 건물은 너무 비좁고 입지 여건도 좋지 않다. 경비 절감에 내몰린 학교 운영위원회가 교과서의 통일을 게을리한 결과, 경우에 따라서는 한 과목에 무려 8~10종에 달하는 교과서를 사용한다. 학교 운영위원회는 예산도 적고, 사회적 승인도 받지 못했다. 사회 일부에는 교육에 무관심한 사람들도 있어서 학교 제도에는 전혀 관여하지 않는다. 한편, 부유층은 보통학교를 포기하고 자녀들을 사립학교에 보낸다. 많은 타운들이 주의 학교 운영 기준을 따르려 하지 않는다. "보통학교에는 유능한 교사가 태부족"한데도 "여론이 요구한 것"은 지금 있는 정도의 그만그만한 교사들인 것이다. "읽기 수업에서는 학력 부족이 심각하다." "철자법에 관해 말하자면 반 세대나 한 세대 전으로 퇴행했다." "읽기 수업에서 학생 12명 중 11명 이상이 자기가 읽고 있는 말의 뜻을 이해하지 못한다." 호러스 만은 "태만한 학교 운영위원회와 무능한 교사, 무관심한 대중이 서로 물고 늘어져", 결국 무상교육이라는 이념 자체를 포기하게 될 수도 있다고 우려했다.[7]

이러한 비판이 계속 이어짐에 따라, 비관적인 시각은 뉴잉글랜드를 넘어 전국으로 퍼져나갔다. 미국의 중등교육이 커다란 전진의 물결을 이루기 직전인 1870년, 당시 미네소타 주 위노나의 사범학교 normal school〔주로 2~3년제로 초등학교 교사를 양성한 교육 기관〕 교장으로 나중에 전미교육협회NEA 회장이 된 윌리엄 프랭클린 펠프스 William Franklin Phelps는 다음과 같이 단언했다.[8]

초등학교들은 대부분 무지하고 미숙한 교사들의 수중에 있다. 아이들은 그저 지식의 껍데기만 배운다. 아무런 훈련도 받지 않고, 정신력이나 도덕적 끈기도 갖추지 못한 채 학교를 떠나 인생이라는 넓은 무대로 향하는 것이다.…… 전국 각지에 형편없는 학교와 어설픈 교사들이 널려 있다. 대다수 학교는 너무도 빈약해서 차라리 문을 닫는 게 나라를 위해 좋을 정도이다.…… 많은 학교는 공공의 비용으로 연명하면서 서글픈 무지를 만연시킨다.…… 미국의 수백여 학교는 규율 없는 청소년들 무리나 마찬가지이다.

1892년, 학교 제도를 시찰하기 위해 전국을 돌았던 조셉 M. 라이스Joseph M. Rice는 소수의 예외를 빼고는 가는 곳마다 상황이 심각했다고 보고했다. 즉, 교육은 선거구 정치의 산물이며, 무지한 정치인들이 무지한 교사들을 채용하여, 교육이라고 한들 지루한 반복 훈련 같은 것이었다고 말이다.9 그로부터 10년 뒤 혁신주의 운동이 거의 진행되지 않고 있을 때, 뉴욕의 〈선Sun〉지는 다른 종류의 비판을 퍼부었다.10

우리가 어렸을 때, 아이들은 학교에서 약간의 공부를 해야 했다. 아이들을 잘 달래는 게 아니라 주입을 시켰다. 철자법, 작문, 산수 등은 선택과목이 아니라 누구든 공부해야 했다. 그런데 운좋은 오늘날, 초등교육은 많은 곳에서 보드빌 쇼vaudeville show[1890년대 중반부터 1930년대 초까지 미국에서 유행한 버라이어티 쇼의 일종. 무용수와 가수를 비롯해 배우와 곡예사, 마술사 등이 출연해 각각 공연을 펼치는 형태로 진행되었다]로 전락했다. 교사들을 아이들을 즐겁게 해줘야 하고,

아이들 마음에 드는 것만 가르친다. 현자처럼 구는 많은 교사들은 구식 기초 교육을 경멸하며, 아이들이 읽기를 배우는 것은 불행한 일 아니면 범죄라고 여겨지는 것 같다.

다시 한 세대 뒤, 미국에서는 중등교육 제도가 대대적으로 발전하면서 교육 내용도 고도로 전문화되었다. 그러나 티처스 칼리지〔컬럼비아 대학의 사범대학〕의 토머스 H. 브릭스Thomas H. Briggs는 하버드 대학의 잉글리스 강연Inglis Lecture에서 중등교육에 대한 국가의 "막대한 투자"로 인해 교육은 비참할 정도로 망가져버렸다고 결론지었다. "중등학교의 교과과정에 들어 있는 과목에서조차 이렇다 할 만한 성과가 없다"는 것이다. 그가 생각하기에, 수학의 학습 성취도를 그대로 사업에 적용하면 파산하거나 교도소로 직행할 수준이었다. 원주율 값이나 그 밖의 필요한 수치를 주었을 때 원의 면적을 구할 수 있는 학생은 절반 정도에 그쳤다. 외국어 과목의 경우에도 독해나 말하기 모두 익히지 못했다. 고등학교에서 프랑스어를 1년간 배워도 "Je n'ai parle a personne(나는 누구와도 말하지 않았다)"라는 문장을 해석할 수 있는 학생은 절반 정도였고, 프랑스어를 선택한 학생 가운데 2년 이상 계속 배우려는 학생은 5분의 1밖에 안 되었다. 라틴어의 경우에도 사정은 똑같았다. 게다가 학생들은 고대사를 1년간 학습해도 솔론Solon이 어떤 인물인지 답하지 못했고, 미국사를 1년간 배웠어도 먼로 독트린을 정의하지 못했다―두 주제 모두 각 수업에서 중점 항목에 올라 있었는데도 말이다. 영어 과목에서도 대다수 학생들이 "이른바 대표적인 문학 작품에 대한 감상력"을 익히지 못했고, 작문에서도 "극히 낮은 성취도에 그만 아연실색할 정도"였다.[11]

흔히 체계적인 조사를 강조하는 오늘날에는 교육 분야에서의 다양한 실패를 보여주는 증거가 충분할 만큼 쌓여 있어,12 한편으로는 이런 증거를 어떻게 해석할 것인지를 놓고도 다양한 의견이 나온다. 많은 교육 전문가들은 전통적인 학습 과정이 대중적인 교육 제도 아래에서 엄청난 수의 아동을 가르치는 데 적합하지 않다고 주장하는데, 이런 증거들은 그 입장을 뒷받침해주는 셈이다. 또한 현행 교육 제도를 비판하는 사람들은 이런 조사 결과에 입각해서 교육의 수준을 더욱 높이고 교육의 사기를 향상시킬 필요가 있다고 주장한다. 양측 모두 교육상의 실패라는 핵심 문제에 관해서는 논의가 비교적 적다. 그리고 이런 실패 자체는 미국적 생활 문화의 역설 가운데 하나, 즉 교육에 그토록 열정을 쏟음에도 불구하고 이 나라의 교육 제도가 내놓은 것은 언제나 이런 절망이었다는 역설을 상기시킨다.

3
—

물론 이런 조사 결과나 비판에서 도출되는 결론에는 미심쩍은 점도 없지 않다. 학교 당국이나 교육 개혁가들이 끊임없이 불만을 토로해왔다는 것은 건전한 자기비판의 표시가 아닐까? 그런 비판들이 결국 개혁의 실현으로 이어지지 않았던가? 미국의 공교육 체계를 완전성이라는 추상적 기준이 아니라 애초에 설정된 구체적 목표에 따라 평가한다면, 성공을 거두고 있다고도 볼 수 있지 않을까? 이렇게 생각하면, 분명 할말이 많을 것이다. 인구가 방대한 미국에서는 출신 배경도 인생 설계도 다종다양하고 유동성도 높은 사람들에게 읽고 쓰기를 가르쳐서 공화제를 가동하는 데 필요한 최소한의 시민적 능력을 부여하기 위해 보통학교 제도를 만들었다. 그리고 그 목적은 상당한 정도까지 달성되었다. 19세기의 대부분 동안 미국이 높은 문화로 세계의 주목을 끌지는 못했더라도, 미국의 학교 제도는 적어도 일반 대중 수준의 여론이나 능력을 창출하는 데는 기여했다. 이 점에 관해서는 외국인 관찰자들도 거듭 칭찬했다.

어쨌든 여기서 미국의 교육 신조 자체를 더 면밀하게 살펴볼 필요가 있다. 미국인들이 대중 교육을 적극적으로 지지한 것은 무엇보다 지성을 키우려는 열정이나 학식과 문화 자체에 대한 자부심 때문이 아니다. 그 근저에는 오히려 교육이 가져다주는 정치적·경제적 이득에 대한 기대가 있었다. 지도적인 학자나 호러스 만 같은 교육 개혁가들은 확실히 정신의 본질적인 가치에 관심을 기울였다. 하지만 그들은 사회의 영향력 있는 인사들이나 일반 대중에게 교육의 중요성에 관해 말할 때는 주로 공공의 질서나 민주주의, 경제의 향상에 기여할 수 있다는 점을 주의 깊게 지적했다. 그들은 교육의 역할을—높은 문화를 이룩하기 위한 것으로서가 아니라 바람직한 민주주의 사회를 만들기 위한 것으로서—강조하는 것이 교육을 가장 효과적으로 "선전하는" 수단임을 잘 알고 있었기 때문이다. 그들은 국민에 의한 정부 아래서는 국민을 위한 교육이 절대적으로 필요하다는 이념을 내걸고 그것을 미국인들의 마음에 심어놓았다. 교육에 대한 비용 지출을 꺼리는 부자들에게 그들은 대중 교육이야말로 사회의 무질서나 숙련되지 않은 무지한 노동력, 추악한 정치, 범죄, 급진주의 등을 해결할 수 있는 유일한 방도라고 강조했다. 그리고 중하층 계급에게는 대중 교육이야말로 민중의 힘의 토대이자 기회 획득의 수단, 나아가 성공을 둘러싼 경쟁에서 평등한 조건을 마련하는 위대한 장치라고 말했다.[13]

미국의 대중은 방대하고 모호해서, 그들이 학교 제도에서 자녀들의 출세 기회 말고 무엇을 기대했는지를 정확히 파악하기란 불가능하다. 지적 능력의 향상이 중심적인 관심사가 아니었음은 분명해 보이지만, 앞서 종교, 정치, 사업 분야에서 언급했던 반지성주의가 교육 분야에도 손을 뻗쳤음을 보여주는 몇 가지 증거도 있다. 아이들로 하여금 지성의 효용을 과대하게 평가하도록 해서는 안 된다는 것이 일반적인 생각이었던 것 같다. 19세기 교과서의 내용을 조사한 루스 밀러 엘슨Ruth Miller Elson의 최근 연구에 따르면, 학교 독본 편찬자들은 성인 사회에 널리 퍼져 있던 지성, 예술, 학식에 대한 태도—이것에 관해서는 앞에서 이미 살펴보았다—를 아이들에게도 심어주려 했다.14 예전의 학교 독본들에는 훌륭한 문학 작품이 상당수 실려 있지만, 그런 작품들이 창의적인 지성의 가치를 가르치기 때문에 선택되었다고 생각되지는 않는다.

엘슨 여사가 언급하는 것처럼, 그런 교과서들에 구현된 기본적인 지적 가치는 실용성이었다. 초기의 한 독본에는 "우리는 모두 유익한 지식을 배우는 학생이다"라고 쓰여 있었다. 지디다이어 모스Jedidiah Morse의 유명한 지리책에는 다음과 같이 자랑하는 말이 있다. "다른 많은 나라에서 자신들의 자부심을 영구히 유지하려고 쓸모없는 기념물을 세우느라 사람들의 빛나는 재능을 허비하는 동안, 미국인들은 공화주의의 참된 정신에 따라 거의 모두가 공적·사적으로 유용한 일에 종사하고 있다." 교과서 저자들은 미국에서 지식을 평등하게 보급한 것을 자랑스럽게 여기고, 뛰어난 학자가 그리 많지 않아도 상관없다고 생각했다. "옥스퍼드나 케임브리지 같은 훌륭한 교육 기관은 전혀 없다. 무위도식하는 문학 교수들에게 막대한 급료를 주는 그런 대학은…… 아직 이 나라 사람들은 문학을 과시할 생각이 없다. 그보다는 일반적으로 유용한 연구를 하려고 한다." 미국의 대학은 유럽의 대학과 달리 단순한 지식 습득보다는 학생들의 도덕적 계발에 주력한다는 표현도 비슷한 자부심의 소산이다. 진리를 탐구하기보다는 인격을 형성하고 건전한 도리를 익히기 위한 곳이 미국 대학이라는 이미지가 만족스럽게 형성되었던 것이다.

보통학교 역시 비슷한 목적을 위해 고안된 것이라고 여겨졌다. 앨리스 캐리Alice Cary는 1882년의 3학년 독본에 수록된 발췌 글에서 "어린이 여러분, 여러분은 슬기로운 사람보다는 착한 사람이 되려고 노력해야 합니다"라고 말했다. 그리고 다른 저자는 "지성은 인간의 유일한 장점도 아니고 최고의 장점도 아닙니다"라고 말했다. 교과서에서는 언제나 머리의 미덕보다는 마음의 미덕을 칭송했던 것인데, 이런 경향은 학교 독본의 영웅 이야기에서도 나타난다. 유럽의 영웅은 오만한 귀족이나 전쟁터를 누비는 군인, 또는 "권력자에게 아첨하여 보호를 받는 위대한 학자나, 타고난 재능을 부패한 궁정의 악행을 조장하는 데 쓰는 시인" 등이었지만, 미국의 영웅은 고결하고 소박하고 진실하기로 이름 높은 인물들이었다. 예를 들어 영웅 이야기의 중심적 인물인 워싱턴은 여러 독본에서 자수성가한 사람의 본보기이자 지적인 삶에 별다른 의미를 두지 않는 실제적인 사람의 대표로 묘사되었다. 1880년대에서 1890년대에 걸쳐 사용된 역사 교과서에 "그는 머리가 좋다기보다는 견실한 사람, 천재라기보다는 결단력을 지닌 사람이었다. 공적인 생활을 무척 두려워했고, 책에는 별 관심이 없었으며, 장서도 갖추지 않았다"고 쓰여 있었다. 프랭클린조차도 18세기의 지적인 지도자로, 또는 세계 각국의 수도와 귀족 사회에 이름이 알려진 탁월한 과학자로 묘사되지는 않았다. 오히려 자수성가한 사람의 본보기이자 검약과 근면에 관한 그럴싸한 격언의 작가로 소개되었다.

독본에 수록된 뛰어난 문학 작품은 대체로 이런 정서를 강화할 만한 것들이었다. 반지성주의적 표현은 19세기 전반기에는 워즈워스의 문장에서, 후반기에는 에머슨의 작품에서 인용되었다. 예를 들면 1884년의 5학년 독본에는 에머슨의 〈작별Goodbye〉에서 다음과 같은 문장이 인용되었다.

> 나는 비웃으리, 인간의 학식과 자만심을
> 궤변을 늘어놓는 자들, 지식을 뽐내는 족속을
> 아무리 자부한들 그런 게 대체 뭐란 말인가
> 수풀 속에서 하느님을 만나는데.

지적인 즐거움에 대한 상당한 편견도 보였다. 소설은 읽지 말라는 구호가 되풀이되어, 순전히 즐거움을 위해 글을 읽는 것은 나쁜 일이라는 사고도 때때로 나타났다. "책을 군데군데 찢어내고 훼손하는 것은 악용이지만, 단순히 오락을 위해 책을 읽는 것은 오용이다"라는 표현이 그런 예이다. 이런 독본들을 면밀히 분석한 엘슨 여사는 이런 결론을 내렸다. "미국 문화에서 반지성주의는 결코 새로운 것이 아니다. 오히려 그것은 건국 이래로 여러 세대에 걸쳐 학생들이 읽어온 독본에 뚜렷하게 새겨져 있다."

이처럼 지성을 비하하는 태도는 예술에 대한 존중으로 상쇄되지 않았다. 독본에서 음악이나 미술은 주로 자수성가한 화가나 국가적 기념물 또는 미국 미술을 찬미하는 일과 연결되어 다뤄졌다. 학교 독본 편찬자들이 중시한 것은 예술가의 작품 자체가 아니라 그 예술가의 이력이 근면이라는 미덕을 입증하는지 여부였다. 예를 들어 벤저민 웨스트Benjamin West는 소년 시절에 붓을 살 수 없을 정도로 가난하여 자기가 기르는 고양이 꼬리털을 뽑아 그림을 그린 인물로 소개되었다―"이렇게 근면과 궁리와 인내를 통해 미국의 어린 소년이 당시의 영국에서도 가장 뛰어난 화가가 된 것입니다". 그러나 예술가의 이력이 인성을 기르는 수단이 되었다고 해도, 그런 사고방식에는 위험한 요소도 있었다. 학교 독본에는 18세기 영국의 모럴리스트인 해나 모어Hannah More의 글이 다음과 같이 발췌되어 실려 있다. "모든 세련된 나라에서는 예술에 몰입하는 것이 여성들을 타락시키는 커다란 요인이었으며…… 예술 편중으로 인한 타락은 그 자체가 국가의 쇠퇴를 초래하는 한 요인이었을 뿐만 아니라 몰락이 코앞에 닥쳤음을 나타내는 확실한 징후였다." 훌륭한 예술과 불건전한 국민성이 나란히 공존한 예로는 이탈리아인들이 흔히 거론되었다. 여기서 주의해야 할 것은, 학교 독본들이 유럽의 미국 문화 비판에 대한 회답으로서 차츰 미국의 학예의 발전을 강조하게 되었다는 점이다. 예술은 어디까지나 국민적 자부심과 연결되고 그것을 위한 하나의 수단으로서 받아들여졌던 것이다.

물론 학교 독본의 내용이 어린이들의 정신에 어느 정도의 영향을 끼쳤는지는 알려져 있지 않다. 하지만 이런 교과서들에 만연한 태도를 받아들인 어린이들이라면 학문이나 예술을 유럽이라는 열등한 사회에서만 볼 수 있는 장식물 같은 것으로 여겼을 법하다. 또한 무엇보다 국가의식에 대한 기여의 관점에서 예술을 생각하고, 인격 향상에 대한 공헌도를 거의 유일한 기준으로 삼아 예술을 판단했을 것이다.

엘슨 여사의 표현을 빌리면, 이런 아동들은 자라서 "정직하고 근면하고 종교적으로 독실하고 도덕적인 인간이 될 것이고, 예술이나 학문의 유약한 영향력—경우에 따라서는 위험하기까지 하다—에 휘둘리지 않는 유용한 시민이 될 것이다". 독본에 표현된 문화 이해는 "물질적 성공이나 인격의 완성을 추구하는 데 전념하는 삶, 뭔가 유용한 일을 제외하고는 지적·예술적 성취를 중시하지 않는 삶"의 태도를 학생들에게 제시했다.

학교 독본의 이런 내용들은 19세기 당시 미국인의 교육관을 분명하게 보여준다. 거기서 가장 감동적인 측면은 그야말로 열린 교육을 지향한다는 자애로운 결정이다. 이런 사고방식은 실행에 옮겨져 멋진 성공을 거두었고, 학교는 다양한 계층에 사회적·경제적 기회를 제공하는 데 크게 공헌했다. 다만 교육의 내적 또는 질적 기준을 어떻게 정할지에 관해서는 국민들 사이에서 합의가 이루어지지 않았고, 설령 그런 기준을 정의할 수 있었다고 할지라도 실행에 옮기기는 어려운 상황이었다. 쓸모 있는 기술을 가르치고 사회적 기회를 확장하는 교육의 역할에 관해서는 이의를 제기할 여지가 전혀 없었다. 그러나 정신을 계발하여 지적이고 상상력 넘치는 성과를 거두거나 명상을 즐기는 일의 가치는 내용이 조금 불명확하기도 하고 국민 모두에게 받아들여지지도 않았다. 이런 식의 교육은 유한계급이나 귀족 집단, 과거의 유럽에만 적합한 것은 아닌지, 유용성보다는 위험성이 더 큰 것은 아닌지, 정신의 계발에 매달리는 것은—도덕적으로 타락한 인간들에게서 주로 발견된다—일종의 오만함이나 나르시시즘은 아닌지, 많은 미국인들은 의구심을 품었다.

4
—

 이처럼 미국인들은 교육에서의 지성의 가치를 좀처럼 인정하지 않았다. 게다가 이런 태도를 타파할 수 있는 강력하고 존경받는 교사들도 없었다. 대중은 그런 집단의 발전을 바라지 않았기 때문이다. 설령 바랐다고 해도 당시의 여건에서는 일류 교사들을 충원하거나 양성하기가 어려웠다.

 학교 교사의 역할은 모든 근대 사회에서 중요하게 여겨졌다. 대다수 어린이들에게 교사는 상시적으로 만나는 지적인 분야의 전문가이며 경험의 일부가 되는 존재이다. 적어도 그런 존재일 수 있다. 그리고 아이들이 교사에게 품는 감정이나 지역사회가 교사에게 보내는 존경심은 학문에 관한 어린이들의 초보적인 관념이 형성되는 과정에서 중요한 역할을 한다. 물론 기초적인 기능의 습득에 주안점을 두는 초등학교에서는, 빠르게 눈떠가는 정신이 사상의 세계와 관계를 맺기 시작하는 중등학교에 비해 이러한 측면의 중요성은 낮다. 하지만 초등학교 저학년에서 대학에 이르기까지 어떤 단계에서든 간에 교사는 단순한 교습자가 아니다. 학생들의 잠재적 인격 모델이자 성인 세계에서 주류를 이루는 정신적 태도의 생생한 단서인 것이다. 아이들은 정신을 단련하는 감각의 상당 부분까지 교사에게 배운다. 또한 교사가 어떤 평가를 받고 보수는 어느 정도인지를 살피면서 사회가 교사의 역할을 어떻게 보는지도 재빨리 알아챈다.

 프랑스나 독일, 스칸디나비아 나라들과 같이 교육의 지적 역할을 높이 평가하는 나라들에서 교사, 특히 중등학교 교사는 인격적·직업적 이상을 몸소 보여주는 지역의 명사들인 경우가 많다. 이런 나라들에서 교사는 매력적인 직업으로 여겨진다. 교사가 하는 일은 가치 있고 훌륭한 것으로 인정받기 때문이다. 날카로운 지성과 교양을 갖춘 교사는 교양이 풍부하지 않은 가정환경에서 자란 똑똑한 학생—이런 학생은 다른 데서 정신적 자극을 받기가 어렵다—에게는 특히 중요하다. 하지만 미국 역사를 보면, 학교 교사가 학생을 지적인 삶으로 이끄는 본보기 역할을 한 예가 별로 없었다. 교사 스스로도 그다지 지적이지 않은데다 정작 전수해야 할 기술도 충분하지 않은 경우가 많았다. 자질 문제는 제쳐두더라도, 임금이 낮고 교사의 개인적 자유를 인정하지 않는 사회 상황 때문에 교사의 역할은 착취나 위협 같은 말을 연상시키게 되었다.

미국의 교사들이 보수나 평가 면에서 우대를 받지 못한다는 것은 오늘날 누구나 다 아는 사실이다. 수년 전, 당시의 보건교육복지부 장관 매리언 폴섬Marion Folsom은, 이 나라 교사들의 "국가적 수치"라고 할 만한 급여 수준은 "국민들이 교직을 존중하지 않는다"는 사실의 반영이라고 말했다.[15] 이런 상황을 말해주는 기사가 신문에 끊임없이 실렸다. 예를 들어 미시건의 한 도시에서는 교사가 청소부보다 연봉이 400달러 적다는 것이었다. 또 플로리다에서는 주지사가 전담 요리사에게 3600달러의 연봉을 지급한다는 사실을 알고서 교사들이 이 요리사가 주에서 대학 교육을 받은 교사들보다 급료를 더 많이 받는다고 지적하는 내용의 투고를 하기도 했다.[16] 여느 미국인들과 마찬가지로 교사들도 유럽의 교사들에 비해 절대적으로는 풍족한 편이지만, 각국의 1인당 국민소득과 상대적으로 비교해보니 교사 연봉은 캐나다를 제외하고 서구의 어떤 나라 교사보다도 낮았다. 1949년 미국 교사들의 평균 연봉은 1인당 국민소득의 1.9배였다. 다른 나라들과 비교해보면, 영국은 그 수치가 2.5배, 프랑스는 5.1배, 서독은 4.7배, 이탈리아는 3.1배, 덴마크는 3.2배, 스웨덴은 3.6배였다.[17]

미국에서 학교 교사의 직업적 지위는 다른 나라에 비해 낮으며, 국내의 다른 전문직과 비교하면 훨씬 더 낮다. 마이런 리버먼Myron Lieberman이 말한 것처럼, 교사들은 "전체 인구 가운데 중하층 계급의 최상층" 출신자가 많다. 상층 계급이나 중상층 계급 사람들은 대체로 교직을 택하지 않는다. 교사들은 부족한 소득을 메우기 위해 학기중이나 여름 "방학" 때면 웨이트리스나 바텐더, 가정부, 건물 관리인, 농장 일꾼, 호텔 휴대품 보관소 직원, 우유 배달원, 일반 인부 등으로 일하기도 한다. 교사들은 〈새터데이 이브닝 포스트〉나 〈리더스 다이제스트〉 같은 것을 즐겨 읽는, 문화적으로 위축된 하층이나 중간층 가정 출신이었다.[18] 대부분의 교사들에게 자신의 직업은 비록 만족스럽지는 않더라도 부모 세대에 비하면 경제적으로 어느 정도 나았고, 또 자녀들은 장차 더 좋은 교육을 받아 형편도 더 나아질 터였다.

영화 〈폭력교실The Blackboard Jungle〉[리처드 브룩스 감독의 1955년 영화로, 학교 폭력의 실상을 적나라하게 드러내 큰 화제를 불러일으켰다]의 장면과 같이 많은 도시 빈민가 학교가 혼란스럽기 짝이 없는 상태인데도 불구하고 미국 중등학교에서 교사와 학생의 개인적 관계는 양호한 편이라는 시각도 있다. 특히 중간이나 상층 계급 학생들과의 관계가 좋은데, 이 학생들은 학교의 교육 목표에 잘 부응한다. 또한 교사들은 하층 계급 학생들이 똑같은 능력을 보이는 경우에도 중간이나 상층 계급 학생들을 더 선호하는 경향이 있다. 하지만 중요한 사실은 미국의 청소년들이 교사에 대해 존경심보다는 동정심을 더 느낀다는 것이다. 그들은 교사의 급여가 적다는 것을 알며, 교사가 더 나은 대우를 받아야 한다고 생각한다. 게다가 야망이 있고 유능한 청소년들은 교직을 선망하지 않는다.[19] 이 때문에 언제까지나 평범한 교사만 나타나는 것이다. 학생들에게 교사는 지적인 삶과 그에 따른 보수의 실상을 생생하게 보여주는 본보기이다. 그러나 교사라는 존재는 본의 아니게 지적인 삶을 전혀 매력 없어 보이게 만든 셈이다.

교사들은 미국 역사의 가장 이른 시기부터 곤란한 상황에 놓여 있었다. 교육에 대한 국민들의 열정이 교사들의 생활을 충분히 지탱할 수 있을 만큼 높았던 적이 결코 없다. 이것은 교육의 역할에 대한 영미 사람들의 공통된 태도―유럽 대륙에서 주류를 이룬 태도와는 현격히 다르다―가 반영된 결과로 보인다.[20] 어쨌든 미국에서는 양질의 노동력을 둘러싼 수급 균형은 언제나 숙제였고, 그 때문에 초기 지역사회에서는 적당한 교사를 채용해 그 자리를 유지하는 데 큰 어려움을 겪었다. 식민지 시대에는 교육 받은 남자들이 적었고, 그런 사람들은 사회 진출 기회가 폭넓게 열려 있었기 때문에 보통의 지역사회가 지불하는 교사 급여에는 만족할 수 없었던 것이다. 교사 부족에 대해서는 지역사회로서도 다양한 해법을 시도했다. 예를 들어 여성들이 운영하는 "신부학교"가 초등교육을 대행하는 식이다. 이런 학교는 대개 사립이었지만, 때로는 운영비의 일부 또는 대부분을 공적 기금으로 충당했다(다만 미국의 지역사회가 여성 교사를 널리 채용하게 된 것은 19세기도 한참 지나고 나서의 일이었다). 일부 타운에서는 목사가 교사를 겸임했고, 교사가 지역민으로서 온갖 공적·종교적인 일―교회 종을 울리는 일에서부터 지방 서기, 타운 알림꾼〔타운의 공지 사항을 큰소리로 외치고 다니는 사람〕, 타운 사무 등에 이르기까지―을 겸하기도 했다. 다른 타운들의 경우에는 상근 교사를 두기란 거의 불가능하다는 사실을 받아들이고 목사나 법률가 같은 다른 일자리를 준비하는 야심찬 젊은이들을 단기간씩 교사로 채용했다. 그리하여 많은 지역사회가 인성 좋고 유능한 교사를 일시적으로나마 확보할 수 있었지만, 이런 유동성 때문에 교직은 능력과 인성을 제대로 갖춘 남자가 경력상 거쳐가는 정거장에 불과하다는 사고가 굳어져버린 것 같다.

실제로 평생을 교직에 몸담은 사람들은 능력이나 적성은 제쳐둔 경우가 많았던 것으로 보인다. 윌러드 S. 엘스브리Willard S. Elsbree는 식민지 시대 교사의 특징을 논한 『미국의 교사』라는 책에서 술주정, 비방, 신성모독, 소송, 부녀자 유혹 같은 행위를 중점적으로 다루었다.[21] 다만 역사적인 '뉴스거리'를 부각시키려면 대개는 어떤 상황의 병적인 측면만을 강조하기 때문에, 엘스브리의 서술이 극단으로 치우쳤을 가능성도 있다. 식민지 시대의 지역사회가 때로는 계약하인indentured servant〔영국에서 아메리카까지 가는 경비와 아메리카에서 숙식을 제공받는 대가로 보통 4~5년 동안 하인으로 일한 이주민을 가리킨다. 자발적으로 모집에 응해서 가는 경우가 많았지만, 영국 정부가 죄수를 하인으로 팔기도 했다. 17세기 말에는 아메리카 식민지 인구에서 가장 큰 비중을 차지했으며, 20세기 초까지도 계약하인제 관행이 유지되었다〕에게 교사 역할을 맡겼다는 사실도 시사하는 바가 크다. 1725년경 델라웨어의 한 목사는 이렇게 말했다. "배가 강기슭에 도착하면 자녀들의 교사를 물색중인 사람들 사이에서 '가서 선생을 사오자'라는 말이 튀어나오곤 했다." 1776년, 〈메릴랜드 저널〉지에는 벨파스트와 코크에서 출발한 배가 볼티모어에 막 도착했음을 알리는 광고를 싣고, 판매 품목으로 "학교 교사, 쇠고기, 돼지고기, 감자 등의 각종 아일랜드산 일용품"을 소개했다. 거의 같은 시기에 코네티컷의 한 신문에는 현상금이 걸린 도망자 신고 광고가 실렸다—"교사. 안색이 창백하고 머리는 짧음. 옴이 심해서 다리가 짓무름". 신체 장애인이 교사로 변신하는 경우도 흔했다. 달리 할 수 있는 일이 없었기 때문이다. 1673년 올버니 타운에서는 "손을 마음대로 쓸 수 없다"[22]는 이유로 현지 제빵사를 네번째 교사로 채용했다. 이런 선택은 잘못된 박애 정신에 따른 것이었을 테지만, 적임자를 찾기가 늘 어려웠던 사정을 반영하는 것이기도 하다. 교육 받은 남자를 교사로 확보할 수 있는 곳은 대졸자의 상당수가 교사로 나선 매사추세츠뿐이었다.

유능하고 헌신적인 교사가 없는 것은 아니었지만, 부적격자들이 워낙 눈에 띄어서 교직에 대한 달갑지 않은 이미지가 굳어진 것 같다. 1725년에 어느 평론가는 "사실 이런 사람의 직무나 인격은 대체로 아주 초라하고 비열하며, 대중이 '자녀 교육'을 충분히 고민하기 전까지는 뾰족한 수가 없다"고 썼다.[23] 이런 전통적 시각은 19세기에 들어서도 한동안 이어진 것 같다. 그 증거로 다음과 같은 슬픈 고백을 들 수 있다. "장애가 심해서 육체노동을 할 수 없는 남자—절름발이나 심한 비만, 너무 허약한 체질, 결핵환자, 발작증, 너무 게을러서 일을 맡길 수 없는 남자, 이런 사람들이 교사가 되었으며, 따라서 이런 사람들이 할 수 있는 일이 교사가 하는 일이었다." 당시 사람들에게는 교사에 관한 다음과 같은 고정관념이 있었다. 외눈박이나 외다리 교사, 술의 유혹을 못 이겨 목사직에서 쫓겨난 교사, 절름발이 교사, 자리를 잘못 잡은 사기꾼, 그리고 "토요일이면 술에 절었다가 월요일이면 전교생을 때리는 교사" 등이다.[24]

진정한 교육 전문가들은 미국 어디에서든 교사의 역량 문제로 고심했다. 1824년, 제임스 고든 카터는 당시 매사추세츠의 학교들을 다론 책에서 남자 교사들을 세 가지 유형으로 분류할 수 있다고 말했다.[25] 첫째, 교육은 일반 노동보다 쉽고 보수도 후하다고 생각하는 이들. 둘째, 현재 좋은 교육을 받고 있으며, 교직을 단순한 생활상의 돈벌이나 정식 직업을 얻기 전에 임시로 하는 일이라고 보는 이들. 셋째, 자기 약점을 알아서 탁월한 자질을 얻거나 다른 직업을 생계수단으로 삼기를 포기한 이들. "만약 주립 교도소에 들어가지 않을 정도의 도덕심을 지닌 젊은이라면, 교사 자격을 얻는 데 아무 곤란이 없을 것이다."

그로부터 수년 뒤, 노스캐롤라이나 대학의 조셉 콜드웰Joseph Caldwell 총장은 자기 주의 교사 채용 방식에 격분했다.[26]

태생적으로 게을러터져서 주위 사람들에게 짐이 되는 자가 있다면, 그를 떨쳐낼 방법은 한 가지뿐이다. 교사로 만드는 것이다. 많은 사람들이 생각하기에, 학생을 가르치는 일은 가만히 앉아서 아무것도 하지 않는 것이나 마찬가지이기 때문이다. 경솔하고 행실이 나빠서 재산을 탕진하고 결국 빚을 진 자가 있는가? 그런 사람에게도 학교를 운영할 기회가 활짝 열려 있다. 하지만 자신을 지탱할 능력이 없기 때문에 그는 밑바닥으로 추락할 것이다. 방탕과 술, 성적 유혹에 빠져 몸을 망치고 남들도 타락시키려고 별별 짓을 다 하는 자가 있는가? 아니면, 법을 어겨서 수치스럽게 죗값을 치르고 감옥을 나온 자가 있는가? 그런 성격파탄자라도 이제 학교를 열어 아이들을 모을 수 있다. 읽고 쓰기나 제곱근을 계산할 줄은 아는 그자가 기꺼이 교사 노릇을 하려 한다면 아마도 훌륭한 교사가 될 거라고 누구나 생각할 것이기 때문이다.

그런데 미국 문학에서 가장 흔하게 나타난 교사 이미지는 어떤 것이었을까? 워싱턴 어빙Washing Irving이 묘사한 이커보드 크레인〔워싱턴 어빙의 단편소설 「슬리피 할로의 전설」에 등장하는 교사〕은 다음과 같은 인물이었다.

'크레인'이라는 성은 그의 외모와 어울렸다〔'Crane'과 철자가 같은 영단어 'crane'은 '두루미'라는 뜻이다〕. 그는 키가 껑충하고 몸은 비쩍 말랐으며, 어깨는 좁고 팔다리는 길었다. 손은 소맷자락 한참 아래에서 덜렁거리고 발은 삽으로 써도 될 성싶었다. 전반적으로 조화롭지 않아 보였다. 머리는 조그맣고 정수리가 납작했다. 큼직한 귀, 커다랗고 흐리멍덩한 푸른 눈, 도요새 부리 같은 긴 코. 그런 모습은 마치 길쭉한 목 위에 달랑 얹힌 채 바람이 부는 대로 돌아가는 닭 모양 풍향계 같았다. 혹시라도 바람 센 날에 그가 옷자락을 휘날리며 언덕길을 따라 성큼성큼 걸어가는 모습을 본다면, 아마도 지상에 강림한 굶주림의 신이나 옥수수밭에서 뛰쳐나온 허수아비로 착각할 것이다.

어빙이 묘사한 것처럼, 이커보드 크레인은 완전히 나쁜 친구는 아니었다. 하숙을 하는 과정에서 농부 가족의 마음을 끌려고 자기가 할 수 있는 일이면 뭐든 다 했고, 아이들을 귀여워하며 잘 놀아주었다. 마을의 여자들 사이에서 그는 중요한 인물로 두각을 나타냈다. 그들이 일상적으로 만나는 시골뜨기들보다는 그래도 교양이 있었기 때문이다. 하지만 "약간의 기민함과 단순한 고지식함이 묘하게 섞여 있는" 이 인물은 남자들에게는 영웅도 무엇도 아니었다. 무시무시한 가면을 뒤집어쓴 브롬 본스는 이커보드를 놀라게 해서 마을에서 쫓아내며 무엇에든 쉽게 속는 그의 머리를 호박으로 내려쳤다. 이런 본스의 행위는 지난날 미국의 남성 사회가 교사들을 어떤 태도로 대했는지를 상징하는 것이었다.

5

어떤 식으로든 교육 개혁을 실행하고자 했던 콜드웰이나 카터 같은 사람들의 비판은 사태를 과장한 측면이 있었을 것이다. 하지만 설령 과장되었다고 해도 그런 비판은 미국인들의 교사에 대한 고정관념을 반영하고 있었다. 교사를 둘러싼 논의는 다음과 같은 식으로 악순환에 빠졌다. 미국의 지역사회는 양질의 교사를 발굴하고 훈련시켜 그에 상응하는 급여를 주기가 어렵다고 느꼈다. 그 때문에 그나마 구할 수 있는 수준에 안주했고, 그런 교사들은 대부분 부적격자나 무능력자였다. 지역사회는 교육이란 악당들을 끌어들이는 장사라고 결론 내리기 쉬웠고, 그렇게 되면서 악당들에게 응분의 급여를 주려고 하지 않았다. 물론 인성 좋고 유능한 교사는 열렬히 환영받고 다른 지역에 있는 동료들보다 높은 지위를 누린 예도 있지만, 교사 일반의 자질을 향상시키기 위해 상당한 노력을 기울이게 된 것은 한참 뒤의 일이다.

 미국의 교육이 이런 악순환에서 벗어날 수 있었던 계기는 학년제 초등학교의 발전과 여교사의 출현에 있었다. 학년제 학교는 대도시 교육 문제에 대한 해결책의 하나로 1820년대에 발전하기 시작하여 1860년에 이르기까지 널리 보급되었다. 그러면서 점차 6세에 입학해서 14세에 졸업하는 학교가 대부분의 도시에 설립되었다. 학년제 학교는 독일의 제도를 참고한 것으로, 작은 교실에 동질적인 학생들을 더 많이 수용함으로써 교직을 체통 있는 자리로 만드는 데도 큰 기여를 했다. 또한 교사의 수요를 늘려 여성에게도 교직을 개방했다. 1830년까지만 해도 대부분의 교사는 남성이었고, 여성은 주로 유아학교나 여름학교에서 가르쳤다. 교실, 특히 큰 학급이나 고학년 학생들을 확실하게 다루자면 여성으로는 충분하지 않다는 통념이 있었기 때문이다. 그리고 이에 따른 대안으로 제시된 것이 학년제 초등학교였다. 많은 지역사회에서는 여전히 여교사를 반대했지만, 급료가 남교사의 3분의 1이나 절반이면 된다는 이야기가 들리자 그런 반대 목소리도 쉽게 가라앉았다. 바로 여기에 모든 사람을 가능한 한 낮은 비용으로 교육시킨다는 미국의 일대 과제에 대한 해법이 있었다. 1860년에 이르면 일부 주에서는 여교사 수가 남교사를 넘어섰고, 그런 추세는 남북전쟁이 벌어지면서 더욱 빨라졌다. 1870년에는 여성이 전체 교사의 약 60퍼센트를 차지하게 되었고, 그 수는 빠르게 늘어났다. 1900년에 이르면 교사의 70퍼센트 이상이 여성이었고, 그후 25년 사이에 83퍼센트로 높아져서 정점에 달했다.[27]

여교사를 받아들임으로써 비용 문제뿐만 아니라 인성 문제도 해결되었다. 낮은 급여를 받고 일할 젊은 여성이 상당히 많았고, 또 그들의 품행이 학교 운영위원회가 정한 엄격한—또는 청교도적인—기준과 합치되는 한, 교사로 일할 수 있었기 때문이다. 하지만 그렇다고 해서 능력 문제가 완전히 해결된 것은 아니었다. 신임 교사들은 무척 젊고, 교사로서의 훈련이 부족한 경우가 많았다. 실제로 교사 지망생을 전문적으로 훈련시키는 공립 시설이 오래도록 없었고, 교사를 양성하는 사립학교도 많지 않았다. 유럽 나라들은 미국에서 이 점이 문제가 되기 100여 년 전에 이미 교사 훈련을 위한 실험에 나섰다. 호러스 만은 1839년에 매사추세츠에 최초의 공립 사범학교를 세우는 데 진력했다. 그러나 남북전쟁이 시작될 당시에 이런 학교는 10여 개에 불과했다. 그러다가 1862년 이후에 급격하게 늘어났지만, 19세기 말에 이르러서도 빠르게 늘어나는 교사의 수요를 맞출 수 없었다. 1898년의 경우, 이런 공립이나 사립 사범학교 출신 신임 교사의 비율은 대략 20퍼센트에 그쳤다.

게다가 이 학교들이 제공하는 교육도 그다지 충실하지 않았다. 사범학교는 별다른 입학 기준이 없었고, 1900년이 되어서도 고등학교 졸업장이 입학 요건으로 정해진 경우는 드물었다. 대개는 고등학교에서 2년 정도 공부하면 2~3년 과정의 사범학교에 들어갈 자격이 되었다. 4년제 사범학교는 1920년 이후에야 보급되기 시작했는데, 그때부터는 교원대학teachers' college이 사범학교를 밀어내게 되었다. 미국 교육청〔미국에서는 1867년에 교육부가 처음 설립되었지만 이듬해에 교육청으로 격하되었다. 그뒤 1953년에 각료급의 보건교육복지부가 신설되었고, 1979년에 교육부가 만들어졌다〕의 조사에 따르면, 교원대학이나 사범학교 졸업생 중 4년 과정을 이수한 사람은 1930년에도 18퍼센트뿐이었다. 졸업생의 3분의 2는 1년이나 2년 과정을 마쳤던 것이다.[28]

20세기를 맞이할 무렵부터 미국의 지역사회는 유능한 교사에 대한 수요를 충족시키기 위해 상당한 노력을 기울였지만, 취학 인구의 폭발적 증가라는 성가신 문제와 씨름할 수밖에 없었다. 그리고 교사의 수요가 늘어난 탓에 교사 교육 기준을 높이려는 시도 역시 방해를 받았다. 가장 신뢰할 만한 자료에 따르면, 1919년에서 1920년에 걸쳐 미국 학교 교사의 절반이 25세 이하로 근속 연수도 4~5년 이하였으며, 또 절반이 8학년 이후 4년간의 교육밖에 받지 않았다. 그 뒤 몇 년 사이에 교사 교육이 적어도 양적인 면에서는 급속하게 개선되었다. 하지만 1933년에 교육청이 발행한 『교사 교육에 관한 전국 조사』에 따르면, 전국의 교사 가운데 학사학위 소지자는 초등학교 교사의 10퍼센트, 중학교 교사의 56퍼센트, 고등학교 교사의 85퍼센트뿐이었다. 학사학위보다 높은 교육을 받은 교사는, 6분의 1 정도만이 석사학위를 취득한 고등학교 교사를 제외하면 거의 전무했다. 서유럽 나라들과 비교해보면, 미국의 교사 교육은 영국보다도 상당히 뒤처지며, 프랑스나 독일, 스웨덴보다는 훨씬 더 뒤처졌다. "심각하게 우려되는 점은, 학생 전체와 특히 중요한 교사 집단이 전국 평균보다 그다지 지적이라고는 말할 수 없다는 사실이다"라고 이 조사 보고자는 지적했다.[29]

유능한 학생들이 교직을 기피한 이유에 관해서 과연 어느 정도까지가 형편없는 보수에 의한 것이고 또 어느 정도까지가 교사 교육의 무의미함에 의한 것인지를 분명하게 말하기는 어렵다. 어쨌든 교사들이 자기가 가르칠 과목에 관해 충분한 교육을 받지 못했다는 점은 분명한 사실이다. 하지만 더욱 놀라운 것은 자기가 관심을 가지는 분야에서 충분한 교육을 받아도 정작 그 분야를 가르칠 기회가 별로 없었다는 사실이다. 조사 보고서에서 기존 연구들을 살펴본 바에 따르면, 어떤 학과에서 충실한 교육을 받은 고등학교 교사가 그 과목을 맡게 될 확률은 50퍼센트도 안 되었다. 행정측의 태만도 그 원인의 일부가 되었을지 모르지만, 주로 채산이 맞지 않는 소규모 고등학교가 너무 많은 데 있었다. 그 점에 관해서는 제임스 브라이언트 코넌트James Bryant Conant가 1959년에 이르러서도 불만을 토로했다.[30]

미국의 교사 양성의 역사를 보면, "우리는 공립학교 교사를 충분히 확보하려다보니 양을 위해 질을 희생시키게 되었다"는 엘스브리의 결론을 부정하기 어렵다.31 모든 사람이 보통학교 교육을 받아야 한다는 사고가 지배적이었고, 남부를 제외하고는 대체로 실현되었다. 그러나 모든 사람을 교육시키려면 마땅히 고도로 훈련된 교사들을 공급하기 위해 심혈을 기울여야 하는데, 미국에는 그에 필요한 능력이나 의지가 없었다. 언제까지고 값싼 교사만을 찾았다. 학교 교사는 공무원으로 여겨졌고, 공무원의 급여는 지나치게 높아서는 안 된다는 사고가 미국의 평등주의 철학에 있었기 때문이다. 식민지 시대에는 학교 교사의 급여가 무척 다양한 수준이었지만 대체로 숙련 노동자의 임금과 비슷하거나 적었고, 전문직 종사자의 임금보다는 매우 적었다. 1843년, 매사추세츠 한 지역에서 다양한 직업 집단의 임금을 조사한 호러스 만은 숙련 노동자가 같은 타운의 교사보다 임금을 50~100퍼센트 많게 받는다고 보고했다. 또한 그에 따르면, 여교사는 여성 공장 노동자보다 더 적은 임금을 받았다. 1855년, 뉴저지의 어느 학교 당국자는 교사들이 대체로 "직무를 수행할 만한 자격이 볼품없기는" 해도 "그들의 급여 수준에 비하면 무척 열심히 일하는 편"이라고 말했다. 그가 지적한 바에 따르면, 능력과 장래성이 있는 사람이 교사 급여를 받고 일해주기를 기대하는 것은 얼토당토않은 일이며, 주로 이런 이유로 "교사는 그동안—어느 정도는 지금도—불명예스러운 단어"였다고 한다. 많은 농민들이 "자녀들의 인격을 단련시키는 데 적합한 인물을 구하기"보다는 말발굽에 편자를 박는 데 더 많은 돈을 쓴다는 것이다.32

확실히 급여에서 부족한 부분을 위엄이나 지위로 메울 수는 없었다. 게다가 여교사가 점점 늘어나 수적으로 우세해지면서 한편으로는 인성이 나쁘다는 교직의 오명이 상당 부분 지워졌지만, 다른 한편으로는 새로운 난제가 생겼다. 미국 이외의 나라들에서는 남성은 교육 전반에 걸쳐 중요한 역할을 맡고 중등교육에서는 지배적인 역할을 맡아야 한다는 이상이 널리 퍼져 있고, 대체로 이런 이상에 따라 교사 채용이 이루어진다. 미국은 서구화된 세계에서 유일하게 초등교육의 거의 모두와 중등교육의 상당 부분을 여성의 손에 맡기는 나라이다. 1953년 조사에 따르면, 미국은 전 세계 국가들 가운데 교직이 여성화된 거의 유일한 나라였다. 미국에서는 여성이 초등학교 교사의 93퍼센트, 중등학교 교사의 60퍼센트를 차지한다. 서유럽에서 중학교 교사의 절반 이상이 여성인 나라는 단 한 나라뿐(52퍼센트인 이탈리아)이다.[33]

물론 교사로서의 여성이 남성보다 열등하다는 것은 아니다(사실 어떤 단계, 특히 초등학교 저학년에서는 여교사가 바람직하다고 생각할 만한 이유가 있다). 하지만 교육이 여성의 직업으로 여겨지는 미국에서는 교직이 정당한 남성의 일이라는 위상을 확보하지 못하는 것이 문제이다. 그 때문에 미국에서 교육과 문화는 여성의 일이라는 남성적 신념이 강화되었다. 이런 신념은 학교에 다니는 남학생들의 경험에 의해 확인된다. 교사들 중에는 정신의 세계가 정당한 남성의 몫이라는 것을 행동으로 보여주는 남성적 모델이나 우상이 많지 않았으며, 지적 탐구나 문화생활의 남성적 모범이 될 만한 인물도, 혈기왕성한 남학생들로 하여금 교직을 지망할 수 있게 할 사회적으로 성공하고 존경받는 인물도 적었다. 남학생들은 남자 교사를 어딘지 연약하다고 생각하면서 성장하고, 또 (여성을 만날 때와 같은) 예의바름과 남자로서의 정중함이 기묘하게 섞인 태도로 남교사를 대한다.34 요컨대, 남자 교사는 존경을 받을지는 몰라도 "사내 집단의 일원"은 아니었던 것이다.

하지만 교사 역할의 남성성이라는 문제는 더 큰 문제의 일부에 불과하다. 19세기에 남자들이 교직에 발을 들여놓은 것은 주로 법률가, 목사, 정치인, 대학교수 등이 되는 과정의 한 단계로 삼거나, 좀더 훌륭한 직업에 진출하는 것을 단념한 결과였다. 여러 조사에 따르면, 오늘날에도 아주 유능한 인물이 교직에 들어서는 것은 교육 행정 관료를 희망하는 경우나, 장차 이 분야를 완전히 떠나기로 결심한 경우가 많다. 최근에는 새로운 분야가 등장해, 유능한 남녀들이 공립 중등학교에서 속속 빠져나가고 있다. 학생 수가 많은 초급대학junior college이나 지역대학community college이 대거 생겨난 것이다. 그 결과, 유능하고 경험 많은 진취적인 교사들이 고등학교에서 한 단계 올라서거나, 고등학교 교사를 거치지 않고 처음부터 이 대학들에 곧바로 취직할 수 있게 되었다. 그들에게는 더 나은 급여와 위신, 그리고 더 편리한 생활까지 제공되는 것이 매력으로 다가왔다. 다만 이 대학들에서 그들이 제공하는 교육은 뛰어난 일류 중등학교에서 제공되는 교육과 별반 다르지 않은 경우도 있었을 것이다. 13~14학년차 공교육을 별도의 교육 기관에서 시행하는 것에는 다양한 장점이 있을 테지만, 그 자체로 이 나라 교육자 수가 늘어나는 것은 아니다. 미국은 제대로 훈련된 교사를 충분하게 공급하려고 노력하는 과정에서 일종의 학문적 쳇바퀴에 갇혀버렸다. 대학에서 받는 보수가 많아지고 이런 교육 기관에 들어가는 젊은 인구의 비율이 높아질수록, 초등학교나 중학교에서 유능한 인재를 빼내갈 여지도 커지게 마련이다. 교직이 매력적인 직업으로 여겨지지 않는 사회에서는 다수 대중을 교육할 훈련 받은 인재를 충분히 확보하기는 여전히 어려울 것이다.

13장
생활 적응의 길

1

—

 미국 사상의 뚜렷한 특징 가운데 하나는 강력한 반지성주의 운동이 직업교육에서 나타난 것이다. 청소년 교육에 가장 중요한 영향을 끼치는 이 운동을 이해하려면, 1870년 이래 공교육에서 일어난 주된 변화들을 살펴보아야 한다. 미국에서 무상 중등 공교육이 대규모로 발전하기 시작한 것은 1870년대의 일이지만, 공립 고등학교가 대중적인 교육 기관이 된 것은 20세기에 들어서고 나서의 일이었다.
 여기서 가장 중요한 것은 미국 교육의 몇 가지 특수성, 특히 민주주의적인 전제와 목표의 보편성이다. 미국 이외의 나라에서는 모든 어린이가 이토록 장기간, 이토록 획일적인 교육을 받아야 한다고 생각되지 않는다. 유럽의 대다수 나라들에서는 교육 제도가 각국의 계급 체계에 노골적으로 맞춰져 있었다. 물론 우리 시대에는 이런 성격이 다소 약해졌지만 말이다. 유럽에서는 대개 어린이들이 함께 학교에 다니는 것은 10세나 11세까지이고, 그다음부터는 별도의 실업학교나 교육과정을 통해 각자의 길을 간다. 14세가 지나면 약 80퍼센트가 정규 교육을 마치며, 나머지는 대학 진학을 위한 학구적인 예비학교에 들어간다. 미국에서는 16세나 그 이후까지 학교를 다녀야 하며, 대학에 진학하는 학생의 비율은 유럽 나라들에서 학구적인 중등학교에 가는 비율보다 높다. 또한 미국에서는 중등학교 학생들이 한 지붕 아래서 공부하는 것을 선호하는데, 대개는 지역의 종합 고교에서 동일한 교육—반드시 교과과정이 동일하다는 의미는 아니지만—을 받는다. 이상적으로 말하자면, 사회적으로나 학문적으로나 학생들을 사회계급에 따라 차별해서는 안 된다. 다만 빈곤이나 인종적 편견이라는 냉혹한 사회 현실 때문에 실제로는 우리의 민주주의적 교육 철학과 어긋나는 계급 차별이 대부분 여전히 지속된다. 어쨌든 미국에서는 조기에 교육을 분리하는 것이 제도화되어 있지 않기도 해서, 아이들은 최종적으로 어떤 직업으로 진출할지를 다른 나라처럼 일찍 결정할 필요가 없다. 미국에서는 지적 직업을 위한 전문적 훈련조차도 대학원이나 대학 3~4학년 때 이루어진다. 미국에서는 좀더 많은 사람을, 좀더 긴 기간에 걸쳐 교육시킨다. 그런 방식은 좀더 보편적이고 민주적이지만, 엄격하지도 않고 부질없는 경우도 많다. 계급 지향적인 제도는 가난한 사람들의 재능을 뭉개버리긴 하지만, 미국의 교육은 모든 재능을 낭비하는 경향이 있다.

  미국과 서유럽 나라들의 교육 제도상의 차이는 특히 중등교육에서는 그다지 크지 않았다. 대중을 위한 공립 고등학교가 등장하기 전만 해도 미국의 중등교육은 애초에 표방한 민주주의 이론보다 유럽의 선별적 교육관에 가까웠다. 19세기에 대다수 미국인의 공교육은 초등학교 최종학년으로 끝이 났다. 초등학교 다음 단계의 무상 교육은 1870년 이후 30년 사이에 확립되었다. 1870년 이전에는 유럽과 마찬가지로 13~14세 이상의 아이들이 교육을 받을지 어떨지를 결정하는 일차적 요인은 계급이었다. 교육비를 감당할 수 있고 자녀들에게 지적 성장이나 전문적 기술의 습득을 기대한 부유층 부모들은 자녀를 사립 중등학교(대부분 기숙 학교)에 보낼 수 있었다. 프랭클린 시대 이래로 이런 사립 중등학교는 전통과 "실용성"이 혼재된 교육을 시행했다. 라틴어, 그리스어, 수학을 바탕으로 과학과 역사를 추가한 교양 고전 과정이 있었지만, 많은 학교에서는 "라틴어 과정"과 "영어 과정" 중 하나를 선택할 수 있도록 했다. 영어 과정이 좀더 "실용적"이고, 사업상 유용한 과목에 중점을 둔 현대적인 교과과정이었다. 사립 중등학교는 질적인 면에서 무척 다양했는데, 가장 낮은 수준에서는 보통학교의 교육 내용을 그대로 답습했고, 가장 높은 수준에서는 대학 교육의 일부를 가르치기도 했다. 최고 수준의 사립 중등학교 졸업생은 대학 1학년—때로는 2학년—때에도 똑같은 내용을 배우느라 지루해할 정도였다.[1]

도의적으로는 교육의 민주주의를 추구하면서도 중등교육을 사립 교육 기관에 크게 의존하는 미국 교육의 이런 불균형은 평론가들의 비판을 부르게 되었다. 한편에는 누구나 이용할 수 있는 공립 초등학교가 있고, 다른 한편으로는 칼리지나 종합대학—물론 이 대학들은 무상은 아니었지만 학비가 저렴하고 입학에 차별이 없었다—이 늘어나고 있었다. 양측 사이에는 큰 간극이 있었는데, 몇몇 선구적인 공립 고교를 제외하면 주로 사립 중등학교가 그 간극을 메웠다(1850년에는 그 수가 약 6천을 헤아렸다고 한다). 그러나 일찍이 1830년대에 이런 사립학교는 배타적이고 귀족적이며 미국적이지 않다는 비난을 샀다. 이미 무상 보통학교 제도를 시행하는 마당에 이 제도를 중등교육으로까지 확대하는 것은 논리적이고 필연적인 일로 생각되었다. 바야흐로 산업이 성장하고 직업 생활이 한결 복잡해지고 있었기 때문이다. 또한 그에 따라 기술 수요도 점차 높아져, 무상 공교육을 중등학교까지 확대하는 것은 실익과 평등 면에서 두루 유용할 것으로 보였다.

공립 고등학교의 확립을 주장하는 사람들은 도덕과 직업상의 탄탄한 논거를 제시했는데, 그들의 주장을 뒷받침하는 법적 토대가 이미 보통학교 제도 안에 들어 있었다. 근시안적 관점과 인색한 납세자 의식이 장해로 작용하기도 했지만 오래 지속되지는 않았다. 공립 고등학교의 수는 1860년 이래로 급속히 늘어났고, 1890년(입학자 수의 유효한 통계가 개시된 해)부터 1940년까지 고등학교 입학자 수는 10년마다 거의 두 배로 늘어났다. 1910년에는 17세 청소년의 35퍼센트가 취학했고, 오늘날에는 70퍼센트를 넘어서고 있다. 이런 속도로 미국의 거의 모든 청소년이 고등학교에 입학하여 그중 약 3분의 2가 졸업을 하게 되었다.

지역마다 매우 다양한 미국 고등학교의 질적 성과를 어떻게 평가하든 간에, 청소년 무상 중등교육이 교육의 역사에서 주목할 만한 성과이며 학교 교육을 통해 기회의 평등과 사회적 유동화를 꾀하려는 사람들의 바람을 멋지게 이루어주었음을 부정할 사람은 없을 것이다. 고등학교 교과과정의 문제점에 관해서는 지적할 말이 많지만, 여기서는 그 성과의 적극적인 가치를 강조하는 것, 그리고 미국의 고등학교가—그 교육 수준은 제쳐두고 민주적 특징에서는—지난 세대의 유럽 학교 제도에 어느 정도나 필적했는지를 살펴보는 것이 중요해 보인다.

고등학교가 대중적인 교육 기관으로 발전함에 따라 그 성격은 극적으로 바뀌었다. 19세기 말에서 20세기 초에 고등학교를 다니는 비교적 소수의 학생들은 여전히 특별한 엘리트들이었다. 대체로 그들은 스스로 원해서 고등학교에 들어갔고, 부모들도 고등학교가 제공하는 이례적인 기회를 붙잡았던 것이다. 60~70년 전만 해도 고등학교 진학자는 주로 대학 입학을 준비하는 학생들이었다고 했는데, 그것은 사실과 달랐다. 최근 15년에 비하면, 당시 고졸자의 대학 진학률은 낮았다. 오늘날에는 고교 졸업생의 약 50퍼센트라는 놀라운 비율로 대학에 진학한다. 나는 세기 전환기에 고졸자의 몇 퍼센트가 실제로 대학에 진학했는지는 알지 못하지만, 얼마나 많은 수가 대학 진학을 준비했는지에 관한 정보는 있다. 1891년에는 고교 졸업생의 29퍼센트, 1910년에는 49퍼센트가 대학 입학을 준비했다. 이 숫자는 그 뒤로 오르내림이 있었다.[2]

과거에 고등학교 입학은 자유의사에 따른 것이었고, 학생들은 그야말로 엘리트들이었다. 하지만 이제는 16세 이하의 학생들에게는 거의 의무이자 당연한 것이 되었다. 고등학교가 비약적으로 늘어나기 시작한 바로 그 무렵에 혁신주의자나 노동조합주의자들은 아동노동이라는 오랜 산업적 악폐를 공격하고 있었다. 이런 관행에 대항하기 위한 가장 유효한 수단의 하나가 의무 교육의 최종 연령을 끌어올리는 것이었다. 1890년에는 27개 주가 취학을 의무화했고, 1918년에 이르러서는 모든 주가 의무 교육에 관한 법을 제정했다. 입법자들도 의무 교육 종료의 법정 연령을 정하라고 요구했다. 1900년 당시, 의무 교육법을 시행하는 주들은 그 종료 연령을 평균 14세 5개월로 정했다. 그리하여 1920년대에는 오늘날의 평균 16세 3개월에 가까워졌다. 게다가 사회보장 제도와 강력한 노동조합 덕분에 이런 법률이 점차 강화되었다. 청소년들을 착취로부터 보호해야 했고, 또 청소년들을 노동시장에서 배제함으로써 성인들을 보호해야 했다.

중등학교 학생들은 그 수가 늘어남과 동시에 성격도 바뀌어갔다. 이제는 엘리트가 아닐 뿐만 아니라 싫어도 진학을 해야 했다. 그들은 공부를 더 하고 싶어서 진학하는 게 아니라 법률에 의해 어쩔 수 없이 진학했다. 그에 따라 의무의 짐을 지는 쪽도 바뀌었다. 과거에는 무상 고교 교육이 자기 의사로 진학한 이들에게 더없이 소중한 기회를 제공한 반면, 이제는 억지로 끌려온 수많은 학생들을 학교 당국이 어떤 식으로든 만족시켜야 했다. 1940년, 미국청소년위원회의 교육분과회는 다음과 같이 보고했다. "어떤 학생의 능력이 낮은 경우에도 반드시 유념해야 할 것은 그 학생이 자신의 의지로 중등학교에 다니고 있는 것은 아니라는 사실, 그리고 그 학생은 적절한 배려를 받을 권리를 사회로부터 부여받았다는 사실이다."[3]

세월이 흐르면서 학교에는 점점 미심쩍어하거나 의욕이 없거나 적의까지 품는 학생들이 늘어났다. 흥미뿐만 아니라 평균 수준도 떨어졌다는 억측이 나올 만도 했다. 수백만 명의 고등학생들에게 35만 9천 명을 상대로 한 1890년 당시의 학구적인 교과과정은 쓸모가 없다는 사실이 분명해졌다. 공교육이 대체로 초등 단계의 학교 교육을 의미하는 한, 미국의 신념—모든 사람은 교육을 받을 권리가 있고 모든 사람을 교육시켜야 한다—은 비교적 실행에 옮기기 쉬웠다. 그러나 중등교육까지 공교육에 포함되자 모든 사람을 교육시킬 수 있는지 여부가 의문시되고, 모두를 똑같은 방식으로 교육시킬 수는 없다는 점도 분명해졌다. 변화를 피할 수 없게 된 것이다.

학교 당국으로서는 동정을 살 만하다. 1920년대에도 학교 당국자들은 사회의 인가를 받아 준보호 기관의 운영을 위탁받은 셈이었다. 준보호 기관이었기 때문에 학교는 공부에 흥미는 없지만 법에 따라 진학한 학생들을 붙들어둬야 했다. 게다가 학교는 그저 법률에 따를 뿐만 아니라 가능한 한 많은 청소년들이 가능한 한 장기간에 걸쳐 자발적으로 학교에 다닐 수 있도록 매력을 제공해야 했다.[4] 교육자들은 이러한 과제를 수행하기 위해 전통적인 교육의 기준에서 보면 그 효과가 의심스러울지라도 청소년들의 흥미를 끌 수 있는 교육과정을 모색하게 되었다. 그리하여 고등학교가 제공해야 한다고 여겨지는 유형의 지성이나, 교과과정의 학문적인 면은 관심에서 멀어졌다(대학에 가기를 원하는 남녀 학생들은 어떤 식으로든 공부를 게을리하지 않았다. 교육자들이 만족시켜야 하는 학생들은 진학을 희망하지 않는 쪽이었다). 결국 중등교육에 관한 논의는 새롭고 결정적으로 중요한 실행 기준, 즉 "학교를 유지해갈 능력"으로 쏠리게 되었다.

목표도 능력도 제각각인 수많은 학생을 받아들이고 관리해야 하기 때문에, 학교는 교과과정에도 변화를 줄 필요가 있었다. 중등학교 교과과정을 1890년이나 1910년과 같은 내용으로 고정할 수는 없었을 것이다. 하지만 공교육의 길잡이 노릇을 할 사람들에게 제기된 문제는 학교의 학문적 내용과 지적 기준을 학생 각자의 의지나 능력에 맞춰 가능한 한 높게 잡을 것인지, 아니면 이런 목표를 모두 포기할 것인지 하는 것이었다. 교과과정의 지적 내용을 유지하려면 지성의 가치를 인정하는 여론이나 교육 전문가가 필요하다. 또한 거기에는 행정의 지혜도 상당히 필요하고, 많은 지역사회에서는 학교에 대한 좀 더 호의적인 재정적 지원도 필요했다.

하지만 이 모든 것은 한낱 탁상공론일 뿐이다. 학생들의 수를 문제로 보기 전에, 질보다 수를 우선시하고 실용성을 지적 발전보다 중시하는 직업교육 운동이 시작되었다. 미국의 교육자들은 학문에 대한 관심과 재능이 있는 학생들을 교육시키는 학교 제도에서, 아무런 의욕도 능력도 없는 학생들은 장해가 된다고는 생각하지 않고 오히려 학문에 무관심하고 재능도 없는 학생들을 일종의 문화 영웅으로 치켜세우려는 개혁 운동에 착수한 것이다. 교육자들은 미국 사회의 상황으로 볼 때 정규 학습과 지적 능력의 계발이라는 교육의 이상을 현실과 타협시킬 필요가 있다고 말하는 것만으로는 만족하지 않았다. 오히려 그런 교육은 낡고 무용한 것이며, 진정으로 민주적인 교육 제도의 가장 고귀한 목표는 정말로 유용한 것을 가르침으로써 학생들의 직접적인 관심을 충족시키는 것이라고 그들은 힘주어 선언했다. 이 개혁 운동은 1940년대에서 1950년대에 걸쳐 일어났다가 금세 사라진 생활적응 운동life-adjustment movement에서 정점을 맞았다. 어린이와 학교 교육, 인성과 포부, 인생에서의 지성의 위치 등에 대한 태도를 생생하게 보여준 점에서 이 운동은 주목할 만하다.

2

중등교육에 대한 새로운 해석의 원천은 전미교육협회나 미국 교육청의 여러 위원회가 준공식적으로 내놓은 몇몇 성명이었다. 물론 이런 성명은 지역 학교위원회나 교장들에게 의무를 부과한 것은 아니었다. 그것들은 교육 사상의 흐름을 보여주는 것일 뿐이며, 실제로 일어나고 있는 교과과정 정책에서의 변화를 그대로 드러내고자 한 것도 아니었다.

이미 19세기 말에 공립 고등학교의 취지에 관한 두 가지 대조적인 견해가 서로 우위를 다투고 있었다.[5] 그중 예전부터 있어온 견해(1910년까지 우세를 보였고 적어도 이후 10년 동안에도 상당한 영향력을 발휘했다)는 사람들이 공감하는 정도에 따라 구식이라거나 지적으로 진지하다는 말을 들었다. 그것에 따르면, 고등학교는 학문적인 주제의 학습을 통해 학생들의 정신을 훈육하고 단련시켜야 한다고 여겨졌다. 이 견해를 옹호하는 박식한 사람들은 대다수 학생들이 고등학교보다 높은 단계의 교육을 받지 않는다는 사실을 잘 알고 있었다. 하지만 대학 입학을 준비하기 위한 것과 동일한 교육은 인생 준비에도 유효할 것이라고 생각했다. 따라서 학문적인 교과과정의 지도적 주창자 중 한 명인 윌리엄 T. 해리스William T. Harris의 표현처럼, 대학이 그 학생들에게 궁극 목표는 아니더라도 중등교육의 목적은 "지성의 함양"이어야 했던 것이다. 이런 견해의 주창자들이 큰 관심을 가진 것은 교과과정의 상세한 내용이 무엇이든 간에 학생은 모든 교과 내용을 어느 정도 습득할 수 있을 만큼 장기간 학습에 매달려야 한다는 것이었다(교육에 관한 이후의 논쟁에서도 과목의 "습득"이라는 이상은 지성주의자들의 사고 중심을 이룬 반면, 학생들의 "요구"에 맞춘다는 이상은 반대자들의 중심 개념이 된다).

중등교육에 관한 학문적 견해를 표명한 가장 기념비적인 문서는 1893년에 전미교육협회 10인위원회가 제출한 유명한 보고서이다. 이 위원회는 대학과 중등학교의 관계에서 나타난 혼란을 검토하고 고등학교 교과과정에 관한 권고를 하기 위해 구성되었다. 그 구성원들은 주로 대학 관계자들이어서, 나중에 비슷한 목적으로 설치된 위원회의 구성과는 흥미로운 대조를 보인다. 위원장은 하버드 대학 총장 찰스 윌리엄 엘리엇, 위원으로는 교육청장 윌리엄 T. 해리스를 비롯해 칼리지나 종합대학 총장 4명, 유명 사립 중등학교 교장 2명, 대학 교수 1명, 공립 고등학교 교장 1명이었다. 이 위원회는 고등학교 과정의 학문적인 주요 교과의 지위를 검토하기 위해 일련의 분과회의를 설치했는데, 여기서도 대학의 교수진이 주도권을 장악하고 있었다. 많은 학교의 교장들도 참여했지만, 이 회의들에는 미국의 지성사를 장식하는 대학교수들도 이름을 올렸다—벤저민 I. 휠러Benjamin I. Wheeler, 조지 라이먼 키트리지George Lyman Kittredge, 플로리언 케이조리Florian Cajori, 사이먼 뉴컴Simon Newcomb, 아이라 렘슨Ira Remsen, 찰스 K. 애덤스Charles K. Adams, 에드워드 G. 본Edward G. Bourne, 앨버트 B. 하트Albert B. Hart, 제임스 하비 로빈슨James Harvey Robinson, 우드로 윌슨 등이다.

　10인위원회는 중등학교에 대해 선택 가능한 네 가지 과정의 설치를 권고했다. 고전 과정, 라틴어-과학 과정, 현대어 과정, 영어 과정이 그것이다. 이 교과과정들은 고전어, 현대어, 영어 중에서 어디에 중점을 두는가에 따라 차이가 났지만, 어떤 과정이든 적어도 영어를 4년, 외국어를 4년, 역사를 3년, 수학을 3년, 과학을 3년간 학습해야 했다. 이런 점에서 현대의 독자는 이 프로그램과 최근에 제임스 브라이언트 코넌트가 고등학교에 관한 조사 보고에서 "학문에 재능이 있는 남녀 학생들"에게 최소한의 기준으로 권고한 내용이 무척 유사하다는 사실을 눈치챌 것이다.[6]

10인위원회가 설계한 교과과정을 보면, 그들이 중등학교를 학문적 훈련을 위한 기관으로 생각했음이 드러난다. 하지만 이런 학교를 그저 대학 예비학교라고 생각하는 오류를 범하지는 않았다. 오히려 위원회는 정반대의 관점을 강조하면서 고등학교 졸업생 가운데 극소수만이 대학이나 과학학교에 진학한다고 말했다. 위원회의 주장에 따르면, 고등학교의 주된 기능은 대학이 아니라 "장차 살아가면서 해야 할 여러 일을 할 수 있도록 준비시키는" 것이다. 그러나 학생들이 주요 과목을 "연속적으로 철저하게 배워…… 같은 정신으로…… 모두가 관찰력, 기억력, 표현력, 추리력을 훈련하는 데 활용"한다면 대학 진학 준비나 인생을 사는 데에도 유효한 지적 훈련을 받게 될 것이었다. "중등학교에서는 개개의 학생들이 졸업 후에 어느 분야로 진출하든, 또 교육이 어느 단계에서 끝나든, 수업을 듣는 모든 학생을 똑같은 방식으로 똑같은 정도까지 가르쳐야 한다."[7]

이 위원회는 고등학교에서 음악이나 미술의 비중을 좀더 늘리는 것이 바람직하다고 인식했지만, 이런 과목은 부차적으로 중요할 뿐이라고 판단하고 그 결정을 해당 지역에 맡겼다. 위원들은 무엇보다 어학 교육을 초등학교의 마지막 4년 동안에 시작할 필요가 있다고 제안했는데, 이 제안은 안타깝게도 무시되고 말았다. 또한 권고안을 효과적으로 실행하기 위해서는 중등학교 교사의 자질을 향상할 필요가 있다면서, 사범학교의 낮은 수준을 끌어올리자고 강하게 주장했다. 그리고 대학도 교사들의 적절한 훈련에 더 깊은 관심을 가져야 한다고 제안했다.

실제로 고등학교는 위원회의 보수적인 이상대로 발전하지는 않았다. 1880년대에도 실제적인 직업 훈련—수작업 훈련이나 공장 현장 학습 등—프로그램이 활발하게 진행되었다. 주로 고등학교 운영이나 교과과정에 관심을 가진 사람들은 학문적 이상이 계속 지배하는 상황에 점차 반기를 들게 되었다. 이런 상황은 고등학교가 대학에 "굴종"하고 "예속"된 결과로 받아들여졌기 때문이다. 그들은 다음과 같이 주장했다. 고등학교는 학생을 사회적 책임감을 지닌 시민으로 키우고 산업에 기여할 노동자가 되도록 훈련시키는 곳이지, 대학에 신입생을 공급하는 곳이 아니다. 고등학교는 "민중의 대학"으로 보아야 하며, 대학 예비학교는 아니다. 대학에 진학하지 않는 학생들의 요구를 훨씬 더 고려하는 것이야말로 민주주의 원리에 부응하는 일이다. 이런 요구를 중시하고 학생들의 발달 원리를 존중한다면, "습득"이라는 이상은 폐기해야 마땅하다. 학생들은 이런저런 과목을 자유롭게 재보고 나서 좋아하는 과목을 선택해야 한다. 거기에서 자신이 습득하고 활용할 수 있는 뭔가를 끄집어내고 다른 과목으로 넘어가는 식이다. 학생들에게 특정 과목만 공부하게 하면 중도에 학교를 그만둘 위험성만 커질 뿐이다.

 새로운 교육을 주창하는 인사들에게는 역사를 지닌 다양한 세력이 달라붙었다. 교육에 호의적인 눈길을 던진 기업계는 교육자들이 하는 일을 칭찬하고 격려하게 되었다. 학생 수가 늘어나는 사실 자체도 그들의 주장에 설득력을 더해주었다. 그들이 1890년 이후 다시 부각되던 민주주의 원리를 강하게 호소하자, 대중은 공감했다. 한편 대학 쪽도 수효가 많고 경쟁이 심한데다 질적인 차이도 너무 컸다. 그 때문에 학생 확보에 달려들다보니 과거와 같은 입학 기준을 유지하기도 어려워졌다. 게다가 대학들은 스스로 답습해온 고전 중심 교과과정의 가치를 여전히 확신하지 못해, 1870년 이후에는 선택이수 제도나 좀더 광범위한 교육 프로그램을 실험하게 되었다. 대학 교육자들은 중등교육 문제에 별다른 관심을 보이지 않았고, 그래서 중등교육 분야의 개혁가들은 권위 있는 비판이나 반대에 거의 부딪히지 않았다. 이제는 고등학교 교사도 신설된 주립 교원대학 출신자가 점차 늘어나고, 전에는 대학의 권위자가 집필하던 고등학교 교과서도 공립학교 교장이나 고등학교 교장, 장학관, 교육학 연구자 등이 집필을 맡았다.

3

10인위원회는 새로운 견해를 가진 집단들에게 조금이나마 양보하긴 했지만, 불만을 가라앉히기에는 충분하지 않았다. 이 위원회는 고교생의 수가 단기간에 급증하고 학생들도 점차 다양해지리라는 것을 예견하지 못했다. 또한 교과과정에 대한 이 위원회의 입장도 근거가 약해졌다. 전미교육협회는 1908년 무렵에 그 규모와 영향력을 급속히 확대하고, 공립 고등학교는 무엇보다도 대학에 "적합한 학교"여야 한다는 생각(물론 이것은 10인위원회의 주장이 아니었다)과 결별한다고 선언했다. 그러면서 고등학교는 "학문에 관해서도 직업에 관해서도 학생들의 일반적인 요구에 부응해야" 한다고 강조하는 한편, 칼리지와 종합대학 역시 이런 요구에 맞게 교육과정을 조정해야 한다고 지적했다.[8] 이렇게 해서 균형은 역전되었다. 고등학교는 이제 대학을 만족시키지 않아도 되었다. 오히려 대학이 고등학교를 닮거나 부응해 나가야 했다.

1911년, 전미교육협회의 새로운 위원회인 '고등학교와 대학의 조정에 관한 9인위원회'가 낸 보고서는 교육 사상의 혁명이 상당히 진행되었음을 보여준다. 그것은 구성원의 변화에서 확실하게 드러났다. 1893년 보고서를 작성한 명문대학 총장들이나 유명한 대학교수들은 사라지고, 엘리트 중등학교 교장들도 없었다. 9인위원회 위원장은 브루클린의 기술고등학교 교사였고, 위원 중에 기초 학문 과목의 권위자는 한 명도 없었다. 위원회 구성원은 교육감, 교육위원, 교장과 더불어 교육학 교수 1명과 대학 학장 1명이었다. 10인위원회가 중등학교 교과과정을 편성하려는 대학인들 모임이었던 것과 달리, 9인위원회는 공립 중등학교 관계자들의 모임으로, 그들은 전미교육협회를 통해 대학에 압력을 가했다. "상위 교육 기관에 진학하려면 특정 과목을 4년간 배워야 한다고 요구하는 것은 모든 고교생이 그 과목을 배울 필요가 있는 경우를 제외하면 불합리한 처사이다. 그러한 요구는 본 위원회의 판단으로 즉각 파기한다."

　9인위원회는 다음과 같이 말했다. 고등학교에 맡겨진 역할은 "훌륭한 시민 의식의 기초를 다지고 현명한 직업 선택을 돕는 것"이다. 또한 학생들이 저마다 독특하고 특수한 개성을 펴나갈 수 있도록 해야 하는데, 그런 개성은 "공통의 문화적 요소들을 발전시키는 것만큼이나 중요하다". 이 위원회는 "그 시점에 남녀 학생들이 가지고 있는" 주요한 관심사를 파고들도록 해야 한다고 강조했다. 그리고 교양교육이 직업교육에 선행되어야 한다는 생각에 의문을 제기했다. "유기적인 교육 개념에서 보면, 개인의 유용성을 계발하기 위한 훈련을 조기에 도입할 필요가 있고, 그런 다음 교양교육과 직업교육을 병행하는 것이 바람직하다.……" 또한 위원회는 기계학, 농업, 그리고 "가정학"의 역할을 모든 남녀 학생의 교육에 필요한 합리적 요소로 보고 거기에 지대한 관심을 기울일 것을 권고했다.[9]

대학을 향한 준비라는 전통적인 개념 때문에 수많은 남녀 학생들을 그 적성이나 그들이 바라는 분야의 공부에서 떼어내 어울리지도 필요하지도 않은 목표로 이끈 것은 공립 고등학교의 책임이다. 학문에만 치우친 배타적인 교과과정은 문화에 관한 그릇된 이상을 품게 만든다. 결국 물질적 부를 생산하는 사람들과 그 부를 유통시키거나 소비하는 사람들 사이에서 깊은 균열이 생긴다.

중등교육이 대학의 이상이나 지배로부터 완전히 "해방"된 것은, 적어도 이론상으로는 1918년에 이르러서인 듯하다(전국의 고교 교과과정이 바뀌었는지 여부는 제쳐두고). 그해에 전미교육협회의 '중등교육 재편위원회'는 미국의 학교들이 추구할 목표를 문서로 정리했는데, 그 문서에 관해서 에드거 B. 웨슬리Edgar B. Wesley 교수는 "아마도 교육사에서 이 32페이지의 5센트짜리 소책자보다 중요한 간행물은 없을 것"이라고 평했다.[10] 미국 교육청은 『중등교육의 기본 원리』라는 이 성명서를 공식적으로 추천했고, 13만 부가 배포되었다. 이 소책자는 교육 정책에 관한 전국적 논의를 촉발하는 계기가 되었고, 일부 교사 양성 기관은 이것을 높이 평가해서 학생들에게 주요 부분을 암기하도록 했다(다만 이런 방식은 새로운 교육학설의 중심적 원리와 상반된다).

새로운 위원회가 지적한 바에 따르면, 4년제 고등학교에 입학한 학생의 3분의 2 이상이 졸업을 하지 않으며, 졸업생들도 대개는 대학에 진학하지 않는다. 이 학생들의 요구를 무시해서는 안 되었다. 전반적인 지적 훈련을 교육의 목표로 삼는 오래된 교육 개념을 재검토해야 했다. 개인마다 능력이나 태도에 차이가 있다는 사실에 주목할 필요가 있었다. 새로운 학습의 기본 이념도 마련해야 했다. 이제는 "어떤 과목이든 논리적으로 조직된 과학적 지식이어야 한다는 요구에 따라" 판단해서는 안 되었던 것이다.[11] 요컨대 다양한 교과의 내용은 하나의 교육 기준으로 격하되며, 대신에 새롭게 발견된 것으로 여겨진 학습의 기본 이념이 중시되었다.

게다가 학교는 아이들의 지성을 키우는 장이 아니라 아이들을 시민으로 훈련시키는 장으로 여겨지게 되었다. 좀더 많은 지식과 지적 능력을 갖추면 훌륭한 시민이 된다고 생각해서는 안 된다. 아이들에게 시민 의식과 민주주의, 시민적 덕목을 직접 가르쳐야 한다. 신교육을 주창하는 교육자들은 그렇게 생각했다. 위원회는 일련의 교육 목표를 세웠는데, 지적 능력의 계발이나 중등 단계에서 가르치는 학문적 과목의 습득 등은 언급조차 되지 않았다. 위원회의 말에 따르면, 고등학교의 임무는 학생 개개인에게 시민으로서 행동할 수 있는 힘을 길러줌으로써 민주주의에 기여하는 것이었다. "따라서 훌륭한 가족 구성원의 역할, 직업, 시민 의식, 이 세 가지를 주요 목표로 삼아야 한다." 위원회는 계속해서 다음과 같이 말했다. "그러므로 본 위원회는 다음 몇 가지를 교육의 주요 목표로 삼는다. 1. 건강, 2. 기본 과정의 습득〔문맥상 이것은 분명 3R, 즉 읽기·쓰기·셈하기의 초보적 숙련을 의미하며, 위원회가 중등교육에서도 기초 과목을 지속적으로 가르칠 필요가 있다고 생각했음은 의심의 여지가 없다—R. H.〕, 3. 훌륭한 가족 구성원의 역할, 4. 직업, 5. 시민 의식, 6. 여가의 가치 있는 활용, 7. 도덕적 인성."

위원회는 또 이전의 고등학교는 음악, 미술, 연극에 대한 관심을 좀처럼 북돋우려 하지 않았다고 주장했다. 이런 시각 자체는 타당하다. 다만 이 과목들을 지적인 견지에서 편성된 교과과정의 바람직한 보완물이 아니라 하나의 선택지로 제시했다. 위원회는 다음과 같이 말했다. 고등학교는 "지적 훈련만을 추구한 탓에, 올바른 정서적 반응을 불러일으키고 적극적인 즐거움을 자아내는 문학, 미술, 음악을 과목으로 활용하는 경우가 거의 없었다". 게다가 고등학교는 대부분의 과목을 철저히 학습할 것을 지나치게 강조했다. 고등학교의 학습은 한 과목을 1년 배우면 "상급 학교로 진학하지 않는 학생들에게도 일정한 가치가 있도록" 재편성해야 한다. 그럼으로써 학습 과정은 "학업을 계속하는 학생과 중도에 그만두는 학생 모두의 요구에 더욱 부합하게" 되는 것이다.

더 나아가 위원회는 대학도 중등학교의 예에 따라 대중적인 교육기관으로 변모하고, 그에 맞게 교육 내용을 바꿔야 함을 자각해야 한다고 주장했다. 위원회는 "고등교육을 소수자로 한정해야 한다는 생각은 민주주의를 위해서라도 사라질 운명이다"라고 예언적으로 말했다. 이 말은 무엇보다도 고교 졸업생이 교양을 위해서뿐만 아니라 직업을 위해서도 대학에 진학해야 하며, 대학에 가면 어떤 형태로든 "자기 자신과 사회에 유익한" 교육을 받을 수 있어야 한다는 의미였다. 대학은 더 많은 학생을 받아들이기 위해 학문적 과목을 어느 정도의 고등 직업교육으로 대체해야 했다. 보통의 학생이라면 모두 18세까지는 가능한 한 전일제 학교에 다니도록 해야 한다고 위원회는 권고했다.

위원회는 또 고등학교 교과과정은 폭넓은 선택지를 제공하도록 분화되어야 한다고 말했다. 이는 극히 타당한 주장이지만, 이런 목표를 표현하는 방식은 다른 의미에서 매우 흥미롭다.

교과과정 분화의 기본은 넓은 의미에서의 직업 지도에 둬야 하며, 따라서 흔히 농업, 상업, 일반 사무, 공업, 예술, 가정이라고 불리는 교과과정을 설치하는 것이 바람직하다. 이러한 배려는 학문적인 관심이나 요구가 강한 학생들에게도 이루어져야 한다.

여기서 "이러한 배려는…… 학생들에게도 이루어져야 한다"는 부분을 지적하고 싶다. 고등학교의 학문적 측면이 주요 목표의 부수적 요소에 지나지 않음을 가리키는 이런 발언은, 이 문제에 관한 지배적인 사고가 사반세기 전의 10인위원회 보고에서 크게 바뀌었음을 여실히 말해준다.

위원회의 보고서를 장식하는 언사에 분명하게 드러나듯이, 위원회는 자신들이 교육의 후퇴를 권고하는 것이 아니라 민주적 이상의 실현을 향해 전진할 것을 권고하고 있다고 생각했다. 보고서는 혁신주의 시대와 전쟁 시기의 이상주의—교육의 세계를 민주적인 것으로 만들어 모든 학생에게 완전한 기회를 제공하겠다는 희망—로 가득차 있었다. 중등교육은 그 목표를 "모든 청소년에게 완벽하고 가치 있는 삶의 기회를 제공하는 데 둬야 한다"고 위원회는 주장했다. 그렇게 해서 교육은 지성을 함양하는 따위의 제한된 목표를 훌쩍 넘어서 버렸다. 위원회는 또 중등학교 교사들에게 "마침내 우위를 점하기 위해 분투중인 위대한 민주주의 운동의 내적 의미를 탐구하려고 노력할 것"을 촉구했다. 고등학교는 개인이나 다양한 집단의 독특한 수월성을 계발하려고 노력하는 한편, "공통의 사상, 공통의 이상, 공통의 사고방식과 정서와 행위를 계발하는 데도 마찬가지로 열정을 기울여야 한다. 그럼으로써 미국은 풍요롭고 통일되고 공통된 생활을 통해 민주주의를 추구하는 세계의 사람들과 국가들에 진정으로 공헌할 수 있을지도 모른다"고 위원회는 말했다.

4
—

『중등교육의 기본 원리』는 생활적응 운동까지 포함하는 모든 중등교육 정책에 관한 준공식적 성명의 기조를 결정하고, 그 저변에 흐르는 사고를 드러냈다. 이 문서가 등장한 것은 고교생 인구가 한창 극적인 변화를 보이던 때였다. 1910년에 110만 명이던 고교생 수가 1930년에는 480만 명으로 급증했다. 이 문서가 발표되었을 때는 모든 주에서 이미 의무교육법을 채택한 상태였다(미시시피 주가 1918년에 마지막으로 대열에 합류했다).

더구나 학교는 1880년에서 1차대전 사이에 물밀듯이 들어온 이민자 자녀들을 가르치는 임무를 여러 해에 걸쳐 수행해야 했다. 예를 들어 1911년 무렵에는 37개 주요 대도시의 공립학교에 다니는 학생의 57.5퍼센트가 외국 태생 부모를 두고 있었다.[12] 이민자 자녀들은 중등학교에 진학해도 초등학교 때와 똑같은 계급, 언어, 미국화 등의 문제를 안고 있었다. 많은 교육감들이 생각하기에는, 이런 학생들에게 미국 생활에 적응하는 비결, 그리고 이따금 기초적 위생 지식을 가르치는 것이 종래의 교육 방침에 따른 훈육보다 중요한 듯했다. 따라서 이를테면 버펄로에 사는 폴란드 이민자의 아이에게는 라틴어 기초를 가르치지 않아도 된다는 생각이 들어도 이상하지는 않았다. 미국식 생활에 익숙하지 않은 이민자 부모들은 대체로 자녀 교육에 미숙했기 때문에 학교가 부모 역할을 떠맡게 되었다. 게다가 아이들은 미국화의 요긴한 수단이 될 것으로도 기대되었다. 학생이 오전에 미국인 여교사에게 배운 행동이나 위생에 관한 내용을 오후에 집에 가서 부모에게 알려줄 것이라고 생각했던 것이다. 이런 배경에 비춰보면, 『중등교육의 기본 원리』에서 "훌륭한 가족 구성원의 역할", "건강", "시민 의식"을 강조한 것도 납득할 수 있다. 현대의 학교는 가정을 비롯한 여러 사회 기관의 기능을 지나치게 떠맡으려 한다는 비판도 자주 들리지만, 그 대부분은 이런 문제에 대한 교육자들의 대응에서 유래하는 것이다.

직업교육에서 이루어진 변화도 중등교육에 대한 새로운 관점에 유리해졌다. 기껏해야 임시방편의 교사 양성 기관에 불과했던 사범학교는 교원대학이나 교육대학원에 자리를 내주고 있었다. 교사를 양성하는 일도 교육과정 연구도 점차 분화되고 전문화되었던 것이다. 로렌스 크레민Lawrence Cremin이 말한 것처럼, 유감스럽게도 교육대학원이나 교원대학은 고도의 자율성을 가질 정도로 성장해버렸다.[13] 그 결과, 전문 교육자들의 정신세계는 점점 학문에 전념하는 학자의 정신세계로부터 분리되었다. 컬럼비아 대학의 경우, 티처스 칼리지와 다른 단과대학의 분열―이 때문에 뉴욕 시 120번가는 세계에서 제일 폭이 넓은 길이라는 신랄한 농담이 생길 정도였다―은 미국의 교육 구조에서 나타난 더욱 큰 분열을 상징하게 되었다. 전문 교육자들은 대학의 학자들과 대화하면서 얻을 수 있는 지적 훈련에 노출되지 않은 채 자신들의 사상을 발전시키게 되었다. 엘리엇 시대와는 무척 대조적이지만, 학자들은 초등·중등교육의 문제를 경멸하듯 외면해버려, 교육은 덜떨어진 사람들이 나설 일이라고 여겨지게 되었다. 많은 교육자들도 학자들이 교육에서 손을 떼는 것을 환영했다. 중학교나 저학년학교〔중학교middle school와 저학년학교lower school는 대개 5학년~8학년 학생들이 다니는 학교이다〕 관련 계획을 세울 때, 자신들의 신조를 자유롭게 실현할 수 있었기 때문이다.

그 무렵에는 『중등교육의 기본 원리』에 담긴 사상이 10인위원회의 사상을 대체하면서, 교육의 정설이 새롭게 형성되었다. 이 정설은 상당 부분 "민주주의"와 "과학"의 주장에 바탕을 두었다. 존 듀이는 교육 민주주의를 중심에 두는 사람들의 스승이었고, 에드워드 리 손다이크Edward Lee Thorndike는 "과학이 말하는 것"을 교육에 적용하는 일을 중시한 사람들의 스승이었다. 민주주의와 과학의 이와 같은 결합에 문제가 있다고 생각하는 사람은 거의 없었다. 둘 사이에는 모종의 예정 조화豫定調和가 존재하는 게 틀림없다는 확신—둘 다 좋은 것이고, 동일한 목적에 기여하며, 동일한 결론으로 이어지고, 실제로 민주주의의 과학도 존재한다는 확신—이 널리 퍼져 있었기 때문이다(다만 손다이크는 이런 확신을 공유하지 않았다).[14]

듀이 사상의 활용이나 혹여 있을 수 있는 오용에 관해서는 다음 장에서 조금 다룰 것이다. 여기서는 검사 기법이나 다양한 심리학적·교육학적 연구의 활용에 관해 짚어볼 필요가 있다. 물론 이런 연구의 대부분은 잠정적이긴 하지만 가치 있는 것이었다. 문제는 그저 꾸준히 연구되어온 것에 불과했던 것이 직업교육에 대한 열렬한 분위기 속에서 하나의 신앙으로까지 격상되어버린 점이다. 이런 경향은 실제로 연구를 진행한 사람들보다 그 연구를 현실에 적용하거나 자신들의 개혁 운동을 위해 과학의 권위를 동원하려 드는 사람들에게서 두드러진다. 아무리 모호한 지식도 숫자로 표현되면 실제로 표현된 숫자와 마찬가지로 최종적이고 정확한 것이다—미국인의 정신은 이런 믿음에 극도로 취약한 것 같다. 1차대전 당시 시행된 육군 테스트가 좋은 예이다. 실제로 육군의 알파Alpha 지능 테스트에 의해 지능이 측정되었고, 이 테스트에 의해 정신 연령을 산정할 수 있었으며, 그렇게 산정된 정신 연령이나 지능은 고정적이고, 절대 다수 미국인의 정신 연령은 겨우 14세이며, 그러므로 교육 제도는 공부에 뒤처지기 쉬운 수많은 아동들에 대처해야 한다는 것이 신속하고도 광범위하게 믿어졌다.15 이 테스트를 이처럼 지나치게 신뢰하는 해석에는 날카로운 비판이 가해졌는데—존 듀이도 그중 한 사람이다—, 이러한 테스트 오용이 미국 교육계에서 되풀이되는 것처럼 보인다. 물론 이 테스트가 인간의 지능을 별로 신뢰하지 않는 점에서 전혀 다른 결론을 도출하는 사람들도 있었다. 미국의 민주주의적 신조에 매력을 느끼지 않는 사람들—에드워드 리 손다이크도 그중 한 사람이다—이 보기에, 지능 테스트는 엘리트주의적 견해를 강화하는 효과가 있었다.16 하지만 일관되게 "민주주의적" 가치를 추구하는 사람들은 대중의 정신적 한계가 발각되었다고 생각하고, 평범한 사람들이나 의욕이 없는 사람들의 요구에 적합한 교육 방식과 내용을 탐구하게 되었다. '민주주의를 위한 교육자들'은 링컨의 말을 살짝 비틀어서 이렇게 말했을지도 모른다. 하느님은 학습 지진아를 사랑하시는 게 분명하다. 왜냐하면 학습 지진아가 저렇게도 많으니까. 엘리트주의자들은 이런 사람들을 차갑게 외면했을 테지만, 민주주의적 교육자들은 다정한 어머니가 장애를 가진 아이를 끌어안듯이 그들에게 필요하다고 생각되는 것에 근거해서 교육과정을 편성하려 했다.

혁신주의의 도덕적 분위기가 신교육의 신조에 가져다준 자극은 아무리 강조해도 지나치지 않다. 이 신조는 따뜻한 박애주의 분위기나 불타는 듯한 이상주의 속에서 발전해왔기 때문이다. 그러다보니 재능이 부족한 사람들이나 불우한 사람들의 요구는 관대한 대응을 불러일으켰다. 교육자들은 여러 해 동안 규범이나 신조를 찾으려고 노력했는데, 드디어 그것은 어느 때보다도 유효하게 생각되었다. 도덕적으로는 민주주의의 요구에 의해, 지적으로는 과학의 연구 결과에 의해 그 정당성이 입증된 것처럼 보였기 때문이다. 민주주의를 위한 교육을, 시민 의식을 위한 교육을, 아동의 요구나 관심을 중시하라, 모든 청소년을 위한 교육을!—이런 신조에 기초한 슬로건도 어느 때보다도 자주 들리게 되었다. 미국의 교육 전문가들 사이에서는 도덕적으로 너무 긴장하고 기묘하게 유머가 결여된 모습이 보인다. 그들의 정신세계에 범접하지 못하는 세속적인 사람들에게 그것은 영원한 수수께끼인지도 모른다. 교육자들의 임무가 더 단조로울수록 그들의 목소리는 커지고 의기양양해진다. 가정생활이나 가정경제에 관한 새로운 과목을 도입할 기회를 발견할 때면 이상주의에 기대기도 한다. 또 학교 수위로부터 존중받을 권리를 확보하려 할 때면, 점점 눈을 부라린다. 그리고 아무리 둔한 아이라도 알 수 있게 학교 화장실의 위치를 표시하려 할 때면, 우쭐함에 도취되어 민주주의와 자아실현을 한껏 구가한다.

그리고 얼토당토않은 교육 관련 저술이 등장하게 되었다. 교육이 전문화됨에 따라 온갖 일상적인 문제가 다뤄져, 교육자들은 점잔 빼는 학문을 엄숙하고 안쓰럽게 패러디하는 데 빠져들었다. 자신들을 한낱 저급한 실용성의 주창자라고 생각하고 싶지 않은 그들은 모든 제안을—그것이 아무리 단순하고 상식적이고 건전한 것이라고 해도—가장 고귀한 사회적·교육적 목표로 포장하는 기술을 발전시켰다. 예를 들어 학교에서 아이들에게 안전에 관해 가르치는 것이 바람직하다고 하면, 교장은 전미교육협회에 허세 섞인 논문을 발표할 수 있었다. 아이들에게 조심하라고 가르치는, 중요하지만 일상적인 접근 대신에 「교과과정 통일의 한 요소로서 사고 예방 교육의 가치」라는 그럴듯한 주제를 내거는 식이었다. 이제 중요한 것은 학생들이 화상을 입거나 교통사고를 당하지 않도록 하는 일이 아니라, 이런 문제를 좀더 가치 있는 모든 지식과 함께 가르치는 일이라고 과장할 수도 있게 된 것이다(이 교장의 경우에는 발언을 마치면서 "사고 예방 교육은 교과과정을 통일시키는 것뿐만 아니라 사고를 줄이는 데도 도움이 됩니다"[17]라고 둘러댔다).

5

교육 개혁가들의 저술을 통해서만 미국 교육에 관해 아는 외국인이 미국을 방문했다면, 아마도 중등학교 제도는 변함없이 대학들의 요구에 속박되고 학문 공부라는 오랜 관념에 사로잡혀 학생들의 다종다양한 상황에 제대로 대응하지 못한다고 생각했을 것이다. 1920년, 한 연설자는 전미교육협회의 회합에서 고등학교는 여전히 "대학이 요구하는 규칙과 기준"에 사로잡혀 있으며 "학문적 훈련을 받고 학문적 관점만을 가진"[18] 교장이나 교사들로 가득차 있다고 개탄했다. 이러한 불평은 신교육을 표방하는 교육학자들의 저작에서 끊임없이 되풀이되었다. 그러나 사실 개혁가들은 고등학교의 오랜 학문 중심의 교과과정을 없애는 데 상당한 성공을 거두었다. 이런 조치가 어느 정도나 정당한 것이었는지는 교육의 아마추어, 아니 전문가라도 답하기 어려운 문제이다. 그래도 어쨌든 1910년 이후의 교과과정 변화는 혁명에 가까운 것이었다는 점, 그리고 1940년대에서 1950년대에 걸쳐 학문적인 교과과정을 폐기하라는 생활적응 운동 교육자들의 요구는 집요함 그 자체였다는 점, 이 두 가지는 단언할 수 있을 것으로 생각된다.

10인위원회가 지지한 것과 같은 예전의 학문적 교과과정은 1910년 무렵에 절정에 달했다. 그해에 외국어, 수학, 과학, 영어를 한 과목이라도 배우는 학생의 수는 비학문적 과목을 배우는 학생들을 **모두** 합친 것보다도 많았다. 그러나 이후 40년 사이에 고등학교 교과과정에서 차지하는 학문적 과목의 비율은 약 4분의 3에서 약 5분의 1로 줄어들었다. 1910년에는 9학년에서 12학년까지의 공립 고등학교 학생 중 49퍼센트가 수강한 라틴어는 1949년에는 수강생 비율이 7.8퍼센트로 떨어졌다. 현대어 수강생 비율은 84.1퍼센트에서 22퍼센트로 떨어졌다. 대수는 56.9퍼센트에서 26.8퍼센트로, 기하는 30.9퍼센트에서 12.8퍼센트로 각각 줄어들었다. 수학 전 과목의 수강생 비율은 89.7퍼센트에서 55퍼센트로 떨어졌다. 또한 "종합 과학"이라고 부르는 잡탕의 새로운 과정을 제외하면, 과학 전 과목의 수강생 비율은 81.7퍼센트에서 33.3퍼센트로 떨어졌고, 종합 과학을 포함시켜도 54.1퍼센트였다. 양적으로 보면 가까스로 체면을 유지한 영어도 많은 학교에서 비중이 크게 줄어들었다. 역사나 사회 과목의 경우는 수치화하기에는 너무 복잡하지만, 수강생 수가 변화한 탓에 공간적으로도 시간적으로도 범위가 좁아졌다. 즉, 근대사나 미국사에 중점을 두고 먼 과거의 역사나 유럽사의 비중은 줄어들었던 것이다.[19]

1893년에 10인위원회가 교과과정을 검토했을 때, 고등학교에서 가르치는 과목은 40개였다. 그중 13개 과목은 극소수 학교에서만 가르쳤기 때문에 기본적인 교과과정은 27개 과목으로 이루어진 셈이다. 1941년 무렵에는 과목이 274개로 늘어났고, 그중 학문적 과목은 59개에 불과했다. 그러나 아마도 가장 이상했던 점은 과목이 10배로 늘어난 사실이나 학문적 과목이 전체의 약 5분의 1로 줄어든 사실이 아니라 교육 이론가들의 반응일 것이다. 그들은 학문적 과목이 여전히 중등교육을 옥죄고 있다고 확신했다. 그에 따라 1940년대 말에서 1950년대에 걸쳐 생활적응 운동이 미국 교육청의 장려로 확산되는 가운데 전국의 공립 중등교육의 에너지를 결집시켜 교육 불가능하다고 여겨지는 학생들의 요구에 맞게 교육 제도를 조정하려는 노력이 이루어졌다.[20]

생활적응 운동은 어느 의미에서는 2차대전 이래 미국 청소년들에게서 보였던 두드러진 의욕 저하의 결과였다고 할 수 있다. 하지만 이 운동은 그 이상이어서, 1910년에 시작된 반지성주의적 운동의 가치관을 사회의 주류로 만들려는 교육 지도자들이나 교육청의 시도였다. 2차대전 종전 직후에 전국의 중등교육 상황을 지켜본 교육청장 존 W. 스튜드베이커John W. Studebaker는 청소년 10명 중 7명만이 상급 고등학교(10학년에서 12학년)에 진학하고 그 가운데 졸업하는 수는 4명 이하라고 지적했다.[21] 이미 40년 전부터 학교의 학생 "유지 능력"을 높이기 위해 노력해왔음에도 불구하고, 많은 청소년들은 여전히 중등교육을 끝까지 마치는 데 관심이 없었다. 학문적 교과과정의 내용을 풍부하게 하려는 노력은 그런 주요 목적을 달성하지 못한 것처럼 보인다. 그러면서 교과과정의 내용이 별로 풍부해지지 않았다는 목소리도 나왔다.

생활적응 운동은 "모든 청소년의 생활적응 요구에 좀더 어울리는 교육 프로그램을 개발"하는 식으로 상황을 타개하자고 제안하는 것이었다. "미국의 모든 청소년이 스스로 만족하면서 민주적인 삶을 살고 가족 구성원이나 노동자, 시민으로서 사회에 보탬이 될 수 있도록 가르치는" 교육 방식의 개발이 중요하다고 여겨졌다. 1947년 5월에 시카고에서 열린 전국 회의에서 참석자들은 미니애폴리스의 산업교육 기관인 던우디 연구소〔던우디 기술대학의 전신〕 소장 찰스 A. 프로서Charles A. Prosser 박사가 기초한 결의안을 채택했다. 이 결의안의 원문(나중에 "곡해나 오해를 피하기 위해" 약간 수정되었다)은 중등학교가 미국 청소년 절대다수의 요구를 제대로 반영하지 못하고 있다는 참석자들의 신념을 표명했다. 거기에 따르면, 고교생의 20퍼센트가 대학 진학을 희망했고 또다른 20퍼센트는 기능직으로 진출할 예정이었다. 그리고 개혁 운동의 대변자들에 따르면, 나머지 60퍼센트는 양쪽 어디에도 어울리지 않았고, 따라서 생활적응 교육을 시행해야 했던 것이다. 생활적응론자들에게는 생활적응 교육이 필요한 60퍼센트의 아이들이 어떤 특질을 가지고 있는지가 분명했다. 그 학생들은 대체로 미숙련 노동자 가정 출신으로, 부모들의 소득은 낮고 문화적 환경도 열악하다. 학교도 남들보다 늦게 들어가고, 학습 진도에서 계속 뒤처져 성적도 나쁘다. 지능 검사나 학업 성취도 검사에서도 점수가 낮고, 학교 공부에도 관심을 보이지 않으며, "정서적으로도 미숙하여 신경질적이고 불안정하다"는 것이다.

교육청이 생활적응에 관해 처음으로 내놓은 소책자의 저자들은 학생들의 이런 우울한 사정을 하나하나 나열한 다음, "이런 특질을 거론한다고 해서 이들이 열등하다고 단언하려는 것은 아니다"라고 말했다. 이 교육자들이 주장하는 이상하고도 자멸적인 "민주주의" 해석에 따르면, 가난한 문화적 환경 속에 있는 아이들이 미숙하고 불안정하며 신경질적이고 학습 진도가 뒤떨어진다고 해서, 좀더 좋은 문화적 환경에서 자라나 성숙하고 안정되며 자신감과 재능까지 갖춘 아이들에게 "결코 꿀릴 게 없다"는 것이다.[22] 이런 식의 말로 "민주주의"에 아첨으로써, 그들은 미국 청소년의 다수를 그저 교육 불가능한 존재로 단정한 사실을 놀라운 확신을 담아 은폐했던 것이다. 프로서 결의안에 따르면, 이런 학생들은 대학 입시용 과목의 공부뿐만 아니라 "바람직한 기능직"으로 진출하기 위한 직업교육 프로그램에도 어울리지 않는다고 한다. 그렇다면 이 불운한 다수자에게는 어떤 교육이 적합할까? 그것은 지성의 계발이나 지식의 축적이 아니라 가족의 일원이나 소비자, 시민이 되기 위한 실천적인 훈련이다. "윤리적이고 도덕적인 삶", 가정과 가족생활, 시민 의식, 여가 활용, 건강 유지법, "직업에 대한 적응" 등은 『중등교육의 기본 원리』를 읽은 사람에게는 익숙한 표현들일 것이다. 『모든 청소년을 위한 생활적응 교육』의 저자들이 말한 것처럼, 여기에는 "지식의 습득보다는 삶의 가치를 우선시하는 교육 철학"이 있었다. 여기에 잠재되어 있는 사고, 즉 지식은 "삶의 가치"와 거의 또는 전혀 관련이 없다는 사고가 모든 운동에서 가장 중요한 전제였다. 역시 생활적응 교육자들이 주장한 바는 지적 훈련은 보통의 청소년들이 "현실적인 삶의 문제"를 해결하는 데는 아무 소용이 없다는 것이었다.

6
—

생활적응 운동의 이면에 자리잡은 사상을, 연방정부의 교육청이 수차례 정리한 보고서에서 찾아보기는 쉽지 않다. 하지만 이 운동에 이름이 붙기 전인 1939년에 오래도록 직업교육에 관여해온 프로서 박사 자신이 그 기본 개념을 하버드 대학 잉글리스 강연에서 제시한 바 있다.23 출간된 강연록을 읽어보면 교육 민주주의에 대한 존 듀이의 열정에 영향을 받은 대목도 있지만, 주로 심리학적 연구에 의거했던 프로서는 "과학"의 발견들에 더욱 깊은 경의를 표하고 있다(생활적응 교육자들은 학생들에게 과학을 공부하도록 권장하는 것을 제외하고 과학이라는 이름이 붙는 것은 무엇이든 했던 것이다.) 손다이크나 그의 후계자들은 어떤 연구나 상황, 문제의 효용을 다른 연구나 상황, 문제에도 적용할 있는 지적인 전문 분야 따위는 없다는 것을 보여주었다—프로서는 그렇게 생각했다. "기억이나 상상, 추리, 의지 등이 힘으로서 훈련될 수 있다는 일반 교육에 관한 학설이나 기본 이론의 오류를 과학이 입증했음은 무엇보다도 확실하다." 이런 고리타분한 사고를 버리면—그리고 이것은 당연히 버려질 운명이었다—남는 것은 다양한 요소에 입각한 교육뿐이다. 이런 관점에서 보면, 일반적인 기계 조작 기술 같은 것은 존재하지 않는다. 어디까지나 실습하고 사용해봄으로써 발전하는 구체적인 기술이 있을 뿐이다. 정신의 경우도 예컨대 기억 같은 것은 존재하지 않는다. 오직 그 활용법을 체득해 활용할 수 있는 구체적인 사실이나 생각이 있을 뿐이다.

그렇다면 지적 훈련의 발달이라는 오랜 교육 개념을 옹호하는 사람들의 주장과는 반대로, 계발해야 할 일반적인 정신의 특질은 존재하지 않고 구체적 사물만 알면 되는 셈이다.

이런 유용성과 교육 가능성은 협력관계에 있다. 즉, 어떤 지식을 즉시 활용할 수 있으면 그만큼 가르치기도 쉽다. 그리고 학교에서 가르치는 과목의 가치는 실제 생활에서 그것을 어느 정도나 직접 활용할 수 있는가에 따라 평가된다. 이런 사고에서 중요한 것은, 학생들에게 일반법칙화하는 방법을 가르치는 게 아니라 일상생활에 필요한 정보를 제공하는 것, 예컨대 생리학이 아니라 어떻게 하면 신체 건강을 유지할 수 있는지를 가르치는 일이다. 프로서의 견해에 따르면, 전통적인 교과과정은 한때 이런 점에서 유용했지만 이제는 유용성을 잃은 과목들로 구성되어 있다("흔히 어떤 과목이든 새로운 것일수록 교실 밖에서의 실용성은 크고, 오래된 과목일수록 내용이 현실적인 생활상의 요구와 어긋나게 된다"). 학교에서 배운 것을 실생활에서 곧바로 써먹을 수 있으면 학생들의 학습 의욕이나 학습 효과도 그만큼 높아질 것이다. 실제로 어떤 과목의 학습이 정신에 대해 어느 정도나 가치가 있는지는 다름 아닌 그 과목의 유용성에 의해 결정된다고 프로서는 말한다. "이 모든 점에서 생각하면, 상업 산술이 평면 기하나 입체 기하보다 낫고, 건강 유지법을 배우는 것이 프랑스어 학습보다 낫다. 또한 직업 선택 요령이 대수보다, 일상생활에서의 단순한 과학이 지질학보다, 간단한 상업영어가 엘리자베스 시대의 고전보다 낫다."

가장 좋은 교재는 "생활적응 과목이지 더 높은 단계의 교육을 받기 위한 과목이 아니다"라는 것이 과학적 연구에서 나온 반박하기 힘든 결론이라고 프로서는 말한다. 그런데 왜 대학은 쓸모없고 가르칠 수도 없는 전통적인 과목들로 중등학교를 묶어두려 하는 것일까? 그의 생각에 따르면, 이 과목들을 담당하는 교사들의 기득권을 제쳐두면,

상급 교육 기관들로서는 대체로 유능한 학생들은 선발하고 그렇지 않은 학생들은 배제하는 모종의 장치가 필요했기 때문이다("언어나 대수 같은 과목은 학생들을 교육하는 것이 아니라 열등한 학생들을 대학에 가기 전에 넘어뜨리는 장해로 기능할 뿐이다"). 이런 구식 기술을 익히기 위해 학생들은 "전공" 과목이라 불리는 쓸모없는 공부에 귀중한 4년을 허비해야 했다. 프로서는 다음과 같이 생각하고 있었다. 대학에 적합한 학생의 선발은 이제 몇 시간의 지능 검사로 훨씬 더 효율적이고 정확하게 이루어진다. 그렇게 되면 전통주의자들도 모든 학생을 대상으로 하는 학문적 교과과정의 적어도 절반은 없애고 종래의 과목은 유용성에 따라 일부만 남기는 "모험적인 제안"을 받아들일지도 모른다. 이런 기준에서 보면, "외국어와 수학의 모든 과목은 대학 진학을 위한 필수과목에서 빼야" 하고, 대신에 과학, 영어, 사회 등의 더 유용한 과목을 채택해야 했다.

프로서에 따르면, 교과과정에는 당장 쓸모가 있는 새로운 과목을 많이 추가해야 했다. 구체적으로는 "의사소통 기술"을 제공하는 극히 실용적인 영어, 현대 생활을 다루는 문학, 청소년들에게 "일상생활에 도움이 되는 간단한 과학"을 가르치고 "과학이 얼마나 우리의 생활을 편리하게 해주며…… 인생의 즐거움을 키워주고…… 인간의 노동을 거들어주며…… 부를 늘려주는지"를 가르치는 과학(어디까지나 "내실 있는" 과학), 실용적인 사업 지식이나 "청소년을 위한 간단한 경제학"—여기에는 "미국 청소년들의 경제사"에 관한 자료도 곁들여서—에 관한 교재를 사용하면 좋을 것이다. 그리고 "청소년들의 시민 생활 문제"나 지역사회에 초점을 맞춘 시민 교육, 각종 응용 계산으로만 구성된 수학, "사회의 전반적인 활성화"나 예의범절, 여가 활용, 청소년의 사회적 문제와 가족 문제, "미국 청소년의 사회사" 등에 주목하는 사회, 마지막으로 "순수예술의 체험"과 "실용예술의 체험", 그리고 직업교육도 빼놓을 수 없다. 이렇게 되면 교과과정을 현대 심리학에서 발견된 학습 법칙에 따라 편성할 수 있고, 모든 학생이 중등교육을 통해 그전과는 비교도 할 수 없을 만큼 많은 혜택을 누리게 될 것이라고 프로서는 생각했다.[24]

프로서는 많은 교육 전문가들이 실험심리학에서 도출한 결론을 다소 거친 형태로 다음과 같이 표현하고 있다. "과학"은 정신 도야라는 개념의 타당성을 무너뜨림으로써 교양교육의 이념이 의거하고 있던 기본적인 전제마저 무너뜨렸다. 그러니까 과학이 일반 교육의 전제가 틀렸음을 입증한 것은 **"무엇보다도 확실하다"**고 프로서가 자신 있게 단언했을 때, 그는 이 점을 염두에 두고 있었던 것이다. 이런 강력한 교조주의의 이면에는 사상사적으로 흥미로운 한 시기가 존재한다. 19세기에 미국 등지에서 주장된 고전적인 일반 교양교육이라는 오랜 이념에는 두 가지 전제가 있었다. 하나는 이른바 능력심리학〔정신 활동의 과정을 몇 가지의 능력으로 상정하고 그 능력을 분석하고 기술함으로써 정신 현상의 실체·원인·설명 원리로 삼으려 하는 심리학〕이다. 능력심리학에서는 정신이 추리력, 상상력, 기억력 같은 많은 부분―또는 "능력"―으로 이루어지는 하나의 독립된 실체라고 여겨졌다. 또 이런 능력은 신체적 능력과 마찬가지로 훈련을 통해 강화할 수 있으며, 교양교육에서는 지속적인 정신 도야를 통해 이 능력이 점차 강화된다고 여겨졌다. 또한 대체로 몇몇 과목―특히 라틴어, 그리스어, 수학―은 정신 도야를 위한 탁월한 역할을 맡는다고 여겨졌다. 이런 과목들에서 능력을 발전시키는 목적은 단지 라틴어, 그리스어, 수학을 더 깊이 배우기 위한 것이 아니라 학생들이 장차 직면할지도 모르는 과제에 충분히 대응할 수 있도록 정신의 힘을 단련시키는 것이라고 여겨졌다.[25]

그러나 얼마 지나지 않아서 능력심리학은 정신의 기능에 관한 철학적 분석이나 과학적 연구와 모순되는 것으로 알려졌다. 게다가 지식 체계가 비약적으로 확대되고 그에 따라 교과과정도 확장되면서, 고전어나 수학이 정신 도야에서 다른 무엇보다 영예로운 자리를 차지해야 한다는 종래의 확신은 점점 비뚤어지고 편협한 자만처럼 보이게 되었다.[26]

하지만 대부분의 현대 심리학자들이나 교육 이론가들은 능력심리학이나 고전어-수학 교과과정이 쇠퇴한 것만으로 이른바 정신 도야가 교육에서 실현 가능한 목표인가 하는 문제가 매듭지어진 것은 아님을 알고 있었다. 만약 정신 도야가 어차피 무의미한 것이라면, 여러 세기 동안 교양교육의 이름으로 진행되어온 것은 모두 계산 착오에 근거했던 것처럼 보인다. 정신 도야나 일반적인 정신 훈련이 과연 가능한가 하는 문제는 능력심리학의 명맥을 이어주면서 새로운 좀더 구체적인 형태를 띠었다. 어떤 정신 활동을 대상으로 실시되고 개발된 훈련이 별도의 정신 활동에 응용할 수 있는 정신적 능력을 발전시킬 수 있을까 하는 것이다. 물론 이런 개괄적인 물음은 다음과 같은 갖가지 구체적인 물음들로 나눌 수 있다. (윌리엄 제임스가 초기에 자신을 대상으로 한 원리적 실험에서 물은 것처럼) 어떤 일을 기억하면 다른 일에서도 기억력을 높일 수 있는가? 어떤 형태의 감각적 식별력을 훈련하면 다른 식별력도 높일 수 있는가? 라틴어를 공부하면 프랑스어 공부도 쉬워지는가? 만약 실제로 훈련의 전이轉移가 일어난다면, 몇 년에 걸친 엄격한 교양교육에 의해 이런 전이가 누적되면서 **일반적인** 훈련을 쌓은 정신보다 우월한 정신이 탄생할 수도 있다. 하지만 훈련의 전이가 일어나지 않는다면, 학문적인 학습을 쌓더라도 거기서 공부한 지식을 벗어나면 아무 소용이 없게 된다.

어쨌든 극히 중요한 문제를 해명할 수 있다는 자신감을 가진 실험심리학자들은 손다이크에게 자극을 받은 것도 있어서, 20세기 초부터 훈련의 전이에 관한 실험상의 증거들을 찾게 되었다. 이런 실험들의 보고서는 문제의 아주 좁은 측면에만 초점을 맞추기 때문에, 극히 불충분하다는 비판을 받더라도 별 뾰족한 수가 없다. 개인적으로든 집단으로서든, 실험심리학자들은 궁극적인 주요 문제를 제대로 설명하지는 못했다. 그래도 독창적이고 흥미로운 실험을 계속한 결과, 모종의 증거라고 할 만한 것이 축적되기 시작했다. 교육 사상가들은 그중 몇 가지, 특히 손다이크가 1901년과 1924년에 발표한 두 편의 논문을, 훈련의 전이는 일어나지 않는다는 것을 보여주는 결정적인 증거라고 여기면서 정신 도야라는 개념을 정당화하려 했다. 일부 교육 이론가들은 손다이크의 논문뿐만 아니라 다른 연구자들이 내놓은 비슷한 증거에도 달려들었다. 일찍이 W. C. 배글리W. C. Bagley가 언급한 것처럼, 고등학교를 대중에게 적합한 쪽으로 재편하려는 사명에 휘둘린 탓에 고의로는 아닐지라도 실험 결과를 왜곡하는 사람들은 "기준의 완화를 정당화하거나 합리화하는 이론이면 무엇이든 호의적으로 맞이할 수밖에 없었던" 것이다.[27]

사실 그렇게 모인 실험 증거는 서로 모순되고 혼란스러웠다. 그리고 이런 증거들이 제시하는 결론은 더없이 명백하다고 주장하는 교육자들은 자신의 견해와 어긋나는 모든 연구 결과를 무시해버렸다. 실험 증거를 오용한 그들의 행태는 실제로 교육 사상의 역사에서 하나의 큰 스캔들로 꼽힌다. 이 실험들에서 한 양적 조사에 일말의 의미가 있었다고 해도, 이 교육자들은 실험 연구 가운데 4~5개의 예가 어떤 조건 아래서 전이가 존재함을 보여주었다는 이유로 방대한 수의 데이터를 무시했던 것이다. 프로서 같은 교육학자들이 "과학에 의해 입증된" 결정적 진리로서 도출한 반反전이론을, 저명한 실험심리학자들의 다수가 지지한 것은 아무 의미도 없었던 듯하다. 오늘날 실험심리학은 그들의 의견에 찬동하지 않는다. 제롬 브루너Jerome Bruner는 작지만 주목할 만한 저서인 『교육의 과정』에서 이렇게 말했다. "학습과 전이의 성격에 관한 지난 20년간의 모든 증거는 거의 예외 없이 다음과 같은 점을 시사한다.…… 즉, 적절한 학습으로 일반적 전이가 대거 이루어질 수 있음은 분명한 사실이다. 최적의 조건에서 올바른 학습을 하면 '배우는 법을 배울' 수도 있는 것이다."[28] 아마도 교양교육의 이념을 지키는 것은 실험심리학보다는 교육에 대한 인류의 경험일 것이다. 그리고 이런 과학적 연구가 최종적 판단의 근거가 되는 경우에도, 그 결과는 생활적응 교육의 예언자들에 의해 대표되는 의견보다도 정신 도야의 가능성을 지지하는 견해 쪽에 훨씬 더 유리하다.

7

대중적인 중등교육 제도에서 학문적 성격을 띤 엄격한 학습을 어느 정도의 수를 넘어서는 학생들에게 시키는 것은 불가능하다―이런 생활적응 운동의 주장은 직업교육이 지금까지 40년 넘게 지향해온 명제를 극단적인 형태로 표현한 것이다. 이 운동의 주창자들은 독단적인 생각에서 교육 불가능한 학생의 비율을 60퍼센트로 정하고 그런 입장을 너무도 강하게 주장한 탓에, 이 숫자는 완전히 자의적인 것이라는 비판도 나왔다. 그들의 주장은 다름 아닌 "과학"에 대한 애처로운 믿음에서 나온 것으로 보인다. 국가청소년청NYA 위원이었던 프로서 박사가 청소년 문제에 대해 미국 정부와 아주 가까운 관점을 가지고 있던 1940년에, 지능 검사에 관한 연구로 유명한 심리학자 루이스 M. 터먼Lewis M. Terman이 미국청소년위원회의 간행물인 『미국의 청소년은 어떻게 살고 있는가』에서 다음과 같이 추산했다— 전통적·고전적인 고등학교 교과과정이 성공을 거두려면 110 이상의 지능지수IQ가 필요한데, 미국 청소년의 60퍼센트는 그 수준에 못 미친다. 이 숫자와 생활적응 교육자들의 계산 사이에는 큰 격차가 있다.[29] 하지만 더 중요한 점은 이런 조사 결과에 기초해서 전 국민에 대한 교육 정책을 시행하려는 무책임함이다. 심리학자들은 개인의 지능지수가 출생 이후 변하지 않는다는 의견에 동의하지 않는다(1939년까지도 열띤 논쟁이 이어졌다). 그리고 오늘날에는 적절한 배려와 교육이 이루어지면 개인의 지능지수가 15~20점, 또는 그 이상으로 올라가는 예도 드물지 않다는 인상적인 실험 결과도 나오고 있다(저소득층 아이들을 각별하게 지도함으로써 얻은 결과는 특히 인상적이다. 뉴욕 시에서는 "수준 높이기" 프로그램에 의해 중학생 수준에서 지능지수가 약간 낮거나 발달 지체에 가까웠던 많은 슬럼가 아이들이 지능지수와 학업 성적을 끌어올려 대학에 진학했고 때로는 장학금을 받기도 했다). 게다가 지능지수만이 개인의 잠재적 교육 성취 능력의 상한선을 가리키는 확실한 지표는 결코 아닐 것이다. 계량되지 않고 변동되기도 쉬운 가르치는 쪽의 역량, 학습량, 학생들의 의욕이나 동기 같은 변수들도 있다. 심리학자들이나 교육학자들은 가르치는 방식이 다르고 교육에 대한 의욕이 낮음에도 불구하고 지금도 학문적 교과과정에서 이득을 볼 수 있는 미국 고교생들이 어느 정도나 되는지에 관해 좀처럼 의견 일치를 보지 못한다.[30]

결국, 미국 청소년들의 교육 가능성에 대한 생활적응 운동의 견해는 다른 나라들이 중등교육에서 거둔 성과를 무시함으로써 체면을 유지했다. 신교육을 표방하는 교육학자들이 하나같이 주장한 것은, 서유럽 나라들의 중등 교과과정은 "귀족적"이고 계급적이며 선별적이고 전통적인 것이기 때문에 미국의 민주적이고 보편적이고 미래 지향적인 중등교육에 아무런 본보기도 되지 못한다는 것이었다. 따라서 미국의 교육자들은 유럽 교육의 역사를 교육 정책의 실마리로 여기지 않고 오히려 "현대 과학"에서 실제적인 길잡이를, "민주주의"에서 도덕적인 영감을 찾으려 했다. 유럽의 교육은 시대에 뒤처진 반면, 과학과 민주주의는 미래를 지향한다는 이유에서였다. 이런 사고방식은 소련과의 과학 경쟁으로 충격을 받고 있다. 소련의 중등교육은 미국에 비해 보편적이지도 평등주의적이지도 않지만, 많은 점에서 서유럽의 중등교육 제도를 본보기로 삼으면서도 귀족적이거나 전통적이라고 간단히 매도할 수 없는 교육 제도의 사례를 제공한다. 어느 의미에서 소련의 교육 제도는, 엄격한 학문적 교과과정을 다수의 학생에게 적용할 수 있다는 사실을 이제 더는 멋대로 무시할 수 없게 되었음을 보여준다.

생활적응 교육자들이 스스로의 교육 목표를 사다리의 맨 아래에서 무시당하는 60퍼센트의 청소년들에게만 적용해야 한다고 주장하는 선에서 만족했다고 생각해서는 결코 안 된다. 이 운동의 개혁적 이상주의를 과소평가하는 건 잘못된 처사일 것이다. 이런 점은 프로서 박사가 1947년 '생활적응에 관한 회의'에서 했던 폐회사에 잘 드러나 있다. "교육의 역사를 돌아봐도 일찍이 이런 회의가 열린 적이 없습니다.…… 이번에 우리는 지금이야말로 미국의 **모든** 청소년들에게, 오래도록 외면당해온 교육의 유산을 제공할 절호의 기회라는 것을 절감했습니다. 여러분이 계획한 일은 목숨을 걸고 싸울 만한 가치가 있습니다.…… 여러분 모두에게 하느님의 축복이 있기를 빕니다."

이렇게 해서 생활적응 교육자들은 얼마 지나지 않아 자신들의 고귀한 교육적 이상을 그처럼 무시당한 60퍼센트의 학생들에게만 적용해서는 안 된다고 확신하게 되었다. 그 학생들에게 도움이 되는 것이라면 재능 있는 학생들을 포함한 미국의 **모든** 청소년들에게 도움이 될 것이었다. 생활적응에 관한 어느 소책자의 저자가 무척 솔직하게 인정했듯이, 생활적응 교육자들은 다름 아닌 "유토피아적 중등학교를 위한 청사진"을 그리고 있었다. 요컨대 "유능한 교사들에 의해서만 운영될 수 있는"31 학교이다. I. L. 캔들이 냉소적으로 언급한 것처럼, 생활적응 운동은 "고등학교에 다니는 학생의 60퍼센트, 즉 여러 보고서에 따르면, 재학하고 있어도 아무런 혜택도 누리지 못하는 학생들에게 유익한 것은 모든 학생들에게 유익한 것"이라고 확신했던 것이다.32 그리하여 이 개혁운동가들은 한때 고전적 교과과정의 주창자들이 제시한 보편성이라는 전제를 뒤집는 데 성공했다. 예전에는 교양학문 교육이 모든 학생에게 도움이 된다고 여겨졌는데, 이제는 원래 학습 지진아를 위해 진행되었던 훈련을 모든 학생이 대대적으로 받아야 한다고 주장되기에 이른 것이다. 미국적 실용성과 미국적 민주주의는 이제 **모든** 청소년의 교육에서 실현될 것이었다. 생활적응 운동은 학습 지진아가 재능 있는 학생들보다 "결코" 열등하지 않다는 사고와, 모든 학생이 평등한 것과 마찬가지로 모든 교과과정의 과목도 평등하다는 원칙을 확립할 터였다. 1952년, 전미교육협회 교육정책위원회는 이상적인 농촌 학교를 묘사하면서 이렇게 말했다. "'과목' 사이에 귀천은 없다. 수학과 기계 과목도, 예술과 농업도, 역사와 가정 과목도 모두 동등하다."33

실용성과 민주주의, 과학의 이름 아래, 많은 교육자들은 교육이 불가능하거나 그 가능성이 낮다고 생각되는 학생들을 중등학교의 중심에 두고 재능 있는 학생들을 주변으로 밀어냈다. 어느 교육자 집단은 "교육의 귀족적·문화적 전통이 완전히 그리고 최종적으로 외면당하는" 날을 고대하면서, 이례적인 지적 호기심을 보이는 학생들에 관해 이렇게 말했다. "우리가 해줄 수 있는 것이라면 어떤 지원도 아끼지 않겠지만, 재능을 타고난 그런 아이들은 자기 주위에서 직접 배운다. 우리가 그 아이들을 가르치려고 노력한들, 그들의 발달에서는 별다른 의미를 가지지 못한다. 그러므로 학교가 교육 프로그램을 우수한 학생들의 요구에 맞추려고 하는 것은 불필요하고 쓸모없는 일이다."34 제롬 브루너가 말한 것처럼, 이런 분위기에서 "공립학교 학생의 상위 4분의 1은 다음 세대의 지적 리더십을 행사할 집단임에도 불구하고 최근에 이 나라 학교에서 아마도 가장 무시당하는 집단일 것이다."35 실제로 많은 교육자들은 이 집단을 무시해왔으며, 이 집단을 교육 제도가 목표로 삼는 희망이나 과제, 기준이라고는 생각하지 않고 궤도에서 벗어난 사소하고 특수한 문제, 때로는 병리 현상으로까지 보는 사람도 있었다. 조금은 지나친 과장일지도 모르지만, 이렇게 생각하지 않고는 교육청의 한 관리가 어떻게 다음과 같은 무신경한 글을 쓸

수 있었는지 이해하기 어렵다.36

대략 400만 명 정도로 추산되는 학생들이 특별한 교육 대책이 필요할 만큼 정신적·신체적·행동적 규범에서 일탈하고 있다. 그중에는 시각 장애나 약시, 청각 장애나 난청, 언어 장애, 지체 장애, 허약 체질, 간질, 정신 박약, 사회 부적응, 그리고 **비범한 재능** 등을 보이는 학생들이 있다.

8

이와 같은 사고, 특히 보편성을 옹호하는 주장에 대해서는 미국 전역의 학부모나 학교운영위원회, 교사들 사이에서 언제나 상당한 저항이 있었다. 그런데도 새로운 교육의 견해에 맞추기 위해 많은 중학교나 고등학교가 합주, 합창, 자동차 운전 교육, 인간관계, 가정과 가족 생활, "가정 경영", 소비자 교육 같은 새로운 과목으로 교과과정을 "풍부하게" 편성하고 있다. 일부 지역의 학생은 자기가 다니는 공립 고교의 교과과정이 어디서나 교육으로 여겨지는 것은 아니며 자신의 꿈과 전혀 어울리지 않을지도 모른다는 것을 알아차리지 못한 채 성년에 이르기도 했다. 몇 년 전, 예일 대학의 A. 휘트니 그리스월드A. Whitney Griswold 총장은 대학 입학 담당자가 자주 경험하는 사례를 보고했다. 거기에 따르면, 중서부 도시 출신의 유능하고 장래성 있어 보이는 학생이 예일 대학에 응시했는데 서류 전형에서 탈락했다. 고등학교 마지막 2년 동안 이수한 학문적 과목으로 영어를 2년, 미국사를 1년밖에 배우지 않았고, 나머지는 합창 2년, 발표speech〔논리적 사고를 대중 앞에서 언설로 표현하는 법을 배우는 과목) 2년, 타이핑, 체육, 저널리즘, 결혼과 가족, 성격 문제를 각각 1년씩만 이수했기 때문이다.[37]

　공립 고등학교에 새로 도입된 과목들의 성격과 내용, 그리고 교육에 관해 구파와 신파가 벌인 논쟁의 언사를 검토해보면, 생활적응을 둘러싼 논의에서 쟁점이 되었던 것이 사실 훨씬 더 폭넓게 이루어진 대중문화에 관한 논쟁의 교육적 측면이었음이 분명해진다. 확실히 양측의 논의에서 쟁점이 된 것 중 하나는 방대한 수의 고교생이 어떤 종류의 인성이나 문화를 갖출 수 있고 갖춰야 하는가 하는 문제였기 때문이다. 이 점에 관해서 종래의 교육은 먼저 다양한 교과목의 가치에 대한 기본적인 확신, 그리고 학생은 학문적 과목을 어느 정도 습득함으로써 인생의 전반적인 목적에 눈을 뜨고 전문직이나 사업, 그 밖의 바람직한 직업 세계로 나가기 위한 준비를 하게 된다는 가설에 바탕을 두었다(직업교육은 이런 경쟁에 뛰어들 능력이나 의지가 없는 학생들에게도 도움이 될 수 있다고 여겨졌다). 신교육을 추구하는 쪽에서 말하는 것과는 반대로, 전통적인 교육이 학생들에게 무관심했던 것은 아니다. 다만 전반적으로 종래의 교육에서는 학생들이 학문적인 교육 훈련에 따른 정신 활동에서 기쁨을 찾을 것이며 또한 단계를 올라가면서 성취감도 느끼게 될 것이라고 여겨졌다. 예를 들어 학습 과정이 지루하더라도 그런 지루함을 이겨내려는 자기 규율을 익히는 것은 적어도 손해는 아니라고 여겨졌다(학생들이 싫어하는 과목이라면 뭐든 상관없지 않느냐는 비아냥도 들렸지만, 지루함에는 높은 내재적 가치가 있다고까지 말하는 사람도 있었다. 이런 극단적인 입장은 신교육을 추구하는 교육자들로 하여금 전통적 교육을 매력 없는 희화적인 것으로 생각하게 만드는 한 원인이 되었다). 정치적으로 볼 때 과거의 교육은 보수적이었다. 종래의 교육은 학생들에게 눈앞의 사회 질서를 시인하고 그 틀 안에서 소질을 발휘하도록 요구했다―19세기의 개인주의는 대체로 이런 것이었다. 하지만 지난날의 교육은 민주적이기도 했다. 어떤 사회 계층 출신이든 간에 대다수의 인간은 학문상의 경쟁이나 교과 내용의 습득, 정신이나 인성 수양의 세계에 반드시 타고난 재능에 따라 들어갈 가능성은 없다―그다지 유쾌한 생각은 아니지만, 구식 교육은 일반적으로 그렇게는 생각하지 않았다.

정치적으로 보면 새로운 교육도 본질 면에서는 보수적이었지만, 민주주의에 관한 열광적인 언사나 학생들에 대한 박애주의적 태도에 의해(꽉 막힌 우파들의 공격 대상이 되었음은 말할 것도 없지만) 이 운동은 적어도 그 주창자들에게는 "혁신적"이거나 심지어 급진적으로까지 보였다. 새로운 교육은 대중의 지적 한계를 인식하고 수용하는 현실주의와, 가장 능력이 떨어지는 학생들을 받아들이고 격려하고 배려하는 식의 이상주의를 자랑스럽게 여겼다. 신식 교육은 우선 학생들을 존중하고 그들의 능력에 대해서도 과대한 요구를 하지 않으려 했다. 또한 학생들이 지적 활동으로 기쁨을 느끼리라는 희망적인 기대는 품지 않았고, 적어도 그렇게 되기는 어려울 것으로 여겼다. 오히려 학생들이 학교에서 즐거움을 느끼는 것―이것이 주된 목표였다―은 자신들의 요구나 관심이 충족되는 경우라고 여기고, 학생들의 관심사를 교육과정의 바탕에 두는 것에 만족했다. 새로운 교육의 주창자들은 자신들이 학생들에게 생각하는 법을 가르치는 일을 등한시한다고는 믿지 않았다. 다만 그들은 무엇에 관해 생각하도록 이끌면 좋은지, 그리고 지식이나 노력을 어느 정도나 쌓으면 실제적인 사고력을 획득할 수 있는지에 관해 전통적 교육자들과는 완전히 다른 견해를 가지고 있었다. 그들은 우선 교육자에게는 학생들의 세계가 결정적인 것임을 인정하고, 학생들의 사고가 공간적·시간적으로 아무리 협소하고 깊이가 없더라도 그 범위 안에서 학생들을 이끄는 일에 만족했던 것이다. 그들은 자신들이 인성을 계발시키는 과제를 외면하고 있다고는 생각하지 않았다. 오히려 사회적·사교적·민주적인 인성을 더욱 키우고 있다고 주장했다.

신교육을 추구하는 교육자들이 요구한 새로운 교과과정의 범위와 내용—그들은 실제로 이런 교과과정을 도입하는 데는 어느 정도 성공했다—을 검토해보면, 신식 교육은 참으로 "전인全人으로서의 학생"을 교육하려 했음을, 즉 학생들의 인성과 성격을 형성시키려고 노력했음을 알 수 있다. 그리고 대체로 학생들을 생산과 경쟁, 야망과 직업, 창의성, 분석적 사고로 이루어지는 세계의 규율 잡힌 일부분으로 삼으려 하지는 않았다는 점도 분명해진다. 신식 교육이 무엇보다 염두에 둔 것은 학생들이 소비나 취미, 오락이나 사교성 같은 세상사를 배우도록 도와주는 것, 요컨대 **적응**이라는 의미심장한 말로 요약되는 수동적이고 쾌락주의적인 생활양식에 잘 적응하도록 도와주는 것이었다. 왜냐하면 이 세계에서 중시된 것은 학생들이 화학이 아니라 세제를 써보는 것을, 물리학이 아니라 자동차를 운전하거나 수리하는 법을, 역사가 아니라 지역 가스 공장의 업무를, 생물학이 아니라 동물원 가는 길을, 셰익스피어나 디킨스가 아니라 상업문서 작성법을 배우는 것이었기 때문이다. 새로운 교육은 소비나 개인적 생활방식의 문제를 가족이나 다른 기관에 맡기기보다는 가족이나 가정 자체를 정교한 연구 대상, 때로는 공격적인 재평가("어떻게 하면 우리집을 민주적으로 만들 수 있을까?") 대상으로 삼으려 했다. 어느 생활적응 교육자는 학생들이 학교에서 질문하는 법을 배우기를 바란다며 다음과 같이 말했다(그에 따르면, "아주 명확한 학문적 편향"을 가진 일부 교사들의 완고한 저항에 맞서서). "어떻게 하면 건강을 유지할 수 있을까? 어떻게 하면 가장 예쁘게 보일 수 있을까? 어떻게 하면 남들과 더 잘 지낼 수 있을까? 어떻게 하면 취미가 자신의 사회적 성장에 도움이 될 수 있을까?"[38] 학교에서 가르치는 이런 꿈은 매스미디어의 광고에서 부추기는 것과 마찬가지로 청소년들의 관심과 어울리게 설계된 것이다. 뉴욕 주의 한 지역에서 7학년부터 10학년까지 **모든** 학년에서 반복해서 배우게 되어 있는 '가정과 가족생활' 과목의 예를 보면, 다음과 같은 주제들이 다뤄졌다. "애교심 함양", "베이비시터로서의 의무", "남들에게 인정받는 법", "남들에게 사랑받는 법", "여드름 없애는 법", "침실 정돈하는 법", "방 꾸미기". 그리고 8학년생들을 대상으로 한 오엑스 시험 문항에는 "여성들은 데오도란트를 사용할 필요가 있다", "비누로도 머리를 감을 수 있다"[39] 같은 것이 있었다.

오늘날 미국 교육에서 하나의 세력을 이룬 생활적응은 전성기를 지나 시들고 있다. 그 원인은 미국 사회 체제에서 중등교육의 기능이 장기간에 걸쳐 변화한 데에 있는지도 모른다. 마틴 트로Martin Trow가 말한 것처럼, 미국의 중등교육은 "엘리트 학생들의 진학 예비 제도로서 출발해 오랜 성장기를 거쳐 대중의 최종 교육 제도가 되었다. 그리고 이제는 대중의 진학 예비 제도로 바뀌어야 하는 곤란한 상황에 처해 있다."[40] 신교육 관련 교육자들이 계획을 세운 시점의 상황은 더이상 존재하지 않으며, 그들의 견해에 귀기울였던 많은 사람들도 이제는 없다. 1900년부터 1930년대까지만 해도 고교생 자녀를 둔 대다수 학부모들은 정작 고등학교에 다닌 적이 없었고, 미국으로 이주한 지

얼마 안 된 탓에 언어가 생소한 사람들도 많았다. 그들은 새로 등장한 교육 전문가들의 연구 결과나 계획을 다소 수동적으로 받아들이는 경향이 있었다. 그러나 지금의 학부모들은 대개 적어도 고등학교를 졸업한 이들이며, 교육 문제에 무척 민감한 대학 출신 중간계급 세대도 많다. 고등학교 교육에 관한 나름의 의견이나 독자적인 문화적 관심도 가지고 있는 이 사람들은 신식 교육의 학설을 최종적인 것으로 받아들이려 하지 않는다. 거기에는 신교육적 사고를 반박하는, 아서 베스터Arthur Bestor나 모티머 스미스Mortimer Smith의 저작으로 대표되는 주장의 주된 독자층도 들어 있다. 게다가 앞선 세대의 경우와 달리 이제 고등학교는 최종적인 교육 기관이 아니다. 또한 졸업생의 절반이 다음 단계의 고등교육 기관에 진학하고 있고, 그들이 기술과 전문성을 얻기 위해 받는 교육은 예전의 고등학교에서 주로 진행하던 통상적인 화이트칼라 지향 교육보다도 복잡한 것으로 바뀌었다. 고등학교의 이념이나 교육 프로그램은 이런 현실에 맞춰 탈바꿈해야 한다. 학부모들은 교육 수준이 낮은 지역 학교에 다니는 자녀들이, 장차 대학에 진학해 특권적인 지위를 얻을 기회를 빼앗길지도 모른다는 위기감을 느끼면서 학교 당국에 교육 수준을 향상시키라고 강하게 요구하고 있다. 마지막으로, 스푸트니크 쇼크 이후의 변화된 교육 환경 속에서 더욱 엄격한 교육을 바라는 사람들의 활동도 강화되면서, 급기야 미국과 소련이 교육상의 끝없는 전쟁에 돌입했다고 말하는 사람까지 있다. 최근에는 새로운 교육에 대한 이런 반대 움직임이 영향력을 발휘하기 시작했다. 하지만 교육 전문가나 대중의 마음속에서, 생활적응 운동을 발전시킨 태도가 사라진 것은 결코 아니다. 행정 차원에서든 교육 현장에서든, 전문 교육의 세계에는 여전히 학문적 수월성을 추구하는 새로운 흐름에 전적으로 무관심한 사람들이 많다. 미국의 새로운 정치 체제는 강경한 반대자들이 구석구석에 포진한 공무원 집단에 의지해서 명령을 실행해야 하는데, 미국의 교육도 그와 비슷한 처지에 놓여 있다고 할 수 있다.

14장
어린이와 세계

1

새로운 교육은 두 개의 지적 기둥에 의지했다. 하나는 과학의 활용(또는 오용)이고, 또하나는 존 듀이의 교육 철학에 대한 공감이다. 둘 중에서는 듀이의 철학이 훨씬 더 중요했다. 그의 철학은 교육적 사고를 계발하는 과학의 힘에 대한 믿음을 내포하고 있었을 뿐만 아니라 그 믿음을 넘어 교육자들에게 하나의 포괄적이고 풍부한 세계관을 제공했다. 박애주의적 정서 속에서 교육을 민주주의에 유용한 것으로 만들고자 했던 교육자들에게 이 세계관은 만족할 만한 것이었다. 듀이의 공헌이라고 여겨지는 것은 19세기 말에 힘을 얻고 있던 특정한 아동관을 받아들여 그 관점을 실용주의 철학이나 점증하는 사회 개혁 요구와 연결한 점이었다. 그리하여 듀이는 새로운 아동관과 새로운 세계관을 너끈히 결합시켰다.

신교육에 관심이 있는 사람은 이 운동이 듀이의 사상을 활용하고 있음을 고려해야 한다. 유감스럽게도 이 점을 반지성주의 연구 차원에서 고찰하는 것은 듀이를 단순히 반지성주의자로 규정하려는 시도로 받아들여질지도 모른다—이것은 그토록 열심히 아이들에게 생각하는 법을 가르치려 한 인물에 대한 평가치고는 별로 공정하지 않은 평가이다. 또한 이런 고찰은 미국 교육의 여러 가지 실패를 "비난"하려는—어느 정도 그런 색조를 띠는 것은 불가피하지만—것으로 받아들여질 우려도 있다. 그러나 나의 목적은 전혀 다른 데에 있다. 이 고찰은 어디까지나 듀이가 압도적인 영향력을 지닌 말로 표현한 특정 사상에 관해, 그 경향과 귀결을 검토할 뿐이다.

이런 사상의 한계나 오용을 고찰하려는 시도를 혁신주의 교육에 대한 전면적 비난으로 단정해서는 안 된다. 로렌스 크레민이 안목 있는 역사 서술에서 보여준 것처럼, 혁신주의 교육에는 몇 가지 견해의 흐름과 경향이 들어 있었다. 혁신주의는 주변부에 대한 극단적 비판에 의해 그 평가에서 부당하게 손상을 입긴 했지만, 그 핵심에서는 건전하고 중요한 뭔가를 가지고 있었다. 이제는 많은 "보수적" 학교들이 혁신주의의 성과를 무차별적으로 차용하는 바람에 그만 잊어버리기 쉬운 사실이 있다. 즉, 예전의 보수적인 교육 방법이 얼마나 거칠고 자기만족적이었는지, 학생들이 교실에서 보인 소극적인 태도를 어느 정도나 용인하고 심지어 악용했는지, 교사들이 오만하게 굴 수 있는 여지가 어느 정도나 되었는지, 얼마나 기계적인 학습에 의존했는지 등이다. 혁신주의의 주된 강점은 방법의 신선함에 있었다. 혁신주의는 학생들의 다양한 관심을 불러모으고, 학생들의 활동 욕구를 최대한 활용하며, 교사나 교육자들에게 학생들의 천성을 바르게 이해시키고, 교사가 독단적이고 권위주의적인 태도를 지니지 않도록 교육학적 규칙을 정립하고, 나아가 학생들의 학습 능력과 표현력을 발달시키려고 노력했다. 그것은 대단히 많은 사람들이 모든 진리가 이미 확립되었다고 생각하는 분야에서 실험을 벌이는 데 크게 유용했다. 실험적인 학교의 학생과 교사는 엄선된 소수자로, 그들 사이에는 헌신이나 흥분이라는 특별한 기풍이 감돌아―많은 혁신적 학교들이 예나 지금이나 그렇듯이―훌륭한 성과를 자주 보이는 것이다.[1] 하지만 그런 성과가 아무리 빛나더라도, 안타깝지만 어떤 특수한 실험 상황에서 얻어진 결과가 보편적으로 적용될 수 있으리라고 기대할 수는 없다.

혁신주의의 가치는 그 실험성, 그리고 나이 어린 학생들과 함께한 작업에 있었다. 한편, 혁신주의의 약점은 나름의 학설을 퍼뜨리고 일반화하려 한 점, 자체 프로그램의 실천상의 한계를 파악하지 못한 점, 그리고 무엇보다도 교과과정을 해체하려는 경향이 있었다는 점이다. 이런 경향은 고학년 학생들, 특히 중등교육 차원에서 가장 심각했다. 거기서는 복잡하고 조직화된 학습 프로그램이 요구됨에 따라 교과과정의 문제가 중요해지기 때문이다. 여기까지 나는 의도적으로 교육에서의 혁신주의에 관해서는 말하지 않고 훨씬 폭넓고 포괄적인 것("새로운 교육"이라는 표현을 즐겨 사용하는 것)에 관해 이야기했다. 새로운 교육은 특정한 혁신주의적 원리를 하나의 신조로까지 높여서 그것을 대중 교육 제도에 포괄적으로 적용하려 했다. 그리하여 주로 아주 어린 학생들을 대상으로 한 실험 결과를 모든 연령대에서 이루어지는 공교육 조직론으로까지 확대하고, 최종적으로는 "혁신주의"의 이름 아래 조직화된 교과과정이나 교양교육을 공격하게 되었다. 이 모든 것을 위해 시종일관 근거로 동원된 것이 듀이의 사상이다. 1918년의 『중등교육의 기본 원리』 성명에서 뚜렷하게 드러난 듀이의 어휘나 개념은 그뒤 잇따라 등장한 새로운 교육에 관한 문서에서 예외 없이 사용되었다. 사람들은 듀이의 사상을 상찬하고, 알기 쉽게 바꿔 쓰고, 반복해서 소개하고, 논의 대상으로 삼고, 신격화하고, 때로는 낭독하기도 했다.

듀이가 오해를 받고 있었다는 것은 널리 알려진 사실이며, 결국에는 자신의 이름으로 실행된 몇몇 교육적 실천에 항의해야만 했다는 것도 거듭 지적되었다. 아마도 듀이의 의도는 폭넓게 또 자주 곡해되었을 테지만, 그의 저작은 읽기도 해석하기도 쉽지 않았다. 문장이 무척 모호하고 달리 해석될 여지도 있어서, 윌리엄 제임스는 그의 글을 두고 "화가 치민다. 저주하고픈 마음이 들 정도이다"라고 평했다. 듀이의 문체는 멀리 있는 적군의 포성을 연상시킨다. 다가가기 힘든 먼 곳에서 뭔가 불길한 일이 벌어지고 있는 것 같은데, 무슨 일인지는 확인하기 어려운 것이다. 문장의 난해함은 듀이의 가장 중요한 교육 관련 저작에서 특히 두드러지는데, 사실 그가 교육의 대변자로서 큰 영향력을 발휘할 수 있었던 것도 어느 정도는 그의 진의가 제대로 파악되지 않았기 때문인지도 모른다. 다양한 교육 사상의 학파는 듀이의 저작을 자기들 나름의 의미 부여를 통해 읽어낼 수 있었던 것이다. 새로운 교육 쪽에서 가장 반지성적인 대변자들이 듀이의 저작을 거칠게 오독한 것이라고 말하고도 싶지만, 그것은 불공평한 처사일 것이다. 생활적응 교육자들조차 스승인 듀이의 사상을 진지하고 지적으로 해석하고 그들 나름으로 듀이를 활용한 점도 인정해야 할 것이다. 로렌스 크레민은 다음과 같이 말한 바 있다. "『민주주의와 교육』[2]에서 '생활적응에 관한 위원회'의 견해에 이르는 지적 계보는 아무리 구불구

불하더라도 한 줄의 선으로 이어져 있다."³

 그 계보가 정말로 심하게 구불구불한 것인지 의문이 들 수도 있다. 문체상의 심각한 결함이 "단순한" 문체의 문제인 경우는 설령 있다 하더라도 드물다. 그런 결함은 개념상의 난해함을 상징한다. 듀이의 저작이 제기한 해석상의 미해결 문제는, 아둔하고 열광적인 추종자들에 의해 그의 사상이 부당하게 왜곡되었기 때문이라고 생각하기보다는 그의 사상에 모호함과 공백이 남아 있기 때문이라고 생각하는 것이 훨씬 적절할 것이다. 또한 그런 모호함이나 공백은 미국의 교육 이론이나 문화에 아직 해결되지 않은 곤란한 문제들이 존재함을 상징한다고 볼 수도 있다. 그 스승에게 허가를 받았는지 여부와는 무관하게, 듀이를 추종하는 많은 이들은 자발성, 민주주의, 실용성 같은 관념들을 옹호하고 리더십이나 지도指導, 문화나 관조적인 삶의 가치를 공격했다. 이 점에서 그들은 정치에서의 평등주의자, 종교에서의 복음주의자, 사업에서의 실용성 대변자들이 내세운 주제를 교육 분야에서 반복하고 있다. 이런 면에서 듀이의 철학이 어떻게 활용되었는지를 살펴보기 전에 우선 그의 철학의 본질적인 주장이나 그것이 등장한 지적 배경부터 살펴보자.

2

듀이의 교육론은 그의 철학 속에 잘 배치된 것으로, 그는 모든 열정을 거기에 쏟아부었다. 우선 듀이는 교육에 관한 이론을 제시하려 했다. 지성의 발달이나 지식의 역할에 관한 이론이며, 다원주의에 전적으로 부합되는 사고였다. 『종의 기원』이 출간된 해에 태어나 진화론의 과학이 꽃을 피우던 시기에 지성을 키운 사상가에게 현대 교육은 과학적이지 않으면 무가치한 것이었다.

듀이는 우선 개개의 학습자는 자신이 처한 환경에서 생겨난 다양한 문제를 해결하기 위해 정신을 도구로 사용하는 존재라고 생각하고, 점차 '학습자의 성장'으로 이해되는 교육 이론을 발전시켰다. 그의 견해에 따르면, 현대의 교육 제도는 민주주의, 과학, 산업주의의 시대 속에서 기능해야 했다. 즉, 교육은 시대의 요구에 부응하려고 노력해야 한다는 것이다. 전前민주주의적이고 전前산업주의적인 사회에 바탕을 둔 관행은 지식을 고정화된 진리라고 여기는 한가하고 귀족적인 견해의 산물이기 때문에, 교육은 무엇보다도 그런 관행에서 벗어나야 한다고 생각했다. 듀이는 또 자신을 비롯한 동시대인들은 이제 과거로부터 물려받은 일련의 부자연스러운 이원론을 극복해야 한다고 느꼈다. 특히 그가 중시한 것은 지식과 행위의 이원론이다. 듀이가 보기에, 행위는 지식에 관여한다. 다만 이 말은 이해력이 부족한 일부 비평가들이 주장하는 것처럼 지식은 행위에 종속된다거나 지식은 "실천"보다 열등하다는 의미가 아니다. 지식은 행위의 한 형태이며 행위는 지식을 획득하고 사용하기 위한 조건의 하나라는 의미이다.

듀이는 또한 교육과 민주적·혁신적인 사회의 상관관계를 찾으려고 했다. 어떻게 하면 어린이들을 그저 본연의 이미지대로 길러냄으로써 기존 사회의 밑바탕에 있는 모든 결함을 영속화하지 않는 교육제도를 수립할 수 있을까? 민주주의 사회가 진정으로 모든 구성원을 떠받드는 것이라면, 그런 사회가 갖춰야 할 것은 구성원들이 유년기의 첫 시기에 능력을 개발할 수 있게 해주는 학교이며, 사회 전체의 특색을 단순 재생산하는 것이 아니라 사회 자체를 어떻게 개선하면 좋은지 가르쳐주는 학교이다. 바로 이런 의미에서 듀이는 교육을 사회 재건의 주요한 힘으로 보았다. 요컨대, 사회를 개조하려면 무엇보다도 어린이들이 사회의 재생에 어떤 식으로 기여할 수 있는지 그 방도를 찾아야 하고, 또 그러자면 어린이들을 학교의 중심에 두고 교사들의 완고한 권위나 교과과정의 전통적 비중을 재검토하면서 아이들 자신의 흥미나 충동의 발달을 중시해야 한다는 것이다. 어른들의 차분한 안내로 아이들의 흥미나 충동을 학습 쪽으로 이끌면, 학습 과정은 촉진되고 사회 개혁에 적합한 유형의 성격이나 정신이 형성된다고 듀이는 생각했던 것이다.

이는 듀이의 이론을 지나치게 축약한 것이지만, 적어도 그의 문제의식을 보여주고 그 해결 과정에서 중심적 역할을 할 인간—어린이—에게 관심을 쏟도록 하는 데는 도움이 된다. 어린이라는 개념—단순한 지적 구성 개념이 아니라 일련의 깊은 정서적 관여나 요구의 초점으로서의 개념—이 신교육의 핵심을 이루고 있음을 감안하면, 우리는 우선 이 개념의 검토에서 시작해야 할 것이다. 이후에 상당한 수정을 가하게 될 테지만, 듀이와 그의 동시대인들에 의해 형성되고 나중에 신교육의 흐름에 수용된 어린이 개념은 포스트다윈주의적이기보다는 낭만적이고 원시주의적이었다고 생각된다. 이런 어린이 개념과, 이와 관련된 어린이의 자연스러운 성장에 관한 가정 때문에, 듀이 자신이 극복해야 한다고 생각했던 이원론의 해체는 듀이와 그 추종자들에게 점점 더 곤란한 일이 되었다. 또한 어린이를 중심에 두는 것과, 교육에서의 질서나 권위가 여전히 필요하다는 것을 양립시키는 일 역시 듀이의 노력에도 불구하고 곤란해졌다. 결국에는 어린이 개념을 에워싸는 신성한 영역과, 교육에서의 민주주의의 역할을 현실적으로 논의하는 일도 곤란해졌다.

듀이나 그의 동시대인들이 왜 어린이들에게 다가갔는지, 그 정서적인 측면을 이해하기 위해서는 그의 세대가 미국 교육의 변혁에 착수한 세기 전환기의 지적 분위기를 어느 정도 재현할 필요가 있다. 당시에는 미국과 유럽에서 어린이들에 대한 관심이 높아지는 한편, 직업적으로 어린이들과 관련이 있는 사람들 사이에서는 새로운 감정적 변화가 생겼다. 1909년에 스웨덴의 페미니스트 엘렌 케이Ellen Key는 『어린이의 세기世紀』라는 의미심장한 제목의 책을 썼다. 이 책은 어린이라는 존재가 재발견되었다고 생각하는 사람들의 기대를 집약적으로 보여주었다. 하지만 이런 식의 결의 표명은 점차 진부한 것으로 여겨졌다. 1900년, 조지아 주 교육감은 전미교육협회 연례총회에 제출한 「이 아이는 어떤 아이가 될까?」라는 제목의 자극적인 글에서 다음과 같이 말했다.4

만약 누군가 금세기의 위대한 발명은 무엇이냐고 묻는다면, 나는 인간이 나무와 돌과 철과 놋쇠를 가공해 이룬 화려한 업적은 모조리 제외할 것이다. 인쇄기, 직조기, 증기기관, 증기선, 해저 케이블, 전신, 무선 전신, 전화, 축음기 등을 열거할 마음도 없다. 우주로 눈을 돌려 태양계에 가세한 어느 행성을 가리키지도 않을 것이다. 인간의 신체와 두뇌 연구에서 혁명을 일으키는 엑스선도 위대한 발명에 집어넣을 생각이 없다. 전 세계의 일을 놀라울 정도로 늘려준 노동 절약 기계나 장치도 모두 건너뛸 것이다. 이런 모든 것들보다도 세계의 진보를 시간의 흐름 속에서 적확하게 보여주는 것은 얼마 남지 않은 금세기의 위대한 발견, 즉 어린아이들일 것이다.

이처럼 어린아이들의 발견이 얼마나 중요한지를 언급한 이 교육 관료는 앞선 세기, 즉 교육이 "독재적인 소수파의 배타적 특권"이었다가 (그가 생각하기에) "전능한 민주적 다수파"의 재량에 맡겨졌던 시대의 진보를 요약하는 작업으로 옮겨간다. 기회의 자유는 이미 미국의 모든 어린이들에게 주어져 있었지만, 그 이상의 개혁은 여전히 진행중이라고 이 인물은 말한다—"이미 우리 미국인들은 낡은 교육 제도가 어린이들에게 맞지 않다는 것을 알았다.…… 우리는 아이들을 제도에 끼워맞추려는 시도를 중단했다. 이제는 제도를 아이들에게 맞추려고 노력하는 중이다." 이 인물은 종교적 이미지에 호소하면서 미국의 교사들을 그리스도에 비유했다. 그리스도가 나사로를 살려낸 때처럼, 교사들은 죽은 이를 싸매는 하얀 천으로부터 미국의 어린이들을 풀어주어 마음껏 자라게 한다는 의미였다. 그는 교사들이야말로 하느님의 가장 비천한 아이들을 구해줄 것으로 기대되기 때문에, 장차 그들에 대한 그리스도의 요구가 한층 더 높아질 것이라고 놀라운 통찰력으로 예언했다. "이제까지 교사의 역량은 똑똑한 아이들을 어떻게 가르치는지를 가지고 판단되었다. 그러나 새로운 세기가 시작된 뒤로는 학습 지진아나 결함이 있는 아이들을 어떻게 가르치는지를 가지고 판단하게 될 것이다. 학교에서 최고의 학생들이 아니라 최저의 학생들을 어떻게 가르치는지가 교사의 역량을 재는 진정한 기준이 되어 역사상 그 어느 때보다도 중요해질 것이다."5 그에 따르면, 새 시대의 교육심리학은 "탕아나 길 잃은 어린 양을 위한 심리학"이 될 것이었다. 아동에 관한 연구와 학교의 발전이 최종 단계에 도달하여 교육 제도가 미국의 모든 학생들을 감싸서 기르게 되면 미국인의 삶에도 "위대한 기쁨"이 찾아올 것이라고 이 관료는 생각했다—"미국의 모든 아이들을 구제하여 부와 지성, 그리고 우리의 위대한 민주주의 정부에 공헌할 수 있는 존재로 만들어야만 우리는 비로소 기쁨의 순간을 맞이할 것이다."

이 글을 여기에서 다룬 것은, 이론가가 아니라 현장 교육자가 쓴 것이기는 해도 당시의 첨단적 교육 사상에 만연해 있던 온갖 확신을 간결하게 요약하고 있기 때문이다. 그것은 예컨대 그리스도교적 열정과 자애, 현대 세계에서는 어린이가 중심적 위치에 있다는 감각, 그리고 교육의 성과를 재는 기준인 민주주의나 기회 균등에 대한 관심을 반영하고 있었다. 게다가 학습 지진아와 그들을 위한 교육 제도의 중요성을 확신하고, 교육이나 아동에 관한 연구도 낙관적으로 전망했다. 교육은 본질적으로 성장과 동일한 의미라는 신념을 가지고, 적절한 교육은 학생들 개개인의 자아실현에 초점을 맞추면서도 민주주의 사회의 실현과 구제에도 기여하게 될 것이라고 믿었다. 그의 글에는 이런 특징들이 진하게 배어 있다.

아마도 이 조지아 주의 교육 관료는 당시의 교육 분야에서 지도적 역할을 한 인사들의 저작을 읽었을 것이다. 그의 아동관은 이런 저작들의 견해와 대체로 일치한다. 40대 초반의 나이로 교육 문제에 매달리기 시작한 듀이도 물론 그중 한 명이다. 하지만 여기서는 듀이보다 앞선 세대의 두 인물, 즉 교육자 프랜시스 웨일런드 파커Francis Wayland Parker와 심리학자 G. 스탠리 홀G. Stanley Hall에 관해 조금 언급해두고 싶다. 당시 두 사람의 영향은 듀이 이상으로 중요하게 여겨졌다. 일찍이 듀이가 혁신주의 교육의 아버지라고 불렀던 파커는 비범한 활력을 지닌 매우 유능한 교육자이자 탁월한 학교 행정가였다. 1870년대에 파커는 매사추세츠 주 퀸시의 학교 제도를 재편하여, 가장 전통적인 교육 기준에서 보더라도 흠 잡을 데 없는 성과를 거두었다. 얼마 뒤에 그는 시카고의 쿡카운티 사범학교 교장을 맡아 자신의 교육 이론이나 교수 기법을 더욱 발전시켰다. 확실히 파커는 존 듀이나 G. 스탠리 홀에게 중요한 선례를 제시했다. 듀이는 쿡카운티 사범학교에서 감명을 받아 1896년에 자신의 "실험학교"를 설립했고, 홀은 한동안 "자신의 교육 시계를 맞추기 위해" 매년 파커의 학교를 방문했다.

파커가 자신의 교육 이론에서 구사하는 언어는 여러 면에서 너무 고리타분하여 새로운 사상의 흐름과 조화를 이루지 못했다. 그것은 대체로 전前다윈주의적이어서, 듀이의 저작처럼 폭넓은 호소력을 지닌 더욱 정교한 기능주의 심리학의 흔적은 보이지 않았다. 하지만 파커의 아동관은—프뢰벨의 아동관을 상당히 모방한 것이었다—대단히 중요한 것이었다. "어린이는 하느님의 모든 창조물의 정점"이며, 어린이란 어떤 존재인가 하는 물음에 답하는 것은 하느님에 관한 인식에 다가서는 일이라고 파커는 말했다. "하느님은 친히 어린이에게 그 신성을 불어넣으셨다.…… 이 신성은 눈으로 보고 손으로 만질 수 있는 것들을 통해 진리를 탐구하는 과정에서 자명해진다." "어린이의 자발적인 경향은 타고난 신성의 증거이다." 그리고 그는 다음과 같이 주장했다. "우리 교사들은 한 가지 목적을 위해 여기에 있다. 그 목적은 이런 경향을 이해하고 그것을 천성에 따라 모든 방면으로 지속시키는 일이다." 만약 어린이가 신성을 지닌 "모든 과거의 결실이자 모든 미래의 씨앗"이라면, "교육에서의 모든 운동의 중심은 **어린이이다**"라고 결론지어도 전혀 어색하지 않다고 말이다. 어떤 이는 어린이의 자발적 활동에 대한 파커의 관심이 무익하기는커녕 결실을 맺은 것은 어느 정도 어린이에 대한 그의 관점 때문이라고 과감하게 추측할지 모른다. 어린이는 뭐든 가리지 않고 호기심을 품은 채 모든 문제에 자연스러운 관심을 보이는 존재이며, 한창 발달하고 있는 일종의 학자이고, 타고난 예술인이자 장인이라고 파커는 생각했다. 따라서 그는 다소 엄격한 교과과정을 제안했고, 후대의 많은 혁신주의자들과 달리 초등학교의 모든 학년에서 문법을 가르쳐야 한다고 믿었다. 문법은 "철저하게 익힐" 필요가 있다고 생각했기 때문이다.

나중에 듀이가 그런 것처럼, 파커도 학교가 곧 사회라는 것을 강조했다—"학교는 가정의 모델이자 완전한 공동체, 민주주의의 맹아여야 한다". 또한 바르게 운영하기만 하면 학교는 경이적인 개혁을 달성할 것으로 기대할 수 있다고 생각했다—"우리는 **모든 어린이**를 구제할 수 있다는 확신을 가져야 한다. '미국의 보통학교에서 하는 교육을 통해 세계가 쇄신되기를 희망한다'고 시민들은 마음에 새길 필요가 있다."6

이런 말들이 등장한 시대는 아동 연구 운동의 지도자인 G. 스탠리 홀이 다음과 같이 말한 시대이기도 했다. "아이들의 보호자는 무엇보다 야만적인 방법을 쓰지 않으려고 노력해야 한다.…… 하느님의 손에서 갓 떨어져나온 아이들은 타락하지 않으며, 이 세상에서 가장 고상한 것을 남기는 존재라고 깊이 느껴야 한다.…… 자라나는 아이들의 몸과 영혼만큼 사랑과 경의와 봉사를 누릴 만한 것도 없다." 당시에는 듀이도 "어린이 자신의 본능이나 힘이 재료를 제공하고 모든 교육을 위한 출발점이 되어준다"고 생각하고 다음과 같이 말했다. "우리는 읽기, 쓰기, 지리 등〔어린이의—R. H.〕 사회생활과 동떨어진 갖가지 특수한 공부를 어린이들에게 너무도 갑작스럽게 들이밀었다. 그렇게 함으로써 어린이의 천성을 더럽히고 가장 좋은 윤리적 결과를 낳기 어렵게 만든다. 서로 관계되는 학교 과목들의 진정한 중심은 과학이나 문학, 역사, 지리가 아니라 어린이들 자신의 사회적 활동이다."7

확실히 신교육이 단순한 수단으로서가 아니라 하나의 신조로서 세상에 제시되었다. 그리고 이 신조에는 순전히 교육적인 특정 성과가 개인이나 인류에게 모종의 궁극적 구원을 가져다주리라는 희망 이상의 의미가 있었다. 예를 들면 G. 스탠리 홀은 (뒤에 가서 언급하겠지만) 아이들의 자연스러운 성장에 맞춘 교육이 미래의 초인을 기르게 될 것이라고 생각했다. 교육의 가능성에 대한 듀이의 초기 견해도 마찬가지로 의기양양했다. 듀이는 『나의 교육 신조』라는 적절한 제목을 붙인 소책자에서 교육은 "사회 진보와 사회 개혁을 위한 기본 수단이다"라고 말했다. 그러므로 교사는 "개개인의 훈련뿐만 아니라 적절한 사회생활의 형성에 관여하는" 존재로 여겨져야 한다. 따라서 모든 교사는 자신을 "적절한 사회 질서를 유지하고 올바른 사회의 성장을 확보하기 위한 특별한 공복이라고 생각해야 한다. 이처럼 교사는 언제나 하느님의 참된 예언자이며, 하느님의 참된 왕국으로 이끄는 선도자이다."8 분명 이와 같은 높은 기대는 교육 개혁을 위한 어떤 제안에도 엄청난 부담으로 작용했다.

이런 신조나 호전적인 믿음은 지배적인 신조로서 확립되기 전에 극히 완강한 저항에 직면해야 했다. 이런 개혁 운동에 가세해야 한다고 느끼는 사람들은 미묘한 차이에 별로 개의치 않고 또 자신들의 사고의 한계나 위험성을 의식하지 않는다. 유감스럽게도, 교육 같은 실제적 영역에서 철학이나 신조적 관여의 성격은 그것을 실천하고자 할 때의 강조점이나 균형의 문제만큼 중요하지는 않다. 그리고 사상 그 자체로부터 균형 감각을 자동적으로 끌어내는 방법 같은 것은 존재하지 않는다. 예를 들어, 신교육의 초기 대변자들은 어린이를 존중해야 한다고 주장했지만, 존중과 모종의 진부한 숭배가 어느 지점에서 구분되는지는 좀처럼 판단할 수 없었다. 듀이 자신도 1930년대에는 자기 이론이 오용되거나 지나치게 단순화되는 데 대해 경고하기 시작했지만, 본질적 논점의 어떤 부분을 포기하지 않고 규제의 선을 그을까 하는 문제에서는 후기 저작에서도 어려움을 느꼈다.

3

듀이와 그의 세대에 의해 형성된 어린이 개념이 매력적인 것은 포스트다윈주의적 자연주의와 똑같은 정도로—또는 그 이상으로—낭만주의의 유산이 느껴지기 때문일 것이다. 이 개념에 관한 가장 정교한 서술은 낭만주의적 견해를 아동에게 적용한 유럽의 저술가들에 의해 이루어졌다—에머슨은 「문화」라는 에세이로 듀이 사상의 대부분을 선취했는데, 듀이는 그런 에머슨에게 경의를 표했고 루소나 페스탈로치, 프뢰벨에게도 그런 태도를 보였다. 이 교육 개혁가들이 세기 전환기 이전에 가다듬은 교육 관념은 개인의 발달—감수성이나 상상력, 개인적 성장이 일차적으로 문제시된—과 사회 질서의 필요성—특수 지식이나 규정된 관습과 도덕, 전통이나 제도에 맞춰진 개인적 소양이 요구된다—을 대립시킨 점에서 낭만주의적인 성격을 띠었다. 그들은 인위적인 사회에 맞설 자연 그대로의 어린이들에게 빠져들었던 것이다. 그들에게 어린이는 하늘의 영광을 안고 이 세상에 온 존재이며, 교사들의 신성한 임무는 어린이들에게 이질적인 규칙을 들이밀려는 시도에 가담하지 않고 어린이들이 자유를 누릴 수 있도록 지켜보는 것이었다. 그들이 마음속으로 그리는 어린이의 생활은 자연이나 활동에 어느 정도 직접적으로 관여하는 것이었다. 즉, 어른들에게나 의미가 있는 전통을 흡수하거나, 어린이의 욕구·관심보다도 성인 사회가 필요로 하는 독서나 기술 습득에 관여하는 것은 아니었던 것이다.[9]

이러한 교육관은 세기의 전환기에 서구의 사상가들 사이에서 다시 한번 유행하기 시작했다. 미국은 그것을 탐욕스럽게 받아들였다. 이 나라에서는 언제나 어린이를 방임하는 경향이 있었다―19세기에 미국을 다녀간 여행자들은 하나같이 이 점에 주목했다. 게다가 미국의 교육은 아주 유동적인 상태였기 때문에, 전통적인 교육 제도가 굳어진 유럽 나라들에 비해 이런 매력적이고 새로운 관점에 대한 저항력이 약했다. 미국의 복음주의적 풍토도 하나의 힘이 되었다. 이런 단정은 미국의 모든 어린이를 "구제하는 일"에 관해 신교육 관련 교육자들이 구사한 언어나, 구제된 어린이는 스스로 문명을 재건할 것이라는 그들의 암묵적 약속에 의해 뒷받침된다. 1897년의 교육 개혁을 수행한 젊은 교육 개혁가들은 좋은 교사는 "하느님의 참된 왕국"을 향한 길잡이가 될 것이라고 믿었다. 듀이와 같은 종교색이 옅은 사상가조차 이런 확신을 수십 년에 걸쳐 견지했던 것이다.

신교육을 주창하는 사람들의 발언에 내포된 자발성, 본능, 활동, 자연 같은 말의 강조점을 주의깊게 살펴보면, 교육 문제가 어떤 식으로 제기되었는지를 알게 된다. 요컨대, 어린이는 자연스러운 동시에 신성한 하나의 현상이며―여기서 포스트다윈주의적 자연주의와 낭만주의적 전통이 손을 잡는다―어린이의 욕구나 본능의 "자연스러운" 양상은 하나의 엄연한 명령이어서 교사들이 이를 침해하는 것은 신성 모독이다.

우리는 드디어 신교육의 중심적 사고가 가지는 의의를 검토할 준비를 마쳤다. 학교가 학습의 바탕에 둬야 하는 것은 사회의 요구나 교육 받은 사람의 이상적 이미지가 아니라 어린이의 발달하는 욕구나 관심이다―이런 사고는 우선 어린이의 천성은 교육과정에 부정적인 한계를 부과하며 그 한계를 넘어서려 해도 아무 소용이 없다고 말하는 것이 아니다. 그런 말은 너무 극단적이다. 신교육의 관념은 어린이의 천성이 교육 절차의 적극적인 길잡이라는 것, 즉 어린이는 스스로 교육과정에 생명을 불어넣을 욕구나 충동을 자연스럽고 자발적으로 만들어낸다는 것을 의미한다.

1901년에 G. 스탠리 홀은 「아동 연구에 입각한 이상적 학교」라는 제목의 계발적인 논문에서 이런 지도 원리가 가져올 결과를 설명하려고 했다. 그의 말에 따르면, "현행의 모든 관례나 전통, 방법이나 철학과 잠시 결별하여 **아동기의 천성과 욕구에 관한 참신하고 포괄적인 견해에만 의거한 교육의 모습**을 찾으려고" 시도했다.[10] 요컨대, 그는 무익한 과거에 얽매인 종래의 이상적 교육관보다는 현대의 아동 연구가 거둔 성과가 본래의 목적에 훨씬 더 적합하다고 생각했다. 홀은 또 어원을 따져보면 학교라는 단어는 여가, "노동의 면제, 생존 투쟁이 시작되기 전에 조성된 태곳적 낙원의 영속화" 등을 의미한다고 지적했다. 이런 의미로 생각하면 학교는 건강이나 성장, 전통 계승을 위한 것이며, "이런 요소들이 1파운드만 있어도 1톤만큼의 교육적 가치가 있다"는 것이었다.

어린이의 건강과 여가와 성장에는 자연스럽고 신성한 성격이 있다고 홀은 믿었다. 따라서 어린이들의 자유 시간을 줄이고 교과과정에 따르도록 할 경우에는 사전에 이중으로 점검하여 정당한 행위임을 명확하게 입증해야 한다.

우리는 알파벳, 구구단표, 문법, 음계, 서적 등의 맹목적인 숭배에서 벗어나 다음과 같은 것을 숙고해봐야 한다.…… 카드모스에 의한 알파벳의 발명은 사람들의 뇌리에 분쟁의 씨앗을 뿌려놓은 것이었던 모양이다〔카드모스는 그리스 신화에 등장하는 영웅으로, 그리스에 처음으로 알파벳을 가져다주었다고 한다. 이 신화에서 페니키아의 왕자였던 카드모스는 동생을 찾으러 길을 떠났다가 용을 만나 결투 끝에 죽이고는 아테나 여신의 지시에 따라 용의 이빨을 땅에 뿌린다. 땅에 떨어진 용의 이빨은 무장한 전사들로 변해 솟아난다. 여기서 '용의 이빨을 땅에 뿌리다'라는 말은 '분쟁의 씨앗을 뿌리다'라는 의미로 변용되었다〕. 샤를마뉴를 비롯한 세상의 위인들은 대부분 글을 읽거나 쓸 줄 몰랐다. 학자들에 따르면, 코르넬리아〔고대 로마의 개혁 정치가인 그라쿠스 형제를 낳아 홀로 키워낸 여성〕, 오필리아〔햄릿의 비극적인 여주인공〕, 베아트리체〔단테의 문학에 큰 영향을 끼친 여성. 실존 인물이라는 설과 단테가 꾸며낸 인물이라는 설이 있다〕, 그리고 성모 마리아도 글자를 전혀 몰랐다. 중세의 엘리트층인 기사들은 뭔가를 쓴다는 행위는 학자들의 속임수에 불과하다고 여겼다. 자신들의 지혜만으로 충분하기 때문에, 다른 이의 생각으로 자신의 지혜를 더럽히는 일을 수치스럽게 생각하는 사람들은 글쓰기에 관심을 기울일 필요가 없었던 것이다.

홀은 하버드나 독일의 대학에서 그의 세대로서는 최고 수준의 교육—대단히 전통적인 교육—을 받았다. 그래서 신교육의 목표가 읽고 쓰는 능력의 파괴에 있다는 식으로는 생각하지 않았을 것이다.[11] 그의 견해의 중요성은, 어린이의 발달에는 자연스럽고 정상적인 과정이 존재하며, 그것은 책에 의지한 사고보다 뛰어나다고 생각한 점에 있다. 그의 주장에는 이치에 맞는 것도 있어서,[12] 오늘날에도 여전히 큰 효과를 거두기도 한다. 또한 파커가 문법의 가치에 집착한 것처럼, 홀이 자연스러운 발달을 중시하면서도 그렇다고 고전어 공부가 완전히 소멸하지는 않을 것이라고 생각한 점도 흥미롭다. 적어도 일부 어린이들은 어학 공부를 외면하지 않을 것이라고 홀은 생각했다. 게다가 그 자신은 어학 공부를 발달 단계의 어느 시점에 도입하는 것이 '자연스러운지'를 아주 정확히 알고 있었다. "사어를 가르치려면, 라틴어는 열 살이나 열한 살 전에 시작해야 하고, 그리스어는 열두 살이나 열세 살을 넘겨서는 안 된다." 지난 70년간의 변화를 돌아보는 현대의 독자에게 이 사실은 특히 흥미롭다. 한 세대 뒤, 신교육 주창자들은 대체로 이런 언어들을 쓸모없다고 생각하게 되었다. 초등교육 단계에서 이런 고전어를 가르치는 것을 그들이 보았더라면 아마도 소스라치게 놀랐을 것이다.

어린이에 관한 과학적인 연구가 교육에 가져다준 성과를 놓고 홀은 분명 유토피아적인 기대를 품었을 것이다. 그는 충분한 자금과 5년의 실험 기간을 거쳐 교육 이론가들뿐만 아니라 보수주의자들도 납득할 만한 프로그램을 제시할 것임을 "아무런 의심이나 두려움 없이" 확신했다.

왜냐하면 이 프로그램에는 최선의 성과가 반영되어 있을 것이기 때문이다. 무엇보다도 이 프로그램은 본질적으로 학교 중심이 아니라 아동을 중심에 두려는 것이다. 16세기의 종교개혁은 안식일과 성서, 교회가 인간을 위해 만들어진 것이지 그 반대가 아니라고 주장했는데, 이 프로그램은 그것과 제법 비슷한 것이 될지도 모른다. 또한 현대 과학과 심리학 연구의 실천 및 결과에도 들어맞아, 종교나 도덕을 더욱 유효한 것으로 만들어줄 것이다. 그리고 무엇보다도 학교 안의 개인에게 공화제적 정체政體에 걸맞은 완전한 권리를 부여하고, 인류를 초인 같은 더욱 성숙된 경지로 이끄는 데 유용할지도 모른다. 그러니까 예술, 과학, 종교, 가정, 국가, 문학 같은 인간의 모든 영위에서 직면하는 최고이자 최종적인 과제─효과적인 발달─를 실현하는 데 기여할 수도 있을 것이다.

홀은 열 살 먹은 라틴어 학자가 탄생하기를 바라면서 미래의 초인을 길러내자고 호소했다. 그러나 생활적응 교육자들은 이런저런 저작에서 학문적인 과목에 반대하면서 "어떻게 하면 파티에서의 활동에 모든 사람을 참여시킬 수 있을까?"라든가 "중학생이 데이트를 해야 하는가?" 같은 주제를 교실에서 토론하도록 촉구했다. 양측의 견해에는 분명 커다란 간극이 있어 보인다.[13] 하지만 유토피아를 구현하려는 사람들의 눈에는 목표에 이르는 지름길이 보이게 마련이다.

4

신교육의 낭만주의적·다원주의적 배경을 생각하면 왜 듀이가 교육을 성장이라고 정의할 수밖에 없었는지를 이해하기가 쉬워진다. 듀이에게 교육은 성장이라는 이 개념은 무심한 착상도 아니고 터무니없는 은유도 아니다. 교육과정의 본질 자체를 확인하고 다시 서술하려는 시도의 표출이다.『민주주의와 교육』에서 자주 인용되는 구절에는 듀이의 문체가 사람들을 곤혹스럽게 만드는 요소를 가지고 있다는 점과, 그가 교육은 곧 성장이라는 개념을 중시했다는 점이 함께 나타나 있다.14

이제까지 우리는 성장의 조건이나 의미에만 매달려왔다.…… '교육은 발달이다'라고 말할 때, 모든 것은 발달을 **어떻게** 생각하는지에 달리게 된다. 우리의 최종적인 결론은 인생이 발달이라는 것, 그리고 발달과 성장이 인생이라는 것이다. 이것을 교육에 해당하는 말로 바꿔보면, 1) 교육과정은 그 자체가 종국 목표이며 그 밖의 종국 목표는 가지지 않는다, 2) 교육과정은 지속적인 재편, 재구성, 변용의 과정이다……라는 의미가 된다.

실제로 더 많은 성장을 제외하면 성장과 비교할 만한 것은 아무것도 없기 때문에, 더 많은 교육을 제외하면 교육은 어디에도 종속되지 않는다.…… 교육은 성장이나 인생의 충족 조건을 제공하려는 시도를 의미하며, 나이와는 상관없다.……

성장은 인생에서 특징적인 것이기 때문에 교육은 자라남과 완전히 같은 것이다. 그것 이외에는 종국 목표를 가지지 않는다. 학교 교육의 가치를 가늠하는 기준은 교육이 어느 정도나 성장을 지속시킬 욕망을 창출하고 이 욕망을 실제로 구현할 수단을 제공할 수 있는가 하는 것이다.

이 대목의 의미에 관해서, 교육은 성장과 비슷하다거나, 성장과 공통되는 뭔가를 가지고 있다거나, 성장의 한 특수 형태일지도 모른다고 생각해서는 안 된다. 오히려 교육은 **곧** 성장이며, 성장은 인생이고, 인생은 발달이다. 이렇게 생각해야 하는 것이다. 그리고 무엇보다 더 많은 교육 말고는 다른 어떤 목표도 추구하지 않기 때문에, 교육에 종국 목표를 제시하려는 것은 무의미한 일이다. 이렇게 해석해야 하는 것이다. "교육의 목적은 개인들이 계속해서 교육을 받을 수 있도록 해주는 것이다"라고 듀이는 말한다.[15]

교육은 성장이라는 사고는 언뜻 보면 부정하기 힘들다. 확실히 교육은 수축의 한 형태가 아니다. 교육은 곧 성장이라는 말은 학습 과정과 자연 세계가 바람직한 형태로 연결된 듯한 인상을 준다. 이 개념은 상쾌할 정도로 비非기계적이다. 교육은 누적적·자기 확대적인 것이며 정신이나 인성의 확대·복잡화·강화와 동시에 개량과도 연결된다―이런 사고는 사람들의 상식과도 부합된다. 하지만 일부 비판자들은 교육은 곧 성장이라는 개념은 끝없는 난제를 낳는다고 주장해왔다. 그리고 내가 보기에 이 개념은 듀이의 몇몇 추종자들에 의해 현대 교육 역사상 가장 큰 해악을 끼치는 은유가 되어버렸다. 성장은 자연스럽고 동물적인 과정이며, 교육은 사회적인 과정이다. 어린이의 성장은―말 그대로 받아들이면―자동적으로 진행되는 것이며 일상적인 돌봄이나 양육만을 필요로 한다. 성장의 종착점end은 상당 부분 유전적 요인에 의해 미리 정해지는 반면, 교육의 목적ends은 제공되어야 한다. 어린이의 교육을 생각할 때 우리는 두 개의 언어를 배우도록 할지 어떨지를 자유롭게 고려할 수 있지만, 아이들의 자연스러운 성장을 생각할 때는 두 개의 머리를 발달시킬지 어떨지를 고려할 수는 없다.

성장이라는 것은 본래 생물학적인 은유이고 개인적인 개념이기 때문에, 이 개념은 정신을 교육의 사회적 기능으로부터 떼어내 교육의 개인적 기능으로 돌려버리는 효과를 발휘할 수밖에 없다. 어린이가 사회에서 차지하는 위치에 관한 주장이 아니라 사회의 관심과 대립되는 어린이의 관심에 관한 주장이 되었던 것이다.16 성장 개념 때문에 교육 사상가들은 부당하게 두 가지를 대립시키게 되었다. 즉, 스스로 결정하고 스스로 지시하는 내부로부터의 성장은 선善이고, 외부로부터의 틀에 박은 행위는 악惡이라는 것이다. 듀이의 교육 사상은 생물학적·개인적 지향이 너무 강해서 집합성이나 사회성을 충분히 고려하지 않는다―이러한 지적에 대해서는 듀이 철학 연구자들로부터 곧장 반론이 제기될지도 모른다. 교육과정의 사회적 성격이나 그 궁극적인 사회적 기능에 관해서 듀이 이상으로 적극적으로 발언한 교육 문제 집필자가 있었느냐고 말이다.

하지만 문제는 듀이가 교육의 사회적 성격을 제대로 인식하지 못해서 생겨난 게 아니다. 원인은 개인적 성장이라는 개념이, 어린이 중심의 학교에 집착하는 교육 사상가들에게 사로잡힌 데에 있는 것이다. 듀이 자신은 어린이와 사회의 대립을 궁극적인 것으로 받아들이지 않았지만―사실 그는 양측이 조화로운 통합을 이루기를 바랐다―, 역사적으로 볼 때 교육은 곧 성장이라는 개념은 어린이를 찬미하고 사회 문제를 무시하는 흐름을 낳았다. 그 근거로 여겨진 견해는, 사회의 전통(교과과정의 전통도 포함해서)은 진부하고 지나치게 권위주의적인 필요성을 상징하는 반면, 어린이의 성장은 건강을 상징한다는 것이다. 이런 견해에 동조하는 어느 지도적인 심리학자는 이렇게 썼다. "사회의 권위, 또는 사회의 어떤 구성원도 어린이들에게 행동의 지침으로 보이지 않는다. 어린이들은 저마다 자신의 경험에만 의존한다. 어떤 행동 지침이 만족스럽게 기능하고 어떤 지침이 그렇지 않은지에 관해서 인류는 역사상의 경험을 통해 답을 발견해왔다. 다만 어린이들이 적당한 것이라고 여기지 않는 한, 그 경험은 실제로 활용되지는 않는다."[17]

비판자들이나 추종자들의 견해와 달리, 듀이 자신은 방향성 없는 교육은 옹호하지 않았다. 적어도 이 점만은 분명했다. 그는 후기뿐만 아니라 초기의 교육 관련 저작에서도 종종 이렇게 말했다―어린이는 안내를 받지 않은 한, 스스로 교육에서 올바른 성과를 끌어내지 못한다. 어린이들의 피상적인 행위나 관심, 갈피를 못 잡는 충동이 반드시 가치 있는 것은 아니다. 교사는 "외적인" 목표를 강요하지 말고 어떤 식으로든 어린이들의 이런 "전향적인" 충동을 견인하고 방향을 잡아 발달시켜야 한다.[18]

듀이의 문제점은 다른 데에 있었다. 요컨대, 교육은 성장 자체이며 한층 더 많은 교육 말고는 어떤 목표도 설정할 수 없다고 주장했던 것이다. 이 때문에 듀이는 사회가 교사를 통해 어린이들의 충동을 견인하거나 방향을 잡아주기 위한 기준을 제시하지 못했다. 교사들에게는 여전히 그들 나름의 지도에 나서거나 어린이들의 충동이나 욕구를 어느 정도 구별하도록 확고한 의무가 주어졌지만, 방향을 잡아주는 지표는 제공되지 않았다.[19] 어린이들의 충동을 "전향적으로" 견인한다고는 해도, 어느 방향으로 이끌지가 불분명했던 것이다. 이런 일련의 기준을 세우려면 하나의 교육적 도달점, 즉 어린이들이 무엇을 알아야 하고 어떤 존재가 되어야 하는지에 관한 어른들의 예견이 필요해진다. 듀이는 "어린이의 천성이 그 나름의 운명을 실현하게 하자"고 주장했지만,[20] 어린이들이 운명을 지닌다는 표현은, 시간상으로 떨어진 지점에 어린이들은 상상하지 못하는 종국 목표나 도달점이 존재함을 시사한다. 이 때문에 훗날의 이른바 혁신주의 교육은 수단에 관해서는 매우 풍부하고 독창적이지만, 종국 목표에 관해서는 대단히 무익하고 혼란스러웠다. 교수 기법에 관한 그들은 주장은 대부분 무척 귀중한 것이었지만, 그 기법을 활용해서 무엇을 가르쳐야 하는지에 관해서는 입장이 모호했고 종종 무정견했던 것이다. 아이들의 관심을 학습 쪽으로 돌린다는 의미에서 그들은 초기에 눈부신 효과를 거두었지만, 아이들의 관심에 의해 학습이 밀려난 경우도 많았다. 혁신주의 교육의 기법이 확립됨에 따라 그 도달점은 불분명해졌던 것이다—이런 점에서 혁신주의 교육은 미국인의 삶을 드러내주는 본보기로서도 제격인 것 같다.

듀이 자신이 교과과정에 관해 모호한 입장을 보인 것도 성장으로서의 교육이라는 이 개념에 비춰 생각하면 이해할 만하다. 당연히 그는 교과과정에 관해서도 상당한 양의 글을 썼다. 하지만 미국의 학교 제도에서는 무엇이 좋은 교과과정인지, 또 현행 제도를 대신할 만한 교과과정에는 어떤 것들이 있는지에 관한 듀이의 생각을 그의 교육 관련 저작에서 찾아내기는 쉽지 않다. 교육의 유일하게 정당한 목표는 한층 더 많은 교육이며, 교육에서는 그 어떤 종국 목표나 도달점도 상정해서는 안 된다는 듀이의 명제를 감안하면, 그가 교과과정의 이러한 측면에 관해 언급하지 않은 것도 당연한 일인지 모른다. 듀이는 『민주주의와 교육』을 집필할 무렵에, "교과과정은 과거로부터 물려받은 전통적인 요소를 많이 포함한 것"이라서 "지속적으로 검토하고 비판하고 쇄신할" 필요가 있다고 확신하게 되었다. 그는 또 교과과정은 "어린이나 청소년의 가치관이 아니라 어른의 가치관을, 또는 지금 세대의 가치관이 아니라 지난 세대의 가치관을 체현하고 있는 건 아닌가"라고 말했다. 이런 글에서 보면, 그는 교과과정은 무엇보다 어린이들의 욕구에 따라 편성되어야 하며, 앞에서 언급했듯이 검토나 쇄신은 간헐적이기보다는 지속적으로 이루어져야 하기 때문에, 해마다는 아닐지라도 교과과정의 세대별 구분이 필요하다는 입장이었다.[21]

어느 면에서 듀이는 매우 솔직했다. "어떤 과목이든 직접적인 호소력이 있는 한, 그것이 어디에 좋은지는 물을 필요가 없다." 여기서 그는 보기 드물게 구체적인 사례를 제시한다. "라틴어를 가르치는 것을 정당화하기 위해, 라틴어 자체에 추상적 사유를 길러주는 과목으로서의 가치가 있다고 말하는 것은 근거가 약하다." 여기까지는 쉽게 동의할 수 있지만, 듀이는 더 나아가 이렇게 덧붙인다. 라틴어를 배워두면 장차 쓸모가 있을 것이라는 식의 근거도 제시할 필요가 없다— "학생들이 정말로 라틴어 학습에 관심을 보인다면, 그 사실 자체가 라틴어에 가치가 있음을 입증한다."[22]

이 말에 의도적인 것은 전혀 없다. 문맥을 살펴보면, 듀이는 배우려고 하는 학생들의 자발적 의지가 중요하다고 말했을 뿐이다. 그렇다고 해서 학생들은 무엇이든 즐거워 보이는 것을 공부하기만 하면 된다고 말하는 것은 아니다. 듀이는 적어도 한 저작에서 교사들에게 "단순히 즐거움과 자극만을 주거나 일시적인 것"에 의지해서는 안 된다고 경고한 바 있다.[23] 그러나 이런 식의 결론은 피하기 힘들어 보인다. 즉, 그가 주장하듯이, 모든 공부의 가치가 선택이라는 구체적 상황에 의해 결정된다면, 교과과정을 설계하는 데 필요한 장기적인 과목 평가는 대단히 어려워져버린다고 말이다. "추상적 사유에서는 가치의 정도나 서열 같은 것은 존재하지 않기" 때문에, "과목들 사이에도 가치의 위계를 정할 수 없다"[24]고 듀이는 말했다.

또한 위계라는 말에서 개개의 과목에는 모든 학생들에게 동등하게 적용할 수 있는 영원한 가치가 있다고 생각한다면, 두 번 다시는 그의 말에 동의하고 싶지 않을지도 모른다. 하지만 이런 명제로부터, 어떤 과목이든 다른 과목과 동등하다고 훗날 전미교육협회가 말한 것처럼, "수학이나 역학, 예술이나 농업, 역사나 가정 경영 등은 모두 대등하다"고 결론짓는 것은 너무도 안이한 노릇이다. 듀이에게는 라틴어를 배우려는 학생의 "순수한 관심"이야말로 라틴어의 가치를 보여주는 충분한 증거였다. "직접적인 호소력"을 가지는 한 정당화된다고 해서 "라틴어"를 "운전 연습"이나 "미용술"로 바꿔놓고 보면, 후대의 교육자들이 듀이의 여러 원리를 어떻게 활용했는지 잘 알 수 있다. 듀이 자신은 이런 식으로 치환해볼 생각이 없었겠지만, 그의 철학에는 이런 행위를 막을 수단이 전혀 없었다.

듀이의 철학은 교과과정 제도의 설계에 나쁜 영향을 끼쳤다. 과목들 사이에 어떤 위계가 설정된다고 해도 그것은 잠정적이고 제한적인 것일 따름이다—설령 이런 점을 알고 있더라도, 수년 동안 운영될 교과과정을 설계하기 위해서는 그런 위계를 염두에 둬야 한다. 낮은 학년은 높은 학년에서 어떤 선택을 하는 데 필요한 선행 조건으로 여겨지기 때문이다. 라틴어나 그런 종류의 과목을 배우고 싶다는 절박한 욕구는 어떤 어린이에게든 "자연스러운" 충동이 아니다. 듀이의 말을 빌리자면, 아이들이 라틴어를 배우는 데 "정말로 관심"을 보이게 되는 것은 성인 사회가 일부 아이들의 경우에는 라틴어 공부가 좋은 일이라고 판단하고, 몇 살 때부터 배울 수 있는지를 결정해주는 경우뿐이다. 그리고 성인 사회가 사전에 교과과정 경험이나 사회적·지적인 경험을 알려주어 아이들이 라틴어 공부에 나설지 어떨지를 의미 있게 선택할 수 있도록 해주는 경우뿐이다. 요컨대, 성인 사회의 누군가가 교과과정에 관한 확신을 가지고 그에 따라 교과과정을 기꺼이 조직해야 한다.25 교과과정의 이런 조직화는 아이들에게 상당한 선택의 여지를 주기는 하지만, 듀이가 '허용 범위 내'라고 언명한 교실에서의 "지도"나 "방향 설정"을 벗어날 개연성이 높다.

5

개인에 대한 듀이의 관심은 주로 성장 이념에서 나타났다. 그리고 교육의 사회적 기능에 대한 사고는 교육이 민주주의에 봉사한다는 교육 이념에서 나타났다. 앞에서 지적한 것처럼, 성장이라는 이념은 많은 교육자들에게 반사회적인 편견을 심어주었지만, 듀이 자신이 이런 견해를 가지고 있었던 것은 아니다. 그는 개인의 성장과 민주적 사회 질서의 이해가 불가피하게 대립되기는커녕 조화로운 통합을 이룰 수 있다고 생각했다. 그가 보기에 신교육은 결코 무질서하거나 초개인주의적인 것이 아니었다. 어린이들은 전통적인 제약에서 풀려나더라도 사회적 책임을 다하도록 길러지고, 동년배들이나 미래에 대한 책임이 어린이들의 새로운 책임이 될 것이다. 신교육 자체도 과거의 교육보다 무겁고 엄격한 사회적 책임을 맡게 되고, 민주주의 원리의 완전한 실현이 목표가 될 것이다—이러한 희망을 품은 듀이는 미국의 전통

안에 확고히 서 있었다. 일찍이 보통학교 제도를 확립한 위대한 교육개혁가들도 듀이와 마찬가지로 교육이 민주주의에 기여할 수 있는지 여부를 중시했기 때문이다. 또한 혁신주의자들이 본질적으로 미국 민주주의의 부활과 확대를 열망하고 있었음을 생각하면, 듀이의 사상은 당시의 풍조와 완전히 부합되는 것이기도 했다.

교육과 민주주의의 관계에 관해서 듀이는 다음과 같이 생각하고 있었다―전통적인 교육은 전前민주적 사회에만 어울리는 지식 이론이나 도덕 발달 이론에 근거한 것으로, 민주적 사회에서는 민주주의적 이상의 실현을 방해한다. 고전고대의 시대 이래로 사회는 학문을 유지하는 유한 귀족 계급과, 노동이나 실용적인 지식에 관여하는 노예나 노동자 계급으로 갈라짐에 따라 지식과 행위의 결정적인 분열을 조장했다.26

하지만 민주주의 사회에서는 거의 모든 사람이 나름의 직능을 가진 채 다양한 이해관계와 목표를 공유한다. 그렇기 때문에 이런 사회에서는 양측의 분열을 극복할 수 있어야 하고 또 민주적인 사회 행위를 하기 위한 지식도 이해할 수 있어야 한다. 민주적이고 혁신적인 사회에서는 "개개인에게 사회적 관계나 질서에 대한 관심을 가지도록 하고, 원활한 사회적 변화의 기반이 될 정신을 심어주는 식의 교육이 이루어져야 한다".27

듀이는 교육과정에 사회 변혁의 모든 책임을 안길 수 있다는 망상에 결코 빠진 적이 없다. 그는 『민주주의와 교육』에서 직접적인 지도와 권고만으로는 정신이나 인성의 변화를 가져올 수 없으며, 그런 변화에는 "산업적·정치적 조건들"의 변화가 따라야 한다고 말했다(다만 그런 변화가 구체적으로 무엇을 가리키는지는 설명하지 않았다). 그렇지만 듀이는 교육이 극히 중요한 역할을 맡을 수 있다고 생각했다. "우리는 우리가 실현하고자 하는 사회의 모형을 학교 안에서 만들 수 있을지도 모른다. 또 이런 모형에 맞는 정신을 형성하면 좀더 크고 완강한 성인 사회로 점차 다듬어갈 수 있을 것이다."[28] 이 문장은 듀이가 민주주의를 위해 학교에 제기한 요구의 본질 부분을 단적으로 보여주며, 동시에 그의 교육 철학에 내포된 중심적인 문제점을 드러낸다. 그는 이 문장에서 어린이들의 욕구나 관심과 "우리가 실현하고자 하는 사회" 사이에 일종의 예정조화가 존재한다고 가정할 수밖에 없었다. 그러지 않으면 성장으로서의 교육이라는 이념을 희생시키거나, 어른들에게ㅡ요컨대 외부에서 들이미는 사회의 이상형에ㅡ맞는 "정신의 형성"이라는 목표를 포기해야 했을 것이다.

어떻게 해서 교육이 민주주의에 기여하도록 만들 것인가 하는 점에서, 듀이의 개념은 앞선 교육 개혁가들이 제시한 것과는 다르다. 교육 개혁가들이 보통학교 제도에 기대했던 것은, 대중에게 교육 기회를 넓혀주는 동시에 민주 정치에 필요하다고 여겨지는 정신적·도덕적 특질을 모든 국민에게 제공하는 일이었다. 그들은 성인 사회가 교육의 종국 목표를 세우고 그에 걸맞은 교과과정을 고안한다고 생각한 점에서 전통적이었다. 하지만 이런 생각을 받아들일 수 없었던 듀이는 좀더 미묘하고 광범위하게, 더욱 "자연스러운" 민주주의와 교육의 관계를 탐구했다. 이런 시각이 낳은 한 가지 결과는, 그가 『민주주의와 교육』에서 유한계급과 노동자 계급에 관한 일반적 논의를 펼쳤음에도 불구하고 미국 사회의 구체적인 계급 구조나, 이 구조와 교육 기회의 관계, 또는 사회적 유동성을 높이고 계급 간 장벽을 허물기 위한 기회 확대의 수단에 관해서는 거의 언급하지 않은 점이다. 요컨대,

교육과 민주주의의 문제에 관한 그의 시각은—용어를 가장 넓은 의미로 해석하지 않는 한—경제학적이거나 사회학적이거나 정치학적이지 않았다. 대체로 심리학적 혹은 사회심리학적인 것이었다. 듀이의 이론에서 민주적 교육의 종국 목표는 어린이들을 사회화함으로써 추진되는 것이었다. 그리고 어린이들은 경쟁적인 존재에서 협력적인 존재로 바뀌면서 마음이 봉사 정신으로 "가득찰" 것이었다.

듀이는 우선 계급 분화에 바탕을 둔 교육 제도를 강하게 부정했다. 학문과 실용성의 불건전한 분열이 초래된 원인은 다름 아닌 학식 있는 유한계급과 예속된 노동자 계급이 공존한 데 있다고 생각했기 때문이다. 학문과 실용성, 사고와 행동의 대립은 다양한 계층의 아이들을 받아들이고 사회의 계급 장벽을 학교에 들여놓지 않는 민주적인 교육 제도를 통해서만 극복할 수 있다고 듀이는 주장했다. 민주주의는 "단순한 정부 형태가 아니다. 그것은 무엇보다도 공동생활의 양식이며, 사람들이 함께 나누는 경험의 양식이다".[29] 민주적인 교육자들의 과제는 학교를 특별한 환경이나 공동체의 축소판, 맹아기의 사회 등으로 바꾸는 것이며, 이러한 학교는 사회 전체의 바람직하지 않은 특징을 가급적 제거할 것이라고 듀이는 생각했다. 그에 따르면, 계몽된 사회는 그 모든 성과를 전파하려고 할 뿐만 아니라 "더 나은 미래 사회를 건설하는 데 기여하려고" 할 것이기 때문이다.[30]

그렇다면 민주적인 학교 공동체는 어떤 특징을 지닐까? 듀이는 다음과 같이 보고 있었다—물론 교사는 이제 더이상 엄격한 지도를 통해 외적인 목표를 부과하는 가혹한 권위일 수가 없다. 교사는 어린이들의 자발적이고 자연스러운 충동을 민감하게 알아차리고, 필요한 경우에는 부드럽게 지시하면서 어린이들이 건설적인 종국 목표를 향해

나아가도록 도와주는 존재가 될 것이다. 학생들도 스스로의 교육 목표와 실행 프로그램을 설계하는 데 적극적으로 참여할 것이다. 학습은 개인적·수동적인 것에서 집단적·능동적인 것으로 바뀐다. 그리고 학습 과정에서 학생들은 사고방식이나 경험을 공유하는 법을 배우고, 상대에 대한 배려나 존경심을 기르며, 협동하는 능력을 얻게 될 것이다. 이런 습관들이 널리 확산되면 언젠가는 사회 전체를 탈바꿈시키게 될 것이다. 듀이가 그다지 정당하게 평가받지 못한 글에서 말한 것처럼, "젊은이들의 행동을 견인하는 과정에서 사회는 그들의 미래를 결정함으로써 스스로의 미래도 결정"하기 때문이다.[31]

그의 주장에 좀더 귀를 기울여보자―민주주의적 목표는 방법뿐만 아니라 내용에도 중대한 영향을 끼칠 것이다. 학문을 유한계급의 활동으로 보는 종래의 통념을 버리자마자 그 통념에 근거한 교육 역시 민주주의나 산업주의, 과학의 시대와 어울리지 않는다는 이유로 의문시될 것이다. 학문이 일반에 널리 퍼진 오늘날에는 학문과 계급이 결합되는 경우는 없어졌다. 도처에서 지적 자극을 발견할 수 있다. "그리하여 단순한 지적 생활, 즉 연구와 학문의 생활은 이전과는 완전히 다른 가치가 매겨진다. 학문적이라거나 학자적이라는 말은 영예가 아닌 비난의 대상으로 바뀌고 있다." 하지만 우리는 지금도 "중세적인 학문 개념"의 속박을 벗어버리려 하고 있다. 이 개념은 "어디까지나 우리 본성의 지적인 측면, 즉 뭔가를 배우고, 정보를 축적하고, 학문의 상징을 지배하려는 욕구에 호소하는 것일 따름이다. 실용적인 것이든 예술이든 간에 뭔가를 만들고, 실행하고, 창조하고, 생산하려는 우리의 충동이나 성향은 도외시한 채 말이다".

사실 지적인 교육은 소수의 인간에게만 중요성을 가질 수 있다―

"대다수의 인간이 지적인 관심을 이렇다 하게 품고 있는 것은 아님은 명백한 사실이다. 그들에게 있는 것은 이른바 실제적인 충동이나 기질이다." 이런 이유로 그토록 많은 아이들이 읽기와 쓰기, 셈하기의 기초를 배우자마자 학교를 떠난다. "교육의 목표를 좀더 열어두고 싶다면, 주로 뭔가를 실행하고 만드는 데 관심을 쏟는 아이들에게 매력적인 활동을 교육과정에 도입하고 싶다면, 학생들의 활력을 높이고 학습 기간을 늘리고 문화 수준을 높일 수 있는 학교상을 모색할 필요가 있다." 듀이의 말에 따르면, 교육은 이미 이런 방향으로 변하고 있으며, 새로운 추세가 "학교 제도를 완전하고 철저하게 장악하면" 교육은 미래에 대해 위대한 기여를 할 수 있게 된다. "학교가 사회의 모든 아이들을 작은 공동체의 일원으로 받아들여 훈련시키면서 봉사 정신을 불어넣고 스스로 진로를 결정할 수 있는 수단을 제공하면, 조화롭고 가치 있는 사회를 확실하게 건설할 수 있는 것이다."[32]

듀이와 그의 추종자들은 사회적 이상을 실현하려는 과정에서 성인의 권위에 대한 우려와 사회 개혁에 대한 열망 사이의 모순에 직면했다. 앞서 지적한 것처럼, 듀이는 줄곧 교실에서 성인이 지도하는 것을 긍정적으로 여겼다. 그가 반대한 것은 어른들이 교육의 종국 목표를 세워야 한다는 사고였다. 성장의 이념에서는 교육의 종국 목표는 있을 수 없는 것이기 때문이다. 하지만 교육자들 사이에서 사회 개혁 세력이 힘을 키워감에 따라, 사회 개혁의 이상은 어차피 어른들이 세운 종국 목표여서 그것을 실현하기 위해서는 어린이들의 참여가 필요하다는 것이 점점 분명해졌다.

이런 사실은 대공황에 대한 반발이 일어나던 시기에 특히 분명해졌다. 듀이가 『경험과 교육』을 쓴 1938년 무렵에는 교사들로 하여금 교실 안에서 제안하는 것을 꺼리게 만드는 신교육의 지나친 행태를 어느 때보다도 날카롭게 경고할 수밖에 없었다. 심지어 교사들은 학생들에게 무엇을 하면 좋은지를 알려줘서는 안 된다고 생각했기 때문에, 아이들은 이런저런 물품이나 재료를 제공받은 그대로 놓아두는 사례까지 있음을 알고 듀이는 이렇게 말했다. "그렇다면 재료는 왜 제공하는가? 재료 자체가 제안의 일종 아닌가?" 그렇지만 교사들에게는 역시 그룹 활동의 지도자 역할만 주어졌다. 교사들은 어디까지나 학생 집단의 흥미에 따라서만 제안을 해야지, "권력을 과시하기" 위한 지시 같은 것은 허용되지 않는다고 여겼던 것이다.

여기서도 성인의 권위에 대한 우려는 가시지 않는다. 듀이의 말을 빌리면, "아이들의 행동을 그들의 목적이 아니라 교사의 목적에" 억지로 맞춰버리는 것에 대한 우려이다. 신교육의 가장 훌륭한 점은 "학습 목적을 정하는 데 학생들 스스로가 참여하고, 학습 과정에서의 활동 방향을 스스로 정하는 것"을 강조한 점이라고 듀이는 거듭 말했다. 그러나 그가 역시 언급한 것처럼, "목적의 설정은…… 꽤나 복잡한 지적 작업"이다. 그리고 아주 어린 아이들이 이런 작업에 참여할 수 있는 방법을 제시하기도 어려웠다(그가 이 점에 관해 언급하지 않은 것 자체가 그 증거이다).[33] 그는 혁신적 학교가 교과과정을 편성하는 데 커다란 어려움을 겪고 있음을 알고 불안해했다.[34] 하지만 이 문제와, 어린아이들도 상당히 지적이고 복잡한 작업에 참여할 수 있는가 하는 문제 간에 관련성이 있는지에 대해 그가 인식하고 있었는지는 불투명하다.

성인의 권위에 대한 듀이의 경계심은 어린이들에게 순응 습관을 심어주고 싶지 않은 마음에서 나온 것이었다. 그가 무엇보다도 꺼렸던 것은 지금의 우리도 애써 피하려고 하는 것, 즉 체제순응적인 성격의 어린이들을 양산하는 일이었다. 하지만 듀이는 아이들에게 순응을 강요하는 것은 성인 사회와 그 대리자인 교사 말고는 없다고 보았다. 전통적인 교육에 관해 그는 다음과 같이 썼다.35

[이러한 교육은— R. H.]체제에 대한 순응이 목적이기 때문에, 어린이들의 독특한 개성은 무시되거나 또는 해악이나 혼란의 근원으로 여겨진다. 순응은 균질함과 똑같은 의미로 받아들여진다. 그 결과, 새로운 것에 대한 관심을 잃고, 진보를 혐오하며, 불확실한 것이나 미지의 것에 대해서는 공포감을 가지게 되는 교육이 시행된다.

듀이는 성인의 권위를 어린이들에 대한 **위협**으로서 철저하게 의식했기 때문에, 어린이들 사이에도 위협적인 요소가 도사리고 있음을 좀처럼 이해하지 못했다. 그가 어린이들을 어른 이상으로 탐욕스러운 그들끼리의 세계로 밀어넣기 위해 어른 사회로부터 해방시키려 했다고는 믿기 어렵다. 그렇지만 듀이가 구상한 교실에, 사회적 활동으로서의 학교 교육에 만족감을 느끼지 못하는 사색적인 어린이나 학구적인 어린이를 위한 자리는 거의 없었다. 듀이도 이런 점을 인정하는 듯이 다음과 같이 말했다. "다양한 사회적 상황 속에서 어린이들은 남들의 행동을 참고해서 자신의 행동 규범을 만들고, 거기에 자신을 맞춰야만 한다."36 듀이의 견해에 따르면, 공통의 이해를 가져오는 것은 바로 이런 식의 활동인 것이다. 그는 사회적 활동에 거리를 두고 주춤거리는 어린이나, 독립이라는 엉뚱한 기준을 고집하는 어린이에 대해 아무런 의문도 품지 않았을까? 듀이의 말을 들어보자.37

의존은 약함보다는 오히려 힘을 보여준다. 의존은 상호 의존도 포함한다. 개인의 자주성이 강해짐에 따라 개인의 사회적 능력이 감소할 위험은 상존한다. 자기 의존은 자기 충족으로 이어지며, 독선이나 무관심으로 흐를 수 있다. 또한 타인과의 관계에 극도로 둔감해져서 무엇이든 혼자서 할 수 있다는 환상을 품는 경우도 많다. 이런 증상은 병명이 없는 일종의 정신 이상이며, 세계 어디서든 볼 수 있는 치유 가능한 고통의 원인이다.

이 말은 19세기 미국의 시대 배경을 떠올리면 잘 이해할 수 있다. 듀이의 성장기에 만연했던 자유분방한 경제적 개인주의는 실제로 독립적인 유형의 인간을 낳았다. 그들은 정신 이상까지는 아니지만 적어도 반사회적 성격에 가까울 정도로 독립심이 강했다. 그리고 학교에서는 대단히 권위적인 교사들이 종종 교실을 감정의 배출구로 삼기도 했다. 어쨌든 1916년 시점에는 데이비드 리스먼David Riesman이 『고독한 군중』[38]에서 진단한 것과 같은, 또래 집단에 대한 순응을 나타내는 아이들의 출현을 예견할 수 없었는지도 모른다. 교실 안과 어린이의 생활 지도에서 공히 성인의 권위가 떨어진 것도 예상하기는 불가능했을 것이다. 어린이들의 체제순응적 경향이 점점 중요한 문제로 부각되는 오늘날에는 부모나 교사보다도 또래 아이들이나 매스미디어에 순응하는 태도가 더욱 문제시된다. 또한 어른의 권위가 너무 약한 경우에는 아이들에게 성인의 난폭함만큼이나 심각한 문제가 생길 수도 있음을 안다.

듀이가 교육 이론을 정립한 시기에는 이런 고찰을 알 길이 없었다. 하지만 그의 이론 자체가 본인이 바라지도 않은 사태를 초래하는 데

일조했을 개연성은 있다. 중핵 교과과정을 주장하는 교육자들은 아이들에게 "어떻게 하면 인기를 얻을 수 있을까?"라든가, "왜 우리 부모님은 그렇게 엄격할까?", "구식 부모님을 어떻게 하면 좋을까?", "친구들과 부모님 중에서 어느 쪽을 따라야 할까?"39(이런 질문 자체가 부모의 명령에 대한 저항을 암시한다) 같은 주제를 교실에서 토론하도록 권유했다. 그때 그들이 근거로 삼은 것이 직접성, 실용성, 사회 학습에 관한 듀이의 원리였다. 이런 주제들은 동료들에 대한 순응이 교과과정 자체에 투영되어 있었음을 보여주지만, 듀이라면 분명 거슬린다고 느꼈을 것이다. 순응과 권위는 확실히 현실적인 문제였지만, 그렇다고 구식 교육을 개혁하면 해결할 수 있는 것도 아니었다.

어쩌면 듀이는 학습의 사회적 측면을 다소 과대평가한 것인지도 모른다. 듀이나 그 세대의 사상가들, 특히 조지 H. 미드George H. Mead는 정신에 본래부터 갖춰져 있는 사회적 특성을 확인하려고 극도로 노력하여 큰 성공을 거두었다. 하지만 이 정신에 관한 개념은 어느 의미에서 듀이의 교육관을 정당화하기에는 무리임이 드러났다. 정신적 활동이 본래 사회적인 것이라면, 학습에 필요하다고 여겨지는 사회적 측면은 교실 안에서 이루어지는 사회적 공동 작업만이 아니라 다양한 유형의 학습에도 포함된다고 주장할 수 있기 때문이다. 신교육 관련 교육자들은 좀처럼 인정하려 들지 않지만, 혼자 앉아서 콜럼버스의 항해기를 읽는 아이들도 학교 공작실에서 다른 아이들과 함께 배의 모형을 만드는 아이들과 종류는 달라도 비슷한 정도로 복잡한 사회적 경험에 참여중인 셈이다. 그렇지만 듀이의 저작에서 '사물은 사회적 대상이 됨으로써 의미를 획득한다'는 중요하고 설득력 있는 사고는 때로 '모든 학습은 명백한 형태의 사회적 행위로서 공유되어야

한다'는 의문스러운 사고로 바꾸어버린다.[40]

　게다가 중요한 것은 교육과정과 그 결과의 관계에 관한 개념이다. 특히 듀이처럼 항상 삶의 변증법적 유동성을 정당하게 평가하기를 바랐던 인물의 경우에는 이 개념을 지나치게 기계적인 것으로 보는 경향이 특히 두드러지는 것 같다. 권위주의적인 교실은 필연적으로 순응적인 정신을 낳고 스스럼없는 분위기 속에서 이루어지는 학습은 이상적인 사회성을 지닌 인성을 낳는다—이것은 언뜻 설득력 있는 견해처럼 보인다. 그러나 이런 사고에서는 인생의 본질을 놓치는 모종의 경직된 합리주의가 느껴진다. 예컨대 듀이는 정말로 전통적인 교육 때문에 "새로운 것에 대한 관심을 잃고, 진보를 혐오하며, 불확실한 것이나 미지의 것에는 두려움을 느끼는" 식의 정신이 다름 아닌 이 미국에서 생겨났다고 보았을까? 또한 권위에 입각한 교육은 언제나 순응적인 정신을 낳는다고 말할 수 있을까? 그리고 교육 제도의 형태와 그 결과물의 성격 사이에는 정말로 일대일의 대응 관계가 존재하는 것일까? 교육과정에 관한 듀이의 사고에서, 볼테르가 예수회 학교에서 교육을 받았다거나 청교도 가족의 대단히 권위주의적인 구조가 근대 민주주의 발전에 극히 중요한 인간 유형을 낳았다는 사실은 고려되지 않은 것 같다. 단순하게 교육이 바람직한 인간 유형을 낳는다고 생각하는 것은 역사가 보여주는 것 이상을 기대하는 것일 따름이다.

　결국, 교육을 어린이들의 미래의 삶—듀이는 언제나 "먼 미래"라고 불렀다—을 위한 준비로 보아서는 안 되며, 그보다는 삶 자체나 삶의 시뮬레이션, 삶을 구성하는 경험의 예행연습으로 보아야 한다는 관념에 따라 행동하면, 심각한 문제에 직면하게 되는 것이다. 학교에서의 경험과 그뒤의 다른 경험 사이에서 모종의 연속성을 확보해보고자 하는 시도는 칭찬할 만하다. 하지만 듀이는 교육을 삶 자체라고 생각했을 뿐만 아니라 학교는 어린이들에게 **정선된** 환경, 즉 가급적 사회에서 좋다고 여겨지는 것은 받아들이고 나쁜 것은 배제한 환경을 제공해야 한다고 주장했다. 그렇지만 학교가 이런 환경을 제공하는 데 성공하면, 삶을 재현하거나 구현한다는 이상을 실현하기는 한층 더 곤란해진다. 학교가 어린이들에게 삶의 전체상을 제시할 수는 없다는 점을 인정하면, 하나의 선별적 과정이 어떤 외적인 종국 목표에 의해 결정되고 있음을 인정하는 셈이다. 그리고 교육은 삶의 전체상을 비춰주거나 재현하려는 포괄적인 시도가 아니라 어떤 한정된 기능을 수행하기 위한 삶의 한 부분에 불과하다는 전통적 견해를 다시금 받아들이게 된다.

신교육을 추구하는 교육자들이 정말로 교실에서 삶 자체를 재현하고자 했다면, 그들은 분명 매우 낙관적인 인생관을 가지고 있었을 것이다. 모든 어른들에게 인생은 공동 작업이나 성취감, 기쁨보다는 경쟁과 패배, 좌절, 실패로 점철된 것이다. 학교 안에 만들어진 어린이들을 위한 작은 공동체에서도 사정은 마찬가지일 것이다. 그러나 신교육 관련 교육자들은 그것을 받아들이려 하지 않을 뿐만 아니라 정반대의 반응을 보였다. 성인 사회에서 스스로의 한계가 어느 정도의 고통을 가져오는지에 관해 아이들이 너무 민감하게 알아차리지 못하도록 보호해야 한다―그들은 마음속으로 이런 충동을 강하게 느꼈던 것이다. 그들의 주장은 "유기적有機的 교육"의 선구자 중 한 명으로 혁신주의교육협회의 창설자이기도 했던 마리에타 존슨Marietta Johnson의 주장과 비슷했다. 존슨은 다음과 같이 말했다. "어떤 아이도 실패를 알아서는 안 된다.…… 학교는 아이들의 타고난 요구를 **충족시켜야지**, 요구해서는 안 된다. 성공하는 아이도 있고 실패하는 아이도 있는 그런 학교 제도는 하나같이 부당하고 비민주적이고 비교육적이다."[41] 그래서 앨라배마 주 페어호프에 있는 존슨의 실험학교(존 듀이와 이블린 듀이는 『내일의 학교』라는 저서에서 이 학교를 높이 평가했다)에서는 시험이나 성적표, 유급 같은 것이 없었다. 성공의 척도는 학습량이나 진급 정도가 아니라 공부에 기울이는 노력이나 공부 자체에서 얻는 기쁨이었던 것이다. 이런 교육관이 전통적인 학교에 비해 어린이들에게 더욱 훌륭한 영향을 끼쳤는지는 단정할 수 없지만, 전통적인 학교에 비해 "삶"과 좀더 밀접한 관계를 맺고 있었는지는 무척 의문스럽다.

이런 지적에 대해 신교육 주창자들은 나름의 만족스러운 답변을 준비해두고 있었다―신교육은 아이들에게 과거의 삶과 당시의 거칠고 이기적인 개인주의를 가르치며 거기에 적응해나가도록 지도하는 게 아니다. 좀더 사회적이고 협력적이며 인간적으로 여겨지는 현재와 미래의 삶―듀이가 "오늘날의 과학적이고 민주적인 사회"[42]에 더욱 부합된다고 여긴 삶―을 가르치며 거기에 적응해나가도록 지도하는 것이다.

하지만 그들의 이런 답변은, 어린이의 성장에 적합하고 동시에 사회를 새롭게 바꿔나갈 수 있는 교육 방법을 고안하기란 여간 어려운 일이 아님을 부각시킬 뿐이다. 듀이는 교육에 관한 두 가지 이념(어린이의 성장과 사회의 재건)을 통합하려 했지만, 나중에는 그의 시도가 성공했는지에 대해 의문을 표하는 새로운 교육자들도 나타났다. 1938년, 보이드 H. 보드는 지금과 같은 형태의 성장 이념 때문에 "교사는 자신의 길잡이 노릇을 할 사회철학이 필요하다는 점을 깨닫지 못한다"고 지적했다.43 듀이의 시도가 성공적이라고 생각하려면 어린이의 천성과 민주적인 문화(모두 사람이 공유할 수 있는 건 아니다)가 예정조화를 이루고 있다고 무턱대고 믿어야 했다. 일부 비판자들에 따르면, 어린이의 천성이나 자발성과, 민주주의를 위한 교육 양쪽을 강조하는 것은 불가능하다고 생각되어왔기 때문이다. 어쨌든 어린이들은 뭔가에 반항하는 데 자연스럽게 관심을 가지는지도 모른다. 그러나 사회의 재건이나 "봉사 정신"에 마음을 쏟는 것을 어린이들의 자연스러운 관심이라고 여길 수는 없었다. 대공황 때, 사회재건주의의 모든 집단은 다음과 같은 두 가지 관점을 놓쳤음을 아주 솔직하게 인정했다. 첫째는 장차 선한 사회를 건설하려면 모든 교육에 어느 정도의 교화敎化가 수반된다는 것을 교육자들이 수긍해야 한다는 점, 둘째는 교육과정에 "외적" 종국 목표가 부과되는 것은 불가피하다는 점이다.44 교육에서의 사회재건주의는 장기간에 걸쳐 관심을 끌지는 못했다. 하지만 혁신주의 교육자들에게 학교에서 "외적" 목표(즉, 어른이 들이민 목표)가 우위를 차지하는 것은 불가피하다고 깨닫게 하는 데는 이런 사고가 일정한 역할을 했다. 듀이가 1897년에 했던 말을 빌리면, 교육이 "사회 진보나 개혁의 근본적인 방법"이 되기를 기대한 사람들로서도 듀이가 바라던 식으로 교육을 아이들 손에 맡기는 것은 불가능해졌던 것이다.

6

듀이가 자신의 교육 이론을 세운 것은 교육 사상에 내포된 양극단이나 이원론을 올바른 교육적 종합을 통해 극복하고 싶어했기 때문이다. 어린이와 사회, 흥미와 규율, 직업과 교양, 지식과 행위의 대립을 모두 해소하고 궁극적으로는 조화를 이루어야 한다. 그리고 민주주의 사회가 이런 대립을 낳은 귀족적인 정신 구조를 넘어선 지금, 그것은 가능한 일이 되었다고 생각된다―이런 낙관주의는 교육에 관한 듀이의 논의에서 극히 중요한 것이다. 그는 교육상의 이런 이원론을 인간이 가진 문제들의 본질을 해명할 실마리가 아니라 배제시켜야 할 불행한 유산으로 보았다. 그가 초기에 가장 큰 영향을 끼친 교육 관련 저작을 출간한 무렵에 세계는 그가 보기에 정말로 진보하고 있었다. 듀이는 이렇게 생각했다―과학과 민주주의의 시대는 인류가 일찍이 경험하지 못한 훌륭하고 합리적이고 지적인 세상이 될 것이다. 이 시대는 더 나은 교육의 원천이 되고 동시에 교육도 시대에 은혜를 가져다줄 것이다.

이처럼 듀이의 교육 사상에는 다소 은밀하면서도 명확한 유토피아주의가 있다. 그리고 많은 교육 이론가들은 이런 유토피아적 요소에 매료되었다. 듀이의 유토피아주의는 하나의 이상적인 교육 제도의 청사진에 바탕을 둔 것이 아니었다. 그는 하나의 완성된 세계를 상정할 만큼 어리석지는 않았지만, 그런 행위는 교육을 경험의 지속적인 재구성이라고 보는 자신의 명제의 본질 자체와 어긋났다. 듀이의 유토피아주의는 방법론의 하나였던 것이다. 그는 이렇게 생각하고 있었다―오랜 양극단이나 이원론은 현존하는 특성이 아니다. 만약 그렇다면 저항하고 최소화하고 관리하고 제한해야 한다. 하지만 실제로는 과거에 유행했던 그릇된 세계관이 낳은 오산이다. 한계가 있는―그래서 불만족스러운―다양한 방법으로 이런 이원론을 해결하는 것보다 더 나은 길이 있었다. 좀더 고도의 통합을 이루면 그런 문제를 완전히 극복할 수 있었다.

이 점에서 듀이는 그에 앞서 미국의 수많은 사상가들이 소리 높여 외친 반反과거의 주장을 고스란히 되풀이한다. 듀이의 말투는 인간 경험의 모든 드라마를 시급히 극복해야 할 오류의 원천으로 본다는 인상을 풍긴다. 교육이든 무엇이든 현재 진행중인 사업을 계속 이어 가려면 과거의 찌꺼기를 씻어버릴 필요가 있다는 것이다. 『민주주의와 교육』의 보기 드물게 유창한 구절에서 듀이는 이렇게 말했다. "현재는 단지 과거 다음에 오는 어떤 것이 아니다.…… 현재는 과거를 남기고 떠나가는 삶 자체이다." 따라서 과거의 문화적 **산물**을 연구해도 현재를 이해하는 데 도움이 안 된다고 여겨진다. 듀이에게 중요한 것은 과거의 **삶**이며, 이런 문화적 산물은 지난 삶의 매립장에 불과하다―그리고 삶 자체도 기껏해야 자신의 과거를 넘어서는 과정에 불과하다. "과거의 지식과 그 유산은 현재에 들어서면 중요한 의의를 지니지만, 그 밖의 경우에는 무의미하다." 과거에 관한 연구를 교육의 중심적 소재로 삼으면 현재와 과거의 중요한 연관성이 상실되며, "과거를 현재에 적대시키거나 많든 적든 현재를 과거의 무익한 모방으로 여기려는 경향도 생겨난다"고 듀이는 말한다. 이 대목에서 그의 논의는 정점에 달하는 것 같다. "이런 상황에서 문화는 장식이나 오락거리, 피난처나 보호소가 되어버린다"[45]―그리하여 문화는 변혁하는 능력, 즉 현재를 개선하고 미래를 창조할 수 있는 동인이 될 능력을 상실하는 것이다.

듀이는 논의를 더 밀고 나간다―우리는 여기서 다시금 어린이의 문제로 돌아가야 한다. 왜냐하면 어린이는 미래를 위한 열쇠이며, 과거의 무게로부터 세계를 해방시킬 자질을 자기 안에 가지고 있기 때문이다. 하지만 이런 힘을 갖추려면 우선 어린이 스스로 세계의 억압으로부터, 문화라는 장치에 유용하지 않은 모든 것들로부터, 사회가 학교에 가하는 제한으로부터 자유로워져야 한다―그리고 적절한 교육 제도 아래서 어린이는 정말로 자유로워질 **수 있다**. 듀이 자신은 무척 현실적이었기 때문에, 이런 과정의 원동력인 어린이의 자발적 충동에는 한계가 있다고 보고, 실제로 자주 그렇게 단언했다. 그러나 미국 교육자들이 관심을 보인 것은 바로 이 충동이었다. 듀이가 목표로 삼은 것은 어린이들을 과거의 굴레로부터 해방시켜 과거의 문화를 건설적으로 활용할 수 있는 존재로 만드는 일이었다. 그래서 미국의 교육자들은 그의 이론을 이렇게 이해했다. 과거의 문화와 그 장식에 불과한 "산물"의 지위를 떨어뜨리고, 마침내 자유로운 성장을 위해 어린이를 해방시킬 프로그램이 등장했다고 말이다. 일찍이 듀이는 어린이를 확고한 중심에 두고, 교육을 종국 목표 없는 성장으로 정의했다. 또한 교육의 도달점에 관한 논의를 특히 중시했기 때문에, 이전의 견해를 청산하는 발언을 사반세기에 걸쳐 꾸준히 내놓았음에도 불구하고 자신의 이론이 반지성주의적으로 남용되는 것을 막을 수 없었다.

듀이도 프로이트와 마찬가지로 사회가 어린이들에게 원리나 금제, 관습을 주입하는 과정을 일종의 강제라고 보았다. 하지만 듀이는 프로이트보다 낙관적인 전망을 가지고 있었다. 프로이트의 견해에 따르면, 개인을 사회화하는 과정은 극히 유해한 요구를 개인의 본능에 맡기는 것인 동시에 비극적일 만큼 불가피한 것이기도 했다. 한편, 듀이는 사회가 어린이들의 "가소성可塑性", 즉 "현재의 지배적인 여러 관습을 변혁할 힘"의 원천을 훼손한다고 생각했다. "오만한 위압이나 은근한 유혹, 근엄한 교수 기법으로 어린이들의 발랄함을 퇴색시키고 생생한 호기심을 앗아버리는" 교육은, 듀이의 견해에 따르면 "어린 이들의 무기력함에 편승하는 기술"이 되어버렸다.⁴⁶ 교육 자체도 사회가 자기 안에 있는 최선의 자기 개선 능력을 억누르기 위한 도구로 전락했다. 따라서 듀이가 보기에, 어린이들에게 불행을 안겨주는 원천으로서의 세계는 교육과정을 통해 상당한 정도로 치유가 가능한 대상이다. 그런데 프로이트의 견해에 따르면, 어린이와 세계는 대립한 채로 고정되어 있다. 가변적이고 또 부분적으로는 개선이 가능하다고 해도 실질상으로는 극복 불가능한 것이다.⁴⁷

한 세대 넘게 진행된 혁신주의 교육의 실험은 프로이트가 옳았음을 확인시켜준다. 오래된 교육상의 과오가 바로잡히고 종종 큰 성공도 거두었지만, 새로운 처방 때문에 다른 문제가 부각되기도 했다. 예를 들면, 어린이가 어른의 독단적인 의지에 맹종하는 경우는 줄어들었지만, 이제는 또래들에 대한 맹종이 심각한 문제로 보인다. 교사들이 권위를 자의적으로 휘두르는 일은 줄어들었지만, 미묘한 속임수가 벌어지게 되었다. 그 때문에 교사는 자신을 속여서 이따금 학생들의 분노를 불러일으킨다. 학업 성적과 관련한 공포감도 여전하다. 그것을 없애려고 도입한 제도는 기준이나 인식, 성취감의 결여로 좌절감을 초래했다.

교육에 관한 마지막으로 중요한 글에서 듀이는 다음과 같이 말했다. "기존 제도들은 새로운 것들을 동화시키거나 왜곡하려 든다." 듀이는 혁신주의 교육에 의한 몇 가지 개선점에는 어느 정도 만족감을 보였지만, 자신도 그 발전에 기여한 이념이나 원리가 이런 제도화 과정에서 굴복한 점에 관해 유감스러운 어조로 이렇게 언급했다. "교원대학을 비롯한 여러 기관은 이런 이념이나 원리를 기성 규칙이라는 고정화된 교과로 바꿔, 일정하게 표준화된 절차에 따라 가르치거나 암기시키고 있다.……" 다시금 암기와 표준화된 절차로 돌아간 것이다! 듀이는 "올바른 원리에 입각하더라도 그릇된 방식으로" 교사를 양성하는 것은 부질없는 일이라고 말했다. 존경을 불러일으킬 정도로 그는 용기를 가지고 혁신주의 교육자들에게 다시 한번(그리고 마지막으로) 호소한다―교사들의 성격을 형성하는 것은 올바른 훈련 **방법**이지 교사들이 배운 교과나 규칙이 아니다. 올바른 방법을 추구하면, 민주적인 사회를 만드는 것도 불가능하지는 않다. "권위주의적 원칙"을 따르면, 교육은 "민주적인 사회의 근저를 어지럽히고 파괴하는" 데만 유용할 것이다.[48] 그래서 적절한 반反제도적 방법을 제도화하는 방법을 사람들은 계속해서 찾는 것이다.

6부

결론

15장

지식인: 소외와 체제순응

1

반지성주의는 미국인의 삶에 다양한 형태로 만연해 있지만, 동시에 지성은 새롭고 좀더 적극적인 의미를 띠게 되었다. 지식인들도 과거보다는 더 인정을 받아, 어느 의미에서는 과거보다 만족스러운 지위를 누리고 있다. 하지만 그 덕분에 난처한 짐을 져버렸다. 지식인들은 거부당하는 데 익숙해져 있다. 또한 이런 거부는 이후로도 계속될 것이라고 내다보고 오랫동안 사회에 대한 반응 패턴을 만들어왔다. 이때문에 많은 지식인들은 이제 소외야말로 자신들에게 걸맞은 명예로운 지위라고 느끼게 되었다. 그들은 거부나 공공연한 적의를 두려워하지는 않았다. 그런 반응에 대한 대처법을 익혔고, 또 그것을 자신들의 숙명이라고까지 여겼기 때문이다. 대신에 그들은 소외감의 상실을 두려워하게 되었다. 사회로부터 점차 인정받고 편입되고 활용됨에 따라 그저 체제에 순응하는 존재가 되고, 창의성과 비판 정신을 지닌 참으로 유용한 인간은 사라져간다―기세 넘치는 젊은 지식인들은 대부분 이런 공포감에 시달리고 있다. 이것은 그들의 처지에서 오는 근본적인 역설이다. 반지성주의를 증오하고 그것을 우리 사회의 심각한 약점이라고 보면서도, 지식인들은 스스로가 사회에 받아들여지는 것에 괴로워하고 자기 내부에서 훨씬 더 심각한 분열을 겪고 있는 것이다. 어쩌면 오늘날의 지식인 사회는 오래된 소외와 새로운 수용에 대한 평가를 둘러싸고 최대의 분열을 겪고 있는 것인지도 모른다. 그래서 우선 최근에 이 문제가 어떤 식으로 제기되었는지를 살펴보려 한다. 그리고 나서 이 문제를 해명하는 데 유용한 지식인 공동체의 역사적 위치를 생각해보자.

1950년대에는 대중 사이에서 반지성주의가 확산되고 있었음에도 불구하고 지식인들, 특히 중장년 세대의 지식인들은 1920년대와는 달리 미국적 가치를 반격하려 들지는 않았다. 그러기는커녕 지식인들은 국가에 대한 충성심이 없다는 이유로 가장 격렬하게 공격당했던 이 시기에 아이러니하게도 자신들의 나라를 다시금 받아들이기 시작했다. 매카시즘의 광풍 속에서도 그들은 이런 태도를 견지했다. 매카시 상원의원과 그 일당이 이제껏 당연하게 여겨온 가치관을 허물어뜨리는 건 아닌가―이러한 우려 자체가 과거의 미국적 가치 속에 뭔가 귀중한 것이 들어 있었음을 상기시켰던 것이다. 그리고 매카시에게 맞섰던 상원의원들은 극히 보수적이고 예스러운 부류였는데도 미국적 고결함을 여실히 보여주는 기념비적 인물들로서 큰 존경을 받았다.

1952년, 미국 지식인 사회의 기관지라고도 할 수 있는 〈파르티잔 리뷰〉의 편집진은 지식인들 사이에 새로운 분위기가 감돌고 있음을 거의 대놓고 인정했다. "우리나라와 우리 문화"라는 의미심장한 주제로 열린 기념할 만한 심포지엄을 몇 호에 걸쳐 다루면서,1 그들은 다음과 같이 설명했다. "미국의 지식인들은 이제 미국과 미국의 제도들을 새로운 시각으로 바라본다.…… 많은 작가와 지식인들이 자신의 나라와 문화를 이전보다 더 가깝게 느낀다.…… 좋건 나쁘건 간에 대부분의 작가들은 이제 더는 소외를 미국 예술인들의 운명으로 여기지 않는다. 오히려 그들은 자신들도 미국적 삶의 일부분이 되기를 바라마지 않는다."

지식인과 미국의 관계를 놓고 편집진이 작성한 질문에 25명의 기고자가 보낸 답변을 보면, 압도적 다수가 지식인과 사회는 화해하고 있다고 보면서 이런 현상을 대체로 수긍하는 편이었다. 다만 그들이 몇 가지 단서를 붙이고 지나친 자기만족에 경고를 보낸 사실을 잊어서는 안 된다. 그러지 않으면 그들의 태도를 과장하거나 왜곡할 수 있고, 실제로는 있지도 않은 자기만족을 덧씌울 수도 있다. 하지만 그들의 견해를 종합해보면, 한때 심하게 소외되었던 지식인 계급의 일부가 생각을 얼마나 많이 바꾸었는지를 알 수 있다. 대부분의 기고자들이 이구동성으로 "오로지 소외당하는" 것이 관례처럼 되어 있다고 생각하는 것은 무리라고 말했다. 역사적 현상으로서의 소외에 관해 몇몇 기고자들은 다음과 같은 두 가지를 강조했다. 우선 소외감은 일반적으로 양가적인 감정이었다는 점, 그리고 과거의 위대한 작가들이나 사상가들은 미국 사회에 대한 항의와, 미국적 가치(그 대부분)에 대한 강한 긍정과 일체감, 이 양쪽을 함께 지녔다는 점이다. 사실 이런 항의와 긍정 사이의 긴장이 종종 위대한 업적을 낳았다.

지식인의 본질적 가치가 비판적인 불복종주의자로서의 역할에 있다는 것은 틀림없지만, 그들이 사회의 의견을 대변하고 옹호하는 존재에 그치도록 내몰린 것도 아니다. 미국의 지식인들은 이제 더는 자기 나라를 한시바삐 벗어나야 할 문화적 황무지로 보지 않게 되었다. 어느 작가가 말한 것처럼, 미국과 유럽을 비교하면서 "청년기의 주눅" 같은 걸 느낄 일도 확실히 없어졌다. 이제 미국의 지식인들은 2~30년 전에 비해 훨씬 더 편안한 기분이 되었다. 이미 미국의 현실과 타협을 했기 때문이다. 어떤 이는 "우리가 목도하고 있는 것은 미국 인텔리겐치아의 부르주아화라고도 할 수 있는 과정이다"라고 말했다. 변한 것은 지식인들만이 아니었다. 나라 자체도 좋은 쪽으로 변했다. 미국은 문화적으로 성숙했고, 더이상 유럽의 후견을 필요로 하지 않았다. 부유층이나 권력자들은 지식인과 예술인을 인정하고 심지어 경의까지 보내게 되었다. 그 결과, 미국은 지적·예술적 활동에 필요한 꽤 만족스러운 장소가 되었고, 이런 활동이 정당한 보상을 받는 곳이 되었다. 〈파르티잔 리뷰〉지에서 다뤄진 심포지엄 전체를 자기만족적이라고 본 기고자조차 "미국을 야만이 지배하는 특이한 땅으로 보는 시각은 이제 진부한 것이 되었다"고 시인했다.

2

기고자 25명 가운데 세 명(어빙 하우Irving Howe, 노먼 메일러Norman Mailer, C. 라이트 밀스C. Wright Mills)만은 동조를 구하는 듯한 편집진의 질문에 조금도 영합하지 않았다. 그리고 제4의 인물 델모어 슈워츠 Delmore Schwartz(작가이자 비평가)는 "지금 지식인들 사이에서 크게 유행하는 체제순응적 경향"에 항의하는 것이 중요하다고 생각했다. 이런 인물들이 보기에, 이처럼 미국을 다시 받아들이는 것은 당시의 보수주의적이고 애국주의적인 풍조에 굴복하는 처사이자 안락과 독선에 항복하는 행위였다. "**우리나라**"나 "**우리 문화**"라는 관념 자체가 이들에게는 불쾌했다. 이것을 C. 라이트 밀스는 "현상황을 엉거주춤하게 옹호하는 행위", "나긋나긋하고 불안에 떠는 굴종", "이런 지적 행동을 겉치레로 정당화하려는 시도"라고 평했다. 1930년대의, 때로는 1920년대의 문화 논쟁까지 기억하는 나이든 지식인들은 그저 자신들이 한때 헤맸던 소외의 문제에 너무 단순하게 관여하는 것은 피하자고 생각했을 뿐이다. 하지만 젊은 지식인들에게 이러한 입장은 이해하기 힘든 도덕적 파탄으로 보였다.

〈파르티잔 리뷰〉지가 이런 특집을 꾸미고 나서 2년 뒤, 이 특집에서 다수파를 이룬 견해에 대한 통렬한 반론이 같은 잡지에 게재되었다. 그 필자는 다수 의견에 반대한 기고자의 한 명으로, 당시 브랜다이스 대학 교수이기도 했던 평론가 어빙 하우이다. 하우는 「이 체제순응의 시대」2라는 제목의 글에서 2년 전 특집은 "지식인들이 문화적 적응을 둘러싸고 얼마나 멀리까지 표류했는지를 보여주는 당혹스러운 징후"였다고 단정하고, 다음과 같이 주장했다―자본주의는 "가장 최근 단계에서 지식인들에게 명예로운 지위를 제공했고", 지식인들도 체제 편입에 저항하는 대신 "국가의 품으로" 기꺼이 돌아갔다. "정도는 다를지언정 우리는 모두 체제에 순응하고 있다." 여전히 비판적인 자세를 견지하려는 사람들조차 "책임을 떠맡고 온건해지고 유순해졌다". 대중문화 산업이나 대학 제도의 확대로 새로운 일자리가 급증한 덕분에 지식인들은 말하자면 항구적인 전쟁 경제[냉전이 시작되던 1940년대 중반에 미국의 좌파 지식인들이 전후戰後 무기경쟁을 예측하면서 제시한 개념. 평시에도 자본주의는 이윤율 저하를 메우기 위해 전쟁 경제를 필요로 하기 때문에 군사비가 계속 확대될 것이라는 게 핵심적인 내용이다)에 빠져들었다. "미국에서 지성의 자유는 심각한 공격을 받고 있으며, 지식인들은 대부분 스스로의 존재 조건인 권리를 방어하려는 투쟁심이 극도로 부족했다."

이런 자기만족적인 적응에 대항해서 하우는 자유분방하게 사는 보헤미아(그리니치빌리지처럼 예술인, 지식인 등이 모여 사는 자유분방한 공동체)라는 오래된 이상을 끄집어냈다. 플로베르가 "내 혈통의 조국"이라고 부른 보헤미아를 하우는 미국에서 문화적 창조성을 꾀하기 위한 기본적 전제 조건으로 생각했다. "미국의 지적인 삶이 가장 고양된 시기는 보헤미아의 부상과 일치하는 경향이 있다"고 단언한 하우는 이런 주장의 난점에 신경이 쓰이는 듯, "콩코드(매사추세츠 주 동부의 소도시로 독립 전쟁의 시발점이 된 곳이자 에머슨, 호손 등이 모여 산 곳이다) 역시 조용한 동시에 전복적이고 초월적인 일종의 보헤미아였다"고 덧붙였다. 보헤미아는 예술가나 작가를 규합해서 세계와—또는 세계를 위해—싸우는 일종의 전략이었지만, 마침내 그 역할은 끝나버렸다고 하우는 말한다. "우리의 지적인 삶의 장으로서의 보헤미아는 점차 사라지고 있으며, 지금도 남아 있는 것은 최면에 걸린 사람이거나 모조품인 듯하다." 그에 따르면, 보헤미아의 붕괴는 "수많은 미국 지식인들이 가지는 고독감이나 생기 없는 고립감을 낳고, 대범한 낙관주의 이데올로기를 약화시키는" 중요한 요인이 되었다. 한때 젊은 작가들은 단합해서 세계에 맞섰다. 하지만 이제는 "교외나 시골, 대학가에 틀어박혀버렸다."

이런 지식인들은 "배반 행위"를 꾸짖거나 물질적 금욕주의를 요구할 생각이 없다고 하우는 말한다. 그의 말에 따르면, 작은 타협을 반복하는 것의 문제는 "서서히 마모되어, 꿋꿋이 홀로 설 수 있는 능력을 빼앗기는" 점에 있다. "가장 경계해야 할 것은 지식인의 소명이라는 개념 자체―상업 문명에 의해서는 도저히 실현될 수 없는 가치에 헌신하는 삶이라는 개념 자체―가 점차 매력을 잃어간다는 점이다." 그가 보기에 상업 문명에 맞선 싸움은 그 자체로 으뜸가는 가치를 가지는 것이었다. 상업 문명과 예술적 가치의 충돌이 이제는 우리가 한때 생각했던 것만큼 긴급한 일이 아니라면, "우리는 20세기의 문학이나 비평, 사변적 사상의 상당 부분―주로 가장 좋은 부분―을 버려야 하기" 때문이다.

하우는 "예전의 확신을 잃어버린 것"을 유감스럽게 여겼다. 그런 확신에는 "적어도〔체제에 맞서―R. H.〕저항하는 것을 쉽게 하는 이점이 있었기" 때문이다. 그가 특히 분개했던 것은 〈파르티잔 리뷰〉지의 특집에서 라이오널 트릴링Lionel Trilling이 보인 견해이다. 트릴링은 1950년대의 문화 상황은 어느 정도 결함이 있긴 해도 30년 전에 비하면 개선되었다고 보고 있었다. 하우는 다음과 같이 반박했다― "활발하고 자유로운 사고가 넘실대는 1923년의 문화생활과 황량한 1953년의 상황을 비교하거나 두 시기의 문학적 성취를 비교하는 것"은 기분 좋은 환상일 뿐이다. 부유층이 지식인들을 받아들였다고 해도, 그것은 지식인들이 유순해져 더는 위협이 되지 않을 것으로 여겨졌다는 의미에 불과하다. 지식인들은 부유층 앞에서 "자부심도 버리고 채신머리없이 굽실거리는" 존재가 되었던 것이다. 지식인들은, 특히 "권력의 자리에 들러붙으면서도 중요한 정치력도 확보하지 못한 채 표현의 자유를 팔아넘긴" 새로운 현실주의자들은 어느 때보다도 무기력하다. 지식인들은 "사회의 공인된 기관들로 흡수될 때면 언제나 전통적인 저항성을 상실할 뿐만 아니라 저마다 정도는 다를지언정 **지식인으로서의 역할을 내팽개쳐버리는** 것이다". 스스로의 재능을 타인의 손에 맡겨버리는 부질없는 행태이다. "자유롭게 공격성을 발휘할 수 있다는 이유만으로도 권력이나 명성의 원천으로부터 완전히 멀어지는 것이, 나아가서는 미국 문화의 모든 국면을 무턱대고 거부하는 것이 훨씬 더 건전할 것이다."

하우의 글은 전적으로 개인적인 문서라기보다 좌파 지식인들의 선언문 같은 것이었다. 수년 뒤에 젊은 역사학자 로렌 배리츠Loren Baritz는 비슷한 관점에서 사회의 여러 영역을 관찰하고는 "자신의 사회를 받아들이고 시인하는 지식인들은 자기 기능을 팔아넘기는 셈이며, 그들은 지식인의 전통을 배반하고 있다"고 주장했다. 그는 "사상가라면 비평적 태도를 유지해야 하는지, 사회의 중대한 움직임을 진지하게 신뢰하고 시인하는 지식인은 자기 마음의 요구와 사회의 요구를 조화시킬 수 있는지" 물었다.³ 그리고 지식인들에게 사회의 기관들로부터, 그리고 사회적 관계나 책임, 권력으로부터 절도 있게 철수하라고 호소했다—"지식인을 사회에 흡수되게 내버려두면 결국 사회가 집어삼켜버리는 중대한 위험이 발생한다.…… 지식인이 권력에 손을 뻗치면 권력도 지식인에게 손을 댈 것이다." 배리츠가 생각하기에 올바른 대응은 사회적 책임으로부터 의식적으로 멀어지는 것이다. "지식인이 지적인 책임이 아니라 사회적 책임을 지게 되면, 지식인의 가장 기본적 특성인 자유와 탄력성을 적어도 일부는 상실할 수밖에 없다." 그에 따르면, 지식인들이 상아탑에 틀어박히는 것은 "고립과 소외로 인한 사회적 무책임, 무관계, 자유를 필요로 하기" 때문이다.

3

〈파르티잔 리뷰〉지에 실린 글들의 다수 의견과 하우 등의 견해는 각각 예전부터 알려진 두 개의 주장을 대표하는 것이었다. 소외에 관한 자의식적 관심은 우리 시대 미국의 지식인들에게만 있는 것은 아니다. 서양 세계의 지식인 공동체로서는 거의 두 세기에 걸친 주요 테마였다. 그 이전, 즉 지식인들의 삶과 작업이 교회나 귀족 사회와 밀접하게 엮여 있던 시대에는 일관되게 사회로부터 소외되는 경우는 드물었다. 하지만 18세기 이래의 사회적 발전은 새로운 물질적·사회적 조건이나 새로운 종류의 의식을 낳았다. 서양 세계 어디에서나 초기 근대 자본주의의 추악함과 물질주의, 무자비한 착취가 사람들의 섬세한 정신을 훼손해왔다. 후견 제도가 사라지고 사상이나 예술이 사업으로 변모함에 따라 예술인이나 지식인은 중간계급의 정신과 날카롭게—불쾌한 경우가 많다—대결할 수밖에 없었다. 지식인들은 사회와 개인을 대립시키는 낭만주의나 보헤미안적 유대, 정치적 급진주의 등 다양한 형태로 새로운 부르주아 세계의 상황에 반기를 들었다.

예를 들어 플로베르는 프랑스 부르주아지의 우매함을 사정없이 까발렸다. 하우가 위대한 역사적 선례로서 플로베르를 든 것은 이 점에서 극히 자연스러운 일이었다.[4] 영국에서는 매슈 아널드가 『교양과 무질서』[5]라는 저작에서 다른 방식으로 새로운 문화적 상황을 분석하려고 시도했다. 미국에서는 개인의 감수성이 현대 사회와 만날 때 경험하는 곤란에 관해 초월주의자들이 계속해서 언급했다.

각 나라는 나름의 형태로 부르주아적 발전을 이루었듯이 이런 보편적인 문제를 나름의 변형된 형태로 겪고 있었다. 20세기 미국의 지식인들은 소외와 관련한 역사적 배경에 의해, 미국의 단호한 소외 입장을 정통적이고 자명하며 전통적인 것으로 인식하게 되었다. 19세기 미국 사회에서는 널리 인정받은 권위 있는 작가들은 그나마 적당하게, 전위적인 작가들은 심하게 소외되는 경향이 있었기 때문이다. 확실히 19세기 중반까지는 사회에 속해 있다고 해도 전면적으로 속해 있었던 것은 아니다. 그렇기 때문에 나름의 역할의식을 이러한 사회의 흐름 속에서 형성한 우리 시대의 지식인들은 성공을 하거나 권력과 밀접한 관계를 맺는 것조차 이상하고 불쾌하게 느끼는 것이다.

하지만 항상 그랬던 것은 아니다. 미국사의 초기에는 두 개의 지식인 집단이 영향력이 막강한 사회적 권력을 행사하는 데 관여하거나 책임을 도맡았다. 청교도 성직자들과 건국의 아버지들이다. 다만 자신들의 결함이나 어찌할 수 없는 역사적 변화 때문에 두 집단 모두 나중에는 우위를 상실했다. 그렇지만 양측은 특유의 유산을 남겼다. 우선 청교도 성직자들은 뉴잉글랜드 지성주의의 전통을 세웠다. 이 전통은 뉴잉글랜드 출신자들이 대거 이주해 정착한 곳이면 어디서든, 19세기는 물론이고 20세기에 들어선 이후로도 역동적인 지성의 발전에 크게 기여했다.[6] 청교도 창건자들에게는 중대한 결함이 있었지만, 그들은 적어도 뛰어난 지적 성취에 불가결한 지성에 대한 존중과 강한 정신력을 가지고 있었다. 또한 그들의 영향이 남아 있는 지역에서는 이런 강한 정신력이 놀라운 효과를 낳는 경우도 많았다.

건국의 아버지들의 유산—그것 자체가 청교도 사상의 영향을 받았다—도 마찬가지로 중요했다. 사람들이 식민지의 지위로부터 스스로를 해방하고 새로운 정체성을 확립하여 나라의 기틀을 다지는 시기에는 지식인들이 언제나 중요한 역할을 하는 것 같다. 특히 미국 계몽주의의 지도자들은 이런 역할을 효과적으로 수행했다. 그들은 신생 공화국에 일관성 있고 현실적인 이상을 제공했을 뿐만 아니라 정체성과 이상에 대한 정의, 역사적 지위에 대한 인식, 국민의식, 정치적 제도와 법률 등을 제공했다.

1820년 무렵부터 기존의 공화주의적 질서―이 질서 속에서 독립전쟁이 수행되고 미국 헌법이 채택되고 연방주의자들과 제퍼슨주의자들이 자랐다―는 다양한 경제적·사회적 변화에 의해 급속하게 무너졌다. 앨러게니 산맥 너머 서부에 사람들이 정착하고, 산업이 발달하고, 정치에서 평등주의 정신이 부상하고, 제퍼슨주의의 남부가 몰락함에 따라 그전까지 미국 민주주의를 이끌고 어느 정도 지배해온 귀족 계급은 점점 더 약해졌다. 평신도들이나 복음주의자들은 이미 기성 성직자들의 권위를 떨어뜨린 상태였다. 이제는 새로운 정치 스타일을 지닌 새로운 유형의 민주적 지도자가 상인-전문직 계급으로부터 정치적 지도력을 낚아챌 차례였다. 사업에서도 마침내 새로운 유형의 기업가나 기획자가 이 계급을 완전히 능가하게 될 터였다.

그 결과, 상당한 부와 여가, 교양을 지녔지만 이렇다 할 권력이나 영향력은 가지지 못한 젠틀맨 계급이 남았다. 이 계급 사람들은 본격적인 저술이나 문화 제도를 향유하거나 후원하는 부류였다. 그들은 정평 있는 미국 작가들의 작품을 읽고, 종래의 고급 잡지를 구독하고, 도서관이나 미술관을 재정적으로 지원하고, 아들들을 구식 인문교양 대학에 보내 고전 교과과정을 공부시켰다. 이 계급은 그 귀족주의적인 편견 탓에, 당시에 곳곳에서 등장한 민중민주주의의 천박하기 짝이 없는 부분과 대립했다. 또한 그들의 행동 규범은 새로운 자본가나 대농장주의 지독한 물질주의와도 상반되는 것이었다. 이렇게 해서 그들은 점잖은 사회적 항의의 전통을 발전시켰다. 미국에서 가장 유창한 도덕적 항의의 전통은 귀족적인 젠틀맨 계급의 비타협적인 후계자들이 낳은 것이었다.

그러나 만약 오랜 공화주의적 질서의 엄격한 전통, 즉 건국의 아버지들이 구체화한 전통을 물려받았다고 생각한다면, 이 계급에서는 약점이 눈에 띈다. 그들은 귀족적인 계급의 품행이나 포부, 편견은 유지하면서도 권위는 지켜나가지 못했다. 오랜 공화주의적 질서의 지도자들이 지닌 정신적 특징은 젠틀맨 계급 사이에서 계승되는 가운데 점점 활기와 힘을 잃었다. 이렇게 해서 건국의 아버지들의 문화를 이어받은 것을 나는 머그웜프 문화mugwump culture라고 지칭하려 한다. 흔히 머그웜프라는 말은 도금 시대의 상층계급 개혁 운동을 가리키는데, 이 경우는 소외된 젠틀맨 계급의 지적·문화적 특징을 의미한다. 이 계급은 19세기 내내 독립적이고 세련된 미국 사상이 표출되도록 하는 주된 수용자 노릇을 했다.7 뉴잉글랜드의 지성주의로부터 결정적인 영향을 받은 머그웜프 정신은 청교도들의 엄격함과 고귀한 뜻을 물려받았지만, 그 열정을 계속 유지하지는 못했다. 또한 건국의 아버지들이나 미국 계몽주의로부터는 좀더 직접적으로 지적 헌신성과 시민적 관심을 물려받았지만, 18세기 공화주의 유형의 지적 미덕은 머그웜프 환경에서 점차 약해져 사라지고 말았다. 그 주된 원인은 대개 머그웜프 사상가들이 이런 미덕을 현실의 경험과 밀접하고도 유기적으로 관련지을 기회를 빼앗긴 데 있었다. 건국의 아버지들의 시대에 문화가 현실의 경험에 의해 검증되고 권력이라는 중대하고 복잡한 문제에 어쩔 수 없이 대처하는 것은 필수적인 과정이었다. 그러나 머그웜프 시대에 특징적이었던 것은 문화와 경험의 관계, 또는 문화와 권력의 관련성이 점차 약해진 것이었다.

머그웜프 정신은 건국의 아버지들이 가졌던 고전주의를 부활시켰다. 그리고 질서에 대한 열정이나 정신에 대한 존경, 세계를 합리적으로 파악하고 이성에 입각해서 정치 제도를 수립하려는 열망, 사회적 지위는 정치적 지도력을 발휘하기 위한 적절한 버팀목이라는 사고, 그리고 적절한 사회적 역할의 모범이 되고자 하는 의식을 부활시켰다. 하지만 그들은 미국에서 벌어진 가장 급격하고 극적인 변화에 대해서는 거리를 두고, 사업이나 정치의 중심적 기관들의 운영에서 밀려나는 한편, 일반 대중의 욕구에 굳이 동조하려고 하지 않았다. 그 결과, 이 계급이 낳은 문화는 지나치게 세련되고, 메마르고, 초연하고, 고상한 체하는 방향으로 흘러갔다—산타야나는 이 모든 요소를 염두에 두고 이 문화를 상류층 전통으로 판정했다. 젠틀맨 계급의 지도자들은 지성이 창조적어야 한다는 점보다는 존경할 만해야 한다는 점에 더 관심을 기울였다. G. K. 체스터턴이 전혀 별개의 사안에서 한 다음과 같은 말은 그들에게 어울릴지도 모른다—그들에게는 지성을 활용하는 기쁨보다 지성을 소유하고 있다는 자부심이 더 컸다.

대다수 미국인들과 달리, 이 계급 사람들은 전통에 대한 확고한 인식이 있었다. 하지만 그들에게 전통은 힘의 원천이나 출발점이 아니라 맹목적인 숭배의 대상이었다. 전통과 개인의 재능 사이에 피하기 힘든 긴장이 생기면, 그들은 개인의 독단이나 독창성을 강하게 부정했다. 이 계급의 철학은 본질적인 부분에서 이러한 독단을 단순한 이기주의나 방종으로 여겼기 때문이다. 그들의 비평 체계는 지위를 지키는 데 몰두하는 기득권 계급에 걸맞은 것이었다. 그들에게 비평은 "올바른 취향"이나 "건전한 도덕"을 주입하는 것이었다—그리고 취향이나 도덕은 정치적으로든 미적으로든 기존 질서에 대한 반항을 조금도 인정하지 않는 형태로 세심하게 규정되었다. 문학은 "도덕률"의 견실한 보호자여야 한다고 여겨졌다—여기서 말하는 도덕률은 언제나 인습적인 사회적 도덕률이지, 예술가나 사상가가 스스로에게 부과하는 예술 형식이라는 굴레나 진실을 통찰하는 힘 같은 독립적인 도덕률이 아니다. 문학은 낙관주의나 인생의 밝은 측면에 관여해야 하며, 현실주의나 인생의 우울한 면을 묵인해서는 안 된다고 여겨졌다. 공상이나 모호함, 신비주의, 개성, 반항 등은 모두 당치 않은 것이었다.

그리하여 미국의 비평가 새뮤얼 길먼Samuel Gilman은 1823년 〈노스 아메리칸 리뷰〉지에서 워즈워스와 사우디Robert Southey를 비난했다. 길먼에 따르면, 그들은 "작품의 독자인 평균적 대중의 지적 경향이나 심성을 적확하게 고려하려고 하지 않는다"는 것이었다. 이런 작가들은 인기가 없어도 당연하다고 길먼은 생각했다. "그들의 시는 독백의 시이다. 그들은 세상 위에 따로 떨어져서 세상을 내려다보며 쓴다. 그들이 애초에 품은 목적은 스스로의 재능을 사용하는 것이며, 그 시인 기질에 만족하는 것인 듯하다."[8] 물론 길먼이 여기서 정당화하고 있는 독창성 거부의 풍조는 19세기 유럽 최고의 시인들 대부분이 거부당했던 상황과 크게 다르지 않다. 다만 유럽의 경우, 길먼의 입장과 비슷한 비판적 풍조가 있었음에도 불구하고 무척 복잡해서, 작가들이 자기주장을 할 수 있는 여지가 어느 정도 있었다. 미국의 문화적 환경은 상대적으로 단순했으며, 악의는 없어도 한정적인 한 계급의 관점에 지배되기 쉬웠다.

토머스 웬트워스 히긴슨Thomas Wentworth Higginson[미국의 작가이자 개혁가. 유니테리언과 성직자로서 도망 노예를 돕는 활동을 폈고, 시인 에밀리 디킨슨을 발굴했다]과 에밀리 디킨슨의 관계에서는 이 계급이 진정한 천재에게 품은 불쾌감이 최선 또는 최악의 형태로 나타난다. 히긴슨은 디킨슨을 격려하고 친절과 이해심을 보이기 했지만, 그녀를 야심적인 여류시인의 한 사람으로만 생각했고, 이따금 "조금은 정신이 나간 애머스트의 여류시인"이라고 불렀다. 또한 그는 디킨슨에게 보스턴 여성 클럽의 모임에 참석하면 외로움을 극복할 수 있을 거라고 방정맞게 제안하기도 했다.[9]

젠틀맨 계급은 여러 세대에 걸친 비판을 통해 작가들로 하여금 "세상 위에 따로 떨어져서 세상을 내려다보는" 식의 사회 감각을 받아들이게 하려고 줄곧 노력했다. 그 결과, 청교도들이 가지고 있던 강렬한 확신―법의 수호자뿐만 아니라 완강한 반대자도 낳았다―은 사라졌다. 건국의 아버지들의 시대에 직면했던 복잡한 현실 문제나 권력에 개입하는 태도―그들은 이런 개입을 통해 정신을 형성하고 검증해나간 면도 있다―도 사라졌다. 아주 적은 인구와 믿기 힘든 현실적 문제를 고려하면, 청교도 사회는 지적 규율의 훌륭한 전통을 쌓아, 우선 종교 분야에서, 이어 정치 분야에서 중요한 문자문화를 낳았다고 말할 수 있다. 건국의 아버지들은 긴박한 정치 상황 속에서 활약하면서 정치에 이성을 적용하는 놀라운 모범을 보였고, 그들 세대는 문학과 과학, 예술에서도 뚜렷한 진보를 이루었다. 이와 달리 머그웜프 문화에서는 부유한 사회를 배경으로 하면서도 이렇다 할 정치적 저작이나 과학에 대한 관심을 보여주지 못했다. 가장 뛰어난 성과는 역사와 순문학에서 거두었지만, 그래도 자발성이나 독창성에 냉담했기 때문에 일류 재능보다 이류 재능을 보호하는 경향이 있었다. 이 문화는 이류 작가에게는 경의를 표하면서도 일류 작가에게 최고의 평가를 선사하는 경우는 드물었다. 요컨대, 가장 독창적인 정신—호손, 멜빌, 포, 소로, 휘트먼—을 무시한 채 쿠퍼를 비롯해서 어빙, 브라이언트, 롱펠로, 로웰, 휘티어 같은 사람들에게 요란한 갈채를 보냈던 것이다. 한편으로는 머그웜프 대중을 은근히 깔보고 싶은 기분도 든다. 어쨌든 그들은 미국의 문화생활의 상당 부분을 지탱했지만, 일급 천재 대부분을 알아보지 못하고 지지하지 못했음은 부정할 수 없다.

어쨌든 머그웜프 문화를 특징지은 정신의 단절이나 소외가 미국 문학에 어떤 결과를 가져왔는지에 관해서는 미국의 비평가들도 오래 전부터 충분히 인식하고 강하게 개탄했다. 1915년에는 밴 윅 브룩스가 미국 문학은 고급과 저속이라는 파멸적인 분열에 시달리게 되었다고 말했다. 좀더 최근에는 필립 라브가 D. H. 로렌스의 말을 빌려서, 헨리 제임스와 월트 휘트먼으로 상징되는 창백한 얼굴paleface의 지식인과 구릿빛 피부redskin의 노동자라는 양극단에 관해 말한 바 있다〔원래 'paleface'와 'redskin'은 각각 백인과 인디언을 경멸적으로 지칭하는 단어였다. 헨리 제임스와 T. S. 엘리엇 같은 작가는 지식인답고 과도한 초자아와 자의식, 철학적 감수성을 작품에 담은 반면, 휘트먼이나 드라이저는 직설적이고 투박한 언어로 민중의 삶을 그렸다〕. 이 비평가들이 염두에 둔 것은 미국의 문학이나 사상에서 보이는 한쪽의 감수성, 세련, 이론, 규율과, 다른 한쪽의 자발성, 활력, 감각적 현실, 기회 포착 사이의 단절이었다. 즉, 정신의 특질과 현실 경험의 실태 사이의 고통스러운 분열이다. 머그웜프 문화에서 비롯된 이 분열은 그뒤 미국 문학을 통해 수많은 불완전하고 어중간한 지성에서 보이는 현상이 되었다. 호손의 다음과 같은 말은 자신만이 아니라 19세기의 기품 있고 사려 깊은 미국 지식층 전체를 위한 탄식이었는지도 모른다. "지금껏 나는 살아오지 않았다. 사는 것을 꿈꾸어왔을 뿐이다.…… 나는 세상을 거의 보지 못했고, 저 희박한 공기로부터 나의 이야기를 꾸며낼 따름이다.……"

이런 모든 점을 함께 생각하면, 19세기에 반지성주의가 왜 명확한 형태를 띠게 되었는지를 이해하는 데 도움이 될 것이다. 대담하고 남성적인 실용주의를 대변하고, 귀족적이고 여성적이며 세속을 벗어난 문화를 비판하는 사람들이 반지성의 입장을 취한 데는 나름의 정당성이 있었던 것이다. 하지만 그들은 주위에서 목격한 창백하고 무기력한 지성의 모습을 가지고 지성 전체를 오해했다. 그들은 자신들의 행동이 어느 의미에서 지성을 그러한 상태로 내몰기도 했음을 알아차리지 못했다. 또한 미국에서 지성이 성장하지 못한 데에는 그들이 지성을 거부한 탓도 있었다는 것, 즉 터무니없는 민중주의나 분별없이 "실용성"을 고집한 점에 있었다는 것도 이해하지 못했다. 그리하여 반지성주의자의 주장은 자기실현적 예언의 성격을 띠게 되었다. 어느 정도는 그들 자신의 독단에 의해 지성은 실패의 이유와 연결되고, 활기와 영향력을 잃어가는 사회 유형의 전형이 되고, 꽉 막힌 채 고립된 세계의 산물이 되었다.

4

대중에 대한 고찰로부터 미국 작가들 자체에 대한 고찰로 옮겨가면,

거의 19세기 말까지만 해도 작가들은 주로 자신의 정체성과 작가로서의 기량이라는 기본적인 문제들에 관심을 기울였음을 알게 된다. 그들은 자신들만의 국민적 목소리를 찾고, 영국 문학의 식민지적 모방이나 영국의 비평에 대한 과도한 의존에서 벗어나야 했다. 하지만 동시에 그들은 문학에서 미국 일변도의 배외주의에 빠지는 정반대의 위험도 피해야 했다. 또한 미국의 작가들은 귀족적 편견(쿠퍼를 필두로 대부분의 작가들이 이런 경향을 보였다)과 발전해가는 미국 민주주의에 대한 공감(아주 매력적인 활력이나 불굴의 정신, 밝은 미래에 대한 공감)을 융화시켜야 했다. 일급 작가들은 고립을 감내해야 했는데, 그것 자체가 테마로서는 매력적이었다. 창조적인 작업을 하는 작가들에게 미국적인 삶이 제공하는 소재는 유럽 작가들의 경우와는 다른 종류의 것이어서, 거기에 걸맞은 독자적인 작풍을 만들 필요도 있었다. 미국에는 기념비나 유적, 이튼이나 옥스퍼드, 엡섬이나 애스컷 같은 경마장, 오랜 풍습이나 전설, 보통 받아들여지는 의미에서의 협회 같은 것도 없었다―이런 불만은 호손에서 헨리 제임스 이후의 작가들에게까지 공통되는 것이었다. 반면에 크레브쾨르J. Hector St. John de Crèvecœur처럼, 봉건적이고 억압적인 장치가 존재하지 않는 것은 장점이라고 생각하는 작가도 있었다. 또한 에머슨처럼, 미국 사회는 문학의 대상으로서 극히 높은 잠재적 가능성을 숨기고 있어, 적당한 상상력만 있으면 그것을 알아차릴 수 있다고 주장하는 작가도 있었다.[10]

한편, 문학가들은 별도의 일거리를 만들 필요가 있었다(이 점은 학자들도 마찬가지였다. 그들이 교편을 잡고 있는 대학은 대개 도서관조차 없었고, 형편없는 기숙사에 엄한 사감과 젊은 난봉꾼들이 이런저런 교파의 입김 아래 지내고 있었다). 정말로 창조적인 저술을 하려고 해도 그에 상응하는 저작권료를 받는 경우는 거의 없고 게다가 저술업 특유의 어려운 경제 사정도 있어서, 그들은 종종 영국 유명 작가들의 작품 해적판과 끔찍한 경쟁을 벌여야 했다. 국제적인 저작권 협정이 부재했던 당시에는 파렴치한 복제판 전문 출판사들이 그런 해적판을 저가로 유통시켰기 때문이다. 롱펠로나 휘티어가 대중의 인기를 끌기 전인 1840년대까지만 해도 자신의 창조적인 노력으로 이렇다 할 만한 수입을 올린 작가는 어빙이나 쿠퍼 정도였을 것이다(다만 둘 다 저작권료를 그다지 필요로 하지 않았다). 저작권료는 용돈에 불과해서, 사실상 모든 문필가가 주요 수입원을 확보해야 했다. 그것은 상속 재산이나 아내의 신탁 재산, 강연, 대학 강의, 잡지나 신문의 편집 등이었고, 소로처럼 몇 년 동안 육체노동을 한 경우도 있었다.[11]

이 수십 년 동안 미국 작가들은 다양한 방식—은둔, 국외 이주, 공공연한 비판 등—으로 자신들의 비참한 상태에 항의했다. 하지만 그들은 자신들의 소외 자체에 가치가 있다고 여기기보다는 다른 가치를 추구한 결과라고 보는 경향이 있었다. 그들은 대체로 현대 사상가들의 가장 괴로운 난점—자신은 쓰라린 자의식의 산물이라는 사실—에서 무척 자유로웠다. 미국의 작가들이 스스로의 사회에 의해 고통을 받고 있었음은 분명하지만, 고통의 자각에 압도당하지는 않았다(이 점에서 생각나는 것이 소로의 우울하고 쓰디쓴 유머이다. 자신의 저서 『콩코드 강과 메리맥 강에서 보낸 일주일』[12]의 초판본 1000부 중에 팔리지 않은 700부 정도가 자기 방에 쌓여 있는 걸 보고 그는 이렇게 말했다. "나한테는 지금 900권 정도의 장서가 있는데, 그중 700권 이상은 내가 쓴 책이다. 작가가 자기 노동의 결실을 지켜본다는 건 좋은 일 아닌가?" 이 못지않은 실망감을 맛보고 있는 현대의 작가라면 누구나 이 말에서 현대 문화에 관한 완벽한 이론을 짜내지 않고는 배기지 못할 것이다). 극심한 소외에 시달린 사례―이를테면 아일랜드에서 뛰쳐나올 수밖에 없었던 조이스의 경우―에 비하면, 미국 작가들이 처한 상황은 그다지 황량하지는 않았던 것처럼 보인다. 실제로 그들은 자국에 대해 유달리 양면적인 감정을 품고 있었다. 그래서 스스로의 소외감에 사로잡힌 후대의 비평가들이 이 선대 작가들의 글에서 강한 친근감을 느낄 수 있었던 것이다. 그런 의미에서 멜빌의 "이곳에 있으면 나는 망명자 같은 느낌이 든다"는 말이 떠오르는데, 어쩌면 그가 다른 글에서 표현한 미국과의 일체감은 무시될 만도 했다―"나는 미국이 작가들을 위해서가 아니라 자국을 위해, 위대한 존재가 되어가는 작가들에게 주목하기를 바란다. 만약 다른 나라들이 선수 쳐서 미국의 펜의 영웅들에게 영예를 안겨준다면 얼마나 부끄러운 일이겠는가!" 전체적으로 보면, 리처드 체이스Richard Chase가 〈파르티잔 리뷰〉지의 특집에서 했던 언급을 수긍할 수밖에 없다. 그는 "지난날 미국의 위대한 작가들이 느꼈던 '소외감'이나 '박탈감'은 현대의 많은 비평가들이 지적하는 선의 절반에도 미치지 않았다"고 보았다.

하지만 1890년 무렵 이후, 작가들을 비롯한 미국의 지식인들은 계급으로서의 결속을 다지는 한편, 상류층의 거드름 피우는 행태나 보수주의의 압박에 불만을 품고 미국 사회에 반기를 들었다. 이 시기부터 1930년대까지 그들은 새로운 표현과 비판의 자유를 얻기 위한 싸움에 몰두했는데, 그 과정에서 자신들의 소외라는 관념이 일종의 결집점으로 작용해 예술적이거나 정치적인 항의의 일부가 되었다. 그전에 미국의 지식인들은 대체로 오랜 가치의 유지와 결부되었다. 그런데 이제는 역사적 현실에서나 국민의 의식에서나 새로운 것―정치,

도덕, 예술, 문학에서의 새로운 사상―의 보급과 연결되었다. 19세기 내내 안전하고 고상한 이상주의에 에워싸여 있었던 미국의 지식인들은 지식인 공동체로서의 부패나 착취, 섹스나 폭력에 관해 현실적으로 말할 권리를(또는 의무까지) 급속히 확립했던 것이다. 오랫동안 적과 우군 양측으로부터 수동적이고 무익한 존재로 여겨진 지성은 점차 권력에 관여함으로써 다시금 권력과 동일시되기에 이르렀다. 일찍이 보수층이나 중도우파의 정치적 입장과 결부되어 생각된 지식인 계급이 1890년 이후에는 좌파에 가까운 세력으로 등장했고, 대공황을 거치면서 그 다수가 극좌로 옮겨갔다

이런 사실을 보면 지식인의 지위의 가장 엄중한 측면이 명료해진다. 이쯤에서 이미 분명해졌다고 생각되는데, 반지성주의는 이 나라의 민주적 제도나 평등주의적 정서에 바탕을 둔다. 그러나 지식인 계급은 엘리트로서의 특권을 많이 누리든 어떻든 간에, 생각하고 기능하는 방식에서 엘리트일 수밖에 없다. 1890년 무렵까지 미국의 지식인 대다수는 유한 귀족 계급 출신이었다. 이 계급은 일말의 한계가 있었을지라도 엘리트를 자처하는 데는 아무런 어려움이 없었다. 그렇지만 1890년 이후에는 사정이 달라져서, 정체성 문제가 지식인들을 또다시 괴롭히게 되었다. 그들의 감수성이나 관심이 일반 대중으로부터 어느 때보다도 떨어져 있던 바로 그 시기에 그들은 특수 이익에 반대하는 민중의 입장을 대변한다는 정치적 대의를 지지하려고 특히 노력했기 때문이다. 민중 쪽에 선다는 취지 앞에서는 그 정치적 대의가 민중주의, 혁신주의, 마르크스주의의 어느 전통에 입각하더라도 문제가 되지 않았다.

그리하여 20세기의 지식인들은 양립 불가능한 시도에 나서게 되었

다. 그들은 민주주의 사회를 믿는 선량한 시민이 되려고 노력하는 동시에 사회가 끊임없이 자아내는 문화의 속류화에 저항하려고 했다. 자기 계급의 엘리트적 성격과 자신의 민주적 열망 사이의 해소하기 어려운 갈등에 미국의 지식인들이 솔직하게 대처하는 경우는 흔치 않다. 계급 간의 장벽을 끊임없이 공격하면서도 특별한 존중을 받고자 갈구하는 작가들은 대체로 갈등에 정면으로 대응하려 하지 않는 단적인 경우이다. 지식인과 민중의 동맹은 불완전한 것일 수밖에 없기 때문에 민주적인 지식인 계급은 때로 심한 절망감을 느끼게 된다. 정치 상황이 희망과 활기로 가득찬 때―혁신주의나 뉴딜의 전성기처럼 민주적 대의가 꽃을 피운 시기―라면, 이런 실망은 두드러지지 않거나 잊힐 수도 있지만, 그런 시기는 오래 지속되지 않는다. 혁신주의 이후에는 1920년대의 반동이 도래했고, 뉴딜 이후에는 매카시즘이 찾아왔다. 이르든 더디든, 지식인들의 정치적·문화적 요구에 대중이 응해주지 않으면, 지식인들은 상처 입고 충격을 받는다. 그리고 대중에 대한 충성심을 완전히 훼손하지 않는 정도에서 감정을 표현하는 방법을 찾으려 한다. 대중문화라는 현상은 대중으로부터 소외된 지식인들에 탈출구를 제공했다. 사회주의에 대한 희망이 무너지고 중대한 사회 개혁을 꾀하는 새로운 운동도 당장은 실패로 끝남에 따라 새로운 우호적 관계에 대한 기대도 사라졌다. 그토록 많은 지식인들이 대중문화에 매료되는 이유의 한 가지로―문제의 본질적 중대함은 제쳐두고―그들이 그 안에서 민주적 사회로부터의 소외감을 표현할 정당한(즉 비정치적인) 방법을 발견한 점을 들 수 있다. 그리고 대중문화에 대한 가장 신랄한 비난의 일부가 한때―또는 지금도―사회민주주의자였던 작가들로부터 나왔다는 사실은 의미심장하다. 대중문화에 관한 논의에서 종종 귀에 거슬리는 잡음이나 비인간적인 소리까지 들리는 것은 어느 의미에서 지식인들의 기대를 충족시키지 못하는 민중에 대한 실망감이 깔려 있기 때문인지도 모른다.

아마도 20세기 지식인들의 변화된 상황을 가장 결정적으로 말해주는 것은 1890년 이후에 처음으로 지식인들을 하나의 계급으로서 말할 수 있게 된 점일 것이다. 지식인 사회가 유한계급에서 떨어져나오기 시작함에 따라 지식인과 사회에 관한 전체적인 문제가 다시 제기되었다. 19세기 초에는 지성을 갖춘 사람은 많았지만 직업적 지식인은 소수였다. 하지만 당시에 그들을 사회의 수많은 서열에 편입시킴으로써 국가적 차원에서의 결합이나 상호 소통까지 어느 정도 가능하게 할 만한 제도는 생기지 않았다. 그러다가 19세기 말에 이르러서야 다음과 같은 발전이 이루어졌다―뛰어난 대학 제도와 고도의 연구에 적합한 대형 도서관, 신선한 사상을 받아들이고 작가들에게 충분한 수입을 보장할 수 있는 유력 잡지, 국제적인 저작권의 보호 아래 자국 작가들의 가능성에 주목하며 품위에 집착하는 각종 금제로부터 자유로운 튼튼하고 진취적인 출판사, 다양한 학문 분야에서 잘 조직된 전문적인 학회, 다수의 학술 잡지, 고도의 기술을 필요로 하는 확대된 정부 관료 조직, 그리고 과학과 학문과 문학을 지탱할 든든한 재정 기반 등이다. 전에는 존재하지 않았던 유형의 지적 직업들도 전국적으로 등장했다. 이러한 변화의 양상을 구체적으로 보려면, 1830년대의 사회개혁파에 의한 추문 폭로 잡지나 잭슨 시대의 〈하버드 법학평론〉지, 포크 대통령 시절의 구겐하임 지원금, 프랭클린 D. 루스벨트 시절의 공공사업진흥청WPA 연극 프로젝트 등을 떠올려보면 좋다.

이렇게 해서 지식인들은 수효와 영향력을 증대시켜 좀더 조직적으로 미국 사회와 각종 기관, 시장 등에 진입하기 시작했다. 그들이 스스로의 소외에 대해 점점 자의식 과잉이 된 것은 바로 그런 시기의 일이었다. 그전의 소외감은 머그웜프 문화라는 특수한 조건 아래서 형성된 것으로, 이런 감정을 품은 부류는 기본적으로 외롭고 인정받지 못한 작가나 좌절한 귀족적 계급이었다. 이 점을 가장 유창하게 말해주는 것이 머그웜프 시대 말기에 나온 『헨리 애덤스의 교육』이었다 (애덤스는 집필을 훨씬 전에 끝냈지만 책은 1918년에야 출간되었다). 1차 대전 후의 지식인들에게 이 책은 자신들을 대변하고 미국 문화에서 자신들이 어떤 위치에 있는지에 대한 생각을 표명한 것이었다. 그리고 이 책은 묘하게도 이 세대 사람들에게 오랫동안 잊힌 멜빌의 공적을 재발견하게 만들기도 했다. 1차대전 후의 지식인들이 애덤스의 저작에 그토록 호응한 것은 분명 그의 비범한 삶이나 그 과거와의 강렬한 단절 같은 상황에 공감했기 때문이 아니라, 남북전쟁 이후 미국의 조잡하고 물질주의적이고 분별없는 사회에 대한 애덤스의 고발이 1920년대의 미국을 보는 그들 자신의 입장과 일치했기 때문이다. 머그웜프 시절의 특수한 소외 상황은 이 세대의 전위적인 사람들의 소외와는 전혀 달랐지만, 양측에 공통되는 소외감이나 불만, 실패, 비탄에 대한 의식이 정신적 유대를 만들어냈다. 적어도 일부 사람들에게는 "민주적인" 지식인도 귀족적인 지식인과 마찬가지로 사회에 녹아들지 않는다는 것이 분명해지기 시작했다.

 1차대전이 벌어지기 전 수년 동안, 소외는 유식한 체하는 젊은 지식인들 사이에서 일종의 고정관념이 되었지만, 이 사실에는 모종의 아이러니가 담겨 있다. 그 몇 년은 실로 "작은 르네상스"의 시기였다. 이 나라의 문학이나 정치 문화가 다시금 독창성이나 활력으로 넘쳐, 과거에 대한 절망적인 주장은 모두 우스운 이야기로 변한 것처럼 들렸다. 그렇다 하더라도, 지식인이나 예술인이 스스로의 국민적 유산을 상대로 하는 다소 편협한 싸움에 빠져듦에 따라 오래도록 숙고할 만한 사실이었던 그들의 소외는 일종의 이데올로기로 굳어지기 시작했다. 미국 작가들에게 문제로 여겨진 것은 현대 사회 일반으로부터의 소외나, 현대 산업주의나 현대 부르주아지로부터의 소외가 아니라, 이런 요소의 **미국적** 특질로부터의 소외였다.

이 점을 가장 잘 보여주는 것이 밴 윅 브룩스가 초기에 발표한 글로, 이 나라의 문화 상황을 개탄한 『미국, 성년기에 이르다』(1915년)와 『교양과 리더십』(1918년)이다. 여기서 브룩스는 본인이 나중에 후회했을 정도의 열의와 설득력을 담아서, "자기 자신을 위해서는 한 번도 삶을 일군 적이 없는 종족"에 관한 놀라운 진실(적어도 그는 그렇게 생각하고 있었다)을 밝히려 했다. 그의 주장은 대략 다음과 같이 요약할 수 있다―처음부터 미국의 정신은 절대적인 규율(청교도 규범)과 부정하기 힘든 현실(사업상의 자기주장) 간의 대립으로 괴로움을 겪어왔다. 이 때문에 모종의 불건전한 이중성을 발달시켜, 그것이 일급 예술가나 사상가의 창조적 활동을 방해해왔다. 이 이중성은 한편으로는 현실과 무관한 이상과 추상의 세계를 만들어내고, 다른 한편으로는 현금을 게걸스럽게 축적하는 소유의 세계를 구축했다. 그 사이에서 진퇴양난에 처한 사색하는 계급은 삽시간에 청년에서 중년이 되어, 마침내 점차 쇠퇴해갔다. "발달이 저지된" 삶과, "모든 문학적 가치의 원천인 경험을 무시하는 국민정신"을 가진 나라가 낳은 것은 황폐하고 왜곡되고 인정받지 못하는 재능의 무리였다.[13]

사회라는 이 놀라운 소우주에서는 시인, 화가, 철학자, 과학자, 종교인을 모두 찾아내서 발육 부전에 빠트리고, 굶게 만들고, 좌절시키고, 고생시키고, 자기 발전의 첫걸음도 내딛지 못하게 막아야 한다. 이 사회는 리더십이 없어서 정체되며, 리더십이라는 개념 자체에 강한 의구심을 품으면서 지도자를 낳는 데 불가결한 모든 중요한 요소들을 약화시킨다.

미국의 역사적 경험은 지적 전통이나 지성에 공감하는 호의적인 토양을 만들지 못했다. 그 결과, "어떤 나라 사람들보다도 우리는 위대한 인물이나 위대한 이상을 필요로 하면서도 우리 안에 있던 위대한 재능의 싹을 키우지 못했다. 모든 어려움을 이겨내고 스스로를 키운 위대한 재능도 이루 헤아릴 수 없이 많이 [국외 이주로—R. H.] 유출되었다." 지나치게 분방한 개인주의는 집단적인 정신문화의 형성을 가로막았다. 영토 획득과 정복에 몰두하는 개척자 정신은 회의적이거나 창의적인 상상력과 정면으로 대립되는 물질주의를 길렀다. 그리고 이런 경향에 박차를 가한 것이 청교도주의이다. 개척자들이 이상적 철학이라고 생각한 청교도주의는 인간의 본성을 경멸했기 때문에 인간의 후천적 습득력을 해방시킴과 동시에 심미적 충동을 억압했다. 개척자 정신과 청교도주의, 눈앞에 펼쳐진 개척지를 배경으로 발전한 미국의 사업은 어느 나라보다도 모험적이고 매력적인 것이었다. 그러나 미국적 특질의 좋은 면 중에서 너무나 많은 부분이 바로 이런 사실로 인해 상실되거나 뒤틀려버렸던 것이다. 그 때문에 당시 미국에는 모종의 사회는 존재했지만 "고유의 토착 문화"는 사실상 존재하지 않았다. "우리나라의 정통파 문학가들이 지난 역사에서 어떠한 모델을 찾더라도 예술을 한낱 오락이나 수면제로만 보는 시각을 극복할 수 없는"것도 이상할 게 없었다.

이런 격한 비난이 있고 나서 브룩스는 마크 트웨인이나 헨리 제임스를 연구하여, 어느 의미에서는 자신의 주장을 실증한 셈이었다. 어쨌든 그의 비판은 동세대의 많은 작가들이 비평이나 문학 작품에서 보여준 판단을 선취한 것이었다. 어조가 다소 거슬리고 추구하는 목표도 상이했지만, 이런 식의 고발은 브룩스의 저작 이상으로 인기를 누린 H. L. 멩켄의 통렬한 비판이나 스푼리버, 와인스버그, 제니스〔세 곳은 각각 에드거 리 매스터스Edgar Lee Masters의『스푼리버 선집』, 셔우드 앤더슨Sherwood Anderson의『오하이오 주 와인스버그』, 싱클레어 루이스의『배빗』에서 주무대로 삼은 가공의 장소이다〕같은 소도시를 다룬 작품에서도 나타난다. 이 작품들이 그려내는 것은 억압과 포학이 지배하는 시골의 보잘것없고 왜소하고 빈곤한 삶과 소도시의 초라하고 비뚤어진 문화이다.14 미국에 대한 이런 시각은 1890년대의 미약한 반란 속에서 활기를 얻고 작은 르네상스 시기에 명확한 개념이 되어, 국외 이주 세대 사이에서 강박관념에 가까운 강렬한 확신으로 발전했다. 1922년에 해럴드 스턴스Harold Stearns가 편집한『미국의 문명』(브룩스와 멩켄도 기고)을 보면, 몇몇 기고자는 미국에 문명 같은 것은 존재하지 않음을 입증하려고 서로 경쟁하는 듯한 인상을 받는다. 미국의 정의를 상징하는 것은 사코-반제티 사건이고, 과학에 대한 미국 시각을 상징하는 것은 스코프스 재판이며, 미국의 관대함은 KKK단, 미국 생활의 즐거움은 금주법, 준법정신은 대도시의 갱단, 그리고 미국의 가장 심오한 정신적 관심은 주식 열풍이 각각 대표하고 있다―그들은 이렇게 생각하는 세대의 대변자였다.

5
—

 소외 예찬의 배경에는 하나의 암묵적 전제가 있었다. 미국에서 문화의 문제는 현대 사회의 보편적 문제가 날카로운 형태로 나타난 한 변종이 아니라 순전히 독특한 병리라는 사고이다. 이런 관점에 따르면, 다른 나라들에서는 부르주아 속물과, 반항적인 예술가나 진가를 인정받지 못하는 작가나 국외 이주자들 사이에 거북한 대립은 없었던 것 같았다. 그래서 소외 예찬은 유럽과 미국의 대조에 관한 통념을 뒤집어놓았다. 대중의 머릿속에서 유럽은 오랫동안 억압과 부패와 타락을 나타내고, 미국은 민주주의, 청렴, 활력을 나타내는 것으로 여겨졌다. 그러나 지식인들은 다소 단순한 이런 관점을 뒤집어, 문화적인 유럽을 속물적인 미국과 대립시켰다. 벤저민 웨스트나 워싱턴 어빙의 시절부터 예술가나 작가는 국외에서 대부분의 창작 활동을 하여 이런 통념을 실천했지만, 1920년대에는 지식인 사회의 상당수 인물이 파리로 떠남으로써 이런 선례를 따랐다.

 하지만 1930년대 이후에는 이처럼 단순하게 유럽과 미국을 맞세우는 사고는 허물어졌다. 시간이 흐름에 따라 이런 사고는 통용되지 않는다는 것이 분명해졌고, 애초부터 타당하지 않은 생각이었다고 볼 수도 있었다. 유럽 나라들에서도 미국과 똑같이 기계화가 진행되고 대중 사회가 발전했다. 그리고 심술궂은 유럽인들은 대중 사회라는 것이 미국의 수출품이나 침입의 결과일 뿐이라고 보는 양, 이를 가리켜 유럽의 미국화, 코카콜라화라고 불렀다. 하지만 토크빌의 전통을 잇는 현명한 사람들은 산업화와 대중문화를 선도하는 미국은 유럽에서 일어나는 현상을 만들어낸 것이 아니라 선취했다고 분석할 수 있었다.

　1930년대에 들어 미국과 유럽의 문화적 대조 관계는 근본적으로 바뀌었다. 대공황을 계기로 고국으로 돌아온 사람들은 새로운 미국이 만들어지는 모습을 발견했던 것이다. 1930년대 중반에는 완전히 새로운 도덕적·사회적 분위기가 역력했다. 미국의 정치적 지성은 대공황을 계기로 활력을 되찾고 잠에서 깬 듯 보였다. 애초에는 지식인들에게 의심을 샀던 뉴딜도 결국에는 압도적 다수의 지식인으로부터 충성을 받게 되었다. 미국은 새롭게 지식인들을 필요로 하는 것처럼 보였고, 지식인들에 대한 존경도 새로이 모이는 듯했다. 되살아난 노동 운동은 그저 또하나의 이익집단이 아니라 사회 재건을 위한 세력이 될 것 같았다. 민중 자체도 고뇌가 절박하다는 점에서나 오랜 지배자에 맞서 자기주장을 키워가는 점에서나 전에 비해 한결 더 매력적인 존재로 보였다. 바야흐로 항의와 재발견의 분위기가 팽배했다. 1920년대에 나타났던 짜증과 속편한 부정은 완전히 과거의 일이 되었고, 환멸이나 도덕적 무질서로는 국내의 반동 세력과 외국의 파시스트들을 물리칠 수 없을 것처럼 보였다. 이제 필요한 것은 적극적인 신조와 활용 가능한 과거의 경험일 터였다.

　분위기가 이렇게 바뀌기 시작하자, 믿기 어려울 정도로 커다란 변화가 일어났다. 스타일도 동기도 출발점도 전혀 다른 많은 사상가들이나 작가들이 재결집해서 새로운 정신적 중심을 향해 모여들었다. 마침내 문학적 민족주의의 놀라운 부활이 시작되었다. 그 성격에 관해서 앨프리드 케이진Alfred Kazin은 『국토에 관하여』의 마지막 장에서 상세히 분석한 바 있다. 지식인들은 미국을 새롭게 인식하면서 그 모습을 보도하고, 기록하고, 촬영하려는 열정에 사로잡혔다. 작가들은 미국의 과거에 관해 새로운 흥미와 경의를 품게 되었다. 예를 들면, 1920년대에 나온 전기는 선택한 인물을 경멸적으로 다루려 했다(워싱턴에 대한 W. E. 우드워드W. E. Woodward의 심기 뒤틀린 비난, 링컨에 대한 에드거 리 매스터스의 혹독한 평가, 마크 트웨인에 대한 밴 윅 브룩스의 철저한 비판 등). 이와 달리 1930년대와 1940년대에는 너그럽고 다정스러운 대작이 돋보였다. 그중에서 가장 부피가 크고 감상적인 것이 링컨의 생애를 다룬 칼 샌드버그Carl Sandburg의 작품이었다.

미국 재평가 흐름을 따라가면, 일찍이 지식인의 소외를 큰소리로 외친 밴 윅 브룩스를 다시 만나게 된다. 1936년의 『꽃피는 뉴잉글랜드』에 이어 『제작자와 발견자』 시리즈(당시에 손꼽힌 기념비적 역사서) 집필에 착수했던 브룩스는 1800년부터 1915년까지 미국 문학사의 일류, 이류, 삼류 작가의 작품들을 끈기 있게 독파했다. 그는 자신의 초기 저작을 제외하고는 미국적인 모든 것에 친근감을 느끼게 되었다. 초기 저작에서 자국 문화를 격렬하게 비판한 것을 그는 후회했다. 중요한 작가들의 한계를 가차없이 파헤쳤던 브룩스는 이제 한계 있는 작가들의 중요성을 호의적으로 탐색했다. 특정 가문에 고용된 가족사가나 계보학자는 연구 대상 가문의 역사에 지대한 관심을 쏟으며 그 가문에 추문이 있어도 끈질기게 연구를 계속했다. 브룩스 역시 놀라운 통찰력을 가지고―다만 예전과 같은 비판적 태도는 거의 드러내지 않은 채―미국 문학사를 그 전체상에 가깝게 재구성했다.

이런 예는 물론 브룩스 혼자만이 아니었다. 장중한 어조의 브룩스와는 대조적으로 유머러스한 산문으로 미국을 고발했던 멩켄도 과거에 대한 향수에 저항할 수 없었다. 실제로 뉴딜에 대한 시큰둥하고 반동적인 반응 때문에, 멩켄에게는 흘러간 시대의 인간이라는 씻기 힘든 낙인이 찍혔다. 하딩이나 쿨리지의 시대에는 어울렸던 불손한 태도도 루스벨트가 대통령이 된 지금은 한낱 무례함으로 바뀌어버렸고, 그의 익살스런 재능도 고갈되어버린 것 같았다. 하지만 그가 마침내 집필을 개시한 세 권짜리의 매력적인 자서전은 브룩스 못지않은 과거에 대한 온화한 향수로 가득찼다. 그리고 '앙팡 테리블' 시절의 멩켄을 아는 사람은 하나같이 그를 에워싼 환경—멩켄 특유의 풍자 재능을 발휘할 장을 제공하고 그의 많은 성과의 산실이 된 환경—속에서 모종의 우아함을 발견했다. 싱클레어 루이스 역시 『도즈워스』에서 새로운 태도를 보였고, 점점 더 흡족해하며 아메리카니즘을 공공연하게 드러냈다. 1938년에는 『방탕한 부모』라는 음울한 소설을 썼는데, 이것은 젊은이들의 반란에 맞서서 미국 부르주아의 가치를 옹호하는 작품에 지나지 않아 보였다. 그리고 루이스는 유럽 독자들에게 『배빗』을 쓴 동기는 사랑이지 증오가 아니라고까지 선언했다(미국의 일부 비평가들 사이에서는 이런 견해가 나오기 시작했지만 유럽 독자들은 받아들이지 않았다). 게다가 급진적인 소설을 통해 미국 문명에 대한 혐오를 최초로 표현한 존 더스패서스 같은 젊은 작가도 『우리가 선 땅』에서 새로운 정치적 신조의 원천이 될 가치를 과거에서 찾으려 했다.

이렇게 아메리카니즘이 부상한 것은 미국 지식인들에게 유럽의 문화적·도덕적 구심력이 점차 약해졌기 때문이다. 유럽과 미국의 문화적 대조 관계가 점차 역전되기 시작한 것이다. T. S. 엘리엇, 거트루드 스타인Gertrude Stein, 에즈라 파운드Ezra Pound를 마지막으로, 주요 지식인들의 국외 이주는 더이상 목격되지 않았다. 대공황을 계기로 속속 귀국한 미국 지식인들의 뒤를 이어 파시즘에서 뛰쳐나온 유럽의 예술가나 학자들이 미국으로 옮겨오면서 국외 이주의 흐름이 완전히 바뀌었다. 미국은 이제 인재들이 빠져나가는 나라가 아니라 들어오는 나라가 된 것이다. 바야흐로 유럽의 지식인들이 미국으로 이주할 마음을 먹게 된 것은 단지 목숨을 부지하려고 도망쳐야 했기 때문이 아니라 미국이 편안하고 살 만한 곳이라는 생각도 들었기 때문이다. 그리하여 1933년 이전에 시작된 가느다란 이주의 흐름은 금세 큰 조류로 바뀌었다. 올더스 헉슬리Aldous Huxley, W. H. 오든W. H. Auden, 토마스 만Thomas Mann, 아인슈타인, 쇤베르크Arnold Schoenberg, 스트라빈스키Igor Stravinsky, 미요Darius Milhaud, 힌데미트Paul Hindemith, 그 밖의 모든 유파·학파의 예술사가, 정치학자, 사회학자가 미국으로 속속 모여들었다. 한때 산업 분야의 선도자였던 미국은 이제 서양 세계의 지적 수도―그런 것이 있다면 말이지만―로 탈바꿈했다.[15] 많은 유럽인들의 관점에서 보면, 이런 사태는 다시 일어나서는 안 되었다. 어쨌든 미국과 유럽의 대조 관계는 대서양 양측 모두에서 문화적 의미의 대부분을 상실했다. 유럽과 미국 사이의 오랜 대화도 서양인이나 서양 사회라는 하나로 보는 사고에 비하면 중요성이 떨어지게 되었다.

　1930년대에 유럽은 정치적·도덕적 권위를 상실했다. 파시즘은 미국으로서는 미지의 정치적 폭정이라는 것이 명백해졌고, 민주 국가들이 그 존재를 허용한 것은 서구 정치 체제 전체의 균열상을 속속들이 드러냈다. 게다가 1939년의 나치-소련 조약(독소불가침조약)을 계기로 볼셰비키가 파시즘 국가 못지않게 가혹한 대외정책을 전개한다는 사실은 만천하에 명백해졌다. 이 때문에 공산주의에 동조하는 사고방식은 결딴이 났으며, 10년 가까이 이어진 민중주의적 자유주의와 마르크스주의를 혼동하던 시각도 더는 유지될 수 없었다. 결국에는 해외의 어떠한 정치 제도에서도 도덕적·이데올로기적 모델을 찾을 수 없게 되었다. 미국의 품위를 훼손한 최대의 실패조차 전쟁 말기에 강제수용소의 끔찍한 실태가 밝혀지면서 퇴색하고 말았다. 이와 동시에 유럽이 극심한 곤경에 처함에 따라 미국의 책임이 새로운 형태로 부각되었다. 미국이 마셜플랜으로 유럽을 구제하려고 나선 1947년, 유럽을 방문하고 돌아온 에드먼드 윌슨Edmund Wilson(편협한 향토의식과는 가장 거리가 먼 작가이다)은 다음과 같이 말했다—"현재 미국은 세계의 어느 나라보다도 정치적으로 발달해 있으며", "공화국의 탄생 과정에서 중심적 역할을 맡고 남북전쟁기까지 번성한 민주적 창의성이 부활한 모습"이야말로 20세기의 미국 문화이다. 20세기는 "미국의 예술과 학문에 경이적인 르네상스"를 가져왔다.[16]

6

이제까지 우리는 역사적 흐름을 연대순으로 추적해왔다. 여기서부터는 〈파르티잔 리뷰〉지 특집과 거기서 표현된 분위기가 형성된 시대로 돌아간다. 지식인들 중에서도 소외 관념을 주로 1920년대와 1930년대의 모종의 과도함과 결부시켜 생각한 세대의 경우에 이 관념은 이미 과거의 것이 되었다. 하지만 체제에 비판적인 작가들 사이에서는 예전부터 있던 소외 예찬 경향이 부활하기 시작했다. 그리고 이런 시각은 젊은 세대, 아마도 가장 활발하고 비판적인 정신을 지닌 이들에게 특히 강하게 호소했을 것이다. 이런 새로운 반대자들은 오늘날만큼 지적인 비판이나 자유로운 비평이 요구되는 시기도 없을 것이라고 주장하고(이런 견해에는 나름의 근거가 있었다), 이런 점에서 과거의 소외 예찬은 여전히 유의미하다고 생각했던 것이다. 이 작가들은 현재의 문화 상황이나 세계의 정치 정세에 불만을 품으며—누가 그들을 탓할 수 있겠는가?—그런 반감에서 사상가나 예술가, 지식인의 역할에 관한 나름의 개념을 발전시켰다. 하지만 내가 보기에 이 개념은 역사를 너무 단순화하며, 지적인 삶의 규범에 관해서도 비현실적인 시각을 취하고 있다.

이 작가들이 제시한 쟁점은, 소외를 도덕적인 중요 과제로 인정하는 것이 우리 사회를 계몽하는 임무의 완수에 유용할지 어떨지 하는 것이었다. 이런 논의의 테마는, 지식인의 고뇌가 1930년대 이래로 극적으로 바뀌었음을 보여준다. 종래의 불만, 즉 미국의 학자나 문필가는 그 역할이나 임무가 중요하거나 정당한 것이라고 여겨지지 않기 때문에, 사회의 인정이나 격려나 어지간한 수입을 누리지 못한다는 불만은 완전히 사라지지 않았다. 그렇지만 지난 20년간의 저작물에는 집요하고도 새로운 목소리가 진입했다—지식인들은 어느 정도의 자유와 기회를 얻고 영향력을 발휘할 새로운 수단을 확보한 결과, 조금씩 부패하고 있다. 게다가 세간의 인정을 받음으로써 독립성이나 지식인으로서의 정체성까지 상실했다는 지적이 점점 커진 것이다. 지식인들은 일종의 성공을 거두었지만, 그 때문에 터무니없는 대가를 치렀다. 지식인들은 대학이나 정부, 매스미디어에서 일하게 됨에 따라 삶이 안락해지고 어느 정도의 부를 얻기도 하지만, 결국 이 기관들의 요구에 자기를 끼워맞추게 되었다. 작가가 최상의 창작을 수행하는 데 필요한 분노도, 솔직한 사회 비판에 필요한 부정과 반항의 능력도, 출중한 과학상의 업적을 이루는 데 필요한 독창성과 독립성도 지식인들은 잃어버렸다.

그리하여 지식인의 운명은 부나 성공, 명성에서 배제되는 것에 비난을 퍼붓거나, 아니면 이런 배제의 벽을 돌파해서 죄의식에 사로잡히거나 하는 수밖에 없는 것처럼 보인다. 예를 들어, 지식인들은 권력으로부터 조언을 청해오지 않으면 곤혹스럽지만, 스스로의 부패를 두려워하기 때문에 권력이 조언을 구하려고 접근해오면 더욱 곤혹스러워한다. 여기서 다시 하우 교수의 말로 돌아가보자—부르주아 사회가 지식인들을 거부하는 것은 이 사회의 실리주의를 보여주는 또하나의 증거에 불과하다. 부르주아 사회가 그들에게 "명예로운 지위"를 제공하는 것은 돈으로 매수하는 것이다. 지식인은 내쫓기거나 아니면 매수될 뿐이다.

지식인들에게 공감하고 싶지 않은 사람에게는 이런 모순되는 두 가지의 불만이 엉뚱하거나 희극적인 것으로 보일지도 모른다. 하지만 사실 가장 버거운 이상과 당면한 야망이나 이해관계 사이의 딜레마에서 어떤 식으로든 괴로워하는 인간이라면 누구나 비극적인 곤경에 직면할 수밖에 없어, 두 가지 불만에는 이런 곤경이 지식인에게 특수한 형태로 집약되어 있는 것이다. 체제를 비판하는 작가들이 불만을 표출하는 배경에는 국가에 대한 독립적 지식인의 비판이 역사상 가장 필요하다고 여겨지는 바로 그 시기에 미국 사회가 지식인들을 흡수해가는 것처럼 보인다는 사실이 있다. 지식인들이 비판받아야 하는 것은 불만을 느끼기 때문이 아니라 그 근저에 있는 비극적인 곤경을 제대로 인식하지 못하는 점이 아닐까.

서양 세계의 지식인들 중에서도 미국의 지식인들이 양심의 가책을 가장 많이 느낄 것이다. 미국 지식인들은 늘 자신들의 역할을 정당화할 필요성을 느끼기 때문이다. 예를 들어, 영국이나 프랑스의 지식인들은 대개 자신들의 행위에는 가치가 있으며, 공동체에 제기하는 요구는 정당한 것이라고 여긴다. 하지만 전통적으로 미국 지식인들을 괴롭혀온 죄의식은 오늘날 더욱 커지고 있다. 그 원인은 세계에서 미국의 힘이 강해졌기 때문이고, 또 지식인들이 이 나라의 정치 논의 방식에 건전한 경계심을 품었기 때문이다. 미국에서는 화가 날 정도의 무분별함과 겉치레뿐인 기특함이 정치 논의의 수준을 좌우해왔다(공산주의 중국의 문제점에 관해 성숙한 논의를 펼칠 수 있는 미국의 정치인이 과연 몇 명이나 될까?). 하지만 그리 오래지 않은 과거에 소외의 전통이 강력한 도덕적 규범으로 변했다는 사실도 이런 현대적인 문제에 필적하는 중요성을 가질 것이다. 나이든 세대의 지식인들은 처음에 이런 규범에 따라 행동하려고 했다. 그러나 이제는 그것 때문에 길을 잘못 들었다고 생각하고는 더이상 그런 규범에 구속되려 하지 않는다. 그들은 20년이 넘는 환멸의 경험을 통해 스스로 해방되었다. 지식인의 도덕적인 위치의 문제를 여러 시각에서 검토함으로써 그들은 더이상 이 문제를 단순한 것으로 생각하지 않는다. 그리고 사태의 복잡성을 기꺼이 숙고하는 사람이라면 누구나 그렇듯이, 그들은 호전적인 태도를 잃어버렸다. 젊은 세대의 지식인들, 특히 마르크스주의로부터 직간접적으로 영감을 얻는 이들은 이런 모습을 허용할 수 없다고 생각한다. 그들은 젊은이들이 본래부터 지니고 있는 잔혹함과, 정치적 좌파에게서 보이는 표면적인 청교도주의를 겸비한 언어로 이런 모습을 비난하기 시작했던 것이다.

오늘날 미국의 젊은 지식인들은 지적 활동을 시작하자마자 성공에 따르는 동요나 압박을 느끼는 경우가 참으로 많다. 이 나라의 새로운 문화 상황이 그들에게 활기를 불어넣지만 동시에 분노를 자아내기도 한다. 1890년에서 1914년에 걸쳐 활약한 세대가 그토록 치열하게 벌인 싸움에서 지식인들은 줄곧 승리를 거두었다. 그 결과, 모종의 미적·정치적 자유나, 자연주의적이고 현실주의적인 권리 주장, 성이나 폭력이나 부패를 공공연하게 다룰 권리, 권위에 맞서 행동할 권리 등이 전면적으로 확립되었다. 하지만 이런 승리는 이내 무위로 돌아갔다. 우리가 살고 있는 이 시대에는 전위 자체가 제도에 편입되어, 예전에 가지고 있던 자극적인 요소—완고하고 비정한 반항—를 빼앗겨버린다. 새로운 것을 흡수하는 방법을 너무나도 잘 알게 되어서 우리의 수용력 자체가 일종의 전통이 되어버렸다. 즉, "새로움이라는 전통"이다. 어제의 전위적 시도가 오늘에는 유행의 첨단chic이 되고 내일에는 상투적인 것cliche이 되고 만다. 추상표현주의를 통해 예술적 해방의 외적 한계를 추구하는 미국의 화가들은 몇 년 뒤에는 자신들의 작품이 몇만 달러에 팔리는 것을 알게 될 것이다. 대학 캠퍼스에서 인기가 높은 비트족도 연예인 대접을 받으며 세련된 비법을 갖춘 코미디언으로 변신한다. 사회비평 분야에서는 밴스 패커드Vance Packard 같은 비관론자들이 베스트셀러 저자가 된다. 미국적인 삶의 모든 측면을 가장 철저하면서도 설득력 있게 비판한 C. 라이트 밀스 같은 진지한 작가들도 정중한 평가를 받고 열렬히 읽힌다. 미국인의 특성이 어떻게 바뀌었는지에 대한 우울한 평가로 볼 수 있는 데이비드 리스먼의 『고독한 군중』이 사회학 역사상 가장 널리 읽히는 책이 되고, 윌리엄 H. 화이트의 『조직 인간』에 담긴 신랄한 분석도 모든 조직 인간으로부터 주목받고 있다.

  많은 진지한 지성이 왜 이런 일들을 희망적이기보다는 실망스러운 현상으로 보게 되었는지를 이해하기는 어렵지 않다. 리얼리티를 잃은 성공은 실패보다 나쁘다. 이런 식으로 지식인을 수용한 것은 다수의 자유주의적인 중간계급 사람들이지만, 그들은 차분하고 관대한 태도로 지식인의 업적을 흡수하려 한다. 이런 태도는 활기찬 반응과는 상당히 다르다. 자신들의 삶의 방식이나 자기만족적인 타협을 낱낱이 까발린 작품을 읽고 독자들은 "참으로 흥미롭다!"거나 때로는 "정말로 맞는 말이다!"라고까지 말한다. 자신의 저작권료 이상의 뭔가를 모색하고 실제로 세상의 흐름에 일정한 영향을 끼치거나 동시대의 도덕의식을 언급하려는 작가에게 이런 무덤덤한 관대함은 분노를 유발할 뿐이다. 진지한 사색을 문제제기가 아니라 일종의 오락거리로 여기는 풍조에 이런 작가들은 반발한다. 동시에 작가들은 종종 자신에게 잘못이 있을지도 모른다고 자문한다. 자신의 개인적인 타협—그것 자체는 피할 수 없다—이 자신의 메시지가 지닌 힘을 무디게 하는 것은 아닌지, 자기 역시 자신이 비난하는 독자들과 똑같아진 것은 아닌지 의아해하는 것이다.[17]

이런 솔직한 자기탐구는 좋은 결과를 낳을 테지만, 유감스럽게도 이런 솔직한 태도는 일종의 절망으로 이어진다. 이 절망은 저절로 공감을 불러일으키지만 결국에는 "지위"나 태도를 추구하게 된다. 체제를 비판하는 지식인들은 대체로 자신들이 지식인이라는 이유로 도덕적인 시련을 겪는다고 느끼는 것 같다. 그러면 자신들의 도덕적 책임은 일차적으로 부정과 파괴에 대한 책임으로 해석된다. 그렇기 때문에 지식인은 지성의 가치가 상상력이나 정확함이 아니라 얼마나 부정적인 사고가 가능한가에 의해 결정된다고 느낀다. 요컨대, 지식인의 책임은 우선 사회를 계몽하는 것보다는 반사회적인 주장을 펴는 데 있다고 여겨진다—이런 견해의 근저에는, 대부분의 반사회적인 주장은 계몽적이며, 무엇보다도 작가의 고결함이나 용기를 다져준다는 가정이 있다.

좌파 소외론자들은 분명 사회에 항의하기 위한, 모종의 책임 있는 전략을 세우기 위한 토대를 창출하려고 한다. 그러나 지식인을 둘러싼 상황이 문제로 부각되면 그들의 어조는 감정적이 되며, 도덕적인 타협보다는 "맹목적이고 터무니없는 거부" 쪽이 훨씬 낫다는 말도 들리게 된다. 이제 그들이 입에 올리는 것은 "항의하기 쉬웠던 예전의 확신"에 대한 향수, 지식인이 공격에 나서야 할 주된 필요성, 지식인의 기본적인 의무를 팔아넘기거나 배반할 위험성, 그리고 그들이 말하는 사회적 책임과 지적인 책임의 상극(전자는 선이고 후자는 악)이다. 여기서 중요한 점은 지식인이 겪는 소외가 진리 추구나 예술에 대한 모종의 관점의 필연적 귀결로서 받아들여지는 것이 아니라, 반사회적인 태도가 예술적 창의성이나 사회적 통찰력, 도덕적 고결함을 낳는 유일한 태도로 규정되는 점이다. 즉, 그들 주장의 근저에 있는 것은, 우선 지식인은 진리나 자신의 창의성에 책임을 지는 존재이며, 이런 진리와 창의성 때문에 사회와 정면으로 대립하더라도 타협하지 않는 마음가짐이 필요하다는 사고가 아니다. 오히려 지식인은─배리츠 교수의 말을 빌리자면─우선 자신이 속한 사회를 부정하는 것에 책임을 져야 한다는 시각이다. 지식인의 소외는 고결함을 견지하는 데 따르는 불가피한 위험이 아니라 지식인에게는 다른 모든 의무에 앞서는 의무로 여겨진다. 이제 소외는 인생에서의 하나의 사실이 아니라 올바른 지적 생활을 위한 처방전이라는 성격을 띠게 되었다.

이런 소외 예찬을 몇 단계만 따라가보면 좀더 엄격한 소외론자들과 마주치게 된다. 정치적 좌파의 작가들은 핵심적인 부분에서 그들을 인정하지 않겠지만, 주요 원리로서의 소외에 몰두하는 점에서 양측은 전혀 다르지 않다. 이 소외론자들은 좋게 말하면 낭만적인 무정부주의의 옹호자이며, 나쁘게 말하면 비트족으로 대표되는 사춘기적 반항이나 도덕적 허무주의(노먼 메일러가 이것을 가장 유창한 형태로 표현했다)의 옹호자이다. 그리고 이런 소외론 작가들은 평화 유지나 민주주의의 진전, 문화의 향상이나 개인의 해방을 열망하는 한편, 정치나 문화에 관한 그들의 논의는 이상하게도 삭막해서 유머나 유연성이 없으며, 때로는 인간성마저 보이지 않는다는 점이다. 이것이 그들의 명확한 특징 가운데 하나이다.

정치적 반체제파가 주장하는 소외는 적어도 정치적으로는 충분히 유의미하다. 과도한 점이 많다고 해도 그들은 다른 지식인 집단과의 모종의 대화에 가세하며, 지식인 전체에 대한 책임감도 느낀다. 한편 그들 뒤에서 불쑥 모습을 드러내는 비트족은 이제는 그 자체로 상당한 층을 형성하는 존재이며, 미국의 문화적 권태의 무시할 수 없는 증상이기도 하다. 정치적 반체제파 속에서 비트족을 좌파로 단정할 수는 없다―유행중인 은어를 쓰자면 그들은 극단적인 부류farther out일 뿐이다. 이제까지 지식인의 성격을 정의하기 위해 언급한 말을 쓰자면, 정치적 반체제파는 종종 그들 자신의 경건함에 압도되는 반면, 비트족은 자신들의 장난기에 휘둘리고 만다. 사회에 대한 비트족의 관점은 상업주의나 대중문화, 핵무장, 공민권에 관한 반체제파의 견해와 일치하는 경향이 있지만, 전체적으로 보면 부르주아 세계와의 심각한 논쟁에서 발을 빼왔다. 비트족으로 대표되는 형태의 소외는―그들 자신의 표현에 따르면―사회로부터의 단절인 것이다. 그들은 고지식한 사람square[보수적인 생각에 사로잡혀 틀에 박힌 인생을 사는 사람들을 비트족이 경멸적으로 지칭하는 말)들의 세계를 벗어났으며,[18] 대부분 진지한 지적 성취나 사회에 맞서는 일관된 저항에 필요한 사명감을 내던져버렸던 것이다.

비트족은 그들 나름의 방식으로 지성주의의 길을 부정하면서 감각적인 삶에 몰두해왔다. 로렌스 립턴Lawrence Lipton은 그들을 다룬 저서에 『신성한 야만인』이라는 제목을 달며 과잉이다 싶은 공감을 표했는데, 이런 시각을 답습하면 그들은 도착된 성자inverted sainthood의 삶을 살며 가난을 받아들이고 직업이나 정규 수입이라는 통상적인 만족을 기꺼이 포기했다. 당연한 이야기일 수도 있지만, 비트족이 내놓은 훌륭한 저작은 극히 적다(그들에게 공감하는 평론가들도 이 점은 대체로 인정한다). 그들이 미국 문화에 남긴 가장 뚜렷한 기여는 결국 그들이 선보인 익살맞은 은어일지 모른다. 대개 형식의 이완으로 이루어지는 것처럼 보이는 그들의 실험은 다다이스트들의 경우와는 달리 새로운 위트나 환상을 제시하지는 못했다. 또 거트루드 스타인 같은 작가와 달리, 산문의 새로운 방향을 열지도 못하는 것 같다. 비트족의 운동에 미숙한 영감 이상의 것을 창출한 만한 힘은 없어 보인다. 잭 케루악Jack Kerouac은 "문학이나 문법, 문장에서의 금칙을 제거하고" "수사적 발산이나 설유적說諭的 서술 이외의 규율은 필요 없다"고 말했는데, 이 말에서는 표현에 관한 앞선 시대의 문학적 실험보다는 어딘가 혁신주의 교육의 광신적 지지자들이 보이는, 어린이에게 한없이 너그러운 성향에 더 가까운 것이 느껴진다. 노먼 포도레츠Norman Podhoretz가 말한 것처럼, "비트족의 원시주의는…… 반지성주의에 은신처를 제공한다. 그 신랄한 태도에 비하면, 평범한 미국인이 지식인에게 갖는 혐오는 아주 점잖게 보일 정도이다."[19]

비트족은 은둔의 스타일에서 보헤미안의 계승자에 속하지만, 예전의 보헤미안들에 비해 유머나 자기를 내치는 태도는 한참 부족해 보이며, 개성에 대한 존중도 무척 부족하다. 해리 T. 무어Harry T. Moore는 이렇게 말한 바 있다. "특히 예술에서 대개 천재적인 개인들은 홀로 이탈했다. 하지만 대중적 이탈은 다른 문제이다. 대다수 비트족은 이 문제를 전체적으로 바라볼 만큼 역사나 정치학에 관한 정규 지식이 부족했지만, 그런 지식을 쌓으려고 하지 않는다. 그들로서는 고지식한 사람들의 세계를 싫어하고 불신하는 것으로 충분하다.……"[20] 비트족의 역설적 신조(집단적 이탈과 나태)는 어느 대학생이 현대 문화에 관해 쓴 잊을 수 없는 글을 상기시킨다. "개인이 집단으로부터 '대거' 탈출하지 않는 한 세계는 결코 구원받지 못하리라." 비트족이 매스미디어를 비롯한 고지식한 사람들의 글에서 조롱을 받게 된 특징 중 하나는 이런 독특한 획일성이다—비트족은 그들 고유의 복장을 가지는 지경까지 이런 획일성을 밀어붙였다. 그들은 소외의 순응conformity of alienation이라는 새로운 역설을 낳았다. 그리하여 이 과정에서 그들은 다른 소외론자들이 용납할 수 없는 배신 행위라고 느낄 정도까지 소외의 태도를 희화화했다.

따라서 당연한 얘기지만, 엄격한 소외론자들은 비트족이 어린아이들 같은 무질서를 보인다고 여겼다. 비트 운동의 선조 격인 케네스 렉스로스Kenneth Rexroth에게 분노를 안기거나, 기본적으로 그들에게 공감한 노먼 메일러 같은 지식인으로부터 배척당한 것도 놀라운 일이 아니다. 메일러는 비트족이 감각적 자극이나 성적 만족감을 추구한 것은 높이 평가했지만, 수동적 태도나 우유부단함에는 참지를 못했다. 수년 전, 메일러는 정말로 강력한 소외를 가장 솔직한 형태로 표현했다. 그 유명한 글이 메일러가 〈디센트〉지에 기고한 「하얀 흑인: 힙스터에 관한 표층적 고찰」이다. 메일러는 비트족 이상으로 힙스터를 높이 평가했다. 그에 따르면, 인생에 대한 힙스터의 궁극적 공포 인식은 흑인의 공포심에서 파생된—그렇기 때문에 흑인과 비슷한— 감정이라고 했다. "왜냐하면 흑인은 거리를 나다닐 때면 늘 폭력의 위험에 노출되기" 때문이다.

메일러의 주장은 다음과 같이 요약할 수 있다—폭력이나 죽음에 직면하면서 살아갈 각오가 이제는 극히 중요한 가치를 가진다. 우리가 처한 집단적 조건은 핵전쟁에 의해 순식간에 죽느냐, 아니면 "순응해서 서서히 죽느냐"의 양자택일에 내몰리는 운명이기 때문이다. 내가 칭찬하는 힙스터의 자질은 죽음의 도전을 받아들이려는 의지이다. "사회와의 인연을 끊고 뿌리 없는 삶을 산다—그런 지도 없는 여행에서 그들은 스스로의 반항의 규범을 세우려고 한다. 삶이 범죄적이든 아니든 간에, 이 결단은 자기 안의 정신병질을 자극하고 정신병적인 영역의 탐구로 이어진다. 거기서는 안전이 지루함이 되고 그 때문에 구역질을 하는 병이 되는 것이다.……" 힙스터의 "정신병적 현명함"은 그렇게 간단히는 전달될 수 없다. "힙Hip은 거대한 정글에 있는 현명한 원시성의 세련된 형태이다. 따라서 문명인에게는 그 매력을 이해할 힘이 없다." 힙스터의 중요성은 그 숫자에 있는 게 아니다(메일러는 자각적인 힙스터의 수를 10만 명 이하라고 추정한다). 중요한 것은 "그들이 선택된 소수자라는 점이다. 그들은 이런 부류의 소수자가 가지는 잠재적인 분방함을 갖추고 있어, 대다수 청소년이 본능적으로 그들의 언어를 이해할 수 있다. 존재에 대한 힙스터의 견해가 청소년들의 경험이나 반항 욕구에 필적할 만큼 강렬하기 때문이다".

메일러는 또 이렇게 언명한다—그 결과, 삶이 진짜 범죄 행위로 이어질 경우, 이를테면 두 젊은 깡패가 과자가게 주인을 흠씬 두들겨 팼다고 생각해보자. 두 사람의 행위는 안전이라는 병의 "치료에 큰 도움이 될" 만큼 용감한 것이라고는 말하기 어렵다. 그러나 이 행위는 적어도 "모종의 용기를 필요로 한다. 50세의 허약한 남자를 죽일 뿐만 아니라 하나의 사회 제도를 파괴할 수도 있기 때문이다. 사유재산을 침해하면 경찰과 새로운 관계에 들어서고 자기 삶에 위험한 요소를 끌어들이기 때문이다. 따라서 두 깡패는 미지의 세계로 들어가게 된다.······"21—확실히 메일러 이전의 미국의 소외 주창자들은 결코 이만큼의 상상력을 갖지 못했다.

7
—

올바른 소외의 스타일이란? 그 표현의 한계는? 비트족과 힙스터, 정치적 좌파의 의견은 서로 대립된다. 하지만 그들은 바람직한 소외의 태도나 스타일이 어떤 식으로든 존재한다는 공통의 확신을 가졌고, 그럼으로써 예술가의 개성과 창의성을 해방시키거나 사회비평가의 비판 능력을 유지시키며 스스로를 부패로부터 지킬 수 있다고 생각한다. 소외는 그 자체로 일종의 가치라는 그들의 확신에는 낭만주의적 개인주의와 마르크스주의라는 두 가지의 역사적 원천이 있다. 150여 년 동안 모든 부르주아 사회에서 창조적인 재능의 소유자들이 어떤 처지였는지를 보면 창조적 개인과 사회의 요구가 끊임없이 긴장관계에 있었음을 알 수 있다. 게다가 서양 세계의 예술가나 지식인 공동체가 자신들의 입장에 관해 자의식을 키워가면 키워갈수록 그들은 한 가지 사실을 날카롭게 깨닫게 되었다. 천재적이거나 탁월한 재능을 가진 이들에 의한 작업은 사회가 바라는 형태에 따라 이루어지는 게 아니라 있는 그대로 받아들일 뿐이라는 사실이다. 위대한 창조성의 사례들을 들여다볼수록, 창조적인 정신은 대개 "호감이 가는" 것도 아니고 차분하고 조화로운 것도 아님이 분명해진다. 예를 들면 천재에게는 흔히 모종의 개인적 혼란이 수반되며, 그래도 천재의 은혜를 이익을 누리려면 사회는 이것을 받아들여야 한다(에드먼드 윌슨은 『상처와 활』에서 필록테테스Philoctetes〔그리스 신화에 나오는 포이아스의 아들. 고통에 몸부림치는 헤라클레스를 화장시켜 활과 화살을 받았으나 화장된 자리를 알리지 말아달라는 부탁을 어겨서 다리에 치명상을 입는다〕 신화를 언급하면서 이 문제에 관한 우리 시대의 가장 중요한 검증에 나섰다). 예술가의 소외에 관한 우리의 인식이 높아진 것은 대체로 낭만주의의 영향에 의한 것이다. 사상가의 소외가 가지는 사회적 가치에 관해서는 마르크스주의에 의해 명확해졌다. 마르크스주의는 자본주의 위기가 정점에 달하면 많은 지식인들이 자본주의 체제를 저버릴 것이라고 생각했다. 지식인들은 쇠망하는 질서에 계속 집착하기보다는 다가올 역사의 운동에 가세할 것이기 때문이다.

모종의 예술적·정치적 가치를 주장하면 불가피하게 소외가 생긴다—이런 사고를 받아들이면 소외 자체에 일종의 가치가 있다는 사고로 쉽게 옮겨간다. 이것은 천재성은 보통 "까다로운" 것이기 때문에 우선 까다로운 성격을 양성함으로써 천재성을 만들어낼 수 있다고 생각하는 것과 비슷하다. 젊은 작가가 이를테면 도박꾼이 되면 도스토옙스키적인 천재가 되는 것도 꿈은 아니라고 진지하게 주장할 사람은 물론 없을 것이다. 하지만 이런 관점을 솔직하게 논의의 대상으로 삼지 않는 한, 고유의 스타일을 키우지 않으면 지식인이 아니라는 사고에 빠져들 위험이 있다. "까다로움"이 재능을 키우는 하나의 수단이라고 오해할 수 있는 것처럼, 사회에 대한 호전적인 태도가 지식인의 비판적 작업의 대체물로 받아들여질 수도 있다. 소외에 관해 진지하게 생각하는 작가라면 이런 관념을 옹호하지 않을 것이다. 그러나 그들의 가장 열광적이고 극단적인 주장의 근본에는 이런 관점이 있다.

게다가 미국 사회에서는 문화적인 제약이 심했기 때문에 작가들은 언제나 머릿속으로 특정한 사회 질서를 모색해, 지적인 삶의 모델로서 내세우려 해왔다. 19세기에 미국의 학자들은 독일의 대학을, 예술가들은 프랑스나 이탈리아의 예술가 사회를, 작가들은 프랑스 대문호들의 지위를 선망했다.22 이제는 다양한 이유에서 퇴색했지만, 일찍이 이런 이상은 자기 인식이나 미국 문화의 발전에서 참으로 중요한 역할을 했다. 극히 고풍스러운 전통을 이어받은 하우 교수는 지금도 이런 이상적인 공동체를 추구한다. 그가 찾고 있는 것은 작가가 사회와의 개인적 싸움에서 피난할 수 있는, 자신 있는 항의를 위한 버팀목을 제공할 수 있는 공동체이다. 유럽이 이제 더는 이상형의 기능을 할 수 없기 때문에, 하우 교수에게 남은 것을 보헤미아라는 보편적인 나라뿐이었다. 이제는 유감스럽게도 버려진 보헤미아를 그는 자유와 창의성의 열쇠를 제공하는 본보기로 제시한다. 그러나 이 점에 관해서도 몇 가지 이의를 제기할 필요가 있다. 보헤미안 사회에는 상당한 지적·정치적 가치가 있음은 누구도 부정하지 않을 것이다. 하지만 그 가치는 주로 인생 초기의 이행 단계에서 개인에게 피난처를 제공함으로써 성립되는 것은 아닐까? 젊은 작가나 예술인의 삶의 한 시기, 즉 실험주의, 정체성이나 스타일의 탐구, 책임으로부터의 자유 등으로 특징지어지는 한 시기에 보헤미안적 삶은 강렬한 해방의 힘을 가질 수 있다. 그러나 보헤미아 내부의 사람이 쓴 작품 가운데 세계적으로 중요한 것은 극히 일부일 뿐이다. 많은 지식인들이 창의성 풍부한 원숙기를 보헤미아에서 보냈다는 견해는 역사적으로는 의문스럽다. 이 점은 미국 역사에서 특히 두드러지는 사실인 듯하다. 이 나라의 일류 작가들은 일관되게 이류 이하의 작가들보다 더 고독했다. 또한 하우 교수는 콩코드(매사추세츠 주)가 초월주의자들에게는 일종의 보헤미아였다고 말한다. 하지만 농담이라면 또 몰라도, 이 불편한 지적을 역사적 사실로 인정해서는 안 된다. 콩코드는 보스턴에서 피난해온 사람들의 마을로, 이 마을의 지식인들이 워싱턴을 싫어했음은 확실하지만, 콩코드에 보헤미안적인 공동체는 존재하지 않았다. 게다가 놀랍게도 지식인 사회조차 존재하지 않는 것도 똑같았다. 소로와 에머슨이나, 호손과 이웃들의 데면데면한 관계, 또는 거의 어느 누구와도 교분이 없었던 브론슨 올컷Bronson Alcott의 사례를 떠올려보면, 콩코드가 물리적 근접성에도 불구하고 지식인 공동체를 이루기 어려웠던 것도 이해가 간다.

하우 교수는 콩코드의 보헤미아를 조용한 사회로 묘사하면서 보헤미안적인 흥청망청하는 분위기는 전무했음을 서둘러 못박아둔다. 그러나 콩코드에는 이런 현상이 보이지 않았을 뿐만 아니라 사회라는 것 자체가 거의 존재하지 않았다. 소로는 에머슨과 "이야기를 나누거나 나누려 할" 때면 논점이 맞지 않은 것에 당혹해서 "시간을 허비했다. 아니 내 정체성을 잃을 것 같았다"고 일기에 썼다. 에머슨도 소로는 "반대할 때를 빼면 기분이 좋지 않았다"고 불만을 토로했다(에머슨은 자신이 「자연」을 발표한 뒤로 소로가 자기 글을 거의 읽지 않았다는 사

실을 알았을까?) 초월주의자들 일반에 관해서도 에머슨은 "그들의 연구는 고독했다"고 일기에 썼다.23

창조적인 작업은 보헤미안주의의 향락보다도 엄격하고 결연한 고립과 밀접하게 결부되는 경우가 많았다. 지식인들 사이의 유대는 특히 그들이 외적인 압력에 노출되거나 또는 그들이 서로 인정하거나 서로 격려하는 경우에는 경시해서는 안 된다. 하지만 지식인들의 연대와 쾌적하고 친밀한 사교성(보헤미안적 삶의 상징)을 혼동해서도 안 된다. 진정으로 창조적인 지성은 사교적이 되려고 애쓰기보다 오히려 고독을 선호하는 경우가 많다. 창조력이 풍부한 지식인은 남들과 "공동으로 세계와 맞서야 하는" 보헤미아에 의지하기보다는 보통 자기 혼자서 세계와 맞서는 데 필요한 자질을 키우려고 한다. 공동으로 세계와 맞서는 것은 정치적 전술이지만, 혼자서 세계와 맞서는 것은 창조적인 태도의 특질인 것처럼 보인다.

되풀이하지만, 효과적인 정치 비판에 관심을 쏟는 지식인들에게 보헤미아의 전통은 고무적이지 않다. 분명 1차대전 이전의 미국에는 빛나던 한때가 있었다. 예를 들면, 맥스 이스트먼Max Eastman이 활약한 시절의 〈대중〉지로 대표되는 미학적 실험과 용기 있는 사회비평, 그리고 보헤미안적 삶이 모두 한 점으로 수렴된다고 여긴 시기가 있었다. 그러나 전체적으로 보면 보헤미안의 특색은 일정한 정치적 효과를 낳는 것보다는 개인의 화려한 행동이나 사적인 반항으로 쏠려 있었다. 적어도 이런 점에서 비트족은 보헤미안의 전통을 잇고 있다. 보헤미안적 요소가 없는 행위는 생각할 것도 없다. 그러나 보헤미안적 삶을 진지한 창조 활동이나 정치적 목적에 대한 대처법으로 삼아 버리면 보헤미아에 과대한 짐을 안기는 셈일 것이다.

8
—

소외의 주창자들은 "공인된 제도"에 관여하기를 꺼리지만, 이것은 그들이 지성과 권력의 결합에 대해 좀더 근본적인 혐오감을 품고 있다는 증거이다. 공인된 제도에 들어가는 순간 지식인은 더이상 지식인이 아니라는(이런 사고가 정당하다면 모든 대학교수가 지식인 사회에서 추방될 것이다) 섬뜩한 사고에는 하나의 현실적 문제가 노출된 채 정식화될 가능성이 있다. 창조적인 직업에 필수적인 것과, 그 직업을 내포하는 조직의 요구가 늘 일치하는 것은 아니기 때문이다. 학자들의 경우는 이미 초기 단계부터 조직 안에서 일하는 데 따르는 개인적 희생이 조직의 지원을 받지 않을 때의 부담보다 작다는 것을 깨달아야 했다. 실제로 학자들에게는 선택의 여지가 없다. 그들은 조직만이 제공할 수 있는 도서관이나 실험실, 그리고 경우에 따라서는 학생들도 필요하기 때문이다.

상상력이 풍부한 작가들에게는 이 문제가 더욱 심각하다. 대학교육에서 요구되는 규율은 상상력이 풍부한 천재와는 잘 어울리지 않으며, 정말로 창조적인 기질을 불안하게 만든다. 게다가 대학의 생활환경은 경험의 범위를 부당하게 좁혀버린다. 예를 들어 "문장창작" 과목을 수강한 것 말고는 이렇다 할 다른 경험이 없는 대학 선생들이 미국 문학 담당자라면 어떻게 될지, 생각하기조차 두렵다. 또는 으뜸가는 재능을 가진 시인들이 신입생 작문 과목을 검토하는 위원회의 구성원으로 들어간다면 그것은 재능의 낭비일 것이다—미국의 비평가인 멩켄의 이미지를 빌려서 말하자면, 벌새가 감자 수프에 빠져 있는 꼴인 것이다. 하지만 대학이 작가나 예술가에게 제공하는 부분적 또는 일시적 지원은 여러 분야에서 효과를 거두고 있다. 반대로 이런 지원을 하지 않으면 좌절된 문화적 룸펜 프롤레타리아를 낳는 경우가 많다.

하지만 전문성의 문제에 영향을 받는 분야의 지식인들에게 대학의 문제는 지성과 권력의 관계라는 더 크고 시급한 문제이다. 우리는 거의 본능적으로 지식과 권력의 분리에 반대하지만, 또한 현대적인 신념에 입각해서 양자의 결합에도 반대한다. 이런 문제는 인류의 역사에서 항상 있어온 것은 아니다. 고대 그리스의 위대한 지식인들이나 중세 대학의 박사들, 르네상스 시대의 학자들과 계몽주의 시대의 철학자들은 지식과 권력의 결합을 추구했으며, 낙관주의에 빠지지도 않은 채 그런 결합에 따르는 위험을 받아들였다. 권력은 지식과 결합됨으로써 세련된 것으로 변모할 가능성이 있다. 그들은 또 지식이 권력과 결합됨으로써 활동 영역이 넓어지기를 바랐다. 이미 언급했듯이, 건국의 아버지들 시대에 이런 이상과 일치하는 형태로 양자의 관계가 구축된 것은 그에 필요한 조건이 정비되어 있었기 때문이다. 즉, 지식과 권력이 대체로 대등하다는 것, 양자가 동일한 사회 집단에 속한다는 것, 그리고 양측의 요소를 겸비한 인물이 다수 존재한다는 것이다. 현대의 비평가들 중에는 건국의 아버지들은 우리보다 뛰어났기 때문에 이런 이상적인 관계를 구축할 수 있었다고 생각하는 이도 있는 것 같다. 물론 그들이 우리보다 뛰어났을지도 모르지만, 이유는 그것만이 아니다. 그들과 우리와의 차이는 제퍼슨이 애덤 스미스를 읽고 아이젠하워가 웨스턴 소설을 읽은 것 같은 단순한 것이 아니다. 근본적인 차이는 18세기 사회가 전문 분야별로 분화되지 않았다는 점이다. 프랭클린 시절에는 누군가 자기 헛간에서 뭔가 과학적 가치가 있는 실험을 하는 게 가능했고, 정치에 재능이 있는 아마추어가 플랜테이션 농장에서 법률사무소나 외무부로 옮겨갈 수도 있었다. 오늘날 지식과 권력은 상이한 기능을 가지고 있다. 권력은 점차 지식에 의존해야 하는데, 그 경우에 권력은 지식인의 자유로운 사색적·비판적 기능을 바라는 것이 아니다. 권력이 필요로 하는 전문기술이며 권력의 요구에 유용한 그 무엇이다. 전문가가 적절한 역할을 하는 데 객관성은 필수적인 요소이지만, 권력은 그 점에 경의를 표하지 않는 경우가 대단히 많다. 한 예로, 어느 유력 주의 지사가 당면한 논쟁적 쟁점에 관한 여론조사를 벌이기 위해 저명한 사회학자 몇 명을 초청해서 준비회의를 열었을 때의 일을 들어보자. 이 주지사는 여론조사가 도출해야 할 결론에 관해 학자들에게 꼼꼼하게 설명했다.

전형적인 권력자가 단지 도구로서의 지식을 원한다면, 현대 미국에서 전형적인 지식인은 전문가이다. 앞에서 이미 살펴보았듯이, 지식인이 미국 정치의 한 세력으로서 부활한 것은 대체로 그들의 전문가로서의 기능에 힘입은 것이었다. 하지만 여기서 전문가로서의 지식인은 진정한 지식인일 수 있는가 하는 문제가 생긴다. 즉, H. 스튜어트 휴즈H. Stewart Hughes의 표현을 빌리자면, 고용주의 요구에 따를 뿐인 단순한 지적 기술자이지 않은가 하는 의문이다. 이 역시 대학을 비롯한 공인된 조직의 경우와 마찬가지로, 확실한 답을 쉽게 댈 수 있는 문제는 아닐 것이다. 그러나 진정한 답이 현대 지식인의 감성을 달랠 수 있을 만큼 묵시록적인 것은 아닐 것이다. 사실을 말하자면, 대부분의 미국 교육은 단순하고도 뻔뻔하게 지식인도 교양인도 아닌 전문가들을 배출하려고 노력한다. 그리고 이런 사람들이 정부나 기업, 또는 대학에 취직한 순간, 그들은 더이상 지식인이 아니게 된다.

진정한 지적 성취를 이룬 사람이 권력을 위해 일할 수도 있는 경우에 상황은 훨씬 더 복잡해진다. 유별나게 사려 깊은 지성의 소유자가 단지 인도나 유고슬라비아 주재 대사가 되거나 백악관 참모진이 된 것만으로 더이상 지식인이 아니라는 것인가? 권력에 치우친 눈으로 세상을 보는 인간이나, 권력을 손에 넣으면 타협하는 것은 당연하다고 여기는 인간에게 더는 지식인으로서의 반응을 기대할 수는 물론 없을 것이다. 하지만 내 생각에 이것은 개인의 선택의 문제로 보인다. 어떤 인물은 권력이 장차 지식인의 조언을 더욱 충실히 받아들일 것이라고 기대하고 비판의 자유를 어느 정도 희생하려 들지도 모른다. 또한 학문적인 입장에서는 그다지 쉽게 알 수 없는 세계를 탐구하려는 파우스트적 충동에서 같은 행동에 나서는 지식인도 있을 것이다. 어쨌거나 소외라는 부자연스러운 도덕의식 안에 이 문제를 들이밀 수는 없다.

권력과의 결합을 완전히 포기한 지식인은 자신의 무력한 입장이 모종의 계몽에 유용했음을 충분히—지나치게 충분할 정도로—이해한다. 그런데 이런 지식인이 권력에 접근하고 권력과 관계되는 문제에 관여하다보면 다른 형태의 계몽이 가져다 줄 가능성을 놓치는 경우가 많다. 권력을 비판하는 지식인들은 여론을 움직여서 사회에 영향을 끼치려고 한다. 반면에 권력과 결합된 지식인은 직접적으로 지식인 공동체의 사고에 따르는 형태로 권력을 행사하려고 한다. 이런 두 가지 역할은 반드시 서로 배척하거나 적대시하는 것이 아니다. 양측 모두 모종의 개인적·도덕적 위험이 걸려 있다. 또한 양측 모두 운을 하늘에 맡긴 개인적 선택을 보편적 규범으로 삼을 수는 없다. 권력 비판자들에게 특징적인 지적 결함은 권력이 어떤 한계 내에서 행사된다는 것을 인식하지 않는 점이다. 그들에게 특징적인 도덕적 결함은 스스로의 순수함에 지나치게 관심을 쏟는 것이다. 책임이 따르지 않으면 모종의 순수함은 쉽게 확보된다. 한편, 권력자에게 조언하는 전문가에게 특징적인 결함은 비판의 원천이 되는 독립적인 사고 능력을 발휘하려 들지 않는 것이다. 이런 전문가는 권력의 관점을 흡수함으로써 권력을 떨쳐버리는 힘을 잃어버릴지도 모른다. 미국의 지식인들은 오랫동안 권력의 자리로부터 차단되고 사회로부터 인정을 받지 못한 상태에 놓여왔다. 그래서 그들은 권력과의 갑작스러운 결합에 눈이 부신 나머지 지적 분별력을 상실할 위험이 상존한다.

지식인 개개인에게 문제가 되는 것은 개인으로서의 선택이다. 하지만 사회 전체로 보면 중요한 것은 지식인 공동체의 분극화가 회복 불능일 정도로 진행되는 걸 막는 일이다. 즉, 한편으로는 권력에만 관심이 있고 권력이 들이미는 조건을 그대로 받아들이는 기술자 집단이 있다. 또 한편으로는 스스로의 이상을 실현하는 것보다는 자신들의 순수함을 유지하는 데 더 관심을 가지는 의도적 소외파 지식인 집단이 있다. 전문가들은 물론이고 비판자들 중에서도 정신적으로 자신들의 사회 바깥에서 그런 상황을 엄격하게 직시할 수 있는 사람들이 나타날 가능성은 있으며, 그들은 인원수나 자유로운 정도에서 스스로의 존재를 뚜렷하게 각인시키는 세력이 될 것이다. 양측 간에 논쟁이 벌어질 가능성은 향후에도 있을 것이며, 또 지식인 공동체 내부에서는 권력과 비판의 양 세계를 아우를 만한 능력을 갖춘 지성이 탄생할 것이다. 그렇게 되면 지식인 사회는 서로 반감과 위화감을 지닌 세력으로 분열되는 위기를 피할 수 있을 것이다. 우리 사회는 여러 면에서 병을 앓고 있다. 하지만 이 나라의 건전함은 미국 사회를 구성하는 요소들의 다원성과 이 요소들이 서로 관여할 수 있는 자유에 있다. 모든 지식인들이 권력에 봉사하고자 한다면, 그것은 비극일 것이다. 하지만 권력과 관계를 맺는 지식인들이 지식인 공동체와의 연대감을 모조리 빼앗긴다면 마찬가지로 비극일 것이다. 그런 지식인들이 권력에만 책임을 지면 된다고 생각하게 되는 것은 좀처럼 피할 수 없기 때문이다.

9

수년 전, 마커스 컨리프는 통찰력 넘치는 역사 평론에서 미국의 지적 성취를 담당해온 정신을 두 가지로 유형화했다. 지식층clerisy(콜리지가 처음 사용한 말이다)과 아방가르드이다. 전자는 미국 사회의 대변자 노릇을 최우선의 전제로 삼는 입장에 상당히 가까운 작가들로 구성되어 있고, 후자는 이런 전제로부터 근본적으로 소외되어 있다.24 우리의 지적 전통에서 뛰어난 창의성과 독창성의 소유자는 아방가르드 쪽에 많지만, 지식층에도 저명한 인물들이 있었다. 프랭클린, 제퍼슨, 존 애덤스 등은 지식층이다. 쿠퍼, 에머슨(적어도 원숙기의 에머슨), 법학자 홈스, 윌리엄 제임스, 윌리엄 딘 하월스, 월터 리프먼 등도 마찬가지이다. 아방가르드에는 좀더 인상적인 인물들이 들어 있다. 하지만 이 그룹은 참으로 다양한 지성이나 재능의 집합체이며 분류 불능일 정도로 다양한 동기를 지닌 인물도 있다. 이 인물들을 모아놓으면 제삼의 집단이 만들어질 정도이다. 예를 들면, 마크 트웨인의 갈라진 정신은 극단적 소외와 수용을 구현하고 있다. 형태는 다르지만, 헨리 애덤스의 경우도 트웨인과 마찬가지이다. 결국 우리에게 가장 인상적인 것은 뛰어난 재능의 파악되지 않은 부분이다. 안이한 형태로 분류될 감수성이 아니다. 이 사실은 소외의 문제에도 해당된다. 따라서 정신 상태나 삶의 방식에도 해당된다. 거기에 존재하는 것은 보헤미안인가 부르주아인가 하는 단일한 패턴이 아니라 놀라운 폭과 다양성이다. 예를 들면 애머스트에 은둔한 에밀리 디킨슨, 다면적이고 원기 왕성한 삶을 산 월트 휘트먼, 보험대리점을 경영한 월리스 스티븐스Wallace Stevens, 은행업과 출판업에 종사한 T. S. 엘리엇, 의사로 일한 윌리엄 카를로스 윌리엄스William Carlos Williams 등이 떠오른다. 다양한 정신을 하나의 패턴으로 정리하려는 것은 극히 무익한 시도이다. 그것은 다음과 같이 대비시켜서 보면 알 수 있다. 존 듀이와 찰스 S. 퍼스 Charles S. Peirce, 소스타인 베블런과 윌리엄 제임스, 윌리엄 딘 하월스와 헨리 제임스, 올리버 웬델 홈스와 루이스 D. 브랜다이스, 마크 트웨인과 허먼 멜빌, 에머슨과 포, 헨리 애덤스와 H. C. 리H. C. Lea, 헨리 밀러Henry Miller와 윌리엄 포크너William Faulkner, 찰스 A. 비어드와 프레드릭 잭슨 터너, 이디스 워튼과 어니스트 헤밍웨이, 존 더스패서스와 F. 스콧 피츠제럴드F. Scott Fitzgerald······.

어떤 작가나 사상가든 자기 안에 창조적 정신이 숨겨져 있음을 의식하기 전에 특정한 환경 아래서 태어난다. 그들이 선천적으로 지닌 성격이나 기질은 극히 제한된 부분밖에 변할 수 없어, 운명에 의해 주어진 이 범위 안에서 활동할 수밖에 없다. 이 점을 이해하기 위한 예로서, 올리버 웬델 홈스 2세와 소스타인 베블런의 삶을 비교해보자. 동시대인인 두 사람은 열정적이고 폭넓은 지성을 지녔고 초연한 풍자의 재능을 타고난 점에서는 비슷하다. 그러나 그 밖의 모든 점에서는 전혀 달랐다. 둘 중 어느 한쪽이 지적 활동을 개시한 시점에 자기개조를 시도했더라도 허사였을 것이다. 홈스가 일종의 보헤미아에 들어가 인텔리적 자질을 버리려고 한들, 베블런이 상류 계급에 들어가 미국경제학회 회장을 꿈꾸었다고 한들 아무 소용이 없었을 것이다. 홈스는 옛 가문 출신으로 사회적으로 안정된 계급의 관점에서 삶을 있는 그대로 받아들였고, 결국 "공인된 조직"에 들어갔다. 그리고 널리 알려진 것처럼, 홈스는 그뒤로도 지식인 활동을 계속하여 세계적으로 유용한 업적을 남겼다. 한편, 베블런은 양키 문화와 노르웨이 이민자 문화의 틈바구니에서 자랐다. 그는 양키 문화의 가치를 진지하게 받아들일 수 없었고, 노르웨이 문화는 자신의 것이 아니었다. 당시의 미국적 신조에도 전혀 물들지 않은 채 베블런은 영구히 경계인으로 남을 운명이었다. 학자로서 출세할 의지가 조금이라도 있었다면 그는 공인된 조직 안에서의 성공을 추구해야만 했을 것이다. 하지만 그는 자신이 일한 모든 대학에서 불만을 토로했다. 주위에서 우호적인 분위기를 풍겨도 그는 사회를 멀리했다. 이런 태도의 이면에는 모종의 본능적 지혜가 자리잡고 있었던 게 아닐까. 자신의 외고집 성격에 늘 시달렸으나, 그의 특이한 재능은 어느 면에서는 이런 외고집 덕분이었다(베블런 스스로도 분명 이 점을 잘 알고 있었을 것이다). 그의 저작의 약점도 이런 외고집 탓이었다고 볼 수도 있다. 하지만 그가 중후한 사회학의 스위프트가 된 것도, 당대에 손꼽힌 독창적 지성의 소유자가 된 것도 그의 외고집 성격이 날카로운 풍자 정신을 연마한 덕분이었다.

과거의 자유로운 사회가 가지고 있었던 장점 중 하나는 다양한 스타일의 지적인 삶을 인정한 점이다. 그 덕분에 다양한 유형의 지식인들을 발견할 수 있다. 열정과 반항심에 의해 이름을 얻은 지식인도 있지만, 우아하고 화려한 지식인도, 검소하고 엄격한 지식인도 있다. 현명하고 복잡한 지식인도, 인내심 강하고 총명한 지식인도, 특별한 관찰력과 인내력을 지닌 지식인도 있다. 어쨌든 다양한 장점을 이해하려면 솔직함과 관대한 정신이 필요하다. 단선적이고 편협한 사회에서도 이런 미덕을 발견할 수는 있다. 자유로운 문화의 붕괴나 고급문화의 소멸에 관한 독단적이고 묵시록적인 예언은 옳을지도 모르지만 그렇지 않을 수도 있다. 다만 한 가지 확실해 보이는 것은 저항하려는 의지나 창조력을 최대한 발휘하려는 자신감보다도 이런 예언이 자기연민이나 절망감을 퍼뜨릴 공산이 크다는 점이다. 물론 현대의 조건 아래서 다양한 선택의 길이 차단될 가능성은 있다. 미래의 문화를 지배하는 것은 오로지 특정 신조를 위해 매진하는 사람들일지도 모른다. 확실히 그럴 가능성은 있다. 그러나 인간의 의지가 역사의 저울을 좌우하는 한, 인간은 그렇게 되지 않으리라고 믿으며 산다.

감사의 말

이 책의 시작은 1953년 4월 27일 미시건 대학에서 제1회 헤이워드 케니스턴 강연 Heyward Keniston Lecture(1940~53년에 미시건 대학에 재직하면서 로망스어 학과장과 문학·과학·예술학장 등을 역임한 헤이워드 케니스턴(1883~1970)을 기념하는 강연)을 해달라고 초청받은 때로 거슬러 올라간다. 나는 그 강연 내용을 1953년 8월 8일자 〈미시건 얼럼너스 쿼털리 리뷰〉에 「미국의 민주주의와 반지성주의」라는 약간 확대된 형태로 발표하면서 여러 가지 해결되지 않은 쟁점을 깨닫게 되었고 이 쟁점들과 계속 씨름하는 수밖에 없었다. 몇 차례의 강연을 통해 이 책의 여러 부분을 발표한 게 도움이 되었다. 우선 1958~59학사년도에 내가 미국 역사와 제도 담당 피트 교수(케임브리지 대학에서 1945년부터 매년 1년 임기로 초빙하는 교수. 명칭 그대로 미국 역사와 제도 분야에서 탁월한 연구 성과를 보인 교수를 초빙한다)로 재직한 케임브리지 대학의 여러 학부생 역사학회를 상대로 한 강연, 그다음으로 1961~62학사년도에 오하이오 주 하이럼의 하이럼 칼리지에서 한 스페리 앤드 허친슨 강연, 서던캘리포니아 대학의 헤인스 재단 강연, 스미스 칼리지의 지스킨드 강연, 그리고 마지막으로 1962~63년 가을학기에 프린스턴 대학에서 인문학평의회의 초빙 선임연구원이자 '1932년 클래스' 강사를 지내면서 한 강연 등이 그것이다. 진심으로 따뜻하게 맞아준 이 기관들의 많은 분들에게 감사의 뜻을 전한다.

이 연구의 특별한 몇몇 부분은 컬럼비아 대학의 사회과학연구평의회와 교육진흥기금의 '미국사에서 교육의 역할에 관한 위원회'의 지원금을 받아서 수행한 것이다. 카네기 재단에서 지원금을 준 덕분에 안식년을 통째로 이 연구에 쏟아부을 수 있었고, 생각지도 못한 충분한 연구 지원을 받으면서 훨씬 더 빨리 연구를 마무리했다. 컬럼비아 대학은 자유 시간을 조정하는 데 아량을 베풀어주었는데, 처음에는 대학원생으로, 그다음에는 역사학과의 구성원으로 25년에 걸친 세월 동안 이 대학과 관계하면서 받은 수많은 지적 보상을 생각하면 충분한 감사의 뜻을 표하기가 쉽지 않다.

언제나 그렇듯이 비어트리스 K. 호프스태터Beatrice K. Hofstadter는 텍스트와 내용에 관해 이루 헤아릴 수 없이 소중한 비평을 해주었다. 동료들인 피터 게이Peter Gay와 프리츠 스턴Fritz Stern은 초고 전체를 읽고 무척 중요한 제안을 해주었다. 이 책을 집필한 몇 년 동안 내 연구 조교로 일한 필립 그레븐 2세Philip Greven Jr., 캐럴 그루버Carol Gruber, 닐 해리스Neil Harris, 앤 레인Ann Lane 등은 원 자료를 자유자재로 다루는 일을 해주었다. 몇 년에 걸친 기간에 많은 친구들이 내 생각을 토론하고, 여러 제안을 내놓고, 새로운 자료를 알려주고, 몇몇 장의 초안을 읽는 등 많은 도움을 주었다. 대니얼 애런Daniel Aaron, 대니얼 벨Daniel Bell, 리 벤슨Lee Benson, 존 M. 블룸John M. Blum, 칼 브리던바우Carl Bridenbaugh, 폴 카터Paul Carter, 로렌스 크레민, 바버라 크로스Barbara Cross, 로버트 D. 크로스Robert D. Cross, 마커스 컨리프, 스탠리 엘킨스Stanley Elkins, 줄리언 프랭클린Julian Franklin, 헨리 F. 그래프Henry F. Graff, 로버트 핸디Robert Handy, H. 스튜어트 휴즈, 에드워드 C. 커클랜드Edward C. Kirkland, 윌리엄 E. 룩텐버그William E.

Leuchtenburg, 에릭 맥키트릭Eric McKitrick, 헨리 메이Henry May, 월터 P. 메츠거Walter P. Metzger, 윌리엄 밀러William Miller, 어니스트 네이글 Ernest Nagel, 데이비드 리스먼, 헨리 로빈스Henry Robbins, 도로시 R. 로스Dorothy R. Ross, 어빙 세인스Irving Sanes, 윌슨 스미스Wilson Smith, 제럴드 스턴Gerald Stearn, 존 윌리엄 워드John William Ward, C. 밴 우드워드C. Vann Woodward, 어빈 와일리 등에게 감사한다. 내 의견 때문에 벌어진 대화는 대부분 해결되지 않은 주장의 형태를 띠었기 때문에 이 사람들 중 누군가가 나와 같은 견해를 갖고 있다고 생각한다면 특히 아이러니한 일이 될 것이다.

 이 책처럼 많은 분야를 다루는 탐구가 만족스럽지 못한 것은 지은이가 의존해야 하는 특수한 연구들이 만족스럽지 못한 것과 같다. 나는 주석을 통해 내가 어디서 주요한 도움을 받았는지를 알려두고 싶었지만, 주석만으로는 현대 미국 역사학으로부터 받은 도움을 온전히 드러내기에는 턱없이 부족하다. 내가 가장 크게 의존한 책과 논문들을 헤아려보니 거의 모두가 지난 15~20년 동안 집필된 것들인데, 이 자료들을 모두 합치면 실로 어마어마한 연구의 집합체가 된다. 오늘날 미국의 지적 기획의 상태를 평가하려 한다면 아마 이 연구 성과도 저울에 올려보아야 할 것이다.

주

1부 서론

1장 우리 시대의 반지성주의

1) Arthur Schlesinger, Jr., "The Highbrow in Politics," *Partisan Review*, Vol. XX (March-April 1953), 162~5쪽. 〈타임〉의 인용문도 이 글 159쪽에서 재인용한 것이다.
2) 내가 아는 한, 이 문제에 폭넓은 관심을 기울인 미국의 역사학자는 멀 커티Merle Curti뿐이다. 그는 이 문제에 관한 논의를 도발적인 저서인 *American Paradox* (New Brunswick, New Jersey, 1956)와 미국역사학회 회장 취임 연설인 "Intellectuals and Other People," *American Historical Review*, Vol. LX (January 1955, 259~82쪽)에서 전개했다. 자크 바전Jacques Barzun은 *The House of Intellect* (New York, 1959)에서 이 주제를 대체로 동시대적인 언어로 지적 세계와 문화적 세계 안의 내적 긴장관계에 근거하여 다루었다. 〈사회 문제 저널Journal of Social Issues〉은 한 호(Vol. XI, No. 3, 1955)를 할애해서 여러 필자들의 반지성주의에 관한 논의를 담았다.
3) 흥미로운 정의의 한 예로 Morton White, "Reflections on Anti-Intellectualism," *Daedalus* (Summer, 1962), 457~68쪽을 보라. 화이트는 지식인에게 적대적인 반지식인과, 지식과 생활의 영역에서 합리적인 지성을 추구하는 것에 비판적인 반지성주의자를 유용하게 구분한다. 그리고 양자의 전략과 그 유사점에 관해서도 설명한다.
4) 이런 점을 생각하다보면, 다른 나라와 마찬가지로 미국에도 다양한 견해를 두루 포용하는 일종의 지적 기득권층이 존재한다는 것을 떠올리게 된다. 개인은 누구나 이 기득권층의 안이나 바깥에 있다고 여겨진다(그 경계선상에 있는 경우도 있지만). 이 기득권층은 이중의 기준을 가지고 지식인들의 비평을 평가한다. 내부로부터의 비평은 보통 기본적으로 선의에서 나온 것으로 받아들여지며 좋은 면만 주목받기 십상이다. 하지만 외부로부터의 비평은—설령 똑같은 내용이라 할지라도—적대적인 반응을 얻으면서 반지성적이고 위험성을 내포하는 것으로 낙인찍힌다. 예를 들어, 몇 년 전에 많은 지식인들은 거대 재단이 연구자 개인에게 지급하는 장학금과는 대조

적으로 연구 기금의 상당 부분을 대규모 '프로젝트'를 지원하는 데 쏟아붓는다고 비판하기도 했다. 그러나 리스위원회(1952~54년에 설치된 비과세재단 및 유사 조직에 관한 미국 하원 조사위원회United States House Select Committee to Investigate Tax-Exempt Foundations and Comparable Organizations의 별칭. 비영리 재단의 지원금이 공산주의 지원 활동에 쓰이는지 조사하려는 목적으로 조직되었다. 공동 위원장인 에드워드 E. 콕스Edward E. Cox와 B. 캐럴 리스B. Carroll Reece의 이름을 따서 '콕스위원회'나 '리스위원회'라고 불렀다)가 이 재단들의 뒤를 살살이 캤을 때, 이 지식인들은 (특히 허울만 그럴듯한) 이런 기관이 똑같은 비평을 강요하는 모습을 달가워하지 않았다. 그것은 비평의 정당성을 믿지 않게 되었기 때문이 아니라 비평의 출처를 좋아하지도, 신뢰하지도 않았기 때문이다.

5) 이 용어는 스튜어트 앨솝이 형 조셉과 나눈 대화를 기록한 칼럼을 계기로 생겨났다. 칼럼니스트 스튜어트는 보통의 공화당원인 지적인 사람들은 대부분 스티븐슨을 칭찬한다고 말했다. 그러자 형이 대꾸했다. "물론이지. 모든 계란머리들은 스티븐슨을 사랑해. 그런데 네가 보기에 계란머리들은 얼마나 될까?" Joseph and Stewart Alsop, *The Reporter's Trade* (New York, 1958), 188쪽.

6) Louis Bromfield, "The Triumph of the Egghead," *The Freeman*, Vol. III (December 1, 1952), 158쪽.

7) White House Press Release, "Remarks of the President at the Breakfast Given by Various Republican Groups of Southern California, Statler Hotel, Los Angeles ... September 24, 1954," 4쪽. 강조는 R. H. 대통령은 이와 비슷한 말을 찰스 E. 윌슨 국방장관에게서 들었을 수도 있다. 윌슨은 "계란머리란 자기가 아는 모든 것을 전혀 이해하지 못하는 사람"이라고 말한 적이 있다. Richard and Gladys Harkness, "The Wit and Wisdom of Charlie Wilson," *Reader's Digest*, Vol. LXXI (August, 1957), 197쪽.

8) *The New York Times*, August 1, 1957.

9) 앞의 글.

10) U. S. Congress, 84th Congress, 2nd session, Senate Committee on Armed Services, *Hearings*, Vol. XVI, 1742, 1744쪽 (July 2, 1956). 강조는 R. H.

11) 이처럼 다양한 이미지들은 1950년대의 여러 희생양에 관해 광범위하게 서술한 이 매뉴얼 월러스틴의 미간행 석사학위 논문에서 가져온 것이다. Immanuel Wallerstein, "McCarthyism and the Conservative," Columbia University, 1954, 46쪽 이하.

12) *Freeman*, Vol. XI (November 5, 1951), 72쪽.

13) *Congressional Record*, 81st Congress, 2nd session, 1954쪽 (February 20, 1950).

14) Jack Schwartzman, "Natural Law and the Campus," *Freeman*, Vol. II (December 3, 1951), 149, 152쪽.
15) "Shake Well before Using," *National Review*, Vol. V (June 7, 1958), 544쪽.
16) *Congressional Record*, 81st Congress, 1st session, 11584쪽 (August 16, 1949). 돈데로의 다음과 같은 연설들도 보라. "Communism in Our Schools," *Congressional Record*, 79th Congress, 2nd session, A. 3516~18쪽 (June 14, 1946); "Communist Conspiracy in Art Threatens American Museums," *Congressional Record*, 82nd Congress, 2nd session, 2423~7쪽 (March 17, 1952).
17) William G. McLoughlin, Jr., *Billy Graham: Revivalist in a Secular Age* (New York, 1960), 89, 212, 213쪽. 갤럽 여론조사에 관해서는 5쪽을 보라.
18) *Judging and Improving the Schools: Current Issues* (Burlingame, California, 1960), 4, 5, 7, 8쪽. 강조는 R. H. 비난을 받은 문서는 William C. Bark et al., *Report of the San Francisco Curriculum Survey Committee* (San Francisco, 1960)이다.
19) Robert E. Brownlee, "A Parent Speaks Out," *Progressive Education*, Vol. XVII (October, 1940), 420~41쪽.
20) A. H. Lauchner, "How Can the Junior High School Curriculum Be Improved?," *Bulletin of the National Association of Secondary-School Principals*, Vol. XXXV (March, 1951), 299~301쪽. 인용문 속의 생략은 원문 그대로다. 연설은 이 협회의 행사에서 이루어진 것이다. *The Restoration of Learning* (New York, 1955), 54쪽에 실린 아서 베스터의 의견을 보라.
21) "G. E. Moore," *Encounter*, Vol. XII (January, 1959), 68쪽. 이 문맥은 울프가 이런 발언을 하는 데 필요한 조건들을 잘 알고 있었음을 보여준다고 할 수 있을 것이다.
22) *Notes towards the Definition of Culture* (London, 1948), 23쪽.
23) 한 예로, 나는 존 듀이John Dewey의 교육 이론에 담긴 반지성적 함의와 그 영향력에 관해 논의하는 것이 바람직함을 깨달았지만, 이런 이유로 듀이가 **반지성주의자**였다고 말한다면 터무니없고 부적절한 언사일 것이다.

2장 호평 받지 못하는 지성

1) 미국에서만 이런 구분을 한다고 말하고 싶지는 않다. 지식인을 성가신 존재로 보면서도 자신에게는 지적 능력이 있다고 주장하려 드는 계급이 존재하는 곳이라면 이런 구분이 흔히 나타나기 때문이다. 프랑스에서는 지식인들이 일종의 사회 세력으

로서 등장하자, 모리스 바레스Maurice Barrès가 1902년에 다음과 같이 말했다. "나는 지식인이기보다는 높은 지적 능력을 갖춘 사람이고 싶다." Victor Brombert, *The Intellectual Hero: Studies in the French Novel, 1880~1955* (Philadelphia, 1961), 25쪽.

2) 깁스가 처한 상황은 흔히 미국이 보인 태도의 결과로 언급된다. 깁스의 경우가 상징하는 전반적 상황에 관해서는 Richard H. Shryock, "American Indifference to Basic Science during the Nineteenth Century," *Archives Internationales d'Histoire des Sciences*, No. 5 (1948), 50~65쪽을 보라.

3) W. D. Niven, ed., *The Scientific Papers of James Clerk Maxwell* (Cambridge, 1890), Vol. II, 742쪽.

4) 쥘리앵 방다Julien Benda는 『지식인의 배반La Trahison des Clercs』(1927)에서 당시에 너무도 많은 지식인들이 이런 식의 절대를 믿는 메시아주의적 정치에 빠져들어 지성이 가지는 가치들을 심각할 정도로 상실하게 되었다고 지적한 바 있다. "몸젠Theodor Mommsen, 트라이치케Heinrich von Treitschke, 오스트발트Friedrich Wilhelm Ostwald, 브륀티에르Ferdinand Brunetière, 바레스Auguste-Maurice Barrès, 르메트르Jules Lemaître, 페기Charles Péguy, 모라스Charles Maurras, 단눈치오Gabriele D'Annunzio, 키플링Rudyard Kipling 등을 들자면, 오늘날 우리는 다음과 같은 사실을 인정해야 한다. '지식인들'은 이제 열정의 모든 특징을 갖춘 정치적 열정을 행사하고 있다 — 행동으로 치닫거나, 즉각적인 결과를 갈망하고, 바라는 목표를 향해서만 매진하며, 논쟁을 경멸하고, 극단으로 내달리며, 증오와 고정관념으로 똘똘 뭉쳐 있다"(Richard Aldinton, trans., *The Betrayal of the Intellectuals*, Boston, 1955, 32쪽).

5) 전문직의 발달이 지식인을 위험에 빠트리는 것은 아닌지에 대해서도 지식인 사회 내부에서 제법 논의되었다. 전문가로서 지식인의 지위가 실제로 그들을 단순한 정신적 기술자로 전락시킴으로써 그 지적인 역할을 사실상 무력화하는 것은 아닌가 하는 의문이 제기되고 있다. 예를 들어, H. Stuart Hughes, "Is the Intellectual Obsolete?" in *An Approach to Peace and Other Essays* (New York, 1962), 10장을 보라. 이 문제에 관해서는 본서의 마지막 장에서 다시 거론할 것이다.

6) 에드워드 실스는 인기 있는 정치인들이 전문가들과 대결하는 분위기를 풍부한 통찰력으로 탐구한 바 있다. Edward Shils, *The Torment of Secrecy* (Glencoe, Illinois, 1956).

7) Testimony before a subcommittee of the Committee on Interstate and Foreign Commerce, House of Representatives, 79th Congress, 2nd session, May 28 and 29, 1946, 11, 13쪽.

8) *Journals* (Boston, 1909-1914), Vol. IX (July 1862), 436쪽.

9) **지식인**이라는 말의 유래와 프랑스에서의 초기 용례에 관해서는 Victor Brombert, *The Intellectual Hero*, 2장을 보라. 이에 조응하는 러시아어 인텔리겐치아intelligentsia는 19세기 중반 이후에 사용된 말인데, 원래는 제약 없는 자유직 종사자를 의미했지만 마찬가지로 얼마 지나지 않아 체제 반대자라는 의미를 갖게 되었다. Hugh Seton-Watson, "The Russian Intellectuals," *Encounter* (September, 1955), 43~50쪽을 보라.

10) *The Letters of William James* (Boston, 1920), Vol. II, 100~1쪽.

11) 이런 헌신과 그 결과에 관해서는 Seymour M. Lipset, "American Intellectuals: Their Politics and Status," *Daedalus* (Summer, 1959), 460~86쪽을 보라. 립셋은 미국 지식인들의 입장에 관해 적절한 견해를 여러 차례 제시했지만, 그들의 신분이 무조건적으로 높다고 말할 수 있다는 그의 주장은 납득하기 힘들다.

12) *Nation*, Vol. 149 (August 19, 1939), 228쪽.

13) 이런 태도를 가장 거리낌없이 표현한 경우가 상원의원 배리 골드워터Barry Goldwater이다. 그는 1959년 7월에 다음과 같이 단언했다. "나는 이 나라에 공산당원이 한 명도 남아 있지 않다는 생각을 절대 받아들이지 않는다. 여기저기 계속 뒤지다보면 어디에선가는 발견될 것이다." James Wechsler, *Reflections of an Angry Middle-Aged Editor* (New York, 1960), 44쪽에서 재인용.

14) 방치되어 있지 않을 때조차 그러하다. 이에 대해서는 소련이나 동유럽 위성국들에서 점차 커지는 것처럼 보이는 지식인 지하조직을 보라.

15) *Characters and Events* (New York, 1929), xi쪽.

16) B. R. 홀은 초기 인디애나 사회에 관해 다음과 같이 썼다. "우리는 언제나 재능 있는 사람보다는 무지한 악당을 좋아했으며, 그리하여 똑똑한 후보자의 도덕적 품격을 훼손하려는 시도가 늘 벌어졌다. 불행하게도 대개는 똑똑함과 사악함이, 그리고 무능함과 선량함이 각각 짝을 이룬다고 여겨졌기 때문이다." Baynard R. Hall, *The New Purchase, or Seven and a Half Years in the Far West* (1843, ed. Princeton, 1916), 170쪽. 이런 일은 합리주의와 지성주의를 표방한 청교도들 사이에서도 벌어졌다. 다음과 같은 존 코턴John Cotton의 말과 비교해보라. "배움이 많고 똑똑할수록 악마를 위해 행동하기 쉽다.…… 예수회의 학식, 주교단의 영광, 고위 성직자들의 화려한 지위에…… 현혹되어서는 안 된다. 이런 허식이나 공허한 겉치레, 사람들의 눈앞에서 상당한 지위를 과시하는 속임수에 넘어가지 말고, 이 사람들의 갈채에 사로잡히지 말라." *The Pouring Out of the Seven Vials* (London, 1642), The Sixth Vial, 39~40쪽.

17) 조지 리플리George Ripley가 1839년에 유니테리언파와 하버드 대학 신학부를 비판한 말과 비교해보라. "나는 영혼의 직관적인 힘을 믿는 정직한 사람들에게 복음

의 진리를 마음과 양심에 보여주는 것만으로도 복음의 신성함을 인지하는 데 유익하고 큰 효과가 생긴다는 사실을 안다.…… 훌륭한 논리에는 그에 걸맞은 평가를 내려야겠지만, 그 논리가 하느님을 통해 죄의 근거지를 허물어뜨릴 만큼 강력한 도구는 아니라고 나는 확신한다. 논리로 오류를 찾아낼 수는 있어도 그리스도의 영광을 보여주지는 못한다. 논리로 허위를 반박할 수는 있어도 마음을 거룩한 사랑에 붙잡아 매지는 못한다.…… 당신들은 종교적 주제에 관해 주위 사람들에게 영향을 끼치려 하는 이들에게는 대개 '폭넓은 학식'이 필요하다고 주장할 것이다. 하지만 예수께서 수많은 제자들 가운데 열두 명을 고를 때 이런 점은 전혀 고려하지 않았다. 예수께서는 분명 자기 종교의 전도를 '배우지 못하고 무지한' 사람들에게 맡겼다. 가장 숭고한 진리가 가장 평범한 정신에 맡겨진 것이다. 이렇게 하여 '하느님은 어리석음을 세상의 지혜를 위해 베풀었다.'…… 그리스도는…… 책들을 포함한 일련의 지혜가 '모든 인간의 정신을 밝게 비추는 빛' 앞에서는 아무것도 아니라는 것을 간파하고 있었다. 그리스도를 따르는 민족의 역사가 지나온 모든 과정은 '가난한 장인이 인류에게 보낸 하느님의 위대한 사절'이라는 사실을 보여주는 생생한 예였다.…… 그리스도는 사도들을 위한 대학을 세우지 않았다. 사라진 예언자들의 학파를 재건하지도 않았다. 또 학식을 뽐내는 이에게 특별한 경의를 표하지도 않았다. 실은 그런 것들이 진리를 깨치는 데 장애가 된다고 넌지시 말하기도 했다. 그리고 다행히도, 그리스도는 하느님 나라의 신비를 현명하고 사려 깊은 이들에게 숨기는 사이에, 학교 지식에서 갓난아기처럼 무지한 사람들에게 그 신비를 알려주었다." "The Latest Form of Infidelity Examined," *Letters on the Latest Form of Infidelity* (Boston, 1839), 98~9, 111, 112~13쪽.

이와 같은 주장은 복음주의자들이 흔히 내세우는 주장과 비슷하다. 우선 종교적 믿음은 대체로 논리나 학식에 의해 전해지지 않는다는, 수긍할 만한 명제로 시작한다. 그리고 이어서 (그리스도의 판단과 역사적 증거로 볼 때) 종교적 믿음은 배우지 못하고 무지한 사람들이 전하는 것이 가장 좋다는 생각으로 옮겨간다. 이 단계에서 이런 사람들이 가진 지혜나 진리가 학식과 교양 있는 사람들이 가진 것보다 더 우월하다는 생각에 이른 것 같다. 사실 학식이나 교양은 신앙을 전하는 데에서는 불리한 조건으로 보인다. 그리고 신앙을 전하는 일은 인간 앞에 놓인 가장 중요한 과제이기 때문에, "갓난아기처럼 무지한" 사람들이 논리나 학식에 몰두하는 사람들보다 가장 근본적인 점에서 더 큰 힘을 가지고 있다. 따라서 결론을 대담하게 말하기는 조심스럽지만, 겸허한 무지는 교양 있는 정신보다 인간의 자질로서 훨씬 더 훌륭하다. 실제로 이 명제는 여기에 수반되는 온갖 곤란에도 불구하고 기본적으로 미국의 복음주의와 미국의 민주주의 양쪽에 잘 들어맞았다.

18) 터너의 원시주의에 관해서는 예리한 통찰력을 보여주는 Henry Nash Smith, *Virgin Land* (Cambridge, Massachusetts, 1950)의 마지막 장을 보라. Charles L. Sanford, *The Quest for Paradise* (Urbana, Illinois, 1961)에는 미국의 원시주의에 관한 유용한 정보가 담겨 있다.

19) *Democracy in America*, Vol. II, 525~6쪽.

20) 앞의 책, 642~3쪽.

21) 미국의 대학을 둘러본 이들은 종종 통렬한 질문을 던진다. 왜 운동경기에 뛰어난 사람은 어디를 가든 칭찬을 듣고 격려를 받는 반면에, 지적으로 우수한 사람은 혐오의 대상이 되는 걸까 하고. 이런 감정은 우리가 다양한 사회 문제에서 지성을 중시하는 것에 대해 민주주의가 지불하는, 사실상 일종의 반발의 대가라고 나는 생각한다. 운동 기량은 일시적이고 특별한 것이며, 일상에 진지하게 임하는 대다수 사람들에게는 중요하지 않은 것으로 인식된다. 그리고 운동선수가 받는 찬사는 당연히 그가 사람들에게 즐거움을 준 덕에 받는 것으로 여겨진다. 그런데 지성은 (대다수 사람들에게) 재미를 주지도 않고 순진하지도 않다. 모든 사람이 지성은 인생에서 중요하고 영원한 장점이 될 수 있음을 알기 때문에, 뜻밖에도 평범한 정신을 지닌 사람들 속에서 일종의 보편적인 형제애를 낳는 것이다.

2부 마음의 종교

3장 복음주의 정신

1) H. 리처드 니부어를 참조하라. "지적인 훈련을 받고 전례에 관심이 많은 성직자가 거부당하고 오히려 평신도 전례 집행자가 선호된다. 예배의 몇몇 부분만 담당하는 이런 평신도들은 신앙의 정서적인 면의 요구(즉 교육을 받지 못하고 경제적 수혜도 누리지 못한 계급의 요구)에 잘 부응하며, 한편으로 가난한 사람들의 희생 위에서 우아한 생활을 즐기는 지배 계급과는 교양이나 이해관계 면에서 선을 긋는다." H. Richard Niebuhr, *The Social Sources of Denominationalism* (Meridian ed., 1957), 30쪽.

2) 이 주제에 관한 나의 소견은 다음 책에 빚진 바가 많다. R. A. Knox, *Enthusiasm* (Oxford, 1950).

3) 가진 게 없는 이들의 종교가 보이는 일반적 측면에 관해서는 Niebuhr, 앞의 책 2장

과 3장을 보라. 또 많은 점을 시사하는 Leo Solt, "Anti-Intellectualism in the Puritan Revolution," *Church History*, Vol. XXIV (December, 1956), 306~16쪽도 보라. 나아가 D. B. Robertson, *The Religious Foundations of Leveller Democracy* (New York, 1951), 특히 29~40쪽을 참조하라.

4) 새뮤얼 엘리엇 모리슨Samuel Eliot Morison이 언급한 것처럼, 급진적인 청교도들이 드러낸 이런 반감은 "하나의 신조였다. 진지한 광신자들은 대학을 '하느님 앞에서 가장 역겨운 냄새를 풍기는 적그리스도의 매음굴', '거짓말의 소굴'이라고 평했다". 에드워드 존슨은 앤 허친슨과 "그녀의 동료들이 학문을 극렬하게 조롱하며, 학문에 의해 타락하지 않도록 온 힘을 다해 설득하는" 모습을 보았다. 허친슨의 추종자 중 한 명은 존슨에게 이렇게 말했다. "나와 함께 갑시다.…… 당신이 아는 니니버시티Ninneversity('멍청이'를 뜻하는 'ninny'와 'university'를 묶어 대학을 비꼬아 부르는 말인 것 같다. 첫 글자를 대문자로 쓴 것은 17세기 영어의 특징이다) 출신의 어떤 검정 외투 차림 사람들보다 복음을 더 잘 설교하는 여자에게 데려다줄 테니. 다른 차원의 영혼을 가진 채, 앞으로 닥칠 일들에 관해 많은 계시를 받은 여자입니다.…… 나라면 당신이 아는 성서에 조예가 깊은 박식한 사람들보다는 학식은 없어도 그저 영혼이 가는 대로 말하는 그런 사람의 설교를 듣겠소이다." Edward Johnson, *Wonder-Working Providence of Sions Saviour in New England*, ed. by J. F. Jameson (New York, 1910), 127~8쪽.

5) *A History of American Literature, 1607-1765* (Ithaca, New York, 1949), 85~7쪽.

6) 이와 같은 초창기의 문화적 성취에 대한 열렬한 옹호와 평가에 관해서는 Samuel Eliot Morison, *The Intellectual Life of Colonial New England* (New York, 1956); Thomas G. Wright, *Literary Culture in Early New England* (Cambridge, 1920); Kenneth Murdock, *Literature and Theology in Colonial New England* (Cambridge, 1949) 등을 보라.

7) 1680~1725년 목사들의 상황에 관해서는 Clifford K. Shipton, "The New England Clergy of the Glacial Age," *Colonial Society of Massachusetts Publications*, Vol. XXXII (Boston, 1937), 24~54쪽을 보라.

8) 최초의 교수형이 집행되고 많은 피의자들이 재판을 기다리고 있을 때, 한 무리의 목사들이 지사와 의회에 편지를 보내 "악마의 권위에만 기대어 사태를 속단하면 비참한 결말을 초래할 것"이라며, 그런 일이 없도록 "비판적으로 신중을 기할 필요"가 있다고 호소했다. 세속 당국이 이런 항의를 무시하고 피의자들에게 불리한 이른바 "영적인 증거"를 채택하자 지도적인 목사들은 계속해서 항의의 뜻을 표했고, 그중 14명

은 핍스William Phips 지사에게 탄원서를 제출했다. 이에 핍스는 심리를 중지하라고 명령했다. Shipton, "The New England Clergy," 42쪽.
9) 페리 밀러는 이런 쇠퇴의 제도적·교의적 측면을 탁월하게 고찰한 바 있다. Perry Miller, *The New England Mind: from Colony to Province* (Cambridge, Massachusetts, 1953).
10) Edwin Scott Gaustad, *The Great Awakening in New England* (New York, 1957), 27쪽에서 재인용.
11) 데이븐포트에 관해서는 Gaustad, 앞의 책, 36~41쪽을 보라. 에드워즈는 『종교적 감정에 관한 시론Treatise Concerning Religious Affections』(1746)에서 이런 감정 표출에 대한 반대 의견을 상술했다.
12) Gilbert Tennent, *The Danger of an Unconverted Ministry*, Considered in a Sermon on Mark VI, 34 (Boston, 1742), 2~3, 5, 7, 11~13쪽.
13) L. Tyerman, *The Life of the Rev. George Whitefield* (London, 1847), Vol. II, 125쪽. Eugene E. White, "Decline of the Great Awakening in New England: 1741 to 1746," *New England Quarterly*, Vol. XXIV (March, 1951), 37쪽을 보라.
14) 찰스 천시는 길버트 테넌트가 기존 목사들에게 던진 악담의 일부를 이렇게 나열하고 있다. "돈만 주면 뭐든 하는 사람, 욕심쟁이, 글을 배운 바리새인, 여우처럼 교활하고 늑대처럼 잔인한 사람, 회반죽을 칠한 위선자, 악당, 사탄의 씨앗, 악마가 목사로 내보낸 어리석은 건축자, 젖이 마른 유모, 짖지 못하는 죽은 개, 장님, 죽은 사람, 악마에 씐 사람, 하느님의 반역자이자 적, 눈멀고 귀먹은 물길 안내자, 사탄의 자식…… 흉악한 위선자." Charles Chauncy, *Seasonable Thoughts on the State of Religion in New England* (Boston, 1743), 249쪽. 이러한 예의 대부분은 테넌트의 『회개하지 않은 목사들의 위험성』에서 찾아낸 것으로 보인다.
15) Gaustad, 앞의 책, 103쪽.
16) *Seasonable Thoughts*, 226쪽.
17) 앞의 책, 256~8쪽.
18) Leonard W. Labaree, "The Conservative Attitude toward the Great Awakening," *William and Mary Quarterly*, 3rd ser., Vol. I (October, 1944), 339~40쪽. Tracy, *Great Awakening*, 319쪽에서 재인용.
19) *South Carolina Gazette* (September 12-19, 1741). Labaree, 앞의 글, 345쪽에서 재인용.
20) 앞의 글, 336쪽.

21) Eugene E. White, 앞의 글, 44쪽.
22) *Works* (New York, 1830), Vol. IV, 264~5쪽.
23) 각성운동에 대한 뉴잉글랜드의 대학들의 반응에 관해서는 Richard Hofstadter and Walter P. Metzger, *The Development of Academic Freedom in the United States* (New York, 1955), 159~63쪽을 보라.
24) Gaustad, 앞의 책, 129, 139쪽.
25) 남부 농촌지대의 문화적 상황에 관해서는 Richard J. Hooker, ed., *The Carolina Backcountry on the Eve of the Revolution* (Chapel Hill, 1953), 42, 52~3, 113쪽을 보라. Carl Bridenbaugh, *Myths and Realities: Societies of the Colonial South* (Baton Rouge, 1952), 3장도 보라.
26) Colin B. Goodykoontz, *Home Missions on the American Frontier* (Caldwell, Idaho, 1939), 139~43쪽. 이주 과정에서 이처럼 종교를 실천하는 관행이 무너진 것은 개신교 교파들만이 아니었다. 인디애나의 한 사제는 1849년에 인근 아일랜드계 이민자들에 관해 이렇게 썼다. "그 사람들은 우선 하느님이 계신지도 모른다. 그들은 교리문답에 참석하는 걸 부끄럽게 여기고, 설령 참석하더라도 가르침을 이해하지 못한다." Sister Mary Carol Schroeder, *The Catholic Church in the Diocese of Vincennes, 1847~1877* (Washington, 1946), 58쪽.
27) Rufus Babcock, ed., *Forty Years of Pioneer Life: Memoir of John Mason Peck, D. D.* (Philadelphia, 1864), 101~3쪽.
28) Goodykoontz, 앞의 책, 191쪽.
29) 앞의 책, 191~2쪽. 초창기 인디애나의 비슷한 상황에 관한 설명으로는 Baynard R. Hall, *The New Purchase* (1843, ed. Princeton, 1916), 120쪽을 보라.

4장 복음주의와 부흥운동가

1) 시드니 E. 미드의 미국 종교사에 관한 탁월한 글을 읽은 독자라면, 이하의 논의에서 내가 그의 업적에 빚진 바가 얼마나 큰지를 알 수 있을 것이다. Sidney E. Mead, "Denominationalism: The Shape of Protestantism in America," *Church History*, Vol. XXIII (December, 1954), 291~320쪽; "The Rise of the Evangelical Conception of the Ministry in America (1607-1850)," in Richard Niebuhr and Daniel D. Williams, ed., *The Ministry in Historical Perspectives* (New York, 1956), 207~49쪽.
2) 19세기 미국 문학에 나타난 과거를 극복하려는 욕구에 관해서는 R. W. B. Lewis,

The American Adam (Chicago, 1955)을 보라.

3) "The Position of the Evangelical Party in the Episcopal Church," *Miscellaneous Essays and Reviews* (New York, 1855), Vol. I, 371쪽. 이 글은 종교의 여러 형식이 복음주의 정신과 모순된다고 보면서 철저하게 비판한다.

4) John W. Nevin, "The Sect System," *Mercersburg Review*, Vol. I (September, 1849), 499~500쪽.

5) 이런 역사적 배경에 의해 윌 허버그가 간파한 현대 미국 종교의 두드러지는 특징을 설명할 수 있을지도 모른다. 즉, 신앙 일반의 중요성은 굳게 믿으면서도 정작 종교의 내용에 대해서는 극도로 무관심하다는 특징 말이다. (1952년에 아이젠하워가 한 말을 참조하라. "그 신앙이 어떠한 것이든 상관없다. 깊은 종교적 신념에 근거하지 않으면, 우리 정부는 의미를 잃는다.") 무엇보다도 이와 같은 신앙 일반에 대한 신앙은 여러 세기에 걸친 교파들의 융화의 소산이다. Will Herberg, *Protestant, Catholic, Jew* (Anchor, ed., New York, 1960), 5장, 특히 84~90쪽을 보라.

6) 1782년에도 크레브쾨르는 미국에서 다음과 같은 사실을 관찰했다. "같은 교파의 신도들이 무리를 이루어 정착하지 않거나 또는 다른 교파와 섞여서 생활한다면, 그들의 열정은 연료 부족으로 식어버려서 이내 사라지고 말 것이다. 그러면 미국인들은 나라에 대해서 그런 것처럼 종교에 대해서도 모두와 손을 잡을 것이다. 모든 민족과 마찬가지로 모든 교파가 잘 섞인다. 그리하여 종교에 관한 무관심은 어느새 대륙의 끝에서 끝까지 널리 퍼진다. 이는 현재 미국인들의 가장 현저한 특징 가운데 하나이다. 이런 현상이 어디로 귀착될지는 어느 누구도 알 수 없다. 어쩌면 다른 체계를 수용할 수 있는 공백이 생길지도 모른다. 세계적으로 여겨지는 이른바 종교의 양식糧食은 박해, 종교적 자부심, 모순에 대한 사랑이다. 이러한 동기들이 여기서는 멈춰버렸다. 유럽에서는 열정이 닫혀버리지만 여기서는 열정이 먼 거리를 지나가다가 지쳐서 증발해버린다. 유럽에서는 봉인되어 있던 화약이 여기서는 그대로 드러난 채 아무 소용도 없이 그만 타버린다." J. Hector St. John de Crèvecœur, *Letters from an American Farmer* (New York, 1957), 44, 47쪽. 물론 1790년 이후 수십 년 동안 종교적 열광주의가 일부 부활했지만, 종파적 차이를 부각시키려는 열정은 어디에서도 과거와 같은 방식으로 되살아나지는 않았다.

7) William G. McLoughlin, *Billy Sunday Was His Real Name* (Chicago, 1955), 158쪽에서 재인용. 워싱턴 글래든 같은 세상 물정에 밝은 전도자라면 이렇게 말했을 것이다—그 자신의 신학은 "설교단에서 일상적으로 활용함으로써 단련되어야만 한다. 여기서 문제가 되는 것은 '효과가 있을까?'라는 것뿐이다." Washington Gladden,

Recollections (Boston, 1909), 163쪽.

8) Charles G. Finney, *Lectures on Revivals of Religion* (New York, 1835)의 「현명한 목사가 성공을 거둔다」라는 장에는 잠언 11장 30절이 인용되어 있다. "지혜로운 자는 사람을 얻느니라."

9) Crèvecœur, 앞의 책, 45쪽. 다만 목사들이 존경을 받지 못했다는 것은 아니다. 목사들은 그 지위 때문에 존경을 받는 것은 아니었고, 스스로 존경을 확보할 수 있었고 실제로 그런 경우도 적지 않았다. 티머시 드와이트Timothy Dwight에 따르면, 초창기 코네티컷의 성직자들은 공적인 권력은 없지만 영향력은 컸다고 한다. "이곳 성직자들은 그들의 인품과 행위 덕분에 존경받는 것이지 우연한 계기나 그들의 지위에 의해 존경받는 것이 아니다." Mead, "The Rise of the Evangelical Conception of the Ministry," 236쪽.

10) Andrew P. Peabody, *The Work of the Ministry* (Boston, 1850), 7쪽. 서부의 그리스도교회에 대해 프로테스탄트 성직자들이 애국자나 정치인 같은 태도로 관심을 기울인 것과 관련해 토크빌은 다음과 같이 쓴 바 있다. "이러한 그리스도교 문명의 선교사들과 대화를 해보면, 그들이 너무도 자주 이 세상의 재물에 관해 이야기를 하는 걸 듣고, 성직자를 만나야 할 곳에서 정치인을 만나게 되어 놀라게 된다." Tocqueville, *Democracy in America*, ed. by Phillips Bradley (New York, 1945)[알렉시스 드 토크빌 지음, 임효선·박지동 옮김, 『미국의 민주주의』 I·II, 한길사, 1997], Vol. I, 306~7쪽.

11) "The Rise of the Evangelical Conception of the Ministry," 228쪽.

12) 목사의 이런 카리스마적 능력에 의존하는 것은 늘 중요한 일이었다. 필립스 브룩스Phillips Brooks는 "인격을 통해 표현된 진실이야말로 우리가 생각하는 진짜 설교이다"라고 말했다. 그와 동시대의 인물인 윌리엄 주이트 터커William Jewett Tucker도 같은 생각이었다. "설교자의 인격이 훌륭할수록 그의 인격을 활용할 여지도 커지고, 진실에 대한 사람들의 반응도 더 넓어지고 깊어진다. 그것이 법칙이다." Robert S. Michaelsen, "The Protestant Ministry in America: 1850 to the Present," in Niebuhr and Williams, 앞의 책, 283쪽.

13) Bela Bates Edwards, "Influence of Eminent Piety on the Intellectual Powers," *Writings* (Boston, 1853), Vol. II, 497~8쪽. "우리는 지성과 마음을 갈라놓고, 지식과 경건함을 대립시키지는 않는가? 판단력을 희생시키면서 감정을 드높이려 하지는 않는가? 높은 지식과 미덕은 양립할 수 없다는 인상을 퍼뜨리지는 않는가?", 앞의 글, 472~3쪽.

14) 다양한 교파의 판도, 분파 상황, 신학적 방침, 상호 관계 등에 관한 뛰어난 서술로

는 Timothy L. Smith, *Revivalism and Social Reform* (New York and Nashville, 1958), 1장 "The Inner Structure of American Protestantism"을 보라. 1855년 시점의 신도 수는 감리교(남북 통틀어) 150만, 침례교 110만, 장로교 49만, 그리고 루터교회와 독일개혁교회 및 근친 교파를 합쳐 35만, 회중교회가 약 20만이었고, 성공회 감독파는 10만에 불과했다.

15) 부흥운동에 관한 나의 서술은 아래의 문헌들에 의존한 바가 크다. 운동 전반에 관해서는 윌리엄 G. 매클러플린William G. McLoughlin이 *Modern Revivalism*(New York, 1959)에서 탁월하게 개괄하고 있다. 또 1840년 이후 시기와 도시에서 진행된 부흥운동에 관해서는 앞에서 인용한 티머시 L. 스미스의 『부흥운동과 사회 개혁Revivalism and Social Reform』이 특히 훌륭하다. 1800~1820년의 원시적인 변경지대의 상태에 관해서는 찰스 A. 존슨Charles A. Johnson의 『변경지의 천막 집회The Frontier Camp Meeting』(Dallas, 1955), 그리고 버나드 와이스버거Bernard Weisberger의 『그들은 강에 모였다They Gathered at the River』 (Boston, 1958)도 많은 도움이 된다.

16) 이 시기에 이루어진 공동의 노력과 그 쇠퇴에 관해서는 Charles I. Foster, *An Errand of Mercy: The Evangelical United Front, 1790-1837* (Chapel Hill, 1960)을 보라.

17) 1800년의 추정치는 Winfred E. Garrison, "Characteristics of American Organized Religion," *Annals of the American Academy of Political and Social Science*, Vol. CCLVI (March, 1948), 20쪽에 실려 있다. 1855년 및 1860년 수치는 Timothy L. Smith, 앞의 책, 17, 20~1쪽에 나와 있다. 총인구에 대한 교회 신자 비율은 1855년의 약 15퍼센트에서 1900년 36퍼센트, 1926년 46퍼센트, 1958년 63퍼센트로 높아졌다. Will Herberg, *Protestant, Catholic, Jew*, 47~8쪽.

18) 프로테스탄트의 구전 중에 각 교파의 사회적 지위를 언급한 것이 있다. 그에 따르면, 감리교도는 구두를 신은 침례교도이고, 장로교도는 대학에 진학한 감리교도이며, 성공회 감독파 신도들은 자신의 투자 수익으로 생활하는 장로교도이다.

19) *Memoirs* (New York, 1876), 20, 24쪽. 피니와 뉴욕 서부의 열광주의에 관해서는 Whitney R. Cross, *The Burned-Over District* (Ithaca, 1950)가 뛰어나다.

20) *Memoirs*, 100, 103쪽.

21) 앞의 책, 42, 45~6, 54쪽. 피니 자신은 성경을 독자적으로 해석할 만한 학식이 없음을 알고 있었지만, 그래도 이런 독립적인 자세를 견지했다. 오래지 않아 그는 라틴어, 그리스어, 히브리어를 조금 배웠지만, "나 자신이 성경의 영어 번역본을 내 나름으로 비평할 수 있을 만큼의 고전어 지식을 습득하지는 못했다." 앞의 책, 5쪽.

22) McLoughlin, *Modern Revivalism*, 55쪽.

23) *Memoirs*, 84쪽; 365~9쪽 참조.
24) 이런 평가는 모두 피니의 『회고록』 7장 「목사 교육에 관한 소견」, 85~97쪽에서 인용한 것이다. Finney, *Lectures on Revivals of Religion*, 176~8쪽 참조.
25) McLoughlin, *Modern Revivalism*, 118~20쪽. 매클러플린의 지적에 따르면, 피니도 과학 분야의 교육은 인정했다. 과거의 청교도들처럼 피니 역시 과학을 종교에 대한 위협이 아니라 하느님을 찬미하는 수단으로 보았다. 중서부의 교회에 속하는 대학들은 과학을 존중하는 이런 태도를 계속 유지했고, 수많은 과학자를 배출했다. 그 이유를 둘러싼 흥미로운 논의에 관해서는 R. H. Knapp and H. B. Goodrich, *Origins of American Scientists* (Chicago, 1952), 19장을 보라.
26) *Lectures on Revivals of Religion*, 435~6쪽.
27) 웨슬리는 감리교에 대한 초기의 비방에 맞서서 다음과 같이 단언했다. "이성을 저버리는 것은 종교를 거부하는 것이나 진배없다. 종교와 이성은 불가분의 것이며, 이성을 잃은 종교는 모두 그릇된 종교이다." R. W. Burtner and R. E. Chiles, *A Compend of Wesley's Theology* (New York, 1954), 26쪽. 그러나 노먼 사이크스가 지적한 것처럼, 그런데도 복음주의 부흥운동은 지적 퇴행을 초래하는 쪽으로 영향을 끼쳤다. 이 운동이 자유주의 신학 운동에서 파생된 합리주의적·소치니주의적〔소치니주의Socinianism는 16세기 말부터 17세기에 걸쳐 이탈리아에서 유행한 그리스도교 경향으로 속죄와 삼위일체설을 부정했다. 유럽과 북아메리카로 확산된 뒤 유니테리언파에 흡수되었다〕 경향에 대한 반발로서 일어난 측면이 있기 때문이다. 지도적 위치에 있던 자유주의 신학자들과 비교하면, 웨슬리는 "거의 미신에 빠진 듯이, 일상생활의 구석구석까지 하느님의 특별한 섭리가 임재한다고 생각하고 있었"고, 또 "휘트필드와 비교하면 상황이 더 나빴다. 교육과는 무관했을 뿐만 아니라 동료들로부터 교양 넘치는 영향을 받은 적도 없었기 때문이다"라고 사이크스는 말한다. Norman Sykes, *Church and State in England in the Eighteenth Century* (Cambridge, 1934), 398~9쪽.
A. C. 맥기퍼트는 영국의 복음주의 부흥운동에 관해 다음과 같이 기술했다. "이 운동은 인간과 그 욕구를 해명하는 문제에서 의도적으로 미래가 아니라 과거로 눈길을 던졌다. 그리고 그리스도교와 현대 사이의 쟁점을 첨예화했고, 선대의 신앙은 자손에게 전해줄 만한 메시지가 없다는 통념을 조장했다. 이런 협소한 사고와 중세 취미medievalism, 감정 중심, 지성의 결여, 조잡한 초자연 신앙과 성서문자주의Biblical literalism, 예술과 과학, 그리고 세속 문화 일반에 대한 공감 부족 등이 많은 사람들의 마음속에서 그리스도교와 동일시되어, 그들로 하여금 영원히 종교에 등을 돌리게 만들었다. 복음주의는 위대한 업적을 이룩했지만, 그 결과는 여러 면에서 비참한 것

이었다." A. C. McGiffert, *Protestant Thought before Kant* (New York, 1911), 175쪽. 초기 미국 감리교의 지적 한계에 관해서는 S. M. Duvall, *The Methodist Episcopal Church and Education up to 1869* (New York, 1928), 5~8, 12쪽을 보라.

28) 이 초기 성직자들은 문화나 생활양식 면에서 자신들이 일반인들과 별로 구별되지 않는다는 사실이 얼마만큼의 힘을 가지는지를 이해하고 있었다. 영국 성공회 주교들의 위엄에 익숙해져 있던 어느 영국인 방문자는 1825년에 인디애나 주 감리교 감독을 소개받는 자리에서 그만 깜짝 놀랐다. 감독의 거처가 평범한 농가와 다를 바 없었기 때문이다. 다소 초조한 마음으로 감독을 기다리고 있는데, 한 미국인 목사가 로버츠 감독이 오고 있다고 말해주었다. 영국인이 "한 남자가 보이기는 하는데, 감독은 아닌 것 같은데요?"라고 말하자, 미국인 목사가 대꾸했다. "분명 감독님이십니다." "아니, 아니, 그럴 리 없어요! 저 남자는 재킷도 걸치지 않았잖아요?" 로버츠 감독은 농사일을 하다 오는 길이었다. Charles E. Elliott, *The Life of the Rev. Robert R. Roberts* (New York, 1844), 299~300쪽. 변경지대의 감독에 관해서는 Elizabeth K. Nottingham, *Methodism and the Frontier* (New York, 1941), 5장을 보라.

29) George C. Baker, Jr., *An Introduction to the History of Early New England Methodism, 1789-1839* (Durham, 1941), 18쪽.

30) 앞의 책, 14쪽.

31) 앞의 책, 72쪽 참조. 이 말을 코네티컷 주에서 행해진 어느 감리교 전도자의 설교에서 인용한 다음과 같은 말과 비교해보라. "형제자매 여러분, 내가 주장하는 바는 이런 겁니다. 학문은 신앙이 아닙니다. 교육은 성령의 힘을 가져다주지 않습니다. 제단에서 타고 있는 숯을 가져와서 건네는 것은 하느님의 은총이고 선물입니다(이사야서 6장 6절에서 스랍(세라핌)이 제단에서 타고 있는 숯을 부집게로 집어와 이사야의 입에 대며 죄를 사해준다). 성 베드로는 어부였습니다—여러분은 혹시 베드로가 예일 대학을 다녔다고 생각하십니까? 성 베드로는 그리스도가 교회를 세울 반석이 되었습니다. 아닙니다, 아닙니다, 사랑하는 형제자매 여러분. 주님께서 여리고 성벽을 무너뜨리려 했을 때, 손에는 황동 트럼펫이나 번쩍이는 프렌치 호른 같은 걸 들고 계시지 않았습니다. 양의 뿔로 만든 나팔을 들고 계셨습니다. 그리하여 주님께서 여리고 성벽을 무너뜨리고자 할 때, 그분께서는 기품 있고 예의바르고 대학 교육을 받은 당신네 같은 신사가 아니라 저같이 평범하고 자연스러운 양의 뿔 같은 사람이 필요한 것입니다." S. G. Goodrich, *Recollections of a Lifetime* (New York, 1856), Vol. I, 196~7쪽.

32) Baker, 앞의 책, 16쪽.

33) Goodrich, 앞의 책, 311쪽.

34) *Methodist Magazine and Quarterly Review*, Vol. XII (January, 1830), 16, 29~68쪽; Vol. XII (April, 1830), 162~97쪽; Vol. XIII (April, 1831), 160~87쪽; Vol. XIV (July, 1832), 377쪽 이하.

35) La Roy Sunderland, "Essay on a Theological Education," *Methodist Magazine and Quarterly Review*, Vol. XVI (October, 1834), 429쪽; David M. Reese, "Brief Strictures on the Rev. Mr. Sunderland's 'Essay on a Theological Education,'" *Methodist Magazine and Quarterly Review*, Vol. XVII (January, 1835), 107, 114, 115쪽.

36) 감리교 최초의 '칼리지'인 코크스베리 칼리지Cokesbury College(메릴랜드 주 애빙턴 소재)의 사정이 그 예증이 될지도 모른다. 이 대학의 설립 계획은 웨슬리의 특사였던 토머스 코크Thomas Coke 박사의 지론에 기초한 것이었다. 코크 박사는 옥스퍼드에서 영감을 받은 교육 이념을 미국에 들여와, 애즈베리의 반대에도 불구하고 칼리지를 설립하도록 감리교회를 설득하는 데 성공했다. 애즈베리는 아마도 웨슬리가 킹스우드에 세운 것과 같은 일반 학교를 더 선호했을 것이다. 1787년에 설립된 이 칼리지는 (초창기 미국의 칼리지들이 대개 그랬듯이) 처음에 사립 예비학교와 결합되어 있었는데, 예비학교 쪽이 훨씬 더 성공을 거두고 있었다. 설립하고 1년 만에 칼리지의 교수 세 명이 전원 사직했다. 1794년에는 칼리지 부문은 문을 닫고 예비학교만 남았다. 그러다 칼리지를 되살리려 했지만 1795년과 1796년에 화재가 일어나서 중단되었고, 결국 추진 계획 자체가 파기되었다. 애즈베리는 시간과 돈만 허비한 셈이었다고 여겼다. "주님은 휘트필드 씨에게도 감리교회에도 대학 설립을 바라지 않으셨던 것이다. 나는 그저 학교가 있으면 하고 바랐을 뿐인데……." *The Journal and Letters of Francis Asbury*, ed. by Elmer T. Clark et al. (London and Nashville, 1958), Vol. II, 75쪽. Sylvanus M. Duvall, *The Methodist Episcopal Church and Education up to 1869* (New York, 1928), 31~6쪽도 보라. 버지니아의 성공회 감독파 복음주의자 데버루 재럿은 성공회 계열 사제들의 교육 수준을 어느 정도 알고 있었기 때문에 감리교회가 애빙던에서 시도한 일에 깜짝 놀랐다. "사실 땜장이, 양복장이, 직조공, 제화공에 시골의 온갖 직인까지, 다시 말해 일자무식인데다 칼리지나 거기서 가르치는 내용을 전혀 모르는 사람들이 최고의 권력을 휘두르는 상황에서는 아무리 사려 깊은 사람이라도 그런 학문의 현장에서 뭔가를 얻을 수 있으리라고는 생각되지 않는다." Devereux Jarratt, *The Life of the Reverend Devereux Jarratt Written by Himself* (Baltimore, 1806), 181쪽.

37) 교회사의 개척자인 네이선 뱅스에 따르면, 초기 감리교회의 학문에 대한 반감은 소문이 날 정도였고 또 응당 그럴 만했다고 한다. Nathan Bangs, *A History of the*

Methodist Episcopal Church (New York, 1842), Vol. II, 318~21쪽.

38) 앞의 책, Vol. III, 15~18쪽.

39) 그런 신학교가 최초로 세워진 것은 1847년의 일이다. 뉴햄프셔 주 콩코드에서 출범한 감리교종합성경학원Methodist General Biblical Institute이 그곳인데, 나중에 보스턴으로 소재지를 옮겨서 보스턴 대학 신학부가 되었다. 뒤이어 1854년에는 일리노이 주 에번스턴에서 개릿성서연구소Garrett Biblical Institute가 문을 열었다. 세번째 기관은 월스트리트의 유명한 약탈자인 대니얼 드루Daniel Drew의 기부로 1867년에 설립된 드루 신학교Drew Theological Seminary이다.

40) Charles L. Wallis, ed., *Autobiography of Peter Cartwright* (New York, 1956), 63~5, 266~8쪽.

41) Charles C. Cole, *The Social Ideas of Northern Evangelists, 1826-1860* (New York, 1954), 80쪽. 19세기 후반의 잘나가던 도금 시대에 큰 성공을 거둔 부흥운동가인 샘 존스Sam Jones는 남부에서 일하는 게 더 좋다고 말했다. "남부로 갈수록 사람들의 마음을 사로잡기 쉬운 것 같다. 이 나라의 다른 지역을 괴롭히는 지적 곤란을 겪지 않는다." McLoughlin, *Modern Revivalism*, 299~300쪽.

42) *Religion in the Development of American Culture* (New York, 1952), 111쪽.

43) W. W. Sweet, ed., *Religion on the American Frontier — The Baptists, 1783-1830* (New York, 1931), 65쪽 주석.

44) 초창기 버지니아의 침례교에 대한 묘사 참조. "그들 가운데 일부는 언청이였고, 눈이 침침한 이, 곱사등이, 안짱다리, 발 기형 등도 있었다. 다른 사람들처럼 멀쩡한 이는 거의 찾기 힘들었다." Walter B. Posey, *The Baptist Church in the Lower Mississippi Valley, 1776-1845* (Lexington, Kentucky, 1957), 2쪽.

45) Sweet, *Religion on the American Frontier*, 72쪽. "요즘에는 돈과 신학 지식에 자부심을 느끼는 전도자들이 너무 많은 것 같아 걱정스럽다." 앞의 책, 65쪽.

46) 앞의 책, 73~4쪽. 침례교 전도자들의 지적 상황과 교육에 대한 전도자 및 평신도의 저항에 관해서는 Posey, 앞의 책, 2장을 보라.

47) Wesley M. Gewehr, *The Great Awakening in Virginia, 1740-1790* (Durham, North Carolina, 1930), 256쪽.

48) 교육을 위한 노력에 관해서는 Posey, 앞의 책, 8장을 보라.

49) McLoughlin, *Modern Revivalism*, 219~20쪽.

50) Gamaliel Bradford, *D. L. Moody: A Worker in Souls* (New York, 1927), 61쪽.

51) McLoughlin, *Modern Revivalism*, 273쪽.

52) Bradford, *Moody*, 24, 25~6, 30, 35, 37, 64, 212쪽.
53) *Lectures on Revivals of Religion*, 9, 12, 32쪽. 부흥을 가져오는 것은 인간이라는 피니 주장의 전체상을 나는 거의 다루지 않는다. 그런 주장은 피니 저서의 제1장에 논리정연하게 서술되어 있다.
54) 무디의 부흥운동 조직에 관해서는 McLoughlin, *Modern Revivalism*, 5장, "Old Fashioned Revival with the Modern Improvements"를 보라.
55) Bernard Weisberger, *They Gathered at the River*, 212쪽.
56) 앞의 책, 243쪽.
57) *Silhouettes of My Contemporaries* (New York, 1921), 200쪽.
58) McLoughlin, *Modern Revivalism*, 167, 269, 278쪽; Bradford, 앞의 책, 220~1쪽.
59) McLoughlin, *Modern Revivalism*, 245쪽; Bradford, 앞의 책, 223쪽도 참조하라.
60) McLoughlin, *Modern Revivalism*, 433~4쪽; *Billy Sunday Was His Real Name*, 127~8쪽도 보라.
61) *Memoirs*, 90~1쪽. 피니는 설교에 관한 자신의 생각을 『종교 부흥에 관한 강의』, 12장에서 상세하게 설명한다. 목사의 설교 방식에 대해 그가 정한 원칙에는 이런 것도 있다. "대화풍이어야 한다." "일상생활의 언어로 해야 한다." 우화적이어야 한다. 즉 실화든 아니든 간에 보통사람의 일상생활이나 "사회에서 흔히 일어날 수 있는 일"에서 실례를 들어야 한다. 설교는 반복적이어야 하지만 단조로워서는 안 된다.
62) Roland H. Bainton, *Here I Stand: A Life of Martin Luther* (New York and Nashville, 1940), 354쪽.
63) McLoughlin, *Modern Revivalism*, 140쪽.
64) Bradford, 앞의 책, 101쪽. 무디의 설교 스타일에 관해서는 McLoughlin, *Modern Revivalism*, 239쪽 이하도 보라. 다음의 책에는 광범위하고 예증이 될 만한 소재들이 있다. J. Wilbur Chapman, *The Life and Work of Dwight L. Moody* (Boston, 1900).
65) Bradford, 앞의 책, 103쪽.
66) McLoughlin, *Modern Revivalism*, 288쪽.
67) 선데이의 생애에 관해서는 포괄적이고 통찰력 있는 다음의 책을 보라. William G. McLoughlin, *Billy Sunday Was His Real Name* (Chicago, 1955).
68) McLoughlin, *Billy Sunday*, 164, 169쪽.
69) 〔브루스 바튼 지음, 이동진 옮김, 『예수의 인간경영과 마케팅 전략』, 해누리기획, 2000〕
70) Weisberger, *They Gathered at the River*, 248쪽; McLoughlin, *Billy Sunday*, 177, 179쪽.

여기서 선데이의 언사는 새로운 표현의 폭력을 보여주는데, 이는 1차대전 당시 성직자들 사이에서 두드러지게 나타난 특징이다. Ray H. Abrams, *Preachers Present Arms* (New York, 1933)를 보라.

5장 근대성에 맞선 반란

1) 대체로 성적 근본주의, 즉 정상적인 성행위와 일탈한 성행위 양쪽에 대한 철저한 두려움이 그 밖의 두 가지와 연결되어 있었다. 훗날 종교적 근본주의자의 설교에서는 스스로의 성적 특질sexuality에 겁을 먹은 청중을 의식해서 추진한 행사라는 느낌을 종종 받았다. 그런 의미에서 복음주의 문헌에서는 춤과 매춘을 어떻게 다루었는지를 추적해보는 것이 유익할 것이다. 선데이는 "스퀘어댄스에서 코너를 그리고 스윙을 하면 양식 있는 사회에서는 허용되지 않는 자세가 된다"고 느끼고, 12세 이상의 아이들이 댄스 교습소에 다니는 것을 금지하는 법과, 결혼 때까지 댄스를 금지하는 법을 만들자고 제안했다. McLoughlin, *Billy Sunday*, 132, 142쪽.
2) McLoughlin, *Billy Sunday*, 141~2, 175, 179쪽.
3) "Denominationalism: the Shape of Protestantism in America," 314쪽.
4) 예를 들어, 뉴잉글랜드 침례교의 공화주의에 관해서는 William A. Robinson, *Jeffersonian Democracy in New England* (New Haven, 1916), 128~41쪽을 보라.
5) 프랑스 혁명 이후의, 혁명과 불신앙을 둘러싼 병적인 흥분에 관해서는 다음 책의 묘사가 가장 생생하다. Vernon Stauffer, *New England and the Bavarian Illuminati* (New York, 1918). 18세기 말에 미국의 엘리트 집단 사이에서는 실제로 온건한 철학적 회의주의가 널리 퍼졌지만, 이런 흐름은 개종으로 이어지기보다는 대체로 개인적 신조에 머물렀다. 프랑스 혁명이 일어나고 제퍼슨류의 민주주의가 대두되자, 상류 계급의 합리주의자들은 어느 때보다도 대중에게 합리주의를 보급하려는 마음을 잃었다. 중간 계급과 하층 계급을 위해 공화주의와 회의주의의 융합을 꾀한 엘리후 파머 Elihu Palmer 같은 정열적인 회의주의자는 활동하기가 아주 힘들다는 것을 깨달았다. 어쨌든 뉴욕, 필라델피아, 볼티모어, 뉴버그 등지에는 몇몇 이신론 협회가 존재했다. G. Adolph Koch, *Republican Religion* (New York, 1933)을 보라.
6) Catherine C. Cleveland, *The Great Revival in the West, 1797-1805* (Chicago, 1916), 111쪽. 마틴 E. 마티Martin E. Marty는 *The Infidel* (Cleveland, 1961)에서, 불신앙이 그 자체로 중대한 문제가 되기에는 미국에서 그 세력이 미약했지만, 정통파의 설교나 종교 집단들 사이의 신학 논쟁에서는 공포를 불러일으키는 표현으로서 중요성을 갖

게 되었다고 지적한다.
7) 목사 집단 내의 분화 양상에 관해서는 Robert S. Michaelson, "The Protestant Ministry in America: 1850 to the Present," in H. Richard Niebuhr and D. D. Williams, 앞의 책, 250~88쪽을 보라.
8) McLoughlin, *Billy Sunday*, 125, 132, 138쪽.
9) Bradford, 앞의 책, 58~60쪽; McLoughlin, *Modern Revivalism*, 213쪽. 무디의 실용주의적 관용에 관해서는 후자의 275~6쪽을 보라.
10) *Does Civilization Need Religion?* (New York, 1927), 2~3쪽. 나는 대중운동으로서의 근본주의의 양상에 관해 논하는 것이지 근대주의에 대한 빈틈없는 비판으로서의 그것을 논하는 것은 아님을 독자들이 명쾌하게 이해할 것이라고 믿는다. 후자의 예로는 J. Gresham Machen, *Christianity and Liberalism* (New York, 1923)을 보라. 근본주의의 사상적 전개에 관해서는 Stewart G. Cole, *The History of Fundamentalism* (New York, 1931)을 보라.
11) McLoughlin, *Billy Sunday*, 278쪽.
12) 스미스가 이룩한 업적의 이런 측면에 관해서는 나의 글을 보라. "Could a Protestant Have Beaten Hoover in 1928?," *The Reporter*, Vol. 22 (March 17, 1960), 31~3쪽.
13) "The Klan's Fight for Americanism," *North American Review*, Vol. CCXXIII (March-April-May, 1926), 38쪽 이하. 1943년에 제럴드 L. K. 스미스Gerald L. K. Smith가 밝힌 견해를 참조하라. "우리 국민은 자신의 생각을 그다지 드러내지 않지만, 지금 같은 시기에 마음대로 발언하는 사람은 극소수에 불과하다. 그러나 마음 밑바닥에는 드러나지 않은 감정이 쌓여 있어도 사람들은 자신의 어휘가 제한되어 있다고 생각한다." Leo Lowenthal and Norbert Guterman, *Prophets of Deceit* (New York, 1949), 110쪽.
미국의 대중은 내심 건전하지만 오랜 미국적 가치의 대변자들은 근대주의 지지자들에게 대항할 만한 수단이 없어, 이런 감정이 우익의 발언 속에서 얼굴을 내민다. *The Conscience of a Conservative* (New York, 1960), 4~5쪽에 인용되어 있는 배리 골드워터Barry Goldwater 상원의원의 발언을 참조하라. "우리의 실패는…… 보수주의를 표명하지 못하는 것이다. 우리 보수주의자들은…… 이 나라가 우리와 뜻을 같이한다고 느끼지만, 보수주의의 원리가 시대의 요구에 부합됨을 제대로 보여주지는 못하는 것 같다.…… 아마 대중매체를 지배하고 있는 사람들의 판단에 지나치게 민감하게 반응하는 것인지도 모른다. 우리는 정치적으로는 '견식 있는' 평론가들로부터 일상적으로 잊혀가는 존재이다."

14) 두 인용문 모두 Maynard Shipley, *The War on Modern Science* (New York, 1927), 130, 254~5쪽에서 따온 것이다. 이런 견해들은 복음주의의 본류에 속하지만, 당시에 고조된 불만의 분위기를 반영한다. 남북전쟁 이전 감리교 전도자인 제임스 B. 핀리James B. Finley의 좀더 온건한 표현과 비교해보라. "책이 엄청나게 늘고 있는 데에는 마치 사람들의 마음을 성경으로부터 떼어놓는 유해한 경향이 있는 건 아닌지 늘 신경이 쓰였다." *Autobiography* (Cincinnati, 1854), 171쪽.

15) "오늘날의 공교육 체계에서 가장 큰 위협은…… 그것이 신의 존재를 인정하지 않는다는 것이다"라고 브라이언은 말했다. *The Commoner*, February, 1920, 11쪽. 브라이언은 전국 각지의 부모들로부터 전해지는, 공립학교가 아이들의 신앙을 위협하고 있다는 하소연 때문에 괴로워했다. *Memoirs* (Chicago, 1925), 459쪽. 반진화론 문헌에서의 이 주제에 관해서는 Norman F. Furniss, *The Fundamentalist Controversy, 1918-1931* (New Haven, 1954), 44~5쪽을 보라.

16) Leslie H. Allen, ed., *Bryan and Darrow at Dayton* (New York, 1925), 70쪽. 이 저작은 재판 기록 등의 자료를 바탕으로 엮어진 것이다.

17) 강조는 R. H. 스코프스 재판에 관해서는 탁월한 다음 책을 보라. Ray Ginger, *Six Days of Forever?* (Boston, 1958), 2, 17, 64, 134, 181, 206쪽.

18) Ginger, 앞의 책, 40, 181쪽. 브라이언의 다음 논저도 참조하라. *Famous Figures of the Old Testament*, 195쪽; *Seven Questions in Dispute*, 78, 154쪽; *In His Image* (New York, 1922), 200~2쪽; *The Commoner*, August, 1921, 3쪽; November, 1922, 3쪽.

19) Bryan, *Orthodox Christianity versus Modernism* (New York, 1923), 14, 26, 29~30, 32, 42쪽. Ginger, 앞의 책, 35, 40, 181쪽도 참조하라. "하느님의 말씀이 지닌 매력은 전문가가 아니어도 이해할 수 있다는 것이다"라고 브라이언은 말했다. 데이턴 주민들로 이루어진 배심원단은 이 문제에 대한 평결을 내릴 자격이 없다고 몇몇 신문이 지적하자, 브라이언은 이렇게 논평했다. "우리나라의 정치 제도에 따르면, 국민은 모든 문제에 관심을 가지고 있고 모든 문제에 대한 신뢰할 만한 결정을 내릴 권한을 가질 수 있으며, 이번 배심원단도 마찬가지이다." 그의 시각에 따르면, 이 재판은 "소수가 법원을 활용해서 자신들의 의사를 학교에 강요할 수 있는가?"라는 문제를 제기하는 것이었다. 이 논쟁에서 가련한 브라이언은 승리를 갈망하는 나머지 실로 중대한 오산을 해버렸다. 그는 승리를 예상이라도 한 듯이, 근본주의자들의 회의에서 이렇게 말했다. "지금 나는 인생에서 처음으로 다수의 편에 서 있습니다." Ginger, 앞의 책, 44, 90쪽. 브라이언이 생각하는 민주주의, 복음주의에 대한 그의 공감, 그리고 그와 반지성주의의 관계에 관한 동시대의 빈틈없는 고찰로는 John Dewey, "The

American Intellectual Frontier," *New Republic*, Vol. XXX (May 10, 1922), 303~5쪽을 보라.

20) *Orthodox Christianity versus Modernism*, 29, 45~6쪽; "Darwinism in Public Schools," *The Commoner*, January, 1923, 1~2쪽.

21) Ginger, 앞의 책, 88쪽.

22) W. J. Cash, *The Mind of the South* (New York, 1941), 337~8쪽.

23) 이 여론조사에서는 "아니다"가 40퍼센트, "그렇다"가 35퍼센트, "모른다"가 24퍼센트로 나타났다. H. H. Remmers and D. H. Radler, *The American Teenager* (Indianapolis, 1957). 1930년대의 진화론 교육에 대한 압력에 관해서는 다음 책을 참조하라. Howard K. Beale, *Are American Teachers Free?* (New York, 1936), 296~7쪽.

24) 도덕에 대한 이런 우려는 더 검토할 여지가 있을지도 모른다. 근본주의자들의 시각에 따르면, 자녀들의 신앙심 상실은 도덕 상실의 서막일 뿐이다. 근본주의자들은 인간이 생명의 좀더 낮은 형태로부터 변화해왔다는 사고방식에 담긴 "관능성"에 관해 할말이 많았으며, 그들의 언사를 보면 이 논쟁에서 성에 대한 공포가 얼마나 심했는지를 알 수 있다.

25) 이 부분의 서술에 관해서는 미국 종교에서의 몇몇 사회적 흐름을 해명한 다음의 두 연구로부터 많은 도움을 받았다. Paul Carter, *The Decline and Revival of the Social Gospel* (Ithaca, 1954); Robert Moats Miller, *American Protestantism and Social Issues* (Chapel Hill, 1958).

26) *The New American Right* (Daniel Bell ed., New York, 1955)에서 미국의 새로운 우파 세력을 살펴본 필자들(나 자신도 포함)은 극우 세력 내에서의 근본주의의 역할에 대해 완전히 무시하거나 피상적으로 주목하는 데 그쳤다. 하지만 이후 개정된 신판인 *The Radical Right* (New York, 1963)에 수록된 좀더 최근의 논문들도 참조하라. 이 주제에 관한 가장 유익한 연구서는 랠프 로드 로이Ralph Lord Roy의 *Apostles of Discord* (Boston, 1953)인데, 탐사와 폭로의 분위기로 쓴 글이지만 광범위한 자료에 입각한 학술적 저작이다. 최근의 상황 전개에 관해서는 David Danzig, "The Radical Right and the Rise of the Fundamentalist Minority," *Commentary*, Vol. XXXIII (April, 1962), 291~8쪽을 보라.

27) Leo Lowenthal and Norbert Guterman, *Prophets of Deceit* (New York, 1949), 109~10쪽. 인용문은 제럴드 L. K 스미스와 찰스 B. 허드슨Charles B. Hudson의 말이다.

28) 윈로드, 스미스, 노리스, 매킨타이어에 관해서는 Roy, 앞의 책, 이곳저곳; Carter, 앞

의 책, 4장; Miller, 앞의 책, 11장; McLoughlin, *Billy Sunday*, 290, 310쪽 등을 보라. 근본주의와 존 버치 협회John Birch Society에 관해서는 *The New York Times*, April 23 and October 29, 1961; Tris Coffin, "The Yahoo Returns," *New Leader*, April 17, 1961 등을 보라.

29) McLoughlin, *Billy Sunday*, 281쪽.

30) 내가 아는 한, 일반적인 편견에 관한 가장 흥미로운 연구는 E. L. 하틀리에 의해 이루어졌다. 하틀리는 대학생들에게 몇몇 민족과 인종을 스스로 받아들일 수 있는지 여부를 기준으로 삼아 평가해보도록 요청했다. 학생들에게 제시한 명단에는 다니에르족, 피레네족, 왈롱족이라는 가공의 세 민족 집단을 집어넣었다. 실재하는 민족에 대해 드러낸 편견과 가공의 민족에 대한 편견 사이에는 높은 상관관계가 있었다. 즉, 어떤 것에 대해서든 선입관에 따라 모종의 적의를 품고 반응하는 심적 경향이 있음을 보여준 것이다. E. L. Hartley, *Problems in Prejudice* (New York, 1946)을 보라. 종교의 정통성과 불관용의 형태들의 관계에 관해서는 Samuel A. Stouffer, *Communism, Conformity, and Civil Liberties* (New York, 1955), 140~55쪽; T. W. Adorno et al., *The Authoritarian Personality* (New York, 1950), 6장과 18장 등을 보라.

31) 이 부분의 서술은 몬시뇰 엘리스의 글에서 많은 도움을 받았다. "American Catholics and the Intellectual Life," *Thought*, Vol. XXX (Autumn, 1955), 351~88쪽. 따로 출처를 밝히지 않은 정보와 인용은 이 글에서 가져온 것이다. 관련 주제에 관한 가톨릭 저자들의 논의에 관해서는 Thomas F. O'Dea, *American Catholic Dilemma: An Inquiry Into Intellectual Life* (New York, 1958); Father Walter J. Ong, S. J., *Frontiers in American Catholicism* (New York, 1957)도 보라. 그리고 가톨릭 이외의 저자들의 글 중에서는 Robert D. Cross, *Liberal Catholicism in America* (Cambridge, Massachusetts, 1958)를 보라. 이 책은 미국 사회에 적응하는 과정에서 빚어진 가톨릭 내부의 긴장에 관해 상세히 검토한다.

32) 옹 신부(앞의 책, 38쪽)가 지적했듯이, 미국 가톨릭 신자들이 거의 이해할 수 없었던 것은 "[20세기 프랑스의 교양 있는 가톨릭 신자들은—R. H.] 어떻게 그토록 뚜렷한 신앙심을 기를 수 있는지" 하는 것이었다. "미국의 가톨릭 대학에서 중시되는 변증론 강좌가 프랑스의 파리나 툴루즈 같은 가톨릭 대학의 학부에서는 거의 알려져 있지 않다. 프랑스의 변증론에서는 젊은이들에게 가톨릭의 방식으로 현대의 문제들을 끝까지 파고들도록 가르치는 경향이 있음을 아는 미국의 가톨릭 신자들은 아연실색한다.······"

33) 가톨릭이 이민자의 종교였다는 점에서 모든 이민자의 신앙에, 넓게는 개신교와 가

톨릭, 이민자와 토착민을 불문하고 상승 욕구를 가지는 모든 미국인들의 공통되는 문제에 초점이 맞춰지게 되었다. 교육과정은 세대 간의 유대를 강화하기는커녕 오히려 더욱 멀어지게 만들어 부모의 입장도 그만큼 나빠졌다. 안정된 사회 계층 안에서는 부모와 자식이 같은 학교에 다니는 경험을 통해 일체감을 키울 수도 있었다. 하지만 거의 일자무식인 가정에서 태어난 수많은 아이들이 고등학교에 진학하고, 겨우 글이나 깨치는 교육을 받은 부모의 자녀들이 무수히 대학에 가는 나라에서 교육 과정은 부모에게 희망이자 동시에 위협이기도 하다. 이런 사정 때문에 교육의 질과 범위에서 일정한 한계를 두려는 욕구가 높아진다. 부모들은 자녀에게 대학 진학에 따른 사회적·직업적인 편익을 주고 싶어하는 반면, 자녀들이 가정환경과는 너무 동떨어진 문화에 물들지 않기를 바라게 된다.

34) Robert H. Knapp and H. B. Goodrich, *Origins of American Scientists* (Chicago, 1952), 24쪽; Robert H. Knapp and Joseph J. Greenbaum, *The Younger American Scholar: His Collegiate Origins* (Chicago, 1953), 99쪽.
35) Harry Sylvester, "Problems of the Catholic Writer," *Atlantic Monthly*, Vol. CLXXXI (January, 1948), 109~13쪽에는 이 주제에 관한 흥미로운 논의가 담겨 있다.
36) 가톨릭에서는 성직자나 평신도 모두 교의와 동떨어진 주제에서조차 사상과 비판의 자유에 대해 특별한 반감을 보이는데, 이를 예시하는 증거에 관해서는 Gerhardt Lenski, *The Religious Factor* (New York, 1960), 특히 278쪽을 보라.

3부 민주주의 정치

6장 젠틀맨의 쇠퇴

1) Marshall Smelser, "The Federalist Period as an Age of Passion," *American Quarterly*, Vol. X (Winter, 1958), 391~419쪽을 보라.
2) [William Loughton Smith], *The Pretensions of Thomas Jefferson to the Presidency Examined* (출판지 불명, 1796), I부, 14~15쪽. 그가 "진정한" 학문과 지혜에 반대한 게 아니라 열등하거나 저속한 그것에 반대했다고 말하고 싶은 사람은 아무도 없을 것이다. 스미스는 제퍼슨이 가짜 철학자이지 "진짜" 철학자는 아니라고 생각했다. 철학자로서는 표면적이고 평범한 특징만 가지고 있는데, 그것은 정치에서는 "견실함이 부족하고, 체질적으로 우유부단하고 변덕스러우며, 몽상적이고 느닷없고 투기적인

방식에 의존하고, 그 밖에도 결함이 될 만한 특징들을 지니고 있다"는 것을 의미한다. 앞의 책, 16쪽. 애들라이 스티븐슨의 선거 운동을 기억하는 사람이라면 이 인용문에서 낯익은 대목을 발견할 것이다.

3) 앞의 책, 4, 6, 16쪽; II부, 39쪽.

4) 제퍼슨에게 쏟아진 최악의 비난을 개괄적으로 정리한 것으로는 Charles O. Lerche, Jr., "Jefferson and the Election of 1800: A Case Study of the Political Smear," *William and Mary Quarterly*, 3rd ser., Vol. V (October, 1948), 467~91쪽을 보라.

5) [William Linn], *Serious Considerations on the Election of a President* (New York, 1800).

6) *Connecticut Courant*, July 12, 1800. Lerche, 앞의 글, 475쪽에서 재인용.

7) *Address to the Citizens of South Carolina on the Approaching Election of a President and Vice-President of the United States. By a Federal Republican* (Charlestown, 1800), 9, 10, 15쪽.

8) Seth Ames, ed., *The Life and Works of Fisher Ames* (Boston, 1854), Vol. II, 134쪽.

9) *The Lay Preacher*, ed. by Milton Ellis (New York, 1943), 174쪽. 이 글은 원래 *Port Folio*, Vol. I (1801)에 실렸다.

10) 알렉산더 해밀턴에게 보낸 편지. J. C. Hamilton, ed., *The Works of Alexander Hamilton* (New York, 1850-51), Vol. VI, 434~5쪽. 해밀턴 자신은 제퍼슨이 철저한 교조주의자이기는커녕 타협적이고 기회주의적인 정치인이라고 생각했다.

11) 이 연합의 성격과 그 최종적인 해체의 결과에 관해서는 분석이 예리한 다음 글을 보라. Sidney E. Mead, "American Protestantism during the Revolutionary Epoch," *Church History*, Vol. XII (December, 1953), 279~97쪽.

12) Jonathan Elliot, *Debates* (Philadelphia, 1863), Vol. II, 102쪽.

13) Samuel Eliot Morison, ed., *The Key of Libberty* (Billerica, Mass., 1922). 이 저작은 *William and Mary Quarterly*, 3rd ser., Vol. XIII (April, 1956), 202~54쪽에 재수록되었으며, 아래의 인용은 221~2, 226, 231~2쪽에서 가져온 것이다.

14) 1844년 1월 23일 해밀턴 칼리지에서의 연설. Merle Curti, *American Paradox* (New Brunswick, 1956), 20쪽에서 재인용. 19~24쪽도 참조하라.

15) *Writings*, A. E. Bergh, ed., Vol. VI (Washington, 1907), 257~8쪽, August 10, 1787. 여기서 제퍼슨은 조카에게 교육의 방식에 관해 조언하는데, 주된 관심사는 도덕철학에 열중하는 것은 "시간 낭비"라는 점을 확인하는 것이었다. 만약 도덕적 행동이 건전한 충동이 아니라 과학에 기초하는 것이라면, 정식 교육을 받지 못한 수많은 사람들은 교육을 받은 소수의 사람들보다 도덕적으로 열등한 셈이라는 것이다. 확실히

하느님은 인간에게 도덕관념을 심어주지 않았을 리 없으며, 약간의 이성이나 상식만 갖추고 있어도 도덕을 실천할 수 있다. 물론 이것은 잘 알려진 교의이다. 제퍼슨은 아마도 케임스 경(헨리 홈)Henry Home, Lord Kames의 저작을 통해 이런 결론에 도달했을 것이다. 하지만 도덕철학 공부가 쓸모없다면, 왜 제퍼슨은 이 분야의 책을 그토록 광범위하게 섭렵했는지 의문을 제기할 수 있다. 이 교의가 제퍼슨의 사고에 끼친 영향의 문제점에 관해서는 Adrienne Koch, *The Philosophy of Thomas Jefferson* (New York, 1943), 3장을 보라.

16) 제퍼슨보다 한 세기 뒤에 윌리엄 제닝스 브라이언이 가장 명쾌하게 말한 것처럼, "정치의 중대한 문제는 결국 도덕의 중대한 문제이다." Paxon Hibben, *The Peerless Leader* (New York, 1929), 194쪽.

17) 잭슨 민주주의와 지식인의 관계에 관해서는 Arthur Schlesinger, Jr., *The Age of Jackson* (Boston, 1945), 특히 29장을 보라.

18) 애덤스의 계획에 관해서는 J. R. Richardson, *Messages and Papers of the Presidents* (New York, 1897), Vol. II, 865~83쪽과 A. Hunter Dupree, *Science in the Federal Government* (Cambridge, 1957), 39~43쪽의 언급을 보라. Samuel Flagg Bemis, *John Quincy Adams and the Union* (New York, 1956), 65~70쪽도 참조하라.

19) 잭슨 관련 문헌에서의 인용문은 John William Ward, *Andrew Jackson: Symbol for an Age* (New York, 1955), 31, 49, 52~53, 68쪽에서 따온 것이다. 나는 잭슨의 인물상에 관한 워드 교수의 탁월한 연구로부터 많은 도움을 받았다.

20) Ward, 앞의 책, 73쪽.

21) *Address of the Republican General Committee of Young Men of the City and Country of New York* (New York, 1828), 41쪽.

22) Ward, 앞의 책, 63쪽.

23) 양 진영이 선거에서 호소한 내용에는 공히 진실과 섬세함이 부족했다. 또한 애덤스는 자기 진영의 선전 담당자들이 벌이는 잭슨 부부의 생활에 대한 치사한 비방을 제지하지 않았다. 정당한 전술이라고 설득당했던 모양이다. 1831년, 애덤스는 일기에 "잭슨은 부인과의 성생활을 숨기려고도 하지 않는다"고 썼다. 상류 사회 사람들은 대부분 잭슨을 대통령으로 받아들이기 힘들다고 생각했다. 하버드 대학은 1833년 졸업식에서 잭슨에게 명예 법학박사 학위를 수여했지만, 애덤스는 졸업식 참석을 거부했다. "친애하는 하버드가 자기 이름도 제대로 쓸 줄 모르는 천박한 미개인에게 박사학위를 수여해 불명예를 자초할 거라면 절대로 참석하지 않을 것입니다." Bemis, 앞의 책, 250쪽. Adams, *Memoirs*, Vol. VIII (Philadelphia, 1876), 546~7쪽도 참조하라. 하

버드의 퀸시 총장이 애덤스에게 알린 바에 따르면, "잭슨이 학문적 명예에 걸맞지 않다"는 것은 잘 알지만, 먼로에게 학위를 수여한 뒤에는 "당파색"이 드러나는 걸 피하기 위해 잭슨에게도 명예 학위를 줄 수밖에 없었다고 한다. 한편, 학위수여식 자리에서 잭슨은 자신에게 반감을 지닌 청중을 매료시켜버린 것으로 보인다. 하지만 라틴어로 진행된 식전에서 잭슨이 일어서서 다음과 같이 라틴어로 응수했다는 소문이 돌아, 케임브리지와 보스턴의 귀 얇은 많은 사람들은 이 소문을 그대로 믿었다. "Caveat emptor: corpus delicti: ex post facto: dies irae: e pluribus unum: usque ad nauseam: Ursa Major: sic semper tyrannis: quid pro quo: requiescat in pace."(여기 나열된 문구는 법률 용어, 관용적 표현, 별자리 이름 등 당시에 널리 쓰이던 라틴어 표현으로 무식한 잭슨이 평소에 주위들은 라틴어를 되는대로 지껄였다는 의미이다. 순서대로 다음과 같은 뜻이다. 매수인 주의 필수. 범죄의 단초. 과거로 거슬러오르기. 진노의 날. 다수의 통일. 지겨울 정도로: 큰곰자리: 폭군은 언제나 이렇게 되리라: 받은 만큼 주기: 고이 잠드소서) Josiah Quincy, *Figures of the Past* (Boston, 1926), 304~7쪽을 참조하라.

24) 다음과 같은 상황 분석을 참조하라. Glyndon G. Van Deusen, *Thurlow Weed: Wizard of the Lobby* (Boston, 1947), 42~44쪽; Whitney R. Cross, *The Burned-Over District* (Ithaca, 1950), 114~17쪽.

25) Hamlin Garland, ed., *The Autobiography of Davy Crockett* (New York, 1923), 90쪽.

26) 앞의 책, 180쪽. 여기서 소개하는 익살의 주요 대상은 이미 하버드에서 학위를 받은 앤드루 잭슨이다. 크로켓은 "테네시 주 출신 고관이 한 사람으로 충분하다"고 말했다.

27) Charles Grier Sellers, Jr., *James K. Polk, Jacksonian: 1795-1843* (Princeton, 1957), 123~4쪽에서 재인용. 토지법안에 관해서는 앞의 책, 122~8쪽과 James A. Shackford, *David Crockett, the Man and the Legend* (Chapel Hill, 1956), 90~9쪽을 참조하라.

28) *Register of Debates*, 20th Congress, 2nd session, 162~3쪽 (January 5, 1829). 크로켓은 칼리지 설립 예산을 유용한다는 문제를 제기함으로써 쟁점을 그르쳐버렸다. 포크는 이미 토지 매각 수익금을 보통학교에만 사용한다는 요건을 삽입하는 식으로 크로켓을 달래려고 했기 때문이다.

29) 크로켓과 동부 보수주의자들 간의 관계 개선, 그리고 그의 연설문과 자전적 저술의 원작자에 관한 가장 충분한 설명으로는 Shackford, 앞의 책, 122~9쪽을 보라.

30) Charles Ogle, *The Regal Splendor of the President's Palace* (출판지 불명, 1840), 특히 28쪽.

31) 이때의 선거 운동과 인용문에 관해서는 Robert G. Gunderson, *The Log-Cabin Campaign* (Lexington, 1957), 특히 3, 7, 101~7, 134, 162, 179~86, 201~18쪽을 참조하라.

32) *Memoirs of John A. Dix* (New York, 1883), Vol. I, 165쪽.

33) Henry T. Tuckerman, *Life of John Pendleton Kennedy* (New York, 1871), 187쪽.

34) "The Action of Congress on the California and Territorial Questions," *North American Review*, Vol. LXXI (July, 1850), 224~64쪽.

35) U. B. Phillips, ed., *The Correspondence of Robert Toombs, Alexander H. Stephens, and Howell Cobb*, American Historical Association *Annual Report*, 1911, Vol. II, 188쪽.

36) Leonard D. White, *The Jacksonians*, 27쪽. 연방의회와 공직자의 타락에 관해서는 25~7, 325~32, 343~6, 398~9, 411~420쪽을 참조하라.

37) *An Autobiography* (Boston, 1916), 43~4쪽. 이것은 물론 브룩스가 섬너를 공격한 유명한 사건이 있고 불과 몇 년 뒤의 일이다(1856년 민주당 하원의원이자 열렬한 노예제 지지자인 프레스턴 브룩스Preston Brooks가 노예제 폐지론자인 자유토지당 상원의원 찰스 섬너Clarles Sumner를 구타해서 중상을 입힌 사건. 남북전쟁의 촉매가 된 사건으로 유명하다). 같은 해에 한 하원의원이 워싱턴의 호텔 식당에서 서비스에 불만을 품고 웨이터를 총으로 쏴 죽였다. 1850년대 의회의 상태에 관해서는 Roy F. Nichols, *The Disruption of American Democracy* (New York, 1948), 2~3, 68, 188~91, 273~6, 284~7, 331~2쪽을 참조하라. 정부가 쇠락해진 배경에 관해서는 데이비드 도널드 David Donald의 함스워스Harmsworth 교수 취임기념 강연인 「민주주의의 과잉: 남북전쟁과 사회 과정An Excess of Democracy: The American Civil War and the Social Process」(Oxford, 1960)이 가장 흥미롭다. 남부에서 정치적 리더십이 쇠락한 과정에 관해서는 다음 책들에서 상세히 추적한다. Clement Eaton, *Freedom of Thought in the Old South* (Durham, 1940); Charles S. Sydnor, *The Development of Southern Sectionalism, 1819-1848* (Baton Rouge, 1948), 특히 12장.

38) *Writings*, edited by Bergh, Vol. XI (Washington, 1904), 423~4쪽. 강조는 R. H.

39) 공무원 제도의 역사에 관한 나의 결론은 레너드 D. 화이트Leonard D. White의 귀중한 저작들에 따른 것이다. *The Federalists* (New York, 1948); *The Jeffersonians* (New York, 1951); *The Jacksonians* (New York, 1951), *The Republican Era 1869-1901* (New York, 1958). 폴 P. 밴 라이퍼Paul P. Van Riper는 *History of the United States Civil Service* (Evanston, Illinois, 1958) 11쪽에서 다음과 같이 지적한다. "미합중국이라는 나라의 정부가 형성되던 시기에는 세계에서 가장 유능한 공무원이라는 자부심이 있었다. 확

실히 부패와는 거리가 아주 멀었다."
40) John Adams, *Works* (Boston, 1854), Vol. IX, 87쪽. 이것은 애덤스가 전적으로 반대한다는 뜻으로 한 말이 아니다. 애덤스 자신도 반대 세력을 배척할 생각이 없었다. "연방에서 가장 유능하고 영향력 있고 인격적으로도 훌륭한 인재들"이 배제되는 결과를 우려했다.
41) 밴 라이퍼의 지적에 따르면, 당파성에 관한 한 제퍼슨은 잭슨과 함께 엽관제의 창시자라고 부를 수 있을 만큼 공무원을 배제했지만, 임명된 사람들의 자질과 사회적 유형에서는 제퍼슨이나 그 측근들이나 "연방 공무원 제도의 상류 계급적 성격에는 어떤 흠집도 내지" 않았다. 앞의 책, 23쪽.
42) J. D. Richardson, ed., *Messages and Papers of the Presidents* (New York, 1897), Vol. III, 1011~12쪽. 몇몇 역사가들이 지적한 바에 따르면, 잭슨이 실제로 해임한 공직자 수는 그다지 많지 않았다. 잭슨 행정부가 해임의 근거를 명시한 것은 기억해둘 만하다. 나중에는 엽관제에 대한 의존이 너무도 심각해져서 당내의 파벌들까지 잠식했다. 1850년대에는 민주당의 뷰캐넌파가 피어스파를 몰아내는 사건도 일어났다.
43) 사실 윤번제 원칙은 잭슨주의의 여러 선언에서 말하는 것처럼 그렇게 완전하게 실현될 수는 없었다. 결국에는 레너드 D. 화이트가 "이중 체계"라고 부른 방식이 부각되었다. 임명제와 경력제가 병존한 것이다. 임명된 직원이 임기를 마치고 떠나가는 한편, 상대적으로 오래 근무할 핵심적 직원들도 자리를 잡아나갔다. *The Jacksonians*, 347~62쪽을 보라.

7장 개혁가의 운명

1) *The New York Times*, October 24, 1868. 여러 해에 걸쳐 버틀러는 자신에 대한 지식인 계급의 혐오를 오히려 정치적 자산으로 활용해왔다. 1884년에 한 지지자는 버틀러가 선거에서 승리한 것은 "모든 속물과 아류들이 그를 싫어하고 하버드 칼리지가 그에게 법학박사 학위를 주려고 하지 않은" 덕분이라고 단언했다. H. C. Thomas, *Return of the Democratic Party to Power in 1884* (New York, 1919), 139쪽.
2) 버틀러가 데이나와 노동자 계급 유권자들을 이간질하면서 데이나의 흰 장갑을 비난한 것은 이 선거 때였다. 데이나는 자신이 가끔 흰 장갑에 청결한 옷차림을 한다고 확실하게 인정하면서도 청중인 린Lynn의 노동자들을 안심시키려고 젊은 시절 선원으로 일한 2년 동안은 "여러분만큼이나 나도 더러웠다"고 강조했다. Benjamin F. Butler, *Butler's Book* (Boston, 1892), 921~2쪽.

3) 애덤스가 C. M. 개스켈C. M. Gaskell에게 보낸 편지(October 25, 1870). W. C. Ford, ed., *Letters of Henry Adams* (Boston, 1930), 196쪽에서 재인용.
4) 로웰이 고드킨에게 보낸 편지(December 20, 1871). Rollo Ogden, ed., *Life and Letters of Edwin Lawrence Godkin* (New York, 1907), Vol. II, 87쪽에서 재인용. 또 C. E. 노턴이 고드킨에게 보낸 편지(November 3, 1871)도 보라. Ari Hoogenboom, *Outlawing the Spoils* (Urbana; Illinois, 1961), 99쪽에서 재인용.
5) George Haven Putnam, *Memories of a Publisher* (New York, 1915), 112쪽.
6) 개혁가에 관한 나의 개관은 제임스 스튜어트 매클라클랜이 컬럼비아 대학에 제출한 미간행 석사논문에 기초한 것이다. 거기에는 개혁가 191명의 경력에 나타나는 인자가 분석되어 있다. James Stuart McLachlan, *The Genteel Reformers: 1865-1884* (1958). 매클라클랜의 결론은 애리 후젠붐이 공무원 제도 개혁가들을 분석하면서 내린 결론과 유사하다. Ari Hoogenboom, 앞의 책, 190~7쪽. Hoogenboom, "An Analysis of Civil Service Reformers," *The Historian*, Vol. XXIII (November, 1960), 54~78쪽도 참조하라. 폴 P. 밴 라이퍼는 이 개혁가들이 지난날 노예제 폐지론에 공감한 점, 그리고 개인의 자유와 정치 윤리에 열중한 점을 강조한다. Riper, 앞의 책, 78~86쪽.
7) *The Education of Henry Adams* (New York, Modern Library edition, 1931), 265쪽.
8) Charles Francis Adams, *An Autobiography* (Boston, 1916), 190쪽.
9) E. L. Godkin, "The Main Question," *Nation*, Vol. IX (October 14, 1869), 308쪽.
10) Adams, *Education*, 261, 296, 320쪽. James Bryce, "Why the Best Men Do Not Go into Politics," *The American Commonwealth* (New York, 1897), Vol. II, 57장도 참조하라.
11) *Autobiography*, 15~16쪽.
12) "The Government of our Great Cities," *Nation*, Vol. III (October 18, 1866), 312~13쪽; *North American Review*, Vol. CIII (October, 1866), 413~65쪽; Arthur F. Beringause, *Brooks Adams* (New York, 1955), 60, 67쪽; Barbara M. Solomon, *Ancestors and Immigrants* (Cambridge, Mass., 1956) 등을 참조하라. 개혁가들의 견해에 관해서는 제프리 T. 블로젯의 고찰을 참조하라. Geoffrey T. Blodgett, "The Mind of the Boston Mugwump," *Mississippi Valley Historical Review*, Vol. XLVIII (March, 1962), 614~34쪽.
13) 애덤스가 개스켈에게 보낸 편지. Ernest Samuels, *The Young Henry Adams* (Cambridge, Mass., 1948), 182쪽에서 재인용. 퍼트넘의 다음과 같은 견해도 참조하라. "해마다 젊은이들이 예일 대학의 윌리엄 그레이엄 섬너William Graham Sumner

같은 교수가 가르치는 경제학사 지식을 지니고 대학을 졸업한다. 그래서 우리는 여론의 지지를 점차 확대해나가면서 지도자들의 영향력을 통해 많은 유권자들이 스스로의 사업상 이익을 이해할 수 있게 되기를 바랐다." Putnam, 앞의 책 42~3쪽.

14) Eric Goldman, *Rendezvous with Destiny* (New York, 1952), 24쪽에서 재인용. 어느 공무원 제도 개혁론자는 "건국 초기에는" 각료에서 하급 직원에 이르기까지 모든 공무원이 "대개 유명한 가문에서 뽑혔다"고 지적하고, 공무원 제도를 개혁하면 이런 관례가 재도입될 것이라고 주장했다. Julius Bing, "Civil Service of the United States," *North American Review*, Vol. CV (October, 1867), 480~1쪽.

15) "The Place of the Independent in Politics," *Writings*, Vol. VI (Cambridge, Mass., 1890), 190쪽.

16) 독자 세력의 전략에 관해서는 James Russell Lowell, "The Place of the Independent in Politics," 190쪽 이하; E. McClung Fleming, *R. R. Bowker, Militant Liberal* (New York, 1952), 103~8쪽 등을 참조하라.

17) 이 개혁을 중심 이념으로 정한 것에 관해서는 Paul P. Van Riper, 앞의 책, 83~4쪽을 참조하라.

18) J. Donald Kingsley, *Representative Bureaucracy: An Interpretation of the British Civil Service* (Yellow Springs, Ohio, 1944), 68~71쪽 등을 참조하라.

19) 찰스 트리벨리언 경이 도먼 B. 이튼Dorman B. Eaton에게 보낸 편지(August 20, 1877). Dorman B. Eaton, *Civil Service in Great Britain: A History of Abuses and Reforms and Their Bearing upon American Politics* (New York, 1880), 430~2쪽에서 재인용.

20) 분명 적지 않은 개혁가들은 링컨이 인정했던 것처럼 저술가들이 다시 인정받기를 간절히 원했지만, 그런 자리는 공무원 제도의 범주를 벗어나 있었다. 전형적인 개혁가들은 임명직보다 선출직을 열망했다. 주요 개혁가의 절반 정도가 어떤 형태로든 공직을 경험했지만 대개는 선출직이었다. 일부는 연방의회로 진출하기도 했지만, 선출직 대부분은 주의회 자리였다. McLachlan, 앞의 책, 25쪽.

21) 헨리 애덤스가 형인 찰스 프랜시스 애덤스 2세에게 보낸 편지(1869년 4월 29일자)의 이면에 담긴 의미를 생각해보라. "형에게 자리를 구해줄 수 없습니다. 이 정부에서 만난 사람들은 친구가 아니라 그냥 아는 사이일 뿐이라서요. 내가 부탁을 한다고 해서 동정심이 솟구칠 거라고는 꿈에도 생각지 않아요. 〔데이비드 에임스David Ames—R. H.〕 웰스Wells는 나만큼의 영향력이 있지만, 이제는 자기 사무직원들조차 지키기 힘들 정도입니다. 호어 판사는 자기 일에 바빠서 동료들 일에는 입도 뻥끗 안

해요." *Letters*, 157쪽.

22) 하지만 취직 경쟁에서는 사회적 지위가 큰 역할을 할 것이라고 생각하는 사람들도 있었다. 칼 슈어츠는 "〔지원자의—R. H.〕 인성이나 경력, 사회적 지위, 전반적인 능력을 검토하는 대신, 정식 시험을 치를 수도 있다"고 제안한 적이 있다. Hoogenboom, 앞의 책, 115쪽.

23) *Congressional Globe*, 40th Congress, 3rd session, 265쪽 (January 8, 1869). 경쟁에 의한 공무원 제도가 미국에서는 비민주적이라고 비판을 많이 받는 반면, 영국에서는 지나치게 민주적이라는 지적을 받았다는 것은 두 나라의 사정을 잘 드러낸다. 영국에서는 공직을 둘러싼 경쟁이 귀족 사회를 수세로 내몬다고 여겨졌다. Kingsley, 앞의 책, 62쪽. 이러한 경쟁은 젠틀맨 계급의 사기와 격식을 높여줄 뿐이라고 생각한 사람들도 있었다. Asa Briggs, *Victorian People* (London, 1954), 116~21, 170~1쪽을 참조하라.

24) *Congressional Globe*, 42nd Congress, 2nd session, 1103쪽 (February 17, 1872). 대학 교육을 받은 사람들을 상대로 한 이런 식의 경쟁은 퇴역군인 조직에도 문제가 되었다. Wallace E. Davies, *Patriotism on Parade* (Cambridge, Mass., 1955), 247, 285~6, 311쪽을 참조하라.

25) *Congressional Globe*, 42nd Congress, 2nd session, 458쪽 (January 18, 1872). 물론 경쟁시험이 그런 인사 절차에 끼치는 영향에 관해서는 지역의 거물들도 연방 하원의원들만큼이나 걱정을 했다. 보스턴의 정치 거물인 패트릭 맥과이어Patrick Macguire는 매사추세츠 주의 공무원 조직법에 반대하며 이렇게 말했다. "만약 내 자식 가운데 보스턴의 공직에서 일하고 싶다는 아이가 있다면 우선 하버드 칼리지에 보내야 할 것 같다. 물론 졸업 성적은 뛰어나야 하는데, 내 생각에 지금 거기서 공부하는 젊은이들은 곡괭이와 삽을 다룰 줄 아는 적절한 시점까지 교육을 받으면 우리의 대도시에서 빛나는 자리를 얻을 수 있을 것이다. 반면에 그들과 달리 교육 받을 기회를 누리지 못한 대부분의 젊은이들은 다른 곳에서 일자리를 찾아야 한다." Lucius B. Swift, *Civil Service Reform* (출판지 불명, 1885), 10쪽에서 재인용.

26) *Congressional Globe*, 42nd Congress, 3rd session, 1631쪽 (February 22, 1873).

27) E. L. Godkin, "The Civil Service Reform Controversy," *North American Review*, Vol. CXXXIV (April, 1882), 382~3쪽.

28) William M. Dickson, "The New Political Machine," *North American Review*, Vol. CXXXIV (January 1, 1882), 42쪽.

29) Andrew D. White, "Do the Spoils Belong to the Victor?," *North American Review*,

Vol. CXXXIV (February, 1882), 129~30쪽.

30) Godkin, "The Civil Service Reform Controversy," 393쪽.

31) J. R. Richardson, *Messages and Papers of the Presidents*, Vol. X, 46, 48~9쪽.

32) *Congressional Record*, 47th Congress, 2nd session, 207~8쪽 (December 12, 1882).

33) Gail Hamilton, *Biography of James G. Blaine* (Norwich, 1895), 491쪽. 정치 분야의 학자나 개혁가, 그리고 직업 정치인들에 대한 그들의 생색내는 태도를 호되게 비판하는 것으로는 Senator Joseph R. Hawley, *Congressional Record*, 47th Congress, 2nd session, 242쪽 (December 13, 1882)을 참조하라.

34) William L. Riordon, *Plunkitt of Tammny Hall* (1905; ed. New York, 1948), 60~1쪽. 여기서 연상되는 것이 브루클린의 민주당 지도자인 유쾌한 피터 맥기니스Peter McGuiness의 기법이다. 1920년대 초에 맥기니스는 선거구에서의 주도권을 둘러싸고 어느 대학 졸업자의 도전을 받았다. 그 사람은 교양과 품위를 갖춘 사람이 지역사회의 지도자가 되어야 한다고 주장했다. 이에 맞서 맥기니스는 "정치 전략의 고수가 좋아할 만한 화법으로 대응했다. 그다음 연설 집회에서 맥기니스는 잠시 입을 다물고 서서는 재킷도 걸치지 않은 셔츠 바람의 막노동자들과 후버 에이프런[허리를 묶게 만든 원피스형 여성 작업복. 1차대전 당시 허버트 후버가 식량청장일 때 정원사들 사이에서 유행했다) 차림의 주부들로 이루어진 청중이 자기를 주목할 때까지 기다렸다. 그러고는 큰 소리로 말했다. '여러분yez('you'에 해당하는 아일랜드 말이다. 맥기니스의 성에서 알 수 있듯이 그는 아일랜드계였고, 브루클린의 아일랜드계 유권자들을 주요 지지 기반으로 삼았다) 중에서 예일이나 코넬을 다닌 사람은 오른손을 들어주세요.…… 예일과 코넬 출신은 그 사람한테 투표하면 됩니다. 나머지는 모두 나에게 표를 주세요.'" Richard Rovere, "The Big Hello," in *The American Establishment* (New York, 1962), 36쪽.

35) 앞의 책, 10쪽.

36) 〈뉴욕 타임스〉 1880년 6월 17일자에 실린 투서. R. R. Bowker, *Nation*, Vol. XXXI (July 1, 1880), 10쪽에서 재인용.

37) *Congressional Record*, 49th Congress, 1st session, 2786쪽 (March 26, 1886). 잉걸스 상원의원은 제3의 성에 관해 이렇게 말했다. "그치들에게는 누구나 인정하는 두 가지 기능이 있다. 가성으로 노래하는 것, 그리고 대개는 동양의 군주가 거느리는 후궁들의 감시자로 뽑히는 것이다."

38) Matthew Josephson, *The Politicos* (New York, 1938), 163쪽. 콩클링이 구사하는 단어들은 경제 개혁가들을 "박애주의자, 대학교수, 백만장자 귀부인"이라며 반대

한 어느 기업가의 말을 상기시킨다. Edward C. Kirkland, *Dream and Thought in the Business Community* (Ithaca, 1956), 26쪽.

39) Alfred R. Conkling, *Life and Letters of Roscoe Conkling* (New York, 1889), 540~1쪽. 사건의 전모에 관해서는 538~49쪽을 참조하라.

40) 〈엘마이라 애드버타이저〉 1877년 10월 6일자에 실린 커티스에 대한 공격도 참조하라. Thomas Collier Platt, *Autobiography* (New York, 1910), 93~5쪽. "커티스라는 이름의 똑똑한 소년이 있었다. 소년은 여자아이처럼 가운데 가르마를 타고 여자들 틈바구니에서 지냈다. 커티스는 콩클링이라는 이름의 빨강머리 사내아이와 싸움이 붙었는데, 실컷 두드려맞았다. 콩클링은 미혼인 커티스의 이모들과 주위의 모든 여자들로부터 꾸지람을 들었다."

41) Horace Bushnell, *Women's Suffrage: the Reform against Nature* (New York, 1869), 135~6쪽. 더불어 56쪽도 참조하라. "수염을 기르게 해달라는 요구는 자연의 섭리에 대한 그다지 과격한 반항이 되지도 않을 것이다."

42) 다음과 같은 말을 참조하라. "또한 여자들은 일단 양보해버리면 이상할 정도로 쉽게 타락하거나 도덕적 방종에 빠져든다. 남자는 조금씩 내려앉지만—타락으로 가는 길을 걷기는 쉽다—여자는 단번에 추락한다. 아마도 여자에게는 기대하는 바가 더 크기 때문일 것이다. 또한 남자의 전향적이고 독단적인 지도자적 성향보다는 여자의 사뭇 그리스도적이고 종속적인 상태에서 진실과 희생을 기대할 수 있기 때문일 것이다." 앞의 책, 142쪽.

43) *The Bostonians* (1886; ed. London, 1952), 289쪽.

44) *An Autobiography* (New York, 1920), 86~7쪽.

45) Henry F. Pringle, *Theodore Roosevelt* (New York, 1931), 65~7쪽.

46) 이 대목과, 이어지는 루스벨트에 관한 신문 논평은 1947년 컬럼비아 대학에 제출된 두 편의 석사학위 논문에 인용되어 있는 논평들에서 따온 것이다. Anne de la Vergne, *The Public Reputation of Theodore Roosevelt, 1881-1897*, 9~16, 45~6쪽; Richard D. Heffner, *The Public Reputation of Theodore Roosevelt: The New Nationalism, 1890-1901*, 21~4, 41~5, 53~4쪽.

47) *Harvard Crimson*, November 10, 1894. 특히 "The Manly Virtues and Practical Politics" (1894); "The College Graduate and Public Life" (1894)를 참조하라. *American Ideals* (New York, 1897), 51~77쪽에서 재인용.

8장 전문가의 부상

1) 동시대와의 의미심장한 만남에 관해서는 브라이언에 대한 다음의 인터뷰(by John Reed)를 참조하라. *Collier's*, Vol. LVII (May 20, 1916), 11쪽 이하.
2) Merle Curti and Vernon Carstensen, *The University of Wisconsin* (Madison, 1949), Vol. I, 632쪽. 이 저작은 "위스콘신 아이디어"에서 보이는 대학의 역할에 관해 충분히 고찰하고 있다.
3) F. J. Turner, "Pioneer Ideals and the State University"(1910년 인디애나 대학 졸업식 연설). *The Frontier in American History* (New York, 1920), 285~6쪽에 재수록. 강조는 R. H.
4) Charles McCarthy, *The Wisconsin Idea* (New York, 1912), 228~9쪽.
5) 밴 하이스 시기의 정치적 긴장에 관해서는 Curti and Carstensen, 앞의 책, Vol. II, 특히 4, 10~11, 19~21, 26, 40~1, 87~90, 100~7, 550~2, 587~92쪽을 참조하라.
6) John R. Commons, *Myself* (New York, 1934), 110쪽. 매카시의 다음 견해도 참조하라. "대체로 교수들은 요청을 받고서야 공적인 문제에 관해 의견을 제시했다." 앞의 책, 137쪽. 주 행정에 참여한 대학 관계자의 명단에 관해서는 313~17쪽을 참조하라.
7) *Autobiography* (Madison, Wisconsin, 1913), 32쪽. 라 폴레트가 대학 관계자를 활용한 방법에 관해서는 26, 30~1, 310~11, 348~50쪽을 참조하라.
8) Robert S. Maxwell, *Emanuel L. Philipp: Wisconsin Stalwart* (Madison, Wisconsin, 1959), 7장과 8장, 특히 74, 76~9, 82, 91~92, 96~104쪽을 참조하라. 〈네이션〉지는 위스콘신 대학에 대한 반지성주의적인 공격에서 다음과 같은 교훈을 발견하고 있다. "민중과 대학교수 사이에는 아리스토파네스 시대부터 메워지지 않은 오해와 무지라는 깊은 도랑이 있다." "Demos and the Professor," Vol. C (May 27, 1915), 596쪽.
9) J. F. A. Pyre, *Wisconsin* (New York, 1920), 347~51, 364~5쪽.
10) *The Wisconsin Idea*, 188~9쪽. 특히 138쪽을 참조하라. 매카시의 관점을 제대로 파악하려면, 실용주의의 발전과 이전 세대 학자들에 대한 반항을 다룬 다음 책을 참조하라. Morton G. White, *Social Thought in America: The Revolt against Formalism* (New York, 1949).
11) *Movers and Shakers* (New York, 1936), 39쪽.
12) B. P., "College Professors and the Public," *Atlantic Monthly*, Vol. LXXXIX (February, 1902), 284~5쪽.
13) Joseph Lee, "Democracy and the Expert," *Atlantic Monthly*, Vol. CII (November, 1908), 611~20쪽을 참조하라.

14) 예를 들어 시카고의 육가공업자인 토머스 E. 윌슨Thomas E. Wilson은 1906년에 연방의회의 한 위원회에 출석해서 이렇게 항변했다. "우리가 반대하는 것은 우리의 사업을 이론가나 화학자, 사회학자 등의 손에 맡겨버리는 법안, 그리고 이 거대한 미국 산업을 평생 동안 육성하고 개선해온 사람들로부터 경영과 지배의 권한을 빼앗아버리는 법안입니다. 의원 여러분께는 제발 이 법의 성립을 막아달라고 호소하고 싶습니다." 혹시나 윌슨이 육가공업을 국유화하자는 제안에 반대하고 있다는 오해가 생길지도 몰라서 첨언하자면, 그는 식품과 의약품의 위생 관련 조치에 반대하고 있었다. House Committee on Agriculture, 59th Congress, 1st session, *Hearings on the So-Called "Beveridge Amendment,"* (Washington, 1906), 5쪽. 식품과 의약품의 규제를 둘러싼 싸움에서 전문가들이 실제로 어떤 역할을 했는지에 관해서는 다음의 하비 W. 와일리Harvey W. Wiley 전기를 참조하라. Oscar E. Anderson, Jr., *The Health of a Nation* (Chicago, 1958).

15) "Literary Men and Public Affairs," *North American Review*, Vol. CLXXXIX (April, 1909), 536쪽.

16) Paul P. Van Riper, *History of United States Civil Service*, 206쪽에서 재인용. 같은 책, 189~207쪽과 John Blum, "The Presidential Leadership of Theodore Roosevelt," *Michigan Alumnus Quarterly Review*, Vol. LXV (December, 1958), 1~9쪽을 참조하라.

17) 1908년의 유명한 편지를 참조하라. "아주 많은 사람들이 대부호들에게 존경의 마음을 품는 듯하지만, 나는 그럴 생각이 없습니다. 피어폰트 모건Pierpont Morgan이나 앤드루 카네기, 제임스 J. 힐James J. Hill에게 예의는 갖추지만, 그들 중 누구에게도 예컨대 베리John B. Bury 교수나 북극 탐험가 피어리Robert Peary, 에번스Robley Evans 제독, 역사가 로즈James F. Rhodes, 사냥꾼 설루Frederick C. Selous에게 바치는 만큼의 경의를 표하지는 못하겠습니다. 설령 경의를 표하고 싶을지라도 말입니다." Elting Morison, ed., *The Letters of Theodore Roosevelt*, Vol. VI (Cambridge, 1952), 1002쪽.

18) *Works*, Memorial Ed., Vol. XIV, 128쪽; *Outlook* (November 8, 1913), 527쪽; *Works*, Vol. XVI, 484쪽. 같은 취지로 한 다른 발언들을 참조하라. *Outlook* (April 23, 1910), 880쪽; Address, October 11, 1897, at the *Two Hundredth Anniversary of the Old Dutch Reformed Church of Sleepy Hollow* (New York, 1898); *Works*, Vol. XVII, 3쪽; XII, 623쪽.

19) Arthur Link, *Wilson: The New Freedom* (Princeton, 1956), 63쪽. 윌슨의 정신에 관한 링크의 논의를 참조하라. 앞의 책, 62~70쪽.

20) *A Crossroads of Freedom: The 1912 Campaign Speeches of Woodrow Wilson*, ed. by John W. Davidson (New Haven, 1956), 83~4쪽. 전문가에 관한 윌슨의 사고는 관세 논

쟁에서 전문가들이 맡은 역할과 더불어 루스벨트 행정부 시기의 식품 위생을 둘러싼 싸움에서 어느 정도 영향을 받은 것으로 보인다. 앞의 책, 113, 160~1쪽. 다음 책에 실린 전문가에 관한 논평도 참조하라. *The New Democracy: Presidential Messages, Addresses, and Other Papers*, ed. by R. S. Baker and W. E. Dodd, Vol. I (New York, 1926), 10, 16쪽.

21) 이것은 데이비드 F. 휴스턴David F. Houston이 장관을 맡은 농무부에서 두드러졌다. 휴스턴은 워싱턴 대학 전 총장이자 텍사스 대학 총장으로, 윌슨이 하원의 제안을 받아 임명했다. 휴스턴은 재임중에 특히 판매와 유통 문제에 많은 관심을 쏟아, 농무부는 유능한 농업경제학자들을 끌어들이게 되었다.

혁신주의 시대에 정부에서 전문가들이 늘어났음을 보여주는 흥미로운 정보는 다음 글에 담겨 있다. Leonard D. White, "Public Administration," *Recent Social Trends in the United States* (New York, 1934), Vol. II, 1414쪽 이하.

윌슨이 학자나 문필가 집단에서 외교관을 임명하는 유서 깊은 전통을 충실하게 지켰다는 점도 덧붙여둬야 할 것이다. 먼저 하버드의 찰스 윌리엄 엘리엇Charles William Eliot 총장에게 두 차례나 자리를 제안했지만 거절당했다. 그리고 국제문제 전문가인 폴 라인쉬Paul Reinsch 교수를 중국에, 월터 하인스 페이지Walter Hines Page(불행한 선택이었다)를 영국에, 토머스 넬슨 페이지Thomas Nelson Page(정치적으로 시의적절한 임명이었다)를 이탈리아에, 입 밖에 내기가 조심스러운 프린스턴의 헨리 반 다이크Henry Van Dyke를 네덜란드에, 브랜드 휘틀록Brand Whitlock을 벨기에에 파견했다. 윌슨이 단행한 대사 임명은 대체로 만족스럽다는 평을 들었지만, 존 헤이와 루스벨트, 태프트William Howard Taft가 구축해놓은 유능한 직업 외교관 집단을 브라이언 국무장관이 뒤흔들어놓아서 이런 성과가 무색해졌다. 브라이언이 "실적 있는 민주당원"을 무리하게 공사로 임명하고 윌슨도 여기에 동의했기 때문이다. 이에 대해 아서 링크Arthur Link는 "20세기 외교 인사에서 벌어진 가장 방탕한 사건"이라고 평했다. *Wilson: The New Freedom*, 106쪽.

22) Link, *Wilson: The New Freedom*, 8장. 월터 리프먼은 『표류와 지배』, 특히 7장에서 이런 견해를 전형적으로 표명했다.

23) "Presidential Complacency," *New Republic*, Vol. I (November 21, 1914), 7쪽; "The Other-Worldliness of Wilson," *New Republic*, Vol. II (March 27, 1915), 195쪽. 루스벨트 및 윌슨과 〈뉴 리퍼블릭〉 그룹의 관계에 관해서는 다음 책이 많은 시사점을 준다. Charles Forcey, *The Crossroads of Liberalism, Croly, Weyl, Lippmann and the Progressive Era, 1900-1925* (New York, 1961). "새로운 자유〔1912년 대통령 선거에

서 혁신당 후보로 나선 시어도어 루스벨트가 정부의 확대와 대기업 규제 등을 골자로 한 새로운 국가주의New Nationalism를 내세우자 여기에 맞서 윌슨이 제창한 표어]"가 1914년에 이르러 맞닥뜨리게 된 곤경과 자유주의 지식인들의 좌절에 관해서는 다음 책들을 참조하라. Arthur Link, *Wilson*; *The Progressive Era, 1910-1917* (New York, 1954), 66~80쪽.

24) Gordon Hall Gerould, "The Professor and the Wide, Wide World," *Scribner's*, Vol. LXV (April, 1919), 466쪽. 제롤드는 그후로 대학교수에게는 더이상 거들먹거리기가 힘들 것이라고 생각했다. 또다른 저자는 이렇게 썼다. "대학교수라고 하면······ 학식이 있다고 여겨졌는데, 놀랍게도 이해력이 좋다는 사실까지 드러났다." "The Demobilized Professor," *Atlantic Monthly*, Vol. CXXIII (April, 1919), 539쪽. 다음 기사에서, 대학인들은 전쟁을 거치면서 연약하지도 무능하지도 않고, 남자답고 실천적임을 보여주었다고 한다. Paul Van Dyke, "The College Man in Action," *Scribner's*, Vol. LXV (May, 1919), 560~3쪽. 이 기사에서의 논의를 전술한 시어도어 루스벨트의 발언과 비교해보면 흥미롭다.

25) 조사단과 그 요원에 관해서는 그 책임자였던 시드니 E. 메지스Sidney E. Mezes의 글을 참조하라. 다음 책들에 실려 있다. E. M. House and Charles Seymour, eds., *What Really Happened at Paris* (New York, 1921); *Papers Relating to the Foreign Relations of the United States*, 1919, Vol. I, *The Paris Peace Conference* (Washington, 1942); J. T. Shotwell, *At the Paris Peace Conference*, 15~16쪽. 과학의 전시 동원에 관해서는 A. Hunter Dupree, *Science in the Federal Government*, 16장을 참조하라.

26) 이 주목할 만한 연설은 반지성주의의 상투적 문구로 가득차 있었다. 당시에는 별다른 영향력을 지니지 못했을 것으로 생각되지만, 반지성주의 연설로서는 분명 획기적인 것이었다. "······이론만 앞세우고 꽉 막힌 채 도무지 현실성이라고는 없는 지식인 집단으로 덧칠한 정치인 패거리가 자기네끼리만 통할 허튼소리를 늘어놓고 있습니다.······ 그들은 우상숭배자, 별종, 타락자,······ 온갖 것을 소재로 삼아버리는 평론가,······ 꽤 많은 사회주의자 등에게 호소합니다.······ 머지않아 모든 게 밝혀질 겁니다.······ 무엇이든 꿰뚫어 보는 심리학자는 탁자 위에 색깔이 다른 손수건을 몇 장 떨어뜨리고 흰 강낭콩 반 파인트를 흩뜨린 다음, 음산한 목소리로 여러분에게 월터 롤리Walter Raleigh가 무슨 병으로 죽었느냐고 묻고, 세어보지 말고 콩의 개수를 맞히라고 다그칩니다. 그러고는 여러분의 기억력, 갖가지 지각 능력, 집중력 등의 정신적 능력에 엑스레이에 찍힌 장물처럼 꼬리표를 붙여서 향후에 참조할 수 있도록 분류 정리를 합니다. 제 자신도 그런 심리학자를 보았고 그들을 상대해왔습니

다. 그들을 숲이나 감자밭에 놔둬보십시오. 그들은 굶주림을 면하기 위해 토끼 한 마리 잡거나 감자 하나 캘 만한 주변머리도 없습니다. 그것이 대학교수와 지식인이 장악한 정부입니다. 다시 말하지만, 지식인은 본분을 지키는 한 해악을 끼치지 않지만, 대학교수가 나라를 운영하면 볼셰비즘으로 치닫다가 결국 폭발할 수밖에 없습니다." *Congressional Record*, 65th Congress, 2nd session, 9875, 9877쪽 (September 3, 1918).

27) Walter Johnson ed., *Selected Letters of William Allen White* (New York, 1947), 199~200, 208, 213쪽.

28) Forcey, 앞의 책, 292, 301쪽.

29) 〔싱클레어 루이스 지음, 이종인 옮김, 『배빗』, 열린책들, 2011〕

30) 폴 P. 밴 라이퍼가 지적하는 것처럼, 이런 상황 때문에 새로운 정책에 영향을 끼치는 모종의 특권이 생겼는데, 라이퍼는 이것을 "이데올로기적 임명권"이라고 표현한다. 앞의 책, 324~8쪽.

31) 터그웰의 명성과 그가 뉴딜에서 맡은 역할에 관해서는 다음의 미간행 박사학위 논문에 충분히 설명되어 있다. Bernard Sternsher, *Rexford Guy Tugwell and the New Deal*, Boston University, 1957. 터그웰의 임명을 둘러싼 논쟁은 교훈적이다. *Congressional Record*, 73rd Congress, 2nd session, 11156~60, 11334~42, 11427~62쪽 (June 12, 13, 14, 1934). 다음 논저들도 참조하라. Arthur Schlesinger, Jr., *The Coming of the New Deal* (Boston, 1958), 21장; James A. Farley, *Behind the Ballots* (New York, 1938), 219~20쪽; H. L. Mencken, "Three Years of Dr. Roosevelt," *American Mercury* (March, 1936), 264쪽. 뉴딜에 관여한 전문가들의 위치에 관한 더 많은 고찰은 다음의 미간행 박사학위 논문을 참조하라. Richard S. Kirkendall, *The New Deal Professors and the Politics of Agriculture*, University of Wisconsin, 1958.

32) *Literary Digest*, Vol. CXV (June 3, 1933), 8쪽. 실제로 확인 가능한 조직으로, 1932년의 선거를 위해 두뇌위원회가 만들어졌고 선거가 끝난 뒤에는 사라졌다. 본서에서는 동시대인들의 표현법을 의식해서 이 조직을 다소 느슨하게 지칭한다.

33) 교수들의 제안이 기업가 세력에 의해 어떤 영역에서 어떤 식으로 망가졌는지에 관한 자세한 정보는 앞에서 인용한 커켄달의 연구를 참조하라.

34) H. L. Mencken, "The New Deal Mentality," *American Mercury*, Vol. XXXVIII (May, 1936), 4쪽.

35) Samuel G. Blythe, "Kaleidoscope," *Saturday Evening Post*, Vol. CCVI (September 2, 1933), 7쪽; Blythe, "Progress on the Potomac," *Saturday Evening Post*, December 2, 1933, 10쪽; editorials, *Saturday Evening Post*, December 9, 1933, 22쪽과 April

7, 1934, 24~5쪽; William V. Hodges, "Realities Are Coming," *Saturday Evening Post*, April 21, 1934, 5쪽. 다음 기사들도 참조하라. Margaret Culkin Banning, "Amateur Year," *Saturday Evening Post*, April 28, 1934; Katherine Dayton, "Capitol Punishments," *Saturday Evening Post*, December 23, 1933.

36) "Issues and Men, the Idealist Comes to the Front," *Nation*, Vol. CXXXVII (October 4, 1933), 371쪽. 같은 관점의 다음 기사도 참조하라. "The Brain Trust," *New Republic*, June 7, 1933), 85~6쪽.

37) Jonathan Mitchell, "Don't Shoot the Professors! Why the Government Needs Them," *Harper's*, Vol. CLXVIII (May, 1934), 743, 749쪽.

38) Samuel I. Rosenman, *Working with Roosevelt* (New York, 1952), 57쪽.

39) 이 단락 이하의 내용과 인용은 여러 신문의 논설과 투고에서 따온 것으로, 다음의 미공개 학위 논문에 크게 의존했다. George A. Hage, *Anti-intellectualism in Newspaper Comment on the Elections of 1828 and 1952*, University of Minnesota doctoral dissertation, 1958. 같은 저자의 다음 연구도 참조하라. "Anti-intellectualism in Press Comment—1828 and 1952," *Journalism Quarterly*, Vol. XXXVI (Fall, 1959), 439~46쪽.

40) *The New York Times*, November 3, 1960.

4부 실용적인 문화

9장 기업과 지성

1) "The Businessman in Fiction," *Fortune*, Vol. XXXVIII (November, 1948), 134~48쪽.

2) Mabel Newcomer, *The Big Business Executive* (New York, 1955), 7쪽. 기업 경영진의 위신 실추에 관해서는 131쪽을 참조하라.

3) Warren G. Harding, "Business Sense in Government," *Nation's Business*, Vol. VIII (November, 1920), 13쪽. 쿨리지의 말은 1923년 12월 전미신문편집인협회 총회에서 한 연설의 일부이다. William Allen White, *A Puritan in Babylon* (New York, 1938), 253쪽에서 재인용.

4) Edward Kirkland, *Dream and Thought in the Business Community, 1860-1900* (Ithaca, New York, 1956), 81~2, 87쪽.

5) 에머슨은 다음과 같이 생각했다. "유럽의 대중이 무차별적으로 이쪽으로 오는 것은 아니다. 대서양이라는 체에 걸러져서 각 도시의, 일족의, 혹은 가족 안에서도 오로지 또는 주로 자유주의적이고 모험심 넘치고 감수성 강하고 미국을 사랑하는 사람들만이 오는 것이다. 여기에 오는 사람들은 하얀 피부에 푸른 눈의 유럽이다. 검은 눈, 검은 피부, 유럽 중의 유럽은 남겨진다." *Journals* (1851; Boston, Riverside ed., 1912), Vol. VIII, 226쪽.

6) 토머스 페인이 『인권The Rights of Man』에서 지적한 바를 참조하라. "미국이 모든 분야에서 빠르게 진보하고 있는지라, 이렇게 결론지어도 좋을 것이다. 만약 아시아, 아프리카, 유럽 각국의 정부가 미국과 유사한 원리에 기초해서 수립되었더라면, 혹은 처음부터 부패하지 않았더라면, 그 나라들도 지금쯤이면 분명 실제보다 훨씬 진보한 상태일 것이다." Thomas Paine, *Writings*, ed. by Moncure D. Conway (New York, 1894), Vol. II, 402쪽.

7) Arthur A. Ekirch, *The Idea of Progress in America, 1815-1860* (New York, 1944), 126쪽. 미국의 기술 신앙에 관한 문헌 자료는 이 책 4장에서 많은 도움을 받았다. 다만 그것을 과학 신앙으로만 보는 저자의 시각에는 동의할 수 없다. 문제가 되는 것은 주로 응용과학이기 때문이다. 이 저작 전체는 남북전쟁 이전 미국인의 정신구조에 관해 많은 통찰을 제공한다.

8) *Writings*, (Boston, 1906), Vol. VI, 210쪽 (February 27, 1853).

9) Ekirch, 앞의 책, 175쪽.

10) Kirkland, 앞의 책, 86, 106쪽; Irvin G. Wyllie, *The Self-Made Man in America* (New Brunswick, New Jersey, 1954), 104쪽. 포드가 자기 발언에 관해 한 설명은 이채롭다. "나는 역사가 터무니없다고 말하지 않았다. 단지 나에게는 터무니없다고 말한 것이다.…… 내게는 역사가 절실하게 필요하지 않았다." Allan Nevins, *Ford: Expansion and Challenge, 1915-1933* (New York, 1957), 138쪽.

11) *The Ordeal of Mark Twain* (New York, 1920), 146~7쪽.

12) Emory Holloway and Vernolian Schwarz, eds., *I Sit and Look Out: Editorials from the Brooklyn Daily Times* (New York, 1932), 133쪽.

13) 〔마크 트웨인 지음, 김영선 옮김, 『아서 왕 궁전의 코네티컷 양키』, 시공사, 2010〕

14) *A Connecticut Yankee* (1889; Pocket Book ed., 1948), 56쪽.

15) 트웨인은 이 작품에 실을 삽화에 관해 화가인 댄 비어드Dan Beard에게 이렇게 말했다. "아시다시피 제 주인공인 양키는 대학 출신자가 풍기는 세련미도 없지만, 약점도 없습니다. 완전히 무식한 사람입니다. 기계 공장을 운영하고, 기관차나 콜트 권총을

조립할 수도 있습니다. 전신용 송전선을 부설하고 운영할 수도 있습니다. 그렇지만 어디까지나 무식한 사람입니다." Gladys Carmen Bellamy, *Mark Twain as a Literary Artist* (Norman, Oklahoma, 1950), 314쪽.

16) 〔마크 트웨인 지음, 박미선 옮김, 『마크 트웨인 여행기』상·하, 범우사, 2000〕

17) *The Innocents Abroad* (1869; New York ed., 1906), 325~6쪽.

18) Smyth, ed., *Writings* (New York, 1905-07), Vol. II, 228쪽.

19) Burton J. Hendrick, *The Life of Andrew Carnegie* (New York, 1932), Vol. I, 146~7쪽. 이 발언을, 되도록 일찍 은퇴할 수 있을 만큼 충분히 돈을 모으려 하는 유럽의 사업가들에 대해 미국의 사업가들이 종종 놀라움을 표현하는 모습과 비교해보라. Francis X. Sutton, et al., *The American Business Creed* (Cambridge, Mass., 1956), 102쪽.

20) Freeman Hunt, *Worth and Wealth: A Collection of Maxims, Morals, and Miscellanies for Merchants and Men of Business* (New York, 1856)에 수록된 사업가들의 약전을 검토하면서, 훌륭한 상인에게는 폭넓은 자질과 함께 세 가지 덕목이 요구된다는 점에 나는 깊은 인상을 받았다. 첫째는 고전적인 청교도의 덕목으로서 개인의 발전 및 규율과 관련되며, 야심, 검소, 절약, 근면, 인내, 규율, 신중, 열심, 간소 등의 단어로 표현된다. 둘째는 상인 귀족의 덕목으로서 사업 및 사회의 향상과 관련되며, 공정함, 관대함, 고귀함, 교양, 인도적, 자애로움, 정직, 책임감, 자유로움, 유쾌함, 신사적, 온건함 등의 단어로 표현된다. 셋째는 거의 모든 사업에 유용한 속성으로 여겨질 만한데, 투명함, 명쾌함, 단호함, 용의주도함, 세심함, 쾌활함, 확고함 등의 단어로 표현된다.

21) *The Merchants' Magazine and Commercial Review*, Vol. I (July, 1839), 1~3쪽. 1850년에서 1860년 사이에 이 정기간행물은 〈헌츠 머천츠 매거진〉으로 제호가 바뀌었다. 좀더 흥미로운 구절에 관해서는 Vol. I, 200~2, 289~302, 303~14, 399~413쪽을 참조하라. 다음 글은 이 잡지의 영향력을 평가하려고 한 것으로, 잡지의 영향력은 상당했던 것 같다. Jerome Thomases, "Freeman Hunt's America," *Mississippi Valley Historical Review*, Vol. XXX (December, 1943), 395~407쪽. 이 글은 내가 강조한 주제를 다룰 뿐만 아니라 이 잡지가 노동, 실용성, 자립의 원칙을 얼마나 설파해왔는지도 지적한다. 1850년에 이르러서는 뉴욕에서 "은행가, 자본가, 브로커, 상거래 전문변호사, 철도 투기자, 제조업자 등이 스스로를 상인이라고 칭하게 되었는데", 이것은 사업가의 이상적인 모습으로서 상인이라는 이미지가 얼마나 확고하게 자리잡았는지를 보여주는 증거인지도 모른다. Philip S. Foner, *Business and Slavery* (Chapel Hill, 1941), vii쪽을 참조하라.

22) 시그먼드 다이아몬드에 따르면, 19세기 초의 기업가는 대개 자선이든 경제 활동

이든 개인의 자산을 어떻게 사용했는지에 따라 사회의 평가가 결정되었다. 그리고 20세기에는 기업을 하나의 시스템으로 보는 경향이 두드러져, 자선 사업이라는 부산물에 의해 판단하는 경우는 줄어들었다. Sigmund Diamond, *The Reputation of the American Businessman* (Cambridge, Mass., 1955), 178~9쪽.

23) *Letters and Social Aims* (Riverside ed.), 201쪽. 다음 책에는 포브스에 관한 흥미로운 에피소드가 많이 실려 있다. Thomas C. Cochran, *Railroad Leaders, 1845-1890* (Cambridge, Mass., 1953).

24) Allan Nevins, *The Diary of Philip Hone* (New York, 1936), 서문에서 재인용.

25) *Democracy in America* (1835; New York, 1898), Vol. I, 66쪽.

26) *Civilized America* (London, 1859), Vol. II, 320쪽. 다만 그 부분에서 작가가 불안감을 보이는 점에도 주목하라.

27) *Hunt's Merchants' Magazine*, Vol. LXIII, 401~3쪽. 문화사로서 경제지가 걸어온 길을 돌아보면 흥미로울 것이다. 〈헌츠 머천츠 매거진〉지 창간호의 권두 기사는 제목이「문명의 진보와 상업의 관계」였다. Daniel D. Barnard, "Commerce as Connected with the Progress of Civilization," Vol. I (July, 1839), 3~20쪽. 필자 바너드는 올버니Albany의 변호사이자 정치인으로 역사에 관한 이해도 깊고 나중에 프로이센 주재 공사도 지낸 인물이었다. 그는 이 글에서 "점차 늘어나고 확대되는 상업이 인간성에 기여하는 점"을 다루었다. 다음 글도 참조하라. Philip Hone, "Commerce and Commercial Character," Vol. IV (February, 1841), 129~46쪽. 창간호의 다른 필자는 "지금의 상인 계층 사이에서 유력한 견해를 보면, 상업과 문학은 서로 불화하며, 어느 한쪽을 추구하는 사람은 다른 한쪽을 완전히 포기해야 한다"고 썼다. 이 필자는 이런 견해를 논파할 생각임을 드러내면서 "좀더 자유로운 견해가 대중의 마음속에서…… 빠르게 자라고 있다"고 자신감을 나타냈다. "Commerce and Literature," Vol. I (December, 1839), 537쪽. 이런 자신감도 이 잡지 문화란이 1850년대에 점점 축소된 것을 보면 그다지 확고한 것은 아니었던 모양이다. 물론 이런 흐름만을 보고 문화에 대한 사업가들의 관심이 줄어들고 있었다고 섣불리 단정해서는 안 된다. 사실 사업가들로서도 사업가다워지려면 문화적 관심이 긴요하다고는 더이상 여기지 않게 되었고, 또 문화적 계발에 영향을 끼친다는 점을 들어 사업을 옹호하는 것도 중요하지 않게 되었다.

28) 아래의 필자들은 미국 기업의 신조에 관한 연구에서 실질적 생산성을 대단히 중시한다. Francis X. Sutton, et al., *The American Business Creed*, 2장과 255~6쪽을 참조하라. 사업에 의해 비물질적 가치가 증진된다고 본다면, 그것은 주로 "서비스"나 개

개인의 기회, 그리고 정치·경제적 자유였다. 일부 사업가들은 "자기 향상"을 완전히 무시해도 성공만 하면 된다고 주장하는 경향이 있다. 앞의 책, 276쪽. 중소기업의 사업주들은 대기업에 대한 적의와 함께 자신들에게는 자유와 민주주의가 있다고 주장하지만, 사업 옹호의 중심 논점으로서 실질적 생산성에 무게를 두는 것을 용인해버린 듯하다. 다음 책을 참조하라. John H. Bunzel, *The American Small Businessman* (New York, 1962), 3장.

29) Edward C. Kirkland, *Dream and Thought in the Business Community, 1860-1900*, 164~5쪽. 이런 보수적인 물질지상론은 오늘날 후진국의 독재를 옹호하는 극단적인 사상과 기묘하게 닮은 부분이 있다. 빈곤과 불행, 문맹을 극복하게 내버려두면 정치적 자유와 문화의 발전이 곧 뒤따르게 될 것이라는 주장이다. 이런 주장은 스탈린 시대의 소련을 옹호하는 데도 흔히 동원되었고, 오늘날에도 피델 카스트로 등을 옹호하는 사람들 사이에서 들린다.

10장 자조와 영적 기술

1) 미국 역사에서의 사회 유동성에 관해 연구한 상당량의 문헌을 개괄하고 평가한 것에 관해서는 다음 책들을 참조하라. Bernard Barber, *Social Stratification* (New York, 1957), 16장; Joseph A. Kahl, *The American Class Structure* (New York, 1957), 9장; Seymour M. Lipset and Reinhard Bendix, *Social Mobility in Industrial Society* (Berkeley, 1959), 3장.

2) Freeman Hunt, *Worth and Wealth* (New York, 1856), 350~1쪽에서 재인용. 당시만 해도 불과 수년 전에 〈런던 데일리 뉴스〉는 이렇게 지적했다. "이제는 백만장자가 스스로 부를 쌓은 것을 부끄러워하지 않아도 된다. 지금은 벼락부자라는 것이 명예로운 호칭이 되어도 좋은 시대이다." Sigmund Diamond, *The Reputation of the American Businessman* (Cambridge, Mass., 1955), 2쪽.

3) Daniel Mallory, ed., *The Life and Speeches of the Hon. Henry Clay* (New York, 1844), Vol. II, 31쪽.

4) Wyllie, *The Self-Made Man in America* (New Brunswick, New Jersey, 1954), 3장과 4장.

5) 앞의 책, 35~36쪽.

6) Anon., "Why I Never Hire Brilliant Men," *American Magazine*, Vol. XCVII (February, 1924), 12, 118, 122쪽.

7) Charles F. Thwing, "College Training and the Business Man," *North American Review*,

Vol. CLXVII (October, 1903), 599쪽.
8) 교육을 둘러싼 여러 태도에 관해서는 다음 책들을 참조하라. Wyllie, 앞의 책, 6장; Kirkland, *Dream and Thought in the Business Community, 1860-1900* (Ithaca, New York, 1956), 3장과 4장; Merle Curti, *The Social Ideas of American Educators* (New York, 1935), 6장.
9) Kirkland, 앞의 책, 69~70쪽.
10) 앞의 책, 101쪽.
11) W. A. Croffut, *The Vanderbilts and the Story of Their Fortune* (Chicago and New York, 1886), 137~8쪽.
12) Burton J. Hendrick, *The Life of Andrew Carnegie* (New York, 1932), Vol. I, 60쪽.
13) *The Empire of Business* (New York, 1902), 113쪽.
14) Wyllie, 앞의 책, 96~104쪽.
15) *The Empire of Business*, 79~81쪽. 145~7쪽도 참조하라.
16) Kirkland, 앞의 책, 93~4쪽.
17) Wyllie, 앞의 책, 113쪽. 1890년 이후, 교육에 대한 사업가들의 태도 변화에 관해서는 107~15쪽에 간결하게 정리되어 있다.
18) 다음의 문헌들을 참조해서 1870년대 세대와 1901~1910년 세대를 비교해보라. Frances W. Gregory and Irene D. Neu, "The American Industrial Elite in the 1870's: Their Social Origins," in William Miller, ed., *Men in Business* (Cambridge, Mass., 1952), 203쪽; William Miller, "American Historians and the Business Elite," *The Journal of Economic History*, Vol. IX (November, 1949), 184~208쪽. 1870년대에는 기업 중역의 37퍼센트가 어떤 형태로든 대학 교육을 받았는데, 1901~1910년에는 41퍼센트로 늘었다. 관료적인 사업가의 출현에 관해서는 다음 글을 참조하라. William Miller, "The Business Elite in Business Bureaucracies," in *Men in Business*, 286~305쪽.
19) Mabel Newcomer, *The Big Business Executive* (New York, 1955), 69쪽. 뉴커머의 결론에 따르면, 1950년에는 "설령 대학 졸업자가 처음에는 육체노동자로 고용된다고 할지라도 학사학위는 대기업에서 출세의 계단을 오르기 위한 입장권으로 여겨졌다"(77쪽). 조셉 A. 칼Joseph A. Kahl은 *The American Class Structure*, 93쪽에서 미국의 계급 구조와 관련하여 다음과 같은 시사적인 말을 했다. "마르크스의 케케묵은 분석을 대신할 만한, 현대 미국의 계급 간 차이의 근저에서 나타나는 특징을 한마디로 말하자면, 그것은 대학 졸업이라는 자격이다."

고용주들은 이따금 자수성가라는 이상에 대해 모종의 의례적인 경의를 표한다. 분명 중역 후보인 신입 사원을 별로 중요하지 않은 직책부터 차근차근 경험하도록 한 다음 승진시키는 식으로 말이다. 이런 방식은 밑바닥에서부터 커가라는 것인데, 특히 고위 중역의 아들이나 사위에게 권해진다.

20) William H. Whyte, Jr., *The Organization Man* (Anchor ed., 1956), 88쪽.
21) Thorstein Veblen, *The Higher Learning in America* (New York, 1918), 204쪽; Abraham Flexner, *Universities: American, English, German* (New York, 1930), 162~72쪽.
22) Peter F. Drucker, "The Graduate Business School," *Fortune*, Vol. XLII (August, 1950), 116쪽. 경영대학(원)과 그 문제점에 관한 일반적인 고찰은 다음 책들을 참조하라. L. C. Marshall, ed., *The Collegiate School of Business* (Chicago, 1928); Frank C. Pierson et. al., *The Education of American Businessmen: A Study of University-College Programs in Business Administration* (New York, 1959).
23) 앞의 책, 150, 152, 227~8, 233, 235쪽과 16장.
24) *A Guide to Confident Living* (New York, 1948), 55쪽.
25) 앞의 책, viii, 14, 108, 148, 165쪽.
26) "Religious Realism in the Twentieth Century," in D. C. Macintosh, ed., *Religious Realism* (New York, 1931), 425~6쪽.
27) *Popular Religion: Inspirational Books in America* (Chicago, 1958), 16~4쪽. 여기서의 인용은 다음 페이지들에서 찾아볼 수 있다. 1, 6, 7, 44, 51(주), 58, 61(주), 63, 90, 91(주), 106, 107쪽.
28) *A Guide to Confident Living*, 46, 55쪽.
29) *Handbook of the New Thought* (New York, 1917), 122~3쪽.
30) 이 단락 이하의 인용은 다음 책에서 따온 것이다. Henry C. Link, *The Return to Religion* (1936; Pocket Book ed., 1943), 9, 12, 14, 17, 19, 35, 44~5, 54~61, 67, 69, 71, 73, 78~9, 115~16, 147~9, 157쪽.

11장 주제의 변주

1) John Taylor, *Arator* (Georgetown, 1813), 76~7쪽; Alexis de Tocqueville, *Democracy in America* (New York, 1945), Vol. II, 157쪽. 다음 책에서 나는 미국 농업의 상업적 요소를 평가하려고 했다. *The Age of Reform* (New York, 1955), 2장.

2) 농업 관련 정기간행물의 수효에 관해서는 다음 책을 참조하라. Albert L. Demaree, *The American Agricultural Press, 1819-1860* (New York, 1941), 17~19쪽. 서적과 잡지에 관해서는 다음 책을 참조하라. Paul W. Gates, *The Farmer's Age: Agriculture, 1815-1860* (New York, 1960), 343, 356쪽.
3) 농산물 축제의 이런 측면에 관해서는 다음 책을 참조하라. Gates, 앞의 책, 312~15쪽. 다음 책들과도 비교해보라. W. C. Neely, *The Agricultural Fair* (New York, 1935), 30, 35, 42~5, 71, 183쪽; P. W. Bidwell and J. I. Falconer, *History of Agriculture in the Northern United States* (Washington, 1925), 186~93쪽.
4) Carl Van Doren, *Benjamin Franklin* (New York, 1938), 178쪽; Bidwell and Falconer, 앞의 책, 119쪽; Avery O. Craven, *Edmund Ruffin, Southerner* (New York, 1932), 58쪽; Harry J. Carman, ed., *Jesse Buel: Agricultural Reformer* (New York, 1947), 10쪽; Demaree, 앞의 책, 38쪽; James F. W. Johnston, *Notes on North America: Agricultural, Economic, and Social* (Edinburgh, 1851), Vol. II, 281쪽.
5) Demaree, 앞의 책, 4~6, 10, 48~9쪽. 토양을 낭비하는 경작에 관해서는 Gates, 앞의 책에서, 필요한 지역적·민족적 단서를 붙여서 논한다.
6) Richard Bardolph, *Agricultural Literature and the Early Illinois Farmer* (Urbana, Illinois, 1948), 14쪽. 또 13, 103쪽도 참조하라.
7) Carman, 앞의 책, 249~50쪽. 이런 견해가 반영된 유익한 글이 실린 234~54쪽도 참조하라. 그리고 뷰얼의 다음 글도 참조하라. "On the Necessity and Means of Improving Our Husbandry," 8~21쪽.
8) Carman, 앞의 책, 53쪽. 일하는 농민의 극단적으로 실제적이기 쉬운 태도에 대한 또다른 편집인이 내놓은 온건한 대답은 "An Apology for 'Book Farmers,'" *Farmer's Register*, Vol. II (June, 1834), 16~19쪽을 참조하라. 그리고 다음 글도 참조하라. "Book Farming," *Farmer's Register*, Vol. I (May, 1834), 743쪽.
9) Demaree, 앞의 책, 67쪽. 직접 농사를 짓는 농민과 농업 관련 언론에 관해서는 113~16쪽을 참조하라. 또한 다음 책도 참조하라. Sidney L. Jackson, *America's Struggle for Free Schools* (Washington, 1940), 111~14쪽, 142~4쪽. 종교 관련 책을 제외하면, 농민들이 즐겨 읽은 것은 농사 달력이었던 것 같다. 과거의 농사 달력에는 머리만 좋지 세상 물정은 모르는 유식자를 신랄하게 조롱하는 일화나 시가 실려 있어서, 농민의 반지성주의적 정서와 잘 어울렸다. Jackson, 앞의 책, 12~13쪽.
10) Gates, 앞의 책, 358~60쪽.
11) "Agricultural Colleges," *New England Farmer*, n. s. Vol. IV (June 1852), 267~8쪽.

Demaree, 앞의 책, 250~2쪽에 재수록.

12) Jackson, 앞의 책, 172쪽. 또한 113, 127쪽 등도 참조하라.

13) 예일 칼리지의 존 P. 노턴John P. Norton 교수는 1852년에 다음과 같이 썼다. "연방의 여러 주가 올해 안에 주 차원의 농업학교나 농과대학 설립을 준비한다고 해도, 즉 거의 모든 분야에서 기금을 지원하여 도서관, 비품, 박물관, 기구, 건물, 부지 등을 갖춘다고 해도, 이 대륙에서는 그런 수요를 채울 적절한 교수진이나 교사진을 찾기 어려울 것이다." 그는 실제로 뉴욕에서 "흠잡을 데 없는" 교수진을 확보할 수 있는 학교는 단 한 곳도 없을 것이라고 내다봤다. Demaree, 앞의 책, 245쪽.

농업 교육을 개선하려는 시도의 역사에 관해서는 다음 책에 간결하게 정리되어 있다. A. C. True, *A History of Agricultural Education in the United States, 1785-1925* (Washington, 1929). 1851년, 에드워드 히치콕Edward Hitchcock은 매사추세츠 주의회의 의뢰를 받아 유럽의 농업 교육을 조사했다. 거기에 따르면, 미국 각 주에서 기울이는 노력은 대륙 국가들, 특히 독일이나 프랑스에 비해 크게 부족한 것으로 나타났다.

14) Earle D. Ross, *Democracy's College* (Ames, Iowa, 1942), 66쪽.

15) 부지 무상 공여에 의한 대학 설립의 원칙을 둘러싸고 연방의회에서 벌어진 논의에서는 주류는 아니었지만, 미네소타 주 출신의 라이스Henry Mower Rice 상원의원처럼, 교과서 농업에 관한 반감을 토로하는 목소리도 나왔다. "농과대학을 설립하고 싶으면, 각자에게 160에이커의 땅을 주면 그것이 대학이 될 것입니다.…… 주에 토지를 제공해서는 안 됩니다. 일반 대중에게 세금을 부담시켜 부유층 아들들을 교육시키게 될 뿐입니다. 거드름피우는 농민은 필요 없으며, 그런 기계공도 필요 없습니다.……" I. L. Kandel, *Federal Aid for Vocational Education* (New York, 1917), 10쪽.

16) Ross, 앞의 책, 5, 6, 7장과 66, 72, 80, 87, 89~90, 96~7, 108~9쪽. 한 신문은 농과대학을 가리켜 "고전에는 백치이고 정치에만 관심이 있는 교수들의 피난처"라고 평했고, 또 어느 신문은 이제 해야 할 일은 "독선적인 신학박사들과 얼굴에 여드름이 난 '교수'들을 몰아내고, 이 분주한 시대에 나날이 세상일과 씨름할 수밖에 없는 남녀들은 배움이 부족하다는 걸 생생하게 아는 인물들로 그 자리를 채우는 것"이라고 말했다. 앞의 책, 119~20쪽. 다음 책도 참조하라. James B. Angell, *Reminiscences* (New York, 1912), 123쪽. "농민들은…… 우리가 그들에게 조금이라도 도움이 될 수 있다는 점을 납득시키기가 가장 어려운 계급이었다."

17) Milburn L. Wilson, in O. E. Baker, R. Borsodi, and M. L. Wilson, *Agriculture in Modern Life* (New York, 1939), 223~4쪽.

18) Kandel, 앞의 책, 103쪽. 그리고 106쪽도 참조하라. 이 대학들에서 농학과 공학 과정을 이수한 학생의 수에 관해서는 102쪽을 참조하라.
19) Henri de Man, *Zur Psychologie des Sozialismus* (Jena, 1926), 307쪽.
20) Samuel Gompers, *Seventy Years of Life and Labor* (1925; ed. New York, 1943), Vol. I, 55, 57, 97~8, 180, 382쪽. 노동 운동 안에서 지식인에게 품은 이런 불신감은 초기의 노동자 지식인 중 한 명인 존 R. 카먼스도 공유하고 있었다. 카먼스는 노동 운동이 끌어당기는 유형의 지식인은 대개 지도자가 될 수 없는 사람들이라고 느꼈다. 다음 책을 참조하라. John R. Commons, *Myself* (New York, 1934), 86~9쪽. 또한 같은 저자의 다음 책도 참조하라. *Industrial Goodwill* (New York, 1919), 176~9쪽.
21) Senate Committee on Education and Labor, *Relations between Labor and Capital*, Vol. I (Washington, 1885), 460쪽. 마찬가지로 전형적인 1896년의 곰퍼스 발언도 참조하라. "노동조합은 임금 소득자들의 사업 조직입니다." *Report of the Sixteenth Annual Convention of the American Federation of Labor*, 1896, 12쪽.
22) 여기서의 언급은 다음 책에서 얼마간 영향을 받은 것이다. Selig Perlman, *A Theory of the Labor Movement* (1928; ed. New York, 1949), viii~ix, 154, 176, 182쪽과 5장. 다음 책에서 C. 라이트 밀스는 노동 지도자들이 실은 자수성가한 사람들이라고 도발적으로 지적했다. C. Wright Mills, *The New Men of Power* (New York, 1948), 5장.
23) 미국의 노동 운동은 공교육 제도의 확충에는 언제나 호의적이었지만, 고급문화나 고등교육 기관에 대해서는 예전부터 회의적이었다. 이따금 노동자 대상 잡지들은 백만장자가 박물관이나 도서관, 대학에 기부한 것을 놓고 그 기부금은 노동자들의 임금에서 뜯어낸 것이라고 통렬하게 비판했다. "노동자들의 임금에서 거액의 돈을 뜯어내어, 노동자와 그 자녀들은 들어갈 수도 없고 혜택을 볼 수도 없는 기관에 제공한다"는 것이다. 특히 대학에 대한 반감이 심했다. 가난한 집 아들들은 결코 다닐 수 없는데, "부잣집 아들들에게 풋볼을 통해 뭔가 새로운 잔학함을 가르치려고 매년 수백만 달러의 거금을 쏟아붓는" 곳이었기 때문이다. 그래서 노동 잡지 편집인들이 대학은 그런 기부금의 제약을 받기 때문에 현체제는 비판의 대상이 아니라고만 가르치며, 대학은 노동조합 비가입자와 파업 파괴자 무리의 "온상"이 될지 모른다고 생각했을 법도 하다. 록펠러의 기금으로 설립된 대학에서 어떤 교육을 기대할 수 있을까? 인간의 권리일까, 아니면 부유층의 우월성일까? 1905년에 어느 필자는 이렇게 말하기도 했다. 산업계에서도 예전의 실천적인 세대를 대신해서 새로이 리더십을 행사하는 "이론적인 대졸자"들은 밑바닥에서부터 성장한 부류가 아니라서 노동자들부터 경원시될 것이라고 말이다. 대졸자들은 "일반 노동자들과 공통점이 하나도 없으며, 과

거에 귀족들이 평민들을 깔보듯이, 또는 남부의 노예주들이 흑인들을 깔보듯이 노동자들을 경멸의 눈으로 내려다본다". 1914년에는 〈아메리칸 페더레이셔니스트〉지가 사적 기부는 진리 추구와 어울리지 않으며, "자유로운 기관에 대한 위협"이라고 지적했다. 진리 추구에 제대로 전념할 수 없다면 "공적 기금의 지원을 받는 주립 교육 기관들에 길을 내줘야 한다". *American Federationist*, Vol. XXI (February, 1914), 120~1쪽. 다음 문헌들도 참조하라. *Rail Road Conductor* (November, 1895), 613쪽; *Typographical Journal* (June 15, 1896), 484쪽; *Boilermakers' Journal* (March, 1899), 71쪽; *Railway Conductor* (August, 1901), 639~40쪽; *American Federationist*, Vol. X (October, 1903), 1033쪽; *The Electrical Worker* (May, 1905), 40쪽; *Railroad Trainmen's Journal*, Vol. XXIV (1907), 264~5쪽; (April, 1907), 368쪽; *Locomotive Firemen's Magazine*, Vol. XLIV (January, 1908), 86~7쪽.

미국 학계에 대한 사회적 공감대가 커지면서 이런 정서가 점차 극복된 것으로 보인다. 〈아메리칸 페더레이셔니스트〉지는 1913년에 대학이 "사회 문제나 산업 문제에 대한 호의적이고 민주적인 이해를 확립하는 데 도움"이 되고 있다고 평했다. *American Federationist*, Vol. XX (February, 1913), 129쪽. 곰퍼스는 대학으로부터 강연을 해달라는 요청을 많이 받았고, 대학과의 우호적 관계를 조성하는 데 상당한 시간을 쏟았다. *Seventy Years of Life and Labor*, Vol. I, 437쪽 이하.

24) 다음 문헌들도 참조하라. Gompers, *Organized Labor: Its Struggles, Its Enemies and Fool Friends* (Washington, 1901), 3, 4쪽; Gompers, "Machinery to Perfect the Living Machine," *Federationist*, Vol. XVIII (February, 1911), 116~17쪽. Milton J. Nadworny, *Scientific Management and the Unions* (Cambridge, Mass., 1955), 특히 4장.

25) 최근에 이 동맹이 부분적으로 무너진 것에 관해서는 다음 글을 참조하라.James R. Schlesinger, "Organized Labor and the Intellectuals," *Virginia Quarterly Review*, Vol. XXXVI (Winter, 1960), 36~45쪽.

26) 여기서의 논의, 또는 노동 지도자나 노동계 전문가의 발언 인용은 다음 책의 도움을 받았다. Harold L. Wilensky, *Intellectuals in Labor Unions* (Glencoe, Illinois, 1956), 특히 55, 57, 68, 88~90, 93, 106, 116~20, 132, 260~5, 266(주), 267, 273~6쪽. 노동계 지식인들이 가진 권한의 한계에 관해서는 다음 책도 참조하라. C. Wright Mills, 앞의 책, 281~7쪽.

27) Wilensky, 앞의 책, 269, 276쪽.

28) 핀리 피터 던은 부유층의 일부가 사회주의에 관심을 가지는 것을 무척 흥미롭게 여겼다. 둘리 씨(1890년대 중반에 던이 〈시카고 포스트〉지에 연재한 칼럼에 등장시킨 허

구적 인물. 아일랜드계 술집 주인인 둘리 씨는 서민적인 말투로 친구들과 당대의 사회·정치 현안을 풍자해서 큰 인기를 끌었다)는 다음과 같이 말했다. "밴더행커빌크 부인이 여성억만장자노동자협회Female Billyonaires Arbeiter Verein(둘리 씨는 알아듣기 어려운 아일랜드계 영어를 구사한다. 여기 등장하는 협회나 인물은 모두 둘리 씨처럼 가공의 존재이다)의 숙녀들을 위해 음악회를 열었지.…… 그 자리에서 유명한 사회주의 지도자 J. 클래런스 럼리, 그러니까 백만장자 럼리의 상속자가 연설을 했다네. 이 유명한 프롤레타리아트는 자기 아버지를 관찰하다가 사회주의자가 됐다고 말하더군. 그런 사람이 3억 달러의 재산을 모을 수 있는 체제가 올바른 체제라고는 믿을 수 없었던 거지.…… 동석한 숙녀들은 산업계의 리더들이 얼마나 어리석은지 판단할 수 있었어. 왜냐하면 그 리더들은 자기네 남편들이어서 아침마다 그 몰골이 어떤지를 알았거든.…… 그 모임은 주최자의 남편에게 그만 강물에 뛰어들라고 요구하는 결의안을 통과시키고 산회했어." Finley Peter Dunne, *Mr. Dooley: Now and Forever* (Stanford, California, 1954), 252~3쪽.

29) 찰스 돕스는 "우수한 두뇌"에 관해 쓴 글에서 "오늘날 '지식인'을 공격하는 것은 다름 아닌 '지식인'이며, '지도부'에 가장 강력한 일격을 날리는 것은 바로 '지도자'"라고 지적했다. Charles Dobbs, *International Socialist Review*, Vol. VIII (March, 1908), 533쪽.

30) David Shannon, *The Socialist Party of America* (New York, 1955), 57쪽; Robert R. La Monte, "Efficient Brains versus Bastard Culture," *International Socialist Review*, Vol. VIII (April, 1908), 634, 636쪽. 사회주의 운동 내의 지식인들에 관해서는 다음 문헌들을 참조하라. Shannon, 앞의 책, 8, 12, 19, 53~8, 281~2쪽; Daniel Bell, "The Background and Development of Marxian Socialism in the United States," in Donald Drew Egbert and Stow Persons, eds., *Socialism and American Life* (Princeton, 1952), Vol. I, 294~8쪽; Ira Kipnis, *The American Socialist Movement, 1897-1912* (New York, 1952), 307~11쪽. 또한 *The New Leader*, December 7, 1953에 실린 키프니스의 저작에 대한 벨의 서평도 참조하라.

31) Bell, "Background and Development," 294쪽. 또한 1912년 전당대회에서 우파 지도자인 맥스 헤이스Max Hayes가 거실 사회주의자들과 이론가들에게 퍼부은 비판도 참조하라. Socialist Party of America, *Convention Proceedings*, 1912 (Chicago, 1912), 124쪽.

32) "The Revolutionist," *International Socialist Review*, Vol. IX (December, 1908), 429~30쪽. 슬래던에 관해서는 Shannon, 앞의 책, 40쪽을 참조하라. 프롤레타리아

트는 지식인들을 받아들였다고 생각하는 어느 사회주의자가 제기한 슬래던에 대한 반론은 다음 글을 참조하라. Carl D. Thompson, "Who Constitute the Proletariat?," *International Socialist Review*, Vol. IX (February, 1909), 603~12쪽.

33) "Sound Socialist Tactics," *International Socialist Review*, Vol. XII (February, 1912), 483~4쪽. 이런 논평이 있고 나서 3년 뒤에 로베르트 미헬스Robert Michels는 유럽 좌파 정당의 과두적 경향을 분석한 『정당Political Parties』(로베르트 미헬스 지음, 김학이 옮김, 『정당사회학』, 한길사, 2002)을 출간했다.

34) Daniel Aaron, *Writers on the Left* (New York, 1961), 254~5쪽에서 재인용. 여기서의 논의와 설명은 이 포괄적이고 통찰력 있는 연구에 크게 의존했다. 또한 이어지는 단락의 인용문과 일화는 25, 41, 65, 93~4, 132(주), 162, 163~4, 168, 209, 210~12, 216, 227, 240~2, 254, 308, 337~8, 346, 409, 410, 417, 425쪽에서 따온 것이다. 지식인들에 대한 공산당의 태도는 "통일전선" 노선을 걸었던 1935년 이후에 비해 그 이전이 훨씬 더 엄격했다.

35) 1950년대의 어떤 매카시주의자 못지않게 반하버드주의자였던 골드는 자신이 짧게나마 이 대학을 다닌 사실을 부정할 수밖에 없었다. "어떤 적들은 내가 과거에 하버드 대학을 다녔다는 헛소문을 퍼뜨리고 있다. 그것은 거짓말이다. 나는 하버드가 있는 보스턴의 쓰레기 처리장에서 일했다. 그게 전부이다."

5부 민주주의 사회의 교육

12장 학교와 교사

1) Henry Steele Commager, *The American Mind* (New Haven, 1950), 10쪽. 37~8쪽도 참조하라. 다음 책은 미국인들이 교육에서 무엇을 기대했는지를 알려준다. Rush Welter, *Popular Education and Democratic Thought in America* (New York, 1962).

2) Washington, in Richardson, ed., *Messages and Papers of the Presidents*, Vol. I, 220쪽; Jefferson, *Writings*, P. L. Ford, ed., Vol. X (New York, 1899), 4쪽; Lincoln, *Collected Works*, Roy P. Basler, ed., Vol. I (New Brunswick, New Jersey, 1953), 8쪽.

3) R. Carlyle Buley, *The Old Northwest Pioneer Period, 1815-1840* (Indianapolis, 1950), Vol. II, 416쪽.

4) 이런 결함에 대한 간결하면서도 날카로운 비판은 다음 책에서 볼 수 있다. Robert M.

Hutchins, *Some Observations on American Education* (Cambridge, 1956).
5) 대학 안팎에서의 이런 독서 경향에 관해서는 다음 글들을 참조하라. Lester Asheim, "A Survey of Recent Research," in Jacob M. Price, ed., *Reading for Life* (Ann Arbor, Michigan, 1959); Gordon Dupee, "Can Johnny's Parents Read?," *Saturday Review*, June 2, 1956.
6) *Essays upon Popular Education* (Boston, 1826), 41쪽.
7) Horace Mann, *Lectures and Annual Reports on Education*, Vol. I (Cambridge, 1867), 396, 403~4, 408, 413, 422, 506~7, 532, 539쪽. 1843년에 만이 내놓은 보고서는 상당히 흥미롭다. 거기서 그는 프로이센 교육과의 광범위한 비교를 시도했다. 그의 말에 따르면, 프로이센에서는 "교사라는 직업이 일반인들로부터 아주 높게 평가받기 때문에, 다른 직업이나 업종에서 실패한 사람이 학교 운영을 마지막 보루로 삼으려 하지 않는다." *Life and Works*, Vol. III (Boston, 1891), 266쪽 이하, 특히 346~8쪽. 하버드 대학 윤리철학 교수 프랜시스 보원Francis Bowen도 만과 같은 견해를 제시했다. 그는 1857년에 과거를 돌아보면서 이렇게 말했다. 뉴잉글랜드의 학교 제도는 "매너리즘에 빠졌고, 인색한 지원 때문에 빈사 상태에 빠졌다. 아무 헛간이든 학교 건물로 사용하고, 어떤 독본이든 충분히 교과서 대용이 되며, 어느 농부의 도제든 '학교 교사'로 적격이었다". *American Journal of Education*, Vol. IV (September, 1857), 14쪽.
8) N. E. A. *Proceedings*, 1870, 13, 17쪽. 1865년부터 1915년까지의 이와 비슷한 일련의 비판에 관해서는 다음 책을 참조하라. Edgar B. Wesley, *N. E. A.: The First Hundred Years* (New York, 1957), 138~43쪽.
9) *The Public School System of the United States* (New York, 1893).
10) Marian G. Valentine, "William H. Maxwell and Progressive Education," *School and Society*, LXXV (June 7, 1952), 354쪽. 당시에 이런 종류의 비판은 새로운 교육에 대한 반응으로 들리기 시작했다. 다음 책에 재인용된 리스 데이미Lys D'Aimee의 견해를 참조하라. R. Freeman Butts and Lawrence Cremin, *A History of Education in American Culture* (New York, 1953), 385~6쪽.
11) Thomas H. Briggs, *The Great Investment: Secondary Education in a Democracy* (Cambridge, Mass., 1930), 124~8쪽.
12) 이런 조사 중에서 내가 즐겨 인용하는 것은 1951년 로스앤젤레스에서 학생 3만 명을 대상으로 실시된 결과이다. 거기서는 8학년의 경우가 특별했는데, 학생 7명에 1명꼴로 지도에서 대서양을 찾지 못했고, 11학년(16~18세)의 경우도 유사한 비율의 학생이 36의 50퍼센트가 얼마인지를 계산하지 못했다. *Time*, December 10, 1951,

93~4쪽.

13) 교육 개혁가들의 논점은 다음 책들에서 논의된다. Lawrence Cremin, *The American Common School* (New York, 1951); Merle Curti, *The Social Ideas of American Educators* (New York, 1935); Sidney L. Jackson, *America's Struggle for Free Schools* (Washington, 1940). 미국 사회사를 가장 잘 해명한 저술로는 다음 책이 있다. Robert Carton [Baynard Rush Hall], *The New Purchase, or Seven and a Half Years in the Far West* (1843; Indiana Centennial ed., Princeton, 1916). 이 책은 과거 중서부에서 사람들이 교육을 어떻게 보았는지에 대한 정보로 가득하다.

14) 나는 엘슨 여사의 글에서 많은 깨달음을 얻었다. Ruth Miller Elson, "American Schoolbooks and 'Culture' in the Nineteenth Century," *Mississippi Valley Historical Review*, Vol. XLVI (December, 1959), 411~34쪽. 이 아래 문단들의 인용문은 이 글 413~4, 417, 419, 421~2, 425, 434쪽에서 따온 것이다.

15) *The New York Times*, November 3, 1957.

16) 앞의 신문, March 24, 1957.

17) Myron Lieberman, *Education as a Profession* (New York, 1956), 383쪽. 이 책 12장은 미국 교사들의 경제적 지위에 관해 다루고 있다. 이런 수치들에서 나타나듯이, 미국 교사들의 지위는 비교적 낮은 편이다. 이 수치들은 퇴직 연금이나 의료비 전액 보상 같은, 다른 나라에는 있는 급여 이외의 다양한 보상을 계산에 넣지 않은 것이다.

18) 교사의 직업상 지위에 관해 가장 간결하게 정리하고 있는 것은 Lieberman, 앞의 책, 14장이다. 교사들이 내가 지적한 것보다 더 높은 사회적 지위에 있음을 시사하는 연구들도 있지만, 그것들은 여론조사에 바탕을 둔 것이다. 내가 보기에 여론조사는 지위의 문제를 다루는 기법으로서는 정밀도가 낮다. 교사들의 위치에 관해서는 탁월한 연구이지만 그다지 주목받지 못한 다음의 책도 참조하라. Willard Waller, *The Sociology of Teaching* (New York, 1932).

19) 10대들이 교사에게 보이는 태도에 관해서는 다음 책을 참조하라. H. H. Remmers and D. H. Radler, *The American Teenager* (Indianapolis, 1957). 교사와 학생의 관계에서 작용하는 계급적 요인에 관해서는 다음 책들을 참조하라. August B. Hollingshead, *Elmtown's Youth* (New York, 1949); W. Lloyd Warner, Robert J. Havinghurst, and Martin B. Loeb, *Who Shall Be Educated?* (New York, 1944).

20) 19세기 초 영국의 노동 시장은 다소 달랐을 테지만, 공교육에 종사하는 교사의 사회적·경제적 조건은 미국의 그것만큼 낮지는 않은 것 같다. 다음 책을 참조하라. Asher Tropp, *The School Teachers* (London, 1957). 이 점과 관련해서 놓쳐서는 안 되

는 것이 영국 장학관 H. S. 트레먼히어H. S. Tremenheere의 의견이다. 그는 1850년대의 미국 시찰과 관련하여 이런 발언을 했다. "이 학교들을 방문하는 영국인이라면 누구나 교사들의 고용 실태를 감안하면 그들의 사회적 지위가 남녀를 가리지 않고 매우 높다는 사실에 크게 감동할 것이다.……" *Notes on Public Subjects Made during a Tour in the United States and Canada* (London, 1852), 57~8쪽. 여기서의 '고용 실태'라는 언급에 대해서 영국과 미국의 독자들은 쉽게 이해했겠지만 유럽 대륙의 대다수 독자들은 무슨 상황인지 간파하지 못했을 것이다. 또다른 영국인 관찰자 역시 미국 교사들은 급여 면에서 영국 교사들만큼 열악하지만 지위는 높다고 썼다. 다음 책을 참조하라. Francis Adams, *The Free School System of the United States* (London, 1875), 특히 176~8, 181~2, 194~5, 197~8, 238쪽.

21) *The American Teacher* (New York, 1939), 2장.

22) Howard K. Beale, *A History of Freedom of Teaching in American Schools* (New York, 1941), 11~12쪽; Elsbree, 앞의 책, 26~7, 34쪽.

23) Beale, 앞의 책, 13쪽.

24) R. Carlyle Buley, 앞의 책, Vol. II, 370~1쪽.

25) James G. Carter, *The Schools of Massachusetts in 1824*, Old South Leaflets No. 135, 15~16, 19, 21쪽.

26) Beale, 앞의 책, 93쪽. 교직에 관한 초기 논문과 비교해보라. Samuel Hall, *Lectures on School-Keeping* (Boston, 1829), 특히 26~8쪽. 서남부 지역의 교직 상황("교사들 대다수는 협잡꾼에 불과하다")에 관해서는 다음 글을 참조하라. Philip Lindsley, in Richard Hofstadter and Wilson Smith, eds., *American Higher Education: A Documentary History* (Chicago, 1961), Vol I, 332~3쪽.

27) Elsbree, 앞의 책, 194~208, 553~4쪽. 1956년경에는 73퍼센트로 감소했다. 농촌 지역에서 여교사의 급여는 남교사의 3분의 2정도였다. 도시에서는 남녀 모두 급여 수준이 상대적으로 높았는데, 여교사의 경우 처음에는 남교사 급여의 3분의 1을 약간 넘는 정도밖에 못 받았다.

28) Elsbree, 앞의 책, 311~34쪽.

29) E. S. Evenden, "Summary and Interpretation," *National Survey of the Education of Teachers*, Vol. VI (Washington, 1935), 32, 49, 89쪽. 교직에 들어서는 사람들의 역량이 나중에 어떻게 되었는지에 관해서는 다음 글을 참조하라. Henry Chauncey, "The Use of Selective Service College Qualification Test in the Deferment of College Students," *Science*, Vol. CXVI (July 25, 1952), 73~9쪽. 다음 책도 참조하라.

Lieberman, 앞의 책, 227~31쪽.

30) 코넌트는 스스로의 관찰에 따라 다음과 같이 단언한다. "최종학년 학생 수가 적어도 100명이 되지 않으면, 수준 높은 과목과 선택과목 수업은 적절한 예산이 따르지 않는 한 불가능해진다." 그의 조사에 따르면, 미국 고등학교의 73.9퍼센트가 최종학년 재학생이 100명 이하였고, 최종학년생의 31.8퍼센트가 그런 학교에 다니고 있었다. *The American High School Today* (New York, 1959), 37~8, 77~85, 132~3쪽. 물론 교사들의 학문적 전문성을 제대로 활용하지 못하는 주된 이유는 교사 자격을 얻기 위한 교육과정에 대해서는 요건을 구체적으로 명시하지만, 학문적 요건에는 별다른 관심을 기울이지 않는 관행에 있었다.

31) 앞의 책, 334쪽.

32) 앞의 책, 273쪽. 만에 관해서는 279~80쪽을 참조하라.

33) Lieberman, 앞의 책, 244쪽에는 25개국의 수치가 실려 있다. 서유럽 4개국, 즉 영국, 프랑스, 서독, 캐나다에서는 중등학교 여성 교사의 비율이 34~45퍼센트로 평균 41퍼센트였다. 소련에서는 초등학교 교사의 60퍼센트, 중등학교 교사의 45퍼센트가 여성이었다. 이 문제에 관한 논의는 앞의 책, 241~55쪽을 참조하라.

34) 예를 들어 Waller, 앞의 책, 49~50쪽에 소개된 일화를 참조하라. 월러는 다음과 같이 말한다. "여성과 흑인이 백인 남성의 세계에서 동급으로 대우받는 일은 절대 없다고 여겨져왔다. 아마 남자 교사도 이런 배제된 자들의 목록에 추가되어야 할 것이다." 이 문제는 교직의 일반적 이미지 속에 있는 중성적인 분위기, 그리고 기혼 여교사에 대한 오랜 편견 때문에 다소 복잡해진다. 최근에는 어느 정도 약해졌지만, 교사는 사생활에서는 괴짜여야 한다는 기묘한 신념이 19세기에는 지배적이었다. 그리고 작은 타운에서는 이런 신념의 영향을 쉽게 받았다. 확실히 이런 신념은 깡패 같은 남자 교사와 관련된 불행한 경험 때문에 부추겨진 측면도 있지만, 성적으로 무해한 인간에게 아이들의 교육을 맡기고 싶어하는 욕구에 의해 형성된 것으로 보이기도 한다. 이런 욕구는 우리 시대에도 여전히 남아서 많은 무고한 여성을 괴롭히고 있으며, 그것이 강요되는 경우에는 선량한 교사들의 삶에 어쩔 수 없는 제한이 가해진다. 1852년, 남자 교사가 출퇴근할 때 여자 조수와 동행하는 것을 막으려는 학교측 움직임에 항의한 어느 남자 교사의 감동적인 편지를 보라. Elsbree, 앞의 책, 300~2쪽. 또한 Howard Beale, *Are American Teachers Free?*에는 교사들의 사생활에 가해진 규제에 관한 풍부한 실례가 소개되어 있다. 그중에서도 1927년에 남부의 한 지역사회에서 교사 전원에게 강요된 서약을 잊어서는 안 되는데, 온갖 서약 중에 하나는 다음과 같다. "나는 사랑에 빠지거나 약혼하거나 비밀리에 결혼하지 않을 것을 맹세합니다."

Waller, 앞의 책, 43쪽. 마틴 메이어에 따르면, 오늘날에도 "유럽에서는 대부분의 학교가 남녀공학이 아니지만 교사는 성과 무관하게 자유로이 어울리는 반면, 미국에서는 대부분의 학교가 남녀공학이지만 교사는 일과시간이 아닐 때에는 성별에 의해 엄격하게 격리되는 사실이 흥미롭다." Martin Mayer, *The Schools* (New York, 1961), 4쪽. 마지막으로, 예전부터 널리 퍼진 기혼 여교사에 대한 편견은 흔히 결혼하는 교사를 강제로 퇴직시키는 지경에까지 이르렀는데, 이 때문에 많은 지역에서 여교사는 노처녀나 아주 젊은 여성으로 제한되기도 했다. 기혼 여성을 배제하기 위해 들먹이는 이유들에 관해서는 다음 책을 참조하라. D. W. Peters, *The Status of the Married Woman Teacher* (New York, 1934).

13장 생활 적응의 길

1) 대학 진학을 준비하기 위해 반드시 사립 중등학교에 갈 필요는 없었다. 많은 대학이 설치한 "예과"에 들어가는 선택지도 있었기 때문이다. 예과에서는 지원자가 대학 정규 과정을 수강하기 전에 갖춰야 할 고전, 수학, 영어의 기초학력을 습득시켰다. 이런 예비 과정이 다수 존재한(1889년 당시, 400개 대학 중 335개 대학이 설치한 상태였다) 것 자체가 중등학교가 진학 희망자에 대해 대학 입학에 필요한 조건을 충족시키지 못했음을 보여준다. Edgar B. Wesley, *N. E. A.: The First Hundred Years* (New York, 1957), 95쪽. 사립 중등학교에 관해서는 다음 책을 참조하라. E. E. Brown, *The Making of Our Middle Schools* (New York, 1903).
2) John F. Latimer, *What's Happened to Our High Schools?* (Washington, 1958), 75~8쪽을 참조하라. 1870년 이래 미국 사회에서 중등교육이 어떤 위치를 차지했는지를 간결하면서도 통찰력 있게 분석한 다음 글을 참조하라. Martin Trow, "The Second Transformation of American Secondary Education," *International Journal of Comparative Sociology*, Vol. II (September, 1961), 144~66쪽.
3) *What the High Schools Ought to Teach* (Washington, 1940), 11~12쪽.
4) 물론 이런 점은 대공황과 노동조합 신장의 영향을 받아 강조되었다. 하지만 1918년에도 전미교육협회는 보통의 어린이라면 18세까지 교육시켜야 한다고 주장했다. *Cardinal Principles of Secondary Education* (Washington, 1918), 30쪽.
5) 이 논쟁의 전반적 개요는 다음 책에 서술되어 있다. Wesley, *N. E. A.: The First Hundred Years*, 66~77쪽.
6) 코넌트는 수학을 4년간, 외국어를 4년간, 과학을 3년간, 영어를 4년간, 그리고 역사 ·

사회를 3년간 학습하도록 권고했다. 게다가 그는 학문에 소질이 있는 많은 학생은 제2외국어나 사회 과목을 추가로 더 이수하려 할지도 모른다 생각했다. *The American High School Today* (New York, 1959), 57쪽. 코넌트는 모든 학생이 졸업하기 위해 이수해야 하는 최소한의 필수과목에 적어도 과학 1년, 영어 4년, 사회 3~4년은 포함되어야 한다고 생각했다.

7) 이 문제와 관련된 서술에 관해서는 다음 문헌을 참조하라. *Report of the Committee on Secondary School Studies Appointed at the Meeting of the National Education Association, July 9, 1892* (Washington, 1893), 8~11, 16~17, 34~47, 51~5쪽. 위원회는 학생들이 나중에야 대학 진학을 결정하더라도 고등학교에서 배운 것으로 대학에 갈 수 있어야 한다고 생각했다. 대학과 과학학교는 적절한 중등학교 과정을 마친 학생이라면 어떤 교육 프로그램을 거쳤든 간에 누구나 입학을 인정해야 했다. 위원회가 보기에 당시에는 이것이 불가능했다. 학생들이 이수한 고등학교 과정이 "수준이 낮고 단편적인 것"이었기 때문이다. 즉, "많은 과목을 조금씩 공부하지만 어느 한 과목도 깊이 파고들지 않고, 다양한 분야에서 약간의 정보를 얻을지는 몰라도 체계적인 훈련을 받은 분야는 없었던" 것이다.

8) N. E. A. *Proceedings*, 1908, 39쪽.

9) "Report of the Committee of Nine on the Articulation of High School and College," N. E. A. *Proceedings*, 1911, 559~61쪽.

10) Wesley, 앞의 책, 75쪽.

11) 이 이하 단락의 인용은 다음 책에서 따온 것이다. *Cardinal Principles of Secondary Education*.

12) 이 일반적인 주제에 관해서는 다음 글을 참조하라. Alan M. Thomas, Jr., "American Education and the Immigrant," *Teachers College Record*, Vol. LV (October, 1953-May, 1954), 253~67쪽.

13) *The Transformation of the School* (New York, 1961), 176쪽.

14) 최근 미국의 정치사상에서 똑같이 보이는 과학과 민주주의의 결합에 관한 재치 있는 분석으로는 다음 책을 참조하라. Bernard Crick, *The American Science of Politics* (London, 1959).

15) 테스트 실시에 따르는 초기의 충격에 관해서는 다음 책이 간결하게 잘 정리하고 있다. Cremin, *The Transformation of the School*, 185~92쪽.

16) 예를 들어, 손다이크의 견해에 관한 멀 커티의 논의를 참조하라. Merle Curti, *The Social Ideas of American Educators* (New York, 1935), 14장.

17) N.E.A. *Proceedings*, 1920, 204~5쪽.
18) 앞의 책, 1920, 73~5쪽.
19) 존 F. 라티머John F. Latimer는 자신의 저서에서 교육청 통계를 잘 활용했는데, 나는 그 데이터에 크게 의존했다. *What's Happened to Our High Schools*, 특히 4장과 7장. 여기서 중요한 것은, 수강생 수를 이처럼 백분율로 표시하기는 했지만 사실을 은폐하려 한 것은 아니라는 점이다. 즉, 고등학교 재학생의 절대 수가 대폭 늘어남에 따라 이런 학문적 과목을 배우는 미국 전체의 청소년은 설령 재학생 중에서 차지하는 비율은 줄었을지라도 상당수에 달했다는 것이다. 그러나 1933년에서 1939년까지는 특정 과목을 이수하는 학생의 비율뿐만 아니라 절대 수도 처음으로 감소했다.
조사가 제대로 이루어진 한 분야의 결과를 검토해보자. 2차대전 당시, 중등교육에서의 수학 과목이 지닌 문제점이 공적 관심사로 부상했다. 1941년에 해군학생군사교육단이 보고한 바에 따르면, 대학 1학년생인 지원자 4200명의 62퍼센트가 산술추론 테스트에 불합격했다. 고등학교에서 1.5년 이상 수학을 공부한 학생은 23퍼센트에 불과했다. 그뒤 1954년에 실시된 한 조사에 따르면, 미국 대학의 62퍼센트가 신입생에게 고등학교 수준의 대수를 강의할 필요성을 느꼈다고 한다. 다음 책들을 참조하라. I. L. Kandel, *American Education in the Twentieth Century* (Cambridge, Mass., 1957), 62쪽; H. S. Dyer, R. Kalin, and F. M. Lord, *Problems in Mathematical Education* (Princeton, 1956), 23쪽. 많은 고등학교가 생활적응 이론가들 사이에 널리 퍼진 견해에 접근하고 있었던 것 같다. 즉 외국어, 대수, 기하, 삼각법은 "대학 진학 준비나 일부의 대학 교과과정을 제외하면 그다지 가치가 없으며", "따라서 그런 분야에서의 수업은 대부분 대학 이후로 미뤄야 한다"는 것이다. Harl R. Douglass, *Secondary Education for Life Adjustment of American Youth* (New York, 1952), 598쪽.
20) 물론 "교육 불가능"이라는 용어는 생활적응 교육자들이 사용한 것은 아니다. 중등학교에 다니는 학생들이 학문적 교육을 흡수하지 못할 뿐만 아니라 바람직한 직업에 대해서도 제대로 익히지 못하는 상태를 가리키는 말을 내 나름대로 바꿔 표현한 것이다.
21) *Life Adjustment Education for Every Youth* (Washington, 출간년도 불명), iii쪽. 이 출판물은 연방보안국 산하 교육청이 발행한 것으로, 작성 주체는 중등교육과와 직업교육과였다. 후속 단락에서 인용되는 프로서 결의안을 비롯한 그 밖의 취지 선언에 관해서는 2~5, 15(주), 18(주), 22, 48~52, 88~90쪽 등을 참조하라.
교육청이 생활적응 운동을 후원하는 한편, 대통령 직속 고등교육위원회는 1947년의 보고서에서 다음과 같이 주장했다. 이제 대학 스스로 "언어 구사력과 추상적인 파악

능력을 가진 사람을 우선적으로" 선발해서는 안 되며, 오히려 "사회적 감수성과 융통성, 예술적 재능, 운동 능력과 민첩성, 기계에 대한 적성과 창의성" 등을 육성하는 데 유의해야 한다. *Higher Education for American Democracy: A Report of the President's Commission on Higher Education*, Vol. I (Washington, 1947), 32쪽.

22) 미국 청소년 가운데 그렇게 많은 수가 "민주주의"라는 이름 아래 버려진다는 것은 이 운동을 더욱 복잡하게 만드는 요인의 하나이다. 하지만 이 운동의 지지자 중 적어도 한 명은 그 함의를 간파하며 이렇게 말했다. 이렇게 버려진 학생들은 "별다른 호기심이나 뚜렷한 능력"은 없지만, "이렇다 할 능력이나 호기심을 필요로 하지 않는 수많은 직업이 있는 사회로서는 오히려 다행"일 것이다. Edward K. Hankin, "The Crux of Life Adjustment Education," *Bulletin* of the National Association of Secondary-School Principals (November, 1953), 72쪽. 생활적응 교육을 이렇게 볼 수도 있으며, 그것이 좀더 현실적인 평가라고 말할 수 있을 것이다. 하지만 "민주주의"와는 거리가 멀다.

23) *Secondary Education and Life* (Cambridge, Mass., 1939). 이 부분과 다음 몇 페이지에서 요약하는 주장은 같은 책의 1~49쪽, 특히 7~10, 15~16, 19~21, 31~5, 47~9쪽에 실려 있다.

24) 교과과정의 내용에 관해 나중에 이 학교의 견해를 포괄적이면서도 권위 있게 표명한 것으로서 다음 책을 참조하라. Harold Alberty, *Reorganizing the High School Curriculum* (New York, 1953).

25) 미국에서 정신 도야에 관한 전형적인 견해를 제시한 고전적 문서는 1828년의 예일 보고서이다. 이 보고서는 애초에 다음 매체에 발표되었다. *The American Journal of Science and Arts*, Vol. XV (January, 1829), 297~351쪽. 그 대부분은 다음 책에 재수록되었다. Hofstadter and Smith, eds., *American Higher Education: A Documentary History*, Vol. I, 275~91.

26) 이 신념은 또한 거친 교수 기법의 상당 부분을 시인하기 위한 구실이 되기도 했다. 예를 들어, 전통 있는 대학에서는 고전어를 편협한 문법학자적 정신으로 가르쳐, 학생들을 예전의 문화생활로 안내하는 수단으로 삼지 못했다는 압도적인 증거가 있다. 다음 책들을 참조하라. Richard Hofstadter and Walter P. Metzger, *The Development of Academic Freedom in the United States* (New York, 1955), 226~30쪽; Richard Hofstadter and C. DeWitt Hardy, *The Development and Scope of Higher Education in the United States* (New York, 1952), 1장과 53~6쪽.

27) W. C. Bagley, "The Significance of the Essentialist Movement in Educational

Theory," *Classical Journal*, Vol. XXXIV (1939), 336쪽.

28) Jerome S. Bruner, *The Process of Education* (Cambridge, Mass., 1960), 6쪽. 브루너가 지적하는 것처럼, 학습자가 자신이 배우는 내용을 구조적으로 파악하도록 배려하는 것이 중요하다. 정신 도야에 관한 최근 논의와, 실험적 증거의 역사에 관한 개략적인 검토에 관해서는 다음을 참조하라. Walter B. Kolesnik, *Mental Discipline in Modern Education* (Madison, 1958), 특히 3장.

29) 즉, 터먼의 결론을 받아들인다면, 미국 청소년의 60퍼센트는 학문적인 고교 교과과정에 부적합한 셈이다. 하지만 그중 상당한 비율의 학생들이 프로서 결의안에서 언급한 바람직한 직종으로 향할 것이다.

30) 이와는 다른 학습 능력의 분포에 대한 추정과, 그것이 교육 정책에 대해 갖는 함의에 관해서는 다음의 문헌들을 참조하라. Report of the President's Commission on Higher Education: *Higher Education for American Democracy*, Vol. I, 41쪽; Byron S. Hollinshead, *Who Should Go to College* (New York, 1952), 특히 39~40쪽; Dael Wolfle, *America's Resources of Specialized Talent* (New York, 1954); Charles C. Cole, Jr., *Encouraging Scientific Talent* (New York, 1956). 어느 교육심리학자는 다음과 같이 썼다. "교수 기법을 개선함으로써⋯⋯ 고등학생의 절반이나 그 이상이⋯⋯ 고전적 교과과정의 은혜를 입을 수 있다고 나는 확신한다." Paul Woodring, *A Fourth of a Nation* (New York, 1957), 49쪽.

31) *A Look Ahead in Secondary Education*, U. S. Office of Education (Washington, 1954), 76쪽.

32) *American Education in the Twentieth Century*, 156쪽. 173~81쪽도 참조하라. 생활적응 운동의 보편적 목표에 관해서는 다음 책을 참조하라. Mortimer Smith, *The Diminished Mind* (Chicago, 1954), 46쪽.

33) *Education for All American Youth, A Further Look* (Washington, 1952), 140쪽.

34) Charles M. MacConnell, Ernest O. Melby, Christian O. Arndt, and Leslee J. Bishop, *New Schools for a New Culture* (New York, 1953), 154~5쪽. 이런 기묘한 발언을 어느 정도 정당화하기 위해서는 이렇게 말해둬야 할 것이다. 우리나라의 중등학교가 지금과 같은 대로라면 재능 있고 지적 호기심이 왕성한 학생들을 충분히 교육시키기는 비교적 어렵다.

35) Bruner, 앞의 책, 10쪽. 제임스 B. 코넌트의 다음과 같은 견해와 비교해보라. "특히 우리는 특별한 재능이 있는 청소년들을 놓치는 경향이 있다. 그런 학생을 일찍 찾아내지도, 제대로 이끌어주지도 못하며, 고등학교에서 충분히 가르치지도 못한다."

James Bryant Conant, *Education in a Divided World* (Cambridge, Mass., 1948), 65쪽. 228쪽도 참조하라. 재능 있는 학생들을 교육하는 문제에 관해서는 다음 책을 참조하라. Frank O. Copley, *The American High School and the Talented Student* (Ann Arbor, 1961).

1950년대 중반에 미국의 재능 있는 학생의 약 5퍼센트가 학교에서 공식적으로 영재교육을 받았다. 그보다 앞선(1948년) 조사에 따르면, 약 2만 명의 학생이 특별한 학교나 학급에서 영재교육을 받았고, 약 8만 7천 명이 정신지체 학생을 위한 특수학교나 특수학급에서 교육을 받았다. 이런 수치를 포함한 영재교육에 관한 데이터에 관해서는 다음 책을 참조하라. Cole, *Encouraging Scientific Talent*, 116~19쪽.

36) 미국 교육청의 고등교육 담당 부청장인 로이드 E. 블라우치Lloyd E. Blauch가 전미교육협회에서 발행한 다음 책에 쓴 글이다. Mary Irwin, ed., *American Universities and Colleges* (Washington, 1956), 8쪽. 강조는 R. H. 그뒤 지적된 바에 따르면, 블라우치는 결국 영재교육 프로그램을 제안한 것이었지만, 이런 점을 고려한다 해도 이런 별스러운 분류 목록이 의미하는 바를 완화할 수 있다고 생각되지 않는다.

37) *Liberal Education and the Democratic Ideal* (New Haven, 1959), 29쪽. 이 사례는 1954년에 그리스월드가 처음 보고했다.

38) Richard A. Mumma, "The Real Barrier to a More Realistic Curriculum: The Teacher," *Educational Administration and Supervision*, Vol. XXXVI (January, 1950), 41~2쪽.

39) *Bulletin* of the Council for Basic Education (April, 1957), 11쪽. 학교에서 실제로 이런 주제를 탐구하는 경우는 드물지만, 핵심 교육과정 교사들이 짠 계획에서 이런 주제가 반영된 경우는 드물지 않다. 예를 들어 다음 책에서 교육과정의 기본적 소재로 권장되고 있는 학생들의 관심사 목록을 보라. Alberty, *Reorganizing the High School Curriculum*, 15장.

40) "The Second Transformation," 154쪽.

14장 **어린이와 세계**

1) 이런 점에서 실험학교의 상황은 산업사회학 분야의 유명한 호손 실험(1924년부터 1932년까지 하버드 대학의 조지 엘턴 메이요George Elton Mayo와 동료 연구자들이 웨스턴 전기회사의 시카고 교외 호손 공장에서 실시한 일련의 실험을 가리킨다)에 비유할 수 있다. 이 실험은 어떤 노동 조건이 생산성 향상으로 이어지는지를 발견하려는

것이었는데, 결국 생산성을 지속적으로 증대시킨 것은 이렇다 할 특별한 장치가 아니라 실험 자체의 심리적 조건이었다.

2) 〔존 듀이 지음, 이홍우 옮김, 『민주주의와 교육』, 교육과학사, 2007 등〕
3) *The Transformation of the School*, 239쪽.
4) 이 부분과 그 밖의 인용은 다음 글을 참조하라. G. R. Glenn, "What Manner of Child Shall This Be?," N.E.A. *Proceedings*, 1900, 176~8쪽.
5) 물론 이런 사고는 전통을 중시하고 그다지 복음주의적이지 않은 찰스 윌리엄 엘리엇 같은 교육자들의 생각과 정면으로 대립되었다. 엘리엇은 일찍이 다음과 같이 썼다. "교육 기관의 정책은 어떤 학년을 대상으로 하는 것이든 학습 능력이 가장 낮은 학생들의 요구에 따라 결정되어서는 안 된다.······" *Educational Reform* (New York, 1898).
6) Francis W. Parker, *Talks on Pedagogics* (New York, 1894), 3, 5~6, 16, 23~4, 320~30, 383, 434, 450쪽.
7) G. Stanley Hall, "The Ideal School as Based on Child Study," *Forum*, Vol. XXXII (September, 1901), 24~5쪽; John Dewey, *My Pedagogic Creed* (1897; new ed. Washington, 1929), 4, 9쪽.
8) *My Pedagogic Creed*, 15, 17쪽.
9) 이 점과 관련하여 루소가 『에밀』에서 한 말이 떠오른다. "어린이들을 학업에서 해방시켜주면 나는 어린이들에게 괴로움을 안겨주는 원천, 즉 책을 없애는 셈이다. 어린 시절의 독서는 저주받은 것이지만, 어린이들에게 일과로서 안겨줄 수 있는 것은 독서뿐이다. 열두 살의 에밀은 책이 무엇인지를 알 턱이 없다.······ 독서가 이 아이에게 쓸모 있는 때가 오면 이 아이는 책 읽는 법을 배워야 하겠지만, 그때까지는 독서를 귀찮은 일로만 여길 것이다."
10) Hall, 앞의 글, 24쪽. 강조는 R. H. 이어지는 단락 이하의 인용은 다음의 페이지를 참조하라. 25, 26, 30, 39쪽. 또한 프랜시스 웨일런드 파커의 다음과 같은 견해와 비교해보라. "나는 이 말을 강조해두고 싶다. 우리는 자연이 중심이라고 주장하지 않으며, 또한 역사와 문학이 중심이라고 주장하지도 않는다. 우리는 어린이가 **중심**이며, 하느님의 가장 고귀한 창조물인 이 존재가 자신의 육체와 정신과 영혼의 법칙을 가지고 스스로의 성장의 본성과 조건을 결정한다고 주장한다." *Discussions at the Open Session of the Herbart Club, Denver, Colorado*, July 10, 1895 (1895), 155~6쪽.
11) 이 목표의 정식화는 나중 세대 교육자들에 의해 이루어졌다. 앞의 책, 1장, 자료 L을 참조하라.

12) 특히 이런 권고는 통찰력이 풍부하다고 말할 수 있다. "부유층 아이들, 특히 독자인 경우에는 대체로 일찍부터 개성을 발휘하거나 이기적으로 행동한다. 그래서 이런 아이들은 엄하게 훈육해야 한다. 반면에 빈곤층 아이들은 대체로 개성이 부족하기 때문에 제멋대로 하게 내버려둬야 한다." 이런 말은 홀의 "자연스러운" 경향에 치우치기보다는 사회적 환경에 좀더 민감한 사고를 시사한다.

13) 여기서 거론한 사례들은 다음 책에서 가져왔다. Alberty, *Reorganizing the High-School Curriculum*, 472~3쪽.

14) *Democracy and Education* (New York, 1916), 59~62쪽.

15) 앞의 책, 117쪽. 듀이는 초기 저작에서 다음과 같이 말한 바 있다. "교육의 과정과 목표는 같은 것이다. 교육 바깥에 목표와 기준을 두는 식으로 모종의 도달점을 설정하면, 교육과정이 가지는 의미를 상당히 훼손하게 된다. 그럼으로써 우리는 어린이를 대할 때 자칫 그릇된 외부 자극에 의존하기 십상이다." *My Pedagogic Creed*, 12쪽.

16) 보이드 H. 보드Boyd H. Bode의 다음 책에 담긴 비평과 비교해보라. *Education at the Crossroads* (New York, 1938), 특히 73쪽 이하. 내가 보기에는 다양한 비평 중에서도 이 저작과 다음 책이 가장 탁월한 것 같다. I. L. Kandel, *The Cult of Uncertainty* (New York, 1943).

17) I. L. Kandel, *The Cult of Uncertainty*, 79쪽에서 재인용한 굿윈 왓슨Goodwin Watson의 말.

18) John Dewey, *The Child and the Curriculum* (1902; Chicago ed., 1956)의 거의 전부, 특히 14~18쪽과 30~1쪽의 중요한 구절을 참조하라. 거기서 듀이는 다음과 같이 주장한다. 어린이의 관심과 교사의 지시 사이에는 모종의 연속적인 상호작용이 이루어져야 한다. 그래야 양자는 모종의 역동적인 조화를 이루며 작동한다. 다음 책을 참조하라. *Democracy and Education*, 61~2쪽. 또한 133쪽도 참조하라. "모든 교육에서 본래의 선천적인 능력이 교육을 시작하고 제한하는 요인을 제공한다. 하지만 그것이 교육의 목표나 목적을 제공하지는 않는다." 1926년, 듀이는 차분히 권고하는 기존 태도를 버리고, 일부 혁신적인 학교에서 일부러 지도를 회피하는 것은 "정말로 어리석은" 처사라고 말했다.

19) "〔부모나 교사가—R. H.〕'자신들에게 적절한' 목표를 어린이들의 성장의 적절한 목표로 설정하는 것은 농민이 농사 조건과 무관하게 농사의 이상을 내거는 것만큼이나 불합리한 일이다." *Democracy and Education*, 125쪽.

20) *The Child and the Curriculum*, 31쪽.

21) 여기서는 역시 활동적이었던 프랜시스 웨일런드 파커의 정신을 떠올리게 된다. "똑

같은 일을 두 번 다시 반복하지 마라. 전에 한 일을 다시 하지 마라. 아이가 전에 일어섰다면 지금은 아이를 앉혀라. 무슨 일을 하든 뭔가 다른 일을 하라. 틀에 얽매이지 마라. 획일성은 죽음이다―다양성이야말로 생명이다." N. E. A. *Proceedings*, 1880.

22) *Democracy and Education*, 283~4쪽.
23) *The School and Society* (1915; ed. Chicago, 1956), 136쪽. 듀이는 학문적 과목들로 이루어진 확고한 프로그램이 아니라 자신이 "직업 공부occupation work"라고 부르는 과목의 지속적인 공부를 주장하는 맥락에서 이런 경고를 했다. 과목의 정연한 편성에 대한 공격에 맞서 듀이가 한 충고에 관해서는 다음 책을 참조하라. Cremin, 앞의 책, 234~6쪽.
24) *Democracy and Education*, 280~1쪽.
25) 그러나 이와 상반되는 듀이의 주장을 참조하라. "교육에서 이렇게 외부에서 부과되는 목표가 통용되기 때문에 먼 미래에 대한 준비가 강조되고 교사와 학생의 작업이 기계적이고 굴종적인 성격을 띠게 된다." 앞의 책, 129쪽. 교육의 목표에 관한 모든 설명(124~9쪽)과 비교해보라.
26) 이 주제에 관한 듀이의 논의 전개에 관해서는 다음 책을 참조하라. *Reconstruction in Philosophy* (New York, 1920).
27) *Democracy and Education*, 115쪽.
28) 앞의 책, 370쪽.
29) *Democracy and Education*, 101쪽. 민주주의라는 기준을 다른 정부 기구나 사회 기관들에도 적용할 수 있다는 것은 맞지만, 예컨대 민주주의를 가족이나 교실 같은 제도에 관한 보편적이고 유일하게 만족스러운 기준으로 여기도록 함으로써 잃는 것도 적지 않다. 내 생각에 듀이가 "민주적인 삶"이라는 단조롭고 숨 막힐 듯한 언사를 모종의 권위를 가지고 인정한 것은 미국의 교육에 대한 배반에 가깝다. 미국의 교육학자들은 이런 언사를 가지고 교육의 수단과 목적에 관한 토론을 질식시키고 있다.
30) 앞의 책, 22~4쪽. 다음 책도 참조하라. *The School and Society*, 18쪽.
31) *Democracy and Education*, 49쪽.
32) *The School and Society*, 24~9쪽. 다음 책도 참조하라. *Democracy and Education*, 9~10, 46~7, 82~3, 88~9, 97~8, 226, 286~90, 293~305쪽. "민주적인 삶의 기술을 발전시키는 일"에 관심이 있는 어느 교육자의 독특한 해석에 따르면, "학교의 민주적인 생활을 학교 바깥의 생활과 역동적으로 관련지음으로써 학생들은 민주적인 삶의 의미를 이해하게 될 테고, 또한 자신들이 관련되는 모든 상황에서 민주적인 삶을 확장하려고 노력하게 될 것이다." Alberty, *Reorganizing the High School*

Curriculum, 50쪽.

33) *Experience and Education*, 84~5쪽. 4, 59, 64, 66, 77, 80쪽도 참조하라.
34) 앞의 책, 95~6쪽.
35) *Democracy and Education*, 60쪽. 전통적 교육에 대한 듀이의 견해는 때로 혁신주의자들의 나쁜 풍자 못지않게 희화적으로 보인다. 전통적 교육이 경직되고 상상력이 부족한 경우가 많다는 것은 인정하더라도, 듀이처럼 단순하게 결론지어버리는 것이 타당한지는 의문스럽다. 듀이에 따르면, 전통적 교육은 "전제적"이고 "가혹하며", "자유를 제한하고 죄수를 속박하는 수단"을 동원하며, 개성의 장려와는 완전히 대립되고, "미리 가공된 재료로 만든 특별식"만 제공하며, 개인이 정보를 얻는 한편 "자신의 영혼을 상실하고, 가치 있는 것(개개의 정보—R. H.)과 관련이 있는 것에 대한 판단력을 상실하게" 되는 체제를 제공한다. *Experience and Education*, 2~5, 11, 24, 46, 50, 70쪽.
36) *Democracy and Education*, 47쪽.
37) 앞의 책, 52쪽.
38) [데이비드 리스먼 지음, 이상률 옮김, 『고독한 군중』, 문예출판사, 1999]
39) Alberty, 앞의 책, 470, 474쪽.
40) *Democracy and Education*, 46~8쪽을 참조하라. 거기서 듀이는 "사회적"이라는 말의 의미를 가지고 논다.
41) Marietta Johnson, *Youth in a World of Men* (New York, 1929), 42, 261쪽. 존슨의 학교가 가진 이런 특징에 대해 존 듀이와 이블린 듀이Evelyn Dewey가 다음 책에서 했던 칭찬의 말과 비교해보라. *Schools of To-Morrow* (New York, 1915), 특히 27쪽.
42) *Schools of To-Morrow*, 165쪽.
43) *Progressive Education at the Crossroads*, 78쪽.
44) 듀이 이론의 몇 가지 정치적 난점에 관해서는 다음 글에 날카롭게 분석되어 있다. Frederic Lilge, "The Politicizing of Educational Theory," *Ethics*, Vol. LXVI (April, 1956), 188~97쪽.
45) *Democracy and Education*, 88쪽. 여기서 듀이의 철학사 해석에 대한 존 허먼 랜들 2세John Herman Randall, Jr.의 인상적인 비판을 소개하고 싶다. 그는 다음과 같이 묻는다. "듀이는 세계가 행동을 통해 아직 일신되지 않았다는 이유만으로, 살아가는 것을 견딜 수 있도록 하기 위해 상상력이 해온 모든 역할을 깡그리 무시할 생각인가?" P. A. Schilpp, ed., *The Philosophy of John Dewey* (Chicago, 1939), 77~102쪽, 특히 101쪽.

46) *Human Nature and Conduct* (1922; Modern Library ed., New York, 1929), 64쪽.
47) 듀이와 마찬가지로, 프로이트의 사상도 교육에 좋은 영향과 나쁜 영향을 고루 미쳤다. 여러 면에서 프로이트의 견해가 교육에 대해 가지는 의미에 관해서는 듀이의 견해보다 훨씬 더 오해를 받아왔다. 1920년대에 프로이트의 심리학은 혁신주의 교육자들에게 종종 본능 해방의 철학을 지지하는 것으로 여겨졌다. 프로이트 심리학은 또 교육에서 일종의 심리학주의를 낳았다. 교육 과정을 아마추어에 의한 심리요법의 대체물로 파악하려 함으로써, 가르친다는 기본적인 행위로부터 주의를 딴 데로 돌려 버리는 경우가 적지 않았기 때문이다. 물론 교육 과정의 일부인 학생들의 심리적 욕구에 대한 정당한 관심과, 교수법을 심리학적 관심, 나아가서는 심리학적 조작으로 대체하려는 경향을 엄밀하게 구별하기란 쉽지 않다. 사회와의 관련 속에서 본능과 충동에 접근하는 프로이트와 듀이의 방식을 간결한 정리한 것으로는 다음 책을 참조하라. Philip Rieff, *Freud: The Mind of the Moralist* (New York, 1959), 2장.
48) "Introduction," to Elsie R. Clapp, *The Use of Resources in Education* (New York, 1952), x~xi쪽.

6부 결론

15장 지식인: 소외와 체제순응

1) *America and the Intellectuals* (New York, 1953)로 복간되었다.
2) *Partisan Review*, Vol. XXI (January-February, 1954), 7~33쪽.
3) Loren Baritz, *The Servants of Power* (Middletown, Connecticut, 1960). 같은 저자가 〈네이션〉지에 기고한 글(January 21, 1961)과 이 문제에 관한 나의 다음 글도 참조하라. "A Note on Intellect and Power," *American Scholar*, Vol. XXX (Autumn, 1961), 588~98쪽.
4) 플로베르는 자신의 역할에 따르는 모종의 위험을 감지하고 있었다. 그는 이렇게 쓴 적이 있다. "인간은 바보들에게 악담을 퍼부음으로써 스스로 바보가 되는 위험을 무릅쓴다."
5) 〔매슈 아널드 지음, 윤지관 옮김, 『교양과 무질서』, 한길사, 2006〕
6) 사실 세 가지 문화적 계통의 기여가 없었더라면 여러 민족이 모인 이 광대한 나라의 지적·문화적 삶이 얼마나 궁핍해졌을지는 좀처럼 인식되지 않는다. 첫째는 뉴잉글

랜드 출신자로, 19세기 문화의 중심이었다. 둘째와 셋째는 유대인들과 남부 문예부흥기의 작가들로, 20세기의 지적인 삶에서 중요한 역할을 수행했다.

7) 나는 이런 문화적 환경을 가리키는 데 흔히 쓰이는 용어보다 이 호칭을 쓰고 싶다. 때로 브라만(명문 교양인) 문화라고 불리기도 하지만 뉴잉글랜드라는 지방색이 너무 강하다. 산타야나George Santayana의 용어인 '상류층 전통genteel tradition'이 좀더 낫지만, 내 생각에는 머그웜프 문화라는 호칭이 이런 사회 질서가 가지는 폭넓은 정치적 함의를 잘 표현해준다고 본다.

8) William Charvat, *The Origins of American Critical Thought, 1810-1835* (Philadelphia, 1936), 25쪽. 내가 아는 한, 머그웜프의 문학적·지적 분위기를 가장 훌륭하게 환기시키는 것은 페리 밀러Perry Miller의 다음 작품의 초반 몇 개 장이다. *The Raven and the Whale* (New York, 1956).

9) George Frisbie Whicher, *This Was A Poet* (Ann Arbor, 1960), 119~20쪽.

10) 에머슨은 1840년대에 다음과 같이 쓴 바 있다. 유럽에서는 호메로스 시대부터 칼뱅주의의 투쟁에 이르기까지 당연시되던 "신들의 카니발"을 당대의 야만과 물질주의 안에서 발견할 수 있는 천재를 미국은 아직 낳지 못했다. "은행과 관세, 신문과 정당집회, 감리교의 교리와 유니테리언파의 교리 등은 둔감한 사람들에게는 단조롭고 지루하지만, 트로이나 델포이 신전 같은 감탄스러운 것과 동일한 토대 위에 서 있으며 그만큼 빠르게 사라진다. 우리 정치인들의 결탁과 유세와 흥정, 우리의 어장, 우리의 흑인들과 인디언들, 우리의 도움과 배척, 악당들의 분노와 정직한 사람들의 무기력, 북부의 상업과 남부의 농업과 서부의 광대한 토지, 오리건과 텍사스 등을 찬미하는 시가는 아직 탄생하지 않았다. 그렇지만 우리 눈에 비치는 미국은 한 편의 시이다. 상상력을 자극하는 광활한 대지는 오래지 않아 운율을 얻게 되리라." *Complete Works* (Boston, 1903-4), Vol. III, 37~8쪽.

11) 윌리엄 샤바트William Charvat는 저술업의 경제학에 관한 흥미로운 저작에서 다음과 같이 말한 바 있다. "순수하고 독창적인 문학으로 1850년 이전에 책으로 출간된 작품은 단 한 권도 한참 뒤까지 상품으로서는 성공하지 못했고, 고전으로 일컬어지는 작품 대부분은 금전적으로는 실패작이었다.……" *Literary Publishing in America, 1790-1850* (Philadelphia, 1959), 23쪽.

12) 〔헨리 데이비드 소로우 지음, 윤규상 옮김, 『소로우의 강』, 갈라파고스, 2012〕

13) *America's Coming of Age* (New York, Anchor ed., 1958), 99쪽. 91~110쪽과 비교해보라.

14) 이 얼마나 오랜 주제인가! 1837년에 롱펠로는 보스턴에 대해서도 이 도시는 "의견

의 포학이 모든 신념을 초월하는" "거대한 마을"일 뿐이라고 말했다. 그로부터 75년 뒤, 존 제이 채프먼도 같은 취지의 말을 했다. "미국 소도시를 직접 대면해보지 않은 사람이라면 누구도 이런 곳의 포학함을 상상하지 못한다. 그것에 비하면, 예전의 메디치가나 로마 교황, 오스트리아의 폭정은 어린애 장난에 불과하다." Samuel Longfellow, *Life of Henry Wadsworth Longfellow* (Boston, 1886), Vol. I, 267쪽; Jacques Barzun, ed., *The Selected Writings of John Jay Chapman* (New York, Anchor ed., 1959), xi쪽.

15) 찰스 스노 경Sir Charles Snow이 최근에 밝힌 견해를 참조하라. "지난 20년 동안 미국이 서양 세계 전체의 과학과 학문에서 80퍼센트 정도의 업적을 이룬 사실을 알고 있거나 알고자 하는 영국인은 얼마나 될까?" "On Magnanimity," *Harper's*, Vol. CCXXV (July, 1962), 40쪽.

16) *Europe Without Baedeker* (New York, 1947), 408~9쪽.

17) 나는 이런 경향이 보편적이라고 말하려는 게 아니다. 많은 작가들은 현상황의 혜택을 누리는 데 만족할 뿐이다. 앨프리드 케이진이 말하는 것처럼, "이제는 너무 많은 미국인들이 현행 사회 체제에 완전히 소속되는 동시에 체제에 대한 약간의 세련된 (그리고 마치 남의 일인 양) 비평을 함으로써 보수까지 얻으려 한다." *Contemporaries* (New York, 1962), 439쪽.

18) 비트족에게는 소로라는 선구자가 있었다. 소로는 자발적으로 참여한 적이 없는 어떤 사회에 대해서도 그 구성원으로 여겨지는 데 관심이 없다고 말했다(반체제라는 주제가 미국 사상에서 얼마나 지속적으로 되풀이되는가 하는 점은 흥미롭다). 물론 차이점은 소로가 지닌 작가로서의 직업의식에 있다.

19) "The Know Nothing Bohemians," in Seymour Krim, ed., *The Beats* (Greenwich, Conn., 1960), 119쪽.

20) Albert Parry, *Garrets and Pretenders: A History of Bohemianism in America* (New York, Dover ed., 1960), 30장. 이 1960년판을 위해 쓴 비트족에 관한 후기에서 인용.

21) *Voices of Dissent* (New York, 1958), 198~200, 202, 205쪽. 이 글은 다음 책에도 실려 있다. *Advertisements for Myself* (New York, 1959), 337~58쪽.

22) 프랑스 바깥의 지식인들은 여전히 지식인의 위신과 영향력 면에서의 이상적인 사례로 프랑스에 눈길을 보낸다. 그러나 프랑스 지식인들에게도 이상으로 여기는 외국이 있다. 일찍이 스탕달에게는 그것은 이탈리아였다. 오늘날 레몽 아롱Raymond Aron에게 그것은 영국이다. "서양의 모든 나라 중에서 지식인을 가장 양식 있게 대우해온 나라는 아마도 영국일 것이다." *The Opium of the Intellectuals* (London, 1957)〔레이몽

아롱 지음, 안병욱 옮김, 『지식인의 아편』, 삼육출판사, 1986), 234쪽. 프랑스 인텔리의 지위에 관한 아롱의 비판적 논평(220~1쪽)과 비교해보라.
23) 마커스 컨리프Marcus Cunliffe는 미국의 문학에 관한 뛰어난 연구에서 당시 상황을 다음과 같이 적절하게 평가한다. *The Literature of the United States* (London, 1954), 80~1쪽. 90~1쪽과 비교해보라.
포의 시절 이래로 미국 작가들의 특징이 되어온 것은 고독감과 소외감이다. 활기 넘친 미국인(예컨대 휘트먼)조차 이를테면 직업상의 교류에서는 놀라울 정도로 친구가 적었다. 뉴잉글랜드에서는 보스턴 집단을 제외하면 이런 경향이 특히 두드러졌다.…… 에머슨, 소로, 호손은 한동안 콩코드라는 같은 마을에 살았다. 그들의 일기와 편지에는 이 세 사람과 그 밖의 유명 인사들이 불쑥불쑥 등장한다. 그렇지만 그들은 서로 교류했다기보다는 서로에 관해 알고는 있었다고 말하는 게 더 정확할 것이다. 각자가 다소 거리를 둔 채 동료들에 대해 약간 비판적이고 비웃는 태도를 보였으며, 다른 사람과의 관계에 몰입하려 하지 않았다. 에머슨은 일기에서 다음과 같이 속내를 털어놓는다. "하지만 우리가 아는 사람들은 모두 얼마나 편협하고 애처롭게 고독한가!" 같은 일기에서 그는 또, 행복한 작가란 여론에 신경쓰지 않은 채 "언제나 미지의 친구에게 편지를 쓰는" 사람이라고 말한다. 그는 널리 알려진 사람들에 관해서는 이렇게 말했다. "내 친구들과 나는 습관에 사로잡힌 물고기들이다. 소로의 팔을 붙잡으려다가도 그만 느릅나무의 가지를 붙잡고 만다." 호손이 죽은 뒤, 에머슨은 "언젠가는 우정을 맺게 되지 않을까" 기대하면서 언제까지고 기다렸다고 애처롭게 되뇐다.
24) "The Intellectuals: The United States," *Encounter*, Vol. IV (May, 1955), 23~33쪽.

옮긴이의 말

젊은 시절인 1930년대에 공산당에 몸담았던 리처드 호프스태터는 지식인에게 정통 이념을 강요하는 당의 경직된 모습과 반대파를 숙청한 스탈린 시대의 모스크바 재판, 나치와 손잡은 독소불가침조약 등을 직접 목격하면서 제 발로 당에서 걸어나왔다. 끊임없이 회의하고 성찰하는 비판적 지식인 호프스태터에게 당대의 공산당은 사유를 자극하는 정치의 장이라기보다는 구속복처럼 느껴졌기 때문이다. 그런 그에게 1950년대에 느닷없이 등장해 지식인 사회를 초토화시킨 매카시즘 광풍은 개인적으로 참담한 경험이면서도 그 역사적 연원을 추적하고 이론적으로 해명해야 하는 지적 도전의 소재였다.

호프스태터가 책의 서두에서 그려 보이는 것처럼, 계란머리 지식인 애들라이 스티븐슨과 2차대전의 전장에서 발로 뛴 실천하는 군인 드와이트 D. 아이젠하워가 경쟁한 1952년 대통령 선거에서 대중은 스티븐슨에게 조롱과 야유를 퍼부었다. 호프스태터는 같은 시기에 벌어진 매카시즘과 이 선거의 밑바탕에 면면히 흐르는 대중의 정서를 반지성주의라는 개념으로 포착했다. 반공산주의를 표방한 매카시즘은 사실 호프스태터가 보기에 반지성주의에 가까운 운동이었다. 가까이 보면, 대공황 이후 1930년대에 진행된 뉴딜은 전문가로서의 지식인이 권력의 중추에 포진하는 계기였다. 20세기 초에 근대성이 완성되고, 사회가 전문적으로 분화됨에 따라 이제 대중의 시선에서 사회가 어떻게 돌아가는지를 직관적으로 파악하기란 불가능하게 되었다. 미국식 평등주의를 기반으로 한 잭슨 민주주의 이래 대중은 어쨌든 주체로 인정을 받았는데, 이제 권력과 대중의 거리가 멀어지고 있었다. 반면에 권력과 지식인은 가까워졌고, 대중의 눈에 둘은 동일시되었다. 한편 2차대전 이후 바야흐로 냉전이 시작되면서 전문가로서의 지식인과 대조되는 이데올로그로서의 지식인은 체제, 아니 사회 자체를 전복하려는 위협 세력으로 느껴졌다. 호프스태터가 보기에, 매카시즘은 이 두 부류의 지식인에 대한 원한과 분노가 폭발한 운동이었다. 호프스태터가 이 책을 쓴 때는 1950년대에 절정에 달한 반지성주의가 잦아들고 1960년대에 케네디 행정부가 들어서면서 지식인과 권력의 관계가 다시 화두가 된 시점이다.

호프스태터가 보기에, 미국은 건국 초기에 지식인과 보통사람의 거리가 멀지 않았고, 지식인과 권력도 독특하게 결합되었다. 무엇보다 초기 청교도 목사들은 지성주의자였다. 하버드와 예일, 프린스턴 등 뉴잉글랜드에 처음 세워진 대학들은 원래 청교도 목사를 양성하기 위한 기관이었다. 청교도 성직자들과 건국의 아버지들은 지성을 발휘해서 사회와 국가의 기풍을 만들어낸 최초이자 최후의 지식인 집단이었다. 청교도 목사들은 일상적으로 대중과 접촉하면서 지적 자극을 주었고, 토머스 제퍼슨이나 제임스 매디슨 같은 건국의 아버지들에게 국가 행정과 철학적 논쟁은 분리된 게 아니었다. 미국의 독특한 철학인 실용주의는 지성과 실용의 결합을 상징적으로 보여준다.

18세기에 들어서 뉴잉글랜드의 경제가 발전하고 유럽의 과학혁명과 합리주의가 아메리카 지성계를 휩쓸면서 세속화의 물결이 번져나갔다. 아메리카로 밀려들어오는 유럽의 근대에 대한 반발이 복음주의의 신앙 부흥운동이었다. 서부의 거친 황야에서 고되고 외로운 개척생활에 지친 농민들은 열광적인 대각성운동에서 위안을 얻었다. 부흥운동은 학식 있는 종교 지도자만이 아니라 지식인 일반에 대한 반발이었다. "복음주의자들이 마음의 지혜나 하느님과의 직접 교섭을 중시하고 학문으로서의 종교나 형식적으로 제도화된 성직자 집단을 거부한 것처럼, 평등주의 정치를 주창하는 이들도 보통사람의 타고난 현실적 감각과 진리와의 직접 대면을 중시하고 훈련된 지도자들을 배제시키자고 제안했다. 보통사람의 지혜를 중시하는 이런 경향은 민주주의적 신조를 과격하게 선언하는 가운데 서민들에 의한 일종의 호전적인 반지성주의로서 꽃을 피웠던 것이다."

이런 복음주의 반지성주의는 오늘날까지 면면히 이어진다. 1925년의 스코프스 재판 등 과학과 복음주의가 떠들썩하게 맞붙은 대결이 몇 차례 있었다. 표면적으로는 과학의 승리였지만, 반지성주의는 저류처럼 계속 이어진다. 2010년 퓨리서치센터의 여론조사에 따르면, 미국인 가운데 41퍼센트가 2050년까지 재림이 일어날 것으로 믿는다. 그리고 5천 만 명에 달하는 복음주의 신자가 휴거를 믿는다. 종교적인 이유에서 자녀에게 예방접종을 맞히지 않는 부모도 심심치 않게 뉴스에 나온다.

그리고 19세기 말부터 20세기 초까지 대기업 자본주의를 필두로 한 근대성이 미국을 지배하게 됨에 따라 대중은 다시 지성과 지식인에 대해 정체를 알 수 없는 공포를 느끼게 되었다. 이렇게 반지성주의는 미국인의 삶에서 오랫동안 지속된 특징이기는 했지만, 그 흐름에는 밀물과 썰물이 있었다. 특히 20세기에 반지성주의가 보인 변동은 미국 좌파의 운명과 밀접하게 연결되었다. 20세기의 반지성주의는 이데올로그로서의 지식인을 주된 과녁으로 삼았기 때문이다. 혁신주의, 뉴딜 등 민주적인 대의가 번성한 순간에는 지식인과 대중의 관계가 나쁘지 않았다. 그런데 권력과 지식인이 밀월 관계를 유지한 짧은 기간을 제외하면, 지식인은 속성상 비판적 지식인이게 마련이고, 그만큼 반지성주의의 공격에 취약하다.

2차대전 이후 시기에 반지성주의가 반공산주의의 모습으로 드러났다면, 오늘날에는 반지성주의가 극우 보수주의 정치와 단단하게 결합되었다. 애들라이 스티븐슨과 아이젠하워의 대결은 조지 W. 부시와 앨 고어, 부시와 존 케리, 트럼프와 힐러리 클린턴의 대결에서 고스란히 재연되었고, 유권자 대중은 반지성주의에 열광하면서 부시와 트럼프에게 열렬한 지지를 보냈다. 툭하면 철자법을 틀리고, 걸핏하면 악의 축을 들먹이는 마니교적 근본주의 세계관을 드러낸 부시를 떠올려 보자. 그리고 트럼프는 이 책에서 호프스태터가 미국의 반지성주의의 특징으로 꼽는 원시주의, 지성에 대한 경멸, 당당하고 노골적으로 현실적 성공을 밝히는 사업가 정신을 체현한 인물이다. 남부의 백인 하층 노동자들과 중서부의 농민들만이 아니라 자신은 엘리트와 거리가 멀다고 여기는 절대다수의 사람들이 잘난 헛똑똑이 힐러리 클린턴을 혐오하고 대신 트럼프에게 지지를 보냈다. 민주주의와 경제가 번성하던 1960년대에 지식인과 잠시 좋은 관계를 이루었던 대중은 신자유주의가 득세한 결과로 양극화가 심화되면서 다시 분노의 화살을 지식인에게 돌리고 있다. "반지성주의는 이 나라의 민주적 제도나 평등주의적 정서에 바탕을 둔다. 그러나 지식인 계급은 엘리트로서의 특권을 많이 누리든 어떻든 간에, 생각하고 기능하는 방식에서 엘리트일 수밖에 없다. 1890년 무렵까지 미국의 지식인 대다수는 유한 귀족 계급 출신이었다.…… 그렇지만 1890년 이후에는 사정이 달라져서, 정체성 문제가 지식인들을 또다시 괴롭히게 되었다. 그들의 감수성이나 관심이 일반 대중으로부터 어느 때보다도 떨어져 있던 바로 그 시기에 그들은 특수 이익에 반대하는 민중의 입장을 대변한다는 정치적 대의를 지지하려고 특히 노력했기 때문이다."

호프스태터는 미국 문화에 특유한 평등주의와 엘리트주의의 이분법이 전개된 과정을 돌아보면서 대중과 엘리트의 분리를 극복하기 위한 방법을 찾는다. 지식인에 대해서는 지식인과 권력의 관계를 다시 성찰할 필요가 있음을 호소한다. 그러면서 권력의 도구로 전락한 기술자·전문가 집단과, 사회를 위해 지성을 활용하려고 노력하기보다는 자신의 순수성을 유지하는 데 급급한 나머지 소외를 자처하는 지식인 집단으로 절망적으로 양극화되어서는 안 된다고 역설한다. 그리고 대중에 대해서는 평등주의의 정념과 민주주의의 열정이 지식인 공격이라는 손쉬운 출구를 찾을 때 오히려 대중에게 불리한 결과를 자초했음을 상기시킨다. 대중의 지성주의와 비판적 지식인이 만나는 일이 과연 가능할까? 반지성주의가 썰물처럼 물러나고, 지성이 민중의 입장을 대변하면서 대중에게 권력의 실체를 규명해주는 구실을 할 수 있을까? 호프스태터는 이 책을 쓸 당시 희미한 희망을 내비쳤는데, 오늘날의 미국을 본다면 과연 어떻게 진단할까?

우리에게는 생소한 복음주의 부흥운동을 이끈 인물들에서부터 존 듀이의 혁신주의 교육 철학의 모호한 양면성을 집요하게 파고드는 서술, 미국의 독특한 교육 풍토와 그 배경이 된 대중교육의 이념과 역사를 어느 정도 알아야 이해할 수 있는 '생활적응 운동'에 대한 비판, 그리고 마지막 장에서 지은이가 현란하게 펼쳐 보이는 미국 문학과 문화의 갖가지 흐름과 그에 대한 통렬한 비평 등은 독자의 혀를 내두르게 만든다. 어쨌거나 이 책은 문턱이 꽤나 높고, 독자에게 많은 인내를 요구한다. 반세기 전에 쓰인 책이지만, 반지성주의는 오늘날의 현상을 이해하는 데 여전히 핵심적인 개념이다. 그리고 책을 읽다보면, 운동선수를 선망하는 10대 문화, 드라마 〈빅뱅 이론〉에 나오는 것처럼 공부벌레를 기인 취급하면서 우스꽝스럽게 조소하는 경향, 종교적 색채가 강한 자기계발 서적이 스테디 베스트셀러로 고전 못지않게 인기를 누리는 현상 등 평소에 품었던 호기심을 해소하는 쏠쏠한 재미도 덤으로 얻을 수 있을 것이다.

2017년 3월 유강은

찾아보기

| ㄱ |

가톨릭(가톨릭교회, 미국) 195~198, 200, 618
가필드, 제임스 A. 258, 277, 289, 334
감리교(감리교회) 91~92, 116, 119, 122, 131~132, 134, 141~148, 150~152, 154, 164, 172, 179
게리, 엘버트 H. 361
겐트, W. J. 398~399
계란머리 20, 27~28, 42
고드킨, E. L. 244, 247, 257, 267
고블, 조지 H. 400
골드, 마이클 404, 406~407
골드워터, 배리 600
곰퍼스, 새뮤얼 391~394, 644
공산당(미국) 398, 402~405, 407
교파주의 125, 141
『국가』(우드로 윌슨) 291
그래턴, 토머스 콜리 347
그레이엄, 빌리 36, 132, 167
근본주의자 45, 92, 172, 176~179, 181~184, 189~195, 201, 614
글래든, 워싱턴 606
글룩, 맥스웰 H. 29, 30

길먼, 새뮤얼 548
깁스, 조사이아 윌러드 50

| ㄴ |

노리스, J. 프랭크 191
노턴, 존 P. 379
노턴, 찰스 엘리엇 244
뉴딜 64, 70, 72~74, 190, 193, 222, 277~278, 296~298, 300, 302~306, 308, 313~314, 325, 394, 556, 563~564, 634
뉴딜주의자 20
『뉴잉글랜드의 농업에 관한 소론』(재러드 엘리엇) 378
뉴컴, 사이먼 450
니부어, H. 리처드 367, 602
니부어, 라인홀드 178
니체, 프리드리히 26, 28
닉슨, 리처드 M. 20, 307, 315~316

| ㄷ |

단테 53
대각성운동 93~94, 101~102, 104, 108, 112~114, 668

대로, 클래런스 184
〈대중〉 399, 404
더스패서스, 존 403, 565, 589
던, 핀리 피터 645
데니, 조셉 211
데이나 2세, 리처드 헨리 242~243
데이븐포트, 제임스 103~105, 111, 604
데이비스, 새뮤얼 115
델, 플로이드 404
뎁스, 유진 V. 401~402
『도즈워스』(싱클레어 루이스) 324, 565
돈데로, 조지 35, 598
듀이, 존 78, 287, 461~462, 469, 487~494, 496~501, 505~531, 589, 598, 659~662
드망, 앙리 390
드와이트, 티머시 607
딕스, 모건 234

| ㄹ |

라 몬트, 로버트 라이브스 400
라 폴레트, 로버트 M. 277~278, 281~284, 292, 630
라브, 필립 141, 550
라이히, 빌헬름 83
러핀, 에드먼드 379, 381
렘슨, 아이라 450
로건, 존 A. 253
로런스, D. H. 26, 83, 550
로마 가톨릭(로마 가톨릭교회) 55, 131, 133, 157, 175, 179
로빈슨, 제임스 하비 450

로웰, 제임스 러셀 244, 249
로이드, 헨리 디마레스트 403
로크, 존 53, 208
롱펠로, 헨리 워즈워스 339, 550, 553, 663
루소, 장 자크 500, 658
루이스, 싱클레어 324, 406, 565
루이스, 테일러 334
루스벨트, 시어도어 83, 168, 267, 272~274, 277~278, 284, 288, 296, 307, 312, 314, 316, 633
루스벨트, 프랭클린 D. 65~66, 68, 74, 277, 298, 308, 312~313, 317, 388, 557
루터, 마르틴 165, 192
루터교회 131, 608
루한, 메이블 다지 286
르가레, 휴 스윈턴 233
리, 제시 144
리드, 존 404
리버먼, 마이런 427
리비히, 유스투스 379, 383
리스위원회 597
리프먼, 월터 185, 287, 308, 588, 632
리플리, 조지 600
링컨, 에이브러햄 60, 206, 241, 243, 289, 312, 386, 412, 462, 564, 626
링크, 헨리 C. 371~374

| ㅁ |

만, 호러스 216, 415, 419, 435, 437
말로, 앙드레 54

찾아보기 __ 673

매닝, 윌리엄 214~219
매더, 인크리스 99, 111
매더, 코튼 54, 94, 99~100
매카시, 메리 26
매카시, 조셉 R. 19~21, 32~33, 72~74, 201~202, 263, 307~308, 536
매카시, 찰스 281
매카시즘 19, 21~22, 33, 71~72, 188, 536, 556
매커두, 윌리엄 깁스 293
매킨타이어, 칼 191
맥기니스, 피터 628
맥기퍼트, A. C. 609
맥비, 웨인 250
머그웜프 문화 546, 549~550, 558, 663
머핸, 에이사 135~136
메일러, 노먼 538, 574, 576~578
메천, J. 그레셤 191
멜빌, 허먼 333, 550, 554, 558~589
멩켄, H. L. 26, 296, 299, 302, 561, 564~565, 583
모릴법 379, 385
모틀리, 존 로스롭 241, 243
몬시뇰 엘리스, 존 트레이시 197, 199
몰리, 레이먼드 298, 301
무디, 드와이트 L. 128, 132, 155~163, 166~169, 171, 176~177, 613
무어, 해리 T. 576
『미국의 자수성가한 사람』(어빈 G. 와일리) 353
미드, 시드니 E. 130, 174, 605

미드, 조지 H. 522
미첼, 조너선 304~306
『민주주의와 교육』(존 듀이) 490, 506, 510, 514~515, 528
민중주의 213~214, 232, 551, 555
민중주의적 민주주의 218
밀스, C. 라이트 538~539, 571, 644
밀스, 새뮤얼 J. 117

| ㅂ |

바턴, 브루스 170, 370
반스, 앨버트 126, 135
배글리, W. C. 474
배리츠, 로렌 542, 573
『배빗』(싱클레어 루이스) 324, 561, 565
밴 하이스, 찰스 P. 282~285, 630
밴더빌트, 코넬리어스 357~360
밴크로프트, 조지 83, 221, 226, 248
뱅스, 네이선 611
버클리, 윌리엄 F. 26
버틀러, 벤저민 F. 242
버틀러, 존 워싱턴 183~184
베르그송, 앙리 26
베블런, 소스타인 57, 363, 589~590
베스터, 아서 39, 485, 598
베어드, 헨리 케리 356
베이커, 레이 스태너드 295
벨러미, 에드워드 403
보드, 보이드 H. 525, 659
보언, 프랜시스 235
복음주의(복음주의자) 28, 35, 45~47, 81~84, 90, 92, 94, 105, 111~112,

114~115, 121~122, 124, 127~128, 130~136, 139, 141~142, 151, 156~157, 159~160, 162, 164, 166~168, 171~173, 175~176, 179, 189, 195, 212~213, 491, 545, 606, 609, 616
본, 랜돌프 295
본, 에드워드 G. 450
부딘, 루이스 B. 398
부시넬, 호러스 264~265
뷰얼, 제시 379, 381~383
브라운슨, 오레스티즈 198, 220~221
브라이스 경 289
브라이언, 윌리엄 제닝스 168, 182, 184~187, 189, 621
브라이언트, 윌리엄 컬런 220, 263
브랜다이스, 루이스 D. 293, 589
브로건, D. W. 196
브롬필드, 루이스 27~28
브루너, 제롬 475, 479, 656
브룩스, 밴 윅 335, 550, 559, 564
브룩스, 피터 차던 343
브룩스, 필립스 607
브릭스, 토머스 H. 417
블레이크, 윌리엄 26, 332
블레인, 제임스 G. 250, 260
비글로, 존 241
비들, 니컬러스 232
비처, 라이먼 135~136, 160
비처, 에드워드 135
비처, 헨리 워드 354
빌러드, 오스월드 개리슨 304

ㅅ

사이먼스, 앨지 M. 398
『사일러스 레이펌의 성공』(윌리엄 딘 하월스) 324
사회당(미국) 398, 400~402
『사회주의의 심리학』(앙리 드망) 390
〈새로운 대중〉 406
『새로운 부의 위험』(윌리엄 딘 하월스) 324
〈새터데이 이브닝 포스트〉 302, 427
선데이, 빌리 132, 155, 163, 167, 169, 170~171, 173~174, 177~179, 191~192, 613
성공회(미국) 93, 100, 102, 106, 115~116, 129, 131, 152, 246
셔먼, 로렌스 295
소렐, 알베르 26
소로, 헨리 데이비드 333, 550, 553, 581
소크라테스 53, 372
손다이크, 에드워드 리 461~462, 469, 474
쉬플리, 메이너드 188
슈어츠, 칼 249~250, 627
슈워츠, 델모어 538
슐레진저 2세, 아서 20
스미스, "코튼 에드" 298
스미스, 모티머 485
스미스, 윌리엄 라우턴 208~209
스미스, 제럴드 L. K. 191
스미스-휴즈법 388
스완, 자베즈 166
스위트, 윌리엄 워런 152

스코프스 재판 75, 179, 182, 184, 187~188, 561, 616
스코프스, 존 T. 183
스타일스, 에즈라 107
스탠퍼드, 릴랜드 360
스테펀스, 링컨 289
스트래서, 애돌프 391, 393
스티븐슨, 애들라이 20~21, 306~316
스파고, 존 398
스폴딩 주교 199
슬래던, 토머스 400
『시민 생물학』(조지 헌터) 183
실리먼, 벤저민 379
싱클레어, 업턴 288, 398

| ㅇ |

『아라토르』(존 테일러) 377
『아무도 모르는 남자』(브루스 바턴) 170, 370
아서, 체스터 A. 258
아서, 티머시 셰이 351
아이젠하워, 드와이트 D. 20~22, 28, 30, 36, 73, 83, 195, 307, 309~316, 318, 584, 606
애덤스 2세, 찰스 프랜시스 247~248
애덤스, 존 퀸시 209, 222~226, 228, 233~234, 272, 315
애덤스, 찰스 K. 450
애덤스, 찰스 프랜시스 236, 241
애덤스, 헨리 243~244, 246~247, 333, 343, 588~589
애즈베리, 프랜시스 142~143, 147

애플턴, 네이선 343
애플턴, 새뮤얼 343
『어린이의 세기』(엘렌 케이) 494
에드워즈, 조너선 101, 103, 106, 112, 159, 165
에디슨, 토머스 A. 50
에머슨, 랠프 왈도 26, 68, 339, 343, 422, 500, 540, 552, 581~582, 588~589, 636, 663, 665
에버츠, 윌리엄 M. 250
에번스, 하이럼 W. 180
에임스, 피셔 211
엘리엇, T. S. 44, 550, 565, 589
엘리엇, 재러드 378, 380
엘리엇, 찰스 윌리엄 450, 632, 658
엘스브리, 윌러드 S. 429, 437
엘슨, 루스 밀러 420, 422, 424
연방주의(연방주의자) 207, 210~214, 218, 237~238, 545
열광주의(열광주의자) 90~94, 173, 606
오글, 찰스 233
와일리, 어빈 G. 353
외국인 규제법과 선동 금지법 207, 213
우드메이슨 신부, 찰스 116~117
울프, 레너드 43
워싱턴, 조지 381, 412, 575
원시주의 82~84, 213, 401, 405, 602
『월든』(헨리 데이비드 소로) 333
월링, 윌리엄 잉글리시 398
웨슬리, 존 142, 609, 611
웨이드, 벤 242

웰스, 데이비드 A. 243, 626
웹스터, 대니얼 233~234
위드, 설로 228
"위스콘신 아이디어" 279, 282, 630
윈로드, 제럴드 191
윈스탠리, 제라드 93
윌슨, M. L. 388
윌슨, 에드먼드 567, 579
윌슨, 우드로 276, 288, 290~296, 308, 450
윌슨, 찰스 E. 21, 30, 326, 597
『의회 정치』(우드로 윌슨) 291
일리, 리처드 T. 279
잉걸스, 존 제임스 262

| ㅈ |

장로교(장로교회) 93, 102~103, 106~107, 112~113, 115, 126, 131~132, 134~138, 141, 148
잭슨 민주주의 85, 220~221, 621
잭슨, 시드니 L. 384
잭슨, 앤드루 83, 160, 213, 221~225, 231, 239~240, 272, 621~622
전미교육협회 415, 448~449, 453~455, 464, 479, 494, 512, 652
제임스, 윌리엄 26, 69, 473, 588~589
제임스, 헨리 265~266, 336, 550, 552, 561, 589
제퍼슨, 토머스 59, 68, 175, 206~213, 219~220, 222~223, 237~238, 272, 315, 318, 379, 588
젱크스, 토머스 A. 253

조사단(하우스 대령) 294, 633
조지, 헨리 330, 390
존 버치 협회 191, 202, 618
존스, 샘 166, 612
존스턴, 제임스 F. W. 381
존슨, 마리에타 524~525
존슨, 새뮤얼 W. 379
존슨, 앤드루 243
『종교에 귀의하다』(헨리 C. 링크) 371
『중등교육의 기본 원리』 455, 459~461, 468, 490

| ㅊ |

채프먼, 존 제이 244, 664
천시, 찰스 108~109, 111, 113, 604
청교도 성직자 98, 544
체임벌린, 존 324~325
체임벌린, 토머스 C. 279
초도로브, 프랭크 34, 74
침례교(침례교회) 99, 116~119, 131~132, 134, 141, 151~154, 164, 172, 175, 179, 212

| ㅋ |

카네기, 앤드루 160, 168, 326~327, 334, 340, 358~360
카먼스, 존 R. 283, 285, 644
카울리, 맬컴 407
카터, 제임스 고든 414, 430
카트라이트, 피터 122, 148
카펜터, 매슈 H. 255
캐럴, 찰스 212

캐머런, 사이먼 243
캐시, W. J. 188
캔들, I. L. 389, 478
커틀러, 티머시 106
커티스, 조지 윌리엄 241, 262~263
케네디, 존 F. 316~317, 326
케루악, 잭 575
케이, 엘렌 494
케이조리, 플로리언 450
코넌트, 제임스 브라이언트 436, 450
코매저, 헨리 스틸 411
콕스, 제이컵 돌슨 243
콘웰, 러셀 H. 365
콜드웰, 조셉 431, 433
콜먼, 벤저민 104, 111
콩클링, 로스코 262~263, 266
쿠클럭스클랜(KKK단) 179~180
쿠퍼, 제임스 페니모어 221, 550, 552~553, 558
쿨리지, 캘빈 329
크레민, 로렌스 460, 488, 490
크레브쾨르 129, 552, 606
크로켓, 데이비 83, 228~233, 622
크롤리, 허버트 287, 289, 293, 296
클라크, 글렌 370
클라크, 매슈 St. 클레어 232
클레이, 헨리 223, 225, 228, 234
클리블랜드, 그로버 244, 250
키트리지, 조지 라이먼 450

| ㅌ |

타일러, 모지스 코이트 94

〈타임〉 20
태거드, 제너비브 408
터그웰, 렉스퍼드 가이 72, 298~299
터너, F. J. 83, 279~282, 589
터너, 조너선 B. 379
터먼, 루이스 M. 476
터멀티, 조 293
터커, 윌리엄 주이트 607
테넌트, 길버트 104~105, 604
테넌트, 윌리엄 103, 112
테일러, 존 377, 379
토크빌, 알렉시스 드 84, 138, 235, 345, 377, 562, 607
트로, 마틴 484
트리벨리언 경, 찰스 252, 626
트웨인, 마크 335~339, 564, 588~589

| ㅍ |

〈파르티잔 리뷰〉 536, 538~539, 541, 543, 554, 567
파커, 프랜시스 웨일런드 496~498, 504, 658~659
파크먼, 프랜시스 83
퍼킨스, 찰스 엘리엇 348~349
페글러, 웨스트브룩 313
페인, 토머스 175, 636
펙, 존 메이슨 118
펜들턴, 조지 H. 258
펠프스, 윌리엄 프랭클린 415
평등주의(평등주의자) 47, 61, 80, 85~86, 93, 217, 219, 227~228, 257, 437, 491, 545

포도레츠, 노먼 575
포드, 헨리 326, 334
포브스, 존 머리 343, 345
포스딕, 레이먼드 368
포크, 제임스 K. 230
포터, 존 애디슨 379
폭스, 에멋 370
폴딩, 제임스 커크 221
『표류와 지배』(월터 리프먼) 287
퓨, 에번 379
프랭클린, 벤저민 174, 206, 339, 352, 378, 380
프렐링하위젠, 테오도어 102
프로서, 찰스 A. 467~472, 475~476
프로이트, 지그문트 529~530, 662
프로이트주의 36, 75
프로테스탄티즘(미국) 89, 353, 367, 370
프리먼, 조셉 407
〈프리먼〉 32~33
플렁킷, 조지 워싱턴 261, 263, 278
피니, 찰스 그랜디슨 136~140, 151, 155~156, 159~166, 169, 171
피쉬, 해밀턴 250
핀리, 제임스 B. 616
필, 노먼 빈센트 365~366, 370~371
필립, 이매뉴얼 L. 284

| ㅎ |

하딩, 워런 G. 329
하우, 어빙 538~539
하월스, 윌리엄 딘 241, 324, 588~589
하트, 앨버트 B. 450
해리스, 윌리엄 T. 449~450
해리슨, 윌리엄 헨리 232~233
해치법 387
허친슨, 앤 93
〈헌츠 머천츠 매거진〉 341, 347, 637
헌터, 로버트 398
헌트, 프리먼 341~342, 347
헤밍웨이, 어니스트 26, 403, 589
『헨리 애덤스의 교육』(헨리 애덤스) 244, 558
혁신주의 시대 275, 277, 290~291, 296, 458, 632
『현대 과학과의 전쟁』(메이너드 쉬플리) 188
호손, 너새니얼 53, 221, 333, 540, 550~552, 581
호어, 에버니저 R. 243, 250, 626
혼, 필립 344
홀, G. 스탠리 496~499, 502
화이트, 윌리엄 H. 363, 571
화이트, 윌리엄 앨런 295
회중교회 93, 95, 101~102, 106~107, 113, 115~116, 131~132, 134~135, 144, 152, 246, 608
휘그당 220, 228, 232~233
휘트먼, 월트 26, 221, 335, 550, 589
휘트필드, 조지 102~103, 105, 111~113, 115~116, 136, 159, 174~175
휠러, 벤저민 I. 450
히긴슨, 토머스 웬트워스 549

리처드 호프스태터 컬럼비아 대학 미국사 담당 드위트 클린턴 명예교수였다(1970년 10월에 타계). 버펄로 대학에서 학사학위를, 컬럼비아 대학에서 석사 및 박사 학위를 받았다. 1942년부터 1946년까지 메릴랜드 대학에서 교편을 잡았고 이후 컬럼비아 대학 역사학과로 자리를 옮겼다. 1958~9년에는 케임브리지 대학 미국 역사와 제도 담당 피트 교수를 지냈다. 미국사에 관한 첫번째 저서로 『미국 사상 속의 사회다윈주의』(1944)를, 뒤이어 『미국의 정치 전통』(1948)을 내놓았다. 『개혁의 시대』(1955)로 퓰리처상(역사 부문)을 수상했고, 본서 『미국의 반지성주의』(1963)로 퓰리처상(논픽션 부문), 파이베타카파의 에머슨 상, 시드니 힐먼 상을 수상했다. 이 밖의 저서로 『미국 정치의 피해망상 양상』(1965), 『진보적 역사학자들』(1968), 『정당 체제의 구상』(1969), 『1750년의 아메리카』(1971) 등이 있고, 마이클 월리스와 함께 『미국의 폭력: 자료로 보는 역사』(1970)를 엮기도 했다.

유강은 국제 문제 전문 번역가. 옮긴 책으로 『팔레스타인 종족 청소』 『이스라엘 팔레스타인 분쟁의 아주 짧은 역사』 『팔레스타인 실험실』 『팔레스타인 100년 전쟁』 『나의 팔레스타인 이웃에게 보내는 편지』 『팔레스타인 현대사』 등이 있다. 『미국의 반지성주의』로 제58회 한국출판문화상(번역 부문)을 수상했다.

미국의
반지성주의

1판 1쇄 발행 2017년 5월 8일
1판 6쇄 발행 2022년 4월 4일
2판 1쇄 발행 2025년 9월 1일

지은이 리처드 호프스태터 | 옮긴이 유강은

기획 최연희 | 편집 최연희 이고호 | 디자인 윤종윤 신선아 | 마케팅 김다정 박재원
브랜딩 함유지 박민재 이송이 박다솔 조다현 김하연 이준희 복다은 | 저작권 박지영 주은수 오서영
제작 강신은 김동욱 이순호 | 제작처 상지사

펴낸곳 (주)교유당 | 펴낸이 신정민
출판등록 2019년 5월 24일 제406-2019-000052호

주소 10881 경기도 파주시 회동길 210
문의전화 031)955-8891(마케팅) 031)955-2680(편집) 031)955-8855(팩스)
전자우편 gyoyudang@munhak.com

홈페이지 www.gyoyudang.com
인스타그램 @gyoyu_books | 트위터 @gyoyu_books | 페이스북 @gyoyubooks

ISBN 979-11-94523-49-9 03300

* 교유서가는 (주)교유당의 인문 브랜드입니다.
  이 책의 판권은 지은이와 (주)교유당에 있습니다.
  이 책 내용의 전부 또는 일부를 재사용하려면 반드시 양측의 서면 동의를 받아야 합니다.